## ENRIQUE KRAUZE

Nació en la ciudad de México en 1947. Ingeniero industrial y doctor en historia, ha combinado la vida intelectual con la fundación y animación de empresas culturales. Invitado en 1977 por Octavio Paz a incorporarse a la revista *Vuelta,* fue nombrado subdirector de la misma en 1981. En la actualidad es presidente de la editorial Clío y director de la revista *Letras Libres.* En su abundante obra como historiador, ensayista, biógrafo y articulista destacan: *Caudillos culturales de la Revolución mexicana, Daniel Cosío Villegas. Una biografía intelectual, Por una democracia sin adjetivos* y *Personas e ideas,* entre otros títulos. Ahora, en la colección Fábula, Tusquets Editores presenta los tres primeros tomos de las Obras Reunidas de Enrique Krauze: *Siglo de caudillos* (VI Premio Comillas. Andanzas 207/1, y Fábula OR 1), *Biografía del poder* (Andanzas 207/2, y Fábula OR 2) y *La presidencia imperial* (Andanzas 207/3, y Fábula OR 3).

# Obras de Enrique Krauze
# en Tusquets Editores

Enrique Krauze

# Biografía del poder
## Caudillos de la Revolución mexicana
## (1910-1940)

FABULA
TUSQUETS
EDITORES

1ª edición en España (Andanzas): diciembre de 1997
9ª edición en México (Andanzas): febrero de 2001
1ª edición en Fábula: enero de 2002
7ª reimpresión en Fábula: septiembre de 2007

© Enrique Krauze, 2002

Diseño de la colección: Piereluigi Cerri
Reservados todos los derechos de esta edición para
Tusques Editores México, S.A. de C.V.
Campeche 280-301 y 302, Hipódromo-Condesa, 06100, México, D.F.
Tel. 5574-6379    Fax 5584-1335

ISBN: 970-699-049-6
ISBN-13: 978-970-699-049-5

Tomo 2 de las Obras Reunidas de Enrique Krauze
Impresión: Acabados Editoriales Incorporados, S.A. de C.V.
Calle Arroz 226 Col. Santa Isabel Industrial, 09820 México, D.F.

Impreso en México/*Printed in Mexico*

# Índice

Para Octavio Paz

Villa cabalga todavía en el norte, en canciones y corridos; Zapata muere en cada feria popular; Madero se asoma a los balcones agitando la bandera nacional; Carranza y Obregón viajan aún en aquellos trenes revolucionarios, en un ir y venir por todo el país, alborotando los gallineros femeninos y arrancando a los jóvenes de la casa paterna. Todos los siguen: ¿adónde? Nadie lo sabe. Es la Revolución, la palabra mágica, la palabra que va a cambiarlo todo y que nos va a dar una alegría inmensa y una muerte rápida. Por la Revolución el pueblo mexicano se adentra en sí mismo, en su pasado y en su sustancia, para extraer de su intimidad, de su entraña, su filiación.

Octavio Paz, *El laberinto de la soledad*

El paisaje mexicano huele a sangre.

Eulalio Gutiérrez

## AGRADECIMIENTOS

*Biografía del poder* fue escrita entre 1982 y 1986, y publicada originalmente en 1987. La actual versión, corregida, anotada y aumentada, se preparó en 1996. Fueron muchas las personas que contribuyeron a la obra en esos dos periodos. Margarita de Orellana, Cayetano Reyes, Javier García-Diego y Aurelio de los Reyes aportaron fuentes documentales e iconográficas invaluables para el trabajo original. Aurelio Asiáin, Víctor Kuri y Francisco Muñoz revisaron la primera edición; Fernando García Ramírez, Alejandro Rosas y Rossana Reyes, la segunda. Entre las personas cercanas a los protagonistas que me facilitaron materiales de gran importancia quisiera destacar a doña Renée González, a don Rafael Carranza y, sobre todo, a doña Hortensia Calles, viuda de Torreblanca. Los historiadores Luis González y Moisés González Navarro aportaron valiosas observaciones y críticas, lo mismo que mis amigos Fausto Zerón Medina, Alejandro Rossi, Gabriel Zaid, Jean Meyer, José Manuel Valverde Garcés, Tulio Demichelli y Julio Derbez.

Los personajes centrales de *mi* biografía apoyaron *esta* biografía de mil modos: mi esposa Isabel y mis hijos León y Daniel.

No es una paradoja menor que fuera un futuro protagonista de la *Biografía del poder,* el entonces presidente Miguel de la Madrid, quien tuvo la idea original de este libro, si bien bajo la forma de una serie documental. Y es una bendición mayor el haber estado cerca, durante todos estos años y hasta ahora, del mayor escritor mexicano, el amigo a quien está dedicado este libro, Octavio Paz.

# Prólogo a esta edición
## La Revolución mexicana: mito y realidad

La Revolución —así, con mayúscula, como un mito de renovación histórica— ha perdido el prestigio de sus mejores tiempos: nació en 1789, alcanzó su cenit en 1917 y murió en 1989. Pero hubo un país que conservó intacta la mitología revolucionaria a todo lo largo de los siglos XIX y XX: México. Cada ciudad del país y casi cada pueblo tienen al menos una calle que conmemora la Revolución. La palabra se usa todavía con una carga de positividad casi religiosa, como sinónimo de progreso social. Lo bueno es revolucionario, lo revolucionario es bueno. El origen remoto de este prestigio está, por supuesto, en la Independencia: México nació, literalmente, de la revolución encabezada por el primer gran caudillo, el cura Hidalgo. Pero la consolidación definitiva del mito advino con la Revolución mexicana.

El movimiento armado duró diez años: desde 1910 hasta 1920. Durante las dos décadas siguientes el país vivió una profunda mutación política, económica, social y cultural inducida desde el Estado por los militares revolucionarios. Hacia 1940, la palabra «revolución» había adquirido su significación ideológica definitiva. Ya no era la revolución de un caudillo o de otro. La Revolución se había vuelto un movimiento único y envolvente. No abarcaba sólo la lucha armada de 1910 a 1920, sino la Constitución de 1917 y el proceso permanente de transformación y creación de instituciones que derivaba de su programa.

Para quienes habían sido sus protagonistas o simpatizantes, la Revolución quedaría por siempre ligada a las imágenes épicas y anónimas de un pueblo en armas: el hombre que en el paredón, a punto de ser fusilado, fuma tranquilamente su cigarro; los cuerpos colgados de los postes de ferrocarril, como macabras banderolas; la soldadera que sigue a su hombre («su Juan»), con el niño en la espalda envuelto en su rebozo. El pueblo recordaba la Revolución de manera distinta, no como un hecho perteneciente al orden humano sino al natural o divino, como los temblores de tierra y las sequías, un cataclismo de proporciones siderales y orígenes telúricos, algo que había estallado más allá de la Historia, más acá de la Historia, y que cambió, para bien y para mal, la vida de todos. En todo caso, en México, el «antes» y el «después» se medía a partir de la Revolución: el 20 de noviembre de 1910 se convirtió en el parteaguas de la nueva era.

Se había creado una cultura revolucionaria. En la memoria musical habían quedado grabados los famosos corridos como «La cucaracha» y «Jesusita en Chihuahua». La Revolución era el tema predominante del arte público. ¿Quién no había visto los murales alusivos a la epopeya de la Revolución que en los antiguos edificios públicos (la Secretaría de Educación, la Escuela Nacional Preparatoria) habían pintado desde los años veinte Diego Rivera, José Clemente Orozco y David Alfaro Siqueiros? En el cine, estaban de moda películas cuyo tema violento y ranchero denotaba una fijación en torno al tema revolucionario. El género llamado «novela de la Revolución» era muy leído. Lejos de idealizar la «gesta revolucionaria», sus autores (José Vasconcelos, Martín Luis Guzmán, Mariano Azuela) tomaban en cuenta el punto de vista del pueblo que había sufrido la guerra, presentaban una imagen amarga y ambigua de la lucha armada, y mantenían una actitud crítica con respecto a los logros, reales o supuestos, de la Revolución. Sin embargo, por encima de los matices, la Revolución —guerra civil y proceso de transformación social— había adquirido un rango superior a todas las otras etapas de la historia mexicana.

Al panteón de la patria donde descansaban los aztecas, los insurgentes y los liberales, comenzarían a llegar, en tropel y a caballo, los nuevos santos laicos: los caudillos de la Revolución. El santoral cívico se ampliaría con sus fechas de nacimiento y muerte y la conmemoración de sus hazañas. Ciudades, pueblos, avenidas, barrios, escuelas, modificarían sus viejos nombres adoptando los de los nuevos héroes. Los odios y rencillas que los habían separado en vida, hasta el extremo de matarse entre sí, parecían meros accidentes frente al mito fundador que los vinculaba: la Revolución, madre generosa, los reconciliaba a todos.

Más allá del inmenso poder de su mitología, la Revolución mexicana fue, en efecto, un vasto reajuste histórico en el cual la gravitación del pasado remoto de México —indígena y virreinal— corrigió el apremio liberal y porfirista hacia el porvenir.

En su etapa armada, el número de combatientes nunca fue considerable. Incluso en el periodo más intenso de las hostilidades (a mediados de 1915), los ejércitos jamás sumaron más de cien mil hombres. La abrumadora mayoría de la población nacional de quince millones perteneció a la categoría de los «pacíficos». La lucha nunca cubrió el país entero. Las etapas militares principales estuvieron bien localizadas. El estado de Morelos, cuna del zapatismo, y el territorio villista de Chihuahua fueron escenarios permanentes. Hubo acción en el centro del territorio, al oeste y —en grado algo menor— en la costa del golfo. La capital vivió en estado de continua aprensión, «con el Jesús en la boca», ocupada alternativamente por ejércitos enfrentados que la consideraban su premio mayor.

La Revolución comenzó con un movimiento democrático moderno acompañado de una añeja petición de tierras. Pese a su triunfo inicial, esta primera etapa desencadenó una reacción autoritaria. La respuesta a esta contrarrevolución generó fuerzas militares y sociales que, una vez triunfantes, no consiguieron alcanzar un acuerdo que condujese a la restauración del orden. La disensión llevó a la guerra y a una escisión centrífuga no muy diferente de la vivida por el país durante la guerra de Independencia y en la primera mitad del siglo XIX. El triunfo de una facción devolvió la corriente a su cauce. Las ideas y las políticas fueron sustituyendo gradualmente a las balas. Durante las últimas dos décadas del proceso, México fue un laboratorio de cambios revolucionarios bajo los auspicios del nuevo Estado. Al término del ciclo, en 1940, se había restablecido el orden en el país, en torno a un edificio político corporativo muy semejante al virreinal. Una monarquía con ropajes republicanos y revolucionarios. El gobierno personal seguía siendo —como en tiempos de don Porfirio— un rasgo esencial de la vida política mexicana.

La revolución encabezada por Madero estalló el 20 de noviembre de 1910 y en cuestión de meses se extendió a varias zonas del país. Los principales centros de insurrección fueron los estados de Chihuahua y Morelos. Francisco I. Madero dirigió en persona las operaciones en Chihuahua, auxiliado por hombres que se volverían legendarios, como Pascual Orozco y Francisco Villa. Los campesinos que siguieron a Emiliano Zapata combatieron en Morelos. A principios de mayo de 1911, Orozco y Villa ocuparon Ciudad Juárez, vecina a El Paso, Texas, y merced a esta ocupación obligaron al gobierno porfirista a negociaciones que, al terminar el mes, provocaron la renuncia del dictador. «Madero ha soltado el tigre», dijo Porfirio Díaz en Veracruz antes de embarcarse en el *Ypiranga,* que lo conduciría al exilio.

Madero sería derribado por un golpe militar debido al general Victoriano Huerta. Fue entonces cuando despertó realmente el «tigre» tan temido por don Porfirio. Se organizó un movimiento militar de amplia base, destinado a oponerse al usurpador, en torno a Venustiano Carranza, gobernador de Coahuila, patriarca de la Revolución. Entre marzo de 1913 y julio de 1914, varios cuerpos del ejército constitucionalista —así llamado porque el movimiento aspiraba a restaurar el orden constitucional violado por Huerta— reconocieron la autoridad de Carranza como comandante en jefe.

Mientras la guerra se concentró en derrotar a Huerta, Carranza mantuvo unidas las facciones, pero no bien el usurpador renunció y partió al destierro (el 15 de julio de 1914), la Revolución fue incapaz de administrar su propia victoria. Ateniéndose más o menos al libreto de la Revolución francesa, los jefes militares se reunieron en una convención (octubre de 1914) que se desarrolló en la ciudad de Aguascalientes. Tenía por propósito elegir el nuevo gobierno y definir la dirección futura de México. Para entonces era evidente el enfrentamiento entre Villa y Carranza. La convención produjo un gobierno que Carranza se negó a reconocer; inmediatamente estableció su propio gobierno en el puerto de Veracruz. Los dirigentes tuvieron que escoger si estaban con Villa o con Carranza. En aquel momento, el movimiento zapatista rebasó su base en Morelos y unió sus fuerzas a las de Villa. Ambos otorgaron su apoyo a Eulalio González, el presidente designado por la convención. Alvaro Obregón y Francisco Villa, dos colosos militares, habrían de enfrentarse —en la primavera de 1915— en el Bajío, la meseta central de México. Con la aplastante victoria de Obregón, el gobierno de la convención se deshizo y el nacionalista Venustiano Carranza se convirtió en presidente.

Había pasado la hora de los tres dirigentes revolucionarios, de aquellos *caudillos* cuyo propósito fue la «liberación» de México: Madero, «el Apóstol de la Democracia», con su Plan de San Luis, proyectado para salvar a México de la dictadura; Zapata, «el Caudillo del Sur», cuyo Plan de Ayala intentaba devolver la tierra a los campesinos; y Villa, «el Centauro del Norte», una fuerza ciega que no se atenía propiamente a ningún programa sino a un afán implacable, y a menudo sangriento, de «justicia».

Llegó entonces la hora de los *jefes*, quienes procurarían encauzar el torrente de la Revolución. Uno de ellos, Carranza, deseaba un México civilizado bajo gobernantes civiles. El otro, Obregón, quería un México civilizado bajo gobierno militar. Por un tiempo trabajaron juntos. Carranza convocó un congreso constituyente a principios de 1917, y en febrero del mismo año fue proclamada en Querétaro una nueva Constitución genuinamente revolucionaria, que otorgaba al Estado poderes políticos, responsabilidades sociales y jurisdicciones económicas similares a los ostentados por la antigua monarquía española. Carranza ocupó la presidencia de 1917 a 1920. Cuando éste intentó hacer de un civil su sucesor, el poderoso Ejército del Noreste —bajo el mando aparente de Adolfo de la Huerta (si bien el verdadero jefe era Alvaro Obregón)— se alzó contra él y lo derrotó. A finales de mayo de 1920 los dirigentes militares oriundos de Sonora asumirían el poder y lo conservarían quince años.

Alvaro Obregón fue presidente de 1920 a 1924. Su empeño por mantenerse en el poder, directa e indirectamente, desencadenaría una guerra civil entre los jefes sonorenses. A fin de cuentas lo sucederían dos generales, más bien *estadistas* que jefes o caudillos. Uno de ellos fue un austero maestro de escuela primaria, elevado por la Revolución al grado de general, presidente de 1924 a 1928 y después «Jefe Máximo» desde 1928 hasta 1934: Plutarco Elías Calles. El otro, que ocupó el cargo en 1934, fue Lázaro Cárdenas, uno de los generales más jóvenes de la Revolución. Al terminar su periodo, en 1940, el Estado mexicano había alcanzado una configuración sólida: un presidente omnipotente elegido cada seis años sin posibilidad de reelección pero con derecho de designar a su sucesor dentro de la «familia revolucionaria», más un partido único (o casi) que servía al monarca-presidente en múltiples funciones de control: social, electoral y político.

Se han organizado revoluciones en torno a ideas o ideales: libertad, igualdad, nacionalismo, socialismo. La Revolución mexicana constituye una excepción por haberse organizado, primordialmente, alrededor de personajes. Cada uno generaba un «ismo» específico a su zaga: maderismo, zapatismo, villismo, carrancismo, obregonismo, callismo, cardenismo. «¡Viva Madero!», proclamaba el lema pintado inacabablemente en los muros del país. «¡Vámonos con Pancho Villa!», gritaban los jinetes de la División del Norte, que seguían al «Centauro» impulsados por apego directo a su persona. «¡Por mi general Zapata!» luchaban y morían los campesinos de Morelos.

Este elemento carismático fue menos intenso en el caso de Carranza, comandante en jefe del ejército constitucionalista, o incluso en el del «invicto» general Obregón, pero en sus ejércitos reinaban una disciplina y obediencia absolutas. Con admiración y miedo, ambición y fe, los callistas eran leales a su Jefe Máximo, así como los cardenistas siguieron al más popular «señor presidente» que México haya visto jamás. Difícilmente podrá reducirse la Revolución mexicana a las biografías de siete personas, pero sin el conocimiento de las vidas específicas de estos personajes la Revolución mexicana se vuelve incomprensible. Habría de repetirse la experiencia del siglo XIX: el poder encarnado en figuras emblemáticas.

En estos hombres algo había de peculiar, original e incluso inocente. No se parecían a los conductores de otras revoluciones, que en nombre de la humanidad defendían principios abstractos, amplios sistemas ideológicos, prescripciones para la felicidad universal. Los caudillos, jefes y estadistas mexicanos actuaron de acuerdo con las modestas categorías que les eran propias. No tenían en cuenta la historia universal sino la historia de la patria. Exceptuando a Madero, no eran leídos ni instruidos, no habían viajado por el mundo y ni siquiera conocían por completo su propio país, sino apenas su propia región, su propio estado, su propio suelo natal. Al igual que los sacerdotes insurgentes, sus acciones estaban teñidas de actitud mesiánica: deseaban redimir, liberar, imponer justicia, presidir el advenimiento final del buen gobierno. Las historias locales de las cuales partieron, sus conflictos familiares, sus vidas antes de elevarse al poder, sus más íntimas pasiones, todos éstos son factores que podrían haber sido meramente anecdóticos de haberse encarnado en hombres sin trascendencia pública o en políticos que operaban en una democracia. Pero no pudieron serlo en México, donde la concentración del poder en una sola persona (tlatoani, monarca, virrey, emperador, presidente, caudillo, jefe o estadista) ha representado la norma histórica a lo largo de los siglos.

# I
# Místico de la libertad
# Francisco I. Madero

Mejor cumplir lo propio malamente
que hacer bien lo que toca a otra gente.
El que obra según su natural
cumple consigo y no cae en el mal.

*Baghavad Gita*

Francisco I. Madero y su esposa, Sara, en Ciudad Juárez (mayo, 1911).
«¿Crees tú que nuestros actos puedan tener consecuencias dolorosas? No, eso no puede ser, porque tenemos la conciencia tranquila, porque sabemos que obramos bien, que estamos cumpliendo con nuestro deber.» (Francisco I. Madero)

La saga de los Madero empezó con la vida y obras de Evaristo, hijo del agrimensor José Francisco Madero, descendiente de españoles nacido en 1775 que a raíz de la Independencia se había hecho de buenas propiedades como habilitador de tierras en la región de Coahuila y Texas. Al morir de cólera el padre en 1833, Evaristo tenía cinco años. Su infancia transcurre en su natal Río Grande, en Coahuila. Muy joven se inicia como ranchero y comerciante. A los diecinueve años se casa con Rafaela Hernández Lombraña, rica heredera de Monterrey, con quien procrearía siete hijos, el mayor de los cuales, nacido en 1849, se llamaría Francisco. En 1852 Evaristo muda su residencia a Monterrey, donde prospera su negocio de transportes. En los años sesenta aprovecha las carencias del mercado resultantes de la guerra de Secesión y exporta algodón. En la década siguiente, casado en segundas nupcias con la joven Manuela Farías —Rafaela había muerto en 1870—, Evaristo aúna a sus empresas de transporte la hacienda El Rosario, la fábrica de telas La Estrella y la hacienda de San Lorenzo, en la que florecen antiguos viñedos. La vieja casa de Urdiñola, en Parras, erigida en 1593, se agrega también a su patrimonio.

En 1880, ya notablemente rico, Madero es elegido gobernador de su estado, Coahuila. Su gestión, que duró tres años —casi los mismos del entonces presidente Manuel González—, es memorable por varios hechos: impulsó la construcción de vías férreas y la educación, inauguró una nueva penitenciaría y un orfanatorio, combatió las alcabalas, abrió la zona carbonera de Monclova y Río Grande. Aunque quiso fortalecer la institución del ayuntamiento, que en sus palabras era «baluarte de la soberanía popular ... libro rudimentario de la democracia», la nueva Constitución estatal que promulgó en 1882 tuvo rasgos centralistas. En 1883 se opone a la reelección de Porfirio Díaz y renuncia a su cargo, abriendo un periodo de inestabilidad en Coahuila que no concluiría parcialmente hasta fines de la década.

Separado de la política y distanciado del presidente, don Evaristo inicia otras empresas que con los años integrarían un auténtico emporio. Alrededor del núcleo principal de la Compañía de Parras —vitivinícola, algodonera, textil— y del negocio original de transportes, creó explotaciones mineras, molinos en Saltillo, el Golfo, Monterrey, Sonora y Yucatán; establecimientos ganaderos, el Banco de Nuevo León, la Compañía Carbonífera de Sabinas, la Guayulera de Coahuila, la fundidora de metales de Torreón y varias otras. A principios de siglo, en sus dominios no se ponía el sol.[1]*

Don Porfirio nunca vio con buenos ojos la hazaña de aquel norteño casi coetáneo suyo que sin apoyo del centro —y muchas veces en contra de él— había amasado una de las cinco mayores fortunas del país. Durante el trienio de su gobierno, Evaristo tuvo sobre sí la vigilancia permanente de agentes porfiristas, cuyo celo no menguó cuando aquél salió de la gubernatura. En 1893 estalla una rebelión de varios rancheros coahuilenses —entre ellos los hermanos de Venustiano Carranza, de Cuatro Ciénegas— contra la pretensión reeleccionista del gobernador Garza Galán.[2] Don Porfirio —no sin razón— sospecha de Madero, por lo que escribe a su procónsul del noreste, Bernardo Reyes: «Si encuentra usted datos bastantes de probar en juicio que Madero no es extraño a lo que está pasando, asegúrelo y hágalo conducir a Monterrey. Creo que éste es el motor de todo lo que pasa».

Aquella breve rebelión concluiría con la renuncia del gobernador a la reelección. Madero no fue conducido a Monterrey, pero don Porfirio y su procónsul lo tuvieron siempre en la mira. Al afirmarse José Ives Limantour como mago de las finanzas porfirianas, estableció un vínculo natural con Madero que serviría a ambos para contrapesar la influencia de Reyes. Lo cierto es que al paso del tiempo el patriarca de los Madero se interesó cada vez menos en afectar la estabilidad del régimen de paz, orden y progreso que había permitido el progreso extraordinario de sus propias empresas.

En septiembre de 1908, rodeado de su vastísima familia —con su segunda mujer tuvo once hijos— y de sus empleados, obreros y peones, a los que había favorecido con obras tangibles, el patriarca celebró su octagésimo aniversario. En los brindis se habló de su aporte a la civilización, al trabajo y la caridad. Entre tanta felicidad, un solo pensamiento lo turbaba: bajo la mirada tutelar del espíritu de Benito Juárez, Francisco, su nieto mayor e hijo de su primogénito, escribía un libro contra el régimen de Porfirio Díaz. A don Evaristo aquella lucha

---

* Las notas correspondientes a los números voladitos se encuentran en el apartado Notas de la sección Apéndices, pág. 487 *(N. del E.)*

le parecía más quimérica que la de David y Goliat. Era —según comentaría tiempo después— la batalla entre «un microbio y un elefante».[3] Sin ver la continuidad de su propia biografía política en la de su nieto, el fundador de los Madero no acertaba a comprender cómo de su mismo tronco —robusto, viril y generoso— había nacido un hombre con vocación de redentor.[4]

Francisco Ignacio Madero, hijo mayor del primogénito (Francisco Madero Hernández) de don Evaristo, nació el 30 de octubre de 1873 en la hacienda El Rosario, en Parras. Pequeño de estatura y frágil de salud, a los doce años ingresa en el colegio jesuita de San José, en Saltillo, del que le quedaría una profunda huella disciplinaria y moral, a despecho de los recuerdos contradictorios que asentaría en sus *Memorias:* «Me impresionaron fuertemente sus enseñanzas ... [pero] me hicieron conocer la religión con colores sombríos e irracionales».[5]

Hacia 1886, luego de un breve periodo de estudios en Baltimore, emprende una larga estadía en Francia. Durante un año asiste al Liceo Versalles y posteriormente a la Escuela de Altos Estudios Comerciales, donde permanece hasta su regreso a México, en 1892. En 1889 acude a la Exposición Universal en París. Tiempo después viaja por Bélgica, Holanda y Alemania. Sin embargo, no lo arroban el arte ni los países que visita, sino «el descubrimiento que más ha hecho por la trascendencia de [su] vida»: el espiritismo.[6]

Esta doctrina, basada en la existencia, las manifestaciones y enseñanzas de los espíritus, había nacido a mediados del siglo XIX en el estado de Nueva York, pero se propagó con vertiginosa rapidez en Francia gracias a su adopción por quien a la postre sería su principal profeta y fundador: Allan Kardec. Hacia 1854 había más de tres millones de espiritistas practicantes en el mundo y decenas de miles de médiums en Europa y América. Antes de morir, en 1868, Allan Kardec había escrito varios libros —entre otros, *Le livre des esprits* (1857), *L'Evangile selon l'espiritisme, Livre des médiums* (1864)— y fundado la *Revue Spirite* y la Société Parisienne d'Etudes Spirites.

Cuando Francisco I. Madero hojea por primera vez la *Revue Spirite* —a la que su padre estaba suscrito—, la nueva fe, adoptada por hombres tan famosos como Flammarion y Victor Hugo, se hallaba en plena expansión. Día a día cientos de peregrinos visitaban la tumba de Kardec o seguían a su discípulo Léon Denis. El joven Madero no tardó en apersonarse en las oficinas de la Société y adquirir la obra de Kardec. «No leí esos libros», escribe en sus *Memorias:* «los devoré, pues sus doctrinas tan racionales, tan bellas, tan nuevas, me sedujeron, y desde entonces me consideré espírita».[7]

Concurriendo a centros espíritas, Madero, inclinado desde sus años mozos en el colegio jesuita al recogimiento espiritual, descubre su aptitud como «médium escribiente» (lazo de los espíritus con los seres humanos por medio de la escritura). Entre las obras que «devora» está *El libro de los médiums* de Kardec, donde aprende a desarrollar sus habilidades merced a arduas experimentaciones. Tras varios intentos infructuosos, un día su mano, autónoma y temblorosa, escribe: «Ama a Dios sobre todas las cosas y a tu prójimo como a ti mismo».

Más que la curiosidad por desentrañar fenómenos inexplicables como sillas que se mueven, teteras que silban o cuadros que cobran vida, y al margen también de todo eco literario —los espíritus que pueblan la realidad y los sueños de Shakespeare o los mundos astrales de Swedenborg—, a Madero lo incita la búsqueda moral de un vínculo entre el espiritismo y los Evangelios cristianos. «Fuera de la caridad no hay salvación», había escrito Kardec. Su discípulo mexicano solía resumir de modo parecido el fondo moral de la filosofía espírita: «Para mí no cabe duda de que la transformación moral que he sufrido la debo a la "mediumnimidad"».[8]

A pesar de que había realizado provechosamente estudios administrativos en París, su padre y su abuelo decidieron completar la educación de Francisco con un año de estancia en Berkeley, California. Allí avanzó en su dominio del inglés y se instruyó en técnicas agrícolas, pero su aprendizaje fundamental se dio, de nueva cuenta, en el ámbito de lo moral y espiritual. A la sazón, en Berkeley se abría paso la «escuela progresivista», que buscaba aplicar los principios de la moralidad cristiana a los problemas sociales. No muy lejos, en Stanford, existía una iglesia abierta a todos los credos. Mientras que Anny Bessant revelaba entonces los misterios de la teosofía, los anarquistas de la IWW (International Workers of the World) propugnaban activa y violentamente un mundo sin opresión ni desigualdad. A sus veinte años, Madero no fue indiferente a esta conjunción de espiritualidad y moral pública. Vagamente coincidía con sus revelaciones parisienses.

En 1893 se encarga de la hacienda que la familia posee en San Pedro de las Colonias. Hacía tiempo que había dejado de ser un hombre frágil. Además de la incipiente mediumnimidad, en Europa había adquirido notable fuerza física, grandes aptitudes como nadador y bailarín, y medianas como flautista. Ahora era jovial, nervioso, hiperactivo. Muy pronto introduce con buen éxito el algodón estadounidense en la región del río Nazas, emprende obras de riego y convierte su coto en un modelo de pequeña propiedad. En 1899 da cuenta al *papá* (abuelo) Evaristo de diversos proyectos nuevos: entre otros, una compañía jabonera, una fábrica de hielo, un despepitador, compra de acciones, atención de terrenos en Cuatro Ciénegas, y arreglo de aguajes y cercas en Sierra Mojada para criar ganado cabrío. Ese mismo año promueve el establecimiento de un observatorio meteorológico cerca de la Laguna de Mayrán. Posteriormente escribiría un folleto sobre el aprovechamiento de las aguas del Nazas que le valdría la felicitación del mismísimo don Porfirio. Para entonces, su capital personal llegaba a la respetable suma de quinientos mil pesos.[9]

Junto con una probada solvencia como administrador y empresario, desde su regreso del extranjero Francisco comenzó a desplegar una labor caritativa que, sin ser ajena a la tradición familiar —sobre todo la de los Madero-González—, lo alejaba de ésta debido a los extremos místicos a que él la llevaba. De su padre y su tío Catarino Benavides aprendió la homeopatía. Desde 1896 aquellos caminos vieron muchas veces a don Panchito, botiquín en mano, visitar a sus peones para recetarles nuez vómica, belladona, calcárea carbónica y mil otras medicinas que él mismo preparaba basándose en los tratados de homeopatía recomendados por don Catarino y los que él mismo se procuraba: en 1899 la compañía J. González Sucs., de la ciudad de México, recibe una carta del joven Madero en la que éste solicita tres libros: *La salud de los niños*, *Medicina veterinaria y homeopática* y *Manual de la madre de familia*.

Con todo, a fin de siglo Madero juzgó que su cuidado por la comunidad era insuficiente y comenzó a discurrir nuevas ideas y fundaciones. «En la ciudad», refiere uno de sus íntimos, «era de verse cómo lo asediaban los enfermos menesterosos a quienes proporcionaba alivio del dolor, consuelo de las penas y recursos pecuniarios.»[10] En su propia casa de San Pedro, donde vivía con austeridad franciscana, Madero alimentaba a cerca de sesenta jóvenes. Allí fundó una especie de albergue en que ofrecía cama y comida a gente pobre. Sus trabajadores vivían en casas higiénicas, gozaban de buenos salarios y eran examinados médicamente con regularidad. Junto a Sara Pérez, con quien se casaría en enero de 1903, Madero sostuvo a huérfanos, becó a estudiantes, creó escuelas elementales y comerciales, instituciones de caridad, hospitales y comedores populares.[11]

A principios de siglo, los negocios y la atención homeopática y social llenaban sus días pero no sus noches. En ellas estaba el secreto de su vocación. Hacía años que persistía en sus experimentos espiritistas cuando, en 1901, sintió o creyó sentir un cambio decisivo: la visita cotidiana del espíritu de su hermano Raúl, muerto en 1887 a la edad de cuatro años en un accidente dolorosísimo (sin querer, se había rociado sus ropas con el queroseno ardiente de una lámpara). Sobre lo verdadero o falso de la aparición de este y otros espíritus a Madero, el historiador —escéptico, en principio— no puede pronunciarse, aunque tampoco necesita hacerlo. Tanto si las revelaciones eran reales como si expresaban, más bien, una proyección inconsciente del poseído, el resultado es el mismo: conformaron el andamiaje de creencias que Madero desarrolló sobre sí mismo y que rigió su vida, independientemente de su origen astral o psicológico.

Al círculo espírita que organiza Francisco con otros cuatro amigos y parientes comienzan a acudir, según sus testimonios, además de «Raúl», almas de amigos desdichados, de tías muertas hacía años y aun de liberales legendarios recién fallecidos, como el general Mariano Escobedo. Aquellas arduas sesiones alrededor de la mesa circular de Francisco en San Pedro de las Colonias no eran excepcionales en Coahuila, tierra de sombras y desiertos en la que el paisaje tiene en sí mismo cualidades animistas. En tanto que entre el pueblo era común el saurianismo (de zahorí) con su secuela de taumaturgia, miedos y visiones, las clases elevadas, de raíz criolla y católica pero por siglos alejadas geográfica y culturalmente del centro religioso del país, se abandonaban a nuevas vivencias místicas más acordes con la soledad física y social que las rodeaba.

A partir de aquel año de 1901, el «espíritu» de Raúl —llamémosle también así— inculca en Francisco hábitos extremos de disciplina, abnegación y pureza, tratando siempre de ayudarlo a «dominar la materia» en favor de las «cuestiones del espíritu».[12] Bajo aquella férula intangible, Francisco se torna vegetariano y madrugador, deja de fumar y destruye sus cavas privadas. Pero los ritos de limpieza a que se somete no tienen sentido ascético sino activo. «Sólo practicando la caridad en la más amplia acepción de la palabra», escribe, a través suyo, «Raúl», «podrás tener en este mundo la única felicidad.» «Socorrer» a los demás debía ser su misión y la de su familia.

«Ustedes no son dueños de las riquezas y deben darle a éstas el mejor empleo que les ordene el verdadero dueño del cual ustedes son sirvientes [...] Las únicas riquezas que tienen son las buenas obras que hacen.»[13]

Francisco podía «hacer mucho bien» a los pobres «curándolos» con sonambulismo, magnetismo y homeopatía. El espiritismo constituía una «poderosa palanca» para evitar que tanta gente sufriera «los tormentos del hambre y del frío». Sin dilación, Francisco intensifica entonces su cruzada caritativa, invariablemente acompañada de la prevención de consultar al «espíritu» en solicitud no sólo de consejos específicos sobre la pertinencia de una cura o una medicina, sino de orientación sobre la veracidad de los sufrimientos y peticiones de los pobres que lo acosan como a un hombre-maná. El celoso «espíritu» de Raúl perfila en el alma de Francisco una ética del desprendimiento fundada en la culpa.

A sus inquietudes por la posibilidad de quedarse soltero, «Raúl» le responde: «No es la falta de matrimonio una misión sino una expiación». Si se quedaba soltero sería por castigo a las faltas cometidas en su vida o en encarnaciones anteriores. Hacia el mes de septiembre de 1901, en vísperas de un viaje, «Raúl» amonesta:

«Si vas a Monterrey, procura dejar a todos tus pobres con lo necesario para que vivan mientras estés ausente, pues es una crueldad que porque tú andes en Monterrey paseándote y divirtiéndote, vayan a sufrir algunos infelices de todos los horrores del hambre».[14]

A fines de 1902 «Raúl» sugiere la invocación de otras almas. Mientras éstas llegan, el 2 de abril de 1903 el gobernador de Nuevo León, Bernardo Reyes, reprime con violencia una manifestación opositora. El joven Madero se impresiona con las noticias. Por la familia conocía ya la historia de las imposiciones políticas de Porfirio Díaz, sobre todo en el estado de Coahuila. Pero ahora la historia se hacía presente y tangible. Meses más tarde el evanescente «espíritu» de Raúl le indica otro rumbo:

«Aspira a hacer bien a tus conciudadanos, haciendo tal o cual obra útil, trabajando por algún ideal elevado que venga a elevar el nivel moral de la sociedad, que venga a sacarla de la opresión, de la esclavitud y el fanatismo».[15]

Aquélla fue, en sentido estricto, una iluminación. La vertiente más amplia de la caridad se llamaba política. «Los grandes hombres», señalaba premonitoriamente el «espíritu», «derraman su sangre por la salvación de su patria.» A medida que su recién descubierta vocación se perfilaba, Madero concentró sus energías en dar los primeros pasos dentro del nuevo «campo de combate». En 1904 entablaría cerrada batalla electoral en su municipio.

Un año más tarde, la espiral democrática se ensanchó, convirtiéndose en una dinamo política en las elecciones del estado de Coahuila.

Pero no por eso abandona sus actividades espiritistas. Devotamente recibe y lee *La Aurora Espírita*, mantiene correspondencia fervorosa con «correligionarios» de varias ciudades del país, y en medio de sus negocios y afanes políticos encuentra tiempo para escribir artículos sobre temas un tanto vastos —Dios y la creación— en *La Grey Astral*.

Significativamente, no firma estos artículos con su nombre sino con el de su *alter ego*, el dubitativo príncipe del *Baghavad Gita* a quien el dios Krishna revela los secretos de la vida: Arjuna.

# Elegido por la Providencia

En los primeros meses de 1905 y con vistas a su tercera reelección como gobernador del estado de Coahuila, Miguel Cárdenas confiaba al sempiterno presidente Porfirio Díaz sus preocupaciones: «Si bien los señores Madero no sacan la mano, siguen gastando dinero en algunas maniobras políticas. No juzgo remoto que el señor Madero, animado por la pasión política que le ha acometido y por los recursos pecuniarios con que cuenta, pueda promover algunas dificultades y llegar hasta el escándalo».[16]

Tenía motivos para preocuparse. Había surgido un fuerte movimiento oposicionista. El joven Madero, a quien muy pronto comenzarían a tildar de «chiflado» y «desequilibrado», apoyaba la candidatura de Frumencio Fuentes mediante una activa organización de clubes políticos y con el financiamiento de *El Demócrata* y *El Mosco*, periódicos de opinión y sátira, respectivamente. El presidente consultó al general Reyes si convendría encarcelar a Madero, lo que el procónsul desaconsejó, sugiriendo en cambio estacionar en la región Lagunera un buen escuadrón de caballería y persuadir al viejo Francisco de la necesidad de aquietar a su hijo. Finalmente, las elecciones se llevaron a cabo con relativa paz a mediados de septiembre. El esperado resultado, por supuesto, fue favorable al candidato oficial.[17]

Al sobrevenir este segundo fracaso electoral en su carrera política —el primero había sido en su propio municipio de San Pedro de las Colonias en 1904—, Madero no pierde la fe: publica un manifiesto en el cual declara que la soberanía del Estado ha sido siempre «un mito» y lamenta que «el esfuerzo hubiese sido nulificado en las juntas de escrutinio por las chicanas oficiales». La derrota no lo aquieta: lo alerta. Presintiendo que la curva de su espiral democrática abarcará en unos años a la nación entera, decide no impugnar el resultado de los comicios estatales. Por esos días escribe a su hermano Evaristo pidiéndole que regrese de París para intervenir en «la gran lucha política que se está preparando para el futuro».[18]

Una vez *tocado* por su misión, nace el apóstol. No es un maestro de la verdad o de la revelación, porque no tiene ni busca discípulos. Tampoco es un sacerdote laico, porque no ejerce sedentaria y profesionalmente su credo. Menos aún es un profeta, porque no anuncia el futuro ni levanta su voz para anatematizar el orden presente. Es un «predicador»: un médium de espiritualidad política que encarna y lleva un mensaje de cambio a todos los lugares a través de la palabra.

A su casa franciscana de San Pedro de las Colonias comienzan a llegar decenas de cartas de tema político que contesta con emoción y diligencia. Una de sus respuestas, escrita en plena batalla electoral (junio de 1905) a su «estimado amigo y correligionario» Espiridión Calderón, vale por todas. En ella está Madero de cuerpo —es decir, de alma— entero:

«Con personas que tienen su fe y su resolución nunca se pierde, pues aunque los ideales que uno persigue no se realicen tan pronto como uno deseara, cada esfuerzo nos acerca a su realización.

»Si (contra lo que espero) somos derrotados en esta lucha, nuestros esfuerzos no habrán sido vanos. Habremos depositado la semilla de la libertad y tendremos que cultivarla cuando germine hasta que llegue a ser el frondoso árbol que cubra con su sombra bienhechora.

»Hace veinte siglos Jesús depositó la semilla del amor: "Amaos los unos a los otros", y aún vemos guerras terribles. Las naciones se arruinan sosteniendo ejércitos inmensos, marinas formidables y en Extremo Oriente se han derramado torrentes de sangre sólo por el capricho de un hombre, de un déspota orgulloso y vano que no ha vacilado en sacrificar a su orgullo las riquezas, la sangre y la honra de los rusos.

»Sin embargo, aquella semilla ha germinado. La humanidad ha progresado. Los principios de Libertad, Igualdad y Fraternidad empiezan a regir en muchas partes del mundo y no está lejano el día en que dominen en el mundo entero ... poco a poco irán destruyéndose las tiranías, y la libertad, que traerá consigo más Justicia y más Amor, hará que se cumplan las palabras del Crucificado».[19]

La bondad de Madero se ha confundido siempre con cierta ingenuidad. Nada más remoto a esta inteligencia fervorosa y despejada que la inocencia. Desde 1905 traza, con precisión matemática, un plan para democratizar México. El primer paso es afianzar relaciones con los elementos independientes, como el tenaz periodista liberal Filomeno Mata, como Fernando Iglesias Calderón o Francisco P. Sentíes.

En 1906 apoya pecuniaria y moralmente a Ricardo Flores Magón, pero muy pronto rechaza su voluntarismo revolucionario no sólo en términos morales sino políticos. (Según Madero, «el pueblo vería favorablemente una campaña democrática» en 1909. La historia no lo desmintió.) A Paulino Martínez —encarcelado por el régimen— le envía dinero en 1906 y le aconseja desistir de sacrificios estériles, optar por una labor de crítica prudente y darle tiempo al tiempo.

La política no desplaza al espiritismo: nace de él. En abril de 1906 Madero acude, como delegado del Centro de Estudios Psicológicos de San Pedro de las Colonias, al Primer Congreso Nacional Espírita. Allí sostiene el argumento de que el espiritismo es síntesis suprema de religión y ciencia.

Hacia 1907 un espíritu más militante guiaba sus pasos: «José». Madero transcribe primero sus comunicaciones en hojas de papel, pero a medida que la tensión mística aumenta adquiere un cuaderno de pastas duras en el que vierte, con letra clara y segura, los dictados de «José». El sentido de su prédica es en el fondo similar al de «Raúl» en 1901. Pero los ejercicios espirituales a los que «somete» a Francisco y los objetivos de la misión política que le impone son mucho más amplios, precisos e intensos.

Al releer ese cuaderno, intacto después de casi ochenta años, resulta imposible no recordar a Ignacio de Loyola (en cuyo honor se dio a Madero su segundo nombre). Cada página es una lucha contra el «yugo de los instintos», un despliegue de «esfuerzos gigantescos por vencer la animalidad ... la naturaleza inferior ... el descenso a los más tenebrosos abismos». Para lograrlo, el espíritu «José» recurre, como «Raúl», a la culpa, e incluso a la abierta amenaza de abandonar a Francisco para siempre. Pero el mayor acicate no era el miedo sino la promesa de recompensa: si dominaba sus pasiones inferiores, le advertía, «podríamos hacer algo útil, eficaz y de verdadera trascendencia para el progreso de tu patria». Y no sólo México vería sus frutos, también el obediente Francisco y su esposa, que así podrían engendrar la descendencia que anhelaban.

Los métodos de aquella doma fueron terribles: «ardientes oraciones», «tristísimas reflexiones» y «propósitos firmísimos de purificación» seguían a cada pequeña caída en el fango del instinto. «José» le recomendaba «no dejar ni un momento la mente desocupada», «curar seguido», hacer emanaciones, rezar, «comunicarse cuando menos una vez al día con nosotros», «releer con frecuencia las comunicaciones», apartarse a un «solitario lugar» —probablemente un tapanco en su hacienda— donde podría absorber «fluidos purísimos»:

«Procura abstraerte completamente del mundo externo y encerrarte dentro de ti mismo en el mundo interno, en donde reina perfecta calma y un silencio profundo a la vez que majestuoso».

«Que una disciplina severa domine todos tus actos», le ordena de pronto, en apoyo de «José», otro espíritu, «que todas tus acciones respondan a un plan.»[20]

El plan se delinea con nitidez. Además de sostener —de acuerdo con los dictados del «espíritu»— una creciente prédica político-epistolar con correligionarios de Coahuila y el resto del país, en 1907 Madero escribe en diarios de oposición que a menudo también financia. Conforme logra en 1907 la doma de su «naturaleza inferior» (que lo llevó probablemente a la abstinencia sexual), el «espíritu» revela al espírita su misión. En octubre de 1907, convencido ya del triunfo de su discípulo y «hermano» sobre la materia, en el solitario tapanco de aquella hacienda tiene lugar, en sentido estricto, una quijotesca ceremonia de ordenación:

«Póstrate ante tu Dios para que te arme caballero, para que te cubra con sus divinas emanaciones contra los dardos envenenados de tus enemigos ... [Ahora eres] miembro de la gran familia espiritual que rige los destinos de este planeta, soldado de la libertad y el progreso ... que milita bajo las generosas banderas de Jesús de Nazareth ...».

Ese mismo mes el espíritu le advierte la cercanía de la lucha y le ordena: «Lee historia de México ... a fin de que cuanto antes principies tu trabajo». Mediante el esfuerzo y la abnegación, «1908 será ... la base de [tu] carrera política»: «el libro que vas a escribir va a ser el que dé la medida en que deben apreciarte tus conciudadanos».

Para preparar aquel libro, Madero entró desde fines de 1907 en un estado de creciente tensión mística. «Aconsejado» por el implacable «José», se levanta más temprano, se acuesta tarde, suprime con gran dificultad la religiosa siesta, come poco, no toma alcohol, esquiva el ocio y las personas, y traza un plan detallado de lecturas que incluye todo el *México a través de los siglos*. Mientras avanza, el espíritu lo anima: «No te das cuenta del poder que tienes». En noviembre de 1907 le susurra al oído por primera vez: «Estás llamado a prestar importantísimos servicios a la patria». En enero de 1908 utiliza palabras y un tono aún más sacramentales: «Estás predestinado para cumplir con una misión de gran importancia ... la corona la tendrás de todas maneras, pero tus actos en este año determinarán si será de laurel o de espinas». En junio, «José» no sólo le prescribe la vigilia sino el sueño:

«Hacer tus oraciones, tus emanaciones, tus inspiraciones y luego, bajo la influencia de las emanaciones, concentrar la vista en la'bola de cristal por espacio de quince minutos, proponiéndote automagnetizarte y entrar en sueño lúcido durante veinte minutos. Antes de dormirte te formarás el propósito del asunto que quieres investigar durante tu sueño, entendido que ha de tener algún objeto elevado, armónico con tus más nobles aspiraciones».

Hacia agosto de 1908 Madero concluye su investigación. Para entonces habían cesado por completo las prédicas contra los instintos. No las necesitaba: su reino ya no era de este mundo.

En septiembre y octubre de 1908 el libro va tomando forma. Casi siempre en español, pero a veces en francés, «José» alienta a Francisco con excelentes consejos de organización intelectual. Al faltar ya solamente los tres capítulos finales del libro, «José» le confirma los mejores augurios:

«Nuestros esfuerzos están dando resultados admirables en toda la República y en todas partes se nota cierto fermento, cierta ansiedad, que tu libro va a calmar, a orientar y que tus esfuerzos posteriores van a encauzar definitivamente. Cada día vemos más claro el brillante triunfo que va a coronar tus esfuerzos. Ahora sí podemos asegurarte, sin temor a incurrir en un error, que el triunfo de ustedes es seguro en la primera campaña».

En opinión de «José», el enemigo lo era cada vez menos. Mientras en el país se seguía creyendo, a despecho de sus reiteradas promesas incumplidas, en la omnipotencia de don Porfirio, Madero y sus espíritus disentían:

«Ya no tiene el vigor de antes y su energía ha decaído considerablemente, a la vez que las poderosas pasiones que lo movían se han ido amortiguando con los años. Ni los que lo rodean sienten el apego a su persona que sentían hace algunos años, pues con tanto tiempo de poder absoluto se ha hecho cada día más déspota con los que lo rodean, que le sirven por miedo o por interés, pero no por amor».

35

El 30 de octubre de 1908, al cumplir sus treinta y cinco años y casi concluido su trabajo, Madero apunta en su cuaderno de mediumnimidad un mensaje de «José», decisivo e impecable no en términos ortográficos sino biográficos:[21]

«Sobre ti pesa una responsabilidad enorme. Has visto ... el precipicio hacia donde se presipita [sic] tu Patria. Cobarde de ti si no la previenes ... tú has sido elejido [sic] por tu Padre Celestial para cumplir una gran misión en la Tierra ... es menester que a esa causa divina sacrifiques todo lo material, lo terrenal y dediques tus esfuerzos todos a su valorización».

A mediados de noviembre se registra una comunicación aún más importante:

«El triunfo de usted va a ser brillantísimo y de consecuencias incalculables para nuestro querido México. Su libro va a hacer furor por toda la República ... al G[eneral] D[íaz] le va a ... infundir verdadero pánico ... Usted tiene que combatir un hombre astuto, falso, hipócrita. Pues ya sabe cuáles son las antítesis que debe proponerle: contra astucia, lealtad; contra falsedad, sinceridad; contra hipocresía, franqueza».

Lo firmaban dos iniciales: «B.J.».[22]

Con el aval del espíritu «José» y con la bendición ultraterrena del mismísimo Benito Juárez, Madero ya sólo necesitaba el permiso de su padre, sin el cual no podía cortar con los «últimos eslabones de su naturaleza inferior». Antes de solicitarlo, concluye la obra que defendería «los intereses del pueblo desventurado» y vierte la última comunicación en el cuaderno. El espíritu le confirma una vez más el buen «desenlace del gran drama que se dará en el territorio nacional el año de 1910»; pero, al calce, «José» comete el error de firmar con un nombre distinto: Francisco I. Madero.

Luego de dar a las prensas su libro, Francisco se retira absolutamente solo por cuarenta días y sus noches al desierto contiguo a su rancho Australia.[23] Al despuntar el nuevo año escribe a su padre una carta en que expone los motivos para publicar el libro, a más tardar, el 25 de ese mes. Sus argumentos de fondo no son de índole política:

«Entre los espíritus que pueblan el espacio existe una porción que se preocupa grandemente por la evolución de la humanidad, por su progreso, y cada vez que se prepara algún acontecimiento de importancia en cualquier parte del globo, encarna gran número de ellos, a fin de llevarlo adelante, a fin de salvar a tal o cual pueblo del yugo de la tiranía, del fanatismo, y darle la libertad, que es el medio más poderoso de que los pueblos progresen».[24]

El era uno de esos espíritus. «He sido elegido por la Providencia», explicaba a su padre; «no me arredran la pobreza ni la prisión, ni la muerte.»[25]

«Creo que sirviendo a mi patria en las actuales condiciones cumplo con un deber sagrado, obro de acuerdo con el plan divino que quiere la rápida evolución de todos los seres y, siendo guiado por un móvil tan elevado, no vacilo en exponer mi tranquilidad, mi fortuna, mi libertad y mi vida. Para mí, que creo firmemente en la inmortalidad del alma, la muerte no existe; para mí, que tengo gustos tan sencillos, la fortuna no me hace falta; para mí, que he llegado a identificar mi vida con una causa noble y elevada, no existe otra tranquilidad que la de la conciencia y sólo la obtengo cumpliendo con mi deber.»[26]

Don Francisco vacila, pero el hijo insiste: el libro ya estaba escrito. El había sido «elegido por la Providencia» para escribirlo. A riesgo de «pagar con su vida por el fracaso», necesitaba el permiso que días después, por telegrama, finalmente obtuvo. El 23 de enero agradece al padre con estas palabras:

«Ahora sí ya no tengo la menor duda de que la Providencia guía mis pasos y me protege visiblemente, pues en el hecho de haber recibido su bendición veo su mano, en la circunstancia de haberlo presentido tan claramente distingo su influencia, percibo su modo de guiarme, de dirigirme y de alentarme, pues si el laconismo forzoso del telegrama sólo me trajo su resolución definitiva, la visión que tuve anoche me reveló que esa resolución era sin violencia, obedeciendo a sus más nobles sentimientos, y aunque hacían un sacrificio sublime, se quedaban llenos de confianza en el porvenir, aceptaban con noble serenidad las consecuencias de la nueva vida de actividad y de lucha que se inicia».

Al entrar en la liga de la política nacional, Madero no lanzaba un manifiesto, no emitía una proclama, no profería un grito. Realizaba algo más convincente e insólito: publicaba el producto de aquellas sesiones fervorosas, *La sucesión presidencial en 1910*. La primera edición salió a la luz a principios de 1909 y se vendió como pan caliente. Vale la pena recordar sus ideas principales, porque ha llovido tanta tinta sobre el maderismo que pocos se acuerdan ya de lo que dijo Madero. El libro —dedicado a los constituyentes del 57, a los periodistas independientes y a los «buenos mexicanos que muy pronto se revelarán al mundo por su entereza y su energía»— admite quizá ser resumido en dos fórmulas casi homeopáticas: diagnóstico del mal mexicano y receta para curarlo.

El mal mexicano, consecuencia natural del militarismo que asoló todo nuestro siglo XIX, era para Madero el poder absoluto, el poder en manos de un solo hombre. No hay progreso real que lo resista ni hombre infalible que lo ejerza con equilibrio. El ejemplo —decía Madero— está a la vista: en 1905, el pequeño Japón, fortalecido por la democracia, humilla al enmohecido Imperio ruso. Madero desplegaba cierto conocimiento de cultura latina y familiaridad moral con los liberales de la Reforma y la República Restaurada, a los que había leído cuidadosamente. El libro aportaba varios ejemplos históricos pertinentes sobre el poder absoluto, pero ninguno tan efectivo como el del propio zar mexicano. Era veneno puro transcribir para la opinión pública en 1909 los planes porfiristas de La Noria (1871) y Tuxtepec (1876), y recordar que la bandera con que había llegado Díaz al poder era, justamente, la no reelección: «Que ningún ciudadano se imponga y perpetúe en el ejercicio del poder», proclamaba el chinaco Díaz en 1871, «y ésta será la última revolución». Lo cierto —escribía Madero— es que al general Díaz —por lo demás hombre moderado, honesto y patriota— lo obsesionaba desde entonces una idea fija: conquistar el poder y retenerlo costara lo que costase. Sus paniaguados opinaban que era el hombre «necesario», «el buen dictador», pero el balance de sus treinta años de administración arrojaba —cuando menos en dos sentidos— números rojos.

En el frágil activo, Madero le reconocía, entre otras cosas, gran progreso material (aunque al precio de la libertad), algún auge agrícola (aunque no sin importación de cereales), industria boyante (aunque monopólica y subsidiaria), paz indudable (a costa de sacrificar la vida política). El pasivo, en cambio, era, en palabras de Madero, «aterrador»: la «fuerza bruta» en Tomochic, la esclavitud del pueblo yaqui, la represión de obreros en Cananea y Río Blanco, analfabetismo, concesiones excesivas a Estados Unidos y feroz centralización política. Llagas sociales, económicas y políticas que se traducían en algo peor:

llagas morales. Según Madero, el poder absoluto había inoculado en el mexicano

«... la corrupción del ánimo, el desinterés por la vida pública, un desdén por la ley y una tendencia al disimulo, al cinismo, al miedo. En la sociedad que abdica de su libertad y renuncia a la responsabilidad de gobernarse a sí misma hay una mutilación, una degradación, un envilecimiento que pueden traducirse fácilmente en sumisión ante el extranjero ...».

«Estamos durmiendo», profetizaba Madero, «bajo la fresca pero dañosa sombra del árbol venenoso ... no hay que engañarnos, vamos a un precipicio.»[27]

Si don Porfirio tenía su idea fija (el poder), don Pancho tenía la suya (poner límites al poder). Con buena lógica, y en un lenguaje que hasta sus detractores consideraron «virilmente franco y accesible a todas las inteligencias», Madero proponía el remedio: restaurar las prácticas democráticas y la libertad política que iguala a los hombres ante la ley; volver, en suma, a la Constitución del 57. Para ello había que organizar un Partido Nacional Democrático bajo el lema «Libertad de sufragio, no reelección». Díaz podía ser reelegido libremente, retirarse a la vida privada o, como transacción, podría seguir en la presidencia por un periodo más —hasta sus ochenta y seis años—, pero admitiendo la libertad de sufragio para la vicepresidencia y parte de las gubernaturas y cámaras. Lo que Madero proponía, en fin, era hacer efectivas las palabras del propio Díaz en la entrevista con Bulnes en 1903: «Usted no es capaz de encontrar un sucesor más digno ... que la ley».[28]

El 2 de febrero de 1909, Madero envía su libro al «Gran Elector» con la pálida esperanza de volverlo, más bien, «el gran lector». Acompaña el libro de una carta firme, respetuosa, noble, en la que explícitamente le ofrece la inmortalidad histórica a cambio de la democracia:

«Para el desarrollo de su política, basada principalmente en la conservación de la paz, se ha visto usted precisado a revestirse de un poder absoluto que usted llama patriarcal ... La nación toda desea que el sucesor de usted sea la Ley, mientras que los ambiciosos que quieren ocultar sus miras personalistas y pretenden adular a usted dicen que "necesitamos un hombre que siga la hábil política del general Díaz" ... si por convicción, o por consecuentar con un grupo redu-

39

cido de amigos, quiere usted perpetuar entre nosotros el régimen de poder absoluto, tendrá que constituirse en jefe de partido, y aunque no entre en su ánimo recurrir a medios ilegales y bajos para asegurar el triunfo de su candidatura, tendrá que aprobar o dejar sin castigo las faltas que cometan sus partidarios y cargar con la responsabilidad de ellas ante la historia y ante sus contemporáneos ... si me he tomado la libertad de dirigirle la presente, es porque me creo con el deber de delinearle a grandes rasgos las ideas que he expuesto en mi libro, y porque tengo la esperanza de obtener de usted alguna declaración que, publicada y confirmada muy pronto por los hechos, haga comprender al pueblo mexicano que ya es tiempo de que haga uso de sus derechos cívicos y que, al entrar por esa nueva vía, no debe ver en usted una amenaza, sino un protector; no debe considerarlo como el poco escrupuloso jefe de un partido, sino como el severo guardián de la ley, como la grandiosa encarnación de la patria».[29]

En algún lugar de la Vía Láctea, «Raúl» y «José» sonrieron satisfechos.

# Los hechos del «Apóstol»

En ese momento Madero inicia la mayor enseñanza práctica de democracia ejercida por un hombre en toda la historia mexicana. El secreto del «Apóstol de la Democracia», como empezaba ya a conocérsele, era claro y sencillo: desplegar frente a la mística de la autoridad, encarnada en Porfirio Díaz, una mística inversa: la mística de la libertad. «Soy ante todo», solía repetir, «un demócrata convencido.»[30] Posteriormente, del 27 de febrero a mediados de junio de 1909, encabeza en la ciudad de México los trabajos del Centro Antirreeleccionista que se funda en mayo. Al mes siguiente aparece el primer número de *El Antirreeleccionista*, dirigido por el joven filósofo y abogado José Vasconcelos y en cuyas páginas colaboran Luis Cabrera, Toribio Esquivel Obregón y Federico González Garza. En junio se expide también el primer manifiesto del Centro, que firman, entre otros, viejos personajes de la oposición, como Emilio Vázquez Gómez, Filomeno Mata y Paulino Martínez. Para entonces Madero ha vendido ya una porción considerable de sus bienes —castigando el precio— para obtener liquidez. Así pudo financiar buena parte de los trabajos antirreeleccionistas e iniciar una serie de largos recorridos por la República acompañado de una escasa comitiva.[31]

La primera gira toca Veracruz (lo aclaman dos mil personas), Progreso (tres mil lo vitorean), Mérida, Campeche, Tampico, Monterrey (acuden tres mil personas) y concluye en San Pedro de las Colonias. En varios lugares, grandes y pequeños, por donde pasa, Madero funda un club antirreeleccionista. En septiembre viaja por su estado natal y recibe la buena nueva de que el general Reyes ha dejado plantados a sus partidarios aceptando del presidente una misión militar de segundo orden en Europa. En octubre, exhausto por la tensión política y espiritual, Madero enferma y se recluye cinco semanas en Tehuacán, desde donde mantiene correspondencia abundantísima con cientos de simpatizantes de toda la República.

En diciembre, acompañado del elocuente Roque Estrada, inicia su segunda gira. Recorre Querétaro, Guadalajara (seis mil personas), Colima (mil), Mazatlán (dos mil en el Circo Atayde), Culiacán (donde declara: «Venimos a predicar la democracia»), Navojoa (lo recibe Benjamín Hill), Alamos, Guaymas (José María Maytorena encabeza a tres mil personas), Hermosillo, Nogales, Ciudad Juárez, Chihuahua (conoce a Pancho Villa), Parral (se le recibe con gran fiesta), Torreón, y vuelve a San Pedro de las Colonias.

El fervor político no le impide comunicarse con sus espíritus. Lo hace con infalible puntualidad. Tampoco desvanece en él al médico de almas. En aquel año de 1909, el gobernador de Coahuila —Jesús de Valle— y su hijo, Artemio de Valle Arizpe, lo vieron en una calle dando «pases curativos» a un borracho.

A principios de 1910, Madero funda el diario *El Constitucional*, que al poco tiempo encargaría a Heriberto Frías, y empieza una tercera gira por Durango (donde, desacertadamente, elogia la política de conciliación de Porfirio Díaz), Zacatecas, Aguascalientes (acuden ocho mil personas) y San Luis Potosí. En cada etapa, la comitiva es vitoreada, pero sufre las más variadas formas de obstrucción que le preparan las autoridades. Días antes de la convención nacional del partido, la obstrucción se intensifica. El gobierno central desarrolla una acción múltiple contra los intereses económicos de la familia Madero: interviene —sin éxito, porque el público sólo acepta su moneda— al Banco de Nuevo León, presiona al fundador de la dinastía, acusa penalmente a Madero de «robo de guayule» y dicta contra él orden de aprehensión, que no se hace efectiva, entre otros azares, por la intercesión de Limantour, cerebro financiero del régimen de Díaz y amigo de los Madero.

En abril de 1910 Madero preside por fin la convención del Partido Antirreeleccionista, que capitaliza, además del propio, el impulso del reyismo sin Reyes. En su discurso, Madero advierte contra el fraude electoral: «La fuerza será repelida por la fuerza». Lo cierto es que Madero no quería la revolución, sino un cambio pacífico, electoral, democrático. Pero el día anterior a la convención había sostenido una entrevista con el propio presidente Díaz a raíz de la cual cambia, en definitiva, de parecer. Sintió que trataba con un «niño o un ranchero ignorante y desconfiado»: «No se puede hacer nada con él», pensó. Madero pidió garantías. Don Porfirio respondió que «tuviera confianza en la Suprema Corte», a lo cual Madero contestó no con un argumento sino con una «franca carcajada»: «Conmigo no dan resultado esas bromitas». A Adrián Aguirre Benavides le confió sus impresiones:

«Te aseguro que el general Díaz me causó el efecto de estar completamente decrépito; no le encontré ninguna de las cualidades que le encuentran quienes lo han entrevistado, pues ni me pareció imponente, ni hábil, ni nada. Por el contrario, tuve la oportunidad de "semblantearlo" por completo. Conocí todos sus proyectos, hasta los que tiene para dentro de unos dos o tres años, mientras que él no supo nada de los nuestros ... no me impresionó absolutamente la entrevista que tuve con él y [creo] que más bien él ha de haber estado convencido de que no logró imponérseme y que no le tengo miedo. El general Díaz ha comprendido por fin que sí hay ciudadanos bastante viriles para ponerse frente a frente. Porfirio no es gallo, sin embargo habrá que iniciar una revolución para derrocarlo».[32]

En mayo Madero inicia su cuarta gira. El ascenso del antirreeleccionismo es vertiginoso, los mítines son más riesgosos e intensos. En Puebla lo aclaman treinta mil personas; en Jalapa, diez mil; en Veracruz sostiene que su programa busca recuperar los derechos de los individuos, las libertades de los municipios y la autonomía de los estados. En Orizaba, escenario de la matanza de Río Blanco, pronuncia frente a veinte mil obreros uno de sus discursos definitorios de política social, anclado en el liberalismo clásico:

«Vosotros deseáis libertad, deseáis que se os respeten vuestros derechos, que se os permita agruparos en sociedades poderosas, a fin de que, unidos, podáis defender vuestros derechos; vosotros deseáis que haya libertad de emitir el pensamiento, a fin de que todos los que aman al pueblo, todos los que se compadecen de vuestros sentimientos, puedan ilustraros, puedan enseñaros cuál es el camino que os llevará a vuestra felicidad; eso es lo que vosotros deseáis, señores, y es bueno que en este momento, que en esta reunión tan numerosa y netamente democrática, demostréis al mundo entero que vosotros no queréis pan, queréis únicamente libertad, porque la libertad os servirá para conquistar el pan».[33]

De Veracruz siguió a Guanajuato, Jalisco y, otra vez, la capital de México. En cada lugar lo vitorean. Lo que Madero renueva es el ideal del liberalismo por el que muchos mexicanos habían luchado en las guerras de Reforma e Intervención. Hubo quien pensó que con él se acabarían los impuestos, los prefectos y las autoridades. «Lo inmenso de aquella arenga apostólica», recuerda su fiel amigo Roque Estrada, «era una tremenda sinceridad iluminada y una fe profunda sentida por la causa.»[34] «Oyéndolo decir tantas verdades», escribe Manuel Bonilla, «era evidente que encarnaba al verdadero apóstol.» No lo disuade la oposición familiar que encabeza el patriarca don Evaristo, quien, como prevención, lega casi todos sus bienes a la apolítica familia de su segunda mujer. Sin romper lazos con los parientes, Francisco acaba por convencer a los familiares más cercanos.

A principios de junio de 1910 emprende la que sería su quinta y última gira. En Saltillo y San Luis Potosí sufre serias hostilidades. Por fin, en Monterrey, el gobierno se decide a apresarlo. Además de iluminar aún más con ese hecho su aureola de apóstol, la acción —en la que quizá don Porfirio no tuvo injerencia directa, o si la tuvo demostró con ello la pérdida de sus facultades— era torpe, contraproducente y tardía. Madero había visitado ya 22 estados y fundado no menos de cien clubes. Era natural que encontrara los arrestos para escribir al presidente de modo abierto y usando palabras que debieron de herir las entrañas «paternales de Porfirio»:

«Con esa actitud se demuestra que usted y sus partidarios rehúyen la lucha en el campo democrático porque comprenden que perderían la partida. La nación no quiere ya que usted la gobierne paternalmente (como dice usted que pretende gobernarla)».[35]

Desde la prisión de San Luis Potosí, adonde se le traslada a fines de junio, Madero prosigue con un ritmo febril sus relaciones epistolares. A todos les infundía el mismo ánimo: «Pueden tener la seguridad todos ustedes de que no flaquearé ni un solo momento». Y no flaquea, en efecto, cuando los resultados electorales de los primeros días de julio le son adversos. Para no dejar expediente legal sin cubrir en el camino, su partido somete al Congreso un vasto y detallado memorial sobre el fraude en las elecciones que, por supuesto, no encuentra mayor eco. Para Madero, que escapa a San Antonio, Texas, el 6 de octubre, y para sus correligionarios en toda la República y en el exilio, el destino se definió con la publicación extemporánea —en San Antonio, en octubre— del Plan de San Luis, que Madero había redactado en su cautiverio con la ayuda, entre otros, de un joven y casi anónimo poeta: Ramón López Velarde. De sus cláusulas sobresalían la asunción de la presidencia provisional por Madero, el desconocimiento de los poderes federales, la restitución de terrenos a pueblos y comunidades despojados, y la libertad de los presos políticos:

«Conciudadanos», exhortaba Madero, «no vaciléis, pues, por un momento: tomad las armas, arrojad del poder a los usurpadores, recobrad vuestros derechos de hombres libres ...».[36]

La arenga patriótica no nubló, por entonces, su sentido práctico. La revolución, que debía estallar el 20 de noviembre de 1910, contaba ya con un mapa de acción y delegados formales en cada sitio. El propio Madero podía invocar quizá, por las noches, a los espíritus propicios, pero en las mañanas escribía a Nueva York pidiendo noticias sobre sus acciones guayuleras... La clave era: una acción = 100 rifles Winchester.[37]

# La revolución de Arjuna

La mañana del domingo 20 de noviembre de 1910, diez hombres, incluido un guía, acompañan al líder de la Revolución a la frontera de Río Grande. En el sitio convenido debía esperarlo el tío Catarino Benavides con cuatrocientos hombres. Al llegar no encuentra a nadie; cuando el tío aparece, su contingente no es de cuatrocientos sino de diez. Con veinte hombres parecía difícil atacar Ciudad Porfirio Díaz. Para colmo, el mismo día llegan noticias sobre una reciente orden de arresto. Madero decide esconderse. A los pocos días viaja de incógnito a la ciudad de Nueva Orleáns con su hermano Raúl (éste llevaba el mismo nombre del hermano muerto en 1887).

Para todos, menos para su caudillo, que entonces ignoraba buena parte de los levantamientos en su favor en Chihuahua, Sonora, Tamaulipas, Coahuila y Veracruz, la esperada Revolución parecía un fiasco. El conservaba la fe por razones místicas y también prácticas: desde el principio comprendió que al general Díaz sólo se le podía derrocar por las armas, pero para hacer efectiva la Revolución había sido indispensable la campaña democrática previa. Así había preparado a la opinión pública y justificado el levantamiento. A juzgar por la reacción que tuvieron sus giras, Madero pensó que la Revolución no podía fallar.[38] La prueba más extraordinaria de su fe está en las cartas que desde Nueva Orleáns remitió a Juana P. de Montiú (seudónimo de su mujer). En una de ellas, fechada el 2 de diciembre de 1910, le informa que duerme bien, no perdona la siesta, lee en una biblioteca, hace ejercicios en la YMCA (Young Men's Christian Association), asiste a la ópera, además de decirle que:

«Nosotros estamos confiados en el resultado final de la lucha y sobre todo tenemos la seguridad de que los acontecimientos siguen el curso que les ha trazado la Providencia ...

»Ya ve mi cielito cómo no se me nota que tan grandes asuntos me preocupan, pues creo que de nada sirve quedarse uno meditabundo y triste; es mejor procurar distraerse a fin de que el espíritu, más descansado y más lúcido, puesto que no está entorpecido por la congoja, pueda resolver con mayor serenidad los arduos problemas que se le presentan».

F. López, seudónimo de su padre, recibió también líneas de esperanza:

«Esta tranquilidad me viene ... de la certidumbre de que los acontecimientos siguen desarrollándose según los designios de la Providencia ... ¿Por qué poner en duda esa intervención, únicamente porque un detalle de más o menos importancia no resulte como lo esperábamos? ... Por lo demás, no sabemos cómo está el sur de México».

Tal vez había que seguir el ejemplo de Vicente Guerrero y acaudillar la Revolución en el sur. El 14 de diciembre, aún con datos escasos en que fundar su optimismo, escribe a su mujer:

«¿Crees tú que nuestros actos puedan tener sobre nosotros consecuencias dolorosas? No, eso no puede ser; es posible que nos vengan algunas contrariedades, pero no serán sino aparentes. Elevándonos un poco las apreciaremos debidamente, veremos su poca importancia y recobraremos la serenidad a que tenemos derecho, porque tenemos la conciencia tranquila, porque sabemos que obramos bien, que estamos cumpliendo con nuestro deber».

Nunca como entonces necesitaba Madero acopiar fuerzas y fe. Las halló, por supuesto, en su propio temple, pero también en una nueva lectura, cuidadosamente anotada, del *Baghavad Gita*. Los espíritus de Raúl y José —llamémosles así una vez más— habían presidido sus dos épocas anteriores de tensión: el ascenso caritativo, de 1901 a 1902, y el político, de 1907 a 1908. A fines de 1910 y principios de 1911, en el exilio y en virtual incomunicación, Madero acudió a la inspiración, más clásica y tangible, de un libro.

En sus largas sesiones en la biblioteca de Nueva Orleáns reunió varios apuntes con el título de *Comentarios al Baghavad Gita*. La obra, como se sabe, consiste esencialmente en un diálogo entre el príncipe Arjuna y el dios Krishna. Aquél duda en iniciar una batalla contra Dhristarashtra, rey de los kurús, porque en sus huestes militan amigos o conocidos y porque, en definitiva, Arjuna no odia a su enemigo. Krishna le incita a combatir y le revela uno a uno los secretos de la vida: la irrealidad de la muerte, el carácter deleznable del mundo de los sentidos, la necesidad de renunciación y una paradoja que debió de impresionar particularmente a Madero:

«... y en verdad te digo que la acción es superior a la inacción ... es dificilísimo, ¡oh Arjuna!, renunciar a la acción sin antes haber servido por medio de la acción ... Escucha mis palabras, ¡oh príncipe!; en verdad te digo que quien ejecuta la acción como un deber, sin apetencia por el fruto de la acción, renuncia a la acción al tiempo que la realiza».

En sus comentarios, Madero escribió que la paradoja de la acción-inacción se resolvía en la palabra clave: deber.

«Es, por consiguiente, posible llegar al grado máximo de virtud y evolución que puede alcanzar el ser humano, dedicándose a la vida ordinaria, a la profesional, a la agricultura, a los negocios, a la política y a todas las ocupaciones que exige la moderna civilización, así como la constitución de un hogar y de una familia; basta para ello unirse espiritualmente con el Ser Supremo, es decir, llegar al resultado de que todos nuestros actos tengan un fin bueno y útil a la humanidad, o sea, que todos ellos estén en armonía con el Plan Divino, porque tienden a favorecer el bienestar del género humano y su evolución. Para lograr este resultado es indispensable, como dice el mismo versículo, "subyugarse a sí mismo", porque de otra manera las pasiones impiden tener la serenidad de espíritu y la rectitud necesarias para obrar siempre bien ... Ya hemos explicado que por "renunciar al fruto de nuestras acciones" debe entenderse que al ejecutar cualquier acto meritorio no debemos hacerlo en vista de la recompensa que de él esperamos, sino por considerar que tal es nuestro deber.»

Deber que, en su caso, parecía tan claro, desinteresado y puro como la frase «liberar a la patria».

De vuelta en Texas, mientras preparaba su regreso a territorio mexicano, Madero llegó a alquilar una máquina de escribir para pasar en limpio sus *Comentarios al Baghavad Gita*. El 23 de febrero, en carta a su esposa, Madero revela haberse identificado aún más con Arjuna, su antiguo seudónimo, y tener la intuición de que su vida no peligra.

En febrero de 1911 Madero entra por fin en México con 130 hombres. Al poco tiempo acaudilla personalmente un ataque a Casas Grandes en el que es herido en un brazo. Durante un par de meses dirigirá, no siempre con orden y concierto, las operaciones revolucionarias. Sabe un poco, pero presiente más, que la lucha se ha extendido por la República. Las juntas revolucionarias de la franja fronteriza norteamericana operan con desahogo. El gobierno norteamericano no obstaculiza mayormente el flujo de armas. El cabildeo contratado en Washington comienza a surtir efecto. El sabotaje a las líneas telegráficas y férreas dificulta los movimientos de un ejército federal menos fiero de como lo pintaban. Los hechos de armas se duplican de febrero a marzo y en abril abarcan ya 18 estados. En Nueva York, Washington y la frontera, el gobierno de Díaz se sienta a la mesa de las negociaciones.

En marzo, Limantour conferencia en Nueva York con el doctor Francisco Vázquez Gómez —agente confidencial del gobierno—, Francisco Madero padre y su hijo Gustavo sobre las condiciones de un arreglo. No se habla entonces de la renuncia de Díaz, pero sí de una democratización general en el gabinete, los estados, los poderes y las libertades públicas. En su mensaje del 1.º de abril, el presidente intenta un golpe que en otras circunstancias, con otra edad y frente a un contrincante menos fervoroso que Madero, hubiera sido maestro: toma como suyas las banderas de la Revolución, incluido el «interesante» punto del reparto agrario, y remienda por completo su longevo gabinete. Cumplidas las condiciones, no había ya razón para que los «mexicanos lamentablemente equivocados o perversamente engañados» se negasen a deponer las armas. Madero, sin embargo, no da marcha atrás: no considera «suficiente garantía» una promesa de la administración y exige la dimisión del presidente Díaz y el vicepresidente Corral. Al enterarse de las declaraciones del presidente, el viejo don Evaristo Madero comienza a creer en el posible triunfo de «Panchito»; el 6 de abril de 1911, quizá con esa convicción, muere.

Las pláticas continúan. El 23 de abril se pacta un armisticio de cinco días frente a Ciudad Juárez. Dos enviados oficiosos del gobierno manejan la posibilidad de una diarquía casi bipartidista. El magistrado Francisco Carvajal trae, a principios de mayo, facultades plenas de negociación. La jefatura revolucionaria en pleno firma un acta de 14 puntos en la que detalla las condiciones del arreglo: entre otras, pago de haberes a las tropas revolucionarias, libertad a los presos políticos, nombramiento por el Partido Revolucionario de los secretarios de Guerra, Instrucción Pública, Gobernación, Justicia, Comunicaciones y Obras Públicas. La renuncia de Díaz no estaba prevista en esos 14 puntos, pero sí se juzgaba necesaria.

En ese momento, Madero comienza a fluctuar. Firma el acta, al día siguiente se arrepiente y al poco tiempo se arrepiente de arrepentirse. Enfrentado a la dimisión de Díaz, presiente que se acerca el momento del triunfo y la necesidad de ejercer, por primera vez, el mando ejecutivo, no el de la oposición. Pero Madero sólo entiende el mando bajo el atributo de la magnanimidad. De ahí que —según Vázquez Gómez— insista en la conveniencia de que, aun en el caso de que se pida la renuncia del general Díaz, se haga «en forma en que no se le lastime, para ver si de esta manera se logra evitar mayor derramamiento de sangre ...».

El 7 de mayo, en un manifiesto a la nación, el presidente admite que la rebelión de noviembre «paulatinamente ha ido extendiéndose», declara que «el espíritu de reforma ha invadido también la administración pública de las entidades federativas» y —acto decisivo— concede implícitamente la posibilidad de renunciar «cuando su conciencia le diga que al retirarse no entrega el país a la anarquía». Cualesquiera que fueran sus intenciones, el manifiesto fortalece la causa revolucionaria. Al día siguiente, frente a Ciudad Juárez, Madero duda una vez más. Desea que cese el fuego, pero sus tropas, comandadas por Pascual Orozco y Francisco Villa, lo rebasan.

El 10 la ciudad cae en manos de la Revolución.[39] Tres días más tarde, Orozco y Villa reclaman a Madero la vida del general Navarro, comandante federal de la plaza. Madero se niega a concedérsela y sale de sus oficinas. Minutos después, «sudoroso y pidiendo agua para beber», llega a la casa en que se hospeda. El doctor Vázquez Gómez le pregunta: «¿De dónde viene usted tan agitado?», a lo que Madero responde:

«Vengo de llevar al general Navarro y a su estado mayor a la orilla del río, pues querían fusilarlos ... Me los llevé en un automóvil hasta la margen del Bravo y de allí pasaron al otro lado».[40]

El 21 de mayo se firmaron finalmente los tratados de Ciudad Juárez, con los que concluía la Revolución. El presidente y el vicepresidente dimitirían de sus cargos antes del fin de mayo; el secretario de Relaciones, Francisco León de la Barra, asumiría la presidencia interina para convocar elecciones generales; el licenciamiento de tropas se efectuaría a medida que en cada estado se diesen condiciones de tranquilidad y orden. Cuatro días después, Porfirio Díaz presentaba su renuncia. «Estoy más orgulloso por las victorias obtenidas en el campo de la democracia que por las alcanzadas en los campos de batalla», proclamó entonces Madero.[41] Hasta ese momento tenía razón. La Revolución había sido particularmente incruenta. Nadie mejor que José Vasconcelos para expresar ese instante estelar de la pasión maderista:

«El propósito inicial de Madero era despertar el alma de la nación o crearle un alma a la pobre masa torturada de los mexicanos. No predicaba venganzas ... lo movía el amor de sus compatriotas ... A puertas abiertas empezó su carrera ... nada de conspiraciones a la sombra; todo su corazón lo abrió a la luz y resultó que toda la República le cupo dentro».

# Derrota en la victoria

La estrella maderista llegaba a su cenit. La algarabía del pueblo presagiaba todas las venturas para «el Apóstol». En cada estación se le aclamó. Por donde pasaba se oían aplausos, vivas, repique de campanas y cohetes. El 7 de junio de 1911 Madero hace su entrada triunfal en la ciudad de México, luego de un fortísimo temblor de tierra ocurrido en la madrugada.[42] Lo reciben cien mil personas eufóricas, la quinta parte de la población total. Dos palabras mágicas pintadas en las bardas y en las conciencias resumían el momento: «¡Viva Madero!». La esposa de un diplomático extranjero apuntó en su diario esta imagen del libertador de treinta y siete años: «Madero posee una sonrisa agradable y espontánea. Hay algo en él de juventud, de esperanza y de bondad personal».[43]

Aquélla era una fiesta de la libertad. Pero ¿cuáles eran las razones profundas de la algarabía? Daniel Cosío Villegas las expresó con sensibilidad y agudeza:

«La bandera maderista era una verdadera reivindicación, mucho más general y más honda de lo que han creído los propios apologistas de la Revolución. Era la reivindicación de la libertad individual para determinar la vida pública del país: era la reivindicación del individuo contra el poder opresor del Estado; de la ley ante la fuerza; del gobierno de instituciones contra el gobierno personal y tiránico; era el reconocimiento del viejo apotegma bíblico de que no sólo de pan vive el hombre, de que la satisfacción y el gusto del hombre proceden tanto del progreso material como de sentirse libre, incluso para resolver si quiere ese progreso, y en dónde, cómo y cuándo. Si se recuerda cuán vieja era la lucha del mexicano por la libertad; si se recuerda cuánto había sangrado por lograrla; si se recuerda que la tuvo en sus manos, hasta abusar de ella, en la República Restaurada; si se recuerda, en fin, que durante el porfiriato la pierde hasta olvidar su pura imagen; si se recuerda todo esto, tendrá que admitirse

Francisco I. Madero votando. A su derecha, Francisco Madero padre (octubre, 1911).
«Madero inició la mayor enseñanza práctica de democracia ejercida por un hombre en toda la historia mexicana.» (E. K.)

que el "sufragio efectivo" era una bandera revolucionaria con toda la flámula roja destinada a subvertir un orden de cosas».

No obstante, a la postre, aquella fiesta de la libertad resultaría engañosa. Era la derrota en la victoria. Antes que a manos de sus enemigos, Madero cayó víctima de su propia congruencia mística, ideológica y moral. Dicho así, parece extraño o paradójico. No lo es. Madero había dedicado toda su vida política a combatir el poder absoluto y el poder personal, a promover la democracia (el gobierno del pueblo, por el pueblo y para el pueblo) y la libertad entendida como ausencia de coerción y como igualdad ante la ley. Con el tiempo, al hombre cuya idea fija era *liberar del poder* le llega el imperativo de ejercer el poder. Frente a sí tiene un dilema similar al de Morelos, que el propio Madero había recordado en *La sucesión presidencial en 1910:* conservar el poder como caudillo militar o instalar un poder por encima de su poder. Igual que Morelos, muerto por anteponer a su poder el del Congreso de Chilpancingo, y —lo que es más significativo— a sabiendas de este antecedente, Francisco I. Madero puso ante sí la Constitución del 57.

Pero era natural. Su deber, su *karma* —como él diría— había sido *liberar* a los mexicanos y darles la oportunidad de gobernarse. A esas alturas de la partida, a él no le tocaba jugar: era el turno de la nación, el turno de los demás jugadores del ajedrez democrático: jueces, legisladores, gobernadores, periodistas y electores en la capital, en cada estado, en cada municipio. Firme como libertador, le correspondía ser liberal como gobernante. Congruente con su visión del mundo, había «restablecido el imperio de la ley», había designado —como en aquellas palabras a Porfirio Díaz— «al sucesor más digno: la ley». Sólo faltaba que el pueblo y, sobre todo, la clase política hicieran su parte.

Dos de sus biógrafos más solventes —Charles Cumberland y Stanley R. Ross— atribuyen dos errores capitales a Madero: la concesión del interinato presidencial a Francisco León de la Barra y el licenciamiento de las tropas revolucionarias. El interinato implicaba una vuelta al régimen porfiriano. De poco servía la remoción de algunos gobernadores si las legislaturas permanecían intactas y, por ende, adversas. Y nada más desalentador que licenciar a sus tropas: era tanto como privar de legitimidad a la Revolución. A la postre, Luis Cabrera tendría razón: «Un cirujano tiene ante todo el deber de no cerrar la herida antes de haber limpiado la gangrena». Pero Madero no era un cirujano sino un apóstol. Es significativo que así se le llamase en vida. Ponía toda su «fe en la capacidad del pueblo a gobernarse a sí mismo con serenidad y sabiduría». La única imposición que se permitiría era la no imposición. Ejercer la autocracia porfiriana —así fuese tenue o disfrazadamente— debió de parecerle, si es que alguna vez lo pensó, un suicidio moral. Prefirió esperar a que la vida pública mexicana mostrara madurez democrática y usara responsablemente la libertad. Esperó en vano.

Según el embajador alemán Von Hintze, el presidente De la Barra perseguía el objetivo de socavar la legitimidad del futuro régimen maderista.[44] Su mayor triunfo fue la escisión entre Zapata y Madero. El caudillo suriano confiaba en que Madero cumpliría la promesa de restitución de tierras hecha en el Plan de San Luis. Por su parte, Madero pretendía resolver el problema de modo paulatino, estudiado y pacífico, luego del licenciamiento de las tropas. A mediados de 1911 Madero viajó a Cuernavaca y Cuautla para entrevistarse con Zapata. Allí le aguardaba una recepción cariñosa y esperanzada. «La condición esencial es que usted debe continuar teniendo fe en mí como yo la tengo en usted», le dijo Madero a Zapata. «Yo siempre seré el más fiel de sus subordinados», le respondió el otro.[45]

Pero el pacto entre los dos era dinamita para el porfirismo sin Porfirio. Los hacendados y el gobernador de Morelos presionaban a De la Barra. En el Senado y en la prensa de la capital se voceaba con histeria la «ferocidad del Atila del sur». El verdadero Atila comandaba a los federales en Morelos: Victoriano Huerta. Muy pronto quedó claro que Madero y De la Barra perseguían fines distintos.

El 15 de agosto de 1911, desde Cuernavaca, Madero pide al presidente De la Barra «amplias facultades» para viajar a Cuautla y arreglar personalmente con Zapata el licenciamiento de tropas. Al mismo tiempo, le anticipa las condiciones del ejército suriano: nombrar un gobernador y un jefe de armas nativos de Morelos que ofrezcan garantías; cualquiera menos Figueroa, el rival guerrerense de Zapata. Tres días después, Madero se traslada a Cuautla. Como prueba de confianza frente a Zapata, a quien ha llamado «integérrimo general», Madero lleva a su esposa. Desde allí informa al presidente que el licenciamiento empezaría tan pronto se cumpliesen algunos requisitos razonables: designar jefe de armas a Raúl Madero, traer tropas ex revolucionarias de Hidalgo, reconcentrar las tropas federales en Cuernavaca. Este punto era el más delicado, debido a la actitud de Huerta: «Difícil vencer la desconfianza ... que no deja de estar justificada con la actitud asumida por el general Huerta, que sin órdenes expresas avanzó hasta Yautepec».[46]

El 19 de agosto, Madero envía dos comunicaciones. La primera muestra preocupación:

«Huerta y Blanquet son muy odiados en esta región, y como a mí me engañó el primero, estas gentes, en su desconfianza, llegan hasta temer que con cualquier pretexto desobedezca al gobierno para provocar un conflicto, pues parece que es lo que desea».[47]

En el mismo texto, sugería ya que se instalara una Comisión Agraria Local. Horas más tarde, el tono cobra tintes de alarma. Huerta ha atacado Yautepec.

«Tengo datos y fundamentos suficientes para asegurar a usted que el general Huerta está obrando de acuerdo con el general Reyes, y no dudo que su proyecto será alterar el orden con cualquier pretexto y con fines nada patrióticos.»[48]

No sólo los zapatistas repudiaban a Huerta y Blanquet y desconfiaban de De la Barra. También la propia madre de Madero, doña Mercedes González Treviño, quien en esos días le escribe:

«El objeto de ésta es decirte ... que quites las fuerzas federales. No andes con contemplaciones, imponte un poquito al mismo De la Barra, porque si no tendremos que batallar ... hay que quitar a Huerta ... a Blanquet haz por mandarlo lejos, están haciendo la contrarrevolución».[49]

Sin imponerse ni «un poquito» a De la Barra, Madero anuncia a éste su salida a Yautepec. La conducta de Huerta le parecía «algo sospechosa ... atacó Yautepec contra órdenes de usted», recibiendo a tiros al presidente municipal, que iba con bandera blanca. Por fin, el 20 de agosto, De la Barra —el «presidente blanco»— da color: se detendría el avance federal, pero a condición de que Zapata depusiera las armas y licenciase sus tropas en veinticuatro horas. Por su parte, Madero insiste en la salida de Huerta y Blanquet: «Las noticias que usted ha recibido respecto a los desmanes de Zapata son grandemente exageradas ... sé lo que se dice de Zapata en la ciudad de México», agregaba, «y eso no es exacto. Los hacendados lo odian porque es un obstáculo para la continuación de sus abusos y una amenaza para sus inmerecidos privilegios».[50] De la Barra, en cambio, piensa que «es verdaderamente desagradable tratar con un individuo [Zapata] de tales antecedentes», reafirma sus condiciones y defiende a Huerta como «militar pundonoroso y leal».[51] El 25 de agosto Madero escribe a De la Barra una amarga carta en la que se queja de varios actos del presidente. Uno de ellos había sido el envío de Huerta al estado de Morelos.

«Para ponerle a usted el ejemplo más saliente me referiré al envío de Huerta a Morelos. Este general es bien conocido en todas partes por sus antecedentes reyistas. Usted ha visto el modo tan indigno como me trató en Cuernavaca, pues a pesar de que tenía instrucciones de usted de obrar de acuerdo conmigo, no sólo no lo hizo, sino que se burló de mí. Además, todos sus actos han tendido a provocar hostilidades en lugar de calmarlas. Pues bien, el nombramiento del general Huerta no fue sugerido por su actual subsecretario de Guerra, que era el indicado para ello, sino por personas extrañas, puesto que usted hizo la designación directamente. Comprendo que está usted, bajo el punto de vista constitucional, en perfecto derecho de hacerlo; pero si usted siguiera obrando de acuerdo con el partido nuestro, que es el 99 por ciento de la nación, hubiera preferido inspirarse con el subsecretario de Guerra, y no con personas extrañas.»[52]

Por si faltaran datos confirmatorios, Madero recordaba al presidente que Huerta había ofrecido ocho mil pesos al director de *El Hijo del Ahuizote* para que se hiciera reyista. Pero el punto más delicado no era la actitud de Huerta, sino la de los campesinos zapatistas, a quienes no se podía ni debía traicionar. Las condiciones pactadas por Madero eran las mismas de un principio. Aunque había salido de Morelos prometiendo a Zapata que sus demandas se cumplirían al llegar él a la presidencia, insistió a León de la Barra en la necesidad de hacerlas efectivas cuanto antes:

«Usted comprende que en este caso sí va mi honor de por medio.

»Si yo intervine en este asunto, exponiendo mi vida, como a usted le consta, y haciendo grandes sacrificios, fue movido por el deseo de evitar un serio conflicto; pero no quise ir sin llevar las proposiciones de usted, que sabía yo serían admisibles para ellos.

»Esas condiciones las acordaron ustedes en Consejo de Ministros y me las comunicó usted en presencia de Ernesto [Madero].

»Si ahora no se cumple con lo que yo ofrecí en nombre de usted, con aprobación del Consejo de Ministros, yo quedo en ridículo, y no sólo eso, sino que pueden creer que fui a traicionarlos engañándolos y a esto sí no puedo resignarme, por cuyo motivo si no se cumplen esos compromisos contraídos en Morelos, en la forma que usted guste, pues deseo que el gobierno salve completamente su decoro; si no se arregla

57

esto, digo, me veré en el forzoso caso de hacer declaraciones públicas a fin de que todo el mundo sepa cuál fue mi proceder en este caso.

»Le repito que esto último me será muy sensible; pero mi dignidad y mi honor me obligan a ello, pues yo nunca he sido de los políticos que van a engañar al adversario para desarmarlo; siempre he atacado a mis enemigos frente a frente».[53]

Para su desgracia, quizá por «no hacer declaraciones públicas» Madero cargó con un doble estigma en la mente de los zapatistas: no logró que sus condiciones se cumplieran y los «traicionó engañándolos». Sólo así se entiende la rapidez con que el movimiento suriano rompería con él en noviembre de 1911, a los pocos días de haber asumido Madero el poder.

Se ha dicho que, independientemente de las intrigas de De la Barra y el papel de Huerta en el avivamiento de la disputa, Madero no se avino con Zapata. Había entre ellos, ciertamente, una diferencia cultural importante. Zapata hablaba desde un pasado histórico remoto, reivindicaba derechos coloniales, un orden casi mítico de unión con la tierra. Madero era a fin de cuentas un liberal que no entendía la propiedad comunal de la tierra. Pero también era un demócrata, un cristiano igualitario que, al contrario de De la Barra, respetaba a Zapata. Madero y Zapata diferían en los procedimientos. Los separaron los hombres y los intereses. No obstante, en términos de dignidad humana sus fines no eran distintos.

El interinato se caracterizó por la ambigüedad. El triunfador de la Revolución había aceptado retardar la aplicación de los frutos de su victoria, renunciando de hecho a ejercer por un tiempo el poder. Al actuar de este modo, había sido el primero en negar la legitimidad revolucionaria. De poco le sirvió amparar su actitud en la legitimidad constitucional que pensaba haber rescatado. Los revolucionarios, en su mayoría, no lo entendieron así, y se sintieron confundidos, desilusionados e incluso traicionados. El antiguo régimen, casi intacto, vio la oportunidad de llenar el vacío y acopiar fuerzas para revertir, en su momento, la Revolución. Aun antes de llegar a la presidencia, Madero fallaba ante tirios y troyanos.

Toda la fuerza y sabiduría que había puesto al servicio de la liberación parecía volverse en contra suya al llegar el momento del mando. A mediados de 1911, cualquier distraído lector del mapa político podía advertir la madeja de contradicciones causadas por el hombre que hubiese servido mejor a su ideal empleando un adarme siquiera de malicia. Lo más notable, como prueban sus cartas a De la

Barra, es que Madero conocía cada movimiento de sus enemigos en el mapa político, pero confiaba en desvanecer su influencia imponiendo lentamente sobre ellos el sereno contorno de su mapa espiritual. Así, mientras en el mundo real los hombres manifestaban sus pasiones, Madero seguía viviendo, como le aconsejaba el espíritu en 1908, en «un mundo ideal», a tal grado que en 1911 publica, bajo el seudónimo de Bhima, un *Manual espírita* en el que reflexiona sobre la política como una derivación pura de la moral:

«Es indudable que si todos los hombres de bien hicieran a un lado sus egoísmos y se mezclasen en los asuntos públicos, los pueblos estarían gobernados sabiamente y serían los hombres de más mérito y virtud los que ocuparían los puestos más elevados; y es natural que hombres así harían el bien y acelerarían la evolución de la humanidad, no sucediendo lo mismo con los hombres malvados que con tanta frecuencia ocupan dichos puestos, porque a más de no gobernar sino en vista de sus propios y mezquinos intereses, dan un ejemplo pernicioso a las masas, que sólo ven recompensado el éxito obtenido aun a costa del crimen, y ello significa un estímulo para las malas tendencias, a la vez que un gran obstáculo para la virtud, porque, en tales condiciones, el hombre bueno y virtuoso es víctima de toda clase de persecuciones, mientras el malvado que se amolda a la situación es recompensado. En un país gobernado por hombres perversos, el vicio y el crimen son recompensados y la virtud perseguida, lo cual influye, poderosamente, en el ánimo de una gran mayoría que, insensiblemente, se acostumbra a considerar práctico y conveniente todo lo que tiende a armonizarla con tal situación, y sueños, utopía, locura, todo lo que signifique tendencias nobles y elevadas».[54]

Sin calibrar el desgaste político de aquellos largos y ambiguos meses, Madero pensaba que, en una esfera superior a la política o en una esfera de política superior, su triunfo había sido tan absoluto y total como su fe. No eran el maderismo ni sus ejércitos los que habían vencido, sino la Providencia misma. Por eso no vacila en decretar la paz perpetua, el licenciamiento de tropas, el orden constitucional y la fraternidad general. Por eso su presidencia parecería, por momentos, una extraña y solitaria festividad en la que el presidente «sonríe siempre, invariablemente sonríe». Si había vencido al mismísimo don Porfirio, ¿cómo dudar de la virtud y la bondad puestas al servicio de la humanidad? ¿Y quién, ante tal oportunidad histórica, podía pensar que se trataba de «sueños, utopía, locura»?

# Gobierno democrático

En noviembre de 1911, Madero llegó por fin a la presidencia, gracias a la votación más libre, espontánea y mayoritaria de la historia mexicana contemporánea. Gobernó quince meses, y con tales dificultades que, a la distancia, su periodo semeja más bien un milagro de supervivencia. Madero, hay que reconocerlo, no tenía un pelo de diplomático. No actuaba por cálculo sino por pálpito. Casi siempre parecía abstraerse de la realidad o transitar por encima de ella. Su gabinete —integrado por elementos heterogéneos en nombre de una conciliación ideal— fue inestable y poco eficiente. El Senado, que ejerció en su contra una tenaz oposición, desacreditó y paralizó los intentos de reforma. Aunque a partir de 1912 la legislatura era en su mayoría maderista, dominaba el veneno oratorio contra el Ejecutivo. Hubo problemas de gobierno en 11 estados. Pero nada tan irresponsable y persistente como el ataque de la prensa. Llovieron los chistes, los apodos, las caricaturas, los rumores:

«Al presidente Madero», escribió Manuel Bonilla, «lo acusaron aquellos periódicos, y muchos tribunos también, de ser corto de estatura; de no tener el gesto adusto y duro el mirar; de ser joven; de querer a su esposa y respetarla; de amar y respetar a sus padres; de no ser general; de decir discursos; de comer sujetándose a la dieta vegetariana por estar enfermo del estómago; de tener hermanos; de ser optimista; de no tener miedo; de haber saludado a Emiliano Zapata dándole un abrazo y de haberle dicho, tratando de atraerlo al sendero de la paz, que lo creía un hombre integérrimo; de no ser asesino; de estudiar el espiritismo y ser masón; de ser nepotista —sin fijarse en que su nepotismo lo ejerció para exponer a sus familiares a los riesgos de la guerra—; de haber subido en aeroplano; de bailar, y naturalmente, de haber impuesto a Pino Suárez».[55]

Era una paradoja cruel que la prensa, cuyo sustento y razón de ser es la libertad de expresión, pidiese implícitamente, a lo largo de todo el régimen maderista, la vuelta al silencio porfiriano. No faltó quien sugiriese al presidente revivir la «Ley Mordaza», pero Madero se negó siempre a coartar la libertad de prensa, «tan necesaria», había dicho en agosto de 1911, «para que cumpla su alta misión». Mientras tanto, periódicos como *El Mañana* entendían que su «alta misión» consistía en sostener tesis como ésta: «¿Qué nos queda del orden, la paz, la prosperidad interna y del crédito, del respeto y prestigio en el extranjero que México gozaba bajo el gobierno del general Díaz?».[56] Por eso Gustavo, el influyente hermano de Madero, afirmaba que «Los diarios muerden la mano que les quita el bozal». El propio Francisco Bulnes —no precisamente un maderista— escribiría años después: «La prensa dirigía una campaña salvaje en favor del regicidio». No obstante, Madero, siempre congruente, rehusó el empleo de los métodos de la dictadura: «Prefiero hundirme en la ley que sostenerme sin ella».[57] En todos los casos mantuvo siempre una misma actitud: preservar el ideal democrático para que la impura realidad no lo alcanzara. También fue lamentable la mofa de algunos intelectuales. Desde 1910, José Juan Tablada —por lo demás, excelente poeta— había escrito la farsa llamada *Madero Chantecler*, que en algún momento proclamaba:

> ¡Qué paladín vas a ser!,
> te lo digo sin inquinas.
> Gallo bravo quieres ser,
> y te falta, Chantecler,
> lo que ponen las gallinas,

que fue justamente lo que nunca le faltó a Madero. Muy pocos intelectuales lo comprendieron; pocos, pero ilustres. Uno de ellos, el poeta Ramón López Velarde, que había colaborado en la redacción del Plan de San Luis, escribía en abril de 1912 estas líneas a un amigo escéptico:

«... yo sí soy de abolengo maderista, de auténtica filiación maderista y recibí el bautismo de mi vida política en marzo de 1910, de manos del mismo hombre que acaba de libertar a México ... una de las satisfacciones más hondas de mi vida ha sido estrechar la mano y cultivar la amistad de Madero, y uno de mis más altivos orgullos haber militado como el último soldado del hombre que hoy rige el país ... si la administración de Madero resultase el mayor de los fracasos, eso no obstante, sería yo tan lealmente adicto a Madero como le he sido desde la tiranía del general Díaz ...

»No estaremos viviendo en una República de ángeles, pero estamos viviendo *como hombres*, y ésta es la deuda que nunca le pagaremos a Madero».

Además de la oposición política, Madero tuvo que afrontar —entre otras, y aparte de la zapatista— tres rebeliones particularmente serias: las de Bernardo Reyes, Pascual Orozco y Félix Díaz. En una entrevista con Madero, en julio de 1911, Reyes se había comprometido a luchar con lealtad democrática por el poder, pero poco tiempo después sus maniobras subversivas se volvieron un secreto a voces. Por fin, el 14 de diciembre de 1911, entra al país por la frontera norte. Era tarde. Durante toda la primera década del siglo un amplio sector del país hubiese respondido como un solo hombre al llamado de Reyes, pero después de su repetida y, por momentos, indigna sumisión ante Díaz, y luego del triunfo maderista, nadie le hizo eco. A los once días de su frustrada rebelión, el antiguo procónsul del noroeste se rinde en Linares. Porfirio Díaz, el místico de la autoridad, lo hubiese fusilado; Madero, el místico de la libertad, lo confina en la prisión de Santiago Tlatelolco.[58]

En marzo de 1912 estalla en Chihuahua la rebelión de Pascual Orozco, una revuelta sin más programa que el resentimiento de aquél y sin más apoyo popular que el del terrateniente Terrazas. En un principio, los rebeldes derrotan a las fuerzas federales, bajo el mando del general José González Salas, quien, temeroso del arpón de la prensa, se suicida. Lo reemplaza el general Victoriano Huerta, que doblega al enemigo en Rellano, Bachimba y Ojinaga. En septiembre de 1912 Orozco huye a Estados Unidos, pero Huerta no puede saborear su triunfo: ha reñido con el presidente Madero a propósito de la supuesta insubordinación de Francisco Villa por la que él, Huerta, había ordenado un fusilamiento que el presidente conmuta. El 15 de septiembre Huerta se emborracha —según su hábito— en la cantina El Gato Negro de Ciudad Juárez y comenta a sus oficiales: «Si yo quisiera, me pondría de acuerdo con Pascual Orozco, y con veintisiete mil hombres iría a México a quitar a Madero de presidente». Al enterarse de la bravata, el general Angel García Peña, nuevo ministro de Guerra, lo destituye del mando. Días más tarde Madero concede a Huerta el rango de general de división. Al hacerlo, no lo mueve, por esta vez, la bondad, sino la conveniencia de tenerlo aplacado. Con toda su aparente inocencia, Madero no olvidaba que su historia personal con Huerta estaba tapizada de traiciones.

En octubre de 1912 estalla en Veracruz la revuelta del «sobrino de su tío», como se conocía a Félix Díaz. Su programa era tan restaurador como su apellido: «Reivindicar el honor del ejército pisoteado por Madero». A los pocos días el sobrino se rinde y es confinado en San Juan de Ulúa. En París, el tío pronuncia un epitafio para el sobrino: «Pobre Félix». Una vez más, Madero considera seriamente la necesidad de fusilarlo. Entonces la prensa y la «alta sociedad» le llaman déspota y tirano. Madero parece dispuesto a no ceder, pero de pronto se le interpone un artículo de fe en el credo democrático: la división de poderes. Invadiendo la jurisdicción militar, la Suprema Corte de Justicia ampara al sobrino, quien termina preso pero vivo.[59] Y así, de nueva cuenta, Madero falla ante tirios y troyanos: unos lo tildan de débil y vacilante, otros no le conceden siquiera el atributo de la piedad.

A pesar de haber doblegado estas y otras rebeliones, para finales de 1912 Madero se hallaba políticamente solo. Así lo percibió el embajador de Cuba, Manuel Márquez Sterling, quien a su arribo escuchó estas declaraciones:

«Ha venido usted en mala época, señor ministro; y pronto ha de ver al gobierno hecho pedazos y a Madero acaso navegando hacia Europa. Es un apóstol a quien la clase alta desprecia y de quien las clases bajas recelan. ¡Nos ha engañado a todos! No tiene un átomo de energía; no sabe poner al rojo el acero; y ha dado en la manía de proclamarse un gran demócrata. ¡No fusila, señor! ¿Cree usted que un presidente que no fusila, que no castiga, que no se hace temer, que invoca siempre las leyes y los principios, puede presidir? El mundo todo es mentira. ¿Cómo pretende Madero gobernarnos con la verdad? Si dentro del "Apóstol" hubiera un don Porfirio oculto y callado, México sería feliz».[60]

En realidad, el cuadro global del país era mucho menos alarmante de lo que el nostálgico interlocutor de Márquez Sterling afirmaba. El pueblo, que se había volcado con armas y con votos en apoyo de Madero, no había respondido a ninguna de las rebeliones. Hasta en los hoscos dominios de Emiliano Zapata la revolución campesina cedía ante la política humanitaria y democrática del nuevo comandante de la zona, Felipe Ángeles. Los negocios seguían con normalidad, crecían los activos bancarios y las exportaciones, pero la realidad se contagiaba poco a poco de los rumores, las distorsiones y la atmósfera de desconfianza creada artificialmente por la prensa. La prueba perfecta de histeria la dio a mediados de 1912 el embajador norteamericano Henry Lane Wilson. En plena rebelión orozquista pidió con urgencia a su gobierno que evacuase por mar a los «refugiados» de su nacionalidad. Dudando un poco de las alarmas de Wilson, el Departamento de Estado envió a las costas de Sinaloa un barco —el *Buford*— con capacidad para quinientas personas. Para sorpresa de la tripulación, los «refugiados» del anárquico país sumaban sólo 18 individuos. El incidente provocó la mofa del *The Times* de Londres:

«El gobierno de Washington ... alarmado ante la noticia de inminentes estallidos antinorteamericanos, envió recientemente un crucero a lo largo de la costa del Pacífico para recoger a los refugiados. Los únicos refugiados recogidos hasta ahora, sin embargo, parecen ser personas que deseaban viajar gratis hasta San Diego. Otras historias alarmantes han resultado, al ser investigadas, igualmente exageradas».[61]

La histeria ocultó también la obra del régimen. «Importa tanto», decía Vasconcelos, «dar a conocer lo que Madero intentó, proyectó, y todo lo que no le dejamos realizar».[62] Al mes de haber llegado a la presidencia creó el Departamento de Trabajo. Propició la Primera Convención de la Industria Textil, que reglamentó y humanizó el trabajo en las fábricas. Madero fue el primer presidente que legalizó la libertad sindical y de huelga. En su periodo se creó la Casa del Obrero Mundial.

Sobre su política agraria, las opiniones de los historiadores se dividen. Comparada con la de Cárdenas, ciertamente, la actividad de Madero palidece; pero, en lo económico, su proyecto para el campo no se diferencia mucho del que llevarían a cabo Obregón y Calles, y en lo político era sin duda más respetuoso de la autonomía local. «Estoy de acuerdo», escribió en 1909, «en que la división de la propiedad contribuirá gradualmente al desarrollo de la riqueza nacional ... será una de las bases más fuertes de la democracia.» Como buen administrador, lo planeó todo e hizo mucho: propuso la educación agrícola, reorganizó el crédito al campo, proyectó la colonización, la conservación de recursos forestales y el deslinde y venta de tierras nacionales, y creó siete estaciones de experimentación agrícola. No le importaba únicamente la productividad: también la justicia. Así lo comprobó el agudo economista porfiriano Carlos Díaz Dufoo, al entrevistarse con Madero a mediados de 1912.

«El señor Madero me explicó su intención y lo que de mí esperaba. A borbotones y algo incoherentemente me expuso su pensamiento generoso. El había visto los sufrimientos de la gleba agrícola y se sentía impresionado por su condición social y económica. Sobre todo le sublevaba el estado de servidumbre en que, por razón de los "anticipos" [préstamos en especie], yacían los campos. "¿No habría modo", me decía, "de limitar esos anticipos de modo que no enajenen su libertad como sucede ahora? Usted no sabe cómo esclavizan esos 'anticipos' a los pobres braceros agrícolas."

»En resumen lo que el señor Madero quería era una ley que hiciera añicos la situación que en un determinado periodo de la evolución de los pueblos marca el régimen del trabajo. ¿Podía o no podía hacer el Poder Público este milagro?»

La idea de convertir la restauración de tierras ejidales y la expropiación en técnicas de reforma agraria tomó carta de legitimidad también en tiempos de Madero. Pacíficamente, el grupo renovador de la Cámara, acaudillado por Luis Cabrera, lo convencía de que «la Revolución es la Revolución». Ningún testimonio mejor para probarlo que el de Andrés Molina Enríquez.

«El gobierno de Madero debería ser considerado como el gobierno más agrarista que hemos tenido. Este duró un año, y si hubiera durado los cuatro de su periodo, la cuestión agraria probablemente hubiese sido resuelta. La gran masa de la nación siempre ha creído eso, y por ello ha llorado sobre la tumba de Madero.»[63]

En otros ámbitos de la política social y económica, el avance era igualmente claro: se abrieron escuelas industriales y rudimentarias, comedores escolares y museos, como el de Apatzingán; se llevó a cabo el Primer Congreso de Educación Primaria. Se dieron nuevas concesiones ferrocarrileras en el sureste; se creó la inspección de caminos, carreteras y puentes; se iniciaron los trabajos de las carreteras México-Puebla, México-Toluca e Iguala-Chilpancingo. Se impuso una nueva política fiscal a las compañías petroleras.[64]

Con ser tantos, los cambios mayores no ocurrieron en el ámbito material sino en el político. Madero respetó escrupulosamente la independencia de poderes: nunca intervino en el poder judicial, propició la más amplia pluralidad en el legislativo (donde efímeramente pudo tener voz y voto el Partido Católico) y no movió un dedo para acallar al cuarto poder: la prensa. Mediante una ley electoral, introdujo el voto universal y directo. Otra de sus viejas preocupaciones, «devolver a los ayuntamientos su personalidad política», fue objeto de estudio por una comisión especial, pero Madero no necesitó su dictamen para respetar el federalismo. A su gestión se debe la política de descentralización más decidida y clara de la historia reciente. Durante su régimen, sin la tutela del centro, el gobernador de Chihuahua, Abraham González, inició una reforma fiscal, creó tribunales de arbitraje laboral, incrementó la productividad agrícola, desterró de las haciendas las tiendas de raya (donde compraban productos los peones, en condiciones que propiciaban su endeudamiento) e impulsó el municipio libre. En Coahuila, desembarazada ya de rurales, burócratas y señoritos de la capital, Venustiano Carranza expidió una ley catastral, gastó ¡375.000 pesos! en educación, acabó con los odiados prefectos, forzó a los hacendados a cultivar o a vender y, en fin, se rodeó —no sin tensiones con Madero— de un contingente militar propio que le permitiría, meses después, combatir a Huerta. En su último informe al Congreso, Madero mencionó avances en su política internacional (revaloró las relaciones con Latinoamérica), pero, a la luz del monstruoso centralismo posterior, nada parece más sabio que su deliberado intento de descentralización. Incluso en términos sociales, ¿no merecía el mosaico agrario mexicano un trato descriminado y autónomo en cada región, como proponía Madero? Su mayor prenda de orgullo era la congruencia entre su programa revolucionario y su política:

«... el Ejecutivo federal ... ha respetado la ley, a cuyo amparo ha puesto aun los derechos de sus propios enemigos... los más sañudos enemigos de la Revolución, los que la combaten en el campo de la política, deben confesar que, gracias a ese movimiento que hoy condenan, pueden ejercer derechos consagrados por la Constitución que en épocas anteriores rara vez podían ejercitarse».[65]

Sólo esa congruencia explica la fuerza interna de su mensaje al Congreso de septiembre de 1912:

«... si un gobierno tal como el mío ... no es capaz de durar en México, señores, deberíamos deducir que el pueblo mexicano no está preparado para la democracia y que necesitamos un nuevo dictador que, sable en mano, silencie todas las ambiciones y sofoque los esfuerzos de aquellos que no entienden que la libertad florece solamente bajo la protección de la ley».[66]

Para Madero, como se ha dicho, era evidente que *su* deber trascendental había sido dar la libertad política al pueblo mexicano. A su juicio, el deber del pueblo mexicano consistía en ejercerla con responsabilidad. No podía, por definición, forzar ese ejercicio: sólo podía propiciarlo, a riesgo de que la libertad se devorase a sí misma. La pureza de sus convicciones no le impedía ver las posibles soluciones intermedias, pero debió de estimar indigno ceder a ellas. No hay en su actitud la menor sombra de ingenuidad o inocencia: ambas presuponen miedo, algo que Madero apenas conocía. Hay, eso sí, incapacidad para el arte de la política, para la relojería de los medios y los fines. Misteriosa incapacidad del «Apóstol» que, como en otros momentos de la historia humana, ahoga por la fuerza de su propia coherencia la realización práctica de su apostolado.

# Martirio

Está en la naturaleza trágica de los apóstoles que su calvario se conozca mejor que su obra, o que, en cierta forma, su calvario sea su obra. De ahí que la Decena Trágica constituya el episodio más conocido del maderismo. Todos tenemos grabadas las imágenes centrales.[67] Manuel Mondragón parte de Tacubaya el domingo 9 de febrero de 1913 para liberar a Félix Díaz y Bernardo Reyes. Los aspirantes del Colegio Militar, que han tomado Palacio Nacional por orden de los conspiradores, ceden ante la arenga del fiel general Lauro Villar. Esto no lo sabe el general Reyes, quien, creyendo franca la entrada en Palacio, muere a sus puertas. Para infortunio del presidente, Villar es herido. Madero baja a caballo desde el Castillo de Chapultepec, escoltado por cadetes del Colegio Militar (Casasola le toma la más dramática y quijotesca de sus fotos). Díaz y Mondragón se apoderan de la Ciudadela, con parque suficiente para resistir largo tiempo. Madero cede a los ruegos y a las patéticas confesiones de lealtad que le hace Victoriano Huerta y le encomienda la comandancia militar de la plaza en sustitución de Villar. La ciudad vive días de angustia, estruendo y muerte. El día 11 hay más de quinientos muertos y heridos. Se entabla un bombardeo continuo entre federales y alzados, pero los observadores perciben movimientos extraños: Huerta sacrifica hombres, pero se resiste a tomar la Ciudadela; Díaz y Mondragón sacrifican hombres, pero sus obuses no dañan puntos claves de la plaza. Pocos saben del arreglo que se fragua en silencio bajo el manto protector del embajador norteamericano Henry Lane Wilson. Desde el principio éste ha odiado a Madero. Sus informes al Departamento de Estado son un compendio perfecto de arrogancia, mentira calculada e histeria. El propio presidente norteamericano Taft desconfía de Wilson. El embajador, no obstante, pasa de la campaña de descrédito a la intervención. Ese día escribe a su colega alemán, Von Hintze:

«El general Huerta ha estado sosteniendo negociaciones secretas con Félix Díaz desde el comienzo de la rebelión; él se declararía abiertamente en contra de Madero si no fuera porque teme que las potencias extranjeras le habrían de negar el reconocimiento ... yo le he hecho saber que estoy dispuesto a reconocer cualquier gobierno que sea capaz de restablecer la paz y el orden en lugar del gobierno del señor Madero, y que le recomendaré enérgicamente a mi gobierno que reconozca tal gobierno».[68]

Henry Lane Wilson está en el centro mismo de la conjura: pone contra Madero a parte del cuerpo diplomático, profiere por su cuenta amenazas infundadas de intervención militar, evita todo posible armisticio. Para él Madero es, textualmente, un «tonto», un «lunático» a quien «sólo la renuncia podrá salvar». «La situación», comenta al ministro de Cuba, «es intolerable: *I will put order* [yo pondré orden].»[69] Y tiene que hacerlo rápidamente: el 4 de marzo tomará posesión Woodrow Wilson como presidente de Estados Unidos y el cuadro cambiará en favor de Madero.

Por su parte, Madero no se inmuta. Sigue siendo, ante todo, hombre de fe. Recuerda cómo en 1871 Juárez resistió en la ciudad de México el embate rebelde de Porfirio Díaz gracias al apoyo de Sóstenes Rocha, y está dispuesto a reencarnarlo. Y si había vencido a don Porfirio, ¿cómo no derrotaría a los generales sublevados? Por lo demás, el día 16 llegaba a sus manos un telegrama del presidente Taft en el que, si bien se reflejaba cierta preocupación, se descartaba oficialmente cualquier peligro de intervención. Días después, con el telegrama en la mano, responde a los senadores que —como los diplomáticos— le pedían infructuosamente la renuncia: «No me llama la atención que ustedes vengan a exigirme la renuncia porque, senadores nombrados por el general Díaz y no electos por el pueblo, me consideran enemigo y verían con gusto mi caída».[70]

No estaba dispuesto a dimitir. «Moriría, si fuera necesario, en cumplimiento del deber.» A su leal amigo José Vasconcelos le confía por aquellas fechas:

«Luego que esto pase cambiaré de gabinete ... sobre ustedes los jóvenes caerá ahora la responsabilidad ... verá usted, esto se resuelve en unos días, y en seguida reharemos el gobierno. Tenemos que triunfar porque representamos el bien».[71]

Representaba el bien, pero esta vez no triunfaría. Su hermano Gustavo y el tribuno Jesús Urueta descubren por azar, el día 17, que Huerta está en arreglos con Díaz. Gustavo en persona prende a Huerta y lo lleva ante Madero. El presidente presta oídos a los ruegos de Huerta, que niega su participación en la conjura y promete apresar a los rebeldes en veinticuatro horas. Es el momento clave. Madero toma una decisión suicida. A pesar de los antecedentes porfiristas y reyistas de Huerta, a pesar de la indignidad y la burla con que lo había tratado en el asunto de Morelos en agosto de 1911, a pesar de que su propia madre le había prevenido alguna vez sobre el «contrarrevolucionario» Huerta, a pesar de las bravatas de Huerta en Ciudad Juárez, a pesar de los rumores de una reunión temprana de Huerta con Díaz en la pastelería El Globo y a pesar, ahora, de confirmarse sus arreglos con los rebeldes, Madero libera a Huerta y le concede las veinticuatro horas que solicitaba para probar su lealtad. ¿Por qué lo hizo? Acaso, como creía Vasconcelos, porque la víspera de la derrota injusta sobreviene en el hombre de bien una especie de parálisis.[72] Quizá como un reto a la Providencia, que siempre le había sonreído. O por ofrecer la otra mejilla, o por amar al enemigo, o tal vez por efectuar el primer acto abierto y deliberado de sacrificio. La respuesta pertenece al dominio de la mística, no 'al de la política.

Huerta y Blanquet cierran el cerco de la traición. El segundo —cuyos antecedentes turbios tampoco desconocía Madero— lo toma prisionero el día 18, luego de una balacera sangrienta en Palacio Nacional. Madero lo abofetea e increpa: «Es usted un traidor». Blanquet contesta: «Sí, soy un traidor».[73] Mientras tanto, Huerta ha invitado a Gustavo Madero a comer en el restaurante Gambrinus, donde con una treta lo desarma y apresa. Al poco tiempo Gustavo —a quien por tener un ojo de vidrio apodaban «Ojo Parado»— y el intendente de Palacio, Adolfo Bassó, son conducidos al calvario de la Ciudadela. El ministro cubano Manuel Márquez Sterling, a quien México debe no sólo la protección de Madero sino un libro conmovedor, *Los últimos días del presidente Madero*, relata la escena:

«Gustavo y el intendente Bassó, en un automóvil del Ministerio de la Guerra, van a la Ciudadela, postas de carne a la jauría. Burlas, injurias, rugidos anuncian la llegada. Un individuo llamado Cecilio Ocón es el juez que interroga a los reos. Gustavo rechaza las imputaciones que le hacen sus enemigos e invoca sus fueros de diputado. Pero Ocón, después de condenarlo, con Bassó, al cadalso, abofetea brutalmente a Gustavo: "Así respetamos nosotros tu fuero...", le dijo. Intervino Félix Díaz y fueron llevados los presos a otro departamento de la Ciudadela. Pero la soldadesca, envalentonada, los persiguió en comparsa frenética y rugiente. Unos befan a Gustavo, otros descargan sobre el indefenso político sus puños de acero y lo exasperan y lo provocan. Gustavo intenta castigar a quien más lo humilla. Y un desertor del Batallón 29, Melgarejo... pincha, con la espada, el único ojo hábil de Gustavo, produciéndole en el acto la ceguera. La soldadesca prorrumpió en salvaje risotada. El infame espectáculo resultábale divertido. Gustavo, con el rostro bañado en sangre, anda a tientas, tropieza y vacila; y el feroz auditorio le acompaña a carcajadas. Ocón dispone entonces el cuadro que ha de fusilarlo. Gustavo, concentrando todas sus energías, aparta al victimario que pretende encarnecerlo. Ocón, rabioso, lo sujeta por la solapa de la levita; pero es más fuerte su adversario; y pone fin, al pugilato, la pistola. Más de veinte bocas de fusil descargaron sobre el mártir agonizante que, en tierra, sacudía el postrer suspiro. "No es el último patriota", exclama Bassó. "Aún quedan muchos valientes a nuestras espaldas que sabrán castigar estas infamias." Ocón se vuelve al intendente con la mirada turbia y el andar inseguro; señala, con un dedo, y dice: "Ahora, a ése".

»El viejo marino, recto el talle, se encamina al lugar de la ejecución. Uno de los verdugos pretende vendarlo. ¿Para qué? "Deseo ver el cielo", dijo con voz entera; y alzando el rostro al espacio infinito, agregó: "No encuentro la Osa Mayor... ¡Ah, sí!, ahí está resplandeciente..." y luego, despidiéndose: "Tengo sesenta y dos años de edad. Conste que muero a la manera de un hombre". Desabotonó el sobretodo para descubrir el pecho y ordenó: "¡Hagan fuego!", como si quisiera alcanzar a Gustavo en los umbrales de otra vida, más allá de la Osa Mayor...».[74]

Con el presidente y el vicepresidente en la cárcel, Henry Lane Wilson no pierde tiempo y concierta el Pacto de la Embajada entre Huerta y Díaz, mediante el cual ambos serían presidentes sucesivos. Según palabras del diplomático alemán, «el embajador Wilson elaboró el golpe. El mismo se pavonea de ello». A sabiendas ya del sacrificio de Gustavo, el secretario de Relaciones, Pedro Lascuráin, se acomide a lograr la dimisión de Madero y Pino Suárez. Creyendo que con aceptarla detendría el baño de sangre y salvaría de todo riesgo a su familia, Madero mismo redacta serenamente su renuncia. Fue su primera y última flaqueza de hombre, no de apóstol. A Márquez Sterling le hizo entonces unas confidencias humildes y autolesivas:

«Un presidente electo por cinco años, derrocado a los quince meses, sólo debe quejarse de sí mismo ... la historia, si es justa, lo dirá:

no supo sostenerse ... Ministro, ... si vuelvo a gobernar me rodearé de hombres resueltos que no sean "medias tintas" ... he cometido grandes errores ... pero ya es tarde».[75]

Al poco tiempo, Lascuráin sería presidente por cuarenta y cinco minutos y renunciaría a favor de Huerta, quien así creía guardar las formas constitucionales. Entre tanto, desde la oscura intendencia de Palacio, Pino Suárez escribe a su amigo Serapio Rendón:

«Como tú sabes, hemos sido obligados a renunciar a nuestros respectivos cargos, pero no por eso están a salvo nuestras vidas. En fin, Dios dirá. Me resisto a creer que nos inflijan daño alguno después de las humillaciones de que hemos sido víctimas. ¿Qué ganarían ellos con seguirnos afrentando?

»Dícese que mañana se nos conducirá a la Penitenciaría ... El presidente no es tan optimista como lo soy yo [acerca de las perspectivas del traslado], pues anoche, al retirarnos, me dijo que nunca saldremos con vida de Palacio. Me guardo mis temores para no desalentarlo ... Pero ¿tendrán la insensatez de matarnos? Tú sabes, Serapio, que nada ganarán, pues más grandes seríamos en la muerte que hoy lo somos en vida».

Quizá aunque hubiese querido, Pino Suárez no podía ya desalentarlo. «Huerta no cumplirá su palabra», advierte Madero a Márquez Sterling: el tren que debería llevarlo a Veracruz, donde lo esperaba un crucero para asilarlo en Cuba, «no saldrá», admitía, «a ninguna hora».[76] Y no obstante los ruegos de la esposa de Madero, Henry Lane Wilson no mueve un dedo para salvarlo. El 19 de febrero el embajador escribe a Washington: «El general Huerta me pidió consejo acerca de si sería mejor mandar al ex presidente fuera del país o colocarlo en un manicomio. Le repliqué que debía hacer lo que fuera mejor para la paz del país».[77]

Entreviendo la posibilidad de su sacrificio, aunque ignorante aún del de su hermano Gustavo, Madero encuentra ánimos para bromear con el ministro Márquez Sterling la noche del 21 de febrero, en que éste lo acompañó en su cautiverio. El embajador lo vio dormir «un sueño dulce» que no perturbó siquiera la confirmación, a las cinco y media de la mañana, de que «lo del tren era», en palabras textuales de Madero, «una ilusión».

Basado en el testimonio de Felipe Ángeles, que convivió con Madero y Pino Suárez en la Intendencia de Palacio, desde la que salieron la noche siguiente para ser asesinados, Manuel Márquez Sterling describió la hora final:

«Aquella tarde, la del crimen, había instalado el gobierno, en la prisión, tres catres de campaña, con sus colchones, prenda engañosa de larga permanencia en el lugar. Sabía ya Madero el martirio de Gustavo, y, en silencio, domaba su dolor. Sobre las diez de la noche, se acostaron los prisioneros: a la izquierda del centinela, el catre de Angeles; el de Pino Suárez al frente; a la derecha, el de Madero. Don Pancho, envuelto en su frazada —refiere Angeles—, ocultó la cabeza. Apagáronse las luces. Y yo creo que lloraba por Gustavo».[78]

A los pocos minutos, un oficial llamado Chicarro penetró con el mayor Francisco Cárdenas y ordenó a Madero y Pino Suárez que los acompañaran a la Penitenciaría. Con huella de lágrimas en el rostro, «don Pancho» abrazó al fiel Angeles y subió al auto que lo llevaría a la muerte.

El encargado británico del Foreign Office envió meses después a su gobierno la investigación detallada de los asesinatos:

«A las cinco de la tarde de ese día, cierto ciudadano británico que se dedica al arriendo de automóviles recibió un mensaje telefónico de parte de un conocido y muy acaudalado terrateniente mexicano llamado Ignacio de la Torre, que es yerno del general Porfirio Díaz. El mensaje decía que enviara cuanto antes un carro grande a su casa. La orden fue cumplida, siendo el carro conducido por un chofer mexicano. Tras una larga espera, se le indicó que se dirigiera al Palacio Nacional, y a las 11 p.m. Madero y Pino Suárez fueron sacados y subidos al automóvil, que fue escoltado por otro vehículo en el cual iba una guardia de rurales bajo el mando de un tal mayor Cárdenas. Durante meses este oficial había estado a cargo de los hombres destacados para proteger la hacienda del señor Ignacio de la Torre, en las cercanías de Toluca. Entiendo que sentía un cálido afecto personal y mucha admiración por el general Porfirio Díaz y que había jurado vengar su derrocamiento. Los automóviles avanzaron por un camino tortuoso en la dirección de la Penitenciaría, pero pasaron de largo la entrada principal y continuaron hasta el extremo más apartado del edificio, donde se les ordenó detenerse. Comenzaron entonces algunos disparos que pasaban por el techo del automóvil; y el mayor Cárdenas hizo que sus dos detenidos descendieran de su vehículo. Mientras bajaba Madero. Cárdenas le puso su revólver a un lado del cuello y lo mató de un balazo. Pino Suárez fue conducido hasta el muro de la Penitenciaría y fusilado ahí. No hubo intentos de escapar por parte de ellos, y parece bastante seguro que no se produjo ningún intento real de rescatarlos».[79]

Una leyenda no confirmada asegura que, al salir de la Intendencia, Madero llevaba consigo sus *Comentarios al Baghavad Gita*. ¿Qué pensaría en sus últimos momentos? ¿Hallaría consuelo en la mística del desprendimiento que Krishna predicaba a Arjuna? ¿O su última estación le parecía incomprensible? Era, en cualquier caso, como el calvario de un niño.

A raíz del horrible crimen, el tigre que tanto temió Porfirio Díaz despertó con una violencia sólo equiparable a la de la guerra de Independencia. Los viejos agravios sociales y económicos del pueblo mexicano impulsaron sin duda la lucha; pero en aquella larga, dolorosa y reveladora guerra civil, además de la venganza había también un elemento de culpa nacional, de culpa histórica por no haber evitado el sacrificio de Madero.

No era la primera vez en la historia que una sociedad crecía y maduraba llevando sobre sus espaldas la muerte de un justo. (Antonio Caso, que cargó su féretro, lo llamó, por primera vez, San Francisco Madero.) Pero quedaba —y queda aún— la duda: con toda su magnanimidad, ¿estuvo Madero a la altura de los Evangelios que tanto admiraba, que tanto buscaba emular?

El propio Evangelio da dos respuestas. Una está en san Mateo (10, 16): «Mirad que yo os envío como ovejas en medio de lobos. Sed, pues, astutos como las serpientes, e inofensivos como las palomas». La otra está en san Marcos (8, 34): «Si alguno quiere venir tras de mí, niéguese a sí mismo, lleve a cuestas su cruz y sígame». Y, sorprendentemente, en el propio san Mateo (10, 38): «El que no coge su cruz y sigue detrás de mí, no es digno de mí».

¿Cuál, en el caso de Madero, es la correcta? ¿La primera, que lo demerita, o la segunda que lo exalta? Cada lector tirará —o no— la primera piedra. Pero una cosa es cierta: muchas de las llagas políticas y morales que Madero criticó se han perpetuado. Vale la pena vernos ahora mismo en ellas y recordar que la medicina democrática de aquel sonriente apóstol no tiene —ni tendrá— fecha de caducidad.

# II
## El amor a la tierra
## Emiliano Zapata

Propiedad nuestra será la tierra, propiedad
de gentes, la que fue de nuestros abuelos, la
que dedos de patas que machacan nos han
arrebatado.

Manifiesto en náhuatl
de Emiliano Zapata (1918)

El general Emiliano Zapata (ca. 1913).
«Lo que más atraía de Zapata, no sólo a las mujeres sino a todo el que lo conocía, era su carácter de "charro entre charros".» (E.K.)

# Cuatro siglos de resistencia

La conquista de México fue uno de los encuentros más misteriosos en la historia humana. Sus significados profundos, sus implicaciones culturales y hasta teológicas escapan todavía a nuestra comprensión. Podemos imaginar la mente renacentista, con su orgullosa fusión de la cruz y la espada, del espíritu y la empresa. Mucho más difícil, quizá imposible, es comprender lo que en verdad pasaba por la mente del pueblo indígena. Pero no todo es Babel. Hay actitudes universales. Entre ellas están tres que caracterizaron la respuesta de los indígenas a la intrusión de aquellos hombres-dioses en su territorio natural: el agravio, el repliegue, la resistencia.

Si la Conquista y los tres siglos coloniales se hubiesen desplegado sólo bajo el signo del interés material, ninguna de las tres actitudes hubiese persistido. No sin enormes dificultades, los encomenderos y sus continuadores hubiesen cercado por entero a la población indígena y ejercido sobre ella un dominio creciente que habría conducido al desarraigo, la esclavitud o incluso al exterminio. No ocurrió así. Aunque la vida indígena durante la Colonia tuvo sin duda momentos y lugares que se aproximaron a los extremos característicos de la conquista anglosajona, su sentido general fue muy distinto. La numerosa población nativa, con su inmenso mosaico de culturas y creencias, constituía un tejido humano difícil de rasgar, más aún cuando en su ayuda llegó la otra vertiente de la Conquista: el manto protector de la Corona. Así, en vez de la brutal colisión de dos mundos remotos, extraños y casi irreductibles entre sí, la Nueva España dispuso su vida social siguiendo la forma de un triángulo: los intereses materiales al acoso, los indígenas en la resistencia y la Corona protectora (no siempre con éxito).

Concentrémonos por un momento en el segundo vértice. Según explicaba el entrañable maestro José Miranda, la intrusión en su territorio provocó en las comunidades indígenas un doble repliegue: por un lado afianza aún más la unidad íntima y sustancial del hombre y la tierra; por otro, favorece el particularismo y exclusivismo de las unidades políticas llamadas «pueblos». Aunque la idea misma de propiedad por la que pugnan los españoles —opuesta al sentido comunal de la tierra, característico de los indígenas— actúa contra la supervivencia de los pueblos y el arraigo de los hombres, otros muchos factores sirvieron a esa misma supervivencia: la separación física entre asentamientos indios y españoles; la permanencia de las autoridades políticas indígenas dentro de los pueblos; la baja densidad demográfica de los españoles. Junto a estos factores generales que trabajan en favor de su subsistencia, los indios ponían su parte mediante diversas estrategias legales (amparos, mercedes), pacíficas, extralegales (avanzadas, zonas de contención) y violentas (quemas, asaltos). La conclusión de Miranda es idéntica a la que, cuantitativamente, llegó el historiador norteamericano John Coatsworth: «El poder judicial relativamente independiente, característico de la Colonia, ofrecía un margen de protección a los derechos de propiedad individuales y corporativos de los pueblos indígenas». Con todo, agrega Coatsworth —y Miranda no lo habría contradicho— «ninguna otra región de América ... presenta, en sus querellas por la tierra, una riqueza y diversidad semejantes». Al cabo de tres siglos de tensa dominación, los tres vértices permanecían en su sitio. En 1810, solamente en la zona central del país, cuatro mil pueblos indígenas habían sobrevivido.

La Independencia disolvió el triángulo o, más exactamente, abatió uno de sus lados hasta la convergencia de dos vértices: la autoridad política y el interés material. Una nueva filosofía opuesta tanto al comunalismo indígena como al neotomismo sentaba sus reales: el liberalismo. En nombre de la igualdad de todos los individuos, las nuevas legislaciones volteaban la espalda a las formas de protección y tutela sin advertir que con ello propiciaban mayor desigualdad. «El sistema comunal», escribía Francisco Pimentel, «ha hecho perder al indio todo sentimiento de individualismo, de empresa individual.»[1] Había que volverlo, según implicaba el razonamiento, a su estado natural. No por otra cosa sancionaron la Ley de Desamortización de 1856 y la prohibición a las corporaciones civiles de adquirir o administrar tierras, que validó la Constitución de 1857.

No sólo la filosofía política de la época cercaba a las comunidades indígenas hasta el punto de su virtual extinción o asimilación. También el cuadro político que siguió a la Independencia. En la medida en que el nuevo Estado nació débil, pobre e incapaz de reintegrar la estructura del antiguo régimen, los poderes locales y regionales se fortalecieron hasta convertirse en feudos que actuaban con impunidad frente a los pueblos. Pero las verdaderas tensiones comenzaron hacia 1840, ligadas a movimientos políticos más amplios, como fueron las guerras civiles y con el extranjero. De pronto, en varios puntos del territorio nacional, las antiguas comunidades —desprovistas ya de protección legal, conscientes del desmoronamiento del poder central— optan cada vez más por la vía de la violencia. Joel Poinsett había escrito en los albores de la Independencia: «Suspira el indio deseando el retorno del virrey que le aseguraría garantías personales y contribuciones moderadas». Dos decenios más tarde, desde Sonora hasta Yucatán, los indios habían trocado los suspiros por las armas.

Aquella geografía bélica fue impresionante. Sin tomar en cuenta las guerras apaches que asolaron todo el septentrión novohispano y mexicano por más de dos siglos, y cuya raíz y razón no distaban mucho, en el fondo, de las que animaron a muchas rebeliones indígenas, los focos de violencia campesina brillaron en buena parte del territorio nacional. En 1825 se inicia la guerra de los yaquis y mayos en defensa del valle que «Dios les dio». Duraría un siglo sin solución de continuidad. En 1833 hay levantamientos contra propietarios de haciendas en Temascaltepec. Un año después, y esgrimiendo ya el lema «Tierra y agua para los pueblos», estalla un movimiento reivindicador en Ecatzingo, Hidalgo. En 1843, el clamor por la defensa de las tierras se escucha en Guerrero. En 1847, un testigo describe la situación de las Huastecas: «[Hay] dos tendencias nefastas: la magia y la posesión común de tierras». Mientras las tropas norteamericanas invaden México, los indios mayas defienden otra nación: la de sus antepasados. La guerra de Castas duraría más de medio siglo. Años más tarde, no muy lejos de aquel escenario sagrado, los tzeltales, en Chiapas, vindican por la fuerza sus tierras y sus valores religiosos. En otro polo del país, Nayarit, Manuel Lozada, «el Tigre de Alica», intenta, por un lapso de casi veinte años, recuperar las tierras de las comunidades y sueña con un ideal aún más ambicioso: el renacimiento de un imperio indígena.[2]

No es casual que al contemplar aquel vasto despliegue de resistencia Guillermo Prieto dijera: «Nos hemos convertido en los gachupines de los indios».[3] Tampoco se debe al azar que Maximiliano se convirtiera en una especie de campeón de la causa indígena. «Los indios», escribe un testigo, «le manifestaron en todas partes un fanático entusiasmo.»[4] Tanto Lozada como Tomás Mejía —cacique indio de Sierra Gorda— lucharon del lado imperialista. Y Maximiliano no los defraudó. Conforme su efímero reinado se acercaba a su fin, perfiló a tal grado sus ideas agraristas e indigenistas que sus propios ministros lo acusaban de volver a las Leyes de Indias. Y no estaban muy lejos de la realidad. En un primer decreto reconoce a los pueblos personalidad jurídica para defender sus intereses y exigir a los particulares la devolución de sus tierras y aguas. El 16 de septiembre de 1866 expide una ley agraria que habla de restitución y dotación de tierras y que, en esencia, se adelanta cincuenta años a la Constitución de 1917.

Aquella ley tendría la vigencia del Imperio. Durante la República Restaurada, en muchos lugares volvería la zozobra. En 1877 estalla en Hidalgo un movimiento cuyo origen es «el afán de los pueblos por traspasar los estrechos límites a que está reducido su fundo». Entre 1879 y 1881, los indios de Tamazunchale pelean por «recobrar ciertos terrenos que alegaban ser de su propiedad». Con el ascenso del régimen porfiriano se introducen las famosas Leyes de Baldíos (1883) que, a juicio de varios autores, provocaron aún más tensión en el campo. No obstante, las pruebas cuantitativas de Coatsworth apuntan en otro sentido: salvo la guerra del Yaqui en el noroeste y la de Castas en Yucatán, «no ocurrió ningún levantamiento mayor en México después de la pacificación de la Huasteca en 1883». Con la sola y notable excepción de Chihuahua —isla histórica y geográfica siempre inquieta—, la era porfiriana transcurrió en una paz construida sobre bases injustas, pero paz al fin. A pesar de sus raíces liberales, el presidente Díaz había reinstaurado un poco —muy poco— el antiguo triángulo colonial: si bien aplicaba con los hacendados el imperativo de *laissez faire, laissez passer,* como buen heredero de la nobleza indígena y el paternalismo colonial atendía, escuchaba y, por excepción, protegía a los representantes indígenas o campesinos (siempre y cuando no le fueran hostiles, como los yaquis o mayas).

En 1910 habían transcurrido casi cuatro siglos de resistencia desde la Conquista. Virreyes, encomenderos, oidores, hacendados, misioneros, visitadores, intendentes, corregidores, insurgentes, presidentes, emperadores, gobernadores e invasores habían ido y venido con sus filosofías y sus idolatrías, sus banderas y sus leyes. La tierra seguía allí: También seguían allí los indios, muchos de ellos amestizados, pero todavía en unión íntima y sustancial con la tierra. Y también seguían allí los pueblos, celosos de su identidad particular, recelosos de los pueblos vecinos. En aquel parteaguas nacional, el 41 por ciento de ellos había logrado retener sus tierras.

En aquel mosaico indígena que resistió asido a la tierra y replegado en la atalaya vital de sus pueblos, hay zonas de confrontación trágica, como Yucatán, Nayarit o Sonora, y regiones en que el conflicto adoptó formas en apariencia menos violentas, pero que en su misma persistencia, variedad e irresolución, en la misma complejidad de elementos en juego, preparaban una reacción cataclísmica. Es el caso de la región que desde 1869 comprendería al estado de Morelos.

El primer dato de esa rica porción del Marquesado del Valle es su belleza. No hay en aquel paisaje traza alguna de la «aristocrática esterilidad» que Alfonso Reyes vio en otras zonas ariscas de Anáhuac. Algún emperador azteca hizo cultivar un jardín botánico en Oaxtepec, pero pudo haberlo prolongado hacia cualquiera de los puntos cardinales.

Aquel jardín tenía, desde el inicio, una ventaja evidente: su cercanía con la capital. Era natural que los conquistadores-empresarios comenzaran a solicitar mercedes para explotar la riqueza de la zona, que no sólo ofrecía una combinación perfecta de valles, ríos y climas sino una densa población indígena que podía servir como mano de obra. El primer capitalista de la región —Hernán Cortés— introduce muy pronto el cultivo de la caña, pero sus sucesores comprenderán que la densidad de pueblos indígenas y su cohesión interna no son un apoyo para la gran empresa agrícola, sino un obstáculo que cuenta, además, con la bendición de la Corona. La mejor prueba de esta versión morelense del triángulo colonial está en una resolución que el virrey De Mendoza tomó en 1535 en favor de los indios de Cuernavaca en su querella con el marqués del Valle: «... les hiciedes volver y restituir todas y cualesquier tierras ... tomadas y ocupadas». En 1573, la norma de protección da un paso más: dotan a los pueblos de sus ejidos y de un fundo legal de cien hectáreas. Estaba claro desde el siglo XVI que aquella zona privilegiada por la naturaleza quería serlo también por la Corona. El paisaje denotó por siglos esa condición: ninguna gran ciudad o villa española se asentó en la región. El futuro estado de Morelos constituía, como Oaxaca, un vasto sistema ecológico indígena, pero, a diferencia de ésta, era una región acosada por el vértice materialista del triángulo colonial.

De acuerdo con investigaciones de Alicia Hernández, el siglo XVII morelense transcurrió en cierta aunque no santa paz. Como en toda la Nueva España, es un siglo de depresión económica y demográfica. Casi todos los problemas —los «agravios»— de los pueblos se deben a razones territoriales (mercedes otorgadas a españoles en detrimento de sus tierras) o motivos políticos (defensa de su independencia como «cabecera» o frente a otras «cabeceras»). También comienzan a aparecer las querellas contra los grandes terratenientes de la época: las corporaciones religiosas. Muchos de los «pedimentos» de los pueblos contienen fórmulas como «desde tiempo inmemorial» o «herencia de nuestros antepasados». Aunque la suerte final de estos litigios es variada, las autoridades protegen, en buena medida, la vida indígena.

El panorama cambia drásticamente con el ascenso de los Borbones en el siglo XVIII. Los factores de resistencia de los pueblos van cediendo ante el auge económico y demográfico que caracteriza al periodo y ante la consolidación de la hacienda como unidad ecológica. Muchos comerciantes de la capital invierten sus excedentes en la compra de haciendas cañeras en la zona. Por otra parte, el rechazo cultural indígena a los modos de vida ajenos parece ceder poco a poco debido a la cercanía de la metrópoli y las haciendas, y a que la vocación de los Borbones por la justicia es mucho menos clara que la de sus antecesores, los Austrias. Pero se trata de una debilidad aparente: con el avance del siglo, avanza la tensión. Cercadas hasta en su fundo legal, las comunidades piden ya con impaciencia constancias de antiguas mercedes. Hay pueblos que desaparecen por falta de títulos o que pierden sus tierras por arrendarlas a una hacienda que termina por apropiárselas. Desde entonces los títulos adquieren una imantación sagrada. A diferencia del siglo XVII, en que los pueblos entablan sus litigios contra personas u órdenes, en el siglo XVIII el pleito típico es de restitución de tierras contra la hacienda. «Nos dejan», dice un testimonio de la época, «las tierras montañosas o pedregosas que no sirven e las mejores que son de pan llevar son las que pretenden quitar.» Otro testimonio, no menos conmovedor, apunta:

«Están tan estrechos que ha muchos de ellos, por no caber en el ámbito de lo que llaman pueblo y sus barrios, les ha sido forzoso estar viviendo en las haciendas e fabricar sus casas en las tierras que llaman de éstas, pagando a los hacenderos el arriendo del sitio donde las tienen, que están tan reducidos que las cercas de piedras de las dichas haciendas levantadas a forma de muralla no distan diez varas de sus casas».

Algunos pueblos situados en montes, bosques o tierras inconvenientes sobreviven. A otros los invaden «los hacenderos» hasta en su fundo legal. El procedimiento solía seguir una misma pauta: invasión, nuevo «amojonamiento» (cercado), amparo del pueblo, suspensión de las diligencias, solicitud de títulos, búsqueda —a veces trágicamente infructuosa, siempre onerosa y dilatada— de títulos, diferición por decenios... o siglos. Muy pocos de los litigios que llegan al año 1800 se resuelven. De los 24 casos que Alicia Hernández estudió, en 15 se pierden las tierras de labor y en nueve la totalidad de las tierras. Su conclusión para el periodo es clara: «La existencia de vías legales, aunque limitadas, mantuvo viva la lucha».

Quizá la animadversión del cura Morelos hacia las grandes haciendas y su idea de mutilarlas provenía en parte de que aquella zona de tensión entre pueblos y haciendas era uno de los escenarios primordiales de su lucha insurgente. En todo caso, con la Independencia el futuro estado de Morelos vivió treinta años de paz. En realidad fue un periodo de reacomodo. Con la expulsión de los españoles, hubo un cambio constante en la propiedad de las haciendas. De pronto, hacia los años cuarenta, la marea vuelve a subir y no sólo en sentido figurado: una de las señales ominosas es la inundación deliberada de las tierras del pueblo de Tequesquitengo por parte de la hacienda de Vista Hermosa.

Durante la década que se inicia con la guerra contra Estados Unidos, varios pueblos de la zona emprenden de nueva cuenta su antigua lucha por la restitución de las tierras usurpadas por las haciendas. En 1848, los campesinos de Xicontepec, al sur de Cuernavaca, ponen los linderos de su propiedad en el patio mismo de la hacienda de Chiconcoac y poco más tarde ocupan la hacienda de San Vicente, donde —según explica Leticia Reina— «levantaron nuevas mojoneras que señalaban la recuperación de las tierras comunales». En octubre de 1850, los indígenas de la municipalidad de Cuautla, cercana a la hacienda de Santa Inés, rompen el *tecorral* (barda de piedra) construido por el hacendado. Aunque las tropas acantonadas en Cuernavaca reciben órdenes de reprimir a los indios, los soldados no las cumplen, argumentando que «el pueblo, exasperado de no tener tierras donde vivir y convencidos de que el fundo está hace mucho tiempo usurpado por las haciendas, había dirigido sus quejas al Supremo Gobierno ... y que, lejos de que aquella queja fuera oída, se echó al olvido».[5] Las autoridades centrales vieron en estos movimientos el contagio de la revolución social que acababa de estallar en Francia. En un informe fechado hacia 1850, el prefecto político de Cuernavaca describe un elemento real del problema, el agravio de la tierra: «La palabra tierra es aquí piedra de escándalos, el aliciente para un trastorno y el recurso fácil del que quiere hacerse de la multitud».[6]

Dos años más tarde, el comandante general de Cuernavaca apunta otro elemento clave, el agravio de la raza: «Quieren dirigir la revolución ... lanzándose contra las personas de los españoles y haciéndolos asesinar».

Ambos motivos están presentes en un suceso que impresionó a la opinión de la época. En 1856 la sangre llega al río en las haciendas de Chiconcoac y San Vicente. Los campesinos las asaltan, matan a machetazo limpio a los hacendados españoles y se hacen de armas y caballos. En la capital, el bando conservador atribuye la incitación al general liberal Francisco Leyva y al gran cacique liberal de Guerrero que había iniciado la Revolución de Ayutla: Juan Alvarez. Por su parte, «Tata [papá] Juan» responde con un *Manifiesto a los pueblos cultos de Europa y América*, radiografía crítica del paraíso perdido:

«La expropiación y el ultraje es el barómetro que aumenta y jamás disminuye la insaciable codicia de algunos hacendados; porque ellos lentamente se posesionan, ya de los terrenos de particulares, ya de los ejidos o de los de comunidad, cuando existían éstos, y luego con el descaro más inaudito alegan propiedad, sin presentar un título legal de adquisición, motivo bastante para que los pueblos en general clamen justicia, protección, amparo; pero sordos los tribunales a sus clamores y a sus pedidos, el desprecio, la persecución y el encarcelamiento es lo que se da en premio a los que reclaman lo suyo ...

»Si quisiera relatar la historia de las haciendas de los distritos de Cuautla y Cuernavaca, lo haría con la mayor facilidad, y cada página iría acompañada de quinientas pruebas; y entonces la luz pública, las naciones y los escritores sin dignidad ni decencia verían el inicuo tráfico establecido entre los ladrones famosos y muchos hacendados».

Al terminar la guerra de Reforma un nuevo capítulo de violencia se abrió en la zona: el imperio, un tanto romántico, de los bandidos que se hacían llamar «los Plateados». Su jefe más connotado era Salomé Plasencia, cuyo rasgo específico —además de la crueldad— era la elegancia: usaba camisas de Bretaña bordadas, botas de campaña que escondían puñales, y grandes y hermosos sombreros. Era un estupendo charro: banderilleaba y capeaba toros a pie o a caballo. Sus Plateados no se quedaban atrás: todos vestían de riguroso traje charro, con botonaduras de plata, un águila bordada en la espalda, moños o bufandas de colores vivos, botas vaqueras y hasta espuelas de plata. Desde entonces, en los pueblos de la región comenzó a escucharse el estribillo:

> Mucho me gusta la plata
> y también me gusta el lustre
> por eso traigo mi reata
> pa' la mujer que me guste.[7]

Además de lazar a las mujeres que les gustaban, los Plateados solían asaltar haciendas y caminos. Ya en plena época del Segundo Imperio, un valiente del pueblo de Villa de Ayala —Rafael Sánchez— decide poner fin a las tropelías de Plasencia. Entre los hombres que recluta está Cristino Zapata, del pueblo vecino, Anenecuilco. Plasencia, por su parte, toma también la ofensiva: dejando la caballada escondida en Anenecuilco, por la noche cruza el río con sus hombres para emboscar a Sánchez, quien advierte el peligro a tiempo, pero no evita la balacera. Según cuenta la leyenda local, un milagro lo salva. Los Plateados traían balas sagradas:

> Qué milagro tan patente
> hizo mi Padre Jesús
> que al mandar matar a Sánchez
> trajeron balas con cruz.

Al poco tiempo, Sánchez aprehende a Plasencia y aplica la justicia directa: lo fusila y lo cuelga en el zócalo de Jonacatepec.

Después de aquel interludio romántico, en 1868 nació el estado de Morelos. Con él renacieron también las disputas por la tierra. En 1871, el primer gobernador, Francisco Leyva, informaba que se había ocupado sin cesar de la desamortización de las tierras comunales:

«... dictando cuantas medidas he creído conducentes para darle una solución satisfactoria; pero aún se necesitan mayores esfuerzos. La desamortización entre la clase indígena sólo se puede conseguir por medios indirectos, interesando en ella a los que, siendo de su raza, ejercen sobre sus compañeros algunas influencias; porque es tenaz la resistencia que oponen al reparto equitativo que podía hacerse».

Hacia el año de 1879 hubo conflictos en Jonacatepec, Cuautla y Cuahuixtla. Al periódico socialista *El Hijo del Trabajo* llegó una significativa carta de los vecinos de Cuautla que los editores glosaron de este modo:

«En todo el estado, y con particularidad en los distritos de Jonacatepec y Morelos, están ya los pueblos desesperados por las tropelías de los hacendados, los que, no satisfechos con los terrenos que han usurpado a los pueblos, siguen molestándolos, quitándoles los caminos que han tenido desde tiempo inmemorial, las aguas con que regaban sus árboles y demás siembras, negándoles además las tierras para la siembra de temporal y el pasto para el ganado de los pueblos, no sin apostrofarlos hasta de ladrones, siendo al contrario. Por consiguiente, a cada momento se ve insultada la clase infeliz, sin atreverse a hacer valer sus derechos ante la justicia porque don Manuel Mendoza Cortina, dueño de la hacienda de Cuagüistla, dice que aquí la justicia para los pobres ya se subió al cielo, pues él tiene comprados al presidente y al gobernador, haciendo este señor su voluntad».

Más adelante, el periódico profetizaba «la proximidad de un levantamiento social». Lo cierto es que, al menos en sus expresiones externas, la tensión amainó durante la larga dictadura porfiriana. En 1881 cruza por Morelos el ferrocarril, y tras él su estela de progreso y perplejidad. Con las nuevas vías y las máquinas centrífugas, las apacibles haciendas adoptaron una ruidosa fisonomía de fábricas. Al doblar el siglo, los 24 ingenios morelenses producían la tercera parte del azúcar del país y alcanzaban el tercer lugar mundial después de Hawai y Puerto Rico. Para su continua expansión, las haciendas necesitaban tierras y mano de obra. Muchas explotaron con mayor intensidad sus propias tierras, enganchando con métodos coercitivos mano de obra de los pueblos. Otras procuraron acaparar de nueva cuenta las tierras comunales. Y aunque en el estado gobernaban hombres hábiles y firmes como Alarcón, ex jefe de rurales que conocía la región como la palma de su mano, el choque entre la vertiginosa modernización y el reclamo de las tierras —contradictorios llamados del futuro y el pasado— presagiaba, en verdad, «la proximidad de un levantamiento social».

Faltaba la oportunidad y ésta llegó a fines del porfiriato, cuando la compleja y antigua querella entre pueblos y haciendas, exacerbada por la modernización, se conjugó con un renacimiento político inusitado. Francisco I. Madero solía decir, con plena razón, que el primer estado que ejerció su derecho a la libertad fue Morelos. A la muerte del gobernador Alarcón, los hacendados pensaron que lo más natural era imponer un gobernador hacendado, y promovieron ante el Gran Elector (no el pueblo, sino el presidente) la candidatura de Pablo Escandón. Pero la entrevista concedida Díaz a Creelman, en la que Díaz aseguró que México estaba preparado para la democracia, que él se retiraría a la vida privada y que vería con buenos ojos el surgimiento de algún partido de oposición (promesas que jamás llegó a cumplir), no había pasado inadvertida. A principios de 1909 persistía en varios pueblos el recuerdo de las viejas banderas liberales de la Reforma y la Intervención. De pronto, tomando al pie de la letra las palabras que Díaz dirigió a Creelman, se propuso en Morelos la candidatura independiente de Patricio Leyva, hijo del general Francisco Leyva, padre fundador del estado y, en sus años estelares, partidario de Lerdo contra Porfirio Díaz. Hubo mítines, reclamos de «tierras y aguas», «mueras» a los «gachupines», motines y represión. Un atribulado y profético catrín escribía a su amigo Francisco Bulnes:

«No creo que la Revolución francesa haya sido preparada con más audacia y materiales de destrucción que como se está preparando la mexicana. ¡Estoy espantado! Los oradores de Leyva, sin empacho ni vergüenza, han enarbolado la bandera santa de los pobres contra los ricos».

Renglones adelante señalaba como cerebro intelectual del leyvismo a un profesor de Villa de Ayala empeñado en redimir a los oprimidos y erigir en Tlaltizapán la «capital del proletariado en México»: Otilio Montaño.

# Donde el agua se arremolina

El pequeño pueblo de Anenecuilco, enclavado en el corazón del paraíso perdido, aparece ya en el Códice Mendocino como tributario de los aztecas. Su traducción del náhuatl es «lugar donde el agua se arremolina». Luego de la Conquista, en 1579 el pueblo se ve forzado a defender —y lo hace con éxito— su condición de «cabecera de por sí» frente al Marquesado del Valle, que pretende incorporarlo a otras cabeceras o compelerlo a trabajar en obras ajenas a su jurisdicción. La identidad del pueblo se ve amenazada de nueva cuenta en 1603, cuando las autoridades buscan congregar a su población, junto a la de otros dos pueblos vecinos, en la villa de Cuautla. Los dos pueblos, Ahuahuepan y Olintepec, ceden ante la presión y desaparecen. Anenecuilco sobrevive.[8] En 1607, el virrey Luis de Velasco le concede merced de tierras, pero ese mismo año se la quitan para la constitución de la hacienda del Hospital.

Durante el siglo XVII y parte del XVIII, el pueblo vivió de milagro. En 1746 lo componían 20 familias que defendían su fundo legal de un acoso triple: las haciendas de Cuahuixtla, del Hospital y Mapaztlán. En 1798 el pueblo pide tierras y se opone al acuerdo de la Real Audiencia en favor del hacendado Abad, de Cuahuixtla. Al final del siglo su población ha crecido: el censo de 1799 registra 32 familias indias «con todo y gobernador». Un testigo de la época asienta en 1808 que los indios de Anenecuilco —entre los que aparece el apellido Zapata— «arrendaban las haciendas del Hospital por no serles suficientes las suyas». Ese mismo año se ventila una diligencia entre Anenecuilco y la hacienda de Mapaztlán en la que los representantes de ésta sostienen una declaración reveladora del rencoroso desdén hacia el pueblo:

«La población verdadera de Anenecuilco había venido en decadencia, de muchos años a esa fecha, de manera que no llegaban a treinta las familias de indios originarios del lugar. Que por esa razón no tiènen utensilios ni paramentos sagrados, por lo que cuando celebran misa los piden prestados al mayordomo del señor del pueblo, don Fernando Medina, colector de la limosna, quien los ha hecho con la ayuda de los rancheros de Mapaztlán y los presta y los guarda según es necesario. Que las tierras que aún tienen los de Anenecuilco son muy superabundantes en relación con las que gozan otros pueblos compuestos de cien o más familias, y que por lo tanto las cultivan dejando muchas vacías y arrendando otras. Que permitiéndoseles salir a los indios de la atarjea de cal y canto para entrar en tierras de la hacienda, causarían un enormísimo daño perjudicando las labores de caña, y robándosela según acostumbran, por lo que se tiene que pagar un peón constantemente para ahuyentar los ganados y cerdos. Que del corto pedazo de tierra que tomarían dentro de la hacienda apenas podrían sacar diez o doce pesos de renta anual o dos fanegas de sembradura de maíz, perjudicando en cambio a la hacienda grandemente. Que la atarjea de la hacienda es hecha a mucho costo y que no podría mudarse por no permitirlo la situación de las aguas necesarias para las sementeras. Que la mayor parte de las tierras de que goza Anenecuilco se las dio la hacienda cuando se erigió este pueblo, en principios del siglo próximo pasado. Que en aquel tiempo, quedaron deslindadas las tierras de la citada hacienda en la conformidad en que se hallan, y según la cual se hizo la atarjea sin contradicción de parte de los indios. Que por todo lo expuesto los indios no se mueven ni se moverían si no mediara algún secreto impulso, puesto que no tienen necesidad de pedir tierras, ya que gozan de grandes ventajas respecto de otros infinitos pueblos, lo cual indica que los indios litigan por sugestión de algún enemigo de la hacienda».

Por su parte, los indios de Anenecuilco revelan que la querella con las haciendas es tanto un asunto de tierras como de dignidad: quieren ver las resultas del pleito «aunque tuvieran que ceder las tierras que debían reintegrarles las haciendas del Hospital y Cuahuixtla».[9] La era colonial terminó sin que sucediera ninguna de las dos cosas.[10]

Anenecuilco puso su grano de arena en la guerra de Independencia. En su pequeña iglesia salvó la vida uno de los insurgentes más cercanos a Morelos: Francisco Ayala, casado con una vecina de Anenecuilco apellidada Zapata. Como en toda la región, los siguientes decenios hasta mediados de siglo constituyen un paréntesis, pero la tregua se rompe en 1853: el pueblo vuelve a pedir su documentación al Archivo General y reabre su pleito con Mapaztlán. En 1864 pide sus tierras a Maximiliano. El emperador visita la zona de Cuernavaca con asiduidad. Lo atraen el paraíso y su amante, la «India Bonita». Desarrolla una gran sensibilidad para escuchar y entender los reclamos indígenas, y concede la merced a Anenecuilco. Por desgracia para el pueblo, el Imperio se disuelve. Después del episodio de los Plateados, que tiene en Anenecuilco uno de sus principales escenarios, José Zapata —criollo de Mapaztlán— ejerce las funciones de gobernador del pueblo. Es él quien escribe a Porfirio Díaz en junio de 1874:

«Los ingenios azucareros son como una enfermedad maligna que se extiende y destruye, y hace desaparecer todo para posesionarse de tierras y más tierras con una sed insaciable.

»Cuando usted nos visitó se dio cuenta de esto y, uniéndose a nosotros, prometió luchar, y creemos, y más bien estamos seguros, de que así lo hará.

»Destruirá usted ésta, pues no es aún tiempo de que se conozca el pacto, como usted dice. Sólo es una recordatoria, para que esté este problema en su mente y no lo olvide.

»"No descansaremos hasta obtener lo que nos pertenece." Son sus propias palabras, general.

»Fiamos en la prudencia que le es a usted característica en que nos disimulará nuestro rústico pero leal lenguaje».[11]

Dos años después, apenas lanzado el Plan de Tuxtepec, al amparo del cual derrocaría al gobierno de Sebastián Lerdo de Tejada, Porfirio Díaz recibe una nueva carta, aún más esperanzada y firme, del pueblo de Anenecuilco:

«Los tan conocidos para usted, miembros de este club de hijos de Morelos, nos dirigimos nuevamente a usted con el respeto debido para hacerle presentes nuestros agradecimientos por la gran ayuda que hasta ahora nos ha prestado.

»Recibimos su nota de comunicación y estamos satisfechos con los adelantos que ha proporcionado a nuestra causa.

»Como le hemos estado remitiendo constantemente cartas recordatorias, creemos que no se ha olvidado de nosotros; aunque su última contestación fue del 13 de enero del pasado, sabemos que esto se debe a sus muchas ocupaciones.

»General, no tendremos con qué pagarle si podemos realizar nuestro anhelo y salimos victoriosos en este trance tan difícil para nosotros.

»Nos damos cuenta de que el problema es bien difícil, pero tenga usted en cuenta que estamos decididos a luchar hasta el fin, junto con usted. Y hemos resuelto todos, de común acuerdo, que es preferible que desaparezca la gran riqueza que constituyen los ingenios azucareros (que luego podrá repararse), a que se sigan apoderando de nuestras propiedades hasta hacerlas desaparecer.

»Tenemos fe y confiamos en que algún día la justicia se haga cargo de nuestros problemas, guardamos con celo los papeles que algún día demostrarán que somos los únicos y verdaderos dueños de estas tierras.

»Las miras de usted, general, hasta hoy siempre han sido justas y nosotros hemos seguido fielmente sus pasos, no creemos ser dignos de olvido.

»No estamos reprochando nada, pero queremos estar seguros de que no nos ha olvidado.

»De quien sí hemos recibido correspondencia es del licenciado don Justo Benítez, que está con nosotros y también nos apoya en todos los puntos.

»Dispense que distraigamos sus ocupaciones, pero el asunto no es para menos; estamos al borde de la miseria unos y los otros han tenido que emigrar por no tener alimentos para sus hijos. Los de los ingenios cada vez más déspotas y desalmados. No queremos cometer con ellos algún acto de violencia, esperaremos con paciencia hasta que usted nos dé la señal para iniciar nuestra lucha.

»Confiamos en que usted tampoco ha dado nada a conocer, pues sería peligroso en estos momentos.

»Con gran pena le comunicamos el fallecimiento de nuestro querido presidente y a quien considerábamos casi como padre. Mientras, me han nombrado a mí, pero es seguro que no quede de fijo, pues hay otros que más lo merecen».[12]

Por toda respuesta, Porfirio —que evidentemente los conocía bien— marcó en el margen: «Contestarles en los términos de siempre. Estoy con ellos y los ayudaré hasta lo último. Siento la muerte del señor Zapata, pues era fiel servidor y capaz amigo».

En 1878, el hacendado de Cuahuixtla, Manuel Mendoza Cortina, pronuncia su citada frase «la justicia para los pobres ya se subió al cielo», y emprende un nuevo despojo, ahora sobre las aguas del pueblo. Un mandatario del pueblo, Manuel Mancilla, entabla con él pláticas conciliatorias aunque secretas. Al descubrirlo, los vecinos degüellan a Mancilla. «Su cuerpo», escribe Jesús Sotelo Inclán, el gran historiador de la genealogía zapatista del que provienen todas estas noticias y documentos sobre Anenecuilco, «quedó tirado por el Cerro de los Pedernales en el camino a Hospital, y lo enterraron fuera del pueblo por traidor, al pie de unos cazahuates blancos, junto al río.»

En el caso de Anenecuilco, el porfiriato no significó una era de paz. En 1882, el hacendado de Hospital se queja de que los animales del pueblo maltratan sus cañas. En 1883, los campesinos se las arreglan para comprar armas. En 1885, denuncian las carencias y demasías de Cuahuixtla. En 1887, sufren la destrucción del barrio oriental del pueblo, llamado Olaque, por el archienemigo Mendoza Cortina. En 1895, Vicente Alonso Pinzón, español, nuevo dueño de Hospital y de la hacienda cercana, Chinameca, ocupa tierras de pasto del pueblo, mata sus animales y coloca cercas de alambre. Al inicio de siglo, Anenecuilco retoma, por enésima vez, el camino legal: pide copias de sus títulos al Archivo General de la Nación y busca el dictamen de un abogado célebre, Francisco Serralde. Después de analizar los títulos, Serralde opina: «Los títulos amparan plenamente las seiscientas varas de terreno que se concedieron a los naturales de Anenecuilco por decreto y por ley». Con el dictamen en la mano, en 1906 los vecinos apelan al gobernador, quien concierta una junta con los representantes de Hospital. Un año más tarde, en vista de la total irresolución de sus antiquísimas demandas, los de Anenecuilco visitan a Porfirio Díaz en la vecina hacienda de Tenextepango, propiedad de su yerno, Ignacio de la Torre. Habían pasado cuarenta años desde aquellas cartas esperanzadoras. Porfirio les promete —una vez más— interceder. El gobernador los conmina a acreditar con títulos pertinentes «sus alegados derechos». Nada se resuelve.[13] En enero de 1909, el pueblo interpone un nuevo recurso par recobrar sus documentos:

«Don Vicente Alonso, propietario de la hacienda del Hospital, trató de despojar nuestros ganados que allí pastaban y no nos permitía seguir haciendo uso de los campos de sembradura que nosotros siempre habíamos cultivado, por decirse dueño de esa posesión, que nosotros mantenemos y hemos mantenido por indeterminado lapso de tiempo por ser exclusivamente de nuestra propiedad».

Aquel año 1909 sería —según recordaba uno de los más activos representantes— «el más pesado». En junio, el administrador de Hospital decidió dar un paso hacia el abismo: ni siquiera en arrendamiento dio las tierras a Anenecuilco. En septiembre, el nuevo presidente del pueblo, el joven Emiliano Zapata, estudia cuidadosamente los papeles de la comunidad, muchos en náhuatl, su lengua materna. En octubre,

Zapata busca el patrocinio del licenciado Ramírez de Alba y el consejo del escritor y luchador social Paulino Martínez. Todo sin éxito. En una frase trágicamente célebre, el administrador de Hospital responde así a sus reclamos: «Si los de Anenecuilco quieren sembrar, que siembren en maceta, porque ni en *tlacolol* [sitios pequeños y deslavados en las laderas de los cerros] han de tener tierras».[14]

En abril de 1910 el tono de una carta dirigida al gobernador ya no es de combate sino de súplica, casi de imploración:

«Que, estando próximo el temporal de aguas pluviales, nosotros los labradores pobres debemos comenzar a preparar los terrenos de nuestras siembras de maíz; en esta virtud, a efecto de poder preparar los terrenos que tenemos manifestados conforme a la Ley de Reavalúo General, ocurrimos al Superior Gobierno del Estado, implorando su protección a fin de que, si a bien lo tiene, se sirva concedernos su apoyo para sembrar los expresados terrenos sin temor de ser despojados por los propietarios de la hacienda del Hospital. Nosotros estamos dispuestos a reconocer al que resulte dueño de dichos terrenos, sea el pueblo de San Miguel Anenecuilco o sea otra persona; pero deseamos sembrar los dichos terrenos para no perjudicarnos, porque la siembra es la que nos da la vida, de ella sacamos nuestro sustento y el de nuestras familias».[15]

En mayo, el pueblo se juega la última carta: escribe al presidente Díaz. Este les contesta informando que ha vuelto a recomendar el asunto al gobernador interino del estado, quien de inmediato los recibe en Cuernavaca y les solicita una lista de las personas agraviadas. A los dos días el pueblo le envía el documento, precedido de un párrafo revelador de la intacta memoria histórica del pueblo:

«Lista de las personas que anualmente han verificado sus siembras de temporal en los terrenos denominados Huajar, Chautla y La Canoa, que están comprendidos en la merced de tierras concedidas a nuestro pueblo en 25 de septiembre de 1607, por el virrey de Nueva España, hoy México, según consta en el mapa respectivo, y de cuya propiedad nos ha despojado la hacienda del Hospital».[16]

A mediados de 1910, Emiliano Zapata advierte que el trance es de vida o muerte y toma una resolución aplazada por siglos: ocupa y reparte por su cuenta y riesgo las tierras. El jefe político de Cuautla,

José A. Vivanco, se entera pero no interviene. Poco tiempo después el presidente Díaz ordena a la sucesión del hacendado Alonso devolver las tierras a Anenecuilco. En diciembre de 1910, Zapata derriba tecorrales y realiza un segundo reparto de tierras, al que se unen los vecinos de Moyotepec y Villa de Ayala. Previendo que las nubes del horizonte presagiaban un cataclismo social, Vivanco abandona el distrito, no sin antes festejar en un jaripeo con Zapata la reivindicación histórica de Anenecuilco. Tres siglos después de su expedición, la merced del virrey Luis de Velasco comenzaba a surtir efecto.

# La memoria del charro

Para el biógrafo, el método deductivo es terreno vedado. Puede legítimamente inducir sus generalizaciones a partir de datos breves y particulares, pero el procedimiento inverso es peligroso. Con todo, en el caso particular de Emiliano Zapata hay verdades que pueden partir de generalizaciones previas y no tener más demostración interna que los hechos a los cuales esas verdades dieron lugar.

Cabe afirmar, por ejemplo, sin que para ello existan documentos probatorios, que la verdadera patria de Zapata no fue México ni el estado de Morelos, ni siquiera el distrito de Villa de Ayala, sino la tierra que lo nutrió: el coto particular, único, exclusivo, excluyente, que llevaba a cuestas su historia de agravios; que atesoraba como el símbolo mismo de su identidad los títulos virreinales; que en términos raciales, formales y lingüísticos, había dejado de ser una comunidad indígena, pero seguía constituyéndola en zonas del ser más profundas; que concebía aún el entorno como una amenaza; que insistía en reivindicar el derecho a sus tierras no tanto por la necesidad económica como por el afán de que el enemigo geográfico y fatal —las haciendas— reconociese su derecho a existir tal como había ordenado la autoridad en el origen, sancionando derechos aún más antiguos, arrancados quizá a los aztecas; que una y otra vez, generación tras generación, con creciente indiferencia hacia los azares de otras historias que no fueran la propia, acudía ante las autoridades con la merced de Luis de Velasco en la mano, como si 1607 hubiese sido siempre el día de ayer; que desconfiaba de todo y de todos, de las autoridades más que de nadie, pero que no por eso perdía la esperanza de recobrar lo propio, lo entrañable, lo que les había sido robado... Aquella comunidad, Anenecuilco, fue la verdadera patria de Zapata. De aquel pequeño universo no sólo conocía toda la historia: la encarnaba. Todo lo demás le era abstracto, ajeno.

Sus padres se llamaron Cleofas Salazar y Gabriel Zapata. Tuvieron diez hijos. Emiliano, nacido el 8 de agosto de 1879, fue el penúltimo.

Nació con una manita grabada en el pecho. Su primer pantalón lo adornó con monedas de a real, como el tío Cristino Zapata le contaba que adornaban sus prendas los famosos Plateados, a los que había combatido. El otro hermano de su padre, Chema Zapata, le regaló una reliquia: «un rifle de resorte y relámpago de los tiempos de la plata».[17]

Emiliano estudió la instrucción primaria en la escuela de Anenecuilco, instrucción que comprendía rudimentos de teneduría de libros. La mayoría de sus biógrafos —incluido Sotelo Inclán— toma por buena la anécdota de que el pequeño Emiliano padeció en carne propia la invasión de las huertas y casas del barrio de Olaque, perpetrada por el hacendado Manuel Mendoza Cortina hacia 1887. Viendo llorar a su padre, habría preguntado:

«—Padre, ¿por qué llora?
»—Porque nos quitan las tierras.
»—¿Quiénes?
»—Los amos.
»—¿Y por qué no pelean contra ellos?
»—Porque son poderosos.
»—Pues cuando yo sea grande haré que las devuelvan».[18]

A los dieciséis años queda huérfano, pero no indefenso. Zapata no era ni jornalero ni pobre. Dieciséis años después, en 1911, explicó: «Tengo mis tierras de labor y un establo, producto no de campañas políticas sino de largos años de honrado trabajo y que me producen lo suficiente para vivir con mi familia desahogadamente». Logró poseer un atajo de diez mulas, y al frente de ellas salía a los pueblos y ranchos a acarrear maíz. Por un tiempo acarreó cal y ladrillos para la construcción de la cercana hacienda de Chinameca. Además de esas labores de arriería, tuvo éxito en la agricultura. «Uno de los días más felices de mi vida», confesó alguna vez, «fue aquel en que la cosecha de sandía que obtuve con mi personal esfuerzo me produjo alrededor de quinientos o seiscientos pesos.»[19] En 1910 su capital, nada despreciable, ascendía a tres mil pesos. Zapata se sintió siempre orgulloso de ganarse la vida sin depender de otros.

Este ranchero independiente no era borracho (aunque le gustaba el coñac), ni parrandero (aunque le encantaba la feria de San Miguelito cada 29 de septiembre), ni jugador (aunque no se separaba de su «atado» de naipes), pero sí «muy enamorado». Muchos años después de muerto, las ancianas de Morelos lo recordaban suspirando: «Era

Emiliano Zapata (ca. 1912).
«Estoy resuelto a luchar contra todo y contra todos sin más baluarte que la confianza, el cariño y el apoyo de mi pueblo.» (Emiliano Zapata)

muy valientote y muy chulo». Su hermana recordaba también: «Miliano de por sí fue travieso y grato con las mujeres». Su orgullo eran sus inmensos bigotes: lo diferenciaban de «los afeminados, los toreros y los frailes».[20] Por lo demás, «era delgado, sus ojos muy vivos, tenía un lunar en un ojo y muy abusado, de a caballo, ranchero».

Lo que más atraía en Zapata, no sólo a las mujeres sino a todo el que lo conocía, era su carácter de «charro entre charros». Miliano se presentaba en las plazas de toros montando los mejores caballos del rumbo, sobre las mejores sillas vaqueras. Los jaripeos, las corridas de animales en el campo, las carreras de caballos, el jineteo de toros, las peleas de gallos o el simple campear constituían sus diversiones favoritas. Su impecable figura de charro, sin afectaciones ni rebuscamientos, era clásica a su manera. Mucho en él recordaba a los Plateados. Así lo describe su fiel secretario Serafín Robles, «Robledo», como el «Jefe» le apodaba:

«Los arreos de su caballo eran: silla vaquera, chaparreras bordadas, bozalillo, cabresto, gargantón y riendas de seda con muchas motas, cabezadas con chapetones de plata y cadenas del mismo metal, machete de los llamados "costeños", colgada al puño la cuarta, reata de lazar y un buen poncho en el anca del caballo. La indumentaria del general Zapata en el vestir, hasta su muerte, fue de charro: pantalón ajustado de casimir negro con botonadura de plata, sombrero charro, chaqueta o blusa de holanda, gasné al cuello, zapatos de una pieza, espuelas de las llamadas amozoqueñas y pistola al cinto».[21]

El propio Robles afirmaba que en todo el sur «no había otro charro» como don Emiliano Zapata: «... desaparecía como un relámpago ... volaba sobre su caballo ... era montador de toros, lazador, amansador de caballos y travieso como el que más en charrerías, pues ... picaba, ponía banderillas y toreaba a caballo y también a pie». Era la viva reencarnación de un Plateado... bueno.

Estas habilidades charras no sólo reportaron a Emiliano beneficios estéticos y amorosos sino económicos. Nada menos que don Ignacio de la Torre —el yerno de don Porfirio y «Nachito» para sus amigos— se fijaría en él y le pediría que le arrendara sus finísimos caballos. De hecho esa profesión habrá de salvarlo cuando en 1897 huye del pueblo por una riña y se refugia con Frumencio Palacios, potrerero de la hacienda de Jaltepec.

Pero antes que charro independiente, insumiso, travieso y enamorado, Zapata era la memoria viviente de Anenecuilco. Entre 1902 y

1905 interviene silenciosamente en un conflicto de Yautepec con la hacienda de Atlihuayán, propiedad de los Escandón. En Yautepec vivían miembros de la familia Zapata y el pueblo tenía terrenos colindantes con Anenecuilco. El caudillo de Yautepec, Jovito Serrano, acudió al patrocinio del abogado Serralde, que había defendido legalmente a casi toda la disidencia intelectual del porfiriato: Daniel Cabrera, Filomeno Mata, los hermanos Flores Magón, Juan Sarabia... Su impresión del conflicto es clara y premonitoria. Escribe a Porfirio Díaz: «Si la Suprema Corte no hace justicia a estos hombres, tenga usted la seguridad, señor, que pronto habrá una revolución». El presidente lo recibe. Zapata forma parte de la comitiva. Poco tiempo después se entera de que a Jovito Serrano lo han deportado a Quintana Roo, donde nadie vuelve a saber de él. Zapata observa y recuerda.[22]

En 1906 ocurre en Anenecuilco un acontecimiento central en la educación intelectual de Zapata. Se avecinda en el pueblo el profesor Pablo Torres Burgos, que sin impartir —en apariencia— clases formales, se dedica a vender legumbres y cigarros, y a comerciar con libros. Sus amigos —entre los que se encuentra Zapata— tienen acceso a su pequeña biblioteca, a donde llegan puntualmente los mejores periódicos de oposición: *El Diario del Hogar* y *Regeneración*. Al poco tiempo, en Villa de Ayala ocurre un milagro intelectual similar. Se avecinda el profesor Otilio Montaño, que sí imparte clases formales y propaga con fervor una literatura aún más incendiaria: las obras del príncipe Kropotkin. Emiliano Zapata lo aprecia al grado de hacerlo su compadre.

En 1908, Emiliano Zapata se ausenta por segunda vez de su pueblo. La razón es ahora de índole romántica. Rememorando quizá las hazañas de los Plateados, que traían su reata «pa' la mujer que les guste», Zapata rapta a una dama de Cuautla, Inés Alfaro, a quien le pone casa y con la que procrea un niño —Nicolás— y dos mujercitas. El padre de doña Inés, Remigio Alfaro, denuncia el hecho ante las autoridades, que incorporan a Emiliano en el 7.° Batallón del ejército, donde no dura mucho tiempo, ya que un año después participa activamente en la campaña leyvista.[23] Es uno de los integrantes del Club Melchor Ocampo —creado por Torres Burgos en Villa de Ayala— y del más numeroso Club Democrático Liberal de Morelos, con sede en Cuernavaca.

En septiembre de ese mismo año, los vecinos de Anenecuilco lo nombran presidente del Comité de Defensa. Sotelo Inclán narra la escena:

«Terminada la junta, los viejos llamaron aparte a Emiliano y le entregaron los papeles que guardaban, y que son los mismos que han llegado hasta nosotros. Emiliano los recibió y, junto con el secretario Franco, se puso a estudiarlos. Franco estuvo con Emiliano durante ocho días en el coro de la iglesia leyendo los papeles y tratando de desentrañar los derechos en ellos establecidos. Durante estos días suspendieron todos sus trabajos y sólo bajaban para comer y dormir. Fue así como el futuro caudillo bebió las profundas aguas del dolor de su pueblo y se vinculó estrechamente al destino de sus remotos abuelos indios. Teniendo a la vista el mapa tradicional y queriendo saber lo que decían sus leyendas en idioma azteca, Emiliano mandó a Franco al pueblo de Tetelcingo, cercano a Cuautla, donde se conserva aún el idioma náhuatl, lo mismo que muchas costumbres indias. No fue fácil para Franco hallar quien supiera leer aquellas palabras nahoas. Ni siquiera el maestro del pueblo supo traducir su significado y Franco fue a ver al cura del lugar, que era un indio originario del Tepoztlán, tierra de grandes nahuatlatos. El cura pudo descifrar los nombres indígenas y Franco regresó con el resultado al pueblo».[24]

En enero de 1910 Zapata es encarcelado e incomunicado por tres días. Las autoridades afirmaron que se le había encontrado «vagando en estado de ebriedad», pero el amparo que interpone en su favor su hermana María de Jesús está seguramente más cerca de la verdad: se le había aprehendido para forzarlo a dar «su cuota de sangre y humillación al servicio de las armas». Aunque en febrero se le consigna en efecto al ejército, en marzo sale libre por intercesión de don «Nachito» de la Torre. Zapata retribuiría el favor arrendándole, como se ha dicho, sus caballos e interviniendo en una escena que, muchos años después, recordaría la nieta de Porfirio Díaz: «... en la boda de "Nachito" con Amada Díaz, un caballo de la procesión perdió el paso y se desbocó. De pronto un charro decidido se abalanzó sobre él para amansarlo y evitar un desaguisado: era Emiliano Zapata».

A mediados de 1910 Zapata cumple el destino de su pueblo y toma por la fuerza las tierras de Anenecuilco. A fin de año siembra de nuevo sus sandías y en una de tantas novilladas sufre una cornada en un muslo. Enterrados en un lugar secreto del pueblo y dentro de una caja de hojalata, descansaban los títulos, los mapas, los pedimentos, las copias, la merced, cuadernos enteros de litigios y dictámenes. Con el tiempo, al lanzarse a la Revolución, Zapata los encomendó a su fiel «Robledo» con estas palabras: «Si los pierdes, compadre, te secas colgado de un cazahuate».[25]

# Revoluciones van, revoluciones vendrán

Sin el vendaval maderista, la pequeña revolución de Anenecuilco hubiese pasado inadvertida incluso para la historia local. Pero el artículo del Plan de San Luis que prometía restituir a las comunidades las tierras que habían usurpado las haciendas era música celestial para Zapata, Torres Burgos y Montaño, sus amigos intelectuales. Tan pronto estalla la Revolución, los vecinos de aquellos pueblos deciden enviar como su representante en San Antonio, Texas, a Pablo Torres Burgos. Mientras tanto, en Tlaquiltenango, un veterano de la guerra contra los franceses, Gabriel Tepepa, se levanta en armas. En Huitzuco, Guerrero, hace lo propio el cacique de la zona: Ambrosio Figueroa. En Yautepec, Otilio Montaño exclama en un discurso: «¡Abajo las haciendas, que vivan los pueblos!».[26] Es el momento en que, montado en un caballo que le regala el cura de Axochiapan, Emiliano Zapata inicia su revolución. Allí lo vio, extasiado, Octavio Paz Solórzano (padre del escritor Octavio Paz), un abogado capitalino que fue de los primeros en sumarse a «la bola»:

«El día que [la Revolución del sur] abandonó [Jojutla], [Zapata] mandó reunir a su gente en el zócalo, para emprender la marcha. El estaba montado en el caballo retinto regalado por el cura, en el centro, rodeado de algunos de sus jefes, cuando de repente se oyó una detonación. Al principio nadie se percató de lo que había pasado, pues los soldados acostumbraban constantemente disparar sus armas, como una diversión, y se creyó que el tiro que se había escuchado era uno de tantos de los que disparaban los soldados al aire, pero Zapata había sentido que se le ladeaba el sombrero; se lo quitó y vio que estaba clareado. Los jefes que estaban cerca de él, al ver el agujero, comprendieron que el balazo había sido dirigido en contra de Zapata: vieron que el que lo había disparado se encontraba en el edificio de la Jefatura política y al dirigir la vista hacia dicho [inmueble] miraron a un hombre que precipitadamente se retiraba de uno de los balcones. Esto pasó en menos de lo que se cuenta. Los que estaban más cerca de Zapata se precipitaron hacia la Jefatura política, pero Zapata gritó: "Nadie se mueva"; y sin vacilación ninguna movió rápidamente el magnífico caballo que montaba hacia la puerta de la Jefatura, y dándole un fuerte impulso lo hizo subir por las escaleras del edificio, ante la mirada atónita de los que presenciaban esta escena, quienes desde abajo pronto lo vieron aparecer detrás de los balcones, recorriendo las piezas del Palacio Gubernamental, con la carabina en la mano. Una vez que hubo revisado todas las oficinas, sin encontrar a nadie, jaló la rienda al caballo, haciéndolo descender por las escaleras, y con toda tranquilidad apareció nuevamente en la plaza, ante la admiración del numeroso pueblo que lo contemplaba y de sus tropas, montando en el arrogante caballo retinto, regalo de Prisciliano Espíritu, el cura de Axochiapan, y con el puro en la boca, que nunca abandonaba, aún en lo más recio de los combates».[27]

A las pocas semanas Tepepa muere a traición a manos de Figueroa. A Torres Burgos lo sorprenden los federales en una siesta de la que nunca despertaría. Zapata se convierte de súbito en el jefe de la Revolución. Hasta sus oídos llega una bravata del odiado administrador español, apellidado Carriles, de Chinameca: «... que ya que usted es tan valiente y tan hombre, tiene para usted miles de balas y las suficientes carabinas para recibirlos como se merecen». «Los ojos de Zapata», recuerda Paz, «chispearon de cólera.» Decidió a atacar Chinameca —su primera acción militar— no por seguir un plan preconcebido sino por pundonor. El resultado, para las víctimas, fue una «carnicería espantosa», y para los vivos un corrido:

Llegó el terrible Zapata
    con justicia y razón;
hablo con imperio, «vengan con una hacha
    y tiren este portón».

Tembló la tierra ese día,
    Zapata entró.

Los juntó toditos, y les dio las onze,
    y hincados frente a una peña,
«besen esta cruz y toquen clarines de bronze,
    y griten, ¡que muera España!».

Viva el general Zapata,
viva su fe, y su opinión,
porque se ha propuesto morir por la patria,
como yo, por la nación.[28]

De Chinameca, donde se hizo de buenos pertrechos, Zapata siguió a Jonacatepec. Poco a poco su ejército se ensancha. ¿Por qué lo siguen? Una de las razones, que se desprenden con claridad del corrido, es una especie de quiste histórico: el odio a los españoles. «Entré por ese temor de los españoles», recordaba Constancio Quintero García, de Chinameca; «ya iban a jerrarnos como animales.» Espiridión Rivera Morales, del mismo sitio, explicaba: «Sembrábamos unos maicitos en los cerros, pues ya el español cabrón nos había quitado todas las tierras». Otros se sumaban por un ansia sencilla de libertad y justicia. «Teníamos más garantías en el monte a caballo, libres, que estando allí, porque estaban los rurales tras nosotros, cobrándonos por vivir, cobrándonos por las gallinas, cobrándonos por los marranos; esa injusticia nos hizo más, y Zapata [al] darnos garantías... ¡Teníamos que haberlo seguido! Esa es la causa. Ya no aguantaba la injusticia». Y otros aún, por simple y llana pobreza: «De mi pueblo se fueron dieciocho conmigo, eran *tlacololeros;* los obreros de la mina nunca se fueron; ésos fueron pendejos; no fueron porque estaban bien con los ... gringos porque les pagaban buen sueldo».[29] Muchos otros, además de los de la mina, no entraron:

«Unos nunca se levantaron, por eso Felipe Neri, aquí en Cuahuixtla, había muchos [a los] que les mochó la oreja. Porque venía y decía: "Vénganse a la revolución, o dejen la hacienda", los agarraba por el campo, y le contestaban: "Sí, mi general", pero al poco tiempo que los soltaban se iban de nuevo a la hacienda a trabajar. Y pasaba Felipe Neri de repente (porque era arrancado, aunque estuviera el gobierno aquí, ése pasaba por la orilla del pueblo con su gente, porque era de por sí valiente) y los volvía a agarrar, y decía: "A ustedes ya los agarré el otro día, ¿verdad?" y zas, les mochaba la oreja, un pedazo, "Andele, para que los conozca y otro día que los vuelva a agarrar los fusilo".

»Pues todos esos ... los polqueros, así les decían en ese tiempo, trabajaban con yuntas de mula y los polcos. Por eso agarró Felipe Neri y les mochó la oreja. Pero ni así se fueron, a'i estaban y así estuvieron de esclavos hasta que se acabó la revolución».

Para el mes de mayo de 1911 ya sólo quedaban en todo el estado de Morelos dos baluartes federales: Cuautla y Cuernavaca. A la primera la resguardaba un regimiento de caballería famoso: el Quinto de Oro. Zapata busca tomar la plaza pacíficamente, pero el jefe político se niega a rendirla. En la toma intervienen muchos de los jefes que se harán célebres: Emigdio Marmolejo, Francisco Mendoza, Amador Salazar, Eufemio Zapata —hermano del caudillo—, Lorenzo Vázquez. El cerco dura varios días:

«Hubo ocasiones, durante el curso de esta lucha desesperada, en que al derrumbarse un muro quedaran los combatientes de ambos lados frente a frente, y entonces podía verse, caso muy común, que se disputaban unos y otros, con todo empeño, con todo vigor, esos montones de tierra y ladrillo que debían servirles luego como defensa. En ocasiones no hacían uso de las armas, sino que se asestaban golpes con las culatas o cañones de los fusiles».[30]

El 17 de mayo, Felipe Neri toma a viva fuerza el convento de San Diego, donde le sobreviene la desgracia que explica, quizá, su vocación de «mochaorejas»: «... al arrojar una bomba sobre la pared de la iglesia, retachó, vino a estallar cerca de él y lo hirió gravemente, dejándolo sordo para toda la vida».[31] Por fin, el 19 de mayo cesa el fuego. Para entonces Marciano Silva, el viejo cantor del sur incorporado al ejército de Zapata, tenía listo su corrido:

¡Pobres pelones del Quinto de Oro,
a otros cuenten que por aquí
no más tres piedras, porque la fama
que hay en Zapata no tiene fin!
Adiós Quinto de Oro afamado,
mi pueblo llora tu proceder,
en otras partes habrás triunfado;
pero aquí, en Cuautla, no sé por qué
nos prometiste el ampararnos;
pero corriste, ¡qué hemos de hacer!
¡Los calzonudos te corretean
porque Zapata tu padre es!²

En la ciudad de México, el viejo dictador escuchó las noticias con verdadera alarma. Sabía que «los chinacates del sur eran bravos». «Estuve tranquilo hasta que se levantó el sur», comentaba en el exilio. Seis días después de la toma de Cuautla, renunció.

El 7 de junio de 1911, Emiliano Zapata es de los primeros revolucionarios en entrevistarse con Madero.[33] La comida a la que acude —llena de aduladores— le deja mal sabor de boca. Días más tarde, Madero visita Morelos y Guerrero, zona que había soslayado en sus campañas presidenciales. Su conducta, generosa por igual con hacendados y revolucionarios, provoca en Zapata sentimientos de duda. No comprende por qué presta oídos a quienes critican la violencia zapatista en la toma de Cuautla. ¿Había sido o no una revolución? Muy pronto, los periódicos de la capital, azuzados, claro, por los hacendados, inician una campaña de desprestigio contra «el bandido» Zapata, de quien se espera en cualquier momento una sublevación. El periódico *Nueva Era* de Juan Sánchez Azcona lo defiende. Madero lo invita a México.

La entrevista entre ambos caudillos tiene lugar el 21 de junio en la casa de Madero, en la calle de Berlín. Gildardo Magaña recordaría la forma —a un tiempo parabólica, cortés y terminante— en que Zapata expuso las razones de *su* revolución. Había tensión en la atmósfera. Zapata la rompió acercándose a Madero. Señaló la cadena de oro que éste traía en su chaleco y le dijo:

«—Mire, señor Madero, si yo, aprovechándome de que estoy armado, le quito su reloj y me lo guardo, y andando el tiempo nos llegamos a encontrar, los dos armados con igual fuerza, ¿tendría derecho a exigirme su devolución?

»—Sin duda —le dijo Madero—; incluso le pediría una indemnización.

»—Pues eso, justamente —terminó diciendo Zapata—, es lo que nos ha pasado en el estado de Morelos, en donde unos cuantos hacendados se han apoderado por la fuerza de las tierras de los pueblos. Mis soldados (los campesinos armados y los pueblos todos) me exigen diga a usted, con todo respeto, que desean se proceda desde luego a la restitución de sus tierras».[34]

Al día siguiente, Emiliano Zapata hizo unas declaraciones conciliatorias al diario católico *El País*, que no antipatizaba con su causa:

«El general Zapata [manifestó] que si él se afilió al partido revolucionario no fue guiado por la idea del lucro, sino por patriotismo ... "El odio demostrado hacia mí por los hacendados morelenses no me lo explico, como no sea porque arrebaté a la explotación que por parte de ellos eran víctimas los obreros que les enriquecían con el fruto de su sangre y de su sudor; comprenderán que, de ser ciertas las acusaciones que se me dirigían, no hubiera venido como lo he hecho a presentarme al señor Madero.

»"Ahora voy a trabajar en el licenciamiento de los hombres que me ayudaron, para después retirarme a la vida privada y volver a dedicarme al cultivo de mis campos, pues lo único que anhelaba cuando me lancé a la Revolución era derrocar al régimen dictatorial y esto se ha conseguido"».

Aparte del endoso explícito a Madero, en las declaraciones de Zapata llama la atención su insistencia en desmentir a los que dudaban de su desinterés. Es en ese momento cuando habla de sus «tierras de labor», de su «establo», de sus «largos años de honrado trabajo». Nada lo indigna más que la palabra «bandido».

Desea, en efecto, retirarse a la vida privada y disfrutar de su inminente matrimonio con la que sería su única mujer legítima: Josefa Espejo. Pero antes había que licenciar a las tropas y dejar Morelos bajo el mando de Raúl Madero (o de cualquiera, menos de Ambrosio Figueroa, o de los federales Blanquet y Huerta). El gobierno interino presiona para el primer objetivo. Zapata cede, pero no del todo. A mediados de agosto solicita al presidente De la Barra el retiro de las fuerzas federales a cambio de la paz «en veinticuatro horas». Ese mismo día escribe, con ayuda de Montaño, a Madero:

«Si la Revolución no hubiera sido a medias y hubiera seguido su corriente, hasta realizar el establecimiento de sus principios, no nos veríamos envueltos en este conflicto; ¿por qué, pues, por una petición justa mía, del pueblo y del ejército, se nos trata de reos de grave delito, cuando no hemos tenido otro que el de haber sido defensores de nuestras libertades? Yo ni por un momento he dudado de que usted sostendrá los principios por los cuales el pueblo mexicano derramó su sangre, y en la cuestión a que en este momento me refiero tengo fe, y la he tenido siempre, en que usted evitará el derramamiento de sangre que se prepara contra nosotros. Me reitero su fiel subordinado».[35]

Estaban dados ya todos los elementos de la discordia. Una y otra vez Zapata repetía las palabras «fe» y «fidelidad» implicando ya, con ellas, su contraria: traición. Madero lo comprende y escribe midiendo cada palabra:

«Comprendo muy bien los sentimientos que inspiran a usted y por eso vine a [ciudad de] México a exponer al Supremo Gobierno la situación, en vista de lo cual se ha acordado solucionar el conflicto en ésa, en forma que estoy seguro será aceptada por ustedes y que les haré saber a mi llegada a ésa. Para lograr mis vehementes deseos, la condición esencial es que ustedes sigan teniendo fe en mí como yo la tengo en ustedes. En prueba de lo cual voy a ésa, a pesar de que han venido noticias de que mi vida peligrará yendo allá. Pero no creo nada de ello, porque tengo confianza en ustedes».[36]

Al llegar a Morelos el 18 de agosto, en un discurso Madero llama a Zapata «integérrimo general». Todavía creen el uno en el otro, pero actúan en un marco desfavorable creado por los hacendados, la histeria de la prensa capitalina, las opiniones racistas de De la Barra y el celo del general Victoriano Huerta —indio experto en combatir indios, veterano de las guerras contra yaquis y mayas—, que avanza sobre Yautepec para «reducir a Zapata hasta ahorcarlo».[37] A los cuatro días de su estancia, Madero comprende que las autoridades centrales no le hacen el menor caso y se retira. Teme, con razón, que Zapata se llame a engaño, pero lo único que puede ofrecerle es una promesa: «Aprecio debidamente los servicios que usted prestó a la Revolución ... Cuando llegue al poder le aseguro que le recompensaré sus servicios».[38]

Durante todo el interinato Zapata sufrió el embate de los fusiles y las palabras. Estas lo indignaban más que aquéllos. Le revolvía las entrañas oír que los «pelones» federales gritaran a sus hombres «bandidos comevacas». ¿Conoció las alarmas del representante José María Lozano en la cámara de Diputados? Zapata era el nuevo Atila, la «reaparición atávica de Manuel Lozada, un Espartaco, el libertador del esclavo, el prometedor de riquezas para todos. Es todo un peligro social, es sencillamente la aparición del subsuelo que quiere borrar la superficie ... Ya Zapata no es un hombre, es un símbolo».[39]

Era natural que al llegar Madero a la presidencia las relaciones con Zapata estuviesen irremediablemente deterioradas. Existió sin embargo un último intento de avenencia por mediación del ingeniero Alfredo Robles Domínguez. Las condiciones de Zapata no podían ser más razonables: retiro de Figueroa, nombramiento de Raúl Madero y una pálida mención al problema de la tierra: «... se dará una ley agraria procurando mejorar la condición del trabajador del campo». En una decisión que a la postre lamentaría, Madero lo conmina a «rendirse a discreción y salir del país ... su actitud de rebeldía está perjudicando mucho a mi gobierno».[40] Es el momento del rompimiento. Días más tarde, Zapata describe a Gildardo Magaña la esencia de su discordia:

«Yo, como no soy político, no entiendo de esos triunfos a medias; de esos triunfos en que los derrotados son los que ganan; de esos triunfos en que, como en mi caso, se me ofrece, se me exige, dizque después de triunfante la Revolución salga no sólo de mi estado, sino también de mi patria ...

»Yo estoy resuelto a luchar contra todo y contra todos sin más baluarte que la confianza, el cariño y el apoyo de mi pueblo».[41]

Los «triunfos en que los derrotados son los que ganan» tenían para Zapata un nombre: traición. Zapata era un hombre de convicciones absolutas. Por eso no pudo interpretar las reticencias de Madero para repartir la tierra, y su debilidad para imponerse a De la Barra y Huerta, sino como una traición en el sentido bíblico del término, como el pecado que incluye todos los pecados, como la falta de Iscariote que provocó la muerte del Redentor. A aquel último intento conciliador de Madero, Zapata respondió: «Ya puede ir contando los días que corren, pues dentro de un mes estaré en México con veinte mil hombres y he de tener el gusto de llegar a Chapultepec y ... colgarlo de uno de los sabinos más altos del bosque».[42] Aquel desencuentro entre dos hombres de fe sería uno de los momentos trágicos de la Revolución. El propio Madero lo reconoció en sus últimas horas ante Felipe Angeles.[43] Quizá entonces la actitud de Zapata le pareció comprensible: llevaba siglos esperando.

«Perdono al que mata o al que roba», solía decir Zapata, «porque quizá lo hacen por necesidad. Pero al traidor no lo perdono.» Vivía obsesionado por la traición. Uno de sus cuentos favoritos tenía la traición como tema:

«Un trabajador de las cercanías de Anenecuilco tenía en su rancho un perro que cuidaba de la casa. Era un perrazo amarillo, de orejas pachonas y largas. En cuanto el animal oía que chillaban los coyotes, salía a todo correr a perseguirlos. Y el buen hombre, cuando el perro regresaba, decía a la cocinera que le echara unas tortillas, pues que bien se las ganaba cuidando las gallinas. Una vez los coyotes se acercaron tanto que, cuando el perro amarillo salió a perseguirlos, corrió el hombre tras él para ver si había cogido siquiera uno. Y fue a encontrar que, bajo un huizache, el perro y los coyotes se comían amigablemente una gallina. Aquéllos huyeron, mientras el guardián siguió comiendo. El ranchero, convencido de que su perro era un traidor, fue sacando poco a poco el machete y le abrió la cabeza de un solo golpe».

En el Plan de Ayala, redactado por Zapata junto con Otilio Montaño y firmado el 25 de noviembre de 1911 en la pequeña población montañosa de Ayoxustla, la palabra «traición» referida a Madero se emplea cinco veces de modo explícito y varias otras implícitamente con enorme dureza. Pero la traición no era su único motivo. Su fiel «Robledo» recordó mucho tiempo después una conversación en la que Zapata le confió las razones morales e históricas que lo habían hecho concebir el Plan de Ayala.

«Como tú sabes, en nuestro estado existieron aquellos mentados Plateados, quienes no estuvieron conformes con el gobierno que se estableció en aquel entonces y se rebelaron también, pero como no tuvieron bandera donde expusieran los motivos o ideas por las cuales empuñaban de nuevo las armas, no tuvieron muchos adeptos ni apoyo de los vecinos de los pueblos, y se les combatió y persiguió hasta lograr su muerte y dispersión, dándoles el despectivo título de "bandidos", el mismo que ya se me daba en compañía de mis soldados que peleaban al grito de ¡Viva Zapata!

»Presentía que, de seguir en esa actitud, se nos tomaría en lo sucesivo como tales bandidos, puesto que la prensa lo publicaba y propalaba, bajo cuya denominación ya el gobierno nos combatía ...

»Mis antepasados y yo, dentro de la ley, y en forma pacífica, pedimos a los gobiernos anteriores la devolución de nuestras tierras, pero nunca se nos hizo caso ni justicia; a unos se les fusiló con cualquier pretexto, como la "ley fuga"; a otros se les mandó desterrados al estado de Yucatán o al territorio de Quintana Roo, de donde nunca regresaron, y a otros se les consignó al servicio de las armas por el odioso sistema de la "leva", como lo hicieron conmigo; por eso ahora las reclamamos por medio de las armas, ya que de otra manera no las obtendremos, pues a los gobiernos tiranos nunca debe pedírseles justicia con el sombrero en la mano, sino con el arma empuñada.

»Durante tres días, concreté mis ideas, que transmití a mi compadre Montaño para que les diera forma, resultando al cabo de ese tiempo el deseado Plan.»[44]

En varios sentidos el Plan de Ayala es original, pero su propósito principal es —textualmente— «comenzar por continuar» la Revolución que Madero «gloriosamente inició con el apoyo de Dios y del pueblo» y «no llevó a feliz término». Tres son sus artículos centrales; ninguno de ellos incurre en un radicalismo extremo:

«6.º Como parte adicional del Plan que invocamos, hacemos constar que los terrenos, montes y aguas que hayan usurpado los hacendados científicos o caciques a la sombra de la tiranía y de la justicia penal entrarán en posesión de estos bienes inmuebles desde luego los pueblos o ciudadanos que tengan sus títulos correspondientes a esas propiedades, de las cuales han sido despojados, por la mala fe de nuestros opresores, manteniendo a todo trance con las armas en la mano la mencionada posesión, y los usurpadores que se consideren con derecho a ellos lo deducirán ante tribunales especiales que se establezcan al triunfo de la Revolución.

»7.º En virtud de que la inmensa mayoría de los pueblos y ciudadanos mexicanos no son dueños del terreno que pisan, sufriendo los horrores de la miseria sin poder mejorar su condición social ni poder dedicarse a la industria o a la agricultura por estar monopolizados en unas cuantas manos las tierras, montes y aguas, por esta causa se expropiarán previa indemnización de la tercera parte de esos monopolios a los poderosos propietarios de ellos, a fin de que los pueblos y ciudadanos de México obtengan ejidos, colonias, fundos legales para pueblos o campos de sembradura o de labor, y se mejore en todo y para todo la falta de prosperidad y bienestar de los mexicanos.

»8.º Los hacendados, científicos o caciques que se opongan directa o indirectamente al presente Plan, se nacionalizarán sus bienes y las dos terceras partes que a ellos les correspondan se destinarán para indemnizaciones de guerra, pensiones de viudas y huérfanos de las víctimas que sucumban en la lucha del presente Plan».[45]

Para los zapatistas —señala John Womack, el clásico historiador del zapatismo— aquel documento tuvo siempre un carácter de Sagrada Escritura, una impregnación mesiánica.

A partir de ese instante la revolución zapatista es la historia de una guerra sin cuartel «contra todo y contra todos», como decía su caudillo: «Revoluciones van, revoluciones vendrán», solía comentar el mero Jefe; «yo seguiré haciendo la mía».[46] La rebelión, amorfa y dispersa en un principio, se delinea y fortalece con el acoso de los federales. Cada bando tiene su ala radical: el gobierno, en el general Juvencio Robles, que pone en práctica una estrategia de la guerra de los boers: el incendio de pueblos y la «recolonización» (exilio masivo y forzado);[47] el movimiento zapatista, en el jefe sureño Genovevo de la O, que discurre la macabra voladura de trenes. En cierto momento, el régimen maderista decide cambiar de táctica. El nuevo jefe de operaciones, Felipe Angeles, corta de tajo con las prácticas salvajes y se niega a ampliar la guerra a pesar de las voladuras. Piensa que «es justificada la actitud de los zapatistas: desean que el vergel de Morelos no sea para ellos un infierno».[48] En las ciudades principales hay elecciones y una clara voluntad de legalidad y reforma. Lentamente se abren paso, por la vía civil, las ideas agrarias. Sin armas ni recursos, el zapatismo languidece un poco, abandona temporalmente el estado de Morelos y se refugia en el distrito de Acatlán, Puebla.

De aquel repliegue lo saca nuevamente la caída de Madero. Por momentos parece que Zapata considera la posibilidad de pactar con Huerta a cambio de una aceptación oficial del Plan de Ayala, pero lo cierto es que el acuerdo entre ambos es imposible. El 28 de febrero de 1913 escribe a Genovevo de la O:

«... la Revolución del sur, centro y norte no está de conformidad con los traidores que se apoderaron del gobierno, y los revolucionarios no nos debemos de creer en nada de ellos, porque nos expondríamos a un fracaso y ni se les debe tener ninguna confianza; pues ¿qué esperaríamos de estos infames para nosotros que traicionaron y asesinaron a sus amos, a quienes le deben todo lo que tienen de riquezas y el lugar que ahora ocupan? No, de ninguna manera hay que creerse de estos malvados, y en todo caso procure usted batirlos hasta exterminarlos».

Al poco tiempo Zapata recibe al padre de Pascual Orozco, que trata de persuadirlo de un arreglo (el Plan de Ayala, hay que recordar, nombraba jefe de la Revolución a Pascual Orozco). Sin embargo, Zapata ya no cree en Orozco ni en el «espectáculo lúgubre» del gobierno que representa. El no ha hecho su revolución para «asaltar puestos públicos», mucho menos para nombrar gobernador, como le sugería el padre de Orozco. Por considerarlo traidor, se da el gusto de «quebrarlo».

La guerra se recrudece con una violencia sin precedentes. Los generales Cartón y Robles cuelgan zapatistas, recurren a la leva, la recolonización, la toma de rehenes, la depredación, saqueo y quema de pueblos. Naturalmente, el salvajismo de la campaña favorece a Emiliano Zapata.[49]

«Y luego Huerta empezó a echar las "levas", puso la suspensión de garantías, ¡pos con más razón la gente se sublevó al cerro! Empezó a quemar Cartón las casas, los pueblos, los ranchos, diablura y media, la gente pues, ¿qué?, ¡pues siguió a Zapata porque Zapata los defendía!, tenía sus campamentos en los cerros, y a'i estaba la gente con él, y otros no, eran pacíficos, pero de todas maneras eran zapatistas porque seguían a Zapata.»

En 1914, la balanza se revierte. En marzo, Zapata toma Chilpancingo y fusila al general Cartón. Al poco tiempo ocupa Jojutla, Jonacatepec, Cuautla. Los federales, azorados además por sus derrotas en el norte ante Villa y Obregón, abandonan el estado. Lo mismo hacen, esta vez definitivamente, los orgullosos y modernos hacendados de Morelos. En junio de 1914, previendo el fin del gobierno huertista y el triunfo inminente de la Revolución, el zapatismo da a la luz la ratificación del Plan de Ayala con el objetivo principal de elevar «la parte relativa a la cuestión agraria ... al rango de precepto constitucional». La Revolución —rezaba uno de sus considerandos— busca «el mejoramiento económico de la gran mayoría de los mexicanos y está muy lejos de combatir con el objeto de saciar vulgares ambiciones políticas».

Aun los intelectuales más conspicuos del zapatismo, como el anarquista cristiano Antonio Díaz Soto y Gama (incorporado al movimiento en abril de 1914), parecían no darse cuenta de que esa postura escondía una derrota en la victoria, y más dramática que la de Francisco I. Madero. Paradoja anarquista: si la revolución zapatista soslayaba o desdeñaba la «conquista de ilusorios derechos políticos», ¿en manos de quién quedaría «el mejoramiento económico de la gran mayoría de los mexicanos»?

# Quemar la Silla

En el fondo, el zapatismo nunca renunció a su condición de isla. En ella residían su fuerza y su debilidad. Si había sido traicionado por Madero y había doblegado la embestida sanguinaria de Huerta, no existía razón para confiar en nadie ni para abandonar la resistencia. De ahí el fracaso de todos los emisarios de Carranza. Al «doctor Atl» (Gerardo Murillo) Zapata le confiesa: «Veo en Carranza aspiraciones peligrosas». En otra ocasión deja pasar la oportunidad de acercarse a un aliado noble y natural: Lucio Blanco. A Juan Sarabia, Luis Cabrera y Antonio Villarreal (revolucionarios intachables y partidarios decididos de la reforma agraria), Zapata los ningunea de plano, y Palafox —su nuevo intelectual orgánico, hombre hábil, pragmático y gran administrador— les advierte que la única opción de Carranza está en renunciar al poder ejecutivo, admitir un representante zapatista en la designación de los nuevos poderes y «someterse» —literalmente— al Plan de Ayala «sin cambiarle ni una coma». Carranza, por supuesto, no acepta las condiciones y en septiembre de 1914 rompe con Zapata. Este responde con un decreto agrario aún más radical que el Plan de Ayala: la nacionalización de los bienes del enemigo abarca por primera vez las propiedades urbanas y por primera vez también se establecen formas de propiedad que recuerdan al sistema comunal del *calpulli*. Según explica en un célebre ensayo François Chevalier, ese decreto «anuncia el futuro ejido, producto de la Revolución mexicana, que no es el simple pastizal común español que lleva el mismo nombre, sino que comprende esencialmente tierras de cultivo».

Mucho más enigmática y significativa que la efímera relación de Zapata con Carranza es la que el jefe suriano establece con la Convención de Aguascalientes y, en particular, con Francisco Villa.[50] La lógica de ahora y la de entonces —dada la raigambre popular de la Convención— hacía suponer que Zapata se abriría por fin a un pacto nacional. Pero esto sucede sólo a medias.

Por principio de cuentas, Zapata no va a Aguascalientes. Tampoco acuden los principales jefes de la Revolución del sur: acuden los intelectuales. Es el momento cumbre de Soto y Gama, uno de tantos intelectuales anarquistas que se unieron a Zapata por auténtica vocación popular, no por curiosidad u oportunismo. Frente a la galería alebrestada que milagrosamente no lo balacea, Soto y Gama rompe «el trapo» de la bandera nacional, como había que romper —de acuerdo con el evangelio anarquista de Tolstói o Kropotkin— todas las abstracciones que oprimían al pueblo.[51] Entre el zapatismo y el anarquismo no hay un vínculo casual sino profundo. «Los campesinos rebeldes», dice el antropólogo Eric Wolf, «son anarquistas naturales ... La utopía de los campesinos es la aldea libre: ... para el campesino el Estado es algo negativo, un mal que debe reemplazarse lo más pronto posible por su propio orden social de "carácter doméstico"».[52] El lenguaje anarcosindicalista ensalzó, además, a campesinos e intelectuales: de Ricardo Flores Magón provino el lema «Tierra y libertad», tomado a su vez de Alexander Herzen y aparecido por primera vez en *Regeneración* el 19 de noviembre de 1910. En alguna ocasión el propio Zapata leyó, por consejo de Andrés Molina Enríquez, obras de Kropotkin.

Aunque la Convención rompió con Carranza y aceptó, en principio, el Plan de Ayala, su alianza con el zapatismo fue breve. Y es entonces, en el momento en que Zapata se encuentra en la cúspide de su poder, cuando aquel «anarquismo natural» revela su carácter generoso y trágico. La ciudad de México tiembla como doncella inerme ante el asalto inminente de las «hordas». Cuando por fin llegan, las hordas no son tales, sino rebaños pacíficos de campesinos azorados que portan —como símbolo de su lucha por lo permanente y tradicional— el mismo estandarte mexicano de los ejércitos del cura Hidalgo: la Virgen de Guadalupe. Un aterrado catrín recordaba, años después, cómo lo abordaron los zapatistas, no para sacarle el corazón —como temía— sino con este ruego: «Jefecito, dénos unos cartoncitos». Así ocurrió: «Como niños perdidos», escribe Womack, «vagaron por las calles», tocando puertas para pedir comida. Vestidos de manta blanca, con sus sandalias franciscanas, sus enormes sombreros de petate, sus cananas y machetes, no parecían militares ni querían parecerlo. Eran campesinos extraviados.[53] No es casual que la canción favorita en los cuarteles zapatistas fuera «El abandonado».

Al azoro de los zapatistas al ocupar una ciudad y ejercer un poder que no querían ni comprendían, se sumó el del propio Zapata. Apenas recorre la ciudad. Se hospeda en un lóbrego hotelito a una cuadra de la estación a Cuautla. El 4 de diciembre de 1914 sostiene en Xochimilco una entrevista con Francisco Villa de la que muchos espera-

Emiliano Zapata (ca. 1912).
«Zapata llegó a ser el ídolo de los pueblos del sur por su bondad hacia los humildes y por la defensa que constantemente hacía de los pueblos.» (E.K.)

ban un nuevo —y trascendente— abrazo de Acatempan, el que sellara la unión de Iturbide y Guerrero para alcanzar la Independencia. Villa, recordaba un observador, «era alto y robusto, pesaba cerca de noventa kilos, tenía una tez enrojecida como la de un alemán, se cubría con un sarakof, llevaba un grueso *sweater* marrón, pantalones de montar color caqui y botas pesadas de jinete».[54] Era lo que parecía: un militar, el caudillo de la División del Norte. En contraste, Zapata «parecía natural de otro país», con su rostro delgado, su piel oscura, su vestido charro con aquel inmenso sombrero, útil para cubrirse del sol y ocultar las miradas, absurdo como indumentaria militar. Era lo que parecía: un campesino en armas.[55]

Del diálogo que sostuvieron quedó, para la historia, una copia taquigráfica. Es quizá el único momento en que con certeza podemos *oír* a Zapata. Dos partes son significativas. En la primera se revela el carácter autárquico, local, campesino del zapatismo, incluso por las metáforas campiranas que utiliza. También pone de manifiesto el «anarquismo natural» de Zapata, su repudio de los «ambiciosos» y «sinvergüenzas» que sólo buscan ejercer el poder. Lo más notable es su equiparación del poder con la ciudad y su árido paisaje de banquetas:

«VILLA: Yo no necesito puestos públicos porque no los sé "lidiar".

»ZAPATA: Por eso yo se los advierto a todos los amigos que mucho cuidado, si no, les cae el machete. *(Risas.)* ... Pues yo creo que no seremos engañados. Nosotros nos hemos limitado a estarlos arriando, cuidando, cuidando, por un lado, y por otro, a seguirlos pastoreando ... Los hombres que han trabajado más son los menos que tienen que disfrutar de aquellas banquetas. Nomás puras banquetas. Y yo lo digo por mí: de que ando en una banqueta hasta me quiero caer».[56]

En el segundo momento significativo —en el que interviene una tercera voz, el general Serratos—, Zapata explica a Villa la importancia del reparto de tierras:

«VILLA: Pues para ese pueblo queremos las tierritas. Ya despúes que se las repartan, comenzará el partido que se las quite.

»ZAPATA: Le tienen mucho amor a la tierra. Todavía no lo creen cuando se les dice: "Esta tierra es tuya". Creen que es un sueño. Pero luego que hayan visto que otros están sacando productos de estas tierras, dirán ellos también: "Voy a pedir mi tierra y voy a sembrar". Sobre todo ése es el amor que le tiene el pueblo a la tierra. Por lo regular toda la gente de eso se mantiene.

»SERRATOS: Les parecía imposible ver realizado eso. No lo creen; dicen: "Tal vez mañana nos las quiten".

»VILLA: Ya verán como el pueblo es el que manda, y que él va a ver quiénes son sus amigos.

»ZAPATA: El sabe si quieren que se las quiten las tierras. El sabe por sí solo que tiene que defenderse. Pero primero lo matan que dejar la tierra».[57]

Para villa son «tierritas», para Zapata es «*la* tierra». Villa es abstemio y por poco se ahoga cuando Zapata casi lo fuerza a sellar el pacto de colaboración con un coñac. Como rezaba inconscientemente un corrido de la época, ambos renunciaban de antemano al poder en el momento mismo del triunfo:

> Zapata le dijo a Villa:
> «Ya perdimos el albur,
> tu atacarás por el norte,
> yo atacaré por el sur».

La diferencia mayor de actitud entre el guerrero y el guerrillero se plasmó para la historia en la famosa foto en que Villa aparece sentado, eufórico, en la silla presidencial junto a un Zapata hosco y receloso, esperando siempre que de la cámara saliese no un *flash* sino una bala. Un testigo zapatista de la escena la recuerda: «Villa se sentó en la silla como mofa, y Emiliano a un lado, y le dice a Emiliano: "A ti te toca", Emiliano le dice: "No peleé por eso, peleé [por] las tierras [y para] que se las devuelvan, a mí no me importa la política"».[58] Eran hombres del pueblo, pero hombres muy distintos. Y sus proyectos también. Uno es salvaje y festivo, el otro místico y taciturno. Uno pelea por echar bala, el otro por el Plan de Ayala.

El centro, la ciudad, el Palacio, la silla presidencial, las autoridades eran, para Zapata, el símbolo del engaño centenario contra Anenecuilco. De ahí su aversión física a la política. De ahí también que repitiera constantemente: «Al que venga a querer tentarme con la presidencia de la República, que ya hay algunos que medio me la ofertan, lo voy a quebrar».

Octavio Paz ha visto con claridad el destino histórico de este roce entre el zapatismo (que marcó la vida y muerte de su padre) y dos entidades que le son ajenas y aun contrarias: la ciudad y el Estado. Se trata de una repugnancia ante el poder o de una incapacidad para conquistarlo similar a la de Hidalgo y su ejército campesino frente a la ciudad: «La saben inerme ... pero no se atreven a tomarla». Un siglo después tiene lugar la visita de Villa y Zapata al Palacio Nacional:

«... todo el mundo sabe que Zapata vio con horror la silla presidencial y que, a diferencia de Villa, se negó a sentarse en ella. Más tarde dijo: "Deberíamos quemarla para acabar con las ambiciones" ... en el contexto inhumano de la historia, particularmente en una etapa revolucionaria, la actitud de Zapata tenía el mismo sentido que el gesto de Hidalgo ante la ciudad de México: a aquel que rehúsa el poder, por un proceso fatal de reversión, el poder lo destruye. El episodio de la visita de Zapata al Palacio Nacional ilustra el carácter del movimiento campesino y su suerte posterior: su aislamiento en las montañas del sur, su cerco y su final liquidación por obra de la facción de Carranza».[59]

Villa y Zapata no traicionaron su pacto, pero tampoco lo cumplieron. El guerrero no proveyó los pertrechos prometidos; el guerrillero se «reconcentró», según sus propias palabras, «en sus comenderos viejos». En las sesiones de la Convención en Cuernavaca la nota dominante es el conflicto entre el norte y el sur. El pragmático Cervantes, hombre de confianza de Felipe Angeles, reprende a los zapatistas por la derrota de Puebla. «Es una vergüenza», asegura, «que tres mil carrancistas hayan hecho huir a diez mil zapatistas.» A los del sur les «hacen falta hombres que los guíen». El mesiánico Otilio Montaño le responde transido de indignación: «Me pesa sobremanera venir a oír tales disparates, que vengan a lanzarse anatemas contra el ejército revolucionario del sur y contra su bandera sagrada ... Emiliano Zapata es socialista y redentor del pueblo de Morelos». A los pocos meses, con las estrepitosas derrotas de Villa en el Bajío, la disputa entre las dos vertientes del pueblo se volvería —en términos políticos— casi académica. Pero mientras en varias zonas del territorio nacional el carrancismo se ocupaba de reducir al villismo, en la patria morelense Zapata goza, por fin, de un respiro de paz. Lo aprovecha para llevar a cabo la generosa utopía de *su* revolución. El milagroso paréntesis se había iniciado ya, de hecho, a mediados de 1914, con la derrota del huertismo. Duraría hasta fines del año siguiente.

El tránsito de la vida campesina a la guerrilla y de ésta a la utopía fue natural. Durante la campaña contra los federales maderistas y, sobre todo, contra los «pelones» huertistas, se había delineado el perfil de una sociedad campesina que aun en la guerra seguía siendo fiel a sí misma: dispersa en pequeñas unidades, descentralizada, respetuosa de sus relaciones con los pueblos, atenta a sus raíces indígenas, devota de la religión. Una sociedad cuyo afán profundo seguía siendo, como ha escrito Womack, *permanecer*.

«Unos iban con el jefe, unos con otro, pues ... resultaron varios jefes», recordaba un veterano zapatista. «La guerrilla zapatista es típica», explica François Chevalier; «los rebeldes, que eran peones de las haciendas o habitantes de los pueblos, formaban por lo general partidas que iban desde treinta hasta doscientos o trescientos hombres al mando del guerrillero más enérgico, a veces incluso una mujer que tenía el título de "coronela" o "capitana". Unos marchaban a pie, otros montaban caballos de poca alzada de la región o mulas tomadas de los ingenios. Apenas disponían de armas de fuego o municiones, que habían podido quitar a las tropas regulares en audaces golpes por sorpresa. Tenían hasta algunos cañones obtenidos del mismo modo.»[60]

Este carácter disperso constituía una proyección natural de la vida prerrevolucionaria en Morelos, donde la célula política real no era la nación, el estado o el municipio sino el pueblo. La profusión de jefes y unidades independientes tenía, desde luego, enormes desventajas guerreras pero no guerrilleras:

«Ese gobierno de línea se nos metía como borregos y cuando se nos metía a las montañas, a los cerros, les poníamos unas emboscadas en las barrancas que quedaban hasta encimados y ahí agarrábamos todo el armamento y parque; fue cuando se empezó a hacer la gente de armamento bueno, maúseres y treintas y de infantería puras carabinas maúseres de este pelo, grandotas, de bolita, buenas. Entonces nos empezamos a hacer de armas, pero a pura lucha, porque Zapata no pedía a ninguna nación, a ninguno le pidió ayuda, nos hicimos a pura canilla de armamento, a pura canilla».

La dispersión facilitaba el movimiento, la sorpresa, el disimulo, la disolución en el paisaje y el abastecimiento a las guerrillas por parte de los pueblos:

«Cuando teníamos tiroteo y había oportunidad, los pobres compañeros pacíficos iban, y el gobierno tiraba harto parque y lo juntaban y nos lo daban y nos volvíamos a reponer ... nos quería la gente en esa época, nos protegían con tortillas, era cuando comíamos tortillas».

Pero no sólo pan y parque proveían los pueblos, también información:

«El espionaje en el zapatismo era enteramente oficioso: cuantos vendían pollos, huevo, carbón, los arrieros y, en fin, cuanta gente humilde recorría los caminos y entraba en las ciudades, daba cuenta a

Zapata y a sus ... correligionarios de la situación del enemigo y de los efectivos con que contaba: espontáneamente, con toda buena voluntad. El espionaje en esta forma duró los nueve años de lucha, porque Zapata llegó a ser el ídolo de los pueblos del sur por su bondad hacia los humildes y la defensa que constantemente hacía de los pueblos. Giraba circulares a los presidentes municipales diciéndoles que si algún jefe cometía depredaciones, lo desarmaran a él y a su jefe y lo remitieran al cuartel general. Decía constantemente: "Si se cometen atropellos con los pueblos, ¿de qué vamos a vivir?"».[61]

La descentralización era patente, por ejemplo, en la economía. «No existía ningún servicio regular de intendencia ni de finanzas organizadas.» Cuando Octavio Paz Solórzano preparaba su viaje de representación zapatista a Estados Unidos, Zapata le dio cartas de recomendación para varios jefes, comentando, en cada caso, lo generoso o avaro que cada uno podía ser. Esta prevención frente al dinero tenía también un origen moral. Se dio el caso, durante la estancia de los zapatistas en la capital, de que el «mero Jefe» decidiera recurrir a un préstamo del Banco Nacional de México. El viejo banquero Carlos Sánchez Navarro recordaba la puntualidad religiosa con que Zapata reintegró capital e intereses. Más aún: «Con el transcurso del tiempo y la prolongación de la guerra, casi desaparecieron el oro y la plata, aunque Zapata fabricó dinero en las minas de Campo Morado (Guerrero). Apenas se utilizó algo más que cartones impresos por previsión del gobernador zapatista del estado, Lorenzo Vázquez. Los jefes del movimiento se vieron obligados a pedir telas, papel, jabón, etcétera, a algunas fábricas o talleres situados en su mayoría en los alrededores de Puebla».

Otro rasgo notable de aquella guerra de los pueblos ambulantes fue su gravitación indígena y su consecuente respeto a los indios. En la crónica indígena de Milpa Alta, recopilada por Fernando Horcasitas, se lee el testimonio de doña Luz Jiménez:

«Lo primero que supimos de la Revolución fue que un día llegó un gran señor Zapata de Morelos. Y se distinguía por su buen traje. Traía sombrero ancho, polainas y fue el primer gran hombre que nos habló en mexicano. Cuando entró toda su gente traía ropa blanca: calzón blanco y huaraches. Todos estos hombres hablaban el mexicano casi igual que nosotros. También el señor Zapata hablaba el mexicano. Cuando todos estos hombres entraron a Milpa Alta se entendía lo que decían ...

»El señor Zapata se puso al frente de sus hombres y así le habló a toda la gente de Milpa Alta: "¡Júntense conmigo! Yo me levanté; me levanté en armas y traigo a mis paisanos. Porque ya no queremos que nuestro padre Díaz nos cuide. Queremos un presidente mucho mejor. Levántense con nosotros porque no nos gusta lo que nos pagan los ricos. No nos basta para comer ni para vestirnos. También quiero que toda la gente tenga su terreno; así lo sembrará y cosechará maíz, frijolitos y otras semillas. ¿Qué dicen ustedes? ¿Se juntan con nosotros?"».[62]

La devoción religiosa es un elemento que soslayan casi todos los estudios reductivos sobre el zapatismo. En su iluminador ensayo, François Chevalier fue el primero en sondear la *mentalidad* zapatista y señalar la importancia de la fe. Además de la Virgen de Guadalupe en sus estandartes, los zapatistas, recuerda Luz Jiménez, «traían sus sombreros, cada uno traía el santo que más amaba en su sombrero, para que lo cuidara».

En territorio zapatista los sacerdotes no sufrieron persecución, antes al contrario: muchos contribuyeron a la causa. El de Axochiapan, con un caballo; el de Tepoztlán, interpretando los papeles en náhuatl de Anenecuilco; el de Huautla, pasando a máquina el Plan de Ayala.[63] A veces, es verdad, la religiosidad llegaba a extremos, como en el caso del general Francisco V. Pacheco, devoto del Señor de Chalma:

«Era», escribe Octavio Paz Solórzano, «un individuo indígena puro, alto, moreno de ojos pardos, los que nunca levantaba al conversar con alguien de quien desconfiaba y esto pasaba con la mayoría de los que lo trataban; tendría unos cuarenta años, era muy cuatrero para hablar, vestía con traje de casimir negro y sombrero de charro plomo o negro; casi nunca montaba a caballo, haciendo grandes caminatas a pie, sin fatigarse, como lo acostumbran los indígenas; tenía una idea de la justicia muy especial, suya, siendo inexorable y hasta llegando a la crueldad cuando se atacaban sus creencias religiosas o con los que robaban, atentaban contra las mujeres o cometían cualquier otro acto que consideraba digno de que se aplicara al culpable la pena de muerte; era a quien se atribuía aquella frase, que al poco tiempo de haber entrado los zapatistas a la ciudad de México estaba en boga entre los metropolitanos: "Si mi consensia me dice que te quebre, te quebro; si no, non te quebro"».[64]

Porque, en efecto, aquella sociedad guerrera tenía también su cultura de la muerte. El jefe Zapata «quebraba» a los traidores, pero los otros jefes eran menos exclusivos. En este ámbito feroz se distinguió Genovevo de la O. Marte R. Gómez lo vio bajarse alguna vez de un tren. El maquinista no podía echar a andar la máquina:

«—Qué pasa, "vale", ¿por qué no salimos?
»—Porque se murió la máquina.
»—¡Así te vas a morir tú también, "vale"! *(le dispara y lo mata)*».[65]

La otra cara del desprecio a la vida ajena era el desdén por la propia, la muy mexicana pasión de «hombrearse con la muerte», de «morir como los hombres», de resignarse. Pero aquel estoicismo innato contenía semillas de auténtico valor:

«... casi desprovistos de armas de fuego, habían llenado, con dinamita y clavos, latas de conserva vacías provistas de mechas cortas, que encendían con sus puros y que lanzaban por medio de hondas hechas por ellos mismos con fibras de maguey. Si la mecha quedaba demasiado larga, el adversario la apagaba y devolvía la bomba al atacante, con mortíferos resultados para quienes apenas estaban a cubierto. Si, por el contrario, la mecha resultaba corta, el artefacto explotaba en las manos del asaltante. Uno de éstos, que acababa de quedar con el brazo derecho horriblemente destrozado, pudo tomar otra bomba con la mano izquierda y la encendió tranquilamente con su puro. En el momento en que, erguido fuera de toda protección, hacía girar su honda por encima de la cabeza, cayó bajo una lluvia de balas, gritando: "¡Viva Zapata!"».

Zapata se volvió un mito viviente. «Aquí hasta las piedras son zapatistas»,[66] decía uno de sus fieles, y por entonces no había alma en Morelos que lo contradijera. Era «nuestro defensor», «nuestro salvador», «el Jefe», el «mero Jefe», el «azote de los traidores»:[67]

> Les encargó a las fuerzas surianas
> que como jefe y sublime redentor,
> su memoria conserven mañana
> como prueba de su patrio amor.

Si ser zapatista era una misión superior a la vida, ¿cómo no iba a serlo al amor?

Y si me niegan esas caricias
porque mi traje no es de rural,
pueden borrarme de su lista
que por sentido no me he de dar,
mejor prefiero ser zapatista
y no verdugo, cruel federal.

Hasta su cuartel general en Tlaltizapán llegaban peticiones de toda índole. Unos vecinos de Alpuyeca le piden autorizar el riego de sus tierras con el agua de la hacienda de Vista Hermosa. Una mujer le pide que le quite de enfrente a su antiguo amante porque «contantos amenasos lla no soy livre de salir ala calle para nada ... que meade volver de un valaso». Un grupo de amigos le previene contra la traición que preparan los «finansieros de Ozumba»: «proporsionan a usted un banquete, endonde usted caiga bocarriba o quede de una piesa». Los de Anenecuilco se atreven a pedirle, «como padre de nosotros», que les facilite diez pesos «inter tanto susanamos nuestras necesidades si Dios quiere nos socorre con nuestro maiz le daremos más por el dinero y si no le devolveremos sus sentavos». De Mesquitlán también piden, pero algo menos efímero:

«... hoy el día 17 del més en curso resibimos una órden superior en donde nos biene suspendiendo nuestras siembras por conpleto, y ánparados primero á Dios y despues á lo sembrado, si és así quedamos en los laméntos, pero fiados primero á Dios, y despues en U. como padre de menores, y por tal motivo ócurrimos á U. suplicándole que alcánsemos á lo que previene ál artículo 6.º de la ley del Plán de Allala por existir el título primordial del presitado pueblo, tánto como coadyovántes de lo que U. lucha».

No era extraño que llegaran a sus manos cartas conmovedoras. Una entre tantas:

«... nosotros las familias viudas que recibimos el maltrato quemazones desalojos, del vil gobierno que nos despojó amargamente sin tener alguna compacion de nosotros noestros maridos desterrados y toda clase de zemillas nos la recojio el ilegal gobierno que nos dejo en un absoluto incompleto de la ultima miseria escasos de recursos sin haber en donde conseguir trabajos para ganar medio ó un real. Con este mismo objeto Señor Jefe Libertador del sur y centro nó hallamos a quien pedirle esta micericordia para que se nos socorra en algo de mais o algun piloncillo de dulce.

»A usted bellisimo Supremo le suplicamos rendidamente nos vea con compacion y cón ojos de piedad al que se digne mover su fiel corazón de que se nos proteja en algo de lo que se pueda y quedariamos agradecidos ante su felicidad que deceamos un siempre le zocorra la Eternidad una vida sana y tranquila para sus propios gosos de nuestra patria Morelos».

Como había soñado Otilio Montaño, desde la caída del gobierno de Huerta y durante todo el año 1915 Tlaltizapán se volvió la «capital moral de la Revolución». Además de oír peticiones y despachar órdenes, «en horas avanzadas de la tarde», escribe Womack, «él y sus ayudantes descansaban en la plaza, bebiendo, discutiendo de gallos valientes y de caballos veloces y retozones, comentando las lluvias y los precios ... mientras Zapata fumaba lentamente un buen puro. Las noches las pasaba con una mujer de la población; engendró dos hijos, por lo menos, en Tlaltizapán». Las malas lenguas decían en ese tiempo que Zapata no vivía con una mujer sino con tres hermanas, «bajo el mismo techo y en medio de la mayor armonía». Esa democracia amorosa la desplegó antes y después de aquel paréntesis: tuvo no menos de veinte mujeres y procreó no menos de siete hijos. Pero había otras cosas que lo entretenían. Le gustaba el coñac y la buena cocina francesa. Se moría de risa releyendo los pasajes más chuscos de las memorias de Lerdo, o se conmovía escuchando a su querido «Gordito» (Gildardo Magaña) recitar la larguísima «Sinfonía de combate» del bardo veracruzano Santiago de la Hoz:

> Taciturno, medroso... cabizbajo,
> cargado de cadenas y grilletes,
>
> allí está el pueblo... subyugado, triste.
>
> ¡Pueblo, levanta tu cerviz airado
> y lánzate a los campos de combate!
>
> ¡Pueblo, despierta ya! Tus hijos crecen
> y una herencia de oprobio no merecen.
>
> ¡Madre patria, tu pueblo está perdido!
> ¡Se acabaron tus bravos luchadores!

¡Sólo queda una raza sin vigores!

¡En el fango de inmensas abyecciones
se incuban los campeones!

Y cuando el pueblo lance su rugido,
y se inflamen sus ímpetus salvajes,
y sacuda su ardiente cabellera,
y levante la pica entre sus manos
y brille desplegada su bandera,
¡rodarán por el polvo los tiranos!

Su pasatiempo favorito, por supuesto, seguían siendo las fiestas charras. Zapata se lanzaba al ruedo junto con la cuadrilla, caracoleaba a caballo y hacía quites a pie.[68] En lo primero, el único jefe que lo igualaba era Amador Salazar. En lo segundo, tuvo que admitir alguna vez en Yautepec la superioridad de Juan Silveti:

«... se divertía grandemente invitando para que se bajaran a torear (porque se toreaba en estas fiestas) a individuos remilgosos, profanos en la materia. Sobre todo en la época de la Convención, que se colaron en las filas revolucionarias algunos *fifíes*, para irse a la cargada, y que se atrevieron a llegar hasta Tlaltizapán, en donde se estableció el cuartel general. Cuando había toros los hacía que echaran capotazos, siendo por lo regular revolcados, lo que producía a Zapata gran hilaridad. Lo hacía para ponerlos en ridículo».

En Cuautla, no muy lejos de Tlaltizapán, cuartel del charro entre charros, un catrín de catrines que tenía la ciudad por cárcel paseada en el jardín sin que nadie lo molestara. El «mero Jefe» lo protegía retribuyéndole favores pasados: Ignacio de la Torre.

En rigor, no todo era quietud en aquel mundo al abrigo de la violencia. También estaba ocurriendo una revuelta pacífica en la vida material. La clase hacendada había desaparecido y Morelos era, de hecho, un territorio independiente. Adolfo Gilly ha visto en aquel paisaje social el embrión de una comuna. Quizá se aproxima mucho más a una constelación de pequeñas comunidades como las que soñó un padre del anarquismo: Kropotkin. Su sentido, en definitiva, es la vuelta, la resurrección de una armonía antigua, mítica, lejanamente perdida.

Se ejercía una democracia local y directa. El reparto de tierras se hacía de acuerdo con las costumbres y los usos de cada pueblo. Los jefes zapatistas tenían prohibido imponer su voluntad sobre la de los pueblos. No había policía estatal ni imposiciones verticales de cualquier orden (políticas o ideológicas). El ejército popular zapatista, verdadera «liga armada de comunidades», se plegaba —como ha visto Arturo Warman— a un orden social, democrático y civilista.[69]

Para que aquella recuperación de los orígenes fuese cabal, había que empezar por rehacer el mapa (o, como ellos mismos decían, «la mapa»). Para ello, una generación de jóvenes agrónomos llegó a Morelos a deslindar los terrenos de cada pueblo. Formando parte de ella, arribaron hombres que más tarde serían famosos, como Marte R. Gómez o Felipe Carrillo Puerto. Los «ingenieritos» tenían que respetar los títulos virreinales que algunos pueblos aportaban y la opinión de los ancianos. Aquélla era una clase de historia viva. Alguna vez, dirigiéndose a Marte R. Gómez, Zapata comentó:

«Los pueblos dicen que este tecorral es su lindero, por él se me van ustedes a llevar su trazo. Ustedes, los ingenieros, son a veces muy afectos a sus líneas rectas, pero el lindero va a ser el tecorral, aunque tengan que trabajar seis meses midiéndole todas sus entradas y salidas».

La recuperación del mapa y la restitución de tierras a los cien pueblos del estado se llevaron algunos meses. Entre tanto, el poderoso Manuel Palafox, secretario de Agricultura del gobierno convencionista, discurre la fundación de bancos y escuelas agrícolas, agroindustrias y una fábrica nacional de herramientas para el campo. Zapata echa a andar cuatro ingenios e intenta persuadir a los campesinos de que siembren cultivos comerciales en lugar de maíz y frijol. Su preocupación es más tutelar que progresista, más moral que económica:

«Ahora que hay dinero, debemos ayudar a toda esa pobre gente que tanto ha sufrido en la Revolución; es muy justo que se les ayude porque todavía quién sabe lo que tengan que sufrir más adelante; pero cuando esto suceda, ya no será por culpa mía, sino de los acontecimientos que tengan que venir. Yo deseo que los ingenios subsistan; pero naturalmente no en forma del sistema antiguo, sino como "fábricas", con la parte de tierra que deba quedarles de acuerdo con el Plan de Ayala. La caña que nosotros sembremos y cultivemos la llevaremos a esas fábricas para su venta, al que mejor nos la pague, pues en estas circunstancias tendrá que producirse una competencia entre

127

los dueños de los ingenios azucareros; y si no nos conviene el precio, pediremos que se nos "maquile", pagando por ello una cuota apropiada. Es indispensable que trabajen los ingenios azucareros, porque ahora es la única industria y fuente de trabajo que existe en el estado. Si tenemos dificultad con los ingenios, instalaremos pequeños "trapiches" para hacer piloncillo o azúcar de purga, como antaño se hiciera en las haciendas».[70]

¿Cuál era, en definitiva, su utopía personal? Soto y Gama recuerda un diálogo revelador con Enrique Villa:

«—¿Qué opinas tú, Emiliano, del comunismo?
»—Explícame qué es eso.
»—Por ejemplo, que todos los vecinos de un pueblo cultiven juntos, o en común, las tierras que les corresponden y que, en seguida, el total de las cosechas así obtenidas se reparta equitativamente entre los que con su trabajo contribuyeron a producirlas.
»—¿Y quién va a hacer ese reparto?
»—Un representante o una junta que elija la comunidad.
»—Pues mira, por lo que mí hace, si cualquier "tal por cual" ... quisiera disponer en esa forma de los frutos de mi trabajo ... recibiría de mí muchísimos balazos».[71]

Tierra y libertad, ideales distintos pero inseparables e igualmente importantes. De ahí que el anarquismo —que le predicaba, entre otros, el coronel Casals— «no le desagradara del todo», aunque no veía en qué superaba al único programa que, a su juicio, «haría la felicidad del pueblo mexicano»: el Plan de Ayala.

Pero la raíz y el mapa de su utopía eran más antiguos que el Plan de Ayala. Alguna vez, cuando se le interrogó sobre «la razón primera y última de su rebeldía», Zapata mandó traer la empolvada caja de hojalata que contenía los documentos de Anenecuilco. Zapata los hojeó y dijo: «Por esto peleo».

«Esto» era la tierra. Zapata pelea por la tierra en un sentido religioso; por la tierra que es, para los zapatistas, como para todos los campesinos en las culturas tradicionales, «la madre que nos mantiene y cuida» (san Francisco). Por eso, en su manifiesto en náhuatl a los pueblos indígenas de Tlaxcala, la palabra «patria» se vuelve «Nuestra Madrecita la Tierra, la que se dice Patria».[72]

En la asociación de la tierra con la madre, en la Madre Tierra, se esconde seguramente el sentido último de la lucha zapatista, el que explica sus actos y su reticencia. La tierra es el origen y el destino, la madre que guarda el misterio del tiempo, la que transforma la muerte en vida, la casa eterna de los antepasados. La tierra es madre porque prodiga un múltiple cuidado: nutre, mantiene, provee, cobija, asegura, guarda, resguarda, regenera, consuela. Todas las culturas reconocen este parentesco mítico. En Grecia, Deméter es la amorosa y doliente madre de los gran os; en Rusia —cuya cultura comunal campesina fue o es tan fuerte como la de México— el juramento más solemne se hace en el nombre de la Sagrada Tierra (Rodina) y besándola al pronunciarlo.

Zapata no peleaba por «las tierritas» —como decía Villa— sino por la Madre Tierra, y desde ella. Su lucha se arraiga porque su lucha es arraigo. De ahí que ninguna de sus alianzas perdure. Zapata no quiere llegar a ningún lado: quiere permanecer. No se propone abrir las puertas al progreso (por eso Palafox le recrimina haber caído a partir de 1915 en un «letargo de inactividad») sino cerrarlas: reconstruir el mapa mítico de un sistema ecológico humano en donde cada árbol y cada monte ocupen su lugar con un propósito; mundo ajeno a otro dinamismo que no fuera el del diálogo vital con la tierra.

Zapata no sale de su tierra porque desconoce, desconfía y teme a lo otro: el poder central percibido siempre como un intruso, como un acechante nido de «ambiciosos» y traidores. Su visión no es activa y voluntarista, como la de todas las religiosidades marcadas por el padre, sino pasiva y animista, marcada por la madre. Su guerra de resistencia se agota en sí misma. Durante la tregua de 1915, en lugar de fortalecerse hacia afuera, se aísla más, se adentra más en la búsqueda del orden perdido hasta el límite de querer reconstruirlo con la memoria de los ancianos. No es un mapa productivo lo que busca: es un lugar mítico, es el seno de la Madre Tierra y su constelación de símbolos.

# Desgarramiento, traición y leyenda

La estrepitosa derrota del villismo a manos de Obregón cerró un paréntesis histórico. Ahora los esfuerzos carrancistas podían concentrarse en reducir por entero el zapatismo. En agosto de 1915 se inicia «la ruina de la revolución zapatista» que, en la frase perfecta de John Womack, no fue un derrumbe, «sino un confuso, amargo y desgarrador ir cediendo». Este «ir cediendo» tuvo muchas facetas, casi todas dolorosas. En primer término, la terrible violencia de los ejércitos federales. Luego de la expedición de una ley de amnistía que no dejó de mermar a las filas zapatistas, González pretende acabar con los zapatistas «en sus mismas madrigueras». En Jonacatepec hace prisioneros a 225 civiles y los fusila en masa. En junio de 1916 toma el cuartel general de Tlaltizapán y da muerte a 283 personas. Los zapatistas trasladan su cuartel a Tochimilco, en las faldas del Popocatépetl. En noviembre, González justifica su introducción de una ley marcial en términos racistas: «... como los enemigos no comprendieron el honor que les hizo el Constitucionalismo al concederles un plazo para que solicitaran el indulto, al que contestaron con inaudita barbarie ... como el indio». El siguiente paso de su ejército de treinta mil hombres sería multiplicar y afirmar los métodos de Juvencio Robles: incendios, saqueos, asesinatos en masa, deportación de poblaciones enteras y una novedad: la festiva destrucción de la propiedad.

«Las fuerzas carrancistas», escribió Porfirio Palacios, «destruyeron no sólo los ingenios para vender la maquinaria por fierro viejo, sino todo cuanto consideraban poder aprovechar; pues se llevaban las puertas, las bancas de los jardines públicos, hasta artefactos de otro uso, inclusive las cañerías de plomo, todo lo que más tarde era vendido por la soldadesca inconsciente en la ciudad de México, en los "puestos" de la plazuela de las Vizcaínas o en los del "ex Volador".»

Ante aquella embestida, Zapata se repliega y reanuda la guerra de guerrillas. En octubre de 1916 decide pasar a una ofensiva espectacular: comienzan entonces los ataques aislados pero efectivos a bombas de agua y estaciones tranviarias cercanas a la ciudad de México: Xochimilco, Xoco. La impresión que causa en la opinión pública es tremenda. A fines de noviembre, González emprende la retirada. A principios de 1917 los zapatistas recuperan su estado.[73] Al ocupar Cuernavaca, Zapata escribe a su representante en San Antonio:

«Debo hacer notar a usted los innumerables abusos, atropellos, crímenes y actos de vandálica destrucción llevados a cabo por el carrancismo durante su permanencia en estas regiones: pues aquél, en su rabia impotente, ha asolado las poblaciones, quemado casas, destruyendo sementeras, saqueando en las casas hasta las más humildes prendas de vestir, y cometiendo en las iglesias sus acostumbrados desmanes. A Cuernavaca la han dejado inconocible; las casas están sin puertas, las calles y las plazas convertidas en estercoleros, los templos abiertos, las imágenes destrozadas y despojadas de sus vestiduras y la ciudad abandonada, pues se llevaron a todos los pacíficos a viva fuerza, al grado que los nuestros, al tomar posesión de la plaza, sólo encontraron tres familias ocultas, que escaparon a la leva de pacíficos».[74]

Uno de los hechos históricos más notables de aquel nuevo capítulo de violencia que duró desde los últimos meses de 1915 hasta fines de 1916 fue que lo acompañara una gran creatividad legislativa por parte de cinco miembros de la junta intelectual del zapatismo: Luis Zubiría y Campa, Manuel Palafox, Otilio Montaño, Miguel Mendoza López Schwertfregert y Jenaro Amezcua. Se diría que, al expedir febrilmente ley tras ley, respondían a Carranza y delineaban el país ideal que hubiesen podido gobernar.[75]

En octubre de 1915 expiden la Ley sobre Accidentes de Trabajo y la Ley Agraria, esta última un antecedente fundamental del artículo 27 de la Constitución, si bien no reivindica para la nación la totalidad del suelo y el subsuelo. Entre sus preceptos principales destaca el reconocimiento de la personalidad jurídica de los pueblos, rancherías y comunidades; determinación de las superficies máximas de propiedad según el clima y tipo de tierra; la expropiación de bosques y montes; la pérdida de las tierras al cabo de dos años de inactividad, etc. En noviembre los juristas de Zapata emiten la Ley General sobre Funcionarios y Empleados Públicos, que prevé la declaración de nuevos bienes al cesar en funciones aquéllos; la Ley General del Trabajo, que decreta el descanso dominical, la jornada de ocho horas y el salario remunerador; una ley que suprime el ejército permanente y lo sustituye por una guardia nacional; un proyecto que suprime los impuestos sobre artículos de primera necesidad, una ley sobre asistencia pública y otra sobre la generalización de la enseñanza. En diciembre el ritmo no disminuye: Ley General sobre Administración de Justicia, que convierte las cárceles en «establecimientos de regeneración», limita drásticamente la latitud de los embargos y decreta la abolición de la pena de muerte; Ley sobre la Fundación de Escuelas Normales en los Estados, y un proyecto de ley sobre el matrimonio. El año 1916 se inicia con una Ley de Imprenta que prohíbe la censura, y otra, realmente notable, sobre la sujeción de la ley al plebiscito, entre cuyos «considerandos» se incluían ideas puramente democráticas:

«... El derecho de votar no alivia el hambre del votante, han dicho con amargura los desilusionados de la política; pero olvidan al hablar así que los derechos políticos y los civiles se apoyan mutuamente y que en la historia de las naciones jamás ha faltado un traidor a la causa del pueblo que, al ver a éste olvidar la práctica de sus derechos políticos, se los arrebata y, junto con ellos, también los civiles».

La democracia por la que optaban los ideólogos zapatistas era directa y plebiscitaria. Ninguna autoridad podía invalidar o desconocer su mandato. El pueblo se reservaba el derecho de rebelión contra los mandatarios infieles.

El impulso alcanzó todavía para expedir una ley de colonización y otra de enseñanza primaria. Meses más tarde, el 15 de septiembre se expide otro documento notable, la Ley Municipal:

«La libertad municipal es la primera y más importante de las instituciones democráticas, toda vez que nada hay más natural y respetable que el derecho que tienen los vecinos de un centro cualquiera de población para arreglar por sí mismos los asuntos de la vida común y para resolver lo que mejor convenga a los intereses y necesidades de la localidad».

A fines de 1916, ante el nuevo repliegue de González, Zapata establece en Tlaltizapán —ayudado muy de cerca por Soto y Gama— el Centro de Consulta para la Propaganda y la Unificación Revolucionaria. Su cometido era orientar a los pueblos sobre sus relaciones con las tropas revolucionarias, hacer lecturas públicas y explicaciones de manifiestos y decretos y, en definitiva, tender puentes de comunicación entre la Revolución y los pacíficos. A partir de marzo de 1917 se promulgaron tres disposiciones que fortalecieron aún más a los pueblos; un decreto sobre derechos mutuos de los pueblos, otro sobre el «municipio autónomo como unidad nuclear de gobierno» y una ley orgánica para los ayuntamientos de los estados. El sentido interno de este despliegue era el mismo que Zapata se había propuesto desde diciembre de 1911 al lanzar el Plan de Ayala: «respetar y auxiliar a las autoridades civiles» de los pueblos, no suplantarlas. Por desgracia —concluye Womack—, en la práctica, el gobierno zapatista de Morelos fue una serie de actos burdos y desarticulados.

Pero quizá más dolorosa aún que la guerra feroz o las leyes congeladas fuera la quiebra interna del zapatismo.[76] No resultaba sencillo justificar ante los pueblos «pacíficos» su lucha, porque ya no gobernaban los porfiristas sino revolucionarios capaces de emitir una ley agraria como la del 6 de Enero de 1915. Era fatal que comenzasen a aflorar rencillas, dimisiones e infortunios entre los jefes zapatistas. Era la desventaja de la dispersión original. En agosto de 1916 Emiliano Zapata fustigó a

«... los cobardes o los egoístas que ... se han retirado a vivir en las poblaciones o en los campamentos, extorsionando a los pueblos o disfrutando de los caudales de que se han apoderado en la sombra de la Revolución ... [y han dado] ascensos o nombramientos en favor de personas que no lo merecen».

El primero en sufrir la deshonra de un confinamiento fue Lorenzo Vázquez, compañero de Zapata desde 1911 que, según el Jefe, había mostrado cobardía en su defensa de Jojutla a mediados del año de 1916. La discordia había empezado mucho antes, con el imperio creciente de la ley del talión entre los propios jefes zapatistas. Una de las secuelas malignas despuntó el 24 de enero de 1914, día en que Antonio Barona mató a Felipe Neri sólo por haber mandado desarmar a diez hombres de su escolta. Otra víctima de Barona fue el general Francisco Estrada, pero cuando «quebró» a Antonio Silva, el jefe de éste, Genovevo de la O, lo «quebró» de vuelta: «Todavía malherido, las gentes de De la O sacaron a Barona de la carretela en que viajaba y lo arrastraron a cabeza de silla por las calles de Cuernavaca».

«... lo que ese día quedó de manifiesto», escribió Marte R. Gómez, «fue que el zapatismo, como grupo militar organizado y como organización civil de gobierno, se desintegraba ya. Comenzaban a faltar los cartabones que servían para establecer las jerarquías; cada quien se consideraba libre para actuar conforme a su capricho o, cuando menos, en caso de duda, se juzgaba autorizado para obrar por cuenta propia, a reserva de buscar refugio en el bando enemigo.»[77]

El siguiente jefe importante que cayó en manos de De la O fue el poderosísimo Francisco V. Pacheco, aquel indígena de crueldad mítica que había llegado hasta la Secretaría de Guerra de la Convención y «dominaba casi todo el norte del estado de México, desde los pueblos cercanos a Toluca por el oriente y el sur, hasta los límites con Morelos y el Distrito Federal; la mayor parte del sur de éste, desde Huitzilac hasta Tizapán y las goteras de Tlalpan». Alguna vez su *consensia* le había impulsado a presentarse en la comisaría de Toluca, en la que un testigo grabaría esta escena:

«Pacheco ... inquiere por la gente que hay en los calabozos. Total: diez prisioneros. Cinco (posiblemente los que le simpatizaron) fueron puestos en libertad. El resto fue sujeto a un interrogatorio brevísimo, en el que el señor comisario dio su informe respectivo.

»—Estos tres viejitos armaron un "borlote" con un peluquero y causaron escándalo entre los vecinos.

»A lo que Pacheco respondió secamente:

»—Apártenlos.

»—Este amigo —un infeliz borrachín de pulquería— golpeó a su vieja nomás porque le dieron ganas.

»—Apártenlo.

»—Y este "ixcuintle" —un muchacho que a lo más contaría catorce años— le levantó la mano a su tío dizque porque querían cogerlo a palos.

»—Apártenlo.

»Lo demás fue breve. Había un pelotón dispuesto en la plaza de armas. Los cinco prisioneros fueron sacados y se les fusiló sin más trámites para que aprendieran a guardar "el orden público"».

En 1916 su *consensia* le había dictado acogerse a la amnistía carrancista, lo cual significó para los zapatistas, y sobre todo para De la O, en la vecina Santa María, un descalabro mayor: quedaba franca la entrada a Morelos. En escarmiento, un subalterno de De la O alcanza a Pacheco en Miscatlán, lo sorprende de noche, escondido debajo

134

de su cama, y sin consultar mucho a su *consensia* lo fusila a quemarropa.[78]

La muerte fortuita de Amador Salazar por una bala perdida fue un golpe para Zapata. Lo mandó sepultar, vestido de charro, en la pirámide truncada que había hecho construir en Tlaltizapán para alojar los restos de sus compañeros de armas. Pero acaso el desgarramiento mayor ocurriría en mayo de 1917, cuando un consejo de guerra, integrado por Angel Barrios, Soto y Gama, Palafox y Serafín Robles, condenó a muerte al compadre de Zapata, coautor del Plan de Ayala, aquel robusto maestro de Villa de Ayala y Yautepec que en 1909 le había ayudado a estudiar los documentos de Anenecuilco: Otilio Montaño.

Se le acusó de ser el autor intelectual de un complot contra Zapata en Buenavista de Cuéllar. Se decía que había sido visto en aquel pueblo, que existían unas cartas condenatorias, que no era la primera vez que su vocación revolucionaria flaqueaba, que el propio Zapata lo había sentido merodeando su casa. Los jueces no exhiben pruebas en contra suya ni acceden a abrir el juicio al público. Zapata se ausenta de Tlaltizapán. Antes de morir, Montaño dicta un testamento en el que afirma: «Voy a morir, no cabe duda, pero ahí donde se hace la justicia, ahí los espero tarde o temprano». A Montaño, antes que nada un espíritu religioso, se le niega la extremaunción. Se resiste a morir de espaldas pero lo fuerzan. Abre los brazos y declara, «en nombre de Dios», que «muere inocente». Horas después, alguien lleva el cadáver a Huatecalco y sobre el camino real de Jojutla lo cuelgan de un cazahuate, con una tabla en el pecho que advierte: «Este es el destino que encuentran los traidores a su patria». Días más tarde, el cadáver desaparece.[79]

Desde hacía tiempo, desde siempre, Zapata había tenido cierto delirio de persecución. Lo obsesionaban los traidores. Una y otra vez repetía su frase predilecta: «Perdono al que roba y al que mata, pero al traidor no lo perdono». A Soto y Gama le impondría la obligación de redactar un «decreto contra los traidores ... raza maldita que había que extirpar sin contemplaciones. De los traidores no hay que dejar ni la semilla». Soto y Gama, diligentemente, lo redactó.[80]

Un mes después de la muerte de Montaño, como si la providencia ejerciera esta vez la ley del talión, murió en forma trágica Eufemio, el hermano mayor de Zapata. El doctor Víctor Manuel Guerrero, que sirvió al zapatismo, recordaba veintiún años después la escena:

«Eufemio era el terror de los paisanos, pero con especialidad de los borrachitos, pues se le había metido en la cabeza reformar a los sureños, quitándoles la afición por la "caña".

»Apenas se sabía que Eufemio se acercaba a Yautepec, y todas las cantinas cerraban sus puertas. Infeliz del borracho a quien hallaba en la calle, porque con una vara de membrillo lo azotaba hasta que creía haberle bajado los humos del alcohol.

»Esa costumbre suya fue la causa de su muerte. Cuando se convenció que en Yautepec no hallaría borrachos, se puso a perseguir a los de Cuautla. Cierto día halló a un anciano dentro de una cantina y, sin consideración a sus canas, se puso a flagelarlo con su inseparable vara de membrillo.

»—¿No le da vergüenza, a su edad, seguir bebiendo hasta caerse? ¡Eso le quitará el vicio!

»Y mientras le soltaba frases por este estilo, lo estuvo golpeando en forma tan bárbara que el ancianito cayó privado del sentido.

»El hijo de aquel anciano, a quien conocían por "el Loco Sidronio", al saber lo ocurrido, fue a buscar a Eufemio y sin darle tiempo a defenderse, le disparó la carabina, dejándolo moribundo. Después, a cabeza de silla, lo arrastró hasta el "Guatecal", abandonándolo sobre un hormiguero.

»—Aquí aprenderás a respetar las canas de los viejos —dicen que exclamó, y caracoleando su caballo se alejó del lugar.

»Ustedes no saben lo que son esas hormigas. Sus picaduras son dolorosísimas, ¡hay que imaginar cómo debieron ser los últimos momentos del caudillo!».[81]

En agosto de 1917, en Tlaltizapán, Zapata se dio el gusto de recibir la cabeza de Domingo Arenas, el caudillo indígena y agrarista de Tlaxcala, cuya brigada Xicoténcatl se le había sumado en el remoto noviembre de 1914. Había defeccionado del carrancismo y coqueteado un par de veces con reintegrarse al redil que por convicción e identidad le pertenecía. Ahora «el traidor» había recibido el justo castigo.[82] ¿Quién seguiría? Los subalternos temblaban: «... se le observaba más histérico..., todo le encolerizaba..., muchos jefes temían acercársele... Al Jefe no se le engaña..., el Jefe adivina lo que trae uno dentro».

El horizonte se cerraba. González y su lugarteniente principal, Jesús Guajardo, reinician la campaña con sus métodos habituales. El panorama es desolador: «... campos talados, poblaciones en ruinas, ganado y semillas robadas, mujeres escarnecidas a su furor, venganzas, latrocinios y atropellos de todo género». Para colmo, hasta la natura-

Emiliano Zapata (México, ca. 1913).
«La indumentaria del general Zapata en el vestir, hasta su muerte, fue de charro: pantalón ajustado de casimir negro con botonadura de plata, sombrero charro... espuelas llamadas amozoqueñas y pistola al cinto.» (Serafín Robles)

leza comienza a mostrarse adversa: en esos meses azotan el tifo, el paludismo, la disentería.

Con todo, las ágiles «liebres blancas» del zapatismo no se rinden. No obstante la presencia federal en el estado, durante buena parte de 1918 conservan su cuartel general en Tlaltizapán. En aquel año cede la influencia de Palafox —quien de hecho deserta— y asciende la estrella del último intelectual de Zapata: el prudente joven zamorano Gildardo Magaña, el «Gordito» sabio y mediador que solía recitarle la «Sinfonía de combate».

Ante la percepción clara de su asfixia, una sola obsesión se apodera ahora de Zapata: concertar alianzas. No hay jefe revolucionario o aun contrarrevolucionario con el que no intente de algún modo, por conducto de Magaña, pactar: Lucio Blanco (a quien había desdeñado en agosto de 1914, pese a la insistencia del «doctor Atl»), los hermanos Vázquez Gómez, Félix Díaz, Manuel Peláez, Francisco Villa, Cesáreo Castro, Felipe Angeles, Alvaro Obregón y, en un acto supremo de desesperación, el mismísimo Carranza. En ningún caso logra verdadero éxito, ni siquiera en su intento de atraer con nobles manifiestos en náhuatl a las huestes indígenas del difunto Domingo Arenas. El desaliento llega al extremo en abril de 1918: en un «Manifiesto a la nación», ejemplo —explica Womack— de «frente popular», no se menciona ya el Plan de Ayala.

Meses antes, un excéntrico periodista norteamericano, William Gates, había persuadido a Zapata de la inminencia de una invasión yanqui una vez liquidada la guerra europea. Zapata le cree a pie juntillas. A fines de noviembre, Zapata pide a Felipe Angeles que interponga su influencia con el mariscal Foch, pues «paréceme que una vez solucionada la cuestión europeo-americana, los Estados Unidos de Norteamérica se echarán sobre nuestra nacionalidad». De pronto, aquel celoso aislamiento explotó hasta convertirse en lo contrario: un vértigo de espacios abiertos. Había que defender no lo minúsculo, lo propio, lo particular, sino lo mayúsculo, lo propio de todos: «el decoro nacional». Fue entonces cuando Zapata sintió a México vagamente. Quizá por primera vez.

El frío profesionalismo de Pablo González y «la obra pacificadora de la influenza española», según voceaba la prensa, cercan aún más a los guerrilleros zapatistas, que no pasan ya de unos cuantos miles. En agosto de 1918 pierden Tlaltizapán y se refugian en Tochimilco, que no obstante su virtual inaccesibilidad, a veces debe ser evacuado hacia el pequeño Tochimizolco.[83] En aquel instante de supremo acoso, a principios de 1919 llega de pronto a manos de Zapata una serie de artículos publicados en Estados Unidos, y reproducidos profusamente en México, en los que Gates vindicaba el sentido original del zapatismo. El Jefe no disimuló su satisfacción. ¿Hacía cuánto que no recibía una señal positiva del exterior? «Ahora sí puedo morir», comentó, por fin «se nos ha hecho justicia.»

Algo interno lo llama a rebelarse de nuevo, a romper el cerco, el aislamiento, el silencio. Sin descartar nunca la búsqueda de alianzas, en marzo de 1919 publica una carta abierta a Carranza, compendio crítico que hubieran querido firmar los más radicales y sinceros anticarrancistas:

«... los antiguos latifundios de la alta burguesía reemplazados, en no pocos casos, por modernos terratenientes que gastan charreteras, kepí y pistola al cinto ... [mientras] los pueblos [son] burlados en sus esperanzas».

No importa que la prosa fuese de Magaña. El ánimo, el nuevo ánimo, era de Zapata.

No lo esperaba la victoria sino el desenlace. Zapata, que temió siempre, y siempre repudió, la traición, murió víctima de una traición cuidadosamente maquinada por el coronel Jesús Guajardo y su jefe, Pablo González. Hasta el campamento de Zapata habían llegado rumores —no del todo infundados— de una desavenencia entre los dos oficiales. Zapata, en su renovado optimismo, escribe a Guajardo invitándolo a cambiarse al bando rebelde. González intercepta la carta, que le sirve como acicate y chantaje con Guajardo, quien, por su parte, ve la oportunidad de reivindicarse y mostrar su lealtad. Contesta afirmativamente la carta de Zapata. Siempre desconfiado, Zapata le pide fusilar a la gente de Victoriano Bárcena, antiguo subordinado suyo que se había amnistiado. Guajardo sacrifica, en prenda, a Bárcena y sus hombres. Satisfecho con la prenda —prenda contra la traición—, Zapata se acerca a Guajardo, quien le regala un alazán al que llamaban *As de Oros*. El paso siguiente debía ser la entrega a Zapata de doce mil cartuchos en la hacienda de Chinameca, la misma que Zapata, en sus años de arriero, había ayudado a construir, el escenario de su primera batalla contra los voluntarios del administrador español.[84] Durante la mañana del 10 de abril de 1919 Zapata ronda la hacienda pero no muerde el cebo: aún desconfía. Adentro, su lugarteniente Palacios conferenciaba con Guajardo, quien invita repetidamente a comer a Zapata. Por fin, hacia la una y cuarenta y cinco minutos de la tarde, Zapata accede a entrar. El mayor Reyes Avilés, testigo presencial, narra la escena:

«[Zapata ordenó:] "Vamos a ver al coronel y que vengan nada más diez hombres conmigo". Y montando su caballo, se dirigió a la puerta de la casa de la hacienda. Lo seguimos diez, tal como él lo ordenara, quedando el resto de la gente muy confiada, sombreándose debajo de los árboles y con las carabinas enfundadas. La guardia formada parecía preparada a hacerle los honores. El clarín tocó tres veces llamada de honor, y al apagarse la última nota, al llegar el general en jefe al dintel de la puerta, de la manera más alevosa, más cobarde, más villana, a quemarropa, sin dar tiempo para empuñar las pistolas, los soldados que presentaban armas descargaron dos veces sus fusiles y nuestro inolvidable general Zapata cayó para no levantarse más».[85]

Como ha ocurrido siempre en la historia de los héroes populares, corrieron los rumores más extraños: el cadáver que exhibieron en Cuautla no tenía una pequeña verruga en la cara, o la manita en el pecho, y por ello no era el de Zapata; o tenía el dedo chico completo, por lo que tampoco era; unos juraban que por las noches aparecía montado en *As de Oros;* otros, mucho tiempo después, dijeron haber visto a un anciano tras la puerta tapiada de una casa en Anenecuilco: debía de ser Zapata.[86] Hubo quien, diecinueve años después, afirmara:

«Yo vi su cadáver. A ese que mataron no era don Emiliano, sino su compadre Jesús Delgado. ¡Dígame a mí si no iba a conocerlo, yo que "melité" a sus órdenes y gané aquellas estrellas!».[87]

A los ochenta años de edad, un veterano zapatista daba otra versión más:

«No fue Zapata quien murió en Chinameca, sino su compadre, porque un día antes recibió un telegrama de su compadre el árabe. Ahora ya murió Zapata, pero murió en Arabia, se embarcó en Acapulco rumbo a Arabia».[88]

En el verano de 1926, el excelente antropólogo norteamericano Robert Redfield recogió, de labios de un cantor del sur, este corrido:

Han publicado, los cantadores,
una mentira fenomenal,
y todos dicen que ya Zapata
descansa en paz en la eternidad.

140

Pero si ustedes me dan permiso
y depositan confianza en mí,
voy a cantarles lo más preciso,
para informarles tal como vi.

Como Zapata es tan veterano,
sagaz y listo para pensar,
ya había pensado de antemano
mandar otro hombre en su lugar.

«Debo decirle», confesó alguna vez Zapata a su buen «Robledo», «que no veré terminar esta revolución, porque las grandes causas no las ve terminar quien las inicia, prueba de ello es el señor cura Hidalgo.»[89] ¿Qué hubiese pensado de la forma en que los regímenes posteriores a su muerte adoptaron, modificaron y muchas veces traicionaron su idea original? Una cosa es clara: sin Zapata la reforma agraria resulta incomprensible. Pero sólo una parte de ella, un momento de ella, fue en lo esencial zapatista. El resto fue más un fruto de la ciudad que del campo, del progreso que de la autarquía, del poder que de la libertad, de las «banquetas» más que de la tierra. Zapata hubiese simpatizado con Cárdenas, pero no con todos los agraristas ni los agrónomos y menos aún con la tutela estatal sobre el ejido. Lo más seguro es que, anarquista natural, hubiese seguido haciendo *su* revolución.

Como el de todas las revoluciones campesinas en el siglo XX, el destino del movimiento zapatista y de su propio caudillo tenía que ser esencialmente trágico. Pero si *su tierra* se perdió en un enjambre de traiciones, ambiciones y banquetas, la propia tierra nos devuelve, una y otra vez, su símbolo, inaprehensible para la historia pero cercano a la religión.

Octavio Paz, cuyo padre vivió trágicamente el zapatismo como una poesía, extrajo de su memoria familiar —tierra de recuerdos— la poesía del zapatismo:

«No es un azar que Zapata, figura que posee la hermosa y plástica poesía de las imágenes populares, haya servido de modelo una y otra vez a los pintores mexicanos. Con Morelos y Cuauhtémoc es uno de nuestros héroes legendarios. Realismo y mito se alían en esta melancólica, ardiente y esperanzada figura, que murió como había vivido: abrazado a la tierra. Como ella, está hecho de paciencia y fecundidad, de silencio y esperanza, de muerte y resurrección».[90]

141

Pero si ustedes me dan permiso
y depositan confianza en mí,
voy a cantarles lo más precioso,
para informarles tal como vi.

Como Zapata es tan veterano,
sagaz y listo para pensar,
ya había pensado de antemano
mandar otro hombre en su lugar.

«Debo decirle», contestó alguna vez Zapata a su buen Robledo, «que no veré terminar esta revolución, porque las grandes causas no las ve terminar quien las inicia; prueba de ello es el señor cura Hidalgo.» ¿Qué hubiese pensado de la forma en que los regímenes posteriores a su muerte adoptaron, modificaron y muchas veces traicionaron su idea original? Una cosa es clara: sin Zapata la reforma agraria resulta incomprensible. Pero sólo una parte de ella, un momento de ella, fue en lo esencial zapatista. El resto fue más un fruto de la ciudad que del campo, del progreso que de la autarquía, del poder que de la libertad de las «banquetas» más que de la tierra. Zapata hubiese simpatizado con Cárdenas, pero no con todos los agraristas ni los agrónomos y menos aún con la tutela estatal sobre el ejido. Lo más seguro es que, anarquista natural, hubiese seguido haciendo su revolución.

Como el de todas las revoluciones campesinas en el siglo XX, el destino del movimiento zapatista y de su propio caudillo tenía que ser esencialmente trágico. Pero si su tierra se perdió en un enjambre de traiciones, ambiciones y banquetas, la propia tierra nos devuelve, una y otra vez, su símbolo, imprehensible para la historia pero cercano a la religión.

Octavio Paz, cuyo padre vivió mágicamente el zapatismo como una poesía, extrajo de su memoria familiar —tierra de recuerdos— la poesía del zapatismo:

«No es un azar que Zapata, figura que posee la hermosa y plástica poesía de las imágenes populares, haya servido de modelo una y otra vez a los pintores mexicanos. Con Morelos y Cuauhtémoc es uno de nuestros héroes legendarios. Realismo y mito se alían en esta melancólica, ardiente y esperanzada figura, que murió como había vivido: abrazado a la tierra. Como ella, está hecho de paciencia y fecundidad, de silencio y esperanza, de muerte y resurrección.»

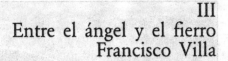

# III
## Entre el ángel y el fierro
## Francisco Villa

Dice don Francisco Villa:
«De nuevo voy a atacar,
me han matado mucha gente,
su sangre voy a vengar».

Corrido de la batalla de Celaya

Francisco Villa (ca. 1920).
«... mostraba un espíritu reconstructor moral y material que lo obsesionaba.» (Silvestre Terrazas)

# De bandido a redentor

De todas las provincias del septentrión novohispano, ninguna sufrió tanto como la Nueva Vizcaya la prolongada guerra contra los «indios bárbaros». Los tobosos y los tarahumaras se rebelaron contra la cruz y la espada durante buena parte del siglo XVII. Más tarde surgió en el horizonte la pesadilla que sobrevivió al régimen colonial y asoló el norte de México hasta finales del siglo XIX: los apaches. Entre aquellos centauros nómadas y sus contrincantes mexicanos no sólo se entabló una guerra a muerte sino una escalada macabra de métodos de muerte. Este escenario desalmado y feroz, «siempre volante», como explican las crónicas, fue la escuela vital del hombre cuya epopeya encarna una zona profunda del alma mexicana, su más oscuro y vengativo coraje, su más inocente aspiración de luz: Francisco Villa.

Verosímilmente, Villa nació hacia 1878 en el municipio de San Juan del Río, Durango. Su padre, el mediero Agustín Arango, hijo ilegítimo de Jesús Villa, muere joven y deja sin amparo a su mujer y a cinco hijos. Doroteo, el mayor, quien nunca acudirá a la escuela, es el sostén de la familia y trabaja en el rancho El Gorgojito, propiedad de la familia López Negrete. Verosímilmente también, el patrón —o el hijo del patrón, o el mayordomo— intenta ejercer el derecho de pernada con Martina Arango. Su hermano Francisco la defiende a balazos y emprende la fuga hacia cañadas de «nombres pavorosos»: Cañón del Diablo, Cañón de las Brujas, Cañón del Infierno. Muy pronto lo apresan y encarcelan, pero evita la «ley fuga» hiriendo a su carcelero con una mano de metate. Hacia 1891 se convierte en bandido.[1]

Según el doctor Ramón Puente —quien por un tiempo fue su secretario y años después escribió sobre él una excelente biografía—, Villa alternó los periodos de bandidaje con largos periodos de vida civilizada, como si el sentido de su rebeldía hubiese sido siempre el empezar de nuevo a salvarse. Concede Puente que aprendió a robar y matar con los bandidos Antonio Parra y Refugio Alvarado («el Jorobado»), pero no admite que su cambio de nombre por el de Francisco Villa haya sido un homenaje a un bandido homónimo, sino una búsqueda de filiación, la vuelta al apellido legítimo, el del abuelo. Mientras la conseja popular lo imagina en las minas de Arizona o los ferrocarriles de Colorado, Puente lo describe instalando una carnicería en Hidalgo del Parral. Se ha casado con Petra Espinosa (después de raptarla) y goza de buen crédito. Hacia 1910 radica ya en la ciudad de Chihuahua, ocupado, según Puente, en el mismo ramo comercial. Vive en paz, pero resiente un agravio de la sociedad, el gobierno y las leyes que oprimen al pobre y lo orillan a delinquir.[2]

La versión antivillista omite los periodos de tregua civilizada y niega valor o veracidad al episodio de la hermana violada. Para sus malquerientes de entonces y ahora, Villa no es más que un asesino.[3] Quizá nunca lleguemos a conocer los hechos esenciales en la vida prerrevolucionaria de Villa, pero hay un testimonio que ayuda a aclarar su sentido interno: los primeros reportajes de John Reed, datos y conjeturas que el propio Reed omitió en *México insurgente*.

Al llegar a México en 1913, Reed se entrevistó con varios testigos de las correrías de Villa entre 1900 y 1910: el secretario del ayuntamiento de Parral y el jefe de policía de Chihuahua, entre otros. Completó su información revisando cuidadosamente antiguos periódicos de la zona. En 1916, caído Villa y en el momento de la Expedición Punitiva, Reed restó objetividad a sus hallazgos, pero su naturaleza y magnitud son convincentes: «Sus fechorías», escribió Reed, «no tienen parangón con las de ningún otro personaje encumbrado en el mundo».

Entre 1901 y 1909 Villa cometió cuando menos cuatro homicidios, uno de ellos por la espalda. Participó fehacientemente en diez incendios premeditados, innumerables robos y varios secuestros en ranchos y haciendas ganaderas. En 1909, cuando, según Puente, Villa es un honrado carnicero, el verdadero Villa y su banda queman la casa del ayuntamiento y el archivo de Rosario, en el distrito de Hidalgo. En esa acción, Villa salva el sello que luego utiliza para amparar su propiedad de ganado. En mayo de 1910 se presenta en el rancho San Isidro haciéndose pasar por «H. Castañeda, comprador de ganado». Tras saquear el rancho, su banda mata al dueño y a su pequeño hijo. Todavía en octubre de 1910, Villa y sus hombres —el compadre Urbina, entre ellos— roban en el rancho Talamantes, del distrito de Jiménez, en Chihuahua. Desde principios de ese año crucial, Villa había establecido contactos con Abraham González, jefe del antirreeleccionismo chihuahuense. En julio, uno de sus compadres,

Claro Reza, lo delata a las autoridades. Al enterarse, según Reed, Villa lo acuchilla en el corazón. Versiones distintas sitúan la escena frente a la cantina Las Quince Letras: sin bajarse del caballo Villa saca su pistola, clarea a Claro y sale tranquilamente de la ciudad. Otros recuerdan que el crimen ocurrió en el paseo Bolívar: Reza camina con su novia, Villa lo espera tomando un helado, lo encara y lo balacea, saliendo de la escena por su propio pie y sin que nadie se atreva a seguirlo.[4]

Todo esto parece una película del Lejano Oeste: el torvo forajido y su banda asolando polvosos ranchos; briosos jinetes, reses nerviosas, pistolas rapidísimas y persecuciones interminables. Pero no olvidemos que se trata, en todo caso, de una película mexicana. Las viejas colonias militares establecidas desde el siglo XVIII en el norte mexicano para combatir a los apaches —acrecentadas por el presidente Juárez en 1868— languidecían después de la derrota de los indios en 1886, sin saber hacia dónde derivar la inercia de muerte acumulada en siglos. Por otro lado, según explica Friedrich Katz —el distinguido historiador del villismo—, durante el porfiriato aparece en el horizonte un nuevo depredador que arrebata tierra y ganado a las colonias: la hacienda. Cuando, para beneficio de la hacienda, se regula la venta de ganado, cunde el abigeato. Resultado: una verdadera cultura de la violencia.

La ley del revólver imperaba en ambos lados de la frontera, pero se trata de una violencia de distinto signo. Norteamérica se construía agregando ambiciones individuales como en una carrera de diligencias. No cabía la ambigüedad: había rancheros y abigeos, galanes y villanos. En México, en cambio, la tradición española podía anteponer cierto sentido social a los hechos individuales. La propiedad privada, sobre todo la ganadera, no tenía un perfil definitivamente claro y generalizado. En el norte, por ejemplo, algunos sectores populares y de clase media rural resentían la expansión territorial y ganadera de la hacienda como una injusticia global. ¿Quiénes eran los bandidos: el gobierno y la hacienda, que promovían una especie de «cercado ganadero», o los rancheros, que desde tiempos coloniales habían dispuesto con libertad del ganado?[5] En Estados Unidos, los héroes fueron cazadores de indios, como Buffalo Bill o el general Custer, o *sheriffs* legendarios, como Wyatt Earp, terror de los abigeos. Guardianes todos de la propiedad privada... del hombre blanco. En México, los héroes roban a los ricos para dar a los pobres: es el caso de Chucho «el Roto», Heraclio Bernal —«el Rayo» de Sinaloa— y Pancho Villa. El propio Reed pudo verificar la vertiente magnánima del bandido cuyas «leyendas cantan los pastores en sus hogueras, por las noches, en las montañas, repitiendo versos aprendidos de sus padres o improvisando otros nuevos».[6] En aquellos artículos Reed llamó a Villa «el Robin Hood mexicano».[7]

Nunca negó Villa su vida de bandidaje, pero es probable que antes de la Revolución la haya ejercido con un propósito distinto —o complementario, si se quiere— al del provecho individual. Si hubiera sido un poeta, habría escrito, como Heraclio Bernal: «Nocivo sin conocerla / he sido a la sociedad. / Pero yo siempre he querido / pertenecerle en verdad. / Pero no lo he conseguido».[8] Fue un bandido de película, pero de una película inimaginable en Estados Unidos: un bandido justiciero. El adjetivo no atenúa ni omite la ferocidad del sustantivo, pero le confiere un matiz social y, en su momento, revolucionario.

El momento llegó poco antes de la muerte de Reza. En el hotel Palacio de Chihuahua, Francisco Villa conoce a Francisco Madero. Entre lágrimas le cuenta sus andanzas, le da razones, se confiesa. Madero le otorga una confianza absoluta, justifica su pasado y lo absuelve. Villa, escribe Puente, «ha pensado en la Revolución como algo que lo va a redimir, que va a redimir a su clase», a su «pobre raza». Aquellos diecinueve años de bandidaje le daban un inmejorable conocimiento del terreno y le habían enseñado «más de una treta». Ahora podía usar «esos conocimientos para la causa del pueblo».

La revolución maderista comienza a revelar su genio. En Las Escobas, Villa engaña a las tropas del general Navarro poniendo sombreros sobre estacas para simular un contingente mayor. Con poca gente, pero propia y equipada, se distingue en San Andrés, en Santa Rosalía y en la toma de Ciudad Juárez. Orozco lo considera un «buen pelado». Juntos presionan a Madero para que fusile al general Navarro. Según *El Paso Morning News*, Villa amenaza a Madero y lo encañona, a lo que Madero responde: «Soy su jefe, atrévase a matarme, tire». Aunque Villa llora y pide perdón, en el fondo piensa que Madero debería «ahorcar a esos curritos», es decir, a los españoles. Por lo que pronto pone el ejemplo y mata a quemarropa a José Félix Mestas, ex funcionario de Díaz, de sesenta años de edad. A pesar de estos y otros incidentes violentos, cuando triunfa la Revolución Madero lo indemniza con quince mil pesos, dinero que le servirá para abrir una carnicería.[9]

La bondad de aquel hombre que le había perdonado todo, hasta el amago contra su vida, lo marcó para siempre. Orozco lo incita a rebelarse, pero sólo logra incorporarlo de nueva cuenta a las filas maderistas, en ese momento federales. Al mando de una brigada de cuatrocientos jinetes se pone a las órdenes del general Victoriano Huerta, quien le respeta la investidura de brigadier honorario. Rápidamente aprende las artes de la guerra, las formaciones, los simulacros. Huerta se admira de sus durísimas cargas y comienza a temerle. En Jiménez aprovecha un pretexto baladí para atribuirle insubordinación y formarle un consejo de guerra. Villa es condenado a muerte. Ante el pelotón de fusilamiento que ya prepara sus armas, Villa se arroja al suelo, llora, implora. Milagrosamente Raúl Madero llega a tiempo para salvarlo. Un telegrama del presidente conmuta definitivamente la pena de muerte por cárcel: una nueva deuda de Villa con su redentor.

En la Penitenciaría conoce a Gildardo Magaña. El joven zapatista le enseña a leer y escribir y lo pone al tanto del Plan de Ayala. En junio de 1912 ingresa a la prisión de Santiago Tlatelolco, donde el general Bernardo Reyes le da rudimentos de instrucción cívica e historia patria. En diciembre de 1912 convence al joven escribiente Carlos Jáuregui de colaborar en su fuga. Una pequeña lima y una gran sagacidad hacen el trabajo. Villa y Jáuregui emprenden un largo trayecto que en enero de 1913 los lleva a El Paso, Texas.

Al consumarse el asesinato de Madero y Pino Suárez, Villa se acerca en Tucson a los sonorenses José María Maytorena y Adolfo de la Huerta. Ambos lo proveen modestamente para la rebelión. En abril de 1913, con nueve hombres, unas cuantas mulas de carga, dos libras de azúcar, un poco de sal y café, entra a México para vengar la muerte de su redentor.[10] Toda su furia es justificada. «Los soldados», recuerda Puente, «parece que lo esperan por legiones.»

# El Centauro fílmico

A mediados de 1913 nada presagiaba el triunfo de los ejércitos constitucionalistas al mando del «Primer Jefe» Venustiano Carranza. Pablo González y Lucio Blanco actuaban alrededor de Monclova y Matamoros; Alvaro Obregón, con mayores frutos, avanzaba en Sonora. Aunque en Chihuahua el jefe designado por Carranza es Manuel Chao, Villa unifica el mando: en meses su contingente ha crecido de ocho hombres a nueve mil. A fines de septiembre de 1913, cuando después de un acoso inútil a Torreón —corazón del sistema ferroviario— Carranza peregrina hacia Sonora, Villa integra definitivamente su División del Norte. En pocos días toma por primera vez la ciudad de Torreón y se hace de los trenes que permitirán la rápida y racional circulación de sus tropas. A mediados de noviembre intenta sin éxito tomar Chihuahua, pero sobre la marcha concibe su primera acción deslumbrante: la toma de Ciudad Juárez. Es su entrada no sólo a una aduana de Estados Unidos sino a un escenario mayor: la historia mexicana y, por momentos, la celebridad mundial.

Acción de película. Mientras una parte de los efectivos distrae al enemigo en las afueras de Chihuahua, la otra, bajo el mando de Villa, intercepta y descarga dos trenes de carbón en la estación Terrazas. Sus hombres abordan los vagones y la caballada los sigue por fuera, rumbo a Ciudad Juárez. En cada estación a partir de Terrazas, Villa apresa al telegrafista y pide instrucciones a la base de Ciudad Juárez, fingiéndose el oficial federal a cargo de los convoyes. Una y otra vez aduce imposibilidad de seguir su trayecto hacia el sur, y una y otra vez se le ordena el repliegue al norte. La noche del 15 de noviembre de 1913, mientras los federales dormían a pierna suelta o se solazaban en las casas de juego, una señal luminosa anuncia el asalto. En un santiamén las tropas villistas toman el cuartel, la jefatura de armas, los puentes internacionales, el hipódromo y las casas de juego. Los periódicos norteamericanos y la opinión pública se sorprenden ante la increíble acción. En Fort Bliss, el general Scott la compara con la guerra de Troya.[11]

Pero no sólo Troya estaba en el repertorio instintivo de Villa: también Cartago. «Me gustan aquellos llanos para una gran batalla», había comentado a su fiel amigo Juan Dozal días antes del combate de Tierra Blanca, librado del 23 al 25 de noviembre. Cinco mil soldados federales de las tres armas detienen sus trenes en plena llanura, rodeados de arenas blandas. Seis mil villistas los vigilan desde los montes. Villa ha asegurado el suministro de agua, pan, pastura, municiones y ametralladoras manteniendo fluida su comunicación ferroviaria con Ciudad Juárez. Un carro-hospital atendería a los heridos.[12] Reed describe el momento: «Villa abrió fuego desde la mesa con sus grandes cañones. Sus salvajes y endurecidos voluntarios se lanzaron contra los soldados bien entrenados». Villa mismo encabeza la carga general de caballería. Los federales bajan infructuosamente su artillería. Villa les corta la retirada y los federales quedan varados a merced de los revolucionarios. Aquellos blandos arenales fueron el escenario de una carnicería: mil muertos y un botín inmenso. Al poco tiempo, en las plazas de Chihuahua se escuchó la «Marcha de Tierra Blanca». En Estados Unidos es noticia de ocho columnas: «PANCHO VILLA RIDES TO VICTORY».[13]

Los federales de Chihuahua evacuan la plaza rumbo a Ojinaga. Hay terror y saqueos. Villa entra a Chihuahua. El 8 de diciembre asume la gubernatura del estado, puesto en el que permanecería un mes. El 10 de enero reduce el último bastión federal del estado de Ojinaga.

El 17 de enero sostiene una conversación telegráfica con Carranza en la que predomina la cordialidad. «Después de saludar» a su «estimado jefe» con «el respeto y cariño de siempre», le da una muestra palpable de lealtad:

«Como usted sabe, soy hombre que obedece sus órdenes. La carta que usted me mandó referente a que se quedará el general Chao como gobernador, aunque era una carta iniciativa [sic], comprendí que era una orden de usted».

Pero no quedaban ahí las pruebas: «no sólo cientos sino millones de cartuchos» tenía en su poder junto con 38 cañones, todo a disposición del jefe. «De faltarnos usted», agregaba humildemente, «yo no sé qué haríamos.» Por su parte, Carranza contestó con amabilidad anunciándole que en la próxima campaña del sur Villa sería uno de sus «principales colaboradores».[14]

Por esos días ocurrió un hecho previsible: aquella figura de película atrajo la atención de los productores de películas. El 3 de enero de 1914 «el Robin Hood mexicano», el fiero jinete tan parecido a los del Lejano Oeste, el «futuro pacificador de México» siempre respetuoso de las propiedades norteamericanas, firma con la Mutual Film Corporation un contrato de exclusividad por 25.000 dólares para filmar las gestas de la División del Norte. Villa se comprometía a desplegar sus batallas durante el día, prohibir la entrada a camarógrafos ajenos a la Mutual y, en su caso, simular combates. Por su parte, la Mutual proveería vituallas y uniformes. Así se rodaron miles de pies e incluso varias películas de ficción. Raoul Walsh, que actuó como el Villa joven en la película *The life of general Villa*, recordaba en 1967:

«Pagamos a Villa quinientos dólares en oro para filmar sus ejecuciones y batallas. Día tras día intentamos filmar a Villa cabalgando hacia la cámara, pero golpeaba a su caballo con el fuete y las espuelas con una fuerza tal que pasaba a noventa millas por hora. No sé cuántas veces le repetimos: "Señor, despacio por favor, despacio". En las mañanas logramos que pospusiera las ejecuciones de las cinco a las siete para que hubiese buena luz».[15]

El 9 de mayo de 1914 se exhibió en el Lyric Theater de Nueva York *La vida del general Villa*, en la que Villa, en carne y hueso, aparecía en algunas escenas. El libreto debió de conmoverlo: dos tenientes abusan de su hermana; él mata a uno pero el otro escapa; Villa declara la guerra a la humanidad; en el norte estalla la Revolución, Villa captura ciudad tras ciudad, llega a la capital, encuentra al teniente, lo estrangula. Y —final feliz— llega a la presidencia. Su leyenda recorre el mundo: Pancho Villa *superstar*.[16]

Su carrera militar fue aún más exitosa que su carrera fílmica. En marzo de 1914 emprende su marcha hacia el sur. Cuenta con un ejército impresionante: un tren-hospital para mil cuatrocientos heridos y dieciséis mil hombres perfectamente equipados. Para su inmensa fortuna, además de sus fieles —Eugenio Aguirre Benavides, Toribio Ortega, Orestes Pereyra, José Rodríguez— se le ha incorporado un hombre por el que llegaría a sentir veneración: Felipe Angeles, el brillantísimo general y maestro, experto en matemáticas y en balística pero sobre todo en comprensión humana. A principios de abril, en una de las batallas más intensas de la Revolución, el ejército villista toma Torreón a sangre y fuego. La toma no es un ejemplo de precisión sino de empuje. Reed escribe:

«Villa es la Revolución. Si muriera, estoy seguro de que los constitucionalistas no avanzarían más allá de Torreón en todo un año».[17]

En abril cae San Pedro de las Colonias. En mayo se libra la batalla de Paredón.[18] Vito Alessio Robles la describe con asombro:

«Un huracán de caballos pasa raudo por nuestros flancos. Es un
espectáculo grandioso. Seis mil caballos envueltos en una nube de
polvo y sol ... el combate ha terminado sin que nuestra artillería hubiera tenido ocasión de quemar un solo cartucho».[19]

En Paredón, Angeles intercede ante Villa y salva la vida de dos mil
prisioneros; lo haría muchas veces más.

Para el *Army and Navy Journal,* «Villa es un genio militar ... tiene
una admirable personalidad que atrae al soldado mexicano. Indudablemente bravo, es un tigre cuando se exalta [pero sabe también ser]
ordenado..., en caso de guerra con Estados Unidos será el comandante en jefe ... Se cree que se convertirá en el dictador del país entero». Los norteamericanos tomaban sus precauciones, pero Villa no
los atacaría, a pesar de la invasión a Veracruz en abril de 1914.

El fervor villista alcanza —según Reed— niveles de idolatría. Rafael
F. Muñoz describió lo que debió de ser el sentimiento general en la
División del Norte:

«Rodeaban las ciudades por más grandes que fueran, inundaban las
ciudades por más extensas [que fueran éstas]. Se movía arrojando entre los borbotones de sangre gritos de entusiasmo. Se caía viendo a los
otros avanzar. Antes de nublarse para siempre, los ojos quedaban des-
lumbrados por la victoria».[20]

Entonces sobrevienen las primeras fricciones serias entre Villa y
Carranza. Su entrevista personal en Chihuahua fue desastrosa. Había
ocurrido ya el asesinato de William Benton, ranchero inglés con quien
Villa había tenido varios enfrentamientos antes de que Rodolfo Fierro, su pistolero favorito, lo ultimara a mansalva.[21] Factores de toda
índole los separaban. Carranza no soportaba la arbitrariedad de Villa.
Lo consideraba inmanejable. Villa resentía la ambiciosa frialdad del
Primer Jefe, su mirada oblicua detrás de sus antiparras. ¡Qué diferencia con Madero!, debió de pensar. Carranza no era un amigo: era un
rival.[22]

Pero el verdadero distanciamiento ocurre en vísperas de una batalla decisiva: la de Zacatecas. Carranza ordena que las fuerzas de Natera y los Arrieta ataquen la plaza. Villa lo desobedece: «Nomás era meter gente al matadero», le informa telegráficamente. La división estaba acostumbrada a vencer junta. Carranza califica a Villa de indisciplinado y éste estalla: «¿Quién le manda a usted meterse en terreno barrido?».

Aunque Villa renuncia, «para no dar sospechas de ambición», y Carranza acepta su renuncia «con sentimiento», es Villa quien se impone. Angeles redacta una renuncia masiva. Todos los generales la apoyan. Carranza los ha cercado y al cercarlos los libera. Sin autorización abierta de Carranza, confirman a Villa como el comandante en jefe y marchan, más unidos que nunca, hacia Zacatecas. El 23 de junio, luego de once días de una batalla por nota, Felipe Angeles escribe:

«Y volví a ver la batalla condensada en un ataque de frente de las dos armas en concierto armónico, la salida del sur tapada y la reserva al este, para dar el golpe de maza al enemigo en derrota. Y sobre esa concepción teórica que resumía en grandes lineamientos la batalla, veía yo acumularse los episodios que más gratamente me impresionaron: la precisión de las fases; el ímpetu del ataque; el huracán de acero y plomo; las detonaciones de las armas multiplicadas al infinito por el eco que simulaba un cataclismo; el esfuerzo heroico de las almas débiles para marchar encorvadas contra la tempestad de la muerte; las muertes súbitas y trágicas tras las explosiones de las granadas; los heridos heroicos que, como Rodolfo Fierro, andaban chorreando en sangre, olvidados de su persona, para seguir colaborando eficazmente en el combate; o los heridos que de golpe quedaban inhabilitados para continuar la lucha y que se alejaban tristemente del combate, como el intrépido Trinidad Rodríguez, a quien la muerte sorprendió cuando la vida le decía enamorada: "No te vayas, no es tiempo todavía". Y tantas y tantas cosas hermosas. Y, finalmente, la serena caída de la tarde, con la plena seguridad de la victoria que viene sonriente y cariñosa a acariciar la frente de Francisco Villa, el glorioso y bravo soldado del pueblo».[23]

Ni sus más enconados detractores han podido negar un hecho: sin el empuje de Villa y su División del Norte, resulta impensable la derrota de Victoriano Huerta tal como ocurrió. Era, en verdad, el «brazo armado de la Revolución».[24]

¿Puede hablarse de una utopía en Villa? La respuesta es ambigua.

Coronel Francisco Villa (1911).
«Villa es un genio militar; tiene una admirable personalidad... Indudablemente bravo, es un tigre cuando se exalta.» *(Army and Navy Journal)*

No, si se piensa en su falta de un plan orgánico como el de Ayala. Sí, si se atiende a su efímera gubernatura en el estado de Chihuahua. Sobre la marcha, Villa descubrió el perfil de su paraíso terrenal y lo puso en práctica con la rapidez y decisión de una carga de caballería. Toma entonces su primera medida: confiscar los bienes de los potentados chihuahuenses enemigos de la Revolución. Los Terrazas, Creel y Falomir debían «rendir cuentas ante la vindicta pública». Mediante denuncias, amenazas y torturas, los villistas acaparan tesoros visibles y desentierran invisibles. Pero Villa no utiliza los fondos en su provecho personal: confisca los bienes «para garantizar pensiones a viudas y huérfanos, defensores de la causa de la justicia desde 1910». Los fondos se emplean también para crear el Banco del Estado de Chihuahua. Su capital inicial de diez millones de pesos garantiza las emisiones de papel moneda, cuya circulación es forzosa. Durante todo el año de 1914, por lo menos, el dinero villista se cotiza con regularidad. Su mayor soporte no es el metálico en las arcas del banco sino la palabra y la fuerza de Villa.[25]

«El socialismo... ¿es una cosa?», preguntó alguna vez Villa a Reed. Aunque ignorara esa «cosa», su utopía tenía leves rasgos socialistas. El propio Reed calificó aquel gobierno como el «socialismo de un dictador»:

«Su palabra puede ser la vida o la muerte. No hay derecho de *habeas corpus*. En la medida en que conserve su gobierno y se abstenga él mismo de robar, sus planes socialistas tendrán que ser útiles al pueblo».[26]

Y lo fueron, en cierta medida. Secundado por su hábil secretario, Silvestre Terrazas, Villa se reveló como un férreo administrador. Logró abaratar los productos de primera necesidad, organizó su racionamiento y distribución, castigó con la muerte abusos y exacciones y puso a todo su ejército a trabajar en la planta eléctrica, los tranvías, los teléfonos, los servicios de agua potable y el matadero de reses.[27]

Una de las facetas más personales de *su* socialismo se manifestaba con los niños: amaba a los propios y los ajenos; recogía, por centenares, a los desamparados y costeaba su educación. Durante su breve gobierno contrató maestros jaliscienses y abrió varias escuelas, a las que solía acudir —como un niño más— en tiempos de fiesta o en certámenes. Sus planes educativos incluían una universidad militar para cerca de cinco mil alumnos y una escuela elemental en cada hacienda.

Villa había descubierto una utopía personal, la proyección candorosa de su universo mental y moral. Reed recogió en aquel momento palabras que equivalen a una revelación:

«Quiero establecer colonias militares por toda la República para que ahí vivan quienes han peleado tan bien y tanto tiempo por la libertad. El Estado les dará tierras cultivables ... trabajarán tres días a la semana y lo harán duramente, porque el trabajo es más importante que pelear y sólo el trabajo honrado produce buenos ciudadanos. Los tres días restantes recibirán instrucción militar que luego impartirán a todo el pueblo para enseñarlo a pelear. Así, si la patria es invadida, sólo tendríamos que llamar por teléfono a la ciudad de México y en medio día todo el pueblo de México se levantaría para defender a sus hijos y sus hogares. Cualquiera que en la República lo desee tendrá un pedazo de tierra suyo. Deben desaparecer para siempre las grandes haciendas. Habrá escuelas para cada niño mexicano. Primero deben existir los medios para que nuestro pueblo viva, pero las escuelas son lo que está más cerca de mi corazón.

»Para mí mismo, mi única ambición es retirarme a una de las colonias militares y ahí cultivar maíz y criar ganado hasta que me muera entre mis compañeros, que han sufrido tanto conmigo».[28]

Su principal preocupación son sus «muchachitos», los niños y su «pobre raza». Su utopía habla vagamente de la tierra, pero no con el sentido religioso de los zapatistas, sino de un patrimonio o una empresa individual. En la Arcadia de su imaginación, la vida transcurría en el campo, rodeado de pupitres y fusiles. México sería una inmensa y fértil academia militar.

# Dualidad

A fines de 1913 John Reed lo ve por primera vez: «Es el ser humano más natural que he conocido, natural en el sentido de estar más cerca de un animal salvaje. Casi no dice nada y parece callado... desconfiado... Si no sonríe da la impresión de amabilidad en todo menos en sus ojos, inteligentes como el infierno e igualmente inmisericordes. Los movimientos de sus piernas son torpes —siempre anduvo a caballo— pero los de sus manos y brazos son sencillos, graciosos y directos... Es un hombre aterrador».[29]

La palabra «fiera» o «felino» se encuentra en muchas descripciones de quienes lo conocieron. Martín Luis Guzmán: «... su alma, más que de hombre, era de jaguar»; Mariano Azuela: «... cabeza de pelo crespo como la de un león»; Vasconcelos: «fiera que en vez de garras tuviese ametralladoras, cañones». De aquella fiera lo más perturbador eran los ojos. Vasconcelos y Puente los recuerdan «sanguinolentos»; para Rafael F. Muñoz, «desnudaban almas»; Mariano Azuela los vio «brillar como brasas».[30] Pero es Martín Luis Guzmán quien ve mejor esa mirada:

«... sus ojos siempre inquietos, móviles siempre, como si los sobrecogiera el terror... constantemente en zozobra... [Villa es una] fiera en su cubil, pero fiera que se defiende, no que ataca».[31]

Esta caracterización del Villa defensivo concuerda con su vida de bandido a salto de mata, perseguido, acorralado, durmiendo a deshoras donde le viene en suerte, caminando de noche, reposando de día, incontinente sexual, diestro, agazapado, en espera siempre de dar el zarpazo, el albazo. Fiera acosada por su propia desconfianza:

«Lo he visto», recuerda Reed, «fusil en mano, echarse una manta sobre los hombros y perderse en la oscuridad para dormir solo bajo las estrellas. Invariablemente, en las mañanas reaparece viniendo de una dirección distinta, y durante la noche se desliza silenciosamente de centinela en centinela, siempre alerta... si descubría un centinela dormido, lo mataba inmediatamente con su revólver».[32]

Dos prótesis vitales armaban su naturaleza: el caballo y la pistola. Imposible «navegar», como solía decir, sin el caballo, imposible imaginar un Villa sedentario o a pie. El caballo permitía la persecución o la huida, era el capítulo anterior o posterior a la muerte. Y la muerte era la pistola. Martín Luis Guzmán equiparó la pistola a su mirada:

«La boca del cañón estaba a medio metro de mi cara. Veía yo brillar por sobre la mira los resplandores felinos del ojo de Villa. Su iris era como de venturina: con infinitos puntos de fuego microscópicos. Las estrías doradas partían de la pupila, se transformaban en el borde de lo blanco en finísimas rayas sanguinolentas e iban desapareciendo bajo los párpados. La evocación de la muerte salía más de aquel ojo que del circulito obscuro en que terminaba el cañón. Y ni el uno ni el otro se movían en lo mínimo: estaban fijos; eran de una pieza. ¿Apuntaba el cañón para que disparara el ojo? ¿Apuntaba el ojo para que el cañón disparase?».[33]

No era el ojo el que apuntaba, sino el ser completo de Villa:

«Este hombre no existiría si no existiese la pistola ... La pistola no es sólo su útil de acción. Es su instrumento fundamental; el centro de su obra y su juego; la expresión constante de su personalidad íntima; su alma hecha forma. Entre la concavidad carnosa de que es capaz su índice y la concavidad dirigida del gatillo hay una relación que establece el contacto de ser a ser. Al hacer fuego no ha de ser su pistola quien dispara, sino él mismo: de sus propias entrañas ha de venir la bala cuando abandona el cañón siniestro. El y su pistola son una sola cosa. Quien cuente con lo uno contará con lo otro y viceversa. De su pistola han nacido y nacerán sus amigos y sus enemigos».[34]

Pero aquella fiera era también un ser humano sentimental y plañidero, piadoso con el débil, tierno con los niños, alegre, cantador, bailarín, abstemio absoluto, imaginativo, hablantín. Aquella fiera no era siempre una fiera. Era, en el sentido estricto, centauro. Según Puente, su biógrafo fiel, Villa padecía una enfermedad: la epilepsia. Rehuía, en todo caso, una definición unívoca:

159

«Si me pidiese una definición de Pancho Villa», escribió el cónsul inglés Patrick O'Hea, un hombre muy crítico de Villa, «mi respuesta sería: ¿cuál de todos? Porque el hombre mudaba al ritmo de sus éxitos o fracasos. Multiplíquense éstos por su fiera reacción ante cualquier obstáculo; sus reprimendas salvajes contra los enemigos; la vileza indecible de sus lugartenientes al lado de la excelente calidad de algunos de sus consejeros civiles y militares; su magnanimidad con los pobres, su eterna desconfianza, su candor ocasional ... y de ese modo, quizá, podrá descubrirse al hombre como nunca pude yo».[35]

O'Hea vio multiplicidad donde había una forma de «dualidad».

«La "dualidad" de Villa», explica Silvestre Terrazas, «se patentizaba plenamente, quizá por su agitación belicosa, en un instinto destructor, como iconoclasta de vidas y haciendas ... pero a la vez, en sus treguas, mostraba un espíritu reconstructor moral y material que lo obsesionaba. [Tenía] una sed insaciable en pro de la instrucción popular.»

También Martín Luis Guzmán ve el elemento casi mítico que fue la clave profunda de su inmenso arraigo popular, la dualidad del héroe que encarna, a un tiempo, venganza y esperanza, destrucción y piedad, violencia y luz:

«... formidable impulso primitivo capaz de los extremos peores, aunque justiciero y grande, y sólo iluminado por el tenue rayo de luz que se colaba en el alma a través de un resquicio moral difícilmente perceptible».

Villa era impulsivo, cruel, iracundo, salvaje, implacable, incapaz de «detener la mano que ha tocado la cacha de la pistola». Pero también podía ser generoso, pródigo, suave, piadoso. Su voz, al contrario que su imagen, era delgada. Puente lo vio «estremecerse en presencia de los libros como si fuera algo sagrado»,[36] dar una orden injusta, desdecirse, arrepentirse, dudar, llorar: sentir el desamparo propio de la ignorancia.

Esa dualidad, sobre la que se han escrito cientos de páginas y podrían escribirse más, se plasmaba en su actitud ante la mujer. Según Soledad Seáñez, una de sus últimas y más bellas esposas, «Francisco era terrible cuando estaba enojado pero ternísimo cuando andaba de buenas». En muchos casos Villa respetó las formas del amor, desde la conquista hasta la separación, de un modo casi gallardo, caballeroso y paternal. Sus raptos no eran enteramente animales: quería que lo quisieran, cortejaba con imaginación, y consintió decenas de veces en casarse, aunque consumada la unión rompía los libros de actas.[37]

En muchos otros casos, se comportó de modo atroz. Alguna vez que interceptó una carta quejumbrosa en la que su joven amada Juana Torres lo llamaba bandido y otros calificativos semejantes, hizo que ella la leyera en su presencia, castigándola, en cada epíteto, con un escupitajo en la cara. Por lo menos dos de sus esposas terminaron sus días prematuramente en el destierro.[38]

Pero la prueba biográfica decisiva con respecto a su dualidad está en los dos hombres más cercanos a Villa, prolongaciones equidistantes y extremas de su naturaleza: Rodolfo Fierro y Felipe Ángeles.

En el reverso de una postal enviada a su mujer en 1912, momentos antes de lanzarse a «la bola», Rodolfo Fierro —o Fierros, como quizá se apellidaba— escribe las pragmáticas razones de su decisión: «Recibe ésta como un recuerdo de quien se lanza al peligro únicamente para buscar recursos y poder algún día evitar tus sufrimientos». Fierro era una fiera sin más. Todos coinciden en hablar de su «hermosura siniestra» (era más alto que Villa). La tropa lo llamaba «el Carnicero».[39] Reed describe así al «hermoso animal»:

«En las dos semanas que estuve en Chihuahua dio muerte a sangre fría a quince ciudadanos indefensos. Sin embargo existía una curiosa relación entre Villa y él. Fierro era su mejor amigo; y Villa lo quería como a un hijo y siempre lo perdonaba».[40]

Martín Luis Guzmán dejó una aterradora estampa de Fierro en *La fiesta de las balas*.[41] O'Hea recuerda el placer con que mataba a indefensos, a supuestos espías o críticos del villismo. Fue Fierro quien mató a Benton por creer que el inglés intentaba sacar su pistola, cuando en realidad quería sacar el pañuelo para secarse el sudor de la frente: una «pura mala inteligencia», comentó Fierro.

Silvestre Terrazas objetó siempre la confianza ciega de Villa en Fierro y su nombramiento de superintendente general de los Ferrocarriles. A la salida de una fiesta en honor de Fierro, Terrazas presenció esta escena:

«... en una de esas fiestas, el general Fierro bebió más de lo regular, despidiéndose a altas horas de la noche, y a pocos pasos se encontró con uno de los más conocidos empleados del ferrocarril, que se dirigía a la reunión, a una cuadra del Templo del Santo Niño, en plena obscuridad. Fierro, posiblemente por la falta de luz y por el estado de ebriedad en que iba, ni siquiera supo de quién se trataba, pero sin cruzarse una sola palabra, sacó su pistola y disparó tan certeramente que la víctima pasó instantáneamente a mejor vida, quedando tirada en plena calle, abandonada hasta que otros compañeros que salieron al aclarar, pudieron distinguir el cuerpo yerto de aquél, al que muchos apreciaban por su intachable conducta, por sus aptitudes y su cumplimiento en el trabajo».[42]

Esta «bestia hermosa, de maneras y gestos civilizados, de timbre suave que rehúye tonos altisonantes», este asesino fisiológicamente puro era una de las facetas de Villa, su instinto de muerte. «Yo sólo sé», escribió O'Hea, «que este hombre, con su mirada errante y su mano fría, es el mal.»[43]

Pero Patrick O'Hea admitió también otra vertiente en Villa: la que atraía a hombres puros, a la que hombres puros atraían. La lista es larga: Díaz Lombardo, Iglesias Calderón, Bonilla, Federico y Roque González Garza, Lagos Cházaro, Luis Aguirre Benavides, Raúl y Emilio Madero, Martín Luis Guzmán. Y tres médicos: Silva, Palacios, Puente. ¿Cómo explicar aquel recíproco magnetismo?

Cada facción revolucionaria atrajo a un tipo distinto de intelectual. Los intelectuales vinculados al zapatismo tenían raíces anarquistas o una vena de misticismo cristiano. Antonio Díaz Soto y Gama, por ejemplo, abrevaba de ambas vertientes. Al carrancismo se afilió un espectro muy amplio, que iba desde los liberales puros, como José Natividad Macías, Luis Manuel Rojas o Alfonso Cravioto, hasta un nuevo tipo de intelectual político que intentaba articular ideología y praxis revolucionarias con un nuevo cuerpo legal e institucional: Luis Cabrera, Alberto J. Pani, Isidro Fabela, Félix F. Palavicini. Al villismo, en cambio, se acercan los demócratas idealistas.[44]

Como Villa, los idealistas detestan a los metidos en «políticas», a los «ambiciosos», a los «carranclanes». Son más realistas que los místicos del zapatismo pero menos pragmáticos que los carrancistas. Casi todos fueron fieles a Madero y veían en el villismo encabezado por ellos el germen de continuidad con un liberalismo ilustrado. Más que el reparto agrario o el problema obrero, los idealistas se preocupan por la educación —otra coincidencia con Villa— y por la democracia.

Se acercan a Villa con la misma actitud de aquel médico ilustrado del siglo XVIII frente al *enfant sauvage:* para enseñarle lo que desde el principio de los tiempos debe y no debe hacerse. Reed entendió esa tentación: «Toda la compleja estructura de la civilización era nueva para él. Para explicarle algo había que ser filósofo».[45] Por su parte, Villa buscaba su apoyo, se aprendía de memoria pasajes de la Constitución, y no perdía oportunidad de pregonar con tristeza, con humildad, su indefensión intelectual: «Sería malo para México que un hombre sin educación fuera su presidente».[46]

Aunque Villa nunca se plegó por entero a los dictados de sus preceptores, y los tildó a veces de «engordadores di oquis», en cada uno de ellos debió de ver un Madero potencial. Pero, muerto Madero, necesitaba creer en un hombre que aunara la pureza y la autoridad. Lo encontró en la contraparte de Rodolfo Fierro: Felipe Angeles.

A los ojos de Villa, Felipe Angeles era un hombre pleno y cabal: militar y académico. Según Martín Luis Guzmán, Villa sentía por Angeles una «admiración supersticiosa». Sabía de los terribles momentos que Angeles había vivido junto a Madero y Pino Suárez; conocía la benevolencia de su trato con los zapatistas; admiraba su amor por la música y los libros, su honradez, su sensibilidad a las causas populares, su piedad. ¿Cuántas veces escucharía la prédica de Felipe Angeles?:

«... la Revolución se hizo para librarnos de los amos, para que vuelva el gobierno a manos del mismo pueblo y para que éste elija en cada región a los hombres honrados, justos, sensatos y buenos que conozca personalmente y los obligue a fungir como sirvientes de su voluntad expresada en las leyes, y no como sus señores».[47]

Era la misma voz de Madero, pero en un hombre distinto: supremo artillero y técnico de la guerra. Angel armado, llevaba en una mano la espada y en la otra la balanza. Villa lo estimaba tanto que —según Valadés— fue el padrino de bautizo de un hijo de Angeles para así «tener la confianza de llamarlo compadre». No es casual que Angeles fuese el candidato presidencial que Villa propondría, meses después, a la Convención de Aguascalientes. Este Madero fuerte, este Madero militar fue la otra posibilidad de Villa, su tregua luminosa.[48]

Dualidad sugiere esquizofrenia. Sería inexacto atribuirla a Francisco Villa. Aunque sus dos facetas se alternaban, su rasgo íntimo no era la división sino la tensión. Su instinto predominante lo llevaba a obedecer a sus impulsos, obedecerlos instantáneamente y salvajemente. Pero por momentos algo lo impulsaba a domarlos, a trascenderlos. Dualidad vertical. No eran dos hombres: era uno solo buscando elevarse hacia una síntesis.

Una palabra bastó para alcanzar esa síntesis: la palabra justicia. Villa «quiere una justicia tan clara como la luz, una justicia que hasta el más ignorante pueda aplicar». Una justicia convincente como la palabra de Madero. «Está inconforme con el presente», escribe Reed, «con las leyes y costumbres, con la repartición de la riqueza ... [con el] sistema.» «Sobre casi todos quisiera ejercer su justicia tremenda, justicia de exterminio, de venganza implacable.» Esta noción de justicia justifica a la fiera. Como los jinetes del Apocalipsis, Villa no imparte justicia: la impone. No es el justo sino el justiciero: vínculo efímero del fierro y el ángel.

# Derrotas psicológicas

Victoriano Huerta salió del país en julio de 1914. El constitucionalismo triunfante tenía frente a sí una difícil prioridad: reconciliar a Villa con Carranza. Desde Zacatecas, Villa hubiese querido seguir hasta la capital, pero los planes de Carranza eran distintos: bloqueó el envío de carbón para los trenes villistas y cedió la entrada triunfal al Ejército del Noroeste. El 15 de agosto de 1914, luego de firmar los tratados de Teoloyucan, Alvaro Obregón y sus tropas entran a la ciudad de México.

Un mes antes se había concertado en Torreón un pacto, a la postre infructuoso, entre representantes de Carranza y Villa. En agosto se recrudece una vieja pugna entre el gobernador de Sonora, José María Maytorena —compadre de Villa—, y el comandante militar carrancista: Plutarco Elías Calles. Con el propósito de conciliar a los rijosos e intentar la avenencia entre Villa y Carranza, Obregón visita Chihuahua. Los dos caudillos están frente a frente.

Villa sólo conoce dos opciones: pelear o creer:

«Mira, compañerito: si hubieras venido con tropa, nos hubiéramos dado muchos balazos; pero como vienes solo no tienes por qué desconfiar; Francisco Villa no será un traidor. Los destinos de la patria están en tus manos y las mías; unidos los dos, en menos que la minuta [sic] domaremos al país, y como yo soy un hombre oscuro, tú serás el presidente».[49]

Obregón sabe que el idioma universal de la política tiene más opciones. Esquiva con prudencia a Villa, y lo escucha y observa en silencio: «Es un hombre que controla muy poco sus nervios». Juntos viajan a Nogales y logran un acuerdo con Maytorena. Juntos envían a Carranza un pliego de proposiciones para encauzar la vida política del país. Carranza lo admite en parte, pero considera de tal importancia su contenido que sólo una convención nacional con todos los generales revolucionarios sería, a su juicio, la indicada para dictaminar.

Un movimiento de Benjamín Hill, general carrancista, reaviva la crisis de Sonora. Nuevo viaje de Obregón a Chihuahua. Más fierro que ángel, esta vez Villa lo recibe con recelo. El 16 de septiembre de 1914, desde el balcón principal del Palacio de Gobierno, ambos presencian el desfile militar. Obregón sabe que el despliegue busca impresionarlo. Y lo impresiona: ha contado 5.200 hombres, 43 cañones y decenas de miles de «mauseritos». Sabe también que si Villa sospechara de él, lo «borraría del catálogo de los vivos». Cualquier pretexto sería bueno. Y este pretexto tan ansiado por fin llega.

«El general Hill», exclama Villa a Obregón, «está creyendo que conmigo van a jugar ... es usted un traidor a quien voy a pasar por las armas en este momento.» Obregón no accede, con claridad, a ordenar el retiro de Hill. Villa solicita una escolta para fusilarlo. Es entonces cuando Obregón le inflige su primera derrota: una derrota psicológica. Ante la excitación de Villa, responde con un aplomo que lo desarma y con argumentos que lo confunden. No lo enfrenta, sino que lo desarma con su propio impulso:

«Desde que puse mi vida al servicio de la Revolución he considerado que sería una fortuna para mí perderla... [fusilándome], personalmente, me hace un bien, porque con esa muerte me van a dar una personalidad que no tengo, y el único perjudicado en este caso será usted».[50]

Villa duda. Una hora después retira la escolta. Más ángel que fierro, rompe a llorar. El pálpito moral, no el cálculo político, lo mueve a decir:

«Francisco Villa no es un traidor; Francisco Villa no mata hombres indefensos, y menos a ti, compañerito, que por ahora eres huésped mío».[51]

Obregón respira pero no se conmueve. En circunstancias similares, ¿hubiera perdonado a Villa? No sin temor permanece unas horas en Chihuahua, de donde sale escoltado por los villistas José Isabel Robles y Eugenio Aguirre Benavides, con quienes intima. El tren se detiene en la estación Ceballos. En respuesta a actos de Carranza que considera hostiles, Villa ha ordenado su regreso. Obregón da nuevas muestras de sangre fría. Regresa a Chihuahua donde, de nueva cuenta,

Francisco Villa (ca. 1914).
«Dos prótesis vitales armaban su naturaleza: el caballo y la pistola. El caballo permitía la persecución o la huida, era el capítulo anterior o posterior a la muerte. Y la muerte era la pistola.» (E. K.)

Villa está a punto de fusilarlo. Por fin le permite viajar hacia Torreón, con el propósito de detenerlo en la estación Corralitos y pasarlo por las armas. La suerte y la intervención de Robles y Aguirre Benavides evitan el desaguisado. Obregón llega sano y salvo a Torreón, y más tarde a Aguascalientes, donde el 10 de octubre la Convención inicia sus trabajos.

Días antes Villa publica un manifiesto en el que desconoce al Primer Jefe y lo acusa de prácticas antidemocráticas. Argumento paradójico, en opinión del historiador Charles Cumberland. ¿Qué autoridad democrática podría reclamar el hombre cuyos poderes en Chihuahua habían sido casi dictatoriales? ¿Acaso había pensado alguna vez en convocar elecciones? ¿Podía invocar las leyes el hombre que hacía gala de su despego a la ley?

La segunda victoria psicológica de Obregón sobre Villa ocurre durante la Convención de Aguascalientes. Mientras Villa amenaza con sus tropas fuera de la ciudad, y sólo acude para sellar los acuerdos con su sangre sobre la bandera, Obregón participa en los debates y gana muchos aliados, tanto en el campo villista como en el zapatista. Cuando la Convención desconoce a Carranza y designa presidente provisional, por veinte días, a Eulalio Gutiérrez, Obregón —astutamente— no se inclina por Carranza. Cabalga por encima de las corrientes, da tiempo al tiempo. El callejón no tiene salida: Pancho Villa no se decide a renunciar hasta no ver caído al «árbol don Venus». Carranza condiciona su renuncia a la integración de un gobierno firme que pueda encauzar las demandas sociales de la Revolución. Eulalio Gutiérrez es quien se ve forzado a romper el equilibrio y convierte la situación de difícil en imposible: nombra a Villa general en jefe del ejército de la Convención. Varios militares —Pablo González y Lucio Blanco, entre otros— intentan la conciliación que hubiera salvado centenares de millares de vidas. En cierto momento, Villa propone una salida increíble: su suicidio y el de Carranza. Las fuerzas se reacomodan en los dos bandos. Obregón se compromete en forma definitiva con Carranza. En el horizonte apunta una guerra civil. Un diario citadino publica una caricatura alusiva: la aterrada madre —Revolución— ha parido cuates: uno con cara de Venustiano, otro con cara de Pancho. Desde la puerta del cuarto de hospital, el pobre padre-pueblo exclama lleno de horror:

Si ya con uno no puedo,
¿dónde voy a dar con dos?[52]

La guerra entre los cuates de la Revolución tarda algunos meses en estallar. El gobierno de la Convención marcha a la ciudad de México. Aunque Carranza tiene, entre otros, el apoyo de Francisco Coss (en Puebla), Cándido Aguilar (en Veracruz), Francisco Munguía (en el estado de México) y de Pablo González y Alvaro Obregón, la Convención cuenta con Zapata, Villa y varios otros generales dueños del centro, el norte y el occidente de México. En este momento cumbre, en Xochimilco se encuentran los dos caudillos populares de la Revolución: Villa y Zapata. Aunque la versión taquigráfica de su conversación es conocida, hay en ella muchos elementos reveladores. Zapata expresa con claridad su anarquismo natural y su amor a la tierra. Villa, hablantín, refleja por entero su actitud ante el poder y la guerra. En aquel pacto de Xochimilco, Zapata y Villa buscaron cimentar su triunfo, pero el tema vehemente de su conversación es otro, el opuesto: su derrota.

«Con estos hombres», dice Villa refiriéndose a los carrancistas, «no hubiéramos tenido progreso ni bienestar ni reparto de tierras, sino una tiranía en el país. Porque, usted sabe, cuando hay inteligencia, y se llega a una tiranía, y si es inteligente la tiranía, pues tiene que gobernar. Pero la tiranía de estos hombres era una tiranía taruga y eso sería la muerte para el país.»[53]

Con todas sus letras, Villa declara que el poder es para los otros. El renuncia por falta de méritos:

«Yo no necesito puestos públicos porque no los sé "lidiar" ... Yo muy bien comprendo que la guerra la hacemos nosotros, los hombres ignorantes, y la tienen que aprovechar los gabinetes».[54]

Su función y la de Zapata se limitaría a «buscar gentes» para «aprovechar» esos puestos, pero con la condición de que «ya no nos den quehacer»: «Este rancho está muy grande para nosotros».[55] Villa quería retirarse después de encarrilar «al pueblo a la felicidad». Habla de su futuro y pacífico «ranchito», de sus «jacalitos», pero confiesa que en el norte tiene todavía «mucho quehacer». No le interesan demasiado los del gabinete. A sus ojos su misión consistía en «pelear muy duro». La palabra «pelear» aparece nueve veces en la conversación.

«... yo creo que les gano. Yo les aseguro que me encargo de la campaña del norte, y yo creo que a cada plaza que lleguen también

se las tomo, va a parar el asunto de que, para los toros de tepehua-
nes, los caballos de allá mismo.»[56]

Concluida la conversación, se pasó al comedor, donde se sirvió un
banquete al estilo mexicano. Al final Villa pronunció unas palabras de
«hombre inculto»:

«Cuando yo mire los destinos de mi país bien, seré el primero en
retirarme, para que se vea que somos honrados, que hemos trabajado
como hombres de veras del pueblo, que somos hombres de principios».

Aquellas palabras, pronunciadas en la cúspide de su poder, son
más que una revelación: son un presagio, su tercera derrota psicológica. De antemano admite supeditarse a «los gabinetes» si «no le dan
quehacer», de antemano renuncia a ejercer, en términos políticos, el
poder. No lo mueve, como a Zapata, un «anarquismo natural», sino
la autodescalificación, la ignorancia. La política es para los deshones-
tos, los ambiciosos, los hombres sin principios. De esta visión se sigue su destino: pelear, pelear ciegamente o hasta el advenimiento de
un nuevo Madero en el que pudiese creer. Una vez más la vida entre
extremos: el ángel o el fierro. Pero, frente a Alvaro Obregón, renunciar al terreno intermedio del ejercicio político significaba renunciar a
ganar en cualquier ámbito que no fuese la guerra.

Dos días después del Pacto de Xochimilco, las tropas de Zapata y
Villa entran a la capital.[57] Bertha Ulloa describe la escena:

«La ciudad se engalanó jubilosa el 6 de diciembre de 1914 para
presenciar el desfile victorioso del ejército convencionista. Algo más de
cincuenta mil hombres de las tres armas se concentraron en Chapultepec, y a las once de la mañana empezaron a avanzar por el paseo
de la Reforma. A la vanguardia iba un pelotón de caballería compuesto por fuerzas de la División del Norte y el Ejército Libertador
del Sur, en seguida venían a caballo Villa y Zapata, el primero "con
flamante uniforme azul oscuro y gorra bordada" y el segundo "de
charro". Al llegar a Palacio Nacional subieron al balcón central y se
colocaron a los lados de Eulalio Gutiérrez para presenciar el desfile.
En primer término pasaron los jefes norteños, después, la infantería y
la caballería zapatistas con algunas secciones de ametralladoras, luego las tropas del norte encabezadas por Felipe Angeles y su estado
mayor, dos divisiones de infantería y diez baterías de cañones. Las

tropas del norte llevaban uniformes en color caqui pardo y sombreros de fieltro; en contraste, las del sur vestían "algodón blanco y gran sombrero de palma", pero todas marchaban bien disciplinadas, y la población las estuvo aclamando hasta después de las cinco de la tarde, hora en que concluyó el desfile. Entre los numerosos invitados que acudieron gustosos a Palacio estuvieron los diplomáticos encabezados por su decano, el ministro de Guatemala, Juan Ortega».[58]

La ciudad, el Palacio Nacional, la política, es *lo otro*, el mal. Ambos se sienten extraños en el corazón político de México. Zapata siente un terror místico frente a la silla presidencial. Entre carcajadas, Villa juega la broma de su vida: se sienta en ella. Todos ríen porque todos saben que la escena es «di oquis», para los fotógrafos, para ver cómo se ve, para ver cómo se siente. ¿Es posible imaginar en Obregón o Carranza un desplante similar?

Sin importarle la suerte de «los gabinetes de la Convención» —deleznable cuestión de «política»—, Villa pasa festivamente sus días en la capital: asiste a banquetes, enamora a cajeras, flirtea con María Conesa, ordena a Fierro el asesinato del joven David Berlanga porque se atrevió a criticarlo, envía niños menesterosos de la capital para que estudien en Chihuahua, llora a mares frente a la tumba de Madero y pone, ya por último, el nombre de su redentor a la antigua calle de Plateros.[59]

Mientras sus Dorados entonan «La cucaracha» y «Jesusita en Chihuahua», Villa planea la campaña final contra el carrancismo. Ignora —ignorará siempre— el grado en que sus derrotas psicológicas prepararon el terreno para las otras, definitivas.

# Derrotas militares

Cuando Villa expresaba su recelo hacia los «gabinetes» y las «políticas», no se refería, por supuesto, sólo a los «gabinetes y políticas» carrancistas, sino a sus propios «gabinetes» surgidos de la Convención de Aguascalientes. Nunca los dejó gobernar ni desperdició oportunidad para humillarlos. A su propia incompatibilidad con el ejercicio político se aunaba su diferencia con Zapata. El guerrero Villa quería ver más agresivo militarmente al guerrillero Zapata. Pero Zapata no peleaba fuera de su territorio morelense por pelear, sino por el Plan de Ayala. Estas incompatibilidades se hicieron evidentes en todos los ámbitos políticos opuestos al carrancismo: en los sucesivos e inestables gabinetes de la Convención, en los debates de la Convención durante el año 1915, en los programas revolucionarios. Finalmente no pudieron conciliarse. Política e ideológicamente, la Convención se escindió en tres —y hasta cuatro— sectores, a veces opuestos, siempre independientes: el zapatismo, el villismo militar y cívico, y el convencionismo de Eulalio Gutiérrez. El zapatismo siguió fiel a su universo cerrado: el estado de Morelos y la doctrina, para ellos infalible, del Plan de Ayala. Don Eulalio y sus intelectuales idealistas, como su ministro de Educación, José Vasconcelos, peregrinaban hacia San Luis Potosí llevando consigo un proyecto creativo para la Revolución: la redención educativa y la democracia pura, maderista. Los Dorados del villismo militar preparaban sus músculos para las grandes batallas del Bajío en marzo de 1915.[60] Por último, un grupo extraído también de las filas maderistas gobernaba en nombre del villismo el territorio casi soberano de Chihuahua.

Un juicio equilibrado sobre el villismo no puede dejar a un lado el desempeño de aquel gobierno chihuahuense. El «rancho» del país era demasiado grande para Villa, pero en lo que respecta al rancho chihuahuense, sus Dorados civiles —Díaz Lombardo, Bonilla, Terrazas— lo gobernaron con algunos aciertos y no pocos errores.

Aquélla fue una curiosa mezcla de maderismo y villismo. En contraste con lo que ocurría en los territorios carrancistas, en la patria de Villa había una libertad de cultos casi total. Fue Villa quien decretó el 23 de febrero día de luto nacional. Siguiendo las pautas del gobernador maderista Abraham González, se desplegó una política agraria activa cuyo propósito final sería distribuir la tierra creando pequeñas unidades familiares provistas de agua, crédito y técnica. Aunque la reforma no culminó debidamente y Villa repartió muchas haciendas como botín de guerra entre sus lugartenientes, aquel gobierno estaba en vías de realizar una reforma agraria limitada, no muy distinta a la que, en su momento, realizarían Calles y Obregón.

La vertiente villista del experimento chihuahuense tuvo dos aspectos positivos —el fomento económico y la política de caridad— y dos negativos —corrupción y nepotismo—. Financiado, es verdad, por un déficit excesivo e inflacionario, Silvestre Terrazas promovió fábricas de lana y uniformes, una empacadora de carnes, una constructora de casas populares, caminos, obras hidráulicas... En sus afanes, no olvidaba que los niños y los desamparados eran la verdadera preocupación de su general. De ahí la creación de la Escuela de Artes y Oficios de Chihuahua, otras escuelas primarias, rurales y la Casa de Asilo y Corrección para huérfanos en la Misión de Chinarras. Pero no todo fue miel sobre hojuelas: varios lugartenientes y burócratas se enriquecieron, entre ellos Félix Summerfeld, Lázaro de la Garza, el propio Silvestre Terrazas, según varias fuentes y, señaladamente, el hermanito de Villa: Hipólito. John Kenneth Turner —el gran crítico del porfirismo, autor de *México bárbaro*— escribió desilusionado: «Hipólito montó su empacadora de carnes. Se vanagloria de que jamás ha pagado un dólar por materia prima, ni un solo peso a los ferrocarriles por concepto de fletes. Hipólito es también juez especial en las aduanas de Ciudad Juárez ... las murmuraciones en las casas de juego le atribuyen depósitos por cuatro millones de dólares en bancos norteamericanos ... viste como el duque de Venecia ... se llama "emperador de Juárez"». En abril de 1915, Turner emitía este juicio terrible:

«Mi conclusión es que Francisco Villa... es aún Doroteo Arango... alias Pancho Villa el bandido... Villa no ha adquirido ni ideas sociales ni una conciencia social. Su sistema es el mismo de Díaz elevado a la potencia: robo, terror... La teoría de Villa es que el Estado existe para él y sus amigos».

Personalmente, al parecer, Villa no robó ni tuvo tiempo o voluntad para atender de cerca el gobierno de su inmenso territorio. A principios de 1915 cada uno de los 14 estados villistas tenía sus propios problemas. Con todo, Pancho Villa se reservó el manejo de dos riendas: la relación con los norteamericanos y la guerra contra el carrancismo.

En vísperas de las grandes batallas del Bajío, Villa contaba con la abierta simpatía del gobierno norteamericano. Wilson lo consideraba «el mexicano más grande de su generación»; Villa, por su parte, no desperdiciaba oportunidad para agradecer al «sabio» presidente Wilson su buena voluntad y su decisión de evitar la guerra. Cualquiera que fuese la desavenencia, Villa accedió casi siempre a las solicitudes del enviado de Washington, George Carothers. Muy pocas veces afectó intereses norteamericanos, y siempre mantuvo una amistad continua y funcional con el general Hugh Scott, comandante en la frontera. No obstante, la cuestión crucial del reconocimiento no se dirimiría en los suaves gabinetes de la diplomacia sino en los campos del Bajío. No con «políticas», diría Villa, sino «echando balazos» contra el «compañerito» Obregón.

Varios factores ajenos a la psicología de Villa determinaron su derrota militar. Uno fue la falta de colaboración de Zapata. Otro, la dispersión de sus fuerzas. Los villistas combatían en tres frentes: una amplia faja del occidente y el noroeste (desde Jalisco hasta Baja California); la zona norte y noroeste (desde Coahuila hasta Tamaulipas) y la región huasteca de San Luis Potosí hasta Tampico. A principios de 1915 la mitad del país era teatro de una guerra civil que se hubiese prolongado de no mediar las batallas del Bajío, en las que Obregón derrotó definitivamente a Villa: las dos batallas de Celaya y los difíciles encuentros de Trinidad, Resplandor, Nápoles, Silao, Santa Ana (donde Obregón pierde su brazo) y León.

En Celaya, Villa quiere emplear las mismas tácticas de agresividad abierta que tanto éxito habían tenido en Tierra Blanca, Paredón o Torreón. Felipe Angeles desaconseja la táctica, sobre todo por la topografía. Rodeada de acequias que permitirían al enemigo atrincherarse, Celaya no era un escenario adecuado para las cargas anibalianas de Villa; nada más remoto a aquellas blandas dunas de Tierra Blanca. A juicio de Angeles, si la oportunidad de atacar Veracruz se había perdido, había que marchar al norte. Pero Villa se impacienta y lo desoye.

El 6 de abril lanza sus primeras cargas contra Celaya. Obregón corre grandes riesgos. La situación parece perdida para los carrancistas. «Asaltos de enemigo son rudísimos», telegrafía Obregón a Carranza, «mientras quede un soldado y un cartucho sabré cumplir con mi deber.» A la una de la tarde del día siguiente, Villa había dado más de treinta cargas de caballería, todas infructuosas. En un doble movimiento, Obregón ordena el ataque de las fuerzas de caballería que mantenía en reserva. «Los villistas», reporta Obregón, «han dejado el campo regado de cadáveres ... hanse encontrado más de mil muertos.»

Una semana después, Villa vuelve —literalmente— a la carga. «Conociendo el carácter rudo e impulsivismos *[sic]* de Villa», Obregón despliega «dispositivos de combate en una zona más amplia que la anterior» y con el mismo esquema: resistir la andanada desde las trincheras, fingir abatimiento y, en el momento justo, sorprender con el movimiento de las reservas. El saldo fue impresionante: cuatro mil muertos, seis mil prisioneros y un inmenso botín de 32 cañones, cinco mil armas y mil caballos ensillados. Villa se repone efímeramente, pero en León sigue el rosario de derrotas. Aunque Felipe Angeles desaconseja de nueva cuenta el enclave, Villa insiste. Benjamín Hill le causa dolorosas bajas. El último encuentro entre Obregón y Villa tiene lugar en Aguascalientes. Diezmado y aturdido, Villa emprende su marcha al norte con la idea de regresar por el occidente. Atribuye sus derrotas a la falta de parque y refuerzos. La verdad es distinta. Obregón lo había vencido militarmente con la misma táctica de aquellas batallas psicológicas de Chihuahua: no enfrentar impulso con impulso, carga con carga, no provocar tampoco; dejarlo venir, dejarlo caer en la lógica de su propio impulso, para luego, en el momento justo, dar el golpe de gracia. Táctica de judo.[61]

La suerte militar de Villa se selló en esas batallas. El dinero villista se desmorona vertiginosamente: de 50 centavos de dólar en 1914, pasa a cinco centavos después de Celaya. En unos meses, las «dos caritas» y las sábanas villistas serían billetes de colección. La escasez de alimentos y la inflación azotan los territorios de Villa. En agosto de 1915 Carothers informa a su gobierno: «Villa está en bancarrota y se apoderará de todo ..., para reunir fondos». Todas las simpatías de los norteamericanos por Villa y toda su diplomática condescendencia con ellos no ocultan su derrota militar y financiera.

Más dolorosa que la derrota y la bancarrota debió de ser la deserción. Hacía tiempo que los Herrera se habían pasado al carrancismo y que José Isabel Robles y Eugenio y Luis Aguirre Benavides lo habían abandonado. Seguirían Chao, Buelna, Cabral, Rosalío Hernández, Raúl Madero. Angeles o fierros, uno a uno caen, desertan, O traicionan. El compadre Urbina, su viejo compañero de fechorías, amenaza con rebelarse. Urbina es tan carnicero como Fierro, pero de una maldad más amplia e inteligente. Posee un verdadero imperio económico: en su hacienda de Las Nieves, escribe Reed, «todo le pertenece: la gente, las casas, los animales y las almas inmortales ... él sólo, y únicamente él, administra la justicia alta y baja. La única tienda del pueblo está en su casa».[62] Villa lo asalta por sorpresa y, no sin vacilar, lo entrega a Fierro «para que disponga de él a su voluntad».[63] Angeles se le separa el 11 de septiembre. Por fin, el 14 de octubre de 1915, marchando hacia Sonora, Rodolfo Fierro encuentra una muerte digna de su vida: montado en su caballo y abrazado por un pesado chaleco de monedas de oro, se ahoga lentamente en el fango de la Laguna de Casas Grandes.[64]

El 19 de octubre de 1915, «desilusionado totalmente» de Villa, el gobierno norteamericano reconoce al gobierno carrancista. Villa debió de sentir ésta como la mayor de las traiciones. Había puesto todo su empeño durante casi cinco años en respetar a Estados Unidos, había cedido muchas veces a las peticiones de Scott, a los consejos de Carothers, a las iniciativas de Wilson o del Departamento de Estado. A diferencia de Carranza, había dicho casi siempre que sí. Pero ahora le retribuían con una puñalada. Su respuesta fue brutal y amenazante:

«Yo declaro enfáticamente que me queda mucho que agradecer a Mister Wilson, porque me releva de la obligación de dar garantías a los extranjeros y especialmente a los que alguna vez han sido ciudadanos libres y hoy son vasallos de un evangelista profesor de filosofía, que atropella la independencia permitiendo que su suelo sea cruzado por las tropas constitucionalistas. [A pesar de todo], por ningún motivo deseo conflictos entre mi patria y los Estados Unidos. Por lo tanto ... declino toda responsabilidad en los sucesos del futuro».[65]

La última campaña guerrera de Villa fue el ataque a Sonora a fines de 1915. Quizá por el carácter súbito de su repentina exaltación y caída, aún no se sentía vencido. En Agua Prieta, del 1.º al 3 de noviembre, sus cargas de caballería se estrellan contra las alambradas y los cañones del general Plutarco Elías Calles. El 21 de noviembre, diez mil villistas cargan inútilmente sobre la ciudad de Hermosillo, defendida y fortificada por el general Manuel Diéguez. Maytorena le ha retirado todo su apoyo. Desertan Urbalejo y sus yaquis. Pereyra es ejecutado. Sólo quedan tres mil hombres en la División del Norte. Obregón toma en sus manos, directamente, la ejecución de la puntilla: reduce los últimos bastiones villistas en Sonora. Se rinden Ciudad Juárez y Chihuahua. A principios de 1916, el guerrero se convierte en guerrillero.[66]

# A hierro muere

Mil y una leyendas e interpretaciones corren sobre el asalto de Villa a la población norteamericana de Columbus. Hay quien lo atribuye a maquinaciones alemanas para enfrentar a México con Estados Unidos. En opinión de Friedrich Katz, Villa lanza su ataque porque cree descubrir, fehacientemente, que Carranza convertiría México en un protectorado yanqui. Todo es posible tratándose de Villa, pero atribuirle una racionalidad de *Realpolitik* internacional es ir quizá demasiado lejos. No. Bajo cualquier pretexto, Villa ataca Columbus movido por una pasión humana, demasiado humana: la venganza. Antes de atacar Agua Prieta, a fines de octubre de 1915, había declarado a un reportero americano:

«Los Estados Unidos reconocieron a Carranza ... pagándome de esta manera la protección que les garanticé a sus ciudadanos ... he concluido con los Estados Unidos y los americanos ... pero, por vida de Dios, no puedo creerlo».[67]

Al saberse perdido vuelve a convertirse, como antes de la Revolución, en una fiera; pero, sin esperanza y con rencor, una fiera traicionada:

«Y él se rebeló», escribe Rafael F. Muñoz, «castigando al que logró tener bajo su garra implacable. En su desengaño se desarrollaron con intensidad espantosa el odio y la ira, la crueldad, el deseo de venganza. Y cuando toca, mata; cuando insulta, derriba; cuando mira, inmoviliza. Su odio tiene la fuerza que antes tuvo su División, sepulta llanuras, hace temblar montañas. A su solo nombre, las ciudades se encogen dentro de sus trincheras».

Desde fines de 1915, la violencia villista se había vuelto más sangrienta. En San Pedro de la Cueva, Villa reunió a todos los varones del pueblo; mandó fusilarlos en masa y mató con su propia pistola al cura del lugar, cuando de rodillas se le abrazaba pidiéndole clemencia; en Santa Isabel fusila a varios mineros norteamericanos. Tiempo después, quemará gente viva y asesinará ancianos. Nunca como ahora desconfía del mundo: desaparece en las noches, se sienta de espaldas a la pared, no prueba bocado sin antes dárselo a un lugarteniente, ordena vigilancias y espionajes. Sus pocos seguidores lo llaman «el Viejo». No pierden la fe pero sí la identidad: Villa es un proscrito y ellos ¿qué son?, ¿revolucionarios o bandidos?[68]

La madrugada del 9 de marzo de 1916, Villa ataca la pequeña población fronteriza de Columbus.[69] Rafael F. Muñoz pone en su boca estas palabras verosímiles: «Los Estados Unidos quieren tragarse a México; vamos a ver si se les atora en el gaznate».[70] El asalto dura hasta mediodía. Se producen incendios, violaciones, saqueos a bancos y comercios, cuantiosos robos de armas y caballada, y varios muertos entre la población civil. Antes de que los refuerzos lo detengan, Villa galopa satisfecho: ha propinado a los güeros invasores la única invasión de su historia. No piensa en el enorme riesgo en que ha colocado a México. Muñoz describe la reacción de estupor:

«"¡Es el más terrible de los asesinos", dicen los que hace años se aprovecharon de sus triunfos y ahora lo vilipendian, "es la vergüenza de México, el azote del norte, el asco del mundo! ¡Roba, asesina, asalta, destruye, incendia, arrasa! ¡Reta al extranjero, pone al país al borde de la guerra internacional, arruina la patria, y donde pisa, la huella de su pie se llena de sangre!"».[71]

La narración biográfica del doctor Ramón Puente adquiere una acuciosa intensidad al hablar de Villa después de Columbus. Dos contingentes —los carrancistas y la Expedición Punitiva, bajo el mando del general John Pershing— lo buscan con igual denuedo:

«Después del asalto de Columbus, Villa toma la dirección del distrito de Guerrero, en Chihuahua, y en un encuentro con la columna del general Bertani es herido en la pierna derecha casi a la altura de la rodilla. Cae desangrándose bajo el peso de su caballo, pero este incidente no lo advierte siquiera el enemigo. Cuando la noticia se conoce, es demasiado tarde para sacar partido de esa ventaja.

»Por cerca de tres meses Villa se pierde en absoluto. Muchos lo creen muerto. El mismo Carranza, intrigado por esa posibilidad, consiente, indirectamente, que vaya una comisión encabezada por el pin-

Francisco Villa (mayo, 1911).
«Su alma, más que de hombre, era de jaguar.» (Martín Luis Guzmán)

tor Gerardo Murillo [doctor Atl] para que localice la tumba del guerrillero, de la cual tiene "datos precisos". Se llega al lugar que señalan los guías, pero sólo se encuentran algunos huesos de animal recientemente sacrificado.

»Los americanos llegan hasta el pie de la cueva donde se oculta Villa, que se da cuenta de sus palabras, desentierran algunos pedazos de algodón y vendajes, pero no es posible aclarar el misterio.

»Este misterio muy pocos lo conocen. Cuando alguien se da cuenta de que Villa ha sido herido en el combate de Guerrero, hay una consternación en el grupo. Rápidamente se le pone una bilma y, con unas toscas pinzas, él mismo se extrae el proyectil incrustado en el hueso, pero nadie acierta en la manera de ocultarlo, ni hay ningunos recursos para proseguir la curación. El problema, el propio Villa lo resuelve, ordenando que sus dos primeros, Joaquín Alvarez y Bernabé Sifuentes, lo transporten a la sierra de Santa Ana, en el distrito Benito Juárez, Chihuahua, donde conoce una cueva, más bien una especie de "abra", la cueva del Coscomate.

»Llegar hasta aquel punto es laborioso, ascender hasta el "abra", casi una empresa de romanos. La transportación se hace a lomos de un burro, sufriendo incesantes dolores por la postura y el movimiento de la bestia; la ascensión se lleva a cabo por medio de unas reatas con las que se forma una hondilla para servir de asiento. Después de la instalación del enfermo, se cubre con ramajes la abertura de la roca y nadie podrá imaginarse lo que oculta.

»Pero los medios de curación y de sustento con que cuenta Villa son exiguos: unas cuantas libras de arroz y unas cuantas libras de azúcar. El agua hay que salir a traerla a cuatro leguas de distancia, en unas cantimploras que apenas dan ración para dos días.

»Seis semanas durará aquel retiro, mientras a través de una bilma mal puesta se hace la defectuosa soldadura de los huesos, que quedan cabalgando y que nunca volverán a permitir el uso fácil del miembro, acortado en algunos centímetros, teniendo necesidad de poner varias tapas de suela a su zapato, para igualarlo con el izquierdo.

»La salida de la cueva del Coscomate es todavía en más penosas condiciones, porque sobre el defecto de la herida, hay una torpeza del movimiento y el debilitamiento del organismo por la deficiente alimentación. Para esa época, las fuerzas villistas han desalojado a los carrancistas de la región de Guerrero, y Villa puede, en poco tiempo, ir hasta la ciudad del Parral y "robarse" un médico, el doctor José De Lille, que lo acaba de sanar de sus males».[72]

La Expedición Punitiva, una de las cacerías más costosas jamás concertadas para buscar a un solo hombre, fracasa estrepitosamente. Día a día el parte es idéntico: «Tengo el honor de informar a usted que Francisco Villa se encuentra en todas partes y en ninguna». Nunca le fue más útil la experiencia de sus diecinueve años de bandidaje. Conocía el campo como el campo lo conocía a él. Muñoz lo hace decir:

«No hay quien me pueda seguir a caballo ni a pie, ni por el llano ni por la sierra. No me agarrarán vivo ni con trampa, como a los lobos».[73]

Pero la fiera no sólo se defiende. El 16 de septiembre de 1916, al mando de sólo ochocientos hombres, da un zarpazo en Chihuahua y por dos días se apodera de la ciudad. Siguen Torreón, Canutillo, Mineral de Rosario. Meses y años de infructuosas escaramuzas contra tropas de Murguía y más tarde de Diéguez. Nuevos y más crueles asesinatos a mansalva. En diciembre de 1918, después de casi tres años de separación, se reencuentra con Angeles. Muerto Fierro, ¿vencería el ángel? El gobierno central piensa que Angeles ha vuelto para rebelarse. Lo guía un propósito más noble: ha vuelto para desplegar su propio apostolado maderista. No viene como militar: viene como misionero. La Revolución lo atrae como un imán moral, como un destino impostergable. No resiste el destierro y la inactividad. Teme una invasión norteamericana y busca la unión entre los mexicanos. Se acerca a Villa, pero no para aconsejarle fórmulas de artillería, sino para predicarle respeto a la vida, espíritu de «conciliación y amor».

«Yo voy a trabajar», escribe a Manuel Calero, «con gentes ignorantes y salvajes, a quienes tal vez la guerra haya empeorado; voy a tocarles la fibra humanitaria y patriótica.»

Por cinco meses Villa y Angeles caminan juntos. En varios ataques, Angeles logra salvar cientos de prisioneros. Villa, sin embargo, quiere repetir la historia y con lujo de violencia asalta Ciudad Juárez. Contra los deseos de Villa, Angeles se le separa definitivamente. Sin éxito, intenta llevar su prédica a otros caudillos. Se esconde en una sierra que desconoce y que lo desconoce. Su propio custodio, apellidado Salas, lo acoge sólo para delatarlo. Es hecho prisionero y sometido a un consejo de guerra en el Teatro de los Héroes, en la ciudad de Chihuahua.

El juicio de Felipe Angeles, escribe Puente, «es uno de los procesos más ruidosos de la Revolución; sus jueces son a la vez sus más encarnizados enemigos, movidos más por el celo de partido que por el espíritu de hacer amplia justicia». Angeles toma a su cargo su defensa y pronuncia uno de los discursos más conmovedores de la historia mexicana. Con aplomo, con vehemencia, con claridad expone su credo. Como la de Madero, su prédica no es de odio, «porque el odio sienta mal en su alma», sino de «la pasión contraria, el amor». Esgrime las palabras que Madero no tuvo tiempo de expresar. Y al defenderse, defiende a Villa:

«Villa es bueno en el fondo; a Villa lo han hecho malo las circunstancias, los hombres, las injusticias».[74]

¿Por qué no iba a acercársele? ¿A quién sino a Villa había que predicarle el bien?

«Culpo del estado actual de Villa y los suyos a los gobiernos que no han tenido compasión de los desheredados y los han vuelto fieras.»[75]

El discurso es un evangelio democrático, educativo e igualitario: vindica la Constitución del 57, la educación pública y las nuevas corrientes socialistas; el público aclamaba a aquel ex soldado de Porfirio Díaz genuinamente identificado con los pobres y oprimidos, aquel extraño Quijote militar y académico por quien sentía afecto hasta el general y zapatista Genovevo de la O. Del pueblo había aprendido Angeles el desdén por «los hombres de Estado que tienen helado el corazón». Su prédica y su persona ya no parecían de este mundo. Ha sido traicionado por sus propios compañeros, pero en su respuesta sólo caben «tres palabras: pureza, amor, esperanza».

El jurado lo condena a muerte. Carranza niega el indulto. Durante el juicio, Angeles hojea la *Vida de Jesús* de Renan y muere creyendo, una a una, en estas palabras:

«Sé que me van a matar, pero también que mi muerte hará más por la causa democrática que todas las gestiones de mi vida, porque la sangre de los mártires fecundiza las grandes causas».[76]

El hombre que había abrazado a Madero en sus últimos momentos, el que lo había visto beber la última gota de su cáliz, no podía morir de una forma distinta. Ambos se tendieron un nuevo abrazo: el del martirio.

Sin fierros ni ángeles que lo resguardaran o guiaran, Villa decide dar el último golpe espectacular, la última acción de película para hacer sentir su presencia. Atraviesa el Bolsón de Mapimí y asalta Sabinas, en Coahuila. Entre tanto, Carranza ha muerto y los sonorenses han tomado el poder. Adolfo de la Huerta, presidente provisional, es hombre al que Villa respeta. No ha olvidado que fue De la Huerta quien, junto con Maytorena, le facilitó dinero para su incursión a México en el lejano abril de 1913. El general Eugenio Martínez entabla las pláticas que conducirían al convenio de rendición. Por fin, el 28 de julio de 1920 los últimos 759 villistas deponen las armas. A ellos se les premia con un año de haberes, y a su jefe con la hacienda de Canutillo. El resto de sus antiguos compañeros —Chao, Raúl Madero, Benito García— acuden a abrazarlo en un viaje triunfal hacia la hacienda. Los periodistas lo acosan con preguntas sobre el significado del armisticio. Apoyándose en el hombro de los generales Escobar y Martínez, Villa les responde con la más ambigua y versificante de sus bromas:

«Pueden ustedes decir que ya acabó la guerra; que ahora andamos unidos las gentes honradas y los bandidos».[77]

Por momentos debió de creer que se realizaba su viejo sueño de retirarse —como le había dicho a Reed— a «cultivar maíz y criar ganado hasta que me muera entre mis compañeros, que han sufrido tanto conmigo». Por momentos parece que la paz le sonríe. Organiza la «carga» de trabajo como aquéllas, legendarias, de caballería: compone tractores, recorre barbechos, impulsa la escuela, atiende a su pequeño hijo y, por las noches, hojea *El tesoro de la juventud*. En un lugar visible de aquel retiro, Villa ha colocado dos imágenes, dos presencias: un busto de Felipe Ángeles y un retrato de Madero. Sus mártires.

«Quiere la paz pero esa paz lo rechaza como si no tuviera derecho a ella.» Lo acechan dolores físicos y morales; recrudece su fractura en la pierna; lo asaltan celos terribles sobre sus últimas mujeres (se había casado varias veces, regando Villitas por el mundo); se atreve a criticar a los logreros de la Revolución —aunque él mismo se opone al reparto agrario en su zona— y, en su repliegue, incurre en vicios autolesivos: el tabaco y el anís. Se vuelve casi un dipsómano.

Nada lo atormenta más que el miedo a una celada, pero comete la imprudencia de entrevistarse con Adolfo de la Huerta y ofrecerle su apoyo en el inminente cisma entre él, Calles y Obregón. El presidente le da seguridades y refacciona al último secretario de Villa, Miguel Trillo, para los gastos de Canutillo. Villa se tranquiliza y emprende un viaje a Río Florido para ser padrino en un bautizo y arreglar en Parral su testamento. Ramón Puente recoge de primera mano la cacería final:

«Trillo se opone a que lleven consigo la escolta, como generalmente era costumbre, y el viaje lo emprenden en un automóvil Dodge, cuya dirección lleva Villa. Todo la compañía son seis o siete soldados de confianza.

»Por ese tiempo se trama resueltamente el asesinato de Villa, en cuya organización no son extraños algunos enemigos personales del guerrillero.[78] Un grupo de individuos, que hace un total como de dieciséis, han alquilado una casa en la calle Gabino Barreda, que cierra la avenida Juárez en Parral, por donde forzosamente tienen que pasar los viajeros o caminantes que entran o salen de la población rumbo del noroeste.

»Alrededor de tres meses dura la estancia de los interesados, en espera del momento propicio para sorprender a una víctima que no acierta a pasar en condiciones vulnerables, hasta que, por fin, la ocasión se presenta.

»Villa realiza el viaje a Río Florido, concurre en calidad de padrino al bautizo, y regresa a la ciudad de Parral, donde permanece varios días en el arreglo de sus asuntos privados. Para la mañana del 20 de julio [de 1923], se fija la vuelta a Canutillo, donde ha quedado esperando la esposa, próxima a dar a luz un segundo vástago, no obstante que en la despedida se expresó el vago presentimiento de que sería la última.

»Son las ocho de la mañana cuando abandonan el hotel, hora en que los niños pasan a las escuelas, pero la ciudad tiene un aire extrañamente misterioso; no hay policía de resguardo y los soldados de la guarnición han salido a revista a las afueras de la ciudad, no obstante estar todavía lejos el último del mes, en que ésta se realiza, por reglamento. Pero a pesar de este detalle, nada impresiona a Villa de aquel conjunto de circunstancias. ¿Qué fue de su astucia legendaria y de su desconfianza sempiterna? Ambas cosas desde hacía tiempo estaban embotadas.

»El automóvil va repleto de gente; lleva Villa la dirección y a su derecha se sienta Trillo, quien por cuestiones de economía (asistencia para cincuenta gentes y forrajes para cincuenta caballos), no consintió en que fuera toda la escolta.

184

»La señal de que el ansiado vehículo va a pasar, y de que el mismo Villa es el conductor, está encargado de darla un viejo dulcero, apostado con su pequeña mesa de golosinas a la orilla de una banqueta en la avenida Juárez, desde donde se puede mirar fácilmente la habitación de los asaltantes.

»El carro dobla la esquina y en ese instante se escucha una cerrada descarga. Todos los individuos de aquella casa misteriosa, en cuya puerta siempre se ven hacinadas algunas pacas de pastura y un entrar y salir de hombres armados, como si fuera un cuartel, disparan sobre los ocupantes del Dodge, que luego se desvía y va a chocar contra un árbol. Mientras, casi toda la tripulación perece entre murmullos y quejas, que instantáneamente se apagan.

»Sin pérdida de tiempo, uno de los asaltantes sale en el acto a disparar el tiro de gracia sobre Villa, que ha quedado exánime, con el cuerpo completamente doblado hacia la portezuela y la mano derecha en actitud como de sacar la pistola. Tiene las dos manos heridas, el cráneo y la cara perforados, y en la autopsia difícilmente se le reconoce el corazón, por haber quedado como papilla —efecto destructor de las balas expansivas empleadas en el asalto».[79]

Se le sepultó al día siguiente. En muchas partes de México el pueblo lo lloró porque veía en aquella vida una metáfora de la suya propia. La más compleja de las metáforas, hecha de ignorancia y aspiración, de coraje y piedad, de violencia y luz. Metáfora justiciera. Tres años después de su muerte, alguien violó la tumba y extrajo el cráneo de Francisco Villa. ¿Era de ángel o de fierro?

# IV
## Puente entre siglos
## Venustiano Carranza

Los pueblos necesitan todavía de gobiernos fuertes, capaces de contener dentro del orden a poblaciones indisciplinadas, dispuestas a cada instante, y con el más fútil pretexto, a desbordarse, cometiendo toda clase de desmanes.

Venustiano Carranza

Venustiano Carranza, el «Primer Jefe» (ca. 1915).
«Trataba de investir su imagen con la fuerza de Porfirio Díaz y la legitimidad de Benito Juárez.» (E.K.)

# Ser de Coahuila

Libertad y soberanía nunca fueron términos abstractos para los hombres de Coahuila. Durante la era de los Habsburgo, la Nueva Extremadura había dependido, a su pesar, de Nueva Vizcaya y Nueva Galicia. Más tarde, en tiempo de los Borbones, la provincia de Coahuila se sujetó con dificultad a los dictados de la intendencia de San Luis Potosí. Gracias a la Independencia, el nuevo estado de Coahuila y Texas disfrutaba por fin de su condición soberana; pasadas dos décadas sufriría la dolorosa cercenadura de su región septentrional. Con la independencia de Texas en 1836 y su posterior anexión a Estados Unidos, los coahuilenses sufrieron dos agravios: el primero, de la potencia intervencionista que les arrebataba sus territorios; el segundo, del gobierno central, que había sido incapaz de defenderlos. Este doble trauma histórico reforzó seguramente la vieja y recelosa vocación de autonomía de los coahuilenses y fue factor clave de la resistencia que opusieron al acoso de que los hizo víctima el vecino estado de Nuevo León durante la segunda mitad del siglo XIX.

Junto con el sentido de libertad y soberanía, el coahuilense perfiló una identidad de frontera que se manifestaba no sólo en el arrojo físico y la voluntad casi feudal de defensa ante los bárbaros, o en la conquista de tierras, sino también en un rasgo más sutil: el resguardo de la cultura hispánica en formas tan diversas como la tradición vitivinícola o las instituciones municipales. Precisamente por vivir en la frontera, zona amenazada por definición, sentían con mayor urgencia y profundidad los valores del centro.[1]

Uno de esos hombres de frontera fue Jesús Carranza Neira, descendiente de una antigua familia española avecindada en Morelia y Cotija. Era nieto del fundador de la villa de Cuatro Ciénegas, arriero y ganadero de profesión.[2] Al estallar la guerra contra el Imperio, Carranza, veterano ya de la lucha contra los indios bárbaros y la guerra de Reforma, apoya activamente la causa republicana. A principios de 1865, cuando «México se refugió en el desierto», Benito Juárez le escribía al general Mariano Escobedo desde la sede de su gobierno en la ciudad de Chihuahua:

«Se me ha asegurado que el señor don Jesús Carranza, vecino de Cuatro Ciénegas, es persona que ha trabajado y trabaja decididamente por nuestra causa haciendo algunos gastos de su bolsillo. Vea usted si él puede ejercer el mando y en [ese] caso ... nombrar al señor Carranza por lo menos [para] la jefatura política del distrito de Monclova».

Escobedo comprobaría muy pronto la lealtad de Carranza. El liberal coahuilense lo proveería de armas, parque, monturas y caballos, y en reciprocidad sería nombrado jefe político de Monclova.[3] A lo largo de la Intervención, don Jesús fue el conducto principal de información entre Juárez y los generales Escobedo, Treviño y Naranjo. En aquellos años anteriores a la era del progreso, Carranza había comprado un par de camellos para acortar el tránsito entre Ocampo y Chihuahua, pero, en vista de la guerra, Juárez le encomendaba un esfuerzo mayor:

«Le escribí a usted en días pasados diciéndole que me mandara sus presupuestos para la apertura del camino. Se lo recuerdo porque es de suma importancia que se abra la comunicación con ese estado y el de Chihuahua por el desierto sin dar la vuelta por el Presidio del Norte».[4]

Además de esos informes, a mediados de 1866 el propio Juárez recibió de Carranza un préstamo personal sin réditos para aliviar un poco la siempre apurada economía de su familia.

Al restaurarse la República, el patriarca Carranza, primer jefe de una familia de 15 hijos, recibe una dotación de tierras que afianza su fortuna. Al proclamarse el Plan de la Noria, permanece fiel a Juárez. Aunque su actitud frente a la rebelión de Tuxtepec es menos clara, su juarismo es inflexible: en 1878 protege, con grave riesgo de su vida y patrimonio, a Mariano Escobedo, entonces levantado en armas para defender el depuesto régimen de Lerdo.

Pasado el tiempo, todos los hijos de don Jesús conocerían la historia de aquel zapoteca adusto, vestido siempre de levita negra, que llevaba la patria como tabernáculo en su carruaje: Benito Juárez. Pero, entre todos, hubo uno que guardó su ejemplo como tabernáculo en su memoria. Era el undécimo hijo de don Jesús: Venustiano, nacido el 29 de diciembre de 1859.

Se sabe poco de sus primeros años. Estudia en el Ateneo Fuente, afamado colegio liberal de Saltillo, y en 1874 ingresa a la recién fundada Escuela Nacional Preparatoria, dirigida por Gabino Barreda. En la ciudad de México es testigo de sucesos importantes, como la caída del presidente Lerdo, la rebelión de Tuxtepec y la entrada triunfante de los ejércitos de Porfirio Díaz. Frente a San Ildefonso vive José Martí, a cuya hermana corteja. Un grave padecimiento de la vista, que atiende el célebre doctor Carmona y Valle, trunca su carrera de medicina. El joven Carranza opta por regresar a Coahuila y dedicarse a la ganadería. En 1882 se casa con Virginia Salinas, con quien tiene dos hijas, Virginia y Julia. En 1887, a los veintiocho años de edad, ocupa la presidencia municipal de Cuatro Ciénegas: su primera estación política.[5]

El altivo individualismo liberal —típico de los rancheros del norte, pero exacerbado en Coahuila— y la filiación juarista de los Carranza fueron quizá los factores principales en su resolución de intervenir en el temprano presagio revolucionario que vivió Coahuila ese 1893. Ante la inminente imposición del gobernador José María Garza Galán, que pretendía reelegirse, trescientos rancheros coahuilenses, entre ellos Emilio y Venustiano Carranza —los varones mayores de don Jesús—, se arman y rebelan. No era la primera vez que los coahuilenses reaccionaban con violencia ante las arbitrariedades del poder federal o estatal. Lo habían hecho en 1873 contra la reelección del general Cepeda, en 1883-1884 al finalizar la gubernatura de don Evaristo Madero y en 1891, cuando un grupo de coahuilenses se unió al «movimiento catarinista» de Nuevo León y Tamaulipas que, adelantándose diecinueve años al Plan de San Luis, bandera del maderismo, exigía la plena aplicación de la Constitución del 57. Con todo, ninguna de estas revueltas había preocupado tanto al poder central como la de 1893. El presidente Díaz reaccionó de inmediato encomendando el problema a Bernardo Reyes, su confiable procónsul en los estados de Nuevo León, Tamaulipas y Coahuila. Varias veces le manifestó su sospecha, no del todo injustificada, de que el instigador del movimiento era su antiguo opositor Evaristo Madero, y sus instrumentos, los Carranza.

No obstante sus sospechas, por intermedio de Reyes le concede audiencia a Venustiano, quien le explica con detalle las raíces y justificaciones del movimiento. Con sagacidad, Díaz comprende que ganaría más con la derrota de Garza Galán que con su imposición. Sabe que Coahuila ha sido siempre una entidad inestable y teme que el recién fundado Club Central Juan Antonio de la Fuente expanda su influencia. Su solución no puede ser más salomónica: Garza Galán retira su candidatura pero el candidato de la oposición y de Reyes, Miguel Cárdenas, lo hace también. La elección recae en José María Múzquiz, abogado de prestigio que ocuparía la gubernatura por breve tiempo, hasta que en 1894 el propio Reyes impone a Cárdenas.[6]

La gubernatura de Cárdenas apaciguaría los ánimos un par de periodos, hasta que en 1904 su tercera reelección vuelve a lastimar la sensibilidad política de los coahuilenses. Francisco I. Madero funda entonces el Club Democrático Benito Juárez, con el que inicia su espiral de oposición democrática al régimen central, espiral que, cumpliendo finalmente los presagios de Díaz, encendería en el país la guerra civil.

Con el triunfo del movimiento contra Garza Galán, Venustiano Carranza logra una victoria más personal: consolida la amistad de Bernardo Reyes, a cuya política había debido ya, desde 1887, su presidencia municipal en Cuatro Ciénegas. Al doblar el siglo, cuando Reyes, ministro de Guerra, organiza la Segunda Reserva del Ejército, Carranza presenta su examen de ingreso como oficial. Había pasado del juarismo familiar al reyismo personal: dos manifestaciones, si no de oposición, sí de distancia frente a don Porfirio.

Entre 1894 y 1898 Carranza vuelve a ocupar la presidencia municipal de Cuatro Ciénegas. Más tarde es diputado de la legislatura local y diputado federal suplente. En 1901 es senador suplente —de clara filiación reyista— por su estado. En 1904 el gobernador Miguel Cárdenas lo recomienda al presidente Díaz para senador propietario, invocando su «amor al orden» como garantía segura de su adhesión.[7]

Sólo el reyismo empañaba, en el fondo, la «segura adhesión» del silencioso senador Carranza al presidente Díaz. Aunque hasta 1909 el reyismo no fue sinónimo de antiporfirismo, Carranza pertenecía a una generación recelosa y un tanto frustrada que veía en Reyes el germen de una renovación bloqueada por los «científicos» porfiristas. Pero su relativa distancia de don Porfirio no lo llevaba al extremo de simpatizar con los proyectos libertarios de su paisano Francisco I. Madero, a quien, para colmo, se vinculaba al grupo científico. Con todo, su situación política debió de parecer ambigua. Quizá por eso escribió al presidente Díaz en mayo de 1909:

«Con mi carácter de representante de los intereses del estado de Coahuila en la importante cuestión que ahora se ventila en el Ministerio de Fomento, sobre el reparto de las aguas del río Nazas, y estando vivamente interesado en que este delicado asunto no venga a interponer alguna dificultad entre el gobierno de su digno cargo y los interesados en el reparto de dichas aguas, mayormente encontrándose entre éstos la compañía extranjera de Tlahualillo, he arreglado con el sindicato de ribereños se retire la representación que en él tiene el señor Francisco I. Madero, quien pudiera aprovechar esta circunstancia para agregar un nuevo elemento en la campaña que contra el gobierno de usted tiene emprendida y que se ha hecho pública en su libro titulado *La sucesión presidencial.*

»Espero que esta labor será de la respetable aprobación de usted, a la vez que *servirá de prueba de mi invariable adhesión* a la buena marcha de su gobierno, *hoy criticada por persona de ninguna significación política».*

Aquella «invariable adhesión» varió muy pronto. A mediados de 1909 se llevarían a cabo las elecciones para gobernador. Con la venia inicial del presidente, Carranza lanzó su candidatura. Había sido ya, efímeramente, gobernador provisional. A pesar de la deserción de Reyes y la bancarrota del reyismo, contaba con múltiples apoyos que abarcaban todo el espectro político, desde el gobernador Cárdenas hasta el opositor Madero, quien recomendaba vivamente su postulación. Don Evaristo Madero, el magnate mayor del estado, lo consideraba «honrado y enérgico». Casi todos compartían la especial atención de su programa en la libertad municipal y la independencia del poder judicial. Sólo un apoyo le faltó: el del «Gran Elector». Porfirio Díaz, recordando quizá los sucesos de 1893, optó por apoyar al candidato opositor, de filiación científica, el ex jefe político Jesús de Valle. La toma de posesión se efectuó en diciembre de 1909. Entonces, resentido con el presidente, Carranza se acerca a aquella «persona de ninguna significación política»: Francisco I. Madero.[8]

# Lecciones de historia

En enero de 1911 Carranza se reúne con Madero en San Antonio, Texas. En febrero, Madero lo designa gobernador provisional de Coahuila y comandante en jefe de la Revolución en Coahuila, Nuevo León y Tamaulipas. La celeridad no fue nunca virtud de Carranza, y menos entonces, cuando había cumplido ya los cincuenta años. La insurrección que debería acaudillar se retrasa. Algunos piensan que Carranza permanece fiel a Reyes. Madero se impacienta pero no desconfía. El 3 de mayo de 1911, casi sin acciones militares que lo avalen, Carranza se incorpora a las negociaciones de Ciudad Juárez y ocupa el ramo de Guerra en el Consejo de Estado.

Su primera intervención fue reveladora. Se discutía en una choza en las afueras de Ciudad Juárez, que los revolucionarios llamaban su «palacio nacional». Los delegados porfiristas regateaban la renuncia de Díaz y Corral. De pronto intervino Venustiano Carranza. Siendo estudiante en México, había presenciado la revolución de Tuxtepec. Conocía mejor que ninguno de los presentes la naturaleza de las revoluciones en México. De ahí que adujera, además de sus argumentos, una profecía:

«Nosotros, los exponentes de la voluntad del pueblo mexicano, no podemos aceptar las renuncias de los señores Díaz y Corral porque sería reconocer la legitimidad de su gobierno y falsearíamos la base del Plan de San Luis.

»La Revolución, señores, es de principios, no personalista. Y si sigue al señor Madero, es porque él enarbola la enseña de nuestros derechos, y si mañana ese lábaro santo cayera de sus manos, otras manos robustas se aprestarían a recogerlo. Nosotros no queremos ministros ni gobernadores, sino que se cumpla la soberana voluntad de la nación. Revolución que transa es revolución perdida. Las grandes reformas sociales que exige nuestra patria sólo se llevarán a cabo por medio de victorias decisivas.

»Las revoluciones, para triunfar de un modo definitivo, necesitan ser implacables. ¿Qué ganamos con la retirada de los señores Díaz y Corral? Quedarán sus amigos en el poder; quedará el sistema corrompido que hoy combatimos. El interinato será una prolongación viciosa, anémica y estéril de la dictadura. Al lado de esta rama podrida el elemento sano de la Revolución se contaminaría.

»Sobrevendrán días de luto y de miseria para la República y el pueblo nos maldecirá porque, por un humanitarismo enfermizo, habremos malogrado el fruto de tantos esfuerzos y tantos sacrificios. Lo repito: revolución que transa se suicida».[9]

La revolución maderista desoyó a Carranza y transó al conceder el interinato, pero las consecuencias tardarían en revelarse. El 3 de junio de 1911, atento y circunspecto, Carranza recibe a Madero en Piedras Negras. Por corto tiempo ocupa la gubernatura provisional de Coahuila, puesto que De la Barra pretendía escatimarle pero que Madero exigió, amagando al presidente interino con la violencia. En agosto de 1911 renuncia para «llevar a la práctica la efectividad del sufragio» y contender por la gubernatura que Díaz le había negado y que la revolución maderista finalmente le reintegró.

La gestión de Carranza duró año y medio. En su breve periodo inició la renovación de la judicatura, los impuestos y los códigos; propuso leyes sobre accidentes en minas, emprendió acciones contra las tiendas de raya, los monopolios comerciales, el alcoholismo, el juego y la prostitución; invirtió 375.000 pesos en nuevas escuelas, abrió nueve escuelas nocturnas, etc. Sus propósitos educativos fueron más exitosos que sus proyectos de regimentación de la propiedad minera y el trabajo. Desde entonces comprendió que los grandes intereses extranjeros requerían contrapesos legales de alcance no municipal, ni siquiera regional, sino nacional.

Carranza acarició, aunque en la práctica no lo impulsó lo necesario, un viejo proyecto de raíz hispánica y de larga tradición en el federalista estado de Coahuila: la libertad municipal. Su larga experiencia en Cuatro Ciénegas lo había convencido de que la redención moral de México sólo podía partir desde abajo, desde esa «escuela de la democracia» que podía ser el municipio libre. Su fe en la bondad de las pequeñas comunidades no era sólo política: frente a las grandes haciendas y propiedades mineras, promovió la pequeña agricultura y la pequeña minería. Tenía ya por entonces un concepto patriarcal de la política. Conquistadas las libertades, había dicho a sus conciudadanos en 1911, «sólo nos resta ilustrar al pueblo, enseñarlo con dedicación, con interés y con amor, a hacer con cordura el uso legal de sus libertades y dirigirlo, hasta hacerlo comprender el problema público».[10]

Carranza tenía ideas claras pero no era un idealista. Sabía que los tiempos no propiciaban la reconstrucción pacífica y leía presagios oscuros en el horizonte. Las fuerzas de seguridad que se empeñó en mantener, realistando a veces a los antiguos rurales contra la voluntad de Madero, resultaron particularmente útiles en la campaña contra el orozquista José Inés Salazar. Al concluir esa rebelión, Carranza insiste en conservar tropas irregulares. «Bien puede usted», escribe a Madero, «no apreciar los servicios que estas fuerzas han prestado a su gobierno ... puedo asegurarle a usted que lo han salvado.» No obstante, Madero piensa que «el viejo se quiere comer el mandado» y no lo apoya. En septiembre de 1912 el distanciamiento entre ambos era público y notorio. Carranza defendía ante todo la soberanía de su estado. Veía además, con inmensa preocupación, el deterioro de la imagen presidencial, y presentía que aquellas palabras suyas en Ciudad Juárez sobre la «revolución suicida» acabarían muy pronto por cumplirse. Por su parte, Madero consideraba a Carranza, textualmente, «vengativo, rencoroso y autoritario». Es, solía decir, «un viejo pachorrudo que le pide permiso a un pie para adelantar el otro».[11]

Mientras el apóstol se dispone al martirio, el viejo Carranza, nada pachorrudo, lleno de malicia y claridad, establece enlaces con los gobernadores de San Luis Potosí, Aguascalientes y Chihuahua, asegura la lealtad de futuros astros de la Revolución (Cesáreo Castro, Francisco Coss, Pablo González); aconseja a la cantante Fanny Anitúa, de paso por Saltillo, que no regrese a la capital y, por fin, en plena Decena Trágica, envía al joven Francisco J. Múgica a ofrecer a Madero refugio en Coahuila. Nada lo sorprende. Más sabía el viejo por viejo... Había vivido, escuchado y leído mucha historia.[12]

Dos testimonios ilustres, entre otros muchos, han señalado la peculiar afición de Carranza por la historia y sus moralejas. Para Luis Cabrera, Carranza era una verdadera «enciclopedia aplicada de historia de México». Su época dorada era la Reforma; su personaje entrañable, Benito Juárez. «Juárez era para él», escribe con cierta exageración José Vasconcelos, «toda la grandeza humana por encima de los genios universales.»[13] Aunque Carranza apenas había viajado al extranjero, suplía su inmovilidad física con una respetable movilidad libresca. Entre cuadros con la efigie de Juárez, Hidalgo, Jefferson y Napoleón, su biblioteca ostentaba una buena colección de obras históricas. Destacaban, desde luego, las biografías: las *Vidas paralelas* de Plutarco, y otras vidas, como las de Francisco de Miranda, Napoleón, Cromwell, Benito Juárez, Porfirio Díaz, las memorias de Maximiliano... De la historia europea, su preferida era la francesa, pero no sólo la política —que conocía en su versión conservadora y clásica— sino la social: *Historia de los salones de París* y *Memorias de la duquesa de Brante*. Su ventana a la historia de Roma era Tito Livio, y su mayor pasión, por supuesto, la historia de México. La frecuentaba en los clásicos como el doctor Mora, en las visiones de Justo Sierra o en el *México a través de los siglos*, y también en el más prolijo y popular Zamacois.

A fines de febrero de 1913, muerto Madero y consumado el cuartelazo, Carranza creyó reconocer en los acontecimientos un capítulo de la historia mexicana. En un día similar, el 11 de enero de 1858, el moderado presidente Comonfort, incapaz de gobernar con la Constitución de 1857, había caído bajo la presión del grupo conservador. Mientras Benito Juárez toma posesión de la presidencia provisional y parte hacia el occidente del país, el bando de la reacción designa su propio presidente: Félix Zuloaga. Daba comienzo la guerra de los Tres Años. Juárez encarna la legalidad constitucional. Por año y medio se refugia en Veracruz. Allí expide las Leyes de Reforma, que cambiarían profundamente la vida mexicana: nacionalización de los bienes eclesiásticos, extinción de las órdenes monásticas, secularización de cementerios, establecimiento del registro y el matrimonio civiles y tolerancia de cultos. Luego de tres años exactos, Juárez regresa victorioso a la ciudad de México. Había dado un nuevo sentido histórico a la lucha constitucional encarnando no sólo una autoridad que resiste sino una autoridad que legisla. Muy pronto se vería sometido a un desafío mucho mayor, que se prolongaría siete años: el enfrentamiento con España, Inglaterra y Francia, la invasión por esta última y el imperio de Maximiliano. Su lección en esta segunda etapa sería igualmente perdurable: la soberanía nacional como el valor supremo.

Aunque para entonces Carranza no tenía ya vínculos con Reyes, su antiguo líder, si éste hubiese triunfado, la actitud posterior de Carranza habría también variado. Pero tal como los acontecimientos se desarrollaron, para Carranza la moraleja era evidente. Los nuevos reaccionarios, encabezados por Huerta, habían derrocado al presidente constitucional. Se requería un nuevo Juárez investido de poderes legítimos para defender la bandera del constitucionalismo y proponer, en su momento, nuevas Leyes de Reforma. En el río revuelto hacia la otra Reforma, las potencias extranjeras —en especial Estados Unidos, más arrogante que en 1847— buscarían ganancia de pescadores. Como en 1867, habría que luchar por la soberanía, pero esta vez sin aliados:

contra Europa y contra Estados Unidos. Una y otro habían dado la espalda al presidente Madero.

De Juárez adoptó el libreto; de Díaz, en cierta medida, el método. No en balde había sido senador tantos años. No podía, por definición, gobernar la Revolución pacificándola, como Díaz había gobernado el país, pero podía conferirle una autoridad visible e indiscutida, cumpliendo aquella sugerencia que Zayas Enríquez propuso a Díaz en 1906: «Cuando la idea revolucionaria es tan avanzada que frisa en un hecho, la única manera de dominarla es encabezarla».

También de Madero había extraído lecciones prácticas, lecciones de todo lo que no debía hacer. Sus propias palabras en Ciudad Juárez le resonaban, proféticas: la Revolución *no* había sido implacable; el interinato resultó, en efecto, «una prolongación viciosa, anémica y estéril de la dictadura»; un «humanismo enfermizo» había «contaminado» la Revolución, «malogrando su fruto». La revolución maderista había transado y «revolución que transa se suicida».

Por contraste, ahora todo tendría que servir al principio de autoridad. Para ello Carranza contaba no sólo con una peculiar sabiduría histórica, sino con atributos naturales. Ante todo, la edad. En 1913 tenía cincuenta y tres años y era, con mucho, el hombre viejo de una revolución que emprendían hombres a quienes llevaba veinte, treinta y casi cuarenta años. Su estatura y porte lo ayudaban también. Blasco Ibáñez lo describiría, años después, como hombre «majestuosamente grande, membrudo y fuerte a pesar de sus años».[14] John Reed, al conocerlo, le atribuyó, con exageración, dos metros de estatura (medía en realidad un metro noventa) y comparó aquel «cuerpo inmenso e inerte» con «una estatua».[15] Un tercer rasgo lo constituía la barba, que Isidro Fabela —no sin cursilería— llamó «barba florida», pero que al escéptico Martín Luis Guzmán le provocó un respeto instantáneo:

«El modo como se peinaba las barbas con los dedos de la mano izquierda —la cual metía por debajo de la nívea cascada, vuelta la palma hacia afuera y encorvados los dedos, al tiempo que alzaba ligeramente el rostro— acusaba tranquilos hábitos de reflexión ... de los que no podía esperarse —así lo supuse entonces— nada violento, nada cruel».[16]

Carranza trataba de investir su imagen con la fuerza de Díaz y la legitimidad de Juárez, esquivando todo asomo de debilidad maderista. Del primero había aprendido Carranza la importancia de la imagen, pero su gusto por la fotografía lo llevó a los extremos, según explica Martín Luis Guzmán:

«La Historia no determina aún lo que había en el fondo de la afición de don Venustiano a retratarse: si un sentimiento primario o un recurso político de naturaleza oculta y trascendente. ¿Se complacía Carranza en su propia imagen, conocedor tal vez del poder atractivo descubierto en sus rasgos por la oratoria de la "barba florida"? ¡Tierno narcisismo de sesenta años! ¿O sería más bien que el Primer Jefe, molesto de topar a cada paso con los retratos de Madero, aspiraba a sustituirlos por otros? Posiblemente el biógrafo del porvenir se detenga en la tesis intermedia y declare que a don Venustiano le repugnaban los retratos del "presidente mártir" tanto cuanto le deleitaban los suyos. De ser así, se invocará como testimonio, de una parte, la frecuencia con que el Primer Jefe iba a colocarse frente al aparato de los fotógrafos, y de la otra, el sufrimiento que le causaban los entusiasmos maderistas a cuyo son era siempre recibido».

Junto a este empeño casi publicitario de elaborar una imagen que, sin coerción, infundiese obediencia y orden, una imagen de estampa histórica, Carranza recurrió a un vasto repertorio de medios: descubrió, acaso por necesidad, la inmensa utilidad estratégica de los lentes ahumados. (Huerta los había usado, pero no como medio sino como refugio.) Blasco Ibáñez no fue el único azorado interlocutor que vivió esta escena:

«Don Venustiano, cuando recibe una visita, lo primero que hace instintivamente es colocar su sillón de espaldas a la ventana más próxima. Así se queda en la penumbra y su cuerpo no es más que una silueta negra en la que apenas se marca el rostro como una vaga mancha blanca. El, en cambio, puede examinar a su gusto el rostro del visitante, que permanece en plena luz frente a la ventana. Además, si algo atrae su atención poderosamente, mira por encima de sus anteojos azulados».

Decía Jesús Reyes Heroles que «en política la forma es fondo». Pocos políticos mexicanos, y desde luego poquísimos revolucionarios mexicanos, han cuidado ciertas formas como Carranza. Un ejemplo entre miles: al lanzarse a la revolución constitucionalista —segundo capítulo de la epopeya juarista—, cuidó que su nombramiento de «Primer Jefe del ejército constitucionalista» coincidiese con su atuendo. Si su condición era dual —civil y revolucionaria—, Carranza debía serlo y parecerlo. De allí que usara «sombrero estilo norteño de fieltro gris con alas anchas, chaquetín de gabardina sin insignias militares y con botones dorados de general del ejército, pantalón de montar, botas de charol o melazas, calzoneras abiertas de cuero de Saltillo».[17]

Otra característica suya era la lentitud. Había algo naturalmente pausado en Carranza: su voz, sus ademanes y, según Luis Cabrera, hasta su comprensión. Sin embargo, la lentitud denotaba también un cálculo dilatorio. Carranza carecía quizá del vertiginoso instinto político de Díaz, pero lo suplía dejando respirar a los acontecimientos, filtrando los problemas y las personas. Era casi imposible, por ejemplo, entrevistarse cara a cara con Carranza. A John Reed, Isidro Fabela —uno de los hombres más cercanos al Primer Jefe— le censuró un cuestionario escrito previo a la entrevista. La lentitud, la sabiduría y los años lo habían vuelto obstinado.[18]

Tras aquella «gran máscara de hombre» (según Reed) empeñada en reencarnar la autoridad juarista, se escondía una rústica y paternal inflexibilidad. A diferencia de Juárez o Díaz, Carranza no era un místico del poder. Carecía de los atributos divinos pero tenía en exceso los humanos para encarnar el principio de autoridad en la Revolución. Era sobrio sin ser puritano («cortejaba a las señoras con tacto finísimo, a las señoritas las protegía paternalmente»). Era ecuánime, no inconmovible. Era tenaz, terco, obcecado, trabajador, tozudo, astuto, paciente, estoico. Su tiempo psicológico y vital, distinto del de la Revolución, era el tiempo campirano, el tiempo de los ranchos, hecho de ciclos y fatalidad.

Su pausado tiempo personal, sus recursos y tretas, su sentido de autoridad y su lectura de la Reforma marcaron el fondo y la forma de la Revolución. Quiso repetir a Juárez, imperar como don Porfirio y esquivar los errores de Madero. En cierta medida lo consiguió. Y consiguió también algo distinto: encabezar y encauzar —su palabra favorita— una Revolución de corrientes mucho más complejas y poderosas de lo que él mismo sospechaba. Nadie en nuestra historia vivió como Carranza el tránsito entre nuestros siglos XIX y XX. Fue el hombre puente. Como los liberales de la Reforma, Madero había querido el imperio puro del *derecho*. Antes y después de Madero, el militarismo había significado y significaría el imperio casi puro del *hecho*. Carranza vivió la tensión entre los hechos y las leyes: nuevos y antiguos hechos, nuevas y antiguas leyes. Su biografía es, sin disputa, la más compleja de la Revolución.

# La nueva reacción

Cuidando todas las formas del caso, a fines de febrero de 1913 Carranza obtiene de la legislatura de Coahuila el mandato de rebelarse contra la usurpación. El 4 de marzo rompe abiertamente con Huerta, y días después sufre sus primeras derrotas militares. En repliegue hacia Monclova —instalaría ahí el Palacio de Gobierno—, pasa por la hacienda de Guadalupe, en donde el 26 de marzo de 1913, junto con un grupo de jóvenes oficiales, lanza el célebre Plan que a la letra dice:

«*Primero*. Se desconoce al general Victoriano Huerta como presidente de la República.

»*Segundo*. Se desconoce también a los poderes legislativo y judicial de la federación.

»*Tercero*. Se desconoce a los gobiernos de los estados que aún reconozcan a los poderes federales que forman la actual administración ...

»*Cuarto*. Para la organización del ejército encargado de hacer cumplir nuestros propósitos, nombramos como Primer Jefe del ejército, que se denominará «constitucionalista», al ciudadano Venustiano Carranza, gobernador del estado de Coahuila.

»*Quinto*. Al ocupar el ejército constitucionalista la ciudad de México, se encargará interinamente del poder ejecutivo el ciudadano Venustiano Carranza, Primer Jefe del ejército, o quien le hubiera sustituido en el mando.

»*Sexto*. El presidente interino de la República convocará a elecciones generales tan luego como se haya consolidado la paz, entregando el poder al ciudadano que hubiese sido electo ...».[19]

Los firmantes —Francisco J. Múgica, Jacinto B. Treviño, Lucio Blanco, entre otros— esperaban un nuevo Plan de San Luis y la inclusión de medidas sociales revolucionarias. Pero Carranza busca emular a Juárez, no a Madero:

«No, ya es tiempo que haya un hombre que hable con verdad y en quien el país tenga confianza. Esta Revolución debe ser sólo, y debe saberlo todo el mundo, para restaurar el orden constitucional, sin llevar al pueblo, con engaños, a una lucha que ha de costar mucha sangre, para después, si no se cumple, dar lugar a mayores movimientos revolucionarios. Las reformas sociales que exige el país deben hacerse; pero no prometerse en este plan, que sólo debe ofrecer el restablecimiento del orden constitucional y el imperio de la ley; pues de otra manera aparecería con el objeto de hacerlo atractivo y conquistar adeptos, y no se trata de eso. Si triunfamos, ya verán ustedes las reformas que por fuerza tendrá que llevar adelante cualquier gobierno que se establezca en México, pero sin promesas».

A los pocos días, una delegación de Sonora que encabeza Adolfo de la Huerta visita a Carranza en Monclova y se adhiere al Plan de Guadalupe. Desde un principio, Sonora sería el principal bastión contra los federales, un estado remoto y poderoso del que habían surgido varios líderes naturales provenientes de la clase media: Alvaro Obregón, Benjamín Hill, Salvador Alvarado, Juan Cabral, Plutarco Elías Calles. Con Sonora, se adhiere Chihuahua.

Pero la lucha empezaba apenas. Siempre fiel al libreto de la historia, Carranza tomaba las primeras medidas de guerra. «Hablarle a don Venustiano de hechos históricos susceptibles de ponerse en práctica, si fueron de satisfactorios resultados», recordaba un allegado, «era la forma más eficaz de convencerlo de la necesidad de implantar alguna medida.» Así, un tal señor González Gante le recordó el establecimiento de comisiones mixtas para las reclamaciones en la guerra de Secesión norteamericana, y Carranza decretó, el 10 de mayo de 1913, el derecho de nacionales y extranjeros a reclamar los «daños que hayan sufrido o sigan sufriendo». Así también, y sin necesidad de consultar a nadie, consideró pertinente poner en vigor la severísima Ley Juárez del 25 de enero de 1862, por la cual serían juzgados Huerta, sus «cómplices en asonadas militares» y los «sostenedores de su llamado gobierno». La ley decretaba la pena de muerte para, entre otros, quienes se hubiesen rebelado contra las instituciones y autoridades legítimas, o atentado contra la vida del supremo jefe de la nación: lo que equivalía a la ejecución de prisioneros de guerra.

La etapa preparatoria de la rebelión duró seis meses: de marzo a agosto de 1913. Además de expedir los decretos sobre reclamaciones y pena de muerte, Carranza dividió la República en siete zonas de operación, de las cuales sólo tres funcionaban de modo efectivo: el noroeste, al mando de Pablo González; el centro, con Pánfilo Natera, y el noreste, bajo las órdenes de Alvaro Obregón. En julio, Monclova cae en manos de los federales y los rebeldes intentan, sin éxito, la toma de Torreón. En agosto, el Primer Jefe comprende la fragilidad de su situación y decide viajar al bastión sonorense. De nuevo recuerda las largas marchas de Juárez. Pudiendo abandonar el territorio mexicano y llegar a Sonora por el sur de Estados Unidos, Carranza prefiere emprender una travesía de trescientos kilómetros desde Piedras Negras hasta Hermosillo, pasando por Torreón, Durango, el sur de Chihuahua, la Sierra Madre Occidental y el norte de Sinaloa. Por ningún motivo pisaría suelo norteamericano: cuestión de dignidad... y de formas.

El 14 de septiembre de 1913, en El Fuerte, Sinaloa, conoce a Alvaro Obregón, quien al observarlo comenta: «Es un hombre de detalles».[20] Al llegar a Hermosillo establece su gobierno, con ocho dependencias paralelas a las de Huerta. El 24, pronuncia en el Salón de Cabildos uno de los discursos más importantes de la Revolución. Lo inicia con una dilatada reflexión histórica: había que revertir las tendencias de cuatro siglos, «tres de opresión y uno de luchas intestinas que nos han venido precipitando a un abismo». Durante la dictadura porfiriana, época semejante a la de Augusto y Napoleón III, «en que todo se le atribuía a un solo hombre», los periódicos engañaban al público hablándole de progreso cuando lo que en verdad se robustecía era el sometimiento del alma nacional. Carranza no menciona a Madero por su nombre y minimiza la originalidad del lema maderista. A su juicio, la lucha rebasaba el ideal de «Sufragio efectivo, no reelección», del mismo modo en que rebasaba al Plan de Guadalupe:

«El Plan de Guadalupe no encierra ninguna utopía, ni ninguna cosa irrealizable, ni promesas bastardas con intención de no cumplirlas; el Plan de Guadalupe es un llamado patriótico a todas las clases sin ofertas ni demandas al mejor postor; pero sepa el pueblo de México que, terminada la lucha armada a que convoca el Plan de Guadalupe, tendrá que principiar formidable y majestuosa la lucha social, la lucha de clases, queramos o no queramos nosotros mismos y opónganse las fuerzas que se opongan. Las nuevas ideas sociales tendrán que imponerse en nuestras masas, y no es sólo repartir tierras, no es el "sufragio efectivo", no es abrir más escuelas, no es construir dorados edificios, no es igualar y repartir las riquezas nacionales, es algo más grande y más sagrado: es establecer la justicia, en buscar la igualdad, es la desaparición de los poderosos para establecer el equilibrio de la conciencia nacional».[21]

Carranza no era un revolucionario social. Sólo así se entienden las palabras «queramos o no queramos nosotros mismos». Sin embargo, con un sentido de la necesidad histórica, entreveía ya que «la Revolución es la Revolución», un movimiento casi telúrico que los hombres pueden en el mejor de los casos encauzar, pero no segar. Así hay que leer los propósitos que agregó en aquel discurso, tan personales como sus metáforas de agricultor: «El pueblo ha vivido ficticiamente, famélico y desgraciado con un puñado de leyes que en nada le favorecen; tendremos que removerlo todo, drenarlo y construirlo de verdad».

Para esa inmensa labor rectificadora, Carranza anunció por primera vez el propósito de elaborar una nueva Constitución. Otros pasos no menos decisivos serían la fundación de un Banco del Estado y la promulgación de leyes que favorecieran al campesino y al obrero, elaboradas por ellos mismos. Pero el mensaje fundamental del discurso era el referente a la soberanía, valor número uno para cualquier coahuilense:

«... deben acabarse los exclusivismos y privilegios de las naciones grandes respecto a las pequeñas; deben aprender que un ciudadano de cualquier nacionalidad que radica en una nación extraña debe sujetarse estrictamente a las leyes de esa nación ...».[22]

A los dones personales y políticos que avalaban la legitimidad de su jefatura, Carranza añadió a aquel discurso uno más: el de ideólogo de la Revolución. Los objetivos no podían estar más claros. A la victoria militar seguiría un periodo de reformas sociales, una nueva Constitución, otras leyes e instituciones y una actitud diferente que «sacudiría los prejuicios internacionales y el eterno miedo al coloso del norte».[23]

Carranza permanece en Sonora hasta marzo de 1914. Allí se entera de las primeras, centelleantes victorias de Villa, y de los avances de González y Obregón. Sin salir nunca de territorio nacional, llega a Ciudad Juárez. En el estado de Chihuahua residiría hasta el triunfo completo del constitucionalismo, en julio de 1914.

Durante la revolución constitucionalista, mientras Obregón y González se desplazan hacia el sur y Villa triunfa en Ciudad Juárez, Tierra Blanca, Chihuahua, Ojinaga, Torreón, Paredón y Zacatecas, Carranza juega un doble papel particularmente difícil: además de ocuparse en la administración económica de la guerra, debe conservar la cohesión del ejército constitucionalista bajo su mando y lidiar con las naciones extranjeras, sobre todo con Estados Unidos. En el primer tablero, su contrincante principal fue una fiera: Francisco Villa; en el segundo, un moralista: Woodrow Wilson.

Aunque en un principio sus relaciones fueron casi cordiales, Carranza y Villa nunca se entendieron. El sentido de autoridad que reclamaba para sí el Primer Jefe era incomprensible para el feroz guerrero.

Los problemas causados por Villa a gobiernos extranjeros comenzaban a apilarse: había arreado como ganado a los españoles de Chihuahua, confiscado sus bienes, tolerado el asesinato del inglés Benton y el norteamericano Bauch. En abril de 1914 Villa apresa al gobernador de Chihuahua, Manuel Chao, hombre de Carranza. Es la gota que derrama el vaso del Primer Jefe.[24] Miguel Alessio Robles presenció el enfrentamiento.

«El señor Carranza, al ver a Villa que entraba en esos momentos a la sala principal del Palacio de Gobierno, se levantó de su asiento y le dijo: "Sé que tiene usted preso al gobernador de Chihuahua". Entonces quiso interrumpirle Villa para entrar en explicaciones y decirle los motivos por los cuales lo tenía preso. El señor Carranza le dijo en seguida: "No me interrumpa usted; sé que tiene preso al gobernador de Chihuahua y eso no lo puedo permitir yo, ni mucho menos que en mi presencia se cometa ese desacato. Después de haber asesinado al súbdito inglés Benton, hecho que estuvo a punto de hacer fracasar la Revolución, no dejaré que cometa usted otro acto semejante. Una vez que haya usted puesto en libertad al general Chao, entonces oiré todas las explicaciones que usted quiera darme. Pero antes, no".

»El general Villa salió en el acto, y mandó poner en libertad al general Chao.

»El señor Carranza tenía en Chihuahua solamente la escolta del Cuarto Batallón de Sonora. Estaba a merced de las fuerzas de Francisco Villa; y, sin embargo, logró imponerse al tremendo y famoso guerrillero, que contaba en esos momentos con un ejército fuerte y victorioso.»

Por momentos, su sentido de la autoridad lo llevaba al autoritarismo. Sin renunciar a la firmeza, con un poco menos de celo y un poco más de simpatía, hubiese logrado quizá plegar a Villa. Pero Carranza no estaba para sutilezas. También Juárez había sido criticado por su celo autoritario. La lección, de nueva cuenta, le parecía clara: más valía pecar por exceso, como Juárez o Díaz, que por defecto, como Madero.

Mientras los militares hacían lo suyo, Carranza emulaba a Juárez en la batalla diplomática. Sabía que el resguardo absoluto de la soberanía nacional era condición necesaria para el triunfo de la Revolución, y en su defensa empleó toda su sabiduría heredada, innata o aprendida. Para Woodrow Wilson, su homólogo norteamericano, Carranza fue siempre una caja de sorpresas, un incomprensible saco de mañas, un hombre insensible a las buenas intenciones. Pero de aquella larga y compleja relación que, con altas y bajas, se prolongaría siete años, ambos saldrían razonablemente victoriosos.

Por el lado norteamericano, todos los escarceos tuvieron un argumento similar al que había empleado, puertas adentro, Porfirio Díaz: pan y palo. La táctica del Departamento de Estado era alternar la amenaza, el amago, la violencia con la prédica moral, la conciliación, el apoyo. La táctica de Carranza consistía en desconfiar tanto del pan como del palo y considerarlos imposturas. Su premisa —esta vez más porfiriana que juarista— era muy simple: así ocupe la Casa Blanca un apóstol bíblico, nada bueno puede esperar México de Estados Unidos. «El peligro está en el yanqui que nos acecha», había dicho don Porfirio en París. ¿Y cómo olvidar el siniestro papel de Henry Lane Wilson en el martirio de Madero?

Al primer representante oficioso de Wilson, que lo visita en noviembre de 1913, Carranza lo hace esperar diez días, lo recibe con fría formalidad, no se conmueve ante sus buenas intenciones de reconocimiento ni acepta transigir con la reacción para crear un gobierno provisional. En febrero del año siguiente, a raíz del asesinato del inglés Benton, rechaza la intermediación norteamericana en favor de su súbdito inglés, al tiempo que hace ver al cónsul norteamericano, Simpich, la necesidad de que con él, y no con cualquier otro jefe revolucionario, se ventilaran *todas* las querellas.[25] En aquellos días caldeados por el caso Benton, John Reed conoce a Carranza. Reed le ofrece la buena voluntad del periódico que representa. Carranza lo agradece y aprovecha la oportunidad para lanzar una catilinaria contra Estados Unidos y la pérfida Albión. Reed recuerda sus palabras:

«¡Les digo que si los Estados Unidos intervienen en México sobre la base de ese nimio pretexto, la intervención no tendrá el efecto que piensa, sino que desatará una guerra que, además de sus propias consecuencias, ahondará un profundo odio entre los Estados Unidos y toda la América Latina, un odio que pondrá en peligro todo el futuro político de los Estados Unidos!».[26]

La intervención no se hizo esperar, aunque por razones distintas. El 21 de abril de 1914 los marines desembarcan en Veracruz. Con ese «palo», Wilson se propone dar a los constitucionalistas el «pan» de un bloqueo definitivo contra Huerta. Aunque Carranza lo comprende así, no admite las razones del secretario de Estado, Bryan, exige el retiro inmediato de los marines y amaga con una situación de guerra. El 25 de abril Argentina, Brasil y Chile ofrecen sus buenos oficios de mediación, que Carranza acepta en principio pero al final declina, aduciendo que las propuestas de convocar un armisticio beneficiaban a Huerta e implicaban una intervención en los asuntos internos de México.

El siguiente *round* ocurrió con posterioridad a la salida de Huerta. El 23 de julio de 1914, Wilson —antiguo profesor de filosofía en Princeton— decide dar una clase de política y moral al rudo ranchero de Coahuila. El constitucionalismo triunfante debía respetar vidas y compromisos financieros, otorgar una amplia amnistía, cuidarse de afectar al clero. Estados Unidos actuaría como representante de otras potencias y su opinión sería decisiva en los reconocimientos diplomáticos. Por toda respuesta, el encargado de las relaciones internacionales —Fabela, no Carranza— evita mencionar las palabras de Wilson, refrenda el respeto a los derechos y compromisos del país y concluye secamente que los hechos por venir «se decidirán de acuerdo con los mejores criterios de justicia y de nuestro interés nacional». Bryan, siempre más radical que Wilson, amenaza con no reconocer al gobierno que emanase del constitucionalismo. Carranza ni siquiera se molesta en contestar.[27]

El 20 de agosto de 1914, cinco días después de que Obregón firmase los Tratados de Teoloyucan —en los que Carranza no cedió una coma a los últimos representantes del huertismo—, el Primer Jefe entra a la capital. «Carranza», explica Charles Cumberland, el gran historiador del constitucionalismo, «nunca "llegaba" simplemente a una ciudad; siempre hacía entradas a caballo flanqueado por su estado mayor. En esta ocasión inició su marcha desde Tlalnepantla, a unos once kilómetros del Palacio Nacional, lo cual le permitió atravesar una gran parte de la ciudad y recibir la entusiasta bienvenida de cerca de trescientas mil personas.» Debió de recordar a Juárez cuando, después de Calpulalpan, entró a la capital el 11 de enero de 1861.[28]

De acuerdo con el Plan de Guadalupe, el derrocamiento de Victoriano Huerta debía significar el triunfo del constitucionalismo y, al menos en teoría, el fin de la Revolución. En realidad fue sólo el principio.

Venustiano Carranza era el Primer Jefe de la Revolución, pero no el único. Dos caudillos populares se negaban a plegarse a su autoridad: Pancho Villa y Emiliano Zapata. De su difícil conciliación dependía la paz. Vista con perspectiva, la desavenencia entre ellos parece natural. Nada salvo el atributo de su mexicanidad los unía.

En ambos casos Carranza buscó el acercamiento, si bien bajo sus férreas condiciones. A los pocos días de entrar a la capital envió a tres emisarios, de honradez y solvencia fuera de toda sospecha, a conferenciar con Zapata: Luis Cabrera, Juan Sarabia y Antonio Villarreal. «Con una expresión inequívoca de reconcentrado furor», Zapata apenas habló con ellos. Su condición fue que Carranza renunciase al poder ejecutivo y acatase letra por letra el Plan de Ayala. En el fondo, como ha escrito John Womack, el resultado estaba determinado de antemano:

«El Primer Jefe Carranza no despertaba la menor simpatía entre los agricultores y los trabajadores del campo de Morelos. Senador de los congresos porfirianos, viejo corpulento e imperioso, de tez colorada, anteojos oscuros y barbas a la Boulanger, montado en su caballo como si estuviese en un sillón, Carranza era políticamente obsoleto. Ahora podía ser revolucionario y rebelde, pero en otro mundo, un mundo establecido y civilizado de manteles limpios, bandejas de desayuno, alta política y cubos para enfriar vino».[29]

Por su parte, siempre con la historia en mente, Carranza creía que los zapatistas eran «hordas de bandidos» y Zapata el nuevo Manuel Lozada, aquel temible «Tigre de Alica», el cacique indígena de la sierra nayarita que había asolado el occidente de México con sus «hordas de salvajes». Recordando que Madero, con su bonhomía, no había logrado atemperar el radicalismo del líder suriano, Carranza decidió agotar el expediente en unos días. El 5 de septiembre rechazó las condiciones de Zapata.

De Zapata lo separaban abismalmente la clase social, la cultura y hasta la civilización; es el mismo conflicto entre el México antiguo y el México liberal que recorre todo el siglo XIX mexicano. Con Villa el problema tenía un tinte más político. «Pleito de enamorados» lo llamó Alvaro Obregón, con evidente exageración, pero refiriéndose a algo verdadero: era más querella de pasiones y personalidades que de creencias o ideologías.

Villa tenía una retahíla de quejas contra el Primer Jefe. Después de las disputas en Chihuahua y los ninguneos de Zacatecas, Carranza lo había bloqueado de varias maneras: negándole carbón para sus trenes, negando a la División del Norte la categoría de cuerpo del ejército, negándole a Villa, en lo personal, la gloria de entrar a la ciudad de México y hasta el grado de general de división. Aunque el 8 de julio villistas y carrancistas firman el Pacto de Torreón, en el que ambas partes se reconocen y acuerdan convocar una convención de generales para decidir el futuro político de México, Carranza sabe de antemano que el «pleito de enamorados» terminará en divorcio. Ya en septiembre escribe al gobernador de San Luis Potosí, Eulalio Gutiérrez: «Si somos incapaces de llegar a un acuerdo pacífico y empieza la lucha armada —no porque lo deseemos sino por causa de las circunstancias— queremos estar preparados».

Aquel septiembre de 1914, el futuro político del país se jugaba en la lotería personal de los caudillos. Todo parecía incierto. Si la lucha común contra Huerta no había podido unirlos cabalmente, la victoria lo pudo aún menos. Se vivían sensaciones contradictorias: por un lado una voluntad positiva y desinteresada de pacificación, de acuerdos; por otro, una recelosa urgencia de establecer vínculos y alianzas, una lucha subterránea por el poder. Obregón se acerca a Villa, pero no tanto como para pactar con él, y, sin embargo, uno y otro buscan, en cierto momento, la renuncia del Primer Jefe. Después de estar a punto de fusilar al «compañerito» Obregón, Villa es el primero que explota: el 23 desconoce a Carranza. El 3 de octubre, una convención más o menos carrancista reunida en la ciudad de México ratifica al Primer Jefe en su cargo, pero no unifica el mando nacional. En ese momento, el poder no es de nadie y casi nadie es leal sino a sí mismo. El 5 de octubre abre sus sesiones la Convención de Aguascalientes.

Hasta entonces la querella había sido de personas y personalidades: Carranza contra Villa y, oscilando entre ellos, una colmena de generales más o menos villistas, más o menos carrancistas y más o menos independientes. Una vez instalada la Convención, el conflicto sería, además de político, jurídico y moral: un conflicto de legitimidades. ¿Quién era el depositario legítimo del poder en México? ¿La soberana Convención de Aguascalientes, representada por los 150 generales más connotados de la Revolución —incluidos, al poco tiempo, representantes civiles de Zapata—, o el Primer Jefe del ejército constitucionalista, encargado del poder ejecutivo de acuerdo con el Plan de Guadalupe?[30]

Sin participar directamente en las sesiones de la Convención —no era general más que de sus libros—, José Vasconcelos formuló entonces la defensa jurídica de la Convención de Aguascalientes. La verdadera soberanía popular —escribió Vasconcelos— residía desde febrero de 1913 en los ciudadanos rebeldes a la usurpación, en el ejército constitucionalista, «que es el ejército el pueblo soberano». El artículo 128 de la Constitución vigente se refería al momento en que el pueblo *recobrase* su libertad venciendo a un gobierno anticonstitucional. ¿Y quién era el vehículo de ese restablecimiento avalado plenamente por la Constitución? El ejército rebelde.

Carranza podía argüir que él, en su carácter de Primer Jefe, encarnaba a la vez la autoridad del ejército y la legalidad, como Juárez en 1858; pero el caso —decía Vasconcelos— era muy distinto: «A don Benito Juárez nunca pudo removerlo una junta de generales, ni una junta de soldados, ni una convención de ciudadanos, porque a don Benito Juárez ... le correspondió sustituir al presidente electo que había desaparecido». Si la Convención —proseguía, con cruel lucidez, Vasconcelos— no podía reclamar en rigor el carácter de soberana, ya que sus miembros no habían sido ungidos con el voto popular, sí cabía considerarla «suprema» y, desde luego, superior a Carranza en jerarquía. Suprema, para erigir un gobierno provisional que restablezca el orden constitucional, para ordenar movilizaciones de ejércitos, para designar un presidente provisional y gobernadores interinos, dictar leyes y reformas sujetas a la ratificación de los congresos locales y convocar elecciones.

Hasta ahí Vasconcelos pensaba haber demostrado la legitimidad constitucional de la Convención.[31] Pero ¿cómo olvidar que se vivían tiempos revolucionarios? ¿Cuál era la legitimidad revolucionaria de la Convención?

«... la revolución es antítesis de Constitución. La Constitución condensa las prácticas, las leyes, los convenios establecidos por los hombres para vivir en sociedad. La revolución se dirige a reformar y construir de nuevo todas esas prácticas, convenios y principios; por eso lo primero que hace es desligarse de todas las trabas sociales, puesto que va a crear nuevas formas para el enlace de los individuos.

»... las revoluciones comienzan por la rebelión, se colocan desde luego fuera de la ley, son antilegalistas y por eso mismo soberanas y libres, sin más señor que el ideal, el ideal que encuentran en las filosofías sociales, en las vagas especulaciones de los precursores o en la acción viviente y el corazón generoso de los apóstoles y caudillos, los Hidalgo y Madero, que despiertan la ternura y el entusiasmo, la protesta y el perdón. Se desenvuelven después a través de las peripecias y azares de la lucha y van a parar siempre a una nueva legalidad, a una legalidad que significa un progreso sobre el estado social anterior. Si esto no sucede, la revolución es un fracaso; para evitarlo debe concluir su misión.»[32]

Era pues misión de la soberana Convención de Aguascalientes —decía Vasconcelos— llevar a buen fin los dos objetivos de la Revolución: el político y el económico. Para el primero había que establecer en toda la República el imperio de la Constitución de 1857, en la inteligencia de que «interesa más salvar los propósitos fundamentales de la revolución actual que obedecer los preceptos del Código del 57». Mas con un gran *pero:* «Distinguir la necesidad revolucionaria del abuso de los gobiernos»: «No olvide la revolución, si quiere cumplir sus fines, el respeto que debe a la personalidad humana, única entidad que suele estar por encima aun de las mismas revoluciones».

Para alcanzar la finalidad fundamental —la economía—, la Convención debería legislar de modo inmediato aunque provisional. El problema agrario reclamaba atención prioritaria:

«Redáctense las resoluciones de la Convención a este respecto, y pónganse en práctica desde luego, a fin de que todas las reformas así producidas lleguen a la categoría de hechos consumados, antes de que los congresos legalmente electos a los gobiernos constitucionales que sucedan a la Convención puedan venir a trabajar en contra de los intereses nacionales».

En suma, dos legitimidades requería la Convención, y para Vasconcelos dos legitimidades poseía, las únicas posibles, las únicas necesarias:

«La Convención de Aguascalientes obrará y hablará para bien de todos los mexicanos, y llevará adelante sus resoluciones, soberanamente, por los dos derechos: el de ley y el de la revolución; el de la razón y el de la fuerza».[33]

Frente a este edificio jurídico que, acaso sin conocerlo, compartían instintivamente y sin excepción todos los jefes reunidos en Aguascalientes, ¿cuáles eran las razones de Carranza?

En un mensaje que envía a la Convención el 23 de noviembre de 1914, Carranza declina la invitación que se le hace para acudir a Aguascalientes. Aunque se extraña de la premura con que la asamblea reclama su renuncia y declara que su retiro no debe abrir paso a una restauración o a un «régimen de apariencia constitucional», propone tres condiciones para hacerlo efectivo y salir, en caso necesario, del país: 1) establecimiento de un régimen preconstitucional «que se encargue de realizar las reformas sociales y políticas que necesita el país antes de que se restablezca un gobierno plenamente constitucional»; 2) renuncia y, en su caso, exilio de Villa, y 3) renuncia y, en su caso, exilio de Zapata.

Una semana después, las comisiones unidas de Guerra y Gobernación de la Convención (que integran, entre otros, los generales Obregón, Angeles, Aguirre Benavides, Chao, Gutiérrez y Madero) aceptan en principio las condiciones de Carranza, pero en términos que a la postre no convencen al Primer Jefe. El 5 de noviembre, una vez nombrado presidente provisional Eulalio Gutiérrez —aunque sólo por veinte días, hasta su ratificación—, la Convención envía un ultimátum de renuncia a Carranza a través de Antonio I. Villarreal, Obregón, Hay y Aguirre Benavides. Cuatro días más tarde, desde Córdoba, Veracruz (adonde en previsión de un atentado había trasladado su gobierno), Carranza responde con un largo telegrama a los jefes y gobernadores reunidos en Aguascalientes. Su razonamiento no es filosófico y jurídico, como el de Vasconcelos, sino práctico y, en cierta manera, histórico. No aceptará las disposiciones de la Convención, ni renunciará a su investidura, en tanto no se cumplan cabalmente las tres condiciones que había propuesto. A la fecha, sostenía Carranza, Villa seguía ostentando el puesto de jefe de la División del Norte y comenzaba a inmiscuirse en el mando de otras divisiones; Zapata, lejos de ver menguado su poder, era enaltecido por la Convención; en cuanto a su primera condición, sus razones, aunque más complejas, no eran menos claras. Por más legitimidad revolucionaria que el presidente provisional tuviera ¿qué clase de gobierno podía ejercer, tal y como se le eligió?

«No puedo, en efecto, entregar el poder a un gobierno que carezca en absoluto de bases constitutivas y que no tenga lineamientos de ninguna clase ni atribuciones definidas ni facultades determinadas. Dicho gobierno sería: o enteramente personalista y dictatorial, puesto que el general Gutiérrez tendría que obrar a su entero albedrío, o la Junta tendría que ser realmente la que gobernara, siendo este último el caso que temo más; pues de entregar el poder al general Gutiérrez en las condiciones y tiempo para que fuera nombrado, el resultado final sería que la Convención continuaría funcionando indefinidamente y bien sabemos cuáles son los inconvenientes de que la jefatura de un ejército y poder ejecutivo de una nación queden en manos de una asamblea por ilustrada, idónea y capaz que se le suponga.

»Como cuerpo deliberativo, la Junta de Aguascalientes sería tal vez deficiente y de ello ha dado pruebas; pero como cuerpo administrativo y ejecutivo, sería un instrumento de tiranía desastroso para el país. Como jefe del ejército, como encargado del poder ejecutivo, como caudillo de una revolución que aún no termina, tengo muy serias responsabilidades ante la nación; y la Historia jamás me perdonaría la debilidad de haber entregado el poder ejecutivo en manos de una asamblea que no tiene las condiciones necesarias para realizar la inmensa tarea que pesa sobre el ejército constitucionalista.»[34]

De sus buenas lecturas de historia francesa —en las que prefería siempre la versión clásica a la romántica— Carranza había aprendido a desconfiar del asambleísmo. La experiencia de la República Restaurada en México confirmaba también, en su opinión, la inhabilidad histórica de los órganos deliberativos. De ahí que Carranza usara la frase «bien sabemos cuáles son los inconvenientes». Es posible, por otra parte, que una lectura desapasionada del texto de Vasconcelos hubiese contado con la aprobación de Carranza. En ambos casos había una tácita admisión de supremacía de la legitimidad revolucionaria sobre la constitucional, y aunque Vasconcelos no lo fraseaba de ese modo, su referencia a la «nueva legalidad» y su insistencia en alcanzar «desde luego» la «finalidad económica» de la lucha «antes de que los gobiernos constitucionales ... [pudiesen] trabajar en contra de los intereses nacionales» confluían, de hecho, en el reformismo preconstitucional por el que pugnaba Carranza. Pero además del escollo político y militar que representaban Villa y Zapata —cuyas actitudes provocaron, no menos que las de Carranza, la escisión definitiva y la guerra civil—, el problema para el Primer Jefe no era tanto de legitimidad abstracta como de responsabilidad y eficacia concreta.

Sólo él, y no la asamblea, podía, a su juicio, encauzar tutelarmente la «formidable y majestuosa lucha social». Este acto de afirmación del «encargado del poder ejecutivo» sobre la asamblea revolucionaria constituye un momento decisivo en la historia mexicana y un presagio de los tiempos por venir. ¿Cuál habría sido la estructura política de México si Carranza se hubiese plegado a la Convención? Quizá más democrática, quizá más frágil. Nunca lo sabremos: el triunfador fue Carranza. «Convencido como estaba», escribe Arnaldo Córdova, «de que él encarnaba los verdaderos intereses de la nación, se concebía a sí mismo como el principio del Estado en ciernes y actuaba en consecuencia.»

En este sentido cabe decir que el Estado nacido de la Revolución es, en parte, obra del Primer Jefe. Parafraseando a Vasconcelos, Carranza hubiese podido decir: «El Primer Jefe obrará y hablará para bien de todos los mexicanos, y llevará adelante sus resoluciones soberanamente por dos derechos; el de su responsabilidad y el de la Revolución; el de su razón y el de la fuerza».

A su juicio, Juárez no había obrado de manera distinta. El argumento de que Juárez era presidente y él sólo Primer Jefe le hacía lo que el viento a Juárez. Urgía continuar el libreto, expedir las nuevas leyes de reforma, instalar el gobierno en Veracruz.

# La nueva Reforma

Después de sostener un nuevo *round* victorioso contra Woodrow Wilson y lograr la retirada incondicional de las fuerzas de ocupación, a fines de noviembre de 1914 Carranza establece, en efecto, su gobierno en Veracruz. En aquel puerto residió hasta octubre de 1915, cuando la situación militar se definiría en su favor. En un principio, el cuadro parecía adverso. Los carrancistas dominaban la salida al Golfo, todo el sureste, buena parte de Tamaulipas y Veracruz, pero la inestable alianza de la Convención, de Zapata y de Villa imperaba en todo el territorio restante. En abril de 1915 Obregón vence a Villa en el Bajío; en mayo, Murguía, Castro y Treviño triunfan en el noroeste, y Pablo González inicia la campaña final contra Zapata; en julio se rinde Francisco Lagos Cházaro, el último presidente de la Convención, y en agosto los constitucionalistas ocupan definitivamente la capital. El reconocimiento diplomático del gobierno de Carranza por parte de Estados Unidos en octubre de 1915 no es más que la aceptación del triunfo militar.

Pero no sólo de acciones militares vivía la Revolución. También de acción política y reforma social. Carranza integró su gabinete con civiles y militares de la clase media profesional. Entre sus colaboradores están los licenciados Luis Cabrera (Hacienda), Rafael Zubarán Capmany (Gobernación) y Félix F. Palavicini (Instrucción Pública); los ingenieros Alberto J. Pani (Ferrocarriles), Ignacio Bonillas (Comunicaciones) y Pastor Rouaix (Fomento); los generales Alvaro Obregón (jefe del Ejército de Operaciones), Ignacio L. Pesqueira (Guerra y Marina) y Francisco J. Múgica (presidente del Tribunal Superior de Justicia Militar).

A fines de 1914, antes de iniciar la gran reforma, Carranza enfrenta un suceso particularmente doloroso. A su hermano Jesús y su sobrino Abelardo los secuestra el general Alfonso J. Santibáñez en Oaxaca. Carranza ordena una movilización de rescate. Santibáñez busca un arreglo y ordena a Jesús, en repetidas ocasiones, telegrafiar al

Primer Jefe pidiéndole que suspenda la orden de ataque y rescate. Aunque sabe el riesgo que corre su hermano, Carranza no cede.

El 2 de enero, el Primer Jefe pone a Jesús el telegrama definitivo: «Me despido de ti y de las personas que están presas junto contigo, deseando salgan con felicidad del trance en que se encuentran. *Tu hermano*».

Once días después, luego de una ardua caminata por la sierra de la región mixe, en un sitio llamado Xambao, distrito de Villa Alta, Jesús Carranza, su hijo y su secretario eran asesinados.[35]

El 12 de diciembre Carranza había empezado a cumplir la palabra empeñada en Hermosillo. Sus adiciones al Plan de Guadalupe iniciaban la «formidable y majestuosa lucha social» que entonces había vaticinado. Hacia ese fin apuntaba el artículo 2.º de las «adiciones» de *sus* futuras Leyes de Reforma:

«Art. 2.º- El Primer Jefe de la Revolución y encargado del poder ejecutivo expedirá y pondrá en vigor, durante la lucha, todas las leyes, disposiciones y medidas encaminadas a dar satisfacción a las necesidades económicas, sociales y políticas del país, efectuando las reformas que la opinión exige como indispensables para restablecer el régimen que garantice la igualdad de los mexicanos entre sí; leyes agrarias que favorezcan la formación de la pequeña propiedad, disolviendo los latifundios y restituyendo a los pueblos las tierras de que fueron injustamente privados; leyes fiscales encaminadas a obtener un sistema equitativo de impuestos a la propiedad raíz; legislación para mejorar la condición del peón rural, del obrero, del minero y, en general, de las clases proletarias; establecimiento de la libertad municipal como institución constitucional; bases para un nuevo sistema de organización del poder judicial independiente, tanto en la federación como en los estados; revisión de las leyes relativas al matrimonio y al estado civil de las personas; disposiciones que garanticen el estricto cumplimiento de las leyes de reforma; revisión de los códigos civil, penal y de comercio; reformas del procedimiento judicial, con el propósito de hacer expedita y efectiva la administración de justicia; revisión de las leyes relativas a la explotación de minas, petróleo, aguas, bosques y demás recursos naturales del país, y evitar que se formen otros en lo futuro; reformas políticas que garanticen la verdadera aplicación de la Constitución de la República, y en general todas las demás leyes que se estimen necesarias para asegurar a todos los habitantes del país la efectividad y el pleno goce de sus derechos y la igualdad ante la ley».[36]

Cuando a principios de 1915 Carranza exclama: «Hoy comienza la revolución social», se refiere a una revolución social *a través* de las leyes. Para subrayar la simetría con Juárez, que en Veracruz había dictado la ley sobre el matrimonio civil, Carranza decreta el divorcio legal el día de Navidad de 1914 —fecha simbólica—. La redacción misma de aquel artículo 2.º revelaba cierto anclaje en el liberalismo constitucional. Aunque habla de restitución de tierras y disolución de latifundios, lo hace con un espíritu de justicia, no con el propósito de crear un nuevo régimen de propiedad o abanderar un apostolado social. La insistencia en temas como la libertad municipal, la independencia del poder judicial o la igualdad ante la ley son también signos claros de esa supervivencia liberal. Al calce de los documentos oficiales, junto a la firma de Carranza, aparecía la leyenda «Constitución y reformas». Años después, algunos regímenes usarían el lema «Salud y revolución social». Nadie mejor que Félix F. Palavicini expresó el propósito de Venustiano Carranza en Veracruz: «Constituir la Revolución».

Desde la expedición de las primeras reformas a principios de 1915 hasta la jura de la nueva Constitución en Querétaro el 5 de febrero de 1917, el gobierno preconstitucional de Carranza libraría una batalla múltiple, tan compleja o más que la militar (en la que, por cierto, no dejó de intervenir, dirigiendo sus aspectos políticos, su administración, proveeduría y finanzas). «Tendremos que removerlo todo», había dicho en Hermosillo, «drenarlo y construirlo de verdad.» Y así ocurrió. La caja de Pandora se abrió en al menos siete vetas profundas de la vida mexicana: el problema agrario, el problema obrero, la soberanía sobre los recursos naturales, la relación entre la Iglesia y el Estado, el papel del Estado en la economía, el problema de la educación y la estructura política. En algunos casos la iniciativa de reforma partió del gobierno, en otros provino de la presión social. Para los dirigentes y para la sociedad, aquellos dos años —1915 y 1916— fueron tiempos de experimentación histórica. De la tensión entre ambos la Revolución delineó su perfil.

Indirecta, simbólicamente, la reforma agraria que se inicia con la Ley del 6 de Enero de 1915 es obra de Zapata. En tiempos porfirianos fue común escuchar que en México no había problema de tierras. El profundo libro del antiguo juez de pueblo Andrés Molina Enríquez —*Los grandes problemas nacionales* (1909)— había advertido la gravedad de la cuestión y propuesto remedios; pero durante algunos años fue voz en el desierto. De pronto, en los albores de la revolución maderista, el zapatismo desmentía a los incrédulos: no sólo había problemas de tierras; existía todo un agravio histórico pendiente, la vieja querella de los campesinos contra la era liberal que había negado su cultura, cercado sus tierras, acosado su antiguo modo de ser.

Por un tiempo Carranza pensó también que el problema «se había exagerado», pero poco a poco cedió a las evidencias y a la presión de sus lugartenientes. El 1.º de septiembre de 1913, Lucio Blanco, con ayuda de Francisco J. Múgica, expropia y fracciona la hacienda de Los Borregos en Tamaulipas. Aunque Carranza lo reprende, no logra frenar el impulso: Alberto Carrera Torres y Pastor Rouaix siguen el ejemplo de Blanco. Hacia el mes de septiembre de 1914, varios estados de la República decretan la abolición de la servidumbre y reglamentan jornadas y salarios. Ese mismo mes, al fracasar las pláticas con Zapata, Carranza declara:

«Considero innecesaria la sumisión al Plan de Ayala supuesto que ... estoy dispuesto a que se lleven a cabo y se legalicen las reformas agrarias que pretende el Plan de Ayala, no sólo en el estado de Morelos sino en todos los que necesiten esas medidas».[37]

En Veracruz, Luis Cabrera, lugarteniente intelectual de Carranza, le da los últimos toques a una nueva ley agraria. «El Primer Jefe ... creyó fortalecer su situación militar y política enarbolando la bandera del agrarismo.» Pero más allá de los resortes subjetivos, a partir del 6 de enero de 1915 el Plan de Ayala tuvo un homólogo poderoso en aquella ley redactada por Cabrera e inspirada por Molina Enríquez. La fecha de expedición la escogió Carranza: pretendía dar un nuevo contenido social al día de Reyes.

La Ley del 6 de Enero —explica Cumberland— concebía el ejido como reparación de una injusticia, no como un nuevo sistema de tenencia. Se trataba de restablecer el patrimonio territorial de los pueblos despojados y crear nuevas unidades con terrenos colindantes a los pueblos que se expropiarían para el efecto. En el papel, el mecanismo era sencillo. Los pueblos elevaban su solicitud a la Comisión Agraria Local, que decidía sobre la justicia de la restitución o dotación. En caso afirmativo, tornaba al comité particular ejecutivo la orden de deslinde y entrega provisional. Una Comisión Nacional Agrícola dictaminaría en definitiva sobre cada caso y el poder ejecutivo expediría los títulos respectivos. Las personas afectadas tendrían derecho de apelación.

Si en el papel parecía sencillo, en la práctica el mecanismo resultó limitante, complicado y lento. Los beneficiarios de la ley eran «los pueblos», pero la ley no los definía. El tejido social en el campo mexicano incluía a otros personajes frente a quienes la ley era indiferente; medieros, arrendatarios, peones agrícolas y acasillados. Carranza había deseado la pacífica sumisión de la realidad a la ley, pero la violenta realidad, en muchas partes, la rebasaba. Hubo invasiones, talas, conflictos, confiscaciones. El 11 de junio de 1915 Carranza se sintió obligado a expedir un «Manifiesto a la nación»:

«En el arreglo del problema agrario no habrá confiscaciones. Dicho problema se resolverá por la distribución equitativa de tierras que aún conserva el gobierno; por la reivindicación de aquellos lotes de que hayan sido ilegalmente despojados individuos o comunidades; por la compra y expropiación de grandes lotes si fuera necesario; por los demás medios de adquisición que autoricen las leyes del país. La Constitución de México prohíbe los privilegios ... Toda propiedad que se haya adquirido legítimamente de individuos o gobiernos legales, y que no constituya privilegio o monopolio, será respetada».

La Comisión Nacional Agrícola tardó más de un año en instalarse, y cuando lo hizo, el 8 de marzo de 1916, trabajó con la velocidad de una tortuga. Mientras Carranza, sobre la marcha, expide decretos que afinan o limitan aspectos de la ley original, en el Palacio de Minería de la capital la comisión estudia cientos de expedientes. El 19 de septiembre de 1916, para desesperación de varios radicales y de muchos pueblos despojados o necesitados de tierra, Carranza suspende las posesiones provisionales. Un mes después, con fundamento en títulos exhibidos por el pueblo de Iztapalapa que databan de 1801, la comisión expide su primera restitución definitiva. Antes de la promulgación de la nueva Constitución, expediría únicamente dos más: en Xalostoc y Xochimilco. Magra cosecha.[38]

Con el problema obrero, la trayectoria de acercamiento y distancia, de iniciativa legal y freno práctico fue similar aunque más abrupta. Carranza recordaba las reformas a la legislación laboral que iniciara su admirado Bernardo Reyes en pleno porfiriato, y se proponía mejorarlas. El mismo había introducido una ley sobre accidentes de trabajo durante su periodo como gobernador. Una de sus primeras decisiones en Veracruz fue modificar 'la Constitución de 1857 para que su gobierno pudiese legislar sobre el trabajo. Al mismo tiempo integró una Comisión de Legislación Social con cuatro abogados: José Natividad Macías, Luis Manuel Rojas, Félix F. Palavicini y Alfonso Cravioto. La encomienda era estudiar las distintas legislaciones internacionales sobre el trabajo y aclimatarlas en México. Para cumplirla, Macías viaja a Estados Unidos y Europa. A su regreso redactaría un anteproyecto con varias disposiciones modernas: jornada de ocho horas, salario mínimo, establecimiento de juntas de conciliación y arbitraje, confirmación de derechos sindicales, accidentes de trabajo, etc. Aunque el proyecto no alcanza el rango de decreto, servirá de molde inicial del artículo 123 en la nueva Constitución.

Carranza y sus lugartenientes habían pretendido atraer al campesinado con las sirenas de la Ley del 6 de Enero. Con los obreros, emplearon una táctica más directa: establecer un pacto político. La idea, en realidad, partió de Obregón, que una vez más revelaba su genio, no sólo militar sino político. Secundado por la oratoria de Gerardo Murillo —el «doctor Atl»— y la astucia no menos persuasiva de Alberto J. Pani, Obregón se acercó a la Casa del Obrero Mundial. Como prenda, le había cedido ya, para instalar sus locales, el convento de Santa Brígida y el Colegio Josefino. A pesar de su raigambre anarcosindicalista, opuesta a toda relación con el poder, el 17 de febrero de 1915 la Casa firma en la ciudad de Veracruz un pacto trascendental con el ejército constitucionalista. A cambio de un futuro apoyo a las demandas de la clase obrera, la Casa se comprometía a «tomar las armas, ya para guarnecer las poblaciones que están en poder del gobierno constitucionalista, ya para combatir a la reacción», es decir, a los villistas y zapatistas. Inmediatamente se integraron seis batallones obreros denominados «rojos». En sus filas había más artesanos que obreros industriales: carpinteros, tipógrafos, albañiles, sastres, canteros... Cerca de tres mil hombres iniciaron su movilización hacia el cuartel general de Orizaba. Entre ellos iba el pintor José Clemente Orozco. Días más tarde los Batallones Rojos entrarían en acción.[39]

Aún antes de decidirse la contienda militar en favor de los constitucionalistas, los gobernadores de Veracruz y Yucatán —Cándido Aguilar y Salvador Alvarado— expidieron decretos avanzados en materia obrera. Al ocupar definitivamente la capital en agosto de 1915, Pablo González cede a los obreros la Casa de los Azulejos, símbolo del porfiriato, antigua sede del Jockey Club. Pero aquella luna de miel era engañosa. Cuando a fines de 1915 los obreros intentan ejercer, en varias instancias, el derecho de huelga, el gobierno de Carranza reacciona con dureza creciente.

El 20 de enero de 1916, en represalia por una huelga ferrocarrilera de solidaridad con los obreros textiles de Orizaba, Carranza militariza a los trabajadores del riel. A principios de 1916, bajo la presidencia del electricista Luis N. Morones, se integra la Federación de Sindicatos Obreros del Distrito Federal (FSODF), cuyo objetivo es volver a la tradición anarcosindicalista. El 13 de enero se expide la orden de concentrar en la ciudad de México a los Batallones Rojos para disolverlos. Días después, Carranza ordena a los gobernadores impedir concentraciones obreras, recoger credenciales y aprehender a los delegados cuya «labor tienda a trastornar el orden público».

Los enormes problemas económicos del gobierno preconstitucional, el deterioro de la moneda y el aumento constante de los precios trajeron consigo una ola de huelgas en varias ciudades de la República. En mayo de 1916 estalla en la capital una huelga que apoyan electricistas, tranviarios y telefonistas. Benjamín Hill, entonces comandante militar, amenaza con «severos castigos» a los huelguistas de la FSODF, pero retrasa el enfrentamiento mediante el pago en una moneda nueva: «el infalsificable». Muy pronto, el infalsificable comienza a devaluarse. Los obreros pretenden cobrar en oro y se oponen a los despidos, que empezaban a volverse habituales. El diario *El Pueblo*, voz del gobierno constitucionalista, da la versión oficial de los hechos:

«Cuando las clases trabajadoras asumen actitudes exclusivistas, como hace el capitalismo, entonces resulta que se borra toda diferencia entre el monopolio y la huelga. Entonces resulta ser la huelga el monopolio del trabajo ... La Confederación de Sindicatos está en el deber de marchar en sus procedimientos, en perfecto acuerdo con la Revolución hecha gobierno, porque la Revolución, en conjunto, tiene sobre los derechos del trabajo la supremacía del sacrificio y el valor incotizable, por inmenso, de la sangre derramada ... Debe tener presente los delicadísimos momentos actuales de nuestra política internacional y la necesidad que el mismo gobierno tiene ... de la cooperación de todos los ciudadanos ... La revolución constitucionalista abarca todos los intereses del pueblo mexicano; no ha sido una revolución hecha exclusivamente para el obrero ...».[40]

Agosto de 1916 sería el mes crucial. En el salón Star de la ciudad de México, sede del Sindicato Mexicano de Electricistas, una concentración masiva ha llamado a la huelga general. El 1.º de agosto Venusliano Carranza toma una durísima decisión contra la «desagradecida clase trabajadora»: vuelve a resucitar la ley del 25 de enero de 1862, que castiga con la pena de muerte a los «trastornadores del orden público».

Al día siguiente la Casa del Obrero Mundial dejó de existir. Carranza seguiría pensando —como había dicho en Veracruz— que los obreros «negaban el reconocimiento sagrado de la patria ... el principio de autoridad ... todo régimen de gobierno». Las organizaciones obreras, por su parte, extraerían del enfrentamiento una lección de sabiduría: esperar el arribo de un presidente con la sensibilidad política y social para institucionalizar el pacto.[41]

La legislación más entrañable para Carranza era la que se proponía defender o reivindicar los recursos naturales del país. En este empeño no dio ni pidió cuartel. «A conservar ante todo la integridad de la nación y su independencia», dijo a principios de 1916, «es a lo que aspira muy principalmente la Revolución actual, aparte de buscar el bienestar social ...»[42] Pero ni la integridad ni la independencia serían plenas si no se revertía la inclinación porfiriana de manga ancha con las inversiones extranjeras, sobre todo en materia de petróleo y minas.

La disputa se libró en varios frentes: contra las compañías petroleras, las empresas mineras y los gobiernos que las defendían, sobre todo el norteamericano. El frente más arduo fue el del petróleo. La legislación porfiriana otorgaba al dueño de la superficie la propiedad de los depósitos combustibles y bituminosos del subsuelo. Gracias a ello y a un régimen fiscal casi inexistente, dos empresas rivales habían acumulado propiedades inmensas o inmensamente productivas: El Aguila, la compañía inglesa de Lord Cowdray, y la Mexican Petroleum, del magnate norteamericano Edward Doheny. La primera operaba en la zona de Poza Rica y Papantla, la segunda en la de Tampico. La inversión total llegaba a los trescientos millones de dólares.

El presidente Madero había dado los primeros pasos para limitar por la vía fiscal los privilegios de los petroleros: en 1914 Cándido Aguilar decreta que las futuras perforaciones requerirán permiso oficial. El 19 de septiembre de 1914, desde la ciudad de México, Carranza instaura en todos los distritos fiscales un comité de análisis de bienes raíces. El decreto impuso a las compañías un dilema: si admitían el valor real, se incrementarían los impuestos; si declaraban el fiscal, corrían el riesgo de sufrir expropiación.

Ya en Veracruz, montado sobre el caballo de su nueva reforma, Carranza emite, el 7 de enero de 1915, un decreto que suspende los trabajos de construcción y explotación de petróleo hasta la emisión de una ley del petróleo. En ella trabaja el ingeniero Pastor Rouaix, quien al poco tiempo dictamina sobre la justicia de «restituir a la nación lo que es suyo, la riqueza del subsuelo, el carbón de piedra, el petróleo». En mayo de 1915 Carranza envía al propio Rouaix a observar el funcionamiento de las refinerías, campos y laboratorios norteamericanos con la idea precursora de crear una empresa petrolera mexicana.

El gozo nacionalista se iría al pozo petrolero por algún tiempo. Desde fines de 1914 hasta 1920, el general Manuel Peláez, dueño del feudo de las Huastecas, cobra quince mil dólares mensuales por proteger a las compañías petroleras de toda interferencia del poder central. Al gobierno de Carranza no le quedó otra salida que incrementar los impuestos de exportación (Peláez no controlaba los puertos) e insistir en otras vías de reivindicación: restringir la explotación por medio de permisos provisionales y registros; introducir —como había advertido desde su discurso en Hermosillo— la famosa «cláusula Calvo», que iguala frente a la ley a nacionales y extranjeros y, en fin, alertar a la opinión pública sobre la justicia del verdadero objetivo: recobrar para la nación el control del subsuelo.

Con las compañías mineras (el 80 por ciento de las cuales estaba en manos norteamericanas) el problema era distinto, pero no menos grave. En materia de minas, la legislación porfiriana no había sido tan generosa como en la de petróleo. Continuando la tradición virreinal, negó al superficiario la posesión de los minerales. Esta circunstancia favorable ayudó un poco a Carranza. Al primer aumento impositivo, decretado el 1.º de marzo de 1915, las compañías y Washington aducen inconstitucionalidad y exigen su derogación. Dos meses después, Carranza otorga concesiones a la pequeña minería y reglamenta impuestos y plazos de caducidad que afectan a las grandes compañías. El secretario de Estado, Lansing, insiste en la derogación de los decretos, pero sólo consigue ampliaciones de plazo. Carranza mantiene firme el arma de la caducidad porque provenía de la legislación porfiriana. El 15 de agosto de 1915 Carranza da otra vuelta a la tuerca con la inclusión legal, ya mencionada, de la cláusula Calvo. A partir de ese instante, los extranjeros no podían emplear la vía diplomática para defender sus derechos, sino únicamente los tribunales nacionales. Lansing truena una vez más: «disiente enfáticamente» del nuevo decreto e insiste en la validez de la vía diplomática; se trata, a su juicio, de impuestos confiscatorios. Carranza pone oídos sordos: sólo cede en algunos plazos y recargos, y no vuelve sobre sus pasos: nunca derogó un decreto nacionalista.[43]

Hubo un antiguo proceso histórico sobre el que Carranza no hubiese querido actuar, una cuestión que no tocó en su discurso de Hermosillo y que él, como muchos, creía superada: la relación entre la Iglesia y el Estado. Casi cuarenta años de conciliación porfiriana parecían haber logrado el milagro de limar las aristas mochas y jacobinas. De pronto, en 1914 comienzan a asomar los primeros síntomas de anticlericalismo. Buena parte de la violencia de los ejércitos carrancistas se dirige contra la Iglesia: sus hombres, sus encubiertas o abiertas propiedades, sus símbolos.

La República entera sirve de escenario a una extraña representación. En contraste con la devoción guadalupana de los zapatistas, que ostentaban imágenes, escapularios, estandartes con la imagen de la Virgen; a diferencia, también, de los villistas, que guardaban cierta circunspección frente a la vida religiosa, los carrancistas despliegan actos de premeditado y gozoso sacrilegio: beben en cálices, desfilan con ornamentos, hacen hogueras con confesionarios, fusilan imágenes, ejecutan santos, convierten las iglesias en cuarteles. En Monterrey se saqueó el obispado y se destruyó la biblioteca de monseñor Plancarte. En el estado de México se prohibieron los sermones, ayunos, bautizos, misas, confesiones y hasta besos en la mano de los curas.[44]

Quienes azuzaban la piqueta anticlerical eran, en cierta medida, los carrancistas del norte, en especial los de Sonora. Obregón marcó la pauta. En una de sus ocupaciones de la capital, impuso un préstamo de quinientos mil a «Don Clero», se jactó de su enemistad con la clericalla, humilló y finalmente deportó a varios ministros, en su mayoría extranjeros. Algunos gobernadores prohibieron los colegios confesionales, otros abrieron escuelas en antiguos palacios episcopales, suprimieron cofradías, rebautizaron tiendas de nombres religiosos. En Sonora, el gobernador Plutarco Elías Calles llegó a los extremos: expulsó a todos los sacerdotes católicos, sin excepción.

Frente a los anticlericales, Carranza no se rasgaba las vestiduras, pero tampoco permaneció inmóvil. Sabía de la responsabilidad del clero político en buena parte de las desventuras mexicanas, pero él no era partidario de extremismos ni desbordamientos. El 22 de agosto de 1916 pone freno a la avalancha de confiscaciones de propiedades eclesiásticas mediante un decreto que centraliza en la Secretaría de Hacienda el uso, la conservación y el mantenimiento de esas propiedades.[45] En cuestiones religiosas, como en todas las demás, Carranza demostró otra vez su preferencia por los cambios paulatinos, concertados y legales. Reprobándola, alzaba los hombros ante la fiesta anticlerical, pero ponía límites al *negocio* anticlerical. Sin embargo, el propio Francisco Villa lo acusó de «haber destruido la libertad de conciencia».

El volcán estaba lejos de haberse extinguido. Cuando los verdaderos anticlericales tomaron el poder en la década de los veinte, el país sufriría no una escenificación sino una guerra: la Cristiada.

Si en la cuestión religiosa Carranza hubiese querido conciliar, y así continuar a don Porfirio, en la cuestión económica hubiese querido no sólo continuarlo sino rebasarlo. Entre 1915 y 1916 hizo varios intentos de reconstrucción que a la postre resultaron infructuosos.

Su política bancaria, por ejemplo. En 1913, en su discurso de Hermosillo, había anunciado la futura creación de un banco único de emisión, «propugnándose, de ser preciso, por la desaparición de toda institución bancaria que no sea controlada por el gobierno». Entre octubre de 1915 y mayo de 1916 la Comisión Reguladora e Inspectora de Instituciones de Crédito revisa las concesiones con vistas a un ajuste gradual del sistema bancario a la ley vigente de 1897. De pronto, el desplome del último papel moneda carrancista —el infalsificable— dejó al gobierno, según Cabrera, con una sola alternativa: la incautación bancaria.

La devaluación monetaria fue otro inmenso dolor de cabeza. Desde un principio, Carranza había optado por financiar la revolución constitucionalista como lo habían hecho la Revolución francesa y la guerra de Secesión: emitiendo papel. Más de doscientos cincuenta millones de pesos —entre ellos los llamados bilimbiques— se habían emitido ya entre julio de 1913 y junio de 1916. Se vivía un verdadero caos circulatorio, al grado de que era difícil decidir sobre la falsedad o veracidad de las emisiones. En junio de 1916 entran al mercado quinientos millones de pesos en billetes «infalsificables». Pero todo es inútil. Entre junio y diciembre, la paridad frente al dólar se desploma de 9.70 a 0.46. Después de sesenta años de acostumbrarse gradualmente a vivir en un régimen de billete bancario, México volvía al metalismo.

En aquellas circunstancias, la reconstrucción económica resultaba imposible: Carranza no cejó en enviar comisiones de estudio al extranjero —para temas de desarrollo agrícola, por ejemplo—, pero se vivía aún la guerra con sus tribulaciones y exigencias. Todo el desigual edificio del progreso porfiriano se había venido abajo: se segaron los cultivos, se destruyeron instalaciones ferroviarias, se exportaron reses para comprar municiones, se cerraron minas e industrias, quebraron bancos, volaron o se escondieron capitales. En la ciudad de México faltaron agua, carbón, alimentos. Cundieron el tifo y otras plagas, no sólo biológicas, sino también morales; el tráfico con el hambre, la falsificación de moneda, la exacción, la amenaza, el robo. Sin paz, sin crédito, sin reservas, el país tendría que esperar algunos años para reanudar su crecimiento económico. Pero ahora sabía la condición: crecer con justicia, crecer con igualdad.

Tampoco en el rubro de la educación pudo avanzar mucho el carrancismo preconstitucional, mas no por falta de interés, sino por su peculiar concepción del problema. José Vasconcelos, el efímero ministro de Educación del gobierno convencionista, había anunciado la federalización de la tarea educacional. Su homólogo carrancista, Félix F. Palavicini, propuso, de acuerdo con Venustiano Carranza, un sistema opuesto: la descentralización educacional; la enseñanza —escribió— sólo corresponde al municipio. En febrero de 1916 Carranza le da el espaldarazo: decreta la autonomía de los ayuntamientos en materia de enseñanza.

Se trataba, en el fondo, de un conflicto entre dos ideas sobre la educación. Esta, para Palavicini y Carranza, era más bien enseñanza, instrucción. Su modelo son las escuelas norteamericanas inspiradas en el protestantismo. El gobierno carrancista envió más de cien profesores a Estados Unidos para estudiar sistemas pedagógicos y visitar escuelas industriales y granjas modelo. En marzo de 1915 se organizó un congreso pedagógico en Veracruz. En él se concluyó que la secundaria debería ser mixta, y la preparatoria, exclusiva para varones; también se recomendó establecer escuelas de enseñanza agrícola, mercantil e industrial, «a fin de evitar el auge del proletariado en las carreras literarias». El ideal carrancista era crear «Robinsones».

Vasconcelos, en cambio, buscaba precisamente promover «el auge del proletariado en las carreras literarias». Su proyecto, inspirado en los misioneros católicos del siglo XVI, concebía la labor educativa como un apostolado de cultura universal. El ideal vasconcelista era más religioso: crear «Odiseos».

Las «adiciones» al Plan de Guadalupe preveían la independencia del municipio y la libertad del poder judicial. Carranza avanzó más en lo primero: en la Navidad de 1914 decretó la reforma municipal; en septiembre de 1916 suprimió a los jefes políticos y estableció el municipio autónomo. Ese mismo mes —siempre pródigo en estallidos mexicanos— Carranza da el campanazo político de la década y de muchas décadas: convoca, como había anunciado en Hermosillo, un nuevo congreso constituyente. ¿Con qué fin? En esencia, para modificar la configuración política de la Constitución de 1857:

«A pesar de la bondad indiscutible de los principios en que descansa ... [la Constitución] continuará siendo inadecuada para la satisfacción de las necesidades públicas y muy propicia para volver a entronizar otra tiranía igual o parecida a las que con demasiada frecuencia ha tenido el país, con la completa absorción de todos los poderes por parte del ejecutivo; o que los otros, con especialidad el legislativo, se conviertan en una rémora constante para la marcha regular y ordenada de la administración».[46]

Incorporar las reformas sociales a la Constitución era algo que no pasaba por su mente; podían ser expedidas y puestas en práctica inmediatamente, como lo fueron las Leyes de Reforma, las cuales «no vinieron a ser aprobadas e incorporadas a la Constitución sino después de varios años de estar en plena observancia». El objetivo de Carranza se reducía a una palabra: legitimidad.

«El único medio de alcanzar los fines indicados es un congreso constituyente por cuyo conducto la nación entera exprese de manera indubitable su soberana voluntad, pues de este modo, a la vez que se discutirán y resolverán en la forma y vía más adecuadas todas las cuestiones que hace tiempo están reclamando solución que satisfaga ampliamente las necesidades públicas, se obtendrá que el régimen legal se implante sobre bases sólidas en tiempo relativamente breve, y en términos de tal manera legítimos que nadie se atreverá a impugnarlos.»[47]

Carranza recordaba la continuidad de las anteriores constituciones, las de 1824 y 1857, y preveía ese mismo espíritu en la futura Constitución:

«Se respetará escrupulosamente el espíritu liberal de dicha Constitución, a la que sólo se quiere purgar de los defectos que tiene ya por la contradicción y obscuridad de algunos de sus preceptos, ya por los huecos que hay en ella o por las reformas que con el deliberado propósito de desnaturalizar su espíritu original y democrático se le hicieron durante las dictaduras pasadas».[48]

Del congreso constituyente que Carranza imaginaba, debería salir un Estado fuerte, legítimo, equilibrado; un poder ejecutivo mucho más poderoso y expedito que el de la Carta de 1857, pero sin posibilidad, a su juicio, de incurrir en la tentación dictatorial; un poder legislativo menos prepotente que el de la Constitución liberal; un poder judicial cuya independencia se garantizaría con la inamovilidad de los jueces. En el otro extremo de la vida pública, don Venustiano Carranza soñaba con establecer, de una vez y para siempre, el municipio libre.

De todas las cajas de Pandora que don Venustiano abrió, fue ésta la más personal, la más cercana a su sensibilidad histórica, la que reservó las mayores sorpresas. Carranza confiaba en que la nueva Constitución avalaría *su* concepto de autoridad y respetaría *su* tiempo psicológico. Acertó en lo primero, se equivocó en lo segundo. Creyó que las discusiones se centrarían en «purgar los defectos» políticos de la Constitución de 1857, sin pretender incorporar a la futura carta las nuevas reformas que deberían seguir, como las de Juárez, su curso histórico, su proceso de maduración. Los diputados, en efecto, aprobarían las reformas de Carranza a la estructura de los poderes públicos pero, para su sorpresa, acelerarían el *tempo* histórico introduciendo las nuevas reformas sociales en el texto constitucional.

Carranza pensó que en Querétaro se escenificaría el capítulo final de la época de Reforma, pero se equivocó. Fue, en cierta forma, el capítulo inicial de la revolución social.

# La nueva Constitución

En octubre de 1915, a raíz de su triunfo, Venustiano Carranza había iniciado un largo, anacrónico, pausado y no muy útil viaje triunfal por casi todos los rincones de la República. A principios de 1916 llegó a la ciudad de Querétaro, donde instaló la capital provisional de su gobierno. El 2 de enero de ese mismo año pronunció un discurso revelador. Venustiano Carranza solamente conocía una brújula: la brújula de la historia:

«Al partir de Veracruz tenía yo fija la mirada en Querétaro, adonde acabamos de llegar. La tenía también durante la campaña, cuando inició su avance al norte el general Obregón, como el punto de donde tuviera que decidirse la suerte de nuestra lucha. La profecía se realizó: los campos de Celaya se cubrieron de sangre y de gloria, el ejército constitucionalista, desde ese día, quedó seguro del triunfo sobre la reacción.

»Por esto ha sido un motivo de satisfacción para mí haber venido a fijar aquí la residencia accidental del gobierno, para continuar la obra que hemos emprendido; y el haberme fijado en Querétaro es porque en esta ciudad histórica, en donde casi se iniciara la Independencia, tomando parte activa un matrimonio feliz, el del Corregidor y la Corregidora, fue más tarde donde viniera a albergarse el gobierno de la República para llevar a efecto los tratados que, si nos quitaban una parte del territorio, salvarían cuando menos la dignidad de la nación; y fue también donde cuatro lustros después se desarrollaran los últimos acontecimientos de un efímero Imperio, al decidirse la suerte de la República triunfante después de una larga lucha. Por eso es para nosotros muy grata la llegada a esta ciudad, viniendo a inspirar todos nuestros actos, todos nuestros deseos y todos nuestros esfuerzos para el mejoramiento de la República, en los recuerdos de los acontecimientos históricos que aquí tuvieron lugar».[49]

No podía ser más clara su actitud, su psicología histórica. Llegaba a Querétaro, la ciudad decisiva del siglo XIX, para anunciar que allí se escribiría la *última* palabra —la palabra correctiva— de aquel tormentoso siglo:

«En Querétaro, indudablemente que continuaremos y concluiremos lo empezado en Veracruz. Aquí, señores, se expedirán probablemente las últimas leyes, se darán los últimos decretos y tal vez hasta la última Constitución que México necesita para que pueda encauzarse, para que pueda mantener su independencia».[50]

Meses después, en abril de 1916, Carranza establecía definitivamente su gobierno en la ciudad de México. Durante año y medio de «preconstitucionalidad», había logrado un triunfo casi completo sobre sus opositores militares, pero en la múltiple batalla de la nueva Reforma su destino, como se vio, era incierto. ¿Lo comprendía? Sí y no. Es indudable que Carranza *reconocía* la existencia de un problema social y nacional. En las cuestiones agraria y obrera, y en la defensa de los recursos naturales, buscó deliberada, conscientemente, encauzar —palabra clave, recuérdese— la Revolución mediante leyes y decretos. En los tres casos logró su propósito, mas no de la manera ordenada que hubiese querido, sino abriendo el cauce turbulento a nuevos procesos históricos de larga duración. No podía ser de otra manera. Nunca antes un gobierno mexicano había perseguido como objetivos prioritarios el bienestar social y la reivindicación de los recursos nacionales. Apenas algunos diputados liberales, como Ponciano Arriaga, habían tenido ojos para la pobreza. Y aunque don Porfirio había defendido celosamente la integridad nacional, el nacionalismo económico representó una nota tardía en su gobierno.

Los nuevos procesos históricos *rebasaron* a Carranza sin que éste pudiese entender cabalmente por qué: confiscaciones agrarias, huelgas obreras, rebeldía de compañías extranjeras, erupción del volcán antirreligioso, caos económico, etc. Para cerrar la caja de Pandora, para apaciguar los espíritus que él mismo había contribuido a convocar, Carranza tenía una sola fórmula, en principio: fortalecer orgánica y legalmente los poderes públicos para que de ellos emanasen los cambios. Era natural que lo intentase así. En 1917 tenía cincuenta y ocho años. Pertenecía a una generación que confiaba en la ley y el orden. Ante sus ojos, de pronto, la realidad se desbordaba en exigencias que no necesariamente compartía. Su mérito histórico, en este caso, fue reconocerlas y darles cauce *desde* la autoridad.

Venustiano Carranza entrando en el teatro de la República, en Querétaro, para la firma de la Constitución (febrero, 1917).
«Carranza no era un místico del poder. Carecía de los atributos divinos pero tenía en exceso los humanos para encarnar el principio de autoridad de la Revolución.» (E. K.)

El 18 de noviembre de 1916, «con gran sentido del drama y de la historia», escribe Cumberland, «Carranza salió del Palacio Nacional de la ciudad de México a las 8 a.m. en una cabalgata de cincuenta hombres para hacer a caballo la larga jornada a Querétaro. Siguiendo la senda utilizada por Maximiliano en su retirada de la ciudad de México hacia Querétaro antes de su captura final y su ejecución en 1867, el Primer Jefe llegó a la sede del Constituyente poco antes del mediodía del 24 de noviembre ... Estando todo dispuesto, la tarde del 1.º de diciembre Carranza apareció en la sala de las sesiones, debidamente escoltado».[51] Un auditorio joven en el que había obreros, profesionales liberales, pequeños comerciantes, periodistas, maestros, escuchó su discurso con respeto pero sin sumisión. Carranza les hablaba desde otro siglo. Ellos eran impacientes y románticos, y sólo confiaban en la ley como palanca inmediata del cambio revolucionario. No representaban a la Reforma. Representaban a la Revolución.

En varios casos la pauta fue la misma. Los diputados cercanos a Carranza, pertenecientes al llamado bloque renovador, presentaban un proyecto que modificaba levemente la Constitución de 1857. El sector opuesto lo reprobaba y proponía otro más radical. Así ocurrió con el artículo 27. En el proyecto carrancista se argumentaba que el texto original de la Constitución del 57 bastaba para el propósito de adquirir tierras y repartirlas, fundando así la pequeña propiedad. De ese modo reducía el problema a un proceso administrativo.[52] Y aunque sus disposiciones no se contradecían, la Ley del 6 de Enero tampoco se incorporaba a la nueva Carta.

De inmediato, Pastor Rouaix formó una comisión voluntaria o «núcleo fundador» para estudiar y modificar el proyecto. En ella colaboró Andrés Molina Enríquez. La filosofía social de *Los grandes problemas nacionales* guió el espíritu de la nueva ley hacia rumbos muy distintos de los que proponía Carranza. La solución no radicaba —sostenía el antiguo juez— en respetar con leves retoques la Constitución liberal, sino en volver al espíritu de la legislación colonial:

«La nación, como antiguamente el rey, tiene derecho pleno sobre tierras y aguas; sólo reconoce u otorga a particulares el dominio directo y en las mismas condiciones que en la época colonial. El derecho de propiedad así concluido le permite a la nación retener bajo su dominio todo lo necesario para su desarrollo social, así como regular el estado total de la propiedad, y al gobierno resolver el problema agrario.

»A partir de la Independencia se adoptó una legislación civil incompleta que sólo se refería a la propiedad plena y perfecta, como en algunos países europeos, dejando sin amparo ni protección a los indígenas. El mal se agravó con la Reforma y culminó durante el porfiriato, ignorando la existencia de las comunidades ...».[53]

En su párrafo primero, el nuevo artículo 27 daba a la nación, como antaño la colonia al rey, la propiedad de las tierras y aguas: «La nación ha tenido y tiene el derecho de transmitir el dominio de ellas a los particulares, constituyendo la propiedad privada». Otros puntos, no menos revolucionarios, eran los siguientes:

—Las expropiaciones sólo pueden hacerse por causa de utilidad pública y mediante indemnización.

—La nación impondrá a la propiedad privada las modalidades que dicte el interés público.

—Los pueblos, rancherías o comunidades que carezcan de tierras y aguas, o no las tengan en cantidad suficiente para las necesidades de su población, tendrán derecho a que se les dote de ellas, tomándolas de las propiedades inmediatas y respetando siempre la pequeña propiedad.

—Los condueñazgos, rancherías, pueblos, congregaciones, tribus, y demás corporaciones de población que de hecho o por derecho guarden el estado comunal tendrán capacidad para disfrutar en común de las tierras, bosques y aguas que les pertenezcan o que se les hayan restituido o restituyeren conforme a la Ley de 6 de Enero de 1915.

«El nuevo artículo 27», escribe Cumberland, «ponía las bases para los más fundamentales cambios económicos y sociales y preparaba el camino para las decisiones gubernamentales que engendrarían duras luchas dentro y fuera de México. Era agraviar todo un modo de vida en México y los conceptos internacionales aceptados en materia tanto de propiedad en general como de derechos extranjeros. No sólo era el más largo de todos los artículos constitucionales; también era el más nacionalista y el más belicoso.»

Legalmente, a partir de ese momento la era de los latifundios y las haciendas llegaba a su fin. No la había concluido la llegada del siglo XX, sino un siglo XX sensible al pasado colonial.

Un proceso similar llevó a la redacción del artículo 123. El 1.º de diciembre de 1916 el Primer Jefe se había referido al problema obrero con un sentido —de nuevo— más liberal que revolucionario:

«Se implantarán todas las instituciones del progreso social en favor de ... todos los trabajadores ... [se limitará el] número de horas de trabajo, de manera que el operario no agote sus energías y sí tenga tiempo para el descanso y el solaz, y para ... que pueda frecuentar el trato de sus vecinos, el que engendra simpatías y determina hábitos de cooperación para el logro de la obra común. [Se establecerán] las responsabilidades de los empresarios para los casos de accidentes ... seguros ... de enfermedad y de vejez. [Se fijará un] salario mínimo bastante para subvenir las necesidades primordiales del individuo y de la familia y para asegurar y mejorar su situación ... Con todas estas reformas ... espera fundadamente el gobierno de mi cargo que las instituciones políticas del país responderán satisfactoriamente a las necesidades sociales, y que esto, unido a las garantías ... de la libertad individual, será un hecho efectivo y no meras promesas irrealizables ...».

Con todo, explica Bertha Ulloa, «el artículo 5.° del proyecto de Carranza era muy similar al de la Constitución de 1857 reformado el 10 de junio de 1898». Sólo incluía leves cambios, relativos más bien a los derechos individuales de los trabajadores que a su carácter de clase social. No hablaba, por ejemplo, del derecho de huelga.

Los jóvenes revolucionarios no tardan en reaccionar. Froylán Manjarrez propone incluir las disposiciones sobre el trabajo en un nuevo artículo. Francisco J. Múgica pide a la asamblea «darle al pueblo obrero la única, la verdadera solución al problema». Una comisión en la que participa Rouaix se reúne en la antigua Capilla del Obispado para «conseguir que los principios del cristianismo ... tantas veces ensalzado aquí, tuvieran su realización en la práctica».

De aquellos debates nació el artículo 123 constitucional. El texto traía ecos evidentes del proyecto de José Natividad Macías y ecos secretos, acaso inadvertidamente, del catolicismo social que propugnaba el papa León XIII en su encíclica *Rerum Novarum*. Entre sus puntos sobresalientes estaban la jornada de ocho horas, la prohibición del trabajo infantil, la reglamentación del trabajo de jóvenes y mujeres, el descanso obligatorio, el salario remunerador y en efectivo, la participación de utilidades, el establecimiento de juntas de conciliación, la indemnización en el despido, etc.

Entre los constituyentes se encontraba un sobreviviente de la huelga de Cananea: Esteban Baca Calderón. Al levantar su brazo, debió de pensar que el sacrificio no había sido en vano.[54]

La faceta más delicada del artículo 27, la más preñada de futuros conflictos, fue la relativa a los recursos del subsuelo. En su intervención inicial, Carranza había tocado el tema pero sin proponer medidas cuyo radicalismo sobrepasase la cláusula Calvo, que establecía que todo extranjero, al adquirir bienes raíces en el país, debía renunciar expresamente a su nacionalidad con relación a dichos bienes y someterse, en cuanto a ellos, a las leyes mexicanas. En la exposición de motivos redactada por Andrés Molina Enríquez se iba adelante... partiendo de atrás:

«Nuestra proposición ... anuda nuestra legislación futura con la colonial; ... por virtud de existir ... el derecho de propiedad absoluta del rey ... ese derecho ha pasado con el mismo carácter a la nación. En tal concepto, la nación viene a tener el derecho pleno sobre las tierras y aguas ... y sólo reconoce u otorga a los particulares el dominio directo, en las mismas condiciones en que se tuvo ... en la época colonial ... y que la República después lo ha reconocido u otorgado. El derecho de propiedad así concebido... permite a la nación retener bajo su dominio todo cuanto sea necesario para el desarrollo social, como las minas, el petróleo, etc., no concediendo a los particulares más que los aprovechamientos que autoricen las leyes respectivas».

La iniciativa, elaborada por una comisión en la que también interviene Pastor Rouaix, se aprobó casi intacta. Entre sus puntos fundamentales, además de lo que Frank Tannenbaum llamó nueva «teoría de la propiedad» (la nación sustituye al rey), destacaban:

«—La nación se reserva el dominio directo de todos los minerales o sustancias del subsuelo incluyendo el petróleo.

»—Sólo los mexicanos por nacimiento o por naturalización y las sociedades mexicanas tiene derecho para adquirir el dominio de las tierras, aguas y sus accesiones (en la República mexicana) o para obtener concesiones de explotación de minas, aguas o combustibles minerales en la República mexicana. El Estado podrá conceder el mismo derecho a los extranjeros siempre que convengan ante la Secretaría de Relaciones en considerarse como nacionales respecto de dichos bienes y en no invocar, por lo mismo, la protección de sus gobiernos por lo que se refiere a aquéllos; bajo pena, en caso de faltar al convenio, de perder en beneficio de la nación los bienes que hubieren adquirido en virtud del mismo.

»—Las sociedades civiles o comerciales de títulos al portador, no podrán adquirir, poseer o administrar fincas rústicas.

»—En una faja de cien metros a lo largo de las fronteras y de cincuenta en las playas, por ningún motivo podrán los extranjeros adquirir el dominio directo sobre tierras y aguas».

Dentro del esquema liberal, respetuoso de la propiedad individual como un fin en sí mismo, la postura negociadora del gobierno mexicano había sido endeble. Siempre cabía, contra sus actos, el argumento de retroactividad. Con la nueva redacción del artículo 27 —anterior y posterior al esquema liberal— los jóvenes radicales afianzaban la posición del país frente a las compañías extranjeras: no cabía hablar de retroactividad porque la nación *había sido siempre* la propietaria del suelo y el subsuelo.[55] En punto a nacionalismo, los jóvenes habían resultado más carrancistas que Carranza. La razón era sencilla: los inspiraba otro patriarca de barbas venerables, cuya sabiduría histórica y concepto de nación eran más amplios. No partía del siglo XIX ni se detenía en él, sino que anudaba el presente a la época colonial: Andrés Molina Enríquez.

«El clero es el más funesto, el más perverso enemigo de la patria», exclamó Francisco J. Múgica —expulsado alguna vez del seminario de Zamora— en una sesión en que se discutía el más explosivo de los problemas de la patria: la relación entre la Iglesia y el Estado. Para estos nuevos y más iracundos jacobinos, la Iglesia era una cueva de ladrones, forajidos, estafadores... Hidra que devoraba al mexicano (y sobre todo a la mexicana) por la vía auricular: el confesionario.

Recordando el pequeño dato de que todos los mexicanos —con poquísimas excepciones— eran católicos, los liberales cercanos a Carranza aconsejan prudencia y realismo. Alfonso Cravioto —que de joven proclamó, como «el Nigromante», la inexistencia de Dios— había cambiado un poco de opinión: «El clericalismo, he aquí al enemigo. Pero el jacobinismo, he aquí también otro enemigo». El propio Carranza pronunció palabras tolerantes:

«Las costumbres de los pueblos no se cambian de la noche a la mañana; para que un pueblo deje de ser católico, no basta que triunfe la Revolución; el pueblo mexicano seguirá tan ignorante, supersticioso y apegado a sus antiguas costumbres si no se le educa».

De nueva cuenta, en los artículos concernientes a la religión (3.º y 130), los carrancistas saldrían derrotados. La Constitución de 1917 rebasa el espíritu anticlerical de la Carta de 1857 en varios sentidos:

—Desconoce toda personalidad a la Iglesia.

—Niega a los sacerdotes derechos comunes y políticos y los sujeta a registro público.

—Prescribe la enseñanza laica. Las escuelas primarias particulares quedan sujetas a la vigilancia oficial, no pueden ser dirigidas por corporaciones religiosas o por sacerdotes.

—Prohíbe el culto público fuera de los templos.

—Todos los templos pasan al dominio de la nación.

En este caso, al igual que en el artículo 27, la crítica a la Constitución liberal partía hasta cierto punto de esquemas y raíces coloniales. «La Iglesia se encontró de hecho», explica Bertha Ulloa, «en la situación que había tenido antes de la Independencia, ya que el Estado logró recobrar en provecho propio el Real Patronato que ejercían los reyes de España, no dejando libre a la Iglesia más que el dominio de la doctrina y la devoción privada. Este nuevo Patronato iba a ser aplicado por un Estado que no era cristiano, sino agresivamente antirreligioso, y cuyas decisiones eran sin apelación, ya que no tenía relación alguna con Roma.»[56]

Lejos de cerrarse o de esparcir sus sorpresas de manera concertada, aquella caja de Pandora abierta por don Venustiano con sus «adiciones al Plan de Guadalupe» había deparado, como gran sorpresa, la redacción de cuatro artículos en verdad revolucionarios: 3.º, 27, 123 y 130. Las nuevas leyes de reforma se habían incorporado, acrecentadas, a la nueva Carta, haciendo de ésta un cuerpo legal y doctrinal muy distinto, y aun opuesto, a la Constitución de 1857. Los diputados carrancistas, por su parte, introducirían su propia corrección política a la Carta liberal, las reformas anunciadas por el Primer Jefe a la estructura de los poderes públicos:

—Fortalecimiento del poder ejecutivo.

—Límites al poder legislativo.

—Inamovilidad de los magistrados del poder judicial para asegurar su independencia.

—Supresión de la vicepresidencia.

—Autonomía municipal.

El grupo carrancista introdujo también la disposición para el establecimiento de un banco de emisión único. El espíritu liberal, celoso ante todo de los derechos humanos e individuales frente al poder, se conservó respetando varios artículos de la Constitución de 1857 e incorporando el lema maderista que había iniciado el movimiento revolucionario: «Sufragio efectivo, no reelección».

El 5 de febrero de 1917, después de dos meses de apasionado debate, se proclamó la Constitución. No era, como había esperado Carranza, la *última* palabra de la etapa liberal, sino la primera de la época revolucionaria.

# El nuevo Estado

¿Cuál fue el enlace profundo entre la lucha y las leyes, el vínculo entre Revolución y Constitución? Como todos los hechos humanos, la Revolución tiene una anatomía compleja. Desde el punto de vista del pueblo que luchó, triunfó y murió, la Revolución fue un crisol misterioso de actitudes y sentimientos: reivindicación económica y social, expectativas, justicia, venganza, búsqueda, afirmación, relajo, descubrimiento, coraje, azoro, tragedia, luz. No sólo los catrines, muchas gentes humildes la vivieron como un descenso a los infiernos. Quizá nadie expresó mejor que José Clemente Orozco, en sus murales y en su *Autobiografía*, el aspecto dantesco de la Revolución mexicana:

«... la tragedia desgarraba todo a nuestro alrededor. Tropas iban por las vías férreas al matadero. Los trenes eran volados ... Se acostumbraba la gente a la matanza, al egoísmo más despiadado, al hartazgo de los sentidos, a la animalidad pura y sin tapujos. Las poblaciones pequeñas eran asaltadas y se cometía toda clase de excesos. Los trenes que venían de los campos de batalla vaciaban en la estación de Orizaba su cargamento de heridos y de tropas cansadas, agotadas, hechas pedazos, sudorosas, deshilachadas.

»En lo político, otra guerra sin cuartel, otra lucha por el poder y la riqueza. Subdivisión al infinito de las facciones, deseos incontenibles de venganza. Intrigas subterráneas entre los amigos de hoy, enemigos mañana, dispuestos a exterminarse mutuamente llegada la hora.

»Sainete, drama y barbarie. Bufones y enanos siguiendo a señores de horca y cuchillo en conferencia con sonrientes celestinas. Comandantes insolentes enardecidos por el alcohol, exigiéndolo todo pistola en mano.

»Tiroteos en calles oscuras, por la noche, seguidos de alaridos, de blasfemias y de insultos imperdonables. Quebrazón de vidrieras, golpes secos, ayes de dolor, más balazos.

»Un desfile de camillas con heridos envueltos en trapos sanguinolentos y de pronto el repicar salvaje de campanas y tronar de balazos. Tambores y cornetas tocando una diana ahogada por el griterío de la multitud dando vivas a Obregón. ¡Muera Villa! ¡Viva Carranza! "La cucaracha" coreada a balazos. Se celebraban escandalosamente los triunfos de Trinidad y de Celaya, mientras los desgraciados peones zapatistas caídos prisioneros eran abatidos por el pelotón carrancista en el atrio de la parroquia».[57]

Para otros, en cambio, la Revolución tuvo el carácter profundo de una vuelta religiosa al origen. Octavio Paz lo expresó en otro párrafo memorable:

«Por la Revolución el pueblo mexicano se adentra en sí mismo, en su sustancia, para extraer de su intimidad, de su entraña, su filiación ... es una súbita inmersión de México en su propio ser ... Vuelta a la tradición, reanudación de los lazos con el pasado, rotos por la Reforma y la dictadura, la Revolución es una búsqueda de nosotros mismos y un regreso a la madre. Y por eso también es una fiesta ... un llegar a extremos, un estallido de alegría y desamparo, un gesto de orfandad y júbilo, de suicidio y de vida, todo mezclado ... La Revolución apenas si tiene ideas. Es un estallido de la realidad: una revuelta y una comunión, un trasegar viejas sustancias dormidas, un salir al aire muchas ferocidades, muchas ternuras y muchas finuras ocultas por el miedo a ser. ¿Y con quién comulga México en esta sangrienta fiesta? Consigo mismo, con su propio ser. México se atreve a ser. La explosión revolucionaria es una portentosa fiesta en la que el mexicano, borracho de sí mismo, conoce al fin, en abrazo mortal, al otro mexicano».[58]

Aquella fiesta de redención y dolor, aquel «hombrearse con la muerte», aquel multicolor desfile, enjambre, teatro;[59] aquel interminable fuego de artificio y fusilería, fue un acto inmenso y trágico de expresión popular, pero también una lectura de ese acto por las clases medias.

De la lectura pasaron a una interpretación, a una teoría. Por oportunismo político, a veces por convicción, ciertos hombres de clase media buscaron ajustar la lucha a un esquema racional. No podían conceder gratuidad a la destrucción y la muerte. Debía haber una finalidad en los hechos. Muchos terminaron por admitir que Zapata tenía razón y razones. Había que recoger sus banderas junto con otras distintas y más amplias. Las nuevas leyes de reforma de Venustiano Carranza —sus decretos de 1915 y 1916— y la nueva Constitución de 1917 representan la transmutación de la guerra civil en filosofía social. Sin esa lectura racional de los acontecimientos, la Revolución hubiese sido más bien una revuelta. Frank Tannenbaum, estudioso y amigo de México, lo expresó con claridad:

«La Constitución de 1917 proveyó a la Revolución con un programa que podía ponerse en juego para justificar la política oficial y su realización en detalle. Desde ese punto de vista, la Revolución es el producto del congreso constituyente. La revolución social que desde entonces ha venido desarrollándose recibió por adelantado la sanción de la ley».

En 1917 no había una sino varias lecturas de la realidad. Quienes las representaban *no* tuvieron, en muchos casos, cabida directa en el congreso constituyente: los liberales que hubiesen querido no tocar la Carta del 57, los intelectuales idealistas que pugnaban por un nacionalismo cultural y una educación apostólica, los futuros técnicos de la reconstrucción económica, los anarquistas disidentes de la Casa del Obrero Mundial que rodeaban a Zapata o habían naufragado con la Convención, los católicos, los porfiristas y los huertistas Pero entre las lecturas de la realidad que *sí* tuvieron cabida sobresalieron dos: la radical y la carrancista.

Radical es la palabra perfecta para designar a los artífices de los artículos 3.°, 27, 123 y 130. Radical viene de *raíz;* aquellos constituyentes eran radicales en doble sentido: querían partir desde la raíz de los problemas y arrancar su raíz, si era necesario.

A los mejores de ellos los impulsaba un profundo humanitarismo, el deseo de «anteponer la condición y el mejoramiento de los más al de los menos, y la creencia de que no se conseguiría ese fin sin la iniciativa y el sostén activo de la Revolución hecha ya gobierno». Desconfiaban de las leyes liberales porque, a su juicio, habían servido casi siempre para disimular privilegios y opresión.

Para hacer justicia, para justificar el derramamiento de tanta sangre, para asegurar que el siguiente congreso no revirtiera los nuevos postulados, había que partir de la raíz. ¿Pero de cuál raíz? Entonces se oyó la voz de Andrés Molina Enríquez, eterno predicador de una vuelta al verdadero molde de la vida mexicana: la época colonial. A partir de ese origen, la Constitución de 1917 desplazó a la era liberal: una nueva teoría de la propiedad confería a la nación el antiguo dominio del rey sobre suelos y subsuelos; y una nueva legislación otorgaba al Estado, frente a la religión católica, los poderes casi omnímodos del Real Patronato. Los latifundios, los privilegios extranjeros en materia de subsuelo, el clero y sus derivaciones económicas, políticas y educativas, eran los males que la nueva legislación arrancaba de raíz.

Para el artículo 123 no se partió de la raíz sino de los vientos de justicia social que soplaban desde hacía décadas en Occidente. Lo más notable fue que en febrero de 1917 no había tenido lugar aún el primer gran cambio institucional e irreversible nacido de la ideología socialista: la Revolución rusa. Así, quizá sin advertirlo, los constituyentes radicales del 17 se habían adelantado en el asalto del siglo XX al bastión liberal del siglo XIX.

Así como «radical» es la palabra perfecta para describir la actitud de muchos jóvenes constituyentes, «liberal» es un término insuficiente y, en cierto modo, equívoco para describir la ideología de los diputados carrancistas. Ningún concepto único expresa su actitud. Si los radicales atesoraban como valores supremos la justicia social y la igualdad material, los carrancistas buscaban fines distintos y no siempre compatibles con aquéllos: la plena independencia nacional, el fortalecimiento orgánico de los poderes públicos, la autonomía municipal y las libertades individuales.

El ideólogo principal del nacionalismo y la independencia fue el propio Carranza. Aquel emotivo discurso de 1916 en Querétaro, enraizado a su vez en la sensibilidad coahuilense, «sensibilidad de frontera», había sido casi una confesión:

«... las naciones débiles han tenido y tienen el derecho de ser respetadas. Tenemos que probar que ... sabremos conservar nuestra independencia aun cuando nuestra nación sea débil ... debemos demostrar que tenemos el poder suficiente para restablecer solos la paz en nuestra República ... A conservar ante todo la integridad de la nación y su independencia ... aspira la Revolución actual ...».[60]

La autonomía municipal constituye otro aporte de Carranza a la Constitución, aporte tan personal como su afirmación nacionalista o más. La vieja tradición de los municipios españoles sobrevivía aún en Coahuila. El mismo y su familia la habían ejercido puntualmente en años menos turbulentos. Ningún otro presidente mexicano defendería el municipio como Carranza. *El Pueblo*, órgano oficial, se hacía eco de sus creencias: «El ayuntamiento libre será el camino al municipio libre, y el municipio libre se convertirá en el almácigo de ciudadanos, de una gran patria libre, fuerte y culta».

El tercer aporte constitucional del grupo carrancista se inspiró en un distinguido intelectual porfiriano: Emilio Rabasa. En *La Constitución y la dictadura* (1912), Rabasa había dictaminado una relación causal entre el utopismo liberal de la Constitución de 1857 y la dictadura porfiriana. Para Rabasa, muchos de los males de México provenían de haber querido adoptar un código de democracia pura en un país sin cultura democrática. Carranza lo creía a pie juntillas: «Las costumbres de gobierno», afirmaba, «no se imponen de la noche a la mañana; para ser libre no basta quererlo, sino que es necesario también saberlo ser».[61]

Para Carranza, los pueblos latinoamericanos necesitaban «todavía de gobiernos fuertes, capaces de contener dentro del orden a poblaciones indisciplinadas, dispuestas a cada instante, y con el más fútil pretexto, a desmanes». No bastaba, a su juicio, que el gobierno respetase la ley. Madero había probado hasta el martirio que no sólo de derecho vivía el hombre:

«Si, por una parte, el gobierno debe ser respetuoso de la ley y de las instituciones, por la otra debe ser inexorable con los trastornadores del orden. El poder legislativo, que por naturaleza propia de sus funciones tiende siempre a intervenir en las de los otros, estaba dotado en la Constitución de 1857 de facultades que le permitían estorbar o hacer embarazosa y difícil la marcha del poder ejecutivo, o bien sujetarlo a la voluntad caprichosa de una mayoría fácil de formar en las épocas de agitación, en que regularmente predominan las malas pasiones y los intereses bastardos».

De ahí también su actitud frente al zapatismo. Para Carranza, escribe Womack, «los zapatistas no eran sino forajidos del campo, peones advenedizos que nada sabían de cómo gobernar». Ningún cambio desde abajo era admisible:

«Las facciones que después de la derrota del huertismo han combatido al gobierno constitucionalista», decía Carranza, «se han distinguido, a la vez, por su falta de orden, o lo que es lo mismo, por la ausencia completa de la ley, por la carencia de toda clase de respeto al derecho ajeno».

La referencia a Juárez no acercaba mayormente a Carranza en ese momento al pensamiento liberal. Su concepto de democracia era muy distinto al del liberalismo constitucional clásico. «En México», escribe Arnaldo Córdova, «la democracia significaba conciliación, de ningún modo —como en Europa— discordia por el poder; no era una conquista que había que arrancar al Estado, sino objetivo que sólo a través del Estado podía realizarse.» Carranza describió mejor que nadie esta curiosa acepción mexicana de democracia:

«La democracia, la única que puede establecer la concordia en todas las clases sociales, por la armonía de todos los intereses, sobre la base de la independencia de todos los hombres y especialmente de los miembros de un mismo cuerpo político y de la perfecta igualdad entre ellos, no es, no puede ser otra cosa, en esencia y en verdad, que el gobierno de la razón alta, profunda y serena, que palpando las pulsaciones de la vida de la nación y observando atentamente su historia y sus necesidades y tendencias, busca fórmulas adecuadas para establecer y conservar el equilibrio en sus fuerzas vitales, medidas salvadoras para remediar males que amenazan su existencia o la hacen difícil y desgraciada, y reformas útiles para levantar su espíritu y ennoblecer su voluntad, despertando y fortificando sentimientos de piedad para los desvalidos, de liberación para los que sufren por las injusticias sociales y de fraternidad y simpatía para todos. Por esta razón, la democracia sincera y rectamente vista y honradamente practicada no debe buscar la mayoría en compromisos de partidarismo, cualquiera que sea su origen y el nombre con que se le ampare, sino en la representación de todas las clases y de todos los intereses legítimos».[62]

Sin ser radicales, Carranza y su grupo habían partido también, en cierta medida, de la raíz colonial. Salvo la independencia nacional —ideal de los insurgentes que recorre los siglos XIX y XX de la historia de México sin solución de continuidad—, los conceptos carrancistas de municipio autónomo y Estado poderoso, patriarcal y benefactor, provenían de la cultura política ibérica.

De la conjunción del pensamiento radical y el carrancista nació el nuevo Estado mexicano: enraizado en la tradición pero abierto a la modernidad. Ninguno de los dos grupos tenía dudas sobre la legitimidad: «La voluntad popular», escribe Córdova, «se había fijado en la Constitución y de ésta había pasado al Estado, de manera que la voluntad del Estado era al mismo tiempo la voluntad del pueblo». Situado por encima de los grupos sociales, dueño de un poder no soñado siquiera por don Porfirio, el nuevo Estado asumía frente a sí, por vocación propia, una inmensa encomienda histórica: guiar a la nación por la ruta de un progreso justo, igualitario e independiente.

En Querétaro se habían consumado las bodas del siglo xx con el pasado colonial. La nueva Constitución auspiciada por Carranza había tendido el puente entre aquellos siglos.[63] Pero ¿dónde había quedado el siglo xix?

# Vindicación decimonónica

En mayo de 1917 el Primer Jefe se convirtió en presidente constitucional. Durante tres años de ceremonioso gobierno no habría paz en los frentes militares ni en los sociales, ni en la diplomacia internacional ni en las conciencias. La Revolución no había concluido. Aunque la mayoría de los gobernadores electos en 1917 sería gente de su confianza, las elecciones no fueron «un día de campo». Hubo tensión en muchos estados y efímeras rebeliones en dos de ellos: Coahuila, claro está, y Tamaulipas. En las elecciones para diputados y senadores de 1918, Carranza vio declinar su estrella: no pudo ni intentó, realmente, controlarlas.

Conocía las prácticas porfirianas de «arrendar» a la caballada, y aunque las empleó aquí y allá contra la prensa o la oposición, no tuvo la constancia del viejo dictador. En México no había democracia, opinó Cumberland, «pero lo sorprendente no era que Carranza esquivara la Constitución, sino que no fuese más hostil en favor de su propio poder y el de sus amigos». Quizá no resultase tan sorprendente: por más que sus críticos lo viesen como tal, Carranza no era un dictador.

El panorama económico no podía ser más desastroso. Sin crédito externo o interno, con una enorme deuda de casi setecientos millones de pesos, poco podía hacer el gobierno más allá de cubrir su insaciable presupuesto militar. El desempleo aumentaba y sólo el 12 por ciento de las minas estaba en operación. 1917, el año de la Constitución, fue terrible en el campo mexicano: la pérdida de cosechas de subsistencia y la imposibilidad de importar grano provocaron hambre. Tampoco faltaron otras maldiciones bíblicas: la peste y la guerra.[64]

El país seguía siendo un vasto campamento rebelde. En las montañas de Morelos, Zapata continuaba su tenaz revolución. En Veracruz, con el propósito de regresar a los tiempos de su tío, operaba Félix Díaz. En Oaxaca, inspirados también por el recuerdo porfiriano y por un antiguo autonomismo, actuaban Guillermo Meixueiro y José María Dávila. En la Huasteca, alrededor de Tampico y Tuxpan, el general Manuel Peláez seguía protegiendo a las compañías petroleras de toda interferencia central. En San Luis Potosí, el enemigo eran los hermanos Cedillo, y en Michoacán una hiena nacida hombre por equivocación: Inés Chávez García. En Chihuahua merodeaba la pesadilla mayor, el rebelde de leyenda: Villa; sus hachazos espaciados pero certeros cimbraban el viejo tronco del «árbol don Venus».

En sus tres años casi exactos de gobierno constitucional, Carranza logró reducir sólo a algunos jefes menores y a dos luminarias: Felipe Angeles, juzgado y fusilado el 26 de noviembre de 1919, y Emiliano Zapata, muerto por traición, en abril de ese mismo año. Implacable con sus enemigos, Carranza pensó quizá que seguía los pasos de Juárez. Se equivocaba en los medios y en los fines. Al restaurar la República, Juárez había decretado una amplia y generosa amnistía. El alumno, en este sentido, resultó inferior al maestro. La historia se lo reclamaría, y con razón.

Los acontecimientos que desencadenó Carranza al abrir aquella caja de Pandora siguieron su curso. En febrero de 1918, sólo 97 comunidades habían recibido tierras. Carranza tenía serias dudas sobre la efectividad económica y social del nuevo artículo 27 en su parte agraria. Sería el primero, no el último presidente en tenerlas. Para dictaminar en firme sobre la situación, envió a Pastor Rouaix a viajar por la República y observar el problema *in situ*. Del viaje nació una iniciativa que no llegaría al Congreso, pero que reflejaba la desilusión carrancista con las medidas radicales que, según el propio Carranza, habían rebasado «las fronteras de nuestro medio social»: pugnaba por la pequeña propiedad, negaba la propiedad comunal y las dotaciones gratuitas. El sueño de Carranza eran las granjas y colonias agrícolas, y su ideal inmediato, como buen norteño, ver al campesino mexicano convertido en un parvifundista emprendedor. No sorprende que hacia el final de su periodo se devolvieran algunas haciendas y se hubiesen entregado sólo doscientas mil hectáreas.

En la cuestión obrera la pauta de conflicto no se repitió. Carranza puso oídos sordos a la presión patronal, que lo incitaba a emplear «mano dura», y respetó varios movimientos de huelga. A un político de su sagacidad no podía escapársele la fuerza real de los obreros y la conveniencia de restablecer con ellos el pacto de 1915. Quizá por eso apoyó al gobernador de su propio estado, Gustavo Espinosa Mireles, para organizar en mayo de 1918 un congreso obrero con representación nacional. De aquel congreso nació, para bien, la CROM (Confederación Regional Obrera Mexicana), la primera gran central obrera de nuestra historia, antecedente —pero no pariente— de la actual CTM. El ganancioso, sin embargo, no fue Carranza sino el habilísimo Obregón: con la vista fija en la silla presidencial, firmó un pacto secreto de apoyo con el secretario de la CROM —Luis N. Morones— y su apretada camarilla, denominada Grupo Acción. Cuando cayó Carranza, en mayo de 1920, el movimiento obrero mostraba un balance positivo: no se había reglamentado el artículo 123, pero la presencia de los obreros en la vida política mexicana era ya un hecho irreversible.

Los párrafos del artículo 27 relativos al subsuelo fueron materia permanente de controversia. Carranza, el más radical de los nacionalistas, hubiese querido reglamentarlos a toda prisa, pero las circunstancias internacionales no lo favorecían. Al entrar en la primera guerra mundial, Estados Unidos requería una vía expedita al petróleo mexicano, y así lo hizo ver, anclando en varias ocasiones barcos de guerra frente a Tampico. Por otra parte, el Departamento de Estado siguió insistiendo en el carácter confiscatorio de los decretos carrancistas y el «bolchevismo» del artículo 27. Pretendía así la completa derogación del nuevo cuerpo legal, la vuelta sin cortapisas al *statu quo ante*. Nada más alejado del pensamiento de Carranza. El 19 de febrero de 1918 emite un nuevo decreto que define regalías, contratos e impuestos, y reglamenta los permisos obligatorios de exportación. Las compañías terratenientes quedaban en condición de concesionarias. La historia se repite: Washington truena, Carranza persiste.

Se ha ponderado mucho, aunque nunca suficientemente, la gallardía internacional de Carranza, en particular frente a Estados Unidos. De principio a fin resguardó los intereses de México con una obstinación que en su momento pareció ceguera o rigidez, pero que, bien vista, fue una mezcla afortunada de firmeza y ductilidad. Entre los muchos recursos de la diplomacia carrancista, se contó la que en inglés se denomina *brinkmanship* y que en castellano significa habilidad para llevar el regateo en provecho propio hasta el filo del precipicio, sin caer en él. Durante aquellos tres años de tormenta interna y externa, varios grupos oficiales y empresarios de Estados Unidos pugnaban sin tapujos por retirar el reconocimiento al gobierno de Carranza, presionar para derrocarlo y hasta intervenir militarmente. (Esta fue, por ejemplo, la posición del Comité Fall en el Senado norteamericano.) Por otra parte, el presidente Wilson representaba casi siempre la vertiente conciliadora o blanda: aunque no comprendía a Carranza, se preciaba, con razón, de no haber empleado en gran escala su fuerza militar contra México. Uno de los grandes aciertos de Carranza consistió en explotar las contradicciones internas entre estos bloques, grupos o personas en el poder de Norteamérica. Dividió y venció.

Con ser elevada, su lección mayor no la dio en el terreno intelectual: la impartió en el campo de la moralidad. No lo conmovían las amenazas ni los mimos. Siguió fiel a la pauta de los primeros años. Una y otra vez el Departamento de Estado amagó con medidas violentas y en ocasiones, como en el caso de la Expedición Punitiva, las cumplió. Ante ellas Carranza reaccionó con apego a postulados jurídicos de convivencia y respeto internacionales. Cuando los norteamericanos intentan no con el palo sino con el pan, Carranza se mantiene imperturbable. Los deseos de aquéllos por acudir en «auxilio y redención de su postrado país» eran, a su juicio, la otra cara de una misma moneda intervencionista. Carranza no cayó en provocaciones ni las hizo. La cosecha fue generosa: no cedió ni cambió en términos de legislación, evitó una auténtica intervención e introdujo nuevas reglas del juego en las relaciones de México con gobiernos, compañías o particulares del exterior. Y todo ello en plena primera guerra mundial, de la cual Estados Unidos emergería más poderoso que nunca.[65]

Se ha dicho también que, como contrapeso a la presión e influencia norteamericanas, Carranza coqueteó más de la cuenta con Alemania. El coqueteo existió, pero menos de la cuenta. Carranza esperó ayuda de Alemania antes, durante y después de la guerra mundial, pero no al grado de renunciar a la neutralidad mexicana en la guerra ni de embarcarse en aventuras riesgosas para México o en actitudes provocativas frente a Estados Unidos o los aliados. Otro gobernante distinto de Carranza hubiese escuchado a las sirenas del «telegrama Zimmermann», culminación de una serie de intentos por involucrar a México en una guerra con Estados Unidos para disuadir a éste de entrar en el conflicto europeo. A la letra, el famoso telegrama decía:

«Tenemos intenciones de comenzar la guerra submarina ilimitada el 1.º de febrero. Con todo, se intentará mantener neutral a Estados Unidos. En caso de que no lo lográramos, proponemos a México una alianza bajo la siguiente base: dirección conjunta de la guerra, tratado de paz en común, abundante apoyo financiero y conformidad de nuestra parte en que México reconquiste sus antiguos territorios en Texas, Nuevo México y Arizona. Dejamos a Su Excelencia el arreglo de los detalles.

»Su Excelencia comunicará lo anterior en forma absolutamente secreta al presidente tan pronto como estalle la guerra con Estados Unidos, añadiendo la sugerencia de que invite al Japón a que entre de inmediato en la alianza, y al mismo tiempo sirva de intermediario entre nosotros y el Japón.

»Tenga la bondad de informar al presidente que el empleo ilimitado de nuestros submarinos ofrece ahora la posibilidad de obligar a Inglaterra a negociar la paz en pocos meses. Acúsese recibo.

»*Zimmermann*».

Según Friedrich Katz —autor de una obra magistral sobre la vida exterior de México entre 1910 y 1920: *La guerra secreta en México*—, el telegrama Zimmermann constituía una «engañosa maniobra en gran escala para inducir a Carranza a efectuar un ataque contra Estados Unidos». Aunque el Servicio de Inteligencia británico lo reveló prematuramente, es dudoso que Carranza lo hubiese aceptado: si algo caracterizaba al viejo presidente era la prudencia.[66] Las concesiones que dio a los alemanes —cuya labor de infiltración, propaganda y espionaje en esos años fue activa y exitosa— se comprenden no a la luz de la simpatía o la sumisión, sino a la del necesario equilibrio frente a un vecino imperioso. Así también se explica otra de las campanadas internacionales de Carranza: su acercamiento a los países latinoamericanos.

A fines de 1916, un delegado diplomático norteamericano expresó una opinión que aun ahora parece increíble: «Los mexicanos hablan como si su país estuviera completamente hecho, y fuera un Estado soberano altamente desarrollado, tratando en un plan de igualdad con las naciones de la Tierra».

Al finalizar el periodo carrancista la fórmula *como si* se había transformado definitivamente en *debido a que;* el *fuera* se volvió *es.* Carranza había afirmado la soberanía nacional y la independencia —dos ideales nacidos en el siglo XIX— tornando irreversibles para México cuatro postulados de convivencia internacional que desde entonces se conocieron como la Doctrina Carranza. Juárez, en su momento, había proclamado: «Entre los individuos como entre las naciones el respeto al derecho ajeno es la paz». En este caso, el discípulo Carranza vindicó con creces el postulado del maestro:[67]

«Que todos los países son iguales; deben respetar mutua y escrupulosamente sus instituciones, sus leyes y su soberanía;

»que ningún país debe intervenir en ninguna forma y por ningún motivo en los asuntos interiores de otro. Todos deben someterse estrictamente y sin excepciones al principio de no intervención;

»que ningún individuo debe pretender una situación mejor que la de los ciudadanos del país a donde va a establecerse, ni hacer de su calidad de extranjero un título de protección y de privilegio. Nacionales y extranjeros deben ser iguales ante la soberanía del país en que se encuentran;

»que las legislaciones deben ser uniformes e iguales en lo posible, sin establecer distinciones por causa de nacionalidad, excepto en lo referente al ejercicio de la soberanía».

Con los artículos que tocaban la delicada cuestión religiosa, Carranza fue particularmente cauto. Desde el principio se negó a ponerlos en vigor, pero en algunos estados los gobernadores se impacientaron. El primer brote ocurrió en Jalisco a mediados de 1918. Ante la restricción oficial a los ministros religiosos, se organiza un vasto y efectivo boicot comercial. En previsión de mayores problemas, el gobierno revoca el decreto correspondiente y vuelve la paz. Carranza propone de inmediato dos iniciativas de reforma a la Constitución: un nuevo artículo 3.º y cambios tolerantes y conciliadores al artículo 130.

El 21 de noviembre de 1918 el *Diario Oficial* publicó la iniciativa de reforma al artículo 3.º. Por primera vez predomina entonces en Carranza el espíritu liberal del siglo XIX. Al citar el artículo 3.º comenta:

«Tratada así la garantía, su evidente forma restrictiva y su espíritu ... no se acomodan a la amplitud filosófica en que se ha de externar el derecho de libertad de enseñanza, ni se hallan acordes con las necesidades reales y menos aún en armonía con el medio para el cual se legisla».

La iniciativa comprendía un detallado recorrido histórico con el objeto de mostrar que ni en tiempos de «avasalladora teocracia» ni en épocas de predominio liberal se habían insinuado siquiera prohibiciones a la libertad de conciencia como la que sancionaba el artículo 3.º de la última Constitución. Además de esta razón histórica argüía otras: el temor infundado a la libertad, la necesidad de «no coartar la voluntad familiar respecto de la enseñanza de los hijos», el «sentir franco y general del país ... en favor de la más sincera tolerancia»... El argumento mayor era premonitorio de la inminente guerra de los cristeros.

«Si en las leyes perdurase el espíritu parcial que se observa en el artículo tercero ... se correría grave riesgo de prolongar la irritación característica de las contiendas de religión, que tan funestas han sido en el Viejo y en el Nuevo Mundo ...»

El nuevo artículo 3.º que proponía Venustiano Carranza era el siguiente:

«Es libre el ejercicio de la enseñanza, pero ésta será laica en los establecimientos oficiales de educación, y laica y gratuita la primaria superior y la elemental que se imparta en los mismos. Los planteles particulares de educación estarán sujetos a los programas e inspección oficiales».

En su exposición de motivos para reformar el artículo 130, Carranza se mostró igualmente claro. Recordó un elogio de Mata en el Constituyente del 57 a la libertad de conciencia y argumentó que el artículo contradecía «la jurisprudencia nacional, escrupulosa en mantener la diferencia entre la jurisdicción del Estado y la jurisdicción religiosa», y declaró con todas sus letras:

«... medio siglo después de las Leyes de Reforma, aparecería extemporáneo e incompatible con la tolerancia y la cultura ambiente ... traspasar la línea frente a la cual se detuvo en medio del hervor de las pasiones el presidente Lerdo de Tejada».

La iniciativa de ley de Carranza proponía derogar los párrafos séptimo y octavo del artículo 130 (la determinación por las legislaturas de los estados del número máximo de ministros de culto y el requisito de ser mexicano por nacimiento para ejercer el ministerio, respectivamente) y reformaba el párrafo decimosexto en el sentido de que la adquisición de los bienes del clero por particulares se rigiese según las disposiciones del artículo 17 de la propia Carta Magna. Para su decepción, como en el caso del problema agrario, sus proyectos no encontraron eco: las legislaturas locales y dos tercios del Congreso los rechazaron.[68]

Algunos historiadores han atribuido al presidente Carranza una «marcha atrás» en política social: freno a la reforma agraria, freno relativo al movimiento obrero, freno a los artículos 3.º y 130. En realidad, su actitud es congruente antes, durante y después del congreso constituyente. Los jóvenes radicales lo habían vencido, mas no convencido. Los nuevos artículos, que a su juicio hubiesen requerido un proceso de maduración, formaban parte ya de la nueva Carta, pero ésta no era inmodificable y menos con los poderes que ella misma reservaba al poder ejecutivo. Por diversas razones, discutibles aunque nunca triviales, Carranza pensó que la nueva legislación era errónea, e intentó oponérsele y reformarla. Al hacerlo, cabe recordar, utilizó vías políticas y legales. No objetaba la necesidad de reformas sociales. Objetaba la forma y el *tempo* en que se habían impuesto. Estimaba contraproducentes ambos.

Algunos años más tarde, Manuel Gómez Morín escribía un párrafo que reflejaba la verdadera actitud de Carranza ante la legislación radical: «Elevar a precepto legal lo que es un ideal trascendente provoca a menudo la imposibilidad de realización de ese mismo ideal».

Carranza se opuso a algunos aspectos agrarios del artículo 27 y, en su totalidad, a los artículos 3.° y 130, justamente porque pensaba que al ponerlos en práctica bloquearía la realización de los ideales de justicia y libertad que los sustentaban. Quizá entonces dudó de su concepto de democracia. Si democracia era, en esencia, «el gobierno de la razón alta, profunda y serena que ... observando ... sus necesidades busca fórmulas adecuadas ... medidas salvadoras ... y reformas útiles», ¿quién aseguraba que el criterio utilizado en esa observación y esas decisiones fuera el de «la razón alta, profunda y serena»? De pronto percibió que su puente entre siglos había olvidado la tierra firme del siglo XIX. Pero era tarde para tender nuevos puentes. La fuerza de la tradición colonial «anudada» al ímpetu moderno devastaba el islote liberal que don Venustiano Carranza, finalmente, reconoció como el propio.

# Deber y destino

Al acercarse las elecciones presidenciales de 1920 Carranza era, más que nunca, un hombre rebasado. Una nueva ideología y una nueva actitud con raíces en el pasado y en el futuro lo habían sobrepasado en 1917. Después, las circunstancias se le vinieron encima: levantamientos, fermentos políticos, inquietud social, desastre económico, epidemias, hambre, boicots, huelgas... La caballada estaba más alborotada que nunca y el viejo presidente no tenía posibilidades ni tiempo para arrendarla. Para colmo, de modo y en medida sin precedente, buena parte de la nueva clase política usufructuaba los puestos públicos como propiedad privada. «"El Viejo" no roba, pero deja robar», se llegó a decir. Mientras que Vasconcelos ideó el despectivo «carranclán», el pueblo —que había inventado ya el vocablo para designar a los constitucionalistas: «consusuñaslistas»— discurría ahora el neologismo «carrancear» como sinónimo de robar. Carranza no fue insensible al desprestigio moral y la sangría económica. Para contrapesar ambos fundó la Contraloría General de la Nación. Esfuerzo inútil. A pesar de su honradez personal, en la mente de muchos mexicanos humildes su figura quedó asociada a la corrupción.

«La Revolución es la Revolución», había dicho Luis Cabrera: Carranza lo creía también. Difícil definirla, difícil embridarla. Quizá por eso no pretendió una acción moralizadora a ultranza. En su cautela había asimismo un dejo de fatalidad, la sensación de que la lucha no sólo significaba cambio sino también fango: botín, ambición, depredación. Quedaban todavía demasiados frentes inciertos como para seguir abriendo nuevos.

Con todo, precisamente en medio del acoso, Carranza abre el último de sus frentes: pensando quizá en la defensa civilista de Juárez en 1871 contra la «odiosa banderola del militarismo», decide incluir en la historia de México un capítulo a la vez deseable y prematuro: el fin del militarismo. Aquel viejo sagaz sabía que un nuevo Díaz sonorense aguardaba su turno en la presidencia con credenciales no inferiores a las que tenía Porfirio en su momento. Sabía perfectamente el desenlace de aquella historia. Y sin embargo insiste. A Blasco Ibáñez, que por entonces preparaba su libro *El militarismo mexicano*, le confía su propósito:

«El mal de México ha sido y es el militarismo. Sólo muy contados presidentes fueron hombre civiles. Siempre generales, ¡y qué generales!... Es preciso que esto acabe, para bien de México; deseo que me suceda en la presidencia un hombre civil, un hombre moderno y progresivo que mantenga la paz en el país y facilite su desarrollo económico. Hora es ya de que México empiece a vivir como los otros pueblos».[69]

Sí, hora en el tiempo de lo moral, mas no en el de lo político. Carranza cometió un doble error de índole política: dar la espalda a Obregón —el triunfador militar del movimiento armado— y promover la candidatura del embajador en Washington, Ignacio Bonillas. Su designación resultó tan disparatada que la opinión pública, según cuenta Blasco Ibáñez, la tomó a chunga:

«Entre las canciones nacidas en la capital de España que ruedan por los teatros y *music-halls* de todos los países americanos de lengua española, hay una que se ha hecho popularísima. Es la historia de una pastorcita abandonada y vagabunda que ignora dónde nació y cuáles fueron sus padres, que no puede decir nada de su origen y sólo sabe que su apodo es "Flor de Té". El maligno público de México bautizó inmediatamente al candidato de Carranza, venido del extranjero, y que nadie sabía quién era ni adónde podía ir: "¡Viva Bonillas! ¡Viva Flor de Té!"».

El poder real no lo ostentaba ya Carranza, y mucho menos el pobrecito «Flor de Té», sino el compacto grupo sonorense que desde el cuartelazo de Huerta y el Plan de Guadalupe había desempeñado un papel decisivo en la Revolución. Nadie dentro del grupo objetaba la preminencia de Obregón: el caudillo indiscutido, el vencedor de Villa, «el hombre más popular y temido», según Blasco Ibáñez. Su proyecto era claro: «Si no consigo que me elijan presidente», proclamaba Obregón a diestra y siniestra, «será porque no quiere don Venustiano. Pero antes de que el viejo barbón falsee las elecciones, me levantaré en armas contra él».[70]

En abril de 1920 el grupo sonorense lanza el Plan de Agua Prieta, desconoce al gobierno y reinicia por su cuenta la Revolución. Pero la gente tiene el presentimiento de que ésta será la más breve de las revoluciones.

Martín Luis Guzmán encontró el adjetivo perfecto para calificar el fin de Venustiano Carranza: ineluctable.[71] No era sólo el repudio general a «Flor de Té» o la estrella ascendente de Obregón y su grupo. Bien vista, aquélla era la última de una serie de derrotas que habían comenzado mucho antes: en el congreso constituyente de Querétaro. Nuevas generaciones tocaban ruidosamente a la puerta del poder. ¿Cómo detenerlas? ¿Cómo convencerlas de que una vez más, como en 1911, 1913 o 1915, el viejo patriarca tenía toda la razón? Imposible. Carranza lo entendió bien pero no cedió: representaba la legalidad. Inconmovible, impasible, volvió seguramente a su libreto juarista y emitió un manifiesto «claro, terminante» y digno:

«Se equivocarían completamente quienes me supongan capaz de ceder bajo la amenaza del movimiento armado, por extenso y poderoso que sea. Lucharé todo el tiempo que se requiera y por todos los medios posibles ... Debo dejar sentado, afirmado y establecido el principio de que el poder público no debe ya ser premio de caudillos militares cuyos méritos revolucionarios no excusan posteriores actos de ambición».[72]

«Nada superaba en él a su obstinación», agrega Martín Luis Guzmán, «nada a su incapacidad de reconocer sus errores. Pudiendo rectificar, ni un momento pensó en hacerlo.» Pero ¿por qué rectificar? La lógica que para entonces guiaba los pasos de Carranza no era política sino puramente jurídica y moral. No se trataba ya de salvar vidas, y menos aún —como le confió a Roque Estrada— su vida; se trataba de salvar principios. Tenía el deber de conservar la legalidad obedeciendo, antes que a la estrategia, al destino. Su fin era ineluctable, justamente porque lo había asumido con libertad. A un grupo de generales que lo visitan el 21 de abril de aquel año de 1920 —entre ellos Jacinto B. Treviño y Francisco J. Múgica— les advierte: «Nada ni nadie me harán retroceder en mi camino, pues no tengo más punto de vista que someter a los alzados por medio de las armas o caer luchando en la contienda ... Desde el año de 1913 tengo prestada la vida».[73]

No es casual que durante su última noche en la ciudad de México releyera una de sus biografías favoritas: *Belisario (Bélisaire)*, del autor francés Jean François Marmontel (1723-1799). Aquel extraordinario general romano de principios del siglo VI había emprendido campañas comparables sólo a las de Alejandro Magno y Julio César. Durante treinta años ininterrumpidos había vencido a los moros y vándalos en Africa, a los ostrogodos en Italia, a los persas en Asia, a los hunos en Constantinopla. Gracias a Belisario, el emperador Justiniano había podido consolidar el Imperio bizantino y la fe cristiana. Pero, según Marmontel, había sufrido un terrible fin: ofuscado por la envidia, el emperador Justiniano dejó ciego a Belisario con hierros candentes en una prisión. Convertido en paria, Belisario no abjuró de su fe ni de su emperador. A la plebe indignada le respondía: «¿En qué país no se ve siempre a los hombres de bien víctimas de los malvados?». A su propia hija la consolaba con tonos dignos de Epicteto: «Privándome de la vista no han hecho más que lo que iba a hacer la vejez o la muerte». «Quien se da todo entero a la patria», afirmaba Belisario, «debe suponerla insolvente, porque lo que expone por ella, en realidad, no tiene precio.»[74]

En la virtud estoica de aquel general romano dúctil a la fatalidad encontró Carranza su último perfil y su consuelo. Para sorpresa de sus allegados y colaboradores, cuando por fin decide abandonar la capital y emprender la marcha hacia Veracruz lo hace del modo más inconveniente, mudando en una inmensa caravana de 60 vagones a los poderes públicos: su gente, archivos, armas y haberes. Sus movimientos, casi deliberadamente pausados ahora, no los dicta ya el instinto de supervivencia sino la voluntad de legar un testimonio: «La historia reconocerá el móvil patriótico de mis actos y juzgará de ellos. Procedo como creo mi deber en bien del país».

Nunca como en aquel trance se vio a sí mismo Carranza como personaje de un drama histórico. Y una vez más su sabiduría histórica acierta: lo era. Fernando Benítez, a quien debemos un espléndida novela histórica sobre la caída de Carranza, pone en boca del «Rey Viejo» una última lección:[75]

«No hay un gran mexicano que no haya sido un fugitivo. Los mejores han vivido errantes, no una semana o dos, sino años enteros, y al final ellos fueron los victoriosos. Cobre usted ánimo. Nada se nos da regalado. Todo hay que conquistarlo con fe y con sacrificio. ¿Recuerda usted a Juárez? Durante meses anduvo en el desierto metido en un coche desvencijado, traicionado por sus amigos más íntimos. Y venció. Nosotros venceremos también si sabemos endurecernos contra la adversidad».

Hermosa interpretación, pero romántica e inverosímil, al menos para ese momento de la vida de Carranza. Lo más probable, a juzgar por múltiples testimonios, es que para ese tiempo don Venustiano hubiese perdido la fe. No por eso cedió al abatimiento ni infundió dubitaciones a los suyos. Pero tampoco esperanza. Quizá entonces recordara su actitud ante el sacrificio de su hermano Jesús, y no dudó, ni por un instante, de haber actuado conforme al deber.

El gobierno trashumante de Carranza sufrió su primer revés militar en Villa de Guadalupe. No sería el último. A partir de allí, escribe Martín Luis Guzmán, «cada kilómetro suscitaba temores nuevos, cada estación suscitaba mayores amenazas». El 14 de mayo se entabla en Aljibes un tiroteo sangriento contra las fuerzas de Guadalupe Sánchez que, como la gran mayoría de los generales, le había dado la espalda al régimen constitucional. En plena balacera, el general Urquizo llega hasta la plataforma del carro presidencial donde Carranza, sentado, tranquilo e «impertérrito», observaba el desorden y el pánico. Una y otra vez Urquizo intenta persuadirlo de que salga y escape. Carranza se niega. Había en su actitud algo de reto al destino: «No se movía del sillón en que reposaba; ni un músculo de su rostro se contraía... algunos proyectiles rebotaban siniestramente en el tren... y otros en el barandal dorado de la plataforma».

Por fin, accediendo a un ruego de Murguía, Carranza baja y monta con parsimonia un nuevo caballo. (Dos días antes habían matado el suyo en Rinconada, mientras lo montaba.) Acosada por todos los flancos, la caravana se deshace. «Era como el resto de un naufragio.» Cortado el avance hacia Veracruz, la menguada comitiva de Carranza decide cambiar el rumbo: primero trataría de cruzar la Sierra de Puebla, para de allí seguir hacia Hidalgo, Querétaro, la Huasteca potosina y finalmente el norte. Sólo un puñado de generales lo acompañan: Mariel, Murguía, Urquizo, Barragán. Otros, como Iturbe, Aguilar y Diéguez, le son fieles, pero se hallan lejos. Ante el naufragio, Carranza no se inmuta: como nunca, muestra calma, fortaleza, orden.[76]

El 20 de mayo, después de seis días de larga y penosa caminata, la caravana de cien hombres —varios de ellos civiles— atraviesa el río Necaxa, pasa Patla y llega a las inmediaciones de La Unión, donde se les presenta el general Rodolfo Herrero, antiguo rebelde pelaecista que semanas antes se había acogido a la amnistía del gobierno carrancista.

La obsequiosidad de Herrero y el aval insospechable de Mariel, que lo conocía, persuaden a Carranza de seguir hasta Tlaxcalantongo. En aquella ranchería debían pernoctar el 20, hasta recibir noticias de Mariel, quien se adelantaría a Villa Juárez a fin de averiguar la actitud de los jefes Hernández y Valderrábano, y, de hallarla positiva, franquearía un trecho más de ruta hacia el norte.

Ya en Tlaxcalantongo, Herrero escolta a Carranza hasta la choza que lo albergaría esa noche. Carranza, en atención a sugerencias de Herrero, ordena a Murguía que disponga guardias. A la una de la madrugada, so pretexto de que a un hermano suyo lo han herido en un lugar cercano y reclama su atención, Herrero sale de Tlaxcalantongo. Al enterarse, Barragán, Cabrera y Aguirre Berlanga expresan su desconfianza al presidente. Pero Carranza está dispuesto a encarar un desenlace definitivo, la salvación o la muerte: «Lo que ha de suceder que suceda. O nos va muy bien o nos va muy mal en esta campaña. Digamos como Miramón en Querétaro: "Dios esté con nosotros en estas veinticuatro horas"».

En el jacal del presidente duermen su secretario Pedro Gil Farías, Mario Méndez, los capitanes Octavio Amador e Ignacio Suárez y, cerca de él, el ministro de Gobernación, Manuel Aguirre Berlanga. En el vértice de la choza de madera opuesto a la puerta, Carranza —cosa extraña en él— no logra conciliar el sueño. Hacia las tres de la madrugada un enviado de Mariel le comunica a Murguía que Hernández y Valderrábano son fieles y la ruta del día siguiente queda abierta. Murguía envía, con un oficial apellidado Valle, la buena noticia al presidente. Acompañado de un indio que lo alumbra, Valle da el mensaje a Carranza, quien lo lee y comenta: «Ahora sí, señores, podemos descansar». Sólo veinte minutos habían transcurrido cuando, de súbito, en medio de la oscuridad y la lluvia, comenzó el clamor de voces y estrépito de disparos.[77]

# Misterio en Tlaxcalantongo

Sobre lo que ocurrió a partir de ese instante hay varias versiones. Una de ellas, la más popular, se debe al general Francisco L. Urquizo. En su libro *Asesinato de Carranza*, Urquizo omite al oficial Valle y sostiene que el portador del mensaje de Murguía al presidente era precisamente un indio: «El indio, lejos de quedarse, como se le indicaba, se fue sin duda en busca de Herrero, que seguramente a esas horas estaría ya a las orillas del poblado, para notificarle quizá el lugar exacto en que se alojaba el señor Carranza; pues probablemente quiso cerciorarse primero del sitio preciso en que dormía el presidente, antes de atacarlo, y no errar el golpe».

«A los pocos minutos era rodeada la choza del señor Carranza y se rompía violentamente el fuego sobre sus endebles paredes de madera. El presidente desde un principio recibió un tiro en una pierna y trató de incorporarse inútilmente para requerir su carabina. Al sentirse herido dijo al licenciado Aguirre Berlanga, que estaba a su lado: "Licenciado, ya me rompieron una pierna". Fueron sus últimas palabras. Otra nueva herida recibió quizá y su respiración se hizo fatigosa, entrando en agonía. Después penetraron al jacal los asaltantes y le remataron a balazos.»

Urquizo no presenció la escena; dormía en otra choza. Salvó la vida en la balacera y sólo pasados tres días supo de la muerte de Carranza. La descripción de su libro corresponde, según explica, a la de los testigos presenciales, pero lo cierto es que las versiones de estos testigos —Ignacio Suárez, Aguirre Berlanga y Octavio Amador— fueron distintas de la suya.

En su libro *Carranza, forjador del México actual* (publicado tardíamente en 1965), Suárez describe así la escena:

«Ya en la meseta, amparados por la neblina y la fuerte lluvia, avanzaron pecho a tierra deslizándose como reptiles por el piso lodoso, silenciosamente, y así fue que el primer grupo alcanzó la parte posterior del alojamiento, directamente al ángulo suroeste del jacal donde descansaba el señor presidente (lugar opuesto a la entrada), y poniéndose en pie lanzaron sus gritos de "¡Viva Obregón! ¡Viva Peláez! ¡Muera Carranza!", descargando sus armas directamente sobre dicho ángulo, donde, repetimos, estaba el señor Carranza, de fuera para adentro y de arriba hacia abajo. Años después, antes de que la acción del tiempo destruyera el jacal, se observaban (testimonios de vecinos que allí habitaron en 1920) las perforaciones en la pared de madera delgada, ocasionadas por los proyectiles».

La declaración de Aguirre Berlanga, en cambio, fue dada días después de lo sucedido:

«... y como a las tres y cuarto de la madrugada del 21 llegó un oficial del general Murguía con un correo que traía un oficial del general Mariel, en el que daba cuenta de que la comisión que había ido a desempeñar estaba arreglada satisfactoriamente; Mariel había salido de La Unión a Xico a ver si era posible una ruta expedita hacia el norte; al leer esa comunicación, el presidente les dijo: "No había conciliado el sueño". Momentos después apagó él mismo la vela (el señor Carranza) y todos durmieron profundamente. Como media hora después fueron unas tremendas descargas de fusilería que los despertó en completa zozobra, llenando a todos de pavor por lo inesperado, pues que [en] esa ocasión tenía[n] plena confianza; inmediatamente después de las primeras descargas, dijo el señor presidente: "Licenciado, me han quebrado una pierna, ya no puedo moverme", contestándole: "¿En qué puedo servirle, señor?", pero nada respondió, ignorando si oiría sus palabras, pues las descargas de fusilería continuaban con intensidad, así como los gritos de "Muera Carranza", "Sal, viejo barbas de chivo", "Ven para arrastrarte" y otras insolencias y blasfemias; todo el asalto del jacal se desarrolló en unos siete u ocho minutos, se abalanzaron los asaltantes sobre el jacal diciendo: "Salgan" y el capitán Amador les dijo: "No tiren, estamos rendidos", insistiendo en gritar que "salieran" y entraron ellos con la carabina en la mano y con la luz encendida, apuntando al pecho de los de adentro; el señor Carranza no moría aún, pero ya no volvió a hablar, teniendo sólo estertor; que inmediatamente fueron desarmados de sus pistolas y de las dos carabinas que únicamente había y eran de los señores Farías y Méndez; que el señor Carranza no tenía carabina; que el salvarse todos fue porque parece que el blanco objetivo principal fue el señor Carranza, que estaba bien localizado por los asaltantes».[78]

La declaración de Octavio Amador, contemporánea también del suceso, coincide con la de Aguirre Berlanga y añade un dato de interés sobre los asaltantes: «El capitán Garrido intimó rendición preguntando por el presidente y al saber que estaba herido dijo que iban a llamar un doctor. Como no lo hubo, dijo que procurarían curarlo. Luego se oyó un ronquido grueso ...».

Amador, Suárez y Aguirre Berlanga no vieron a los asaltantes «penetrar en el jacal y rematar a Carranza a balazos». Aguirre Berlanga no se refiere explícitamente más que a la bala que hirió al presidente en una pierna. Sólo Suárez afirma que los balazos que mataron a Carranza vinieron de fuera de la choza. Esta versión es, sin duda, muy probable.

Hay bases, sin embargo, para considerar una hipótesis alternativa. Todo ocurre tal como Suárez y Aguirre Berlanga lo narran, hasta el disparo que rompe la pierna de Carranza. En aquellos minutos de estruendo, lluvia y oscuridad, el presidente, sabiéndose perdido y acarreando desde hacía tiempo un ánimo fatalista, prefiere morir de propia mano. Se pone los anteojos. Toma su pistola Colt 45. Con los dedos índice y pulgar de la mano izquierda apunta el cañón a su pecho. Dispara tres veces. Sigue el estertor y sobreviene la muerte.[79]

Esta versión —la cual, antes que disminuir, acrecienta la altura moral e histórica de Carranza— fue, por supuesto, la que sostuvo Herrero.[80] Pero desechando en principio la declaración de Herrero, quedan, no obstante, seis indicios de verosimilitud:

1) *Testimonio del embalsamador*

El doctor Sánchez Pérez, quien embalsamó el cadáver de Carranza, declaraba el 3 de junio de 1920 haber encontrado en él cinco heridas de bala. Tres se localizaban en el tórax, una en la pierna y otra, más sorprendente: «Por último advertí otra herida producida por arma de fuego con orificio de entrada en la cara dorsal de la primera falange del dedo índice izquierdo y con orificio de salida por la cara palmar del mismo e hiriendo la cara palmar del dedo pulgar de la misma mano». ¿Cómo explicar, si no es con la hipótesis alternativa, esta herida? ¿Qué otro proyectil sino una bala cercana de pistola pudo producir una herida sangrienta?

### 2) *Tamaño de las balas*

Aunque nunca se efectuó una autopsia formal del cadáver, los orificios de la camisa y camiseta de Carranza parecen ser de pistola, no de carabina como las que, según todas las declaraciones, portaban los asaltantes.

### 3) *Vaguedad en las declaraciones de Aguirre Berlanga*

En el acta, Aguirre Berlanga había dicho: «Que no afirma ni niega que el señor Carranza se haya disparado a sí mismo, pero en todo caso no cree el declarante que haya cometido tal acto». No negar, en este caso, significaba conceder la posibilidad.

### 4) *Falta de refutación de la hipótesis alternativa*

En los días que siguieron a la muerte de Carranza, varias personas atestiguaron expresamente contra la hipótesis del suicidio. Murguía y Barragán niegan la hipótesis por una misma razón: el número de balas y los lugares que interesaron. Urquizo no se refiere al hecho porque, como Murguía y Barragán, no lo presenció. Por su parte, Aguirre Berlanga no cree en la hipótesis alternativa porque «la oscuridad no permitía "ver ni a una cuarta distante de los ojos"». En la misma sesión, Aquiles Elorduy —integrante de una comisión investigadora formada en aquellos días— habla de «un centinela» que minutos antes de la balacera, «so pretexto de dar parte de "sin novedad"», había ido al jacal para advertir la posición de Carranza; explica que el cuerpo tenía «siete balazos» y niega la hipótesis alternativa porque «cuando acontece un hecho de esa naturaleza, todos los que lo saben lo gritan a voz en cuello».

Ninguna de estas afirmaciones constituía una refutación suficiente. Murguía y Barragán no mencionan específicamente el número ni el lugar en que se alojaron las balas, pero tal falta de datos no desmiente la hipótesis alternativa. Quizá la versión de Aguirre Berlanga, más que rebatir, confirme la hipótesis: ¿no sería que debido a la oscuridad, Carranza, siempre débil de la vista, usó de sus dedos para apuntarse él mismo? El testimonio no presencial de Elorduy es inexacto en cuanto al número de balazos (fueron cinco y no siete) y en otro punto: según testimonios de Suárez y Murguía, quien visitó la choza era el oficial Valle acompañado de un indio, no «un centinela». Su misión consistía en dar a Carranza un mensaje crucial, no un «sin novedad». En cuanto a la aceptación espontánea y a voz en cuello del hecho, al parecer ocurrió, como puede verse en el inciso siguiente.

## 5) *El telegrama y el acta*

Anexas a la investigación de los sucesos de Tlaxcalantongo, que quedó en poder del entonces ministro de Guerra, Plutarco Elías Calles, hay varias copias fotostáticas de un telegrama manuscrito fechado el 21 de mayo, dirigido al general Francisco de P. Mariel y firmado por Paulino Fontes, Manuel Aguirre, Pedro Gil Farías, H. Villela, Ignacio Suárez, José J. Gómez y Francisco Espinosa: «Mi general, hemos tenido conocimiento que avanza usted con su gente a combatir al general Herrero. Le participo que el señor presidente se suicidó hoy en la madrugada y que todo el resto de los que le acompañábamos estamos prisioneros del señor general Herrero; por lo tanto le rogamos no nos ataque usted porque peligran nuestras vidas».

En la caja fuerte del juzgado donde en junio de 1920 se ventilaban los hechos, se conservaba un acta similar firmada por las mismas personas:

«Los suscritos hacemos constar que el señor presidente de la República, señor don Venustiano Carranza, según es de verse por la herida que presenta en el lado izquierdo de la caja del tórax, se dio un balazo con la pistola que portaba. El examen o autopsia indicará que el calibre de la bala corresponde al de su pistola, por lo que se deduce que él se privó de la vida. El combate fue de noche y durante él fue herido en una pierna. También hacemos constar que todos los que hemos sido hechos prisioneros hemos sido tratados con toda clase de garantías y consideraciones, compatibles con la situación en que nos encontramos. Hacemos constar que el jefe de las fuerzas que ocuparon el pueblo de Tlaxcalantongo es de filiación obregonista y quien hizo el ataque obedeciendo órdenes del general Manuel Peláez».

Ambos documentos fueron redactados cuando los firmantes eran prisioneros del general Herrero, por lo que, en el juicio, Aguirre Berlanga declaró haberlos firmado «en son de protesta». No obstante, Octavio Amador confesó a Elorduy que «todos firmamos el telegrama voluntariamente, porque no nos obligó Herrero». Según el propio Amador, Mariel habría leído el telegrama —redactado por el mismísimo Aguirre Berlanga— sin aceptar petición, por lo que antes de liberar a los prisioneros Herrero ordenó levantar el acta para salvaguardar su responsabilidad. Por otra parte, Aguirre Berlanga admitía «entender» que Herrero y Fontes «idearon la estratagema [del telegrama] para evitar los propósitos de Mariel». Fontes, director de los Ferrocarriles, no declaró en el juicio, pero el 10 de junio de 1922 escribió en privado a Adolfo de la Huerta —entonces en Nueva York— su versión de los hechos, una versión idéntica a la que en esos mismos días, y en privado también, escuchó el propio De la Huerta de labios de Barragán:

«... cuando se nos incorporaron los señores licenciado Aguirre Berlanga, Mario Méndez, Pedro Gil Farías, mayor Octavio Amador y capitán Ignacio Suárez, quienes pernoctaron en la misma choza que el extinto presidente, nos dijeron que éste había sido herido en una rodilla por una bala enemiga, y que, después de decir que tenía una pierna destrozada, se disparó tres tiros con su propia pistola, tiros estos que le ocasionaron la muerte y uno de ellos que le lesionó el índice y el pulgar de la mano izquierda con la que se supone que sostenía contra su pecho el cañón de su arma. Al día siguiente, cuando en Xicotepec encontré al señor general Barragán ... *me confirmó la versión, diciéndome haberla oído... del señor licenciado Aguirre Berlanga*».

### 6) *Los propósitos de Herrero*

¿Tenía Herrero la intención de matar a Carranza? El general Basave y Piña, su enlace con Obregón, le había insistido en «capturar a Carranza y a la parvada de bandidos que lo seguía». A juzgar por los testimonios presenciales, los asaltantes gritaban todo género de palabras soeces a Carranza pero buscando siempre que «saliera». Amador, como se recuerda, sostuvo que el capitán Garrido, de las fuerzas de Peláez y Herrero, «intimó rendición», entró a la choza y al advertir la agonía de Carranza «ofreció un médico». En fin, según el propio capitán Amador Herrero, Herrero «se indignó» al enterarse de la muerte de don Venustiano.

La actitud inmediatamente posterior de Herrero no fue la de un magnicida sino la de un rebelde que, «salvando a la patria», había cumplido con su deber. Con ese ánimo, el 23 de mayo se incorporó en Coyutla a las fuerzas del general Lázaro Cárdenas. Juntos hicieron el viaje a la capital para entrevistarse con el ministro de Guerra, Plutarco Elías Calles, a quien Herrero rindió su informe y entregó la pistola de Carranza.

El tribunal que juzgó los hechos en 1920 dejó en libertad a Herrero, pero no dictaminó sobre la hipótesis del suicidio ni ordenó —extrañamente— la exhumación del cuerpo para efectuar una autopsia formal. En enero de 1921 la Secretaría de Guerra dio de baja a Herrero, equiparando su traición a la de Guajardo contra Zapata, pero los sonorenses volverían a utilizar oficialmente los servicios de Herrero en dos ocasiones: contra los delahuertistas en 1923 y contra los escobaristas en 1929. En 1937, Lázaro Cárdenas lo dio de baja en forma definitiva. Herrero murió de muerte natural en 1964. Siempre negó que hubiera habido un asesinato.

De propósito se ha omitido aquí, aparte de la versión de Herrero, la de su lugarteniente Miguel B. Márquez. Ambas, desde luego, proponen la hipótesis alternativa. Márquez, por lo demás, incurre en el significativo error de decir que fueron dos y no tres los disparos en el tórax.

Al describir, en *Muertes históricas,* los momentos finales de Carranza, Martín Luis Guzmán cuidó cada letra, pero sin echar, *sólo al parecer,* su cuarto a espadas:

«Alargó don Venustiano el brazo para coger sus anteojos y ponérselos; mas al punto, sintiéndose herido, se empezó a quejar. Le preguntó Aguirre Berlanga, que también se había incorporado:
»—¿Le pasa a usted algo, señor?
»—No puedo levantarme; tengo rota una pierna.
»Suárez y Amador ya estaban de pie. Armados de sus pistolas intentaron salir. Frente a la puerta no había nadie; el ataque parecía venir sólo de la parte de atrás. Por un momento *los disparos fueron tan próximos que dos de ellos parecieron producirse en la choza misma.* Se volvió Suárez. A tientas llegó hasta don Venustiano y le pasó un brazo por la espalda, para levantarlo y ayudarlo a salir. Quiso hablarle, quiso animarlo, pero advirtió entonces que del cuerpo que tenía sujeto no salía ya más que un estertor».

Otros tres autores, éstos sí en absoluto sospechosos de anticarrancismo, admitieron con el tiempo, de una manera más o menos privada, la hipótesis alternativa. Bernardino Mena Brito la creía «muy posible» porque «sería una demostración de machismo del viejo». Luis Cabrera concedió la posibilidad y se preguntó: «¿Qué cosas tan graves le afligirían en sus últimos momentos que le obligaron a tomar tan extrema resolución?». José Rubén Romero indignó a tirios y troyanos sosteniendo, él sí abiertamente, la idea del suicidio.[81]

El museo de la Casa de Carranza guarda las balas encontradas en el cuerpo de Madero. ¿Por qué las conservó Carranza? Quizá porque eran el símbolo de un destino y un desenlace pasivo que siempre quiso esquivar. Varias veces señaló que regresaría a la ciudad de México vencedor o muerto.

Con todo, el enigma persiste. ¿Cuál es la hipótesis válida? ¿Murió Carranza balaceado desde afuera del jacal o —lo que es más probable—, viéndose herido e inmovilizado, tuvo el valor de apurar el cáliz tomando al destino literalmente en sus manos, para ser muerto pero no vencido?

En cualquier caso murió con una dignidad comparable a la de Miramón en Querétaro. Herrero, en cambio, no lo enfrentó como el pelotón en el Cerro de las Campanas, sino emboscado en la noche y el engaño.

Frente a su féretro abierto, rumbo al Panteón de Dolores, mujeres del pueblo se postraban llorando: «Ha muerto nuestro padre». Sin querer, lo expresaban todo en una palabra: aquel viejo tenaz había ejercido desde el pasado una severa e inteligente paternidad sobre la Revolución. Vestigio de otra sensibilidad y otro tiempo, finalmente hombre de la Reforma, Carranza había encauzado una lucha social que sin él acaso hubiese desembocado en un caos interminable. Puente entre siglos, Carranza llevó la historia mexicana a una orilla que no estaba en su libreto, una orilla más compleja pero también más sensible al dolor humano.

# V

# El vértigo de la victoria
# Alvaro Obregón

Porque dentro de la hueca corona
que ciñe las mortales sienes del monarca,
la muerte tiene su corte...

Shakespeare, *Ricardo II* (III, 2)

General Alvaro Obregón (1914)
«La personalidad guerrera del jefe sonorense se destacaba como en perfil. Se le veía provisto de una actividad inagotable, de un temperamento sereno, de una memoria prodigiosa.» (Martín Luis Guzmán)

«En mi casa éramos tantos hermanos que, cuando había queso *gruyère*, a mí sólo me tocaban los agujeros.» Esta anécdota, una de las mil que solía contar, o inventar, el general Obregón, refleja con cierta precisión su origen. Alguna vez en la familia de Francisco Obregón y Cenobia Salido el queso *gruyère* había alcanzado para todos. Pero además de tener dieciocho bocas que alimentar, la política y la naturaleza no les habían sido propicias. En 1867 el gobierno liberal confiscó buena parte de las propiedades de la familia a causa de las simpatías que un socio de don Francisco había mostrado por el imperio de Maximiliano. Un año después, una terrible inundación se encargó de confiscar el resto. Para el año de 1880, cuando muere el padre y nace Alvaro, el último de los hijos, la hacienda de Siquisiva, reducto de la familia, estaba en plena decadencia.[1]

Los primeros años de aquel benjamín transcurren en Siquisiva. Además de la madre, lo crían tres hermanas, maestras de profesión, que nunca se separarían de él: Cenobia, María y Rosa. De niño aprende las faenas agrícolas y convive con los indios mayos. Uno de sus hermanos, José, dirige una escuela en Huatabampo. Alvaro cursa allí su educación elemental. Le atraen los libros y los poemas, pero la necesidad y una innata energía lo sacan de la escuela y lo arrojan a la vida.

A partir de la adolescencia, aquel muchacho se vuelve monedita de oro. Es bueno para todo y de todo aprende un poco. A los trece años es autoempleado: cultiva tabaco e instala una pequeña fábrica de cigarrillos llamada La América; forma con miembros de su familia una orquesta de la que es una especie de maestro de ceremonias; aprende fotografía y carpintería, pero pronto descubre su gran habilidad para la mecánica. En 1898 trabaja de tornero en un ingenio de Navolato. Poco después es el mecánico as en el ingenio Tres Hermanos, propiedad de sus tíos Salido, prósperos hacendados de la región del Mayo, hermanos de su madre y muy cercanos a la tríada «científica» que gobernaba Sonora: Izábal, Torres y Corral.[2] Hacia 1904 prueba suerte como vendedor ambulante de calzado, y ese mismo año inicia, sin mucha fortuna, su carrera de agricultor. Después de algunos fracasos como aparcero debidos a las inoportunas inundaciones, en 1906, ya casado desde 1903 con Refugio Urrea, compra al gobierno federal una pequeña finca a la que le pone el nombre de La Quinta Chilla.[3]

En 1907, a los veintisiete años de edad, Alvaro Obregón empieza a ver claro su futuro económico. El garbanzo que cultiva en La Quinta Chilla lo va sacando poco a poco de la quinta chilla. Sin embargo la naturaleza es adversa en otro sentido, muy trágico: dos de sus cuatro hijos, entre ellos su primogénito, mueren a corta edad, y ese mismo año muere también su mujer.[4]

En 1909, viudo y con dos hijos pequeños —Humberto y Refugio, a quienes atienden las tres hermanas mayores que habían cuidado de él—, Alvaro Obregón da su primera gran campanada: inventa una máquina cosechadora de garbanzo que al poco tiempo se produce en serie y se vende a todos los agricultores de la región del Mayo. Cuando en 1910, con motivo de las fiestas del Centenario, Obregón hace su primer viaje a la ciudad de México, podía sentir el orgullo legítimo de su ya no tan modesta prosperidad.

El afán por levantar nuevamente la maltrecha economía de su familia fue sin duda la idea dominante en la vida temprana de Obregón, pero este esfuerzo no lo volvió un ser amargo. Al contrario: a una inteligencia creadora y despierta y una gran habilidad mecánica, se asociaba en Obregón un atributo genial: la memoria. Era capaz, por ejemplo, de recordar el orden completo de una baraja dispuesta al azar, con sólo ver las cartas una vez. En Navolato se había convertido en el más temible jugador de póquer, adivinador profesional de las mentes ajenas, a quien el dueño del ingenio le pagaba por no jugar.

Pero este hombre expansivo y trabajador, ingenioso e ingeniero por naturaleza, en quien todos reconocían prendas mentales extraordinarias, ocultaba una vertiente oscura, una estela de muerte.

Algo, quizá el fallecimiento de su padre cuando Alvaro contaba apenas unos meses, debió de impresionarlo hasta tal grado que llegó a la edad de cinco años sin hablar absolutamente nada, ni siquiera monosílabos. Aquel niño, que callaba y grababa todo en su memoria, reprimía una tensión que brotó por primera vez cuando una amiga de su madre lo llamó despectivamente «chango», a lo que el pequeño Alvaro respondió con humor y agresividad diciéndole «vieja loca». Los años pasaron con más alegrías que tristezas, pero, ya adolescente, Alvaro tuvo una nueva llamada dolorosa y extraña que lo marcó. Su hermana mayor, Rosa, la recordaba con una íntima tortura:

«Teniendo Alvaro como quince años, trabajaba en una hacienda de nuestro hermano Alejandro, situada como a treinta leguas de Siquisiva. Ambos dormían en una misma pieza, y una noche, estando ya dormidos, Alvaro despertó sobresaltado y quejándose en forma angustiosa. Alejandro despertó, y al darse cuenta de lo que le pasaba, se apresuró a preguntarle, azorado, la causa de aquello. Alvaro, ya vuelto en sí, le dijo que acababa de tener un horrible sueño en que había visto muerta a nuestra madre. La impresión de Alejandro fue terrible. Con todo, trató de serenarse y de calmar a Alvaro, diciéndole que eso no pasaba de ser una pesadilla y que continuara durmiendo. Pero Alvaro ya no pudo dormir y el resto de la noche lo pasó en vigilia. Al amanecer, escucharon el galope de un caballo que se acercaba a la casa de la hacienda. ¿Pero qué sucedía? Era, nada menos, un enviado especial que llegaba a darles la triste noticia de que nuestra madre había fallecido en Huatabampo esa misma noche. Alvaro jamás olvidó esa pesadilla. Cada vez que la contaba se ponía sumamente nervioso y...».[5]

Rosa Obregón no agregó más, pero aquel «y...» hubiese confirmado, seguramente, la presencia obsesiva de la muerte en la vida y sueños de Alvaro Obregón.

El 23 de febrero de 1909 Obregón escribió un poema titulado «Fuegos fatuos», en el que se perciben ecos de las *Coplas* de Jorge Manrique: «Nuestras vidas son los ríos / que van a dar en la mar, / qu'es el morir; / allí van los señoríos / derechos a se acabar / e consumir. // Allí los ríos caudales, / allí los otros medianos / e más chicos, / allegados, son iguales / los que viven por sus manos / e los ricos».

Si se deja a un lado todo juicio literario y se piensa en la tragedia familiar del hombre que lo escribía, «Fuegos fatuos» revela dos rasgos perdurables: un alma quebrada por la muerte y desdeñosa de la vida:

Cuando el alma del cuerpo se desprende
y en el espacio asciende,
las bóvedas celestes escalando,
las almas de otros mundos interroga
y con ellas dialoga,
para volver al cuerpo sollozando;

sí, sollozando al ver de la materia
la asquerosa miseria
con que la humanidad, en su quebranto,
arrastra tanta vanidad sin fruto,
olvidando el tributo
que tiene que rendir al camposanto.

Allí donde «el monarca y el mendigo»
uno de otro es amigo;
donde se acaban vanidad y encono;
allí donde se junta al opulento
el haraposo hambriento
para dar a la tierra el mismo abono;

allí todo es igual; ya en el calvario
es igual el osario;
y aunque distintos sus linajes sean,
de hombres, mujeres, viejos y criaturas,
en las noches obscuras
los fuegos fatuos juntos se pasean.[6]

# La empresa militar

«Estoy acostumbrado a luchar contra los elementos naturales: las heladas, el chahuixtle, la lluvia, los vientos, que llegan siempre inesperadamente. ¿Cómo va a ser difícil para mí vencer a los hombres, cuyas pasiones, inteligencia y debilidades conozco? Es sencillo transformarse de agricultor en soldado.»[7] Estas palabras de Obregón a Juan de Dios Bojórquez describen con claridad su situación en 1912, al inicio de la rebelión orozquista, pero no en 1910, cuando estalla la revolución de Madero. No: no había sido tan sencillo transformarse de agricultor en soldado. Su experiencia de lidiar con la naturaleza lo ayudaba, pero su prosperidad reciente, sus pequeños hijos y hasta una no muy velada simpatía por don Porfirio lo disuadieron de incorporarse a la lucha inicial. Su sobrino Benjamín Hill, y como éste casi todos sus futuros compañeros de lucha, se lo reprocharían siempre acusándolo de advenedizo. Pero quien más se lo reclamaría sería él mismo. En 1917, en el prólogo a su apoteótico y no muy legible *opus: Ocho mil kilómetros en campaña,* Obregón se atreve a confesar, con todas sus letras:

«Entonces el partido maderista o antirreeleccionista se dividió en dos clases: una compuesta de hombres sumisos al mandato del Deber, que abandonaban sus hogares y rompían toda liga de familia y de intereses para empuñar el fusil, la escopeta o la primera arma que encontraban; la otra, de hombres atentos al mandato del miedo, que no encontraban armas, que tenían hijos, los cuales quedarían en la orfandad, si perecían ellos en la lucha, y con mil ligas más, que el Deber no puede suprimir cuando el espectro del miedo se apodera de los hombres. A la segunda de esas clases tuve la pena de pertenecer yo».[8]

Se necesitaba valor para confesar, así fuera en plena victoria, su pretérita cobardía. El caso es que al triunfar el maderismo, y no antes, Alvaro Obregón se sube al carro de la Revolución. Su primera estación política fue la de presidente municipal de Huatabampo. Después de perder las elecciones para una diputación suplente al congreso local, Obregón hace sus pinitos en política: su oponente tiene de su lado a la población urbana del distrito, pero Obregón pacta con varios hacendados y con Chito Cruz, gobernador de los mayos, y logra que peones e indios voten por él. De toda formas, el resultado parecía incierto. Sólo el apoyo de Adolfo de la Huerta, para entonces ya maderista prominente, inclina la balanza a su favor.

Las pequeñas obras de riego y educación que intenta en 1911 apenas presagian su inminente ascenso. En abril de 1912, con la rebelión orozquista, llega su segunda oportunidad, la de ser más maderista que los maderistas originales. Esta vez no la dejaría escapar. En un santiamén reúne un cuerpo personal de trescientos hombres e integra el Cuarto Batallón Irregular de Sonora, bajo el mando del general Sanginés.[9]

En unos cuantos días Obregón deja atónitos a sus jefes. Desobedeciendo órdenes —como Porfirio Díaz—, discurre maniobras de atracción, sorpresa y doble envolvimiento que le valen jugosos botines y ascensos automáticos. El mismísimo Victoriano Huerta, al conocerlo, dice: «Ojalá que este jefe sea una promesa para la patria».[10] En un momento de la lucha, Obregón encuentra un cauce militar a su ingenio mecánico: desoyendo a sus superiores, que preferían el uso de trincheras colectivas, discurre, y en cierta medida inventa, que cada soldado cave su «lobera» individual, con ventajas de costo, tiempo y seguridad. Dos años más tarde, en la primera guerra mundial, los ejércitos emplearían ese mismo método.[11]

El coronel Obregón había roto el tabú, había probado el fuego fatuo de la guerra que, a fin de cuentas, a sus ojos, se asemejaba al de la paz. La muerte había dejado de ser sombra o estela para volverse presencia cotidiana, casi compañera.

En diciembre de 1912, el coronel Obregón pide su baja del ejército y vuelve a sus actividades agrícolas. La paz bucólica le dura dos meses. En febrero de 1913, un cuartelazo derriba al presidente Madero. Sin chistar, Obregón ofrece sus servicios al gobernador Maytorena, que por esos días pide licencia y viaja a Estados Unidos. El gobernador interino, Ignacio Pesqueira, designa a Obregón jefe de la sección de Guerra y le permite entrar en campaña. El 6 de marzo de 1913, sale de Hermosillo con órdenes de apoderarse de los tres bastiones principales en la zona norte del estado: Nogales, Cananea y Naco.

Entre marzo de 1913 —cuando entabla sus primeras batallas fronterizas— y agosto de 1914 —en que entra a la ciudad de México al mando de un ejército invicto— Obregón despliega sus inmensas dotes naturales en una empresa más exigente que la cosecha de garbanzo. A cada paso lo sigue la fortuna, pero una fortuna escudada en el cálculo y la observación. En unos días doblega a los federales Kosterlitsky, Moreno y Ojeda. Su objetivo es avanzar hacia el sur y tomar Guaymas. Pero Obregón no es Villa: en vez de cargar, atrae, y, buscando alejar al adversario de su base de operaciones en aquel puerto, lo «obliga a distraer fuerzas en la protección de sus comunicaciones a retaguardia y lo hostiliza en combates parciales para causarle desgaste moral antes de presentarle batalla».

En mayo de 1913, después de una acción de doble envolvimiento concertado, derrota a Medina Barrón en Santa Rosa. Días más tarde, tras realizar un estudio meticuloso del terreno y planear geométricamente cortes y bloqueos, hace trescientos prisioneros en Santa María y captura toda la artillería del enemigo. Sus lugartenientes más cercanos son Manuel Diéguez, Salvador Alvarado, Juan Cabral y Benjamín Hill. Todos habían sido maderistas de la primera hora, y algunos —como Diéguez— hasta precursores de la Revolución en Cananea, pero ahora se cuadraban, no siempre de buena gana, ante la autoridad legítima de Obregón.[12]

Entonces, por primera vez, lo conoce el gran observador psicológico de la Revolución: Martín Luis Guzmán. Su estampa, como todas la suyas, aunque reticente, es memorable:

«La personalidad guerrera del jefe sonorense se destacaba como en perfil. Se le veía provisto, primeramente, de una actividad inagotable, de un temperamento sereno, de una memoria prodigiosa —memoria que le ensanchaba el campo de la atención y le coordinaba datos y hechos—, y muy pronto se percibía que estaba dotado de inteligencia multiforme, aunque particularmente activa bajo el aspecto de la astucia, y de cierta adivinación psicológica de la voluntad e intenciones de los demás, análoga a la que aplica el jugador de póquer. El arte bélico de Obregón consistía, más que todo, en atraer con maña al enemigo, en hacerlo atacar, en hacerle perder valentía y vigor, para dominarlo y acabarlo después echándosele encima cuando la superioridad material y moral excluyera el peligro de la derrota. Acaso Obregón no acometiera nunca ninguna de las brillantes hazañas que ya entonces habían hecho famoso a Villa: le faltaban la audacia y el genio; carecía de la irresistible inspiración del minuto, capaz de animar por anticipado posibilidades que apenas pueden creerse, y de realizarlas. Acaso tampoco aprendiera jamás a maniobrar, en el sentido en que esto se entiende en el verdadero arte de la guerra —como lo entendía Felipe Angeles—. Pero su modo de guerrear propio, fundado en resortes de materialismo muy concreto, lo conocía y manejaba a la perfección. Obregón sabía acumular elementos y esperar; sabía escoger el sitio en que al enemigo le quedaran por fuerza las posiciones desventajosas, y sabía dar el tiro de gracia a los ejércitos que se herían a sí mismos. Tomaba siempre la ofensiva; pero la tomaba con métodos defensivos. Santa Rosa y Santa María fueron batallas en que Obregón puso a los federales —contando con la impericia de los jefes de éstos— en el caso de derrotarse por sí solos. Lo cual, por supuesto, era ya signo evidente de indiscutible capacidad militar».[13]

Con buena lógica, Obregón no ataca Guaymas: le pone sitio con una fracción de sus fuerzas y sigue su avance hacia el sur. El 20 de septiembre de 1913 Venustiano Carranza en persona lo designa comandante en jefe del cuerpo del Ejército del Noroeste, con jurisdicción sobre Sonora, Sinaloa, Durango, Chihuahua y Baja California.[14] Dos meses más tarde, en una acción ejemplar de mando, organización de fuerzas, apoyo de fuegos y aprovechamiento del terreno, secundado en forma sobresaliente por Ramón Iturbe, Obregón toma Culiacán. Durante la refriega lo hieren en una pierna, pero se burla de su lesión.[15] Seguirían, a partir de entonces, casi cinco meses de inactividad bélica en su zona, tiempo que el Primer Jefe dedica a la organización política y militar de la Revolución, y que Obregón emplea, entre otras cosas, en apartar de Carranza al único militar que podía hacerle sombra: Felipe Angeles.

A Villa, sus Dorados lo seguían por convicción y apego a su persona, a su carisma, por el vértigo de «la bola» y, a veces también, por ver qué pescaban del río revuelto. A Obregón sus tropas no lo siguen por motivos mágicos, sino contantes y sonantes. La revolución sonorense es, más nítidamente que las otras, una empresa. Las tropas, en las cuales se destacan por su bravura los batallones de indios yaquis, dependen, para la subsistencia, más de un salario que de un botín. Obregón, que conocía a los indios desde su infancia y había enganchado mayos para fines electorales en 1911, logró incorporar a su ejército varios miles de yaquis a cambio de un pacto: después de la victoria obtendrían satisfacción a su antiquísima demanda de tierras. Obregón no sería el único jefe sonorense reclutador de yaquis, pero sí el principal, el más astuto y quien más provecho militar y psicológico les sacaría.

En abril de 1914 se reinicia la marcha. Mientras Villa deslumbra a la prensa nacional y extranjera con sus cargas anibalianas, en la costa del Pacífico Obregón avanza desplegando un arma de efectividad superior: el ingenio. En mayo de 1914, en la costa de Topolobampo, amenazada por el cañonero federal *General Guerrero*, ocurre un hecho notable. Por primera vez en la historia militar del mundo, el piloto Alberto Salinas, del ejército de Obregón, vuela en el biplano *Sonora* y ataca al cañonero adentrándose dieciocho kilómetros en el mar, a novecientos metros de altura.[16]

En mayo de 1914, distanciado ya de Villa, Carranza ordena a Obregón apresurar su marcha hacia el sur. Obregón bloquea Mazatlán, como lo había hecho con Guaymas, y sigue a Tepic, donde con ayuda de Lucio Blanco corta las vías del ferrocarril Guadalajara-Colima y aísla así a los sitiados en aquellos puertos. A principios de julio amaga simultáneamente posiciones al sur de Guadalajara y a la propia ciudad. En una batalla que conjuga sorpresas, flexibilidad y racionalidad, derrota a los federales en Orendáin, causándoles ocho mil bajas y apoderándose de 16 piezas de artillería, cinco mil fusiles, 18 trenes y 40 locomotoras. Días después, con la aguililla de general de división concedida por Carranza, Obregón barre territorio rumbo a la capital. El 1.º de agosto llega a Teoloyucan, donde el día 13, sobre la salpicadera de un auto, firma los famosos tratados. Dos días más tarde, al mando de dieciocho mil hombres, entra a la ciudad de México.[17]

Casi cuarenta años antes, los azorados catrines de la capital habían visto el desfile de los «torvos» y «siniestros» juchitecos del ejército personal de Porfirio Díaz. Ahora, no menos aterrados, contemplaban el desfile de los ejércitos norteños. Habían esperado la «invasión de cincuenta mil hombres vestidos con piel de tigre, feroces y hambrientos como lobos». La realidad fue un poco menos patética. Junto a los rancheros y mineros ataviados con su clásico sombrero de fieltro, sus pantalones caqui y polainas de vaqueta café, venían los yaquis, a «cuya bravura indudablemente se han debido los triunfos de los rebeldes de Sonora». Unos entraron tocando sus pequeños tambores; otros, escribe Jorge Aguilar Mora,

«traían todavía la indumentaria con la que habían salido de Sonora: los mismos pantalones cortos de manta, los mismos huaraches, las mismas camisas bordadas, las mismas cintas de sujetarse el cabello. Algunos se habían acostumbrado a las botas y otros habían aceptado el sombrero tejano, sin renunciar por supuesto a sus atuendos. Todos venían armados con carabinas Winchester 30/30 y aprovisionados con varias cananas de parque bien surtido; y ninguno había dejado su arco, su carcaj, su honda y su cerbatana, objetos pavorosos para el civilismo de los capitalinos».[18]

279

# Póquer a muerte

Aunque temblaba al ritmo de los tamborines yaquis, la ciudad de México temía mucho más la amenaza del «Atila del Sur»: Emiliano Zapata. De ahí que muchos viesen como una bendición relativa que un hombre «blanco», aunque no barbado, fuese el primero en «tomarla». No faltó, en efecto, quien comparara a Alvaro Obregón con Hernán Cortés. Pero las esperanzas de los catrines se esfumaron muy pronto. Obregón no venía como mensajero de paz sino de venganza. ¿Por qué?

A diferencia de Villa, que tenía una relación puramente irracional con la muerte —la de los demás, más que la suya—, Obregón parecía haber concertado desde el principio un doloroso pacto con ella. No había abandonado «las delicias del hogar», como él decía, por el gusto festivo de incorporarse a «la bola», por convicciones democráticas o sociales profundas, ni siquiera por un cálculo pragmático. Un destino ineluctable lo había arrancado de aquellas «delicias».

Al tomar la decisión de incorporarse a la lucha como líder, había dispuesto con plena conciencia una suerte de cesión de su vida por adelantado. No jugaba con la muerte, pero la toreaba con indiferencia y desdén. En la campaña de occidente se había arriesgado varias veces hasta extremos de temeridad: no llevaba arma, no se inmutaba si una granada caía a unos cuantos metros de donde se encontraba, se aventuraba en travesías marinas, y cuando por fin, como en Culiacán, lo herían, reaccionaba, según recuerda Martín Luis Guzmán, «burlándose de sí mismo porque las balas no parecían tomarlo demasiado en serio: "Me hirieron, sí; pero mi herida no pudo ser más ridícula: una bala de máuser rebotó en una piedra y me pegó en un muslo"».[19]

Nada más significativo de ese pacto de Obregón con la muerte que las frases que solía emplear en sus manifiestos. Al iniciarse el movimiento constitucionalista, habla de los huertistas como de una «jauría» y agrega esta imagen: «Saciemos su sed de sangre hasta asfixiarlos con ella».

El general Alvaro Obregón al regresar victorioso de la campaña contra Adolfo de la Huerta (1924).
«Recorría la nación entera. Conversaba con todos. Hablaba de rectitud y de moral. Todos sus partidarios lo secundaban abiertamente.» (E. K.)

El 17 de noviembre de 1914, cuando el rompimiento entre Carranza y la Convención es definitivo y en el horizonte apunta ya la guerra civil, Obregón hace un llamado a «los verdaderos hijos de la patria, que despreciando de nuevo la vida» refrendaban, como él lo hacía, el pacto con la muerte. El 4 de diciembre, después de salir de la ciudad de México —que ocuparían por unos meses las fuerzas de la Convención—, vuelve a utilizar la palabra clave, tinta de todos los pactos mortales: «¡Siempre será poca la sangre que un pueblo derrame en defensa de sus libertades!».

Pero ¿quién era el culpable del pacto?, ¿a quién cobrárselo? «Todos los que andamos en este asunto», le había dicho alguna vez Obregón a Carranza, «lo hacemos por patriotismo y por vengar la muerte del señor Madero.» Al oírlo, Carranza debió de quedar desconcertado. Para él la contienda significaba mucho más que una *vendetta* y mucho más amplia que un «asunto de patriotismo»; era una causa histórica parecida a la de Juárez, que involucraba a la nación por entero: su soberanía, sus leyes, su orden interno, su destino. Tampoco Zapata peleaba por venganza y patriotismo vago, sino por «matriotismo»: el de la tierra. Muchos otros jefes revolucionarios tenían razones o justificaciones más o menos complejas: idealistas, sociales, morales, pragmáticas, festivas.

Para Obregón la cuestión era, en cierta forma, sencilla: la Revolución no era asunto de teorías sino de guerra.[20] A los tres días de su llegada a la capital, Obregón acude al Panteón Francés para rendir homenaje a Madero, el apóstol por el que su conciencia le reclamaba no haber luchado. Junto a la tumba, frente a los diputados del bloque renovador, que a sus ojos se habían portado cobardemente cuando el sacrificio de Madero, entrega su pistola a María Arias —mujer que protestó en público por los acontecimientos de febrero de 1913— con estas palabras desafiantes: «Entrego mi pistola a María Arias, el único hombre que hubo en la ciudad de México cuando el cuartelazo de Huerta».[21]

Parecía que Obregón, al castigar la cobardía de la ciudad de México, castigara su propia duda inicial de 1910 y de ese modo lavara su error. Parecía que la ciudad hubiese sido la elegida para pagar el inmenso costo moral de aquel pacto suyo con la muerte. Por eso, además de las responsabilidades objetivas de la capital, que en efecto existían, Obregón había venido a castigar a «la tristemente célebre ciudad de México», y en ella sobre todo al clero, a la clase burguesa y a los extranjeros. Su memoria constituía la mejor aliada de su venganza: en Tepic había sido objeto de un ataque del diario *El Hogar Católico*.

Como muchos lugartenientes del constitucionalismo, Obregón estaba en la inexacta idea de que el clero fue apoyo importante para Huerta y un cáncer histórico en la vida nacional. Con esos antecedentes, su decisión es inmediata: primero impone al clero un pago de medio millón de pesos, destinados a la Junta Revolucionaria de Auxilios al Pueblo; más tarde encarcela y expulsa de la capital al vicario general Paredes, junto con 167 curas.[22]

A los ricos de la ciudad les fue peor. Obregón recordaba que empresarios como Pugibet —dueño de la cigarrera El Buen Tono— habían aplaudido a Huerta como el salvador de la patria. En respuesta, impuso una contribución extraordinaria, exigible a nacionales y extranjeros, sobre capitales, predios, hipotecas, profesiones, ejercicios lucrativos, derechos de patente, agua, pavimento, atarjeas, carruajes, automóviles de alquiler y particulares, bicicletas, etc. A los acaparadores los trató aún con mayor dureza: so pena de confiscación, les dio cuarenta y ocho horas para entregar el diez por ciento de sus mercancías de primerísima necesidad: maíz, haba, petróleo, manteca, velas de sebo y carbón.

No fue más blando con los extranjeros: recordaba que casas como la Wagner Levien y Sucs. habían aportado dinero a Manuel Mondragón. Al enterarse del impuesto extraordinario, varios negociantes se reúnen en el teatro Hidalgo. De pronto aparece el general Obregón y les advierte que no quedarán exentos de la observancia de las leyes mexicanas: «Así ya no tendremos que cuadrarnos ante cualquiera que fume opio o masque tabaco ... El hambre de nuestro pueblo no traspasará nuestras fronteras».

Afuera del recinto una triple valla de soldados, con cartucho cortado, escolta a Obregón, quien además de exigir medio millón de pesos en gravámenes, impone a los extranjeros un tributo moral: barrer las calles.[23]

En medio de la tensión anticlerical y xenófoba, no faltó, por fortuna, un momento chusco. Se cuenta que en una de las juntas a las que citaba Obregón para forzar la circulación de los billetes carrancistas, un comerciante español tomó la palabra (la escena debió de ocurrir en febrero de 1915; la ciudad había sido ocupada ya por las tropas villistas y zapatistas):

«—Considere usté, señor general, que estos billetes hoy tienen un valor y mañana no lo tienen, porque entran unos y son buenos, pero entran otros y ya no valen los billetes de las tres caritas.

»El general Obregón escuchó la protesta con asombro y preguntó:

»—Oigame usted, ¿cómo que billetes de "tres caritas"? Dirá usted billetes de "dos caritas", el señor Madero y don Abraham González, porque "tres caritas" no los hay.

»—Cómo no, señor general, ¡tres caritas! La del señor Madero, la de don Abraham González y la carita que nosotros ponemos cuando los recibimos y cuando nos dicen que no valen. ¡Dígame usté si no son "tres caritas"!».

Obregón festejó la ocurrencia y dejó ir al gracioso, no sin advertirle que, de seguir hablando sobre los billetes de «tres caritas», mandaría aprenhenderlo por falsificador. En ningún momento fue más clara su valentía que al enfrentar a Villa en septiembre de 1914. Por voluntad propia se mete en la boca del lobo, y no una sino dos veces. Acude en plan de conciliación, pero también para ver de cerca a su potencial enemigo. Lo observa, lo estudia, lo mide. Villa despliega ante él su poderío militar y Obregón aprovecha para fotografiar ese despliegue en la memoria. Cuando sobreviene el primer conato de fusilamiento, Obregón juega póquer con su vida y manipula a su enemigo, pidiéndole, casi como un favor, que proceda a fusilarlo. Aquel póquer —más bien ruleta rusa— siguió por algunos días, sin que Obregón bajara sus cartas ni su vista. Cuando el cónsul norteamericano en Chihuahua le franquea una salida a El Paso, Obregón se niega por dignidad... y por temeridad. Villa lo deja irse, pero lo hace regresar. Obregón sólo le pide a su custodio, José Isabel Robles, que interceda ante Villa para evitar «que se me insulte y se me ultraje... [quiero] que me fusile sin detalles humillantes».[24]

Villa lo deja irse de nuevo, y otra vez intenta traerlo de regreso. Esta vez, sin duda, quiere «enfriar» al «compañerito». Obregón hubiese enfrentado con entereza su muerte durante el póquer, pero una vez concluido el juego, debió de pensar que aquel ir y venir era humillante. Cuando se entera de la orden, se baja del tren, y a la pregunta: «¿Qué va usted a hacer, mi general?», responde: «Morir matando».[25]

Con ayuda de la diosa Fortuna, y de Eugenio Aguirre Benavides y José Isabel Robles —ya entonces grandes admiradores de su hombría—, por esta ocasión salva la vida sin «morir matando». La muerte seguía sin tomarlo en serio.[26]

# Hacia la victoria... y la desesperanza

Desde octubre de 1914, cuando asiste a las sesiones del Congreso de Aguascalientes, Obregón construye una sólida plataforma política y militar; pero no hay motivo para dudar de su afán conciliatorio. Obregón no quiere precipitar la guerra civil. De ahí que, con astucia, sin definirse, navegue por más de un mes entre las dos corrientes de legitimidad: la Convención y el preconstitucionalismo carrancista. Cuando a mediados de noviembre de 1914 llega la hora de la verdad, ha hecho buenos amigos en las filas de la Convención (Cosío Robelo, Robles), ha cautivado a algunos villistas y a no pocos zapatistas. Su indecisión aparente no revela, quizá, sino un gran sentido de la oportunidad. No ha perdido tiempo torturándose por ideas o convicciones: lo ha empleado en observar a los próximos enemigos y en adivinar sus pasos.

A la audacia personal y la claridad estratégica, Obregón aunó muy pronto un verdadero golpe de genio en el reclutamiento militar y político. Si en Sonora había reclutado a los yaquis ofreciéndoles tierras a cambio de colaboración, ¿por qué no intentar lo mismo con el grupo homólogo de los yaquis en el ámbito urbano: los obreros? Sin percatarse, quizá, de la enorme trascendencia histórica de su decisión, y pasando sobre la voluntad del Primer Jefe, que desconfiaba de la clase proletaria, Obregón buscó la ayuda administrativa de Alberto J. Pani y la flama oratoria de Gerardo Murillo, alias «doctor Atl», y en unos meses logró que la Casa del Obrero Mundial, en votación tal vez no mayoritaria pero efectiva, abjurara de sus evangelios anarcosindicalistas y pactase con el constitucionalismo para combatir la «reacción» villista y zapatista. Desde su llegada a la capital en agosto de 1914, Obregón había entregado a la Casa el convento de Santa Brígida y el Colegio Josefino, además de regalarle el oído con veladas, discursos, promesas y apoyo económico. El 17 de febrero, ya podía cantar victoria. Con la formación de los Batallones Rojos se agenciaba un apoyo militar considerable, pero proporcionaba a Carranza algo mucho más importante: el halo de legitimidad de la clase que, según la ideología socialista, heredaría el futuro: la clase proletaria.[27]

A principios de 1915 Obregón vence con facilidad a los zapatistas en Puebla, pero no se hace ilusiones. Sabe que el enemigo principal señorea casi todo el territorio: Villa anda por Guadalajara y llegará al Bajío; Angeles ocupa Saltillo y desde allí domina el noreste; Calixto Contreras y Rodolfo Fierro permanecerán en occidente, mientras que «el Compadre» Urbina merodea por Tamaulipas y San Luis Potosí. Obregón aprecia la fuerza enemiga pero también aprecia su fragmentación.

Sabe que, si pelea en el Bajío, la fuente de aprovisionamiento villista estará a 1.500 kilómetros de distancia. Siempre ha pensado que a Villa hay que vencerlo en el centro. Angeles, que piensa del mismo modo, se cansa de persuadir a su jefe de no morder el cebo. A principios de abril de 1915, Fortunato Maycotte, lugarteniente de Obregón, ha reparado las vías del ferrocarril que cruzan la zona de los futuros combates. La vía de aprovisionamiento desde Veracruz permanece fluida y a salvo del acceso zapatista. Llega el momento del primer combate de Celaya.

Villa supera a Obregón en armamento, equipo y municiones. Su táctica, como siempre, será la carga brutal. Obregón busca economizar fuerza y material. Su táctica, como siempre, será la atracción y la resistencia. El 6 de abril se abre el fuego. La situación favorece en un principio a los villistas, tanto que a las once de la mañana del día 6 Obregón telegrafía al Primer Jefe, con su estilo habitual, en el que no podía faltar una incitación a la muerte:

«A esta hora habremos tenido dos mil bajas. Asaltos del enemigo son rapidísimos. Esté usted seguro de que mientras me quede un soldado y un cartucho, sabré cumplir con mi deber y consideraré como una ventura que la muerte me sorprenda abofeteando al crimen».

Una vez más toreaba a la muerte, pero la fortuna y la estrategia le favorecían. Hacia la una de la tarde del día 7, los villistas habían efectuado más de treinta cargas de caballería sin poder doblar las trincheras de Obregón, quien dos horas después informaba a Veracruz: «El enemigo hase replegado varios kilómetros, dejando el campo regado de cadáveres ... Hanse encontrado más de mil cadáveres y número considerable de heridos».

Las pérdidas de Villa en aquel primer combate alcanzarían los cinco mil hombres, entre muertos, heridos y prisioneros; pero la hecatombe vendría una semana después. Para la segunda batalla de Celaya, Obregón pudo contar con cinco mil hombres de refuerzo. Su táctica no varió: había que esperar el ataque de Villa en una posición defensiva que circunvalara la plaza de Celaya, y mantener una importante reserva fuera de la línea de circunvalación para tomar la ofensiva cuando el ejército atacante se hubiera desgastado material, física y moralmente en el grado justo para derrotarlo. En aquella ocasión decisiva, Obregón despliega todas sus cualidades: bravura, creatividad, energía, organización, fe y hasta humor.[28] «Villa», comenta a sus soldados, «es como el Calendario de Galván: ofrece lumbre y echa agua». El 15 de abril, un día después de iniciado el combate, Obregón rinde a Carranza el parte oficial de su victoria:

«Satisfáceme comunicar a usted que, en una extensión de más de doscientos kilómetros cuadrados, que ocupó el campo donde se libró la batalla y que están tintos en sangre de traidores, el ejército de operaciones que me honro en comandar acaba de izar el estandarte de la legalidad. Doroteo Arango (alias Francisco Villa), con 42 de sus llamados generales y con más de treinta mil hombres de las tres armas, tuvo la audacia de atacar esta plaza, defendida por nosotros ... El enemigo generalizó, desde luego, su ataque, extendiéndose en círculo de fuego, en una línea de veinte kilómetros. Los asaltos eran continuos y desesperados, entrando en actividad todas las unidades que traía a su mando Doroteo Arango; prolongándose así el combate por espacio de treinta y ocho horas, al cabo de las cuales ordené ... un movimiento envolvente [que] empezó a desorientar al enemigo por completo: las cargas de caballería que dábamos sobre su flanco, y el avance de la infantería, por su flanco y frente, comenzó a determinar su derrota, emprendiendo la fuga a la 1.15 p.m., cuando ya nuestros soldados estaban sobre sus trincheras ... Hasta estos momentos, estimo que las bajas del enemigo pasan de catorce mil, entre muertos, heridos, prisioneros y dispersos. Las bajas nuestras no llegan a doscientas ... En nombre de este ejército de operaciones, felicito a usted por este nuevo triunfo. Respetuosamente,

»general en jefe
»Alvaro Obregón».[29]

Aunque los contrincantes vuelven a medirse en otros puntos del Bajío (Trinidad, León) y más tarde en Aguascalientes, el ejército villista está herido de muerte física y moral. Obregón lo sabe, pero, extrañamente, comparte la herida de su víctima. Acaso nunca sintiera de un modo tan agudo el vértigo de la victoria, la fatuidad de la vida. Una vez más toma la pluma para describir un fuego fatuo:

> He corrido tras la Victoria
> y la alcancé:
> pero al hallarme junto a ella,
> desesperé.
>
> Los rayos de su divisa
> alumbraban en redor,
> de los muertos, la ceniza;
> de los vivos, el dolor.

En otro poema, tan defectuoso o más, si cabe, pero igualmente revelador, Obregón quiere evocar la claridad del alba, el vuelo de los pájaros, los colores del paisaje, las montañas que «meditan» y hasta el perfume de las flores —todos los tópicos de la naturaleza—, pero los contrasta con una imagen obsesiva:

> Mas el hombre alelado ni tan siquiera advierte
> que está muy cerca el ojo del fusil de la muerte.

En la cresta triunfal de una ola de sangre, la propia y la ajena, Alvaro Obregón añora secretamente la muerte. Ningún triunfo lo reconcilia con la vida. Ahora más que nunca la desprecia.

A principios de junio Obregón acampa en la hacienda de Santa Ana del Conde, en Guanajuato. Sin medir los riesgos, acompañado por el general Francisco Serrano, el coronel Piña, los tenientes coroneles Jesús M. Garza y Aarón Sáenz y los capitanes Ríos y Valdés, se dirige a las trincheras del frente. Una lluvia de granadas cae sobre ellos y una sorpresa aún más dolorosa... y esperada:

«Faltaban unos veinticinco metros para llegar a las trincheras, cuando, en los momentos en que atravesábamos un pequeño patio situado entre ellas y el casco de la hacienda, sentimos entre nosotros la súbita explosión de una granada, que a todos nos derribó por tierra. Antes de darme exacta cuenta de lo ocurrido, me incorporé, y entonces pude ver que me faltaba el brazo derecho, y sentía dolores agudísimos en el costado, lo que me hacía suponerlo desgarrado también por la metralla. El desangramiento eran tan abundante que tuve desde luego la seguridad de que prolongar aquella situación en lo que a mí se refería era completamente inútil, y con ello sólo conseguiría una agonía prolongada y angustiosa, dando a mis compañeros un espectáculo doloroso. Impulsado por tales consideraciones, tomé con la mano que me quedaba la pequeña pistola Savage que llevaba al cinto, y la disparé sobre mi sien izquierda pretendiendo consumar la obra que la metralla no había terminado; pero mi propósito se frustró, debido a que el arma no tenía tiro en la recámara, pues mi ayudante, el capitán Valdés, [la había vaciado] el día anterior, al limpiar aquella pistola. En aquel mismo momento, el teniente coronel Garza, que ya se había levantado y que conservaba la serenidad, se dio cuenta de la intención de mis esfuerzos, y corrió hacia mí, arrebatándome la pistola, en seguida de lo cual, con ayuda del coronel Piña y del capitán Valdés, me retiró de aquel sitio, que seguía siendo batido vigorosamente por la artillería villista, llevándome a recargarme contra una de las paredes del patio, donde a mis oficiales les pareció que quedaría menos expuesto al fuego de los cañones enemigos. En aquellos momentos llegó el teniente Cecilio López, proveedor del cuartel general, quien sacó de su mochila una venda, y con ella me ligaron el muñón».[30]

En suma, aquella mañana del 3 de junio de 1915 el general Obregón, saciado de valentía, presa del vértigo de la victoria y anegado, ahora sí, en su propia sangre, quiso poner fin a la fatuidad de vivir; no lo consiguió. El dedo índice disparó el gatillo, pero el azar le negó la bala.

# La vida es broma

Al final de sus ocho mil kilómetros de campaña (85 contra Orozco, 3.498 contra Huerta y 3.644 contra Zapata, Villa y la Convención), lo sorprende otra cara, más dulce y adormecedora, de la fatuidad: la fama. De pronto comprendió que no muy lejos, casi al alcance de la mano, lo esperaba la silla presidencial. Ningún caudillo le hacía sombra, ni siquiera el Primer Jefe, a quien por lo pronto guardaría lealtad, pero a sabiendas de que podría separársele en cualquier momento sin afectar un ápice su prestigio. Era el hombre fuerte de México, el triunfador de la Revolución. En 1917 tenía sólo treinta y siete años, los mismos que Porfirio Díaz en 1867, al triunfo de la República. Y como Porfirio frente a Juárez, sintió que el triunfo era más suyo que de Carranza.[31]

Para Obregón, el paralelismo con Díaz no era del todo inconsciente, pero como hombre práctico no solía guiarse por la conciencia histórica. A diferencia de Díaz, Obregón no abandonó de inmediato su puesto de mando ni hizo manifestación alguna de desinterés político. Como secretario de Guerra del gobierno preconstitucional de Carranza, continuó su labor de empresario militar: inició censos militares, reorganizó la administración y los servicios médicos, abrió la Academia del Estado Mayor, la Escuela de Medicina Militar, el Departamento de Aviación y una escuela de pilotos, y puso las fábricas de municiones bajo el control del ejército. Se proponía crear un ejército profesional, libre de caciques y caudillos.[32]

A principios de 1917 se discute en Querétaro la nueva Constitución. Era el momento cumbre de Carranza, pero Obregón, con buen sentido político, decide robarle un poco de cámara. Aprovecha la oportunidad para separarse públicamente del carrancismo —todavía no de Carranza— y ceñirse un halo de temeridad ideológica. En los momentos culminantes del congreso, cuando se debate, por ejemplo, el artículo 3.º o el 27, Obregón se hospeda en Querétaro y recibe la visita de los legisladores radicales. Juan de Dios Bojórquez, Rafael Martínez de Escobar, Jesús Romero Flores y hasta don Andrés Molina Enríquez lo consultan. Invariablemente, Obregón apoya las medidas más extremas. Ningún riesgo lo arredra: ni Estados Unidos ni la guerra civil. A su aura de triunfador invicto y mártir se aúna la del caudillo más radical de la Revolución.[33]

Poco tiempo después de la jura de la Constitución, recién casado en segundas nupcias con María Tapia, Obregón dimite de la cartera de Guerra y se retira a La Quinta Chilla, que, por supuesto, ya no lo era tanto. Como Porfirio cultivaba cañas en su hacienda de La Noria, Obregón cultiva garbanzo en la suya; pero, a diferencia del caudillo oaxaqueño, nada lo impacienta. «Tengo tan buena vista», bromearía años después con sus amigos, «que desde Huatabampo alcancé a ver la silla presidencial.»[34] Los desórdenes fisiológicos que debió de causar su mutilación lo impelían a comer en exceso. Obregón engordó, encaneció, se abotagó. Jorge Aguilar Mora explica el proceso:

«Después de la amputación, comenzó a sufrir trastornos reales e imaginarios, y aprovechaba cualquier ocasión, que de preferencia coincidiera con alguna diligencia de sus negocios, para visitar hospitales norteamericanos. La preocupación por su salud se volvió obsesión y anotaba mentalmente todos los cambios que se producían día a día en su cuerpo. A medida que aumentaba la agudeza de su auscultación, iba confundiéndose más y más con la mirada escrutadora de los otros. A los cuarenta años, cinco después de su mutilación, era ya un hombre viejo».[35]

Pero junto con él engordó su bolsillo. En unos años, La Quinta Chilla pasó de 180 a 3.500 hectáreas, sembradas en su mayor parte de garbanzo. En 1917 Obregón funda la Sociedad Agrícola Cooperativa, que pronto vincula a todos los garbanceros de Sonora y Sinaloa. Su objetivo era múltiple: facilitar el financiamiento, el almacenaje, la distribución y la venta del producto; crear estaciones experimentales para mejorarlo, evitar los costos de intermediación y presentar ante los mercados extranjeros un frente común para proteger el precio. Los resultados no se hicieron esperar. En 1918 el precio se duplicó y el general Obregón se hizo de buenos cincuenta mil dólares.

En La Noria, Porfirio Díaz fingía disfrutar la vida del campo. En Sonora, Obregón disfrutaba realmente su retorno a las labores agrícolas. Había integrado su vida con su trabajo personal e independiente y se sentía orgulloso de haber triunfado también en esa batalla: «El trabajo más penoso», solía decir, «está lleno de placer y de materiales para el mejoramiento propio ... el trabajo honrado es el mejor de los maestros y la escuela de las penalidades es la más noble escuela». En aquella espera de dos años, mirando de reojo desde su hacienda la silla presidencial, Obregón avanzó con celeridad en la construcción de un pequeño emporio: cría ganado, exporta cueros y carne, adquiere acciones mineras, abre una oficina comercial de importaciones y exportaciones y emplea a mil quinientos hombres.[36]

Fue seguramente su época más feliz. Todo el mundo quería estar con el triunfador valiente y atractivo, el conversador ameno de clarísima inteligencia. Era natural que comenzase a mostrar signos de egolatría:

«Con frecuencia hablaba de él mismo, de su personalidad, de sus triunfos, de sus victorias, sin modestia ni recato algunos. Desde obrero de Navolato, pequeño agricultor y presidente municipal de Huatabampo, se había elevado por su propio esfuerzo hasta jefe de la nación mexicana. Sus éxitos nunca interrumpidos lo envanecieron extraordinariamente, al grado de pretender criticar las campañas de Foch, de Hindenburg y de Ludendorff que figuraron en la guerra europea, y con especialidad las operaciones militares que se desarrollaron frente a Verdún».

Se trataba, con todo, de una egolatría sin patetismo, sin solemnidad, porque Obregón, muy en el fondo, no se tomaba en serio. No había abandonado su convicción sobre la fatuidad de todo lo humano pero, bendecido por la fortuna, habitaba la ribera sonriente de esa convicción: el humor. Bromista, guasón, chocarrero, alegre, ingenioso, dicharachero, socarrón, chistoso, aun payaso. Pulsó todos los registros del humor, menos la ironía.[37]

Vale la pena —es decir, vale la risa— recordar algunas de sus ocurrencias. Era, por ejemplo, experto en respuestas rápidas y juegos de palabras:

«A unas damitas, en una fiesta:
»—Mi general, ¿gusta usted una copita?
»—Gracias, no tomo.
»—Un cigarrito.
»—Gracias, no fumo.
»—Ay, mi general, usted no toma, no fuma, no nada.
»—No: nada sí».

Se sabía de memoria —¡qué chiste!— cuentos de todos sabores y colores. Creaba situaciones absurdas, festejaba, y memorizaba, los chistes ajenos y —cualidad suprema— sabía burlarse de sí mismo. A Blasco Ibáñez, a quien le concede una entrevista en 1919, le refirió esta anécdota:

«A usted le habrán dicho que soy algo ladrón. Sí, se lo habrán dicho indudablemente. Aquí todos somos un poco ladrones. Pero yo no tengo más que una mano, mientras que mis adversarios tienen dos... ¿Usted no sabe cómo encontraron la mano que me falta? Después de hacerme la primera cura, mis gentes se ocuparon en buscar el brazo por el suelo. Exploraron en todas direcciones, sin encontrar nada. ¿Dónde estaría mi mano con el brazo roto? "Yo la encontraré", dijo uno de mis ayudantes, que me conoce bien; "ella vendrá sola. Tengo un medio seguro." Y sacándose del bolsillo un azteca... lo levantó sobre su cabeza. Inmediatamente salió del suelo una especie de pájaro de cinco alas. Era mi mano que, al sentir la vecindad de una moneda de oro, abandonaba su escondite para agarrarla con un impulso arrollador».

Con su memoria prodigiosa solía crear situaciones cómicas o inverosímiles. Las más sencillas consistían en repetir fielmente una secuencia de naipes, lo accidentado de una carretera o cualquier sucesión de objetos. Pero había otras más divertidas. Cuenta Miguel Alesio Robles que un buen día Obregón escuchó a José Rubén Romero recitar un soneto que acaba de componer:

«Al terminar José Rubén Romero de recitar sus versos, le dijo Obregón con su gracia natural:

»—Hace mucho tiempo que yo sabía de memoria esos versos —y comenzó a recitarle el mismo soneto que acababa de escuchar él por vez primera.

»A José Rubén Romero lo colocó en un predicamento tremendo. Se puso de todos colores y no sabía cómo salir de esa situación.

»—¿Cómo va a ser posible que usted recite de memoria ese soneto, si nunca lo he dado a la publicidad? —interrogó el distinguido escritor, cohibido y un poco apenado.

»—No habrá dado usted a la publicidad ese soneto, pero su autor sí, y la prueba de ello es que yo lo leí en una revista y me gustó tanto que me lo aprendí de memoria. —Y volvió el presidente de la República a recitarlo en medio del asombro del poeta.

»Al despedirse, Obregón le dijo:

»—No se marche usted apenado. Es que yo tengo la facultad de retener en la memoria todo y al estar recitando usted su soneto, me lo aprendí».[38]

Podría parecer extraño, a primera vista, que el mismo hombre que jugaba póquer con la muerte se solazara haciendo bromas hasta consigo mismo. En el fondo no había contradicción. El doctor Ramón Puente, ese fino observador de los caudillos, lo describió con acierto:

«... es alegre, bromista, desconcertante, porque nadie vislumbra la línea en que coincide en su alma la comedia con la tragedia. Cuando ésta llega, viene inesperada, aplastante, y, sin embargo, parece no dejarle rastros de amargura, obra con la inconsciencia del río que lo mismo descuaja los árboles en sus días de creciente, que refleja apacible el paisaje en sus días de quietud».

La broma y la muerte juntas, como en la sonrisa de una calaca mexicana, son dos formas de escapar a la tensión de la vida, de llenar su vacío, de resolver la fatuidad. Con la vida habría que hacer todo, menos tomarla en serio. Martín Luis Guzmán describió, en pocas palabras, el fondo de su alma. Su viñeta puede parecer cruel:

«Obregón no vivía sobre la tierra de las sinceridades cotidianas, sino sobre un tablado; no era un hombre en funciones, sino un actor. Sus ideas, sus creencias, sus sentimientos, eran como los del mundo del teatro, para brillar frente a un público: carecía de toda raíz personal, de toda realidad interior con atributos propios. Era, en el sentido directo de la palabra, un farsante».[39]

Lo que no comprendió Martín Luis Guzmán fue la raíz de esa actitud. Obregón no actuaba siguiendo un plan premeditado y maquiavélico. Actuaba por convicción: él podía ser un farsante, pero la vida era sólo el linde incierto entre la comedia y la tragedia. Era, en el sentido directo de la palabra, una farsa.

# Todos con el triunfador

A principios de 1919 Obregón comienza a cosechar un producto más importante que el garbanzo: la unánime popularidad que lo llevará a la presidencia. Carranza es el primer enemigo de su posible elección. A los ojos del «Viejo», a Obregón le falta comprensión de los grandes problemas nacionales, le falta un programa de gobierno y, lo que es peor, le faltan las virtudes del buen gobernante. Es un militar, y el designio del presidente es acabar, de una buena vez, con el militarismo. En enero, Carranza se manifiesta públicamente contra los «lanzamientos prematuros» y la «efervescencia política». En marzo, Luis Cabrera ataca en la prensa a Obregón. En abril, Obregón les responde con un seudónimo; a Cabrera le lanza un dardo: «Nunca creen lo que dices porque nunca dices lo que crees»; a Carranza, otro: «El país y yo creemos que de acuerdo a usted nada que lo halague es prematuro y nada que lo afecte es oportuno».

A mediados de 1919 Obregón creía que la presión popular haría ceder al «Viejo». No tardaría en desengañarse ni tampoco en tomar la ofensiva. En junio se autopostula candidato, lanzando un «Manifiesto a la nación». En agosto concierta un pacto secreto con la cúpula de la recién fundada CROM, denominada Grupo Acción, según el cual, de llegar a la presidencia, se comprometía entre otras cosas a crear un Departamento de Trabajo autónomo, designar un ministro de Industria y Comercio afín a esa organización y promulgar la Ley del Trabajo. Así, una vez más repetía la estrategia que le sirvió para formar los batallones yaquis y rojos.

En noviembre realiza una serie de giras triunfales. Gozaba de tal popularidad que hasta Palavicini, uno de sus archienemigos, lo consideraba el candidato más viable. El tono de su campaña era triunfalista, pero tenía razones para serlo. Si había triunfo contra la naturaleza, la lluvia, el chahuixtle, los vientos y sobre Orozco, Huerta, Zapata y Villa, ¿cómo no iba a desplazar, hasta por la buena, a su ex jefe Carranza?:

«... no descansó un solo momento. Observaba los planes de sus enemigos para desbaratarlos. Pronunciaba discursos, daba conferencias en las cámaras de comercio, publicaba declaraciones, movía a todos sus partidarios. Atrevido, valiente, hacía cabalmente todo lo contrario de lo que su adversario quería que hiciera. Era dueño absoluto de sus acciones ... Organizaba partidos y clubes. Recorría la nación entera de pueblo en pueblo y de ciudad en ciudad. Conversaba con todos. Muchas veces abandonaba el vagón de primera en que viajaba para ir a charlar con el pasaje de segunda y de tercera. Así crecía y avivaba más su popularidad, no solamente con sus discursos, en los cuales hablaba de rectitud y de moral; sino codeándose con las multitudes, con todos sus conciudadanos. El no tenía más afán que aparecer como un enemigo abierto del régimen del presidente Carranza. Todos sus partidarios lo secundaban abiertamente. En ese punto no había discrepancia alguna».

Ni en ese ni, aparentemente, en ningún otro. Todas las maniobras le resultaban: hasta las del enemigo. El Senado puso en entredicho su investidura militar, con lo cual, lejos de perjudicarlo, lo benefició. Ahora podía presentarse como lo que había sido en el origen: un civil al que el destino convirtió en militar. Así conservó las ventajas del aura militar sin sus inconvenientes.[40]

Por momentos, aquella sucesión presidencial debió de parecerle casi un juego. Una mañana, cuenta Alessio Robles, Obregón salió muy temprano de la casa en que se hospedaba:

«—No tardo —me dijo—, regreso a desayunarme con usted. Si vienen algunos amigos, que me esperen.

»Antes de una hora, ya estaba de regreso el general Obregón. Llegaba con los periódicos del día en su mano. Radiante de felicidad. Su rostro sanguíneo, la nariz chata, los grandes ojos verdes llenos de luz, con la frente ancha y despejada.

»Al instante comenzó a contarme que había llegado hasta la puerta de honor del Palacio Nacional, que el automóvil lo había dejado más lejos, y se fue a estacionar frente a la guardia del presidente Carranza. Contó que todos los soldados se le habían cuadrado marcialmente, y que llamó a un papelero para comprarle los periódicos de la mañana: *El Universal*, *Excélsior*, *El Monitor Republicano* y *El Heraldo de México* y, que, como el muchacho no traía cambio de un peso —feria, como se dice en el norte, calderilla, como se dice en España— los soldados

El presidente Alvaro Obregón en la Cámara de Diputados (1924).
«Obregón no era un hombre sensible a las ideologías. Sus ideas sociales y políticas eran eminentemente prácticas.» (E. K.)

se apresuraron a pagar los veinte centavos que importaban los cuatro periódicos.

»—Le hubiera usted dejado el peso al muchacho —contesté yo apresuradamente.

»—No —dijo el general Obregón—, yo quería saber si la misma guardia del presidente Carranza me era hostil. Pero me convencí de lo contrario».

En enero de 1920 el barco de la legalidad representado por el presidente Carranza hace agua por todas partes y, como sucede en esos casos, casi todos lo abandonan. Con Carranza estaban los principios; con Obregón y la dinastía sonorense, los intereses, la juventud y el poder. De nada sirve el cónclave de gobernadores que se orquesta para desacreditar a Obregón. En San Luis Potosí éste declara que ver a los gobernadores de Guanajuato o Querétaro —leales a Carranza— preparar un programa para garantizar el sufragio es como ver a los criminales en las Islas Marías estudiando un programa para garantizar la propiedad y prevenir el robo.

La tensión se convierte en represión. En abril el gobierno tiende a Obregón una celada. Lo cita a declarar en el juicio que se le sigue a un militar, de apellido Cejudo, a quien supuestamente se le han encontrado instrucciones de levantamiento que comprometen a Obregón.[41] Este acude a la ciudad pero evade la celada. Disfrazado de ferrocarrilero y con la ayuda de uno de verdad —Margarito Ramírez— escapa en un tren hacia el sur. En Guerrero lo espera un gobierno «obregonista de hueso colorado» y dispuesto a romper el pacto federal. Al ver al jefe de Operaciones Militares, Fortunato Maycotte —su antiguo lugarteniente en la batalla de Celaya—, Obregón se cuadra y dice: «Soy su prisionero», pero Maycotte le responde: «No: usted es mi comandante».[42]

El 20 de abril Obregón lanza desde Chilpancingo un manifiesto en que acusa a Carranza de pretender imponer a un candidato impopular —Bonillas— y apoyar la campaña con dineros públicos. Desde ese momento se ponía a las órdenes de De la Huerta, «el ciudadano gobernador constitucional del estado libre y soberano de Sonora, para apoyar su decisión y cooperar con él hasta que sean depuestos los altos poderes». El 23 de abril los sonorenses lanzan el Plan de Agua Prieta. Cinco semanas más tarde el jefe supremo del ejército liberal constitucionalista, Adolfo de la Huerta, asumiría la presidencia interina de la República.[43]

Al mismo tiempo que por la lucha militar, México había transitado por una revolución no menos profunda y quizá más trascendente: una revolución de ideas. Nuevas concepciones sobre la propiedad, el problema agrario, las relaciones obrero-patronales, el papel político de la Iglesia, el carácter del Estado en la economía, etc. Aunque inconforme con buena parte de la nueva legislación, Carranza sabía que la Constitución del 17 constituiría en la vida nacional un parteaguas semejante a las leyes de reforma. Por su parte, Obregón, que en Querétaro había defendido los artículos radicales, no hace mención de ellos, ni de la nueva Carta, en su manifiesto del 1.º de junio de 1919. A diferencia de Carranza y de los legisladores a los que había apoyado, Obregón no es un hombre sensible a las ideologías. Sus ideas sociales y políticas son eminentemente prácticas.[44]

Para Obregón, según se desprende del manifiesto, no había sino un problema básico en el país: buscando el poder y la riqueza, los caudillos del partido liberal se habían vuelto vehículos de la reacción. Se corría el riesgo de que esos nuevos intereses materiales bloqueasen «los principios avanzados de la lucha, sobre todo el sufragio efectivo». Peligraban la paz y los logros de la Revolución por *«no permitir al país librarse de sus libertadores»*.

La gran frase corrió como reguero de pólvora, pero el manifiesto iba más lejos. Para librar al país de sus libertadores, Obregón propone «un camino que rompe con todas las fórmulas y moldes». Emulando, sin saberlo, a Napoléon III, convoca una suerte de plebiscito nacional en torno a él y se lanza al «tablado político» por sí mismo y sin compromisos: como un deber y un sacrificio sentidos auténticamente. Al hacerlo no ofrece un programa social, que a fin de cuentas no es sino «prosa rimada», sino un propósito moral y político: depurar el gobierno y defender la libertad de sufragio. Al referirse al problema económico del país, su interés primordial, como se sigue del texto, es dar garantías y confianza al inversionista extranjero. El manifiesto concluía con un llamado a la ciudadanía para integrar el Gran Partido Liberal.

En sus discursos de campaña Obregón reveló un pragmatismo similar.[45] Para triunfar, el país y sus hombres sólo requerían la conjunción de tres factores: oportunidad, esfuerzo y técnica en el esfuerzo. De esta actitud, típica de cualquier empresario moderno, se desprendía un ideario particularmente ayuno de ideología.

Tenía mala opinión de los latifundistas; pero no les achacaba abuso, injusticia o explotación, sino algo peor a su juicio: improductividad. Su atraso, su ánimo rutinario, su afán proteccionista les habían quitado toda posibilidad de competir en el extranjero. Eran, en suma, malos empresarios.

«Es indudable que la verdadera igualdad, como la anhelaríamos o la anhelamos, no podría realizarse en toda la amplitud del concepto de la palabra, porque en la lucha por la vida hay hombres más vigorosos, hay hombres más inteligentes, hay hombres más acondicionados, preparados física e intelectualmente mejor que los demás, y ésos, indudablemente, son los que tendrán que sacar mayores ventajas a sus esfuerzos en la lucha por la vida; pero sí es necesario, y eso sí lo podríamos realizar, que los de arriba sientan más cariño por los de abajo; que no los consideren como factores de esfuerzo a su servicio únicamente, sino como cooperadores y colaboradores en la lucha por la vida ...»[46]

El papel social del gobierno debía limitarse, pues, a «lograr el equilibrio entre los factores de la producción ... salvar al capital garantizando los derechos del obrero ... ser el fiel de la balanza». Frente a Estados Unidos, Obregón consideró necesario cambiar de actitud:

«... en lo sucesivo, México no será un problema para los demás pueblos de la Tierra, ni mucho menos para el gobierno vecino de los Estados Unidos; México, en lo futuro, no ejecutará un solo acto que esté en pugna con la moral y con el derecho; y ningún pueblo que se llame civilizado podrá exigirnos que nos apartemos de esa línea de conducta ... Nosotros respetaremos los derechos de todos y cada uno de los ciudadanos nacionales y extranjeros que existan en nuestra República; y cuando nosotros probemos con hechos que sabemos seguir esa política, tendremos derecho a exigir para nosotros también el respeto de todos los demás pueblos de la Tierra».[47]

Aunque aquello sonaba un poco a *mea culpa*, en realidad era el anzuelo conciliador para que el inversionista norteamericano viniese a arriesgar su «capital honesto» junto a los mexicanos, sin buscar ventajas extralegales o monopolios.

Como se ve, Obregón no pronunció una palabra de radicalismo ideológico. Algunos malpensados comenzaron a identificar en sus ideas rasgos de otros tiempos. Su programa buscaba la pacificación definitiva del país y la modernización agrícola e industrial. ¿No había declarado Obregón que su gobierno haría más administración que política? ¿No le había confiado a Lucio Blanco en 1914 que ellos serían «los nuevos científicos»? ¿No había escrito sus *Ocho mil kilómetros en campaña*, como su oaxaqueño antecesor, extrayéndolos casi por entero de su memoria? Pero no hacía falta maliciar tanto. El propio Obregón lo pregonaba: «El único pecado de don Porfirio ... fue envejecer».[48]

# Reconstrucción educativa

El breve interinato de Adolfo de la Huerta fue un periodo más importante de lo que se ha creído. Entre otras cosas, el suave presidente logró la pacificación general por métodos civiles: Villa, Pablo González, los jefes zapatistas que quedaban, Félix Díaz, Manuel Peláez, Juan Andrew Almazán, Marcelo Caraveo..., uno a uno fueron deponiendo las armas por la buena. La Revolución no tenía enemigo al frente. Había llegado la hora de convertir en realidad el título de un libro notable escrito por Salvador Alvarado: *La reconstrucción de México*. El propio Alvarado viajó a Estados Unidos para anunciar el advenimiento de la paz. Otro signo de los tiempos lo constituyó el regreso de muchos exiliados por la Revolución. Uno de ellos fue la mejor contratación de De la Huerta y un legado inapreciable para el gobierno de Obregón: José Vasconcelos.

Vasconcelos era dos años menor que Obregón: en 1920, al llegar a México para encargarse de la rectoría de la universidad, tenía treinta y ocho años. En los últimos años del régimen porfiriano había formado parte de un grupo de filósofos, escritores y humanistas llamado el Ateneo de la Juventud, entre cuyos miembros se contaban personas que ya en 1920 gozaban de cierta notoriedad: los escritores Pedro Henríquez Ureña, Alfonso Reyes y Martín Luis Guzmán, el filósofo Antonio Caso y el pintor Diego Rivera. Maderista de la primera hora, Vasconcelos se había rebelado contra Huerta y había ocupado en 1914 la cartera de Educación en el efímero gobierno de Eulalio Gutiérrez. En 1915 salió a un largo destierro que lo llevó a Europa, Sudamérica y Estados Unidos. De pronto, al caer su odiado régimen «carranclán», José Vasconcelos regresa con un proyecto casi mesiánico para el país.

Como rector de la universidad durante el periodo de De la Huerta, Vasconcelos inventa el lema «Por mi raza hablará mi espíritu»; pero muy pocos advierten la implicación casi religiosa de sus palabras y la dimensión de su proyecto. Obregón lo escucha y lo apoya. Al hacerlo, y por ese solo hecho, marca su distancia histórica y moral con Porfirio Díaz, quien nunca confió en ningún intelectual, ni siquiera, enteramente, en Justo Sierra. A los pocos días de inaugurar su régimen, Obregón crea la Secretaría de Educación Pública y federaliza su ámbito de acción. Gracias a su simpatía e interés, Vasconcelos pudo realizar una obra educativa y cultural que aún ahora, de muchas formas, sigue presente.[49]

Uno de los capítulos de aquella aurora educativa fue la creación de escuelas rurales, técnicas, elementales e indígenas. A guisa de soldados de moderna cruzada, la Secretaría envió a los sitios más apartados a varios cientos de maestros misioneros. En Teotihuacán, por ejemplo, el antropólogo Manuel Gamio inauguró una «escuela integral» que buscaba guiar la vida de los campesinos sin desarraigarlos.[50]

Pero la escuela era sólo un capítulo. Otro, muy brillante, fue el desarrollo de las bellas artes. En tiempos de Obregón, México vivió un verdadero renacimiento de los valores nacionales, una vuelta múltiple y generosa a todos los orígenes: el pasado indígena y el español, la Colonia y la provincia. Abundaron los bailables, los orfeones y todo tipo de festivales musicales. En 1921, el mismo año de su muerte, Ramón López Velarde escribe *La suave patria*. Y también en 1921, a iniciativa de Vasconcelos, los pintores Diego Rivera, José Clemente Orozco, Jean Charlot, Fermín Revueltas, David Alfaro Siqueiros y Roberto Montenegro, entre otros, se adueñan de los muros de varios venerables edificios coloniales para expresar el evangelio social de la Revolución.

Daniel Cosío Villegas, uno de los escuderos intelectuales de Vasconcelos en aquella cruzada de la cultura y la educación, escribiría mucho tiempo después, con nostalgia:

«Entonces sí que hubo ambiente evangélico para enseñar a leer y escribir al prójimo; entonces sí se sentía, en el pecho y en el corazón de cada mexicano, que la acción educadora era tan apremiante y tan cristiana como saciar la sed o matar el hambre. Entonces comenzaron las primeras grandes pinturas murales, monumentos que aspiraban a fijar por siglos las angustias del país, sus problemas y sus esperanzas. Entonces se sentía fe en el libro, y en el libro de calidad perenne; y los libros se imprimieron a millares, y por millares se obsequiaron. Fundar una biblioteca en un pueblo pequeño y apartado parecía tener tanta significación como levantar una iglesia y poner en su cúpula brillantes mosaicos que anunciaran al caminante la proximidad de un hogar donde descansar y recogerse. Entonces los festivales de música y danza populares no eran curiosidades para los ojos carnerunos del turista, sino para mexicanos, para nuestro propio estímulo y nuestro propio deleite. Entonces el teatro fue popular, de libre sátira política, pero, sobre todo, espejo de costumbres, de vicios, de virtudes y de aspiraciones».[51]

Por desgracia, los tiempos no propiciaban la nueva evangelización educativa con que soñó Vasconcelos. Ya en 1923, el horizonte incierto de la elección presidencial inquietaba la vida pública y bloqueaba de muchas maneras el difícil trabajo de organizar la educación. Vasconcelos, que en 1922 había recorrido triunfalmente Latinoamérica llevando un mensaje de ejemplaridad mexicana, sentía que comenzaba a arar en el mar. Por lo demás, al propio Obregón le asaltaban dudas sobre la eficacia del proyecto educativo. Le parecía absurdo que Vasconcelos editase a los clásicos mientras el pueblo carecía de identidad no sólo nacional sino regional y hasta local.

Con todo, a despecho de sus desavenencias, el «pacto» entre Obregón y Vasconcelos resultó inmensamente fructífero. En dos años escasos México ganó confianza en sí mismo, aprecio por sus raíces y reconocimiento internacional. A la vera de Vasconcelos, en aquella Secretaría se formó toda una generación de artistas y escritores que formaría a su vez a nuevas generaciones. Gracias a ese pacto se dio el primer impulso a la nueva industria editorial. Pero, sobre todas las cosas, se abrió un camino de creatividad y reconstrucción que pronto inspiraría otros empeños nacionales.

# Difícil conciliación

Los otros aspectos del régimen obregonista fueron menos luminosos. Una vida política bronca y encrespada hacía difícil la reconstrucción. En cada uno de los frentes sociales y políticos abiertos por la Constitución de 1917 existía un clima de violencia que Obregón no siempre pudo paliar. Factor importante de tensión fue la actitud de la CROM. Su líder, Luis N. Morones, pretendió hacer efectivas una por una las cláusulas de su pacto de 1919 con Obregón. A pesar de tener representantes en puestos significativos de la administración, Morones y su Grupo Acción buscaron ampliar su influencia pública y, en gran medida, lo consiguieron. Hacia 1923, recurriendo menos a procedimientos lícitos que a la violencia, la CROM había doblegado a la más seria de sus competidoras, la CGT, de filiación anarquista, y había vulnerado casi todos los núcleos restantes de poder, con excepción del ejército: el periódico de oposición *El Universal,* los partidos Liberal Constitucionalista, Nacional Agrarista y Cooperatista; la Iglesia, y hasta la escuela preparatoria. Al finalizar el régimen de Alvaro Obregón, estaba claro que la CROM había expandido su poder y escapado del control presidencial para refugiarse en un nuevo pacto, aún más ambicioso que el de 1918, con el futuro presidente: Plutarco Elías Calles.[52]

En términos de política social, Obregón se apegó más que Carranza al texto constitucional. Durante su periodo se repartieron 921.627 hectáreas, casi cinco veces más que durante los regímenes de Carranza y De la Huerta juntos. El artículo 123 siguió, como otros, sin reglamentarse, pero Obregón no contravino sus disposiciones más importantes. En el Distrito Federal empezó a concederse el descanso dominical con goce de sueldo, funcionaron parcialmente las juntas locales de conciliación y se respetó el derecho de huelga siempre y cuando los demandantes perteneciesen a la CROM. (En otros casos, como ocurrió con la huelga ferrocarrilera, la represión no se hizo esperar.)[53]

El presidente Alvaro Obregón y su esposa (ca. 1922).
«...es alegre, bromista, desconcertante, porque nadie vislumbra la línea en que coincide en su alma la comedia con la tragedia.» (Ramón Puente)

Con la Iglesia el tono de las relaciones fue también de tensa conciliación. Obregón felicitó al nuevo papa Pío XI en 1922, y en privado insistía en la «complementariedad» del programa revolucionario y el católico. Pero el horno no estaba para bollos. La Iglesia se hallaba en general muy lejos de resignarse a los artículos 3.º y 130 de la Constitución y algunos obispos combatían la entrega de tierras o la sindicalización obrera secular. Los choques entre cromistas y miembros de la Acción Católica de la Juventud Mexicana (la ACJM) se convirtieron en noticia cotidiana. El suceso más grave ocurre cuando el delegado apostólico Filippi acude al Cerro del Cubilete a consagrar a Cristo Rey: el pueblo se postra a sus pies, pero el gobierno le aplica el artículo 33. Con todo, para quien tuviese dos dedos de frente, era claro que Obregón, pese a sus despliegues jacobinos de 1914 y 1915, no compartía del todo la ideología anticlerical de Plutarco Elías Calles, su ex ministro de Gobernación (que para entonces había renunciado con vistas a su próxima elección). En 1924 llega a México un nuevo delegado apostólico.[54]

La verdadera obsesión del presidente era otra: lograr el reconocimiento del gobierno norteamericano. En las Fiestas del Centenario de la Consumación de la Independencia que organiza en 1921 hay, claro, un toquecillo de nostalgia porfiriana —después de todo, Obregón había estado en la capital en septiembre de 1910—, pero también un motivo diplomático: aislar a Estados Unidos de otras naciones que habían reconocido al régimen de Agua Prieta. Obregón no transige ante las amenazas más burdas que condicionan el reconocimiento a la derogación del artículo 27 o a la firma de un tratado de amistad y comercio. Sin embargo, cede prendas no menos importantes: en 1921 la Suprema Corte falla en favor de la Texas Oil, sentando un precedente de no retroactividad en la aplicación del artículo 27; en 1922 Adolfo de la Huerta, ministro de Hacienda, firma el famoso convenio De la Huerta-Lamont, por medio del cual México reconocía una deuda de 1.451 millones de dólares con el Comité Internacional de Banqueros. Pero el régimen norteamericano exige más, y en 1923 se llevan a cabo las Conferencias de Bucareli, al cabo de las cuales Obregón obtendría dos cosas: el reconocimiento de Estados Unidos y la fama de «entreguista».[55]

En esencia, los Tratados de Bucareli contenían dos pactos. Por el primero, los dos países se comprometían a formar dos comisiones mixtas de reclamaciones: una por daños sufridos por personas físicas y morales norteamericanas en el periodo revolucionario; otra por daños mutuos causados a partir de 1868. Por el segundo, el poder ejecutivo mexicano se obligó a no dar acción retroactiva al artículo 27 en materia de petróleo y a indemnizar en efectivo a los norteamericanos por toda expropiación agraria que tuviera otro objeto que la dotación ejidal, o que, persiguiendo ese fin, excediera las 1.755 hectáreas.[56]

Años después, el joven jurista Antonio Gómez Robledo resumiría en una frase la crítica histórica al segundo pacto:

«El pacto extraoficial petrolero es violatorio de la Constitución mexicana, cuyo artículo 27, al nacionalizar sin taxativas toda mezcla de carbono e hidrógeno yacente bajo el suelo nacional, no autoriza a las leyes orgánicas a reconocer los supuestos derechos adquiridos y crear las llamadas concesiones confirmatorias. En la parte agraria, el privilegio especial otorgado a los norteamericanos no necesita comentario».

Los defensores de Obregón argumentarían, en cambio, que el presidente no modificó el artículo 27 ni ató de manos a los futuros gobiernos para reiniciar su reglamentación y puesta en práctica. La verdadera urgencia de Obregón era otra: el reconocimiento aseguraba que ningún levantamiento contra su régimen contaría con armas norteamericanas. Y a esas alturas del año 1923 en el horizonte se presagiaba ya la tormenta.

El Partido Liberal Constitucionalista, formado por el sonorense Benjamín Hill —muerto en condiciones misteriosas al principio del gobierno de Obregón— y varios otros liberales de buena cepa (Manuel García Vigil, Fernando Iglesias Calderón, Rafael Martínez de Escobar y José Inés Novelo), había librado hasta 1922 una batalla tan espléndida como infructuosa para instaurar en el país una democracia plena. El PLC pugnaba por la descentralización del poder, el sufragio efectivo, la total división de poderes, y había llegado a soñar con un régimen parlamentario. Más temprano que tarde, con ayuda de la CROM y de los demás partidos de la Cámara, Obregón logra dispersar a los peleceanos que habían impulsado su candidatura a la presidencia. En 1923, cuando es claro que Obregón favorece la candidatura de Calles, el Partido Cooperativista propone la de De la Huerta y recoge algunas de las propuestas del Liberal Constitucionalista. Un sector de la opinión pública sintió que Obregón incurría en una imposición política similar a la que había criticado en Carranza. Vasconcelos expresaría años más tarde ese desánimo:

«Los antecedentes, las capacidades de aquel presidente singular reclamaban una solución más alta: entregar nuestra obra al pueblo, para que en su seno se salvase creciendo, o bien, para que diluida, desintegrada, se perdiese con honra. Una convención electoral legalmente constituida sin duda habría encontrado una solución patriótica, mediante la candidatura de un ciudadano respetable, ajena a camarillas y ambiciones. Un jefe así escogido habría conquistado el apoyo de la nación y la confianza de obregonistas y revolucionarios de toda modalidad. Desgraciadamente, en vez de los ciudadanos, se movilizaron los cuarteles. La corrupción y la espada desataron sus furores, corrió sangre a raudales, sangre equivocada y también sangre noble ...».

El ciudadano respetable en quien había pensado Vasconcelos era, por supuesto, Vasconcelos mismo, pero la dinastía sonorense prefirió desintegrarse en la violencia que ceder el poder. «Sobrevino la hecatombe», añadiría Vasconcelos, «y la vida política del país dio un salto atrás pavoroso.»

Un salto a la guerra. A fines de 1923 estalla la rebelión delahuertista. Con la muerte, en 1922, de Murguía y Lucio Blanco y el asesinato de Villa en julio de 1923, habían desaparecido tres de las mayores amenazas reales o potenciales para el régimen. No obstante, quedaba una larga fila de generales que soñaban con un cañonazo de más de cincuenta mil pesos: la silla presidencial. En la rebelión delahuertista, que involucró a más de la mitad del ejército contra Obregón, muchos de estos generales vieron la oportunidad de acercarse a la preciada silla.[57] Otros, más nobles, como diría Vasconcelos, se levantaron por vergüenza democrática.

Obregón proclamaba estar de plácemes: «Ya me estaba aburriendo del empleíto».[58] Mientras los rebeldes se hacen fuertes en Veracruz y Jalisco, el presidente se marcha al Bajío. Pronto se entera de la defección de García Vigil con su Plan de Oaxaca. Muchos de sus antiguos compañeros de armas militan en contra suya. Cesáreo Castro y Fortunato Maycotte —su compadre— se enfrentarán a sus fuerzas en Esperanza, Veracruz. Salvador Alvarado, Buelna, Enrique Estrada y Diéguez harán lo propio en Ocotlán, Jalisco, contra los generales Amaro, Serrano, Calles, Ortiz, Cárdenas, comandados por el propio Obregón. «Los delahuertistas me sacaron de Celaya», comenta el presidente, «pero ya verán que yo los sacaré de Veracruz.»

Y en efecto, los sacó. Después de la batalla de Esperanza, los delahuertistas se repliegan a Yucatán y salen al exilio. En Ocotlán la lucha fue aún más terrible, según recuerda uno de los personajes más violentos de la época, el general Roberto Cruz:

«Nadie dio cuartel. Fue una batalla fiera en la que se disputó, primero el río y más tarde cada pulgada de terreno, como si fuese el último baluarte. Cómo quedaron muertos regados por todos lados. Vi muchos cadáveres. Vi también cabezas que nadaban en el río, como troncos, como inmensos frutos caídos de no sé dónde».[59]

En lo personal, Obregón había vuelto a su antiguo oficio. Tornó a arriesgar la vida propia y a disponer de la ajena, aun la de sus antiguos amigos. Salvador Alvarado muere asesinado a quemarropa por un subordinado que lo traiciona en la población de Frontera, en Tabasco, no muy lejos de Yucatán, donde había instaurado su breve laboratorio socialista. Manuel Diéguez, el viejo luchador de Cananea, escapa con sus hombres desde Jalisco y cruza Guerrero, Oaxaca, Chiapas, hasta caer preso. Telegrafía a Obregón recordando los tiempos en que peleaban juntos; éste le responde que su falta de vergüenza sólo puede compararse a su miedo de morir. Diéguez cae fusilado.[60] Pero una muerte aún más terrible le espera a Fortunato Maycotte. Una tremenda cacería que incluye patrullas y buques lo persigue por Puebla, Morelos, Guerrero, Oaxaca y la Mixteca. En Puerto Escondido su sed lo delata. Obregón, por supuesto, tampoco lo perdona. La clemencia nunca había sido su fuerte.[61]

La rebelión dejó un saldo de siete mil muertos. Al finalizar su periodo, Obregón le confió a algún admirador: «Voy a salir por la puerta grande del Palacio Nacional, envuelto en la consideración y el cariño de mi pueblo».

Quizá para entonces se equivocaba. En 1920 había entrado «envuelto» en la unanimidad, pero cuatro años después la opinión sobre su gobierno se había dividido. El propio Obregón tal vez admitiera, en su fuero interno, que el paso de militar a presidente había sido más difícil e incierto que el de agricultor a militar. En su haber podía ostentar la obra educativa, ciertos avances fiscales y hacendarios, un tono tensamente conciliatorio con la Iglesia y un apoyo moderado a las demandas obreras y campesinas. Pero a su cargo los enemigos señalaban la transacción con Estados Unidos, la centralización política, el ahogo de los partidos en la Cámara y la traición a su propio manifiesto de junio de 1919. Y no faltaba quien le atribuyera el deseo de repetir la maniobra que Porfirio Díaz urdió en 1880: imponer a su compadre Manuel González para luego reelegirse *ad ae-*

*ternum* o, como el mismo Obregón diría, hasta cometer el pecado de envejecer.

Miguel Palacios Macedo, uno de los jóvenes que participaron destacadamente en la rebelión delahuertista, comentaría cincuenta años después que la Revolución mexicana había sido finalmente un movimiento histórico «abortado»: «Aquellos hombres sólo querían mandar».

Quizá tenía razón. Se cuenta que el propio Obregón contestó alguna vez a un paniaguado que lo felicitaba por su aspecto sano, robusto y fuerte: «Claro, mi amigo, pues no es lo mismo ser mandado que estar mandando».

# Convocación a la muerte

Igual que en 1917, al terminar su periodo presidencial Obregón regresó a Náinari —su propiedad en la región del Yaqui—, y como entonces, volvió a sus afanes agrícolas con ímpetus mayores. Ahora no se trataba de construir un emporio sino un imperio. Con la ayuda no muy *sancta* del novísimo Banco Nacional de Crédito Agrícola, compró buena parte de las tierras de la compañía Richardson y amplió sus negocios hasta abarcar los siguientes giros, además de su habitual cosecha de garbanzo y algodón: irrigación del valle del Yaqui, molino de arroz en Cajeme, empacadora de mariscos, fábrica de jabón, venta de materiales de construcción y equipo agrícola, oficina comercial de exportación e importación, granja, plantíos de tomate, importación de henequén, estación agrícola experimental, mejoras al puerto de Yávaros en el río Mayo, distribuidora de autos, fábrica de bolsas de yute...

Lo cierto, sin embargo, es que Obregón fue mejor vendedor y productor que administrador. Era caudillo de los negocios, no frugal empresario. Buena parte de ese crecimiento lo habían financiado préstamos californianos y nacionales.[62] Fue su última etapa de bromas y felicidad, de tregua al lado de su esposa, sus hijos pequeños y grandes, en la quietud de una vida familiar que sinceramente apreciaba como valor sin mancha.

Quizá por eso cuando un embajador que lo visitaba le preguntó, al verlo vestido de agricultor, si estaba disfrazado, Obregón le respondió así: «No, embajador. Allá, en la presidencia, fue donde anduve disfrazado».

La respuesta, claro, era también un disfraz. Tenía tan buena vista que desde el Náinari vigilaba la silla presidencial.[63] Pero quería y no quería volver a ocuparla. A un amigo le confió: «Antes me llamaron para carne de cañón, ahora me llaman para carne de crisis». La frase expresa el arco completo de la vida de Obregón tal como él lo concebía. Su ascenso había sido siempre vertiginoso: en sus primeros pasos como mecánico inventor, en su invicta carrera militar, en su emporio agrícola y hasta en su carrera presidencial, que ya presagiaba los pasos de don Porfirio. Pero ¿había elegido su destino?, y si lo había elegido, ¿dejaba por eso de ser un destino de fatuidad, marcado en cada cuestión, desde la niñez hasta la última batalla, por la mueca de la muerte? La silla presidencial le atraía, mas no por el poder, y menos aún por los programas de reconstrucción económica y social que podía emprender desde ella, sino por el aura de deber y sacrificio que la rodeaba.

En abril de 1926 a nadie se le ocultaban las intenciones del gran «Manco de Celaya». Pasa temporadas cada vez más largas en la capital y frecuentemente se aloja en el Castillo de Chapultepec. «No es Calles el problema», escribe el viejo liberal Antonio Villarreal a José Vasconcelos, «es Obregón: usted no se imagina la ambición que hay en ese hombre. Ríase de don Porfirio.» No será hasta octubre de 1926, luego de varias sesiones tormentosas, cuando la cámara de Diputados y la de Senadores aprueben la reelección de Obregón.

Pero esta vez las ambiciones presidenciales del sonorense toparían con una impopularidad generalizada y dos candidaturas contrarias: primero la del general Arnulfo R. Gómez, y tiempo después, la de su «dedo chiquito», Pancho Serrano.

De octubre de 1926 a abril de 1927 Obregón prueba una vez más el viejo sabor de la guerra. Al mando de quince mil hombres, cierra el último capítulo de un conflicto centenario: la guerra del Yaqui. Se trataba, según sus propias palabras, de «una brillante oportunidad para acabar con una vergüenza para Sonora».[64]

En mayo de 1927 inicia su campaña presidencial, apoyado por buena parte del ejército y el Partido Nacional Agrarista, pero con el repudio de la poderosa CROM y de un sector de la opinión pública. Finalmente doblegaría a la CROM y pasaría sobre la opinión, pero antes necesitaba deshacerse de sus contrincantes. Su estrategia la advertía Gómez, quien por esas fechas comentó al diplomático francés Lagarde que Obregón tenía «un desequilibrio mental» cercano a la «megalomanía» y trataría de precipitar los hechos: «Es una pelea a muerte en la cual uno de los dos tendrá que morir».[65]

El primero en morir no sería Gómez ni Obregón, sino Serrano. Junto con el viejo general Eugenio Martínez, Gómez y Serrano habían planeado aprehender a Obregón, Amaro y Calles el 1.º de octubre en Balbuena. Martínez delata los planes. Serrano sale de la capital hacia Cuernavaca, donde Antonio Villarreal le avisa que en unos momentos será capturado. Serrano duda, se confía y cae preso. En compañía de un grupo de sus simpatizantes, el general Fox lo acribilla a mansalva en Huitzilac. Al poco tiempo, en Veracruz, Arnulfo Gómez correría la misma suerte. De aquellos sucesos Martín Luis Guzmán extrajo el tema de *La sombra del caudillo*. Manuel Gómez Morín, en Londres por aquellos días, escribió a un amigo mexicano estas líneas dolorosas:

«A tres columnas, en primera plana de hoy, el *Times* da la cruel noticia. La gente comenta con repugnancia ... Desde acá México es algo oscuro y sangriento. Pienso en aquellas noches terribles del Bajío en agosto. La tierra y el cielo se juntaban en una densa oscuridad que los relámpagos mismos no podían atravesar. El alma se ensombrecía también y no quedaba un solo punto de luz. Noches enteras en que se perdía la esperanza de la aurora. Mi México, mi pobre México».

La guerra civil de la dinastía sonorense parecía no tener fin. En el baño de sangre muy pocos hablaban ya de los ideales de la Revolución. La violencia política parecía mucho más desnuda, dolorosa, cruel y arbitraria que la violencia social de 1910 a 1920. En la Revolución había existido un propósito, una interpretación y hasta cierta poesía. En cambio la violencia por el poder no tenía más que un nombre: asesinato.

Obregón no fue insensible a esta degradación. La vivió, estrictamente, como una caída. El sangriento escenario comenzó a pintarse de negro y Obregón volvió a convocar a los espíritus de su propia muerte, a atraerlos como en las grandes batallas.

Quizá entonces recordara el destino terrible de tantos compañeros de armas, amigos, enemigos, amigos convertidos en enemigos. Quizá entonces, al ver su muñón desnudo, metáfora de su propia grey decapitada, recordó a su entrañable lugarteniente Jesús M. Garza, el hombre que le había salvado la vida cuando él mismo se la quería quitar.

Un nuevo vértigo debió de recorrerlo al pensar en la tragedia de aquel hombre vital que había sido Garza, en su gran amor por la mujer con quien finalmente se casó pero con la cual no pudo vivir en la paz porque la guerra y el alcohol habían desgarrado su alma. Garza, que lo salvó del suicidio, se había suicidado. ¿Qué mayor señal de que el círculo de tiza de la muerte lo encerraba también a él?

En noviembre de 1927 un ingeniero católico apellidado Segura Vilchis atenta contra la vida de Obregón arrojando una bomba a su auto. El general no se inmuta y, sonriendo, acude horas después a su diversión favorita: una corrida de toros. (Días más tarde Segura

Vilchis morirá fusilado junto con los hermanos Pro, uno de ellos sacerdote, que supuestamente habían atrapado en el complot.) En enero de 1928 Lagarde, el diplomático francés, acota en un informe, precavidamente: «Esto sucederá, si es que Obregón llega con vida a la presidencia». La gente en la calle usa frases similares. En Orizaba, bastión cromista, ocurre un nuevo atentado que vuelve a dejarlo impávido. Una noche, en la casa de su antiguo secretario Fernando Torreblanca, Obregón escucha disparos y comenta a su hijo Humberto: «No eran para mí».[66] Charlaba poco, ya no bromeaba ni exhibía su antigua locuacidad. Aunque tenía cuarenta y ocho años de edad, parecía notablemente más viejo. El horizonte vital se cerraba y él, de alguna manera, lo sabía, lo esperaba. Quizá hasta oscuramente, desde hacía tiempo, lo deseaba como un alivio al vértigo sangriento, insoportable y fatuo de la victoria. «Viviré hasta que haya alguien que cambie su vida por la mía ...»[67]

Héctor Aguilar Camín, el excelente historiador de los sonorenses, recobró una de las últimas imágenes de Obregón, hacia mayo de 1928, en el Náinari:

«En el calor abrasante de mayo el general invicto —manco, entrecano y ya presidente reelecto— hace cuentas y expide mensajes desde el pequeño despacho adornado por el orgullo agrícola de una gran mazorca de maíz cosechada en sus tierras. Afuera ladran y aúllan, tan obsesiva como inusitadamente, sus perros de campo. Obregón pide al chofer que los calle y el chofer sale a callarlos, pero los perros siguen ladrando. Ordena que se les dé de comer y les dan, sin que cesen los ladridos. "¡Denles carne fresca!", grita por la ventana el general, pero la carne fresca tampoco los calma. Enervado y ansioso, al cabo de una hora de ladridos, el último caudillo de la Revolución mexicana cree ver en la tenacidad de la jauría un augurio formal de su destino. "Sé lo que quieren esos perros", dice sombríamente a su chofer: "Quieren mi sangre"».[68]

El 17 de julio de 1928 su taquígrafo personal escribe con tinta roja una nota de alerta en su agenda. Obregón no la percibe o no quiere percibirla. Toda su vida ha sido una alerta. En el restaurante La Bombilla un grupo de simpatizantes le ofrece un banquete. Alguien comenta: «Mira al general, ¿en qué estará pensando? Parece que ve hacia el infinito». Su asesino se acerca para enseñarle un boceto de retrato y Obregón accede a que le haga uno. Instantes después, mientras los cancioneros entonaban la inocente canción del «Limoncito»,

José de León Toral decide cambiar su vida por la del invicto triunfador de la Revolución.[69]

Al poco tiempo se juzgó y ejecutó a Toral. Era muy distinto a su víctima: delgado, oscuro y tembloroso. Casi una sombra. Sobre aquel intercambio mortal, Obregón tenía escrito, desde 1909, su epitafio:

> ... y aunque distintos sus linajes sean ...
> en las noches obscuras
> los fuegos fatuos juntos se pasean.

# VI
## Reformar desde el origen
## Plutarco Elías Calles

Su nacimiento fue irregular, de ahí que
amara apasionadamente el orden, lo inviolable, lo que debe y no debe hacerse.

Thomas Mann,
*Los diez mandamientos de Moisés*

El presidente Plutarco Elías Calles (México, 1925).
«Su temperamento era introvertido, serio, reflexivo, racional y congruente. Su gruesa voz
inspiraba respeto. Era y parecía fuerte, ecuánime e inflexible.» (E.K.)

# Linaje perdido

«Elías» no era sólo un apellido en el estado de Sonora: era la divisa de una gran dinastía terrateniente que en sus múltiples ramas llegaría a poseer 250.000 hectáreas y a fundar otros troncos, no menos ilustres y poderosos: los Pesqueira y los Salido. El padre fundador, Francisco Elías González de Zayas, oriundo de La Rioja, España, había llegado a fines del siglo XVIII y se había dedicado con gran éxito a la minería en Alamos y Arizpe. Su único hijo, José Francisco, recibió en herencia el amplio valle de San Pedro Palominas, que permaneció en abandono durante la primera mitad del siglo XIX, hasta que pasó a manos de su bisnieto, el coronel liberal José Juan Elías Pérez. Los tiempos, sin embargo, no eran propicios para hacer fructificar aquellas treinta mil hectáreas y otras haciendas menores propiedad de la familia. El coronel Elías, que en 1857 se había destacado en la batalla contra el filibustero norteamericano Henry A. Crabb, muere en 1865 tras un combate contra las fuerzas imperialistas de Maximiliano. Su esposa, Bernardina Lucero, quedaría a cargo de ocho hijos pequeños.[1]

A partir de la muerte del coronel, la familia Elías Lucero enfrenta épocas difíciles. Plutarco, el hijo mayor, entonces de apenas dieciséis años, estudia leyes y hace una modesta carrera política, primero, en 1872, como diputado al congreso local por el distrito de Ures, y dos años después como prefecto de Guaymas. Pero su verdadera ocupación, abrumadora, es la de albacea de una herencia familiar mermada día con día por la desatención, los ataques apaches y el abigeato. En 1882, luego de desprenderse del rancho San Rafael del Valle, la familia Elías Lucero poseía aún 34.000 hectáreas en San Pedro Palominas y otras 39.000 divididas en varias haciendas, pero la Ley de Baldíos del año siguiente vuelve a mermar su patrimonio: sólo entre 1883 y 1884 pierde más de veinte mil hectáreas por inactividad. Al terminar el siglo, la Cananea Copper Co., la enorme empresa del coronel Greene, completa el desmembramiento comprando buena parte de San Pedro Palominas.

Sólo dos de los hijos del coronel Elías no pudieron abrirse un camino de reconstrucción familiar. Del pequeño Abundio, raptado por los apaches, no volvió a saberse. Plutarco, el mayor, inicia desde muy joven una honda caída en el agobio y el desánimo. Nunca se casó. En 1872, en Ures, procrea un hijo con Lydia Malvido: Arturo. Cuatro años más tarde, en Guaymas, se une temporalmente con María de Jesús Campuzano y tiene dos hijos: Plutarco, nacido el 25 de septiembre de 1877, y María Dolores. No tardaría en abandonar Guaymas y establecerse en San Pedro Palominas, dejando a sus hijos a la buena de Dios (en el que no creía). La economía familiar se le había venido encima como avalancha que nunca pudo detener. Desde joven encontró el mejor refugio en el alcohol.[2]

En cambio, tres de sus hermanos, Rafael, Alejandro y Manuel (nacidos en 1853, 1861 y 1862 respectivamente), levantarían cabeza. Alejandro llegaría a ser excelente administrador en Guaymas. En ausencia de Plutarco, él bautizó al pequeño Plutarco más de un año después del nacimiento de éste. Por su parte, Manuel regresa desde muy joven a San Pedro Palominas y se dedica a criar ganado, a plantar frutales y a vender vino y abarrotes. En 1893 adquiere extensos terrenos en el municipio de Fronteras. En 1894 se une con Francisca Pesqueira, con quien tiene un hijo y tres hijas, para los que construye en 1902 una espléndida casa en su hacienda de Fresnos. A principios de siglo, además de sus labores agrícolas, Manuel criaba ganado en grande, poseía una agencia aduanal en Douglas, Arizona, y comercios en Fronteras. Era la imagen misma de la estable prosperidad.

El otro hermano de Plutarco, Rafael, tuvo una vida casi legendaria, digna de una película de John Ford. En vez de regresar a San Pedro Palominas, cruza de muy chico la frontera hacia California. Pasa un tiempo en San Francisco; trabaja en una mina de plata en Baja California; en Pinos Altos, Chihuahua, lo contrata un minero inglés primo de la reina Victoria. En 1880, con un buen bagaje de aventuras y experiencias, regresa a San Pedro y se dedica a exportar leña a Bisbee, Arizona. Conoce tiempos de cosecha y tiempos de sequía. En 1885 se acerca al célebre indio Gerónimo y presencia mutilaciones de apaches y cristianos. En 1895 se casa con Celsa Pesqueira y procrea tres hijos y una hija. Como el de su hermano Manuel, su ascenso económico es vertical: en lugar de vender su porción de San Pedro Palominas, permuta una parte por un rancho estupendo, San Rafael. Con el tiempo seguiría dando pruebas de su inmensa vitalidad: morirá en 1953, a los cien años.

El pequeño hijo de Plutarco Elías Lucero, nacido en Guaymas, no supo de la saga triunfadora de sus tíos hasta 1896, cuando a los diecinueve años de edad los visitaría. Su madre muere en 1880 y él queda a cargo de su tía materna María Josefa Campuzano y del esposo de ésta, Juan Bautista Calles, con quienes se muda a Hermosillo, donde cursa su educación básica. Aunque su abuela Bernardina ve un poco por él, su padre casi no se entera y menos se ocupa de su crianza. Juan Bautista, comerciante en licores y abarrotes, y en cuya familia había varios maestros de escuela, es quien lo cuida y educa; y de él, en una transferencia natural, Plutarco hereda el apellido Calles.[3]

Hacia 1887 el gobernador de Sonora, Ramón Corral, lleva a cabo una profunda reforma de la educación. Su primer paso es trasladar al estado maestros de las afamadas escuelas normales de Jalapa y México, educados todos según el novísimo método pedagógico de Enrique Rébsamen. Así llegan a Sonora Vicente Mora (discípulo directo de Rébsamen), José Lafontaine (francés experto en mineralogía, gramática y matemáticas), Carlos María Calleja (autor del *Cálculo razonado mental y escrito*), el aritmético Fernando F. Dworak y Benigno López y Serra (director del semanario *Evolución*). Todos estos profesores ocuparían puestos directivos en las principales escuelas primarias para varones del estado y en una prestigiada institución fundada por Corral en 1889: el Colegio de Sonora.

El auge de una educación fundada en la razón positiva y la ciencia era, desde luego, un signo de los tiempos y una moda traída —como todas en aquel entonces— de París. Pero en Sonora la iniciativa pedagógica del gobierno tenía otros motivos inmediatos: la competencia reciente y agresiva de la educación católica.[4] Ya desde los tiempos de la Reforma, el obispo Pedro Loza y Pardavé había mostrado su espíritu combativo, pero en 1887, precisamente cuando Corral introduce sus reformas, el nuevo obispo —Heriberto López de la Mora—, sin renunciar a la enseñanza de teología, metafísica y ética, importa las nuevas técnicas e instrumentos científicos de París y funda el Seminario Conciliar. Paradójicamente, esta fundación comprobaba, como ningún otro hecho, el carácter lejano y tardío de la acción católica en Sonora. (El Concilio Tridentino había ordenado la creación de estos seminarios desde el siglo XVI.) Como reacción casi natural, a los pocos meses las primeras Biblias y propaganda protestantes comienzan a aparecer en Hermosillo. En enero de 1888, el obispo amenaza con excomulgar a quienes concurran a escuchar las herejías y blasfemias protestantes o se atrevan a leer el diario *Nuevo Independiente*.

El joven Plutarco Calles sigue los cursos especiales para maestros que imparte en 1888 el profesor Benigno López y Serra en la Academia de Profesores. Observa de cerca el conflicto educacional entre la Iglesia y el gobierno. Es, por convicción, festivamente ateo. («De niño, cuando fui monaguillo», recordaría decenios más tarde, «me robaba la limosna para comprar dulces.») La profesión que escoge, la de maestro, es una de las más prestigiadas en aquella sociedad remota y poco poblada. Sin contacto real con el humanismo europeo o la Ilustración, muy lejos de las verdaderas corrientes literarias y espirituales del siglo, la pedagogía parecía en Sonora el principio y el fin del saber humano; suerte de religión laica —clara, disciplinaria, racional y metódica— en la que se vindicaba un cientismo abstracto y casi literario, ajeno a la práctica experimental, pero no exento de cierto rigor formativo.[5]

Uno de los primeros productos de la nueva pedagogía sonorense es Plutarco Calles, inspector, en 1893, de las Juntas de Instrucción Pública en Hermosillo, profesor en la Escuela n.°1 para Varones y ayudante de párvulos en el Colegio de Sonora un año después. En esa institución y en ese año conoce a Adolfo de la Huerta, originario de Guaymas, como él, y con quien sostiene este diálogo revelador:

«—Me dicen, Plutarco, que usted es de Guaymas.
»—Sí, soy de Guaymas.
»—¿De qué familia?
»—De la mía».[6]

En 1897, a los veinte años de edad, regresa precisamente a Guaymas, donde un año después imparte clases en el quinto año de la Escuela n.° 1, edita la *Revista Escolar* y dirige la escuela de la Sociedad de Artesanos «El Porvenir». Ha vuelto a ver a su fantasmal padre y ha adoptado ya su verdadero apellido, pero sin renunciar al «Calles». Ese año, el padre lo saca de Guaymas —«porque el cabrón anda muy enamorisqueado»— y lo lleva a Arizpe. Al poco tiempo se regresa a Guaymas, desorientado y ya un poco alcohólico, como su padre. De entonces data un poema suyo, prescindible para la historia de la literatura guaymense pero revelador de un profundo conflicto de identidad. Su título es «Duda», y en alguna de sus estrofas se lee:

> ... las claridades
> de mi alma y mi conciencia
> en noche has convertido,
> espectro aterrador.

Y dejas mi cerebro
en caos convertido
y dejas a mi alma
en medio del dolor.

El caos y el dolor tenían doble origen: la ilegitimidad y el desorden, ambos causados por su padre. Plutarco Elías Calles era ilegítimo para la sociedad en la medida en que su padre jamás se casó, sin embargo lo era más aún ante la religión; de ahí, quizá, que su manera de disolver la ilegitimidad fuese negar la potestad religiosa.[7] El otro factor, el desorden paterno, se había traducido en un permanente abandono, pero de sus consecuencias profundas el joven Elías Calles apenas comenzaba a percatarse.

En 1899 el caos empieza a disolverse. Plutarco toma un camino distinto del de su padre: se casa, por lo civil únicamente, con Natalia Chacón, y un año después comienza a procrear una extensa familia. Por cerca de dos años se desempeña, sin fortuna, en varios empleos: además de maestro es tesorero municipal del puerto de Guaymas (que deja de ser por un supuesto faltante), inspector general de educación (que deja de ser por otro supuesto faltante) y administrador del hotel México, propiedad de su medio hermano Arturo Malvido Elías (puesto que abandona al incendiarse el hotel). En 1902 decide hacerse labriego.

«Más tiene el rico cuando empobrece...», y a su padre le quedaban todavía unas nueve mil hectáreas en Santa Rosa, cerca de Fronteras. En 1903, la Secretaría de Fomento le otorga los documentos de adjudicación correspondientes. Plutarco Elías Calles planta trigo, papa y maíz, buscando remolcar, a destiempo, la economía paterna y viendo, con afecto pero con una secreta envidia, la próspera estabilidad de sus tíos y primos.

La suerte no le sonrió. El labriego Calles —recuerda Jesús Cota Mazón, que lo conoció entonces— se encontraba muy pobre «por no saber sembrar y todos los años perdía». La maquinaria agrícola que empleaba «para el servicio del negocio tampoco servía». En 1906 le escribe a su cuñada:

«Tantas noches de no dormir bien no es para estar del todo contento, sin embargo soy muy testarudo y yo nunca paro de golpear hasta no salir con la mía. Este año tengo una siembra que si la logro, me repongo del todo, y si no, jamás le daremos de nuevo».

En la agricultura, jamás le dio de nuevo. En 1906 solicita, sin éxito, una concesión minera. Ese año lo visita en Santa Rosa su amigo Santiago Smithers y lo persuade de encargarse de la gerencia del molino harinero Excélsior que había adquirido en Fronteras. Calles acepta. Cuatro años más tarde, en 1910, el Banco de Sonora embarga el molino. Calles tiene la oportunidad de sembrar un «ejido» de once mil hectáreas vecino a Fronteras que el gobierno le había concedido un año antes, pero prefiere iniciar en Guaymas un nuevo negocio con Smithers: Elías, Smithers y Compañía, compra-venta de pasturas, semillas y harinas. En el almacén de aquel negocio se llevaron a cabo algunas reuniones del maderismo guaymense, con el que Calles simpatizaba. Tampoco faltaron allí las sesiones espiritistas a las que varios sonorenses eran aficionados. En abril de 1911 el negocio cierra. Por un momento, Elías Calles desfallece y vuelve al alcohol, pero «no deja de golpear hasta no salir con la suya». No tenía, en efecto, otra salida. Para 1911 habían nacido ya sus hijos Rodolfo, Plutarco, Natalia, Hortensia y Ernestina. Sin embargo, algo más urgente lo llamaba: construir, con disciplina pedagógica, una vida opuesta a la de su padre.[8]

# El general fijo

En septiembre de 1911, en Agua Prieta, sin abandonar su nuevo comercio —pequeño almacén en el que había de todo: maquinaria, abarrotes, vinos—, el maestro Calles estrena profesión: el gobernador, José María Maytorena, lo nombra comisario.[9] A su ya acumulada aunque no muy fructífera experiencia de empresario, maestro y labriego, se aunaba ahora un trabajo de control político y hasta policiaco, parecido al de los famosos *sheriffs* de Arizona. La responsabilidad principal del «Viejo», como sus amigos le decían, era mantener el orden y administrar la justicia y la aduana.[10] Muy pronto comienza su labor de limpia: reorganiza la cárcel y la sede de la comisaría, crea un salón escolar y mantiene a raya a algunos rebeldes. Los cónsules del gobierno maderista en Douglas y Laredo lo acusan ante Maytorena de conspirar contra el régimen; pero Maytorena, que lo sabe enérgico, disciplinado y de una pieza, lo apoya. Su comportamiento durante la rebelión orozquista le da la razón.

Al sobrevenir la Decena Trágica, Calles no vacila. La indecisión nunca ha sido rasgo suyo. Después de poner un telegrama al gobernador Maytorena en el que lo llama a rebelarse, instala a su familia en Nogales y coordina cuanto antes el reclutamiento de voluntarios en Douglas. Tan temprano como el 5 de marzo de 1913, y al mando de un pequeño regimiento que le reconoce «su calidad de intelectual mejor preparado para organizar las fuerzas y dirigirlos a todos», Calles entra al país y proclama: «Son preferibles las tempestades que provoca la rebelión popular a las consecuencias de una paz sostenida por los fusiles de una dictadura militar».[11]

El mando general del ejército sonorense estaba a cargo de Alvaro Obregón. En el norte, el jefe de operaciones era Juan Cabral; en el centro, Salvador Alvarado, el buen amigo de Calles; en el sur, Benjamín Hill. Ya con el grado de teniente coronel, Calles ocupa Agua Prieta, y el 16 de marzo emprende su primera acción de guerra: la toma de Naco. Obregón había desautorizado la maniobra, pero su telegrama llegó tarde. La acción fracasa. Calles permanece en Nogales organizando el abastecimiento de armas mientras Obregón comenta: «Calles no se acerca al peligro, va a pedirle chinche a Arnulfo Gómez para que lo ayude».[12]

En agosto de 1913 el gobernador Maytorena regresa de su licencia y reclama el mando. Los jefes del movimiento que habían reaccionado de inmediato contra Huerta reprobaron desde el principio aquel exilio para el que Maytorena invocaba razones de salud, pero que ellos atribuían a la indecisión y aun a la cobardía. Con la llegada de Maytorena, Calles está a un paso de dejar el mando, pero lo salvan su tenacidad y la llegada de Venustiano Carranza a Sonora. En octubre apunta ya el distanciamiento entre Carranza y Maytorena, y se ahonda más cuando el Primer Jefe nombra secretario de Guerra a Ignacio Pesqueira, gobernador interino. El 1.º de diciembre Calles recibe su ascenso a coronel. Se le ve muy cerca de Carranza. Entre ambos fluye una corriente de simpatía mutua. No es casual: los dos son tenaces, reconcentrados, reflexivos, disciplinados, enérgicos.[13]

Mientras Maytorena se inclinaba cada vez más a aliarse con su compadre Pancho Villa y defender así la soberanía de su estado, en marzo de 1914 el coronel Plutarco Elías Calles es designado comandante militar de la plaza de Hermosillo y jefe de las fuerzas fijas de Sonora. Todas las semillas de la guerra civil, o cuando menos las de la anarquía, estaban plantadas y ni uno ni otro lo ignoraban. Calles no pierde instante en minar el poder del rival: le cierra un diario, le quita su guardia personal y escribe a Carranza: «Tenga usted confianza en mis actos y en mi adhesión». Maytorena, sin embargo, no se cruza de brazos. Con apoyo de sus jefes yaquis —proletariado militar de la zona— hostiliza a Calles hasta provocar su repliegue al norte del estado.

En junio de 1914 Villa y Obregón, cada quien en su corredor, se apuntan grandes victorias. Carranza sabe que el rompimiento con Villa —y seguramente con Maytorena— llegará tarde o temprano. De ahí que reciba con particular agrado las continuas muestras de adhesión de Calles, y atienda la sugerencia que le hace Alvarado sobre la necesidad de mantenerlo fijo en el bastión sonorense. En el efímero acuerdo al que Maytorena y Obregón llegan en agosto de 1914 en presencia de Villa, Obregón accede a incorporar a sus fuerzas las de Calles y a trasladar a Chihuahua las de Maytorena. Al cabo de un mes, Villa y Maytorena rompen definitivamente con Carranza, lo que vuelve a fortalecer a Calles, que de modo incidental visita al Primer Jefe en la ciudad de México durante las fiestas patrias.

A fines de septiembre de 1914, Calles regresa a Sonora y pasa por Agua Prieta. De lejos, ve a su padre: sentado en una poltrona y entre tragos de mezcal, platica con un muchacho. Este, muchos años después, recordaba las palabras del viejo Plutarco:

«—... aquél es Plutarco... Se cree gran cosa porque es coronel. Chiflaron a don Porfirio y ahora creen que van a ganar la Revolución... pero no van a ganar nada, les van a pegar —continuó después de echarse un pistito.

»Recuerdo que el coronel Calles iba muy apresurado. Pasó, vio a su padre sentado y lo saludó de lejos alzando el brazo derecho. Don Plutarco le correspondió y se fue levantando de su asiento lentamente, mirándolo alejarse. Noté que se emocionó... casi le rodaban las lágrimas al viejito mientras se sentaba de nuevo en su poltrona y volvía al pisto».[14]

El viejo murió tres años después, en Agua Prieta. Había terminado viviendo entre un hotel y el hospital. Las enfermeras le sacaban las botellas de licor escondidas bajo las almohadas.[15]

El 1.º de octubre se inicia en Naco el enfrentamiento definitivo entre callistas y maytorenistas. Estos, diez mil hombres y los imprescindibles yaquis, ponen cerco a Naco por el larguísimo lapso de 107 días. Calles y Benjamín Hill, con sólo ochocientos hombres, organizan ejemplarmente la resistencia. Hacen instalar todos los servicios bajo tierra, construyen alambrado y trincheras, prevén todos los detalles: provisiones, transportes, armas, teléfono, alumbrado, agua, etc. La ciudad queda inexpugnable por sur, este y oeste. Por el norte lindaba con la frontera norteamericana.[16]

Después de resistir victoriosamente en Naco, el general brigadier Elías Calles permanece en Agua Prieta adiestrando brigadas y viendo acción intermitente contra fuerzas maytorenistas, durante el año 1915, en Fronteras, Moctezuma, Gallardo, Anivácachi y Paredes. El 4 de agosto de 1915 Carranza lo designa gobernador interino y comandante militar del estado de Sonora. Aunque de inmediato pone manos —e ideas— a la obra de gobierno, que es, ahora lo sabe, su auténtica vocación, todavía debe enfrentar un último problema, mucho más temible que los yaquis de Maytorena.

En 1.º de noviembre de 1915 un reportero norteamericano se acerca a Pancho Villa:

«—General Villa, ¿atacará usted Agua Prieta?

»—Sí, y los Estados Unidos si es necesario ... Pancho Villa peleando, sí, peleando duro, tal vez más duro que nunca.

»—¿Y cuándo?

»—Eso es cosa mía.

»—¿Cuántos cañones trae?

»—Cuéntelos cuando estén rugiendo».[17]

El parte oficial que Calles rinde el día 4 para informar a la superioridad de su victoria es un ejemplo de orden y claridad intelectual: ideas generales, condiciones del enemigo, detalles topográficos, análisis de las condiciones propias, alternativas, ejecución del plan, órdenes, mapas y resultados. En esencia, los dieciocho mil Dorados de Villa se habían estrellado contra el cuidadoso emplazamiento de minas, alambrados, fosas y atrincheramientos dispuestos por Calles, que resistió con menos de la cuarta parte de hombres; 223 villistas quedaron muertos en las afueras. Calles escribió a Obregón: «El jefe de las fuerzas asaltantes no llevó a la práctica sus altisonantes promesas de la víspera».[18] Días después, en el pequeño pueblo de San José de la Cueva, Villa asesinaba a mansalva a todos los varones, incluido el cura. Entre ellos había varios de apellido Calles. Aunque el sonorense no olvidó el agravio, para él lo de Agua Prieta se había sellado completamente.[19] Para Calles era el fin de la Revolución armada y el comienzo de su revolución personal, de su dictadura pedagógica.

# El maestro dicta

El mismísimo día en que tomó posesión de la gubernatura de Sonora, Calles dio a conocer su amplio programa de gobierno, prueba
de que había aprovechado todos los resquicios de inactividad para
pensar en la «revolución de ideales y las reformas hacia el progreso»
que ahora presentaba al pueblo. Después de asegurar que respetaría las
garantías individuales y las libertades políticas —guiño al Primer Jefe—,
adelantaba sus proyectos. Como el buen profesor que en el fondo seguía siendo, reformaría antes que nada la *instrucción pública,* abriendo
escuelas en todos los lugares de más de 500 habitantes, obligando a
las compañías mineras o industriales a instalar escuelas e instaurando,
por su parte, un sistema de becas, bibliotecas, gabinetes, escuelas normales y de adultos, etc. Como buen comisario que había sido, reformaría la *justicia,* promoviendo una nueva legislatura civil y penal.
Como no tan buen labriego que había sido, pero que sentimental-
mente seguía siendo, reformaría la *agricultura,* principal elemento de
riqueza nacional por «la abundancia de ríos y la bondad de las tierras»; promovería mejores sueldos, así como la subdivisión de las
grandes propiedades, y crearía un banco agrícola oficial del estado de
Sonora. Y su proyecto no quedaba allí: abriría caminos nuevos, con-
servaría los antiguos, favorecería la competencia comercial en beneficio del consumidor, propondría un nuevo régimen fiscal, crearía
instituciones de beneficencia, inculcaría hábitos de aseo mediante
conferencias públicas y además impulsaría el mutualismo entre los
obreros.[20]

Cuatro días después de tomar posesión, suelta la primera bomba:
un decreto que, de haberse cumplido al pie de la letra, hubiese llevado a su padre a la tumba dos años antes de tiempo. El decreto pro-
hibía la importación, venta y fabricación de «cualquier cantidad» de
bebidas embriagantes. La pena era de cinco años, pero a fin de demostrar que iba en serio, el gobernador Calles ordenó el fusilamiento
de un infeliz borrachín en Cananea.[21] En el alud de decretos, pronto

se mezclaron otros de clara intención moralizante: suprime el usurario contrato de retroventa, prohíbe los juegos en que medien apuestas y autoriza a la policía a aprehender no sólo a los tahúres sino a los mirones; concede amnistía a los seguidores del «felón Villa» y clausura las «planchas» (sitios de tortura) en las penitenciarías.[22]

La moralización tenía que llegar a la política y la historia. En 1916, Calles priva de la ciudadanía a las «tribus errantes y las de los ríos Yaqui y Mayo entretanto conserven la organización anómala que hoy tienen sus rancherías y sus pueblos». En otro decreto, hace pasar al dominio público todos los bienes de quienes hubieran prestado apoyo moral o material a Orozco, a Huerta o al gobierno de la Convención. Para depurar el servicio público, en mayo de 1916 distribuye entre los empleados públicos un cuestionario con preguntas como ésta:

«¿Cuál fue la injerencia que usted tomó en la lucha política sostenida por el general Plutarco Elías Calles contra José María Maytorena cuando dicho militar estuvo en la capital del estado procurando combatir la traición maytorenista?».[23]

Todas las promesas de su programa de gobierno se tradujeron, casi de inmediato, en decretos. Se ordenaba una vasta creación de escuelas, se establecía el catastro, se publicaba una completísima Ley Orgánica de los Tribunales del Estado, se fijaba el sueldo mínimo para jornaleros y peones y, como gran novedad compulsiva, se declaraba de utilidad pública la explotación de todas las fuentes productivas del estado (minas, industrias, terrenos) que permaneciesen inactivas. Una cuidadosísima Ley de Ingresos para el año 1916 apareció el 31 de diciembre del año anterior. El rubro más atendido sería el de Instrucción Pública (el 22 por ciento). Cuando, en mayo de 1916, ocupa por unos meses la Jefatura de Operaciones Militares del estado, y Adolfo de la Huerta se convierte en gobernador interino, Calles tiene en su haber 56 decretos: había emitido casi seis por mes.[24] Un año más tarde, el 25 de junio de 1917, toma posesión como gobernador constitucional, puesto que ocupa casi de modo permanente (con un breve paréntesis en 1918, cuando deja el poder a Cesáreo G. Soriano) hasta mayo de 1919, fecha en que Carranza lo designa secretario de Industria, Comercio y Trabajo. (En enero de 1920 renunciaría al cargo para incorporarse a la campaña política de Alvaro Obregón.)

Si hubo quien dijera que del decreto al hecho había mucho trecho, muy pronto se tragó sus palabras. No sólo promulgó en su periodo cinco grandes leyes reglamentarias (la de Juntas de Conciliación y Arbitraje, la de Indemnizaciones, la de Administración Interior del Estado, la de Trabajo y Previsión Social, y la Ley Agraria), sino que sus hechos fueron tan firmes como sus dichos. Basten algunos ejemplos. Habiendo promulgado una Ley Obrera, combate férreamente toda agitación: expulsa del estado a varios simpatizantes de la organización anarquista IWW (International Workers of the World) y ordena el fusilamiento de un viejo luchador social: Lázaro Gutiérrez de Lara. A los yaquis, «rémora fatal para el adelanto del estado», los combate sin tregua, pero lo mismo a las compañías norteamericanas Wheeler y Richardson, que acaparaban tierras inactivas. Una de sus medidas más radicales, de hecho sin precedentes en todo el país, fue expulsar de Sonora a todos los sacerdotes católicos, sin excepción.[25]

Pero su obra más personal no es destructiva sino pedagógica: inaugura la Escuela Normal para Profesores (enero de 1916), organiza un congreso sobre pedagogía (junio de 1916), abre 127 escuelas primarias y, en el mismo periodo preconstitucional, concibe un proyecto que le es entrañable: las escuelas Cruz Gálvez de Artes y Oficios para los huérfanos de la Revolución. Hacia agosto de 1917 circuló en Sonora un manifiesto, «Por la redención de la raza», firmado por el general Calles, en el que explicaba el sentido de esa obra y solicitaba cooperación para ampliar su labor: se trataba de construir dos grandes edificios —uno para señoritas, otro para varones— por medio de suscripción pública:

«Hace menos de dos años, en 1915, fundé la Escuela de Artes y Oficios para Huérfanos, que hoy lleva el nombre de "Cruz Gálvez", impulsándome a ello las repetidas observaciones que al recorrer los distintos puntos del estado pude recoger en cuanto al número verdaderamente crecido de niños huérfanos o abandonados que encontré en casi todos los lugares. Todos esos niños, privados de todos los auxilios tanto morales como materiales, y entregados a una vida miserable y dolorosa, estaban necesariamente destinados a sufrir las eventualidades y vicisitudes consiguientes a su miseria y falta de educación, y probablemente también destinados, en gran parte, a engrosar el contingente ya demasiado numeroso proporcionado al crimen por el alcohol y tantos otros factores antisociales.

»Vivamente sentí desde luego la necesidad de contrarrestar tan grave peligro, no sólo como un sentimiento elemental de piedad, sino como un acto de defensa colectiva y como un deber sagrado de reparación de la misma sociedad, cuya imperfecta organización no en poca parte contribuye a producir semejantes males. Concebí así la idea de crear un asilo que, además de arrebatar a la indigencia y sin duda a la corrupción a aquellos seres infelices e inocentes, pudiera convertirlos en elementos de orden y de progreso devolviéndolos más tarde a la misma sociedad ya hombres, aptos para el trabajo y moralmente fuertes y sanos».

La raíz personal es evidente: funda las escuelas Cruz Gálvez —llamadas así en honor de un lugarteniente suyo, caído en campaña— para prevenir y reparar en la sociedad el abandono que él mismo había sufrido. De ahí que en el decreto número 12, que anunciaba la creación de las escuelas, advirtiese que en ellas se protegería «a todos los huérfanos en general» y sin distinción de partidos políticos.

Hacia 1920, aquellas dos escuelas contaban ya con sendos edificios. El de varones albergaba a 468 alumnos, todos internos. El de señoritas, a 396 alumnas, entre ellas las propias hijas de Calles. Se cursaban seis años de primaria y enseñanza industrial. Los hombres aprendían oficios como la carpintería, la agricultura o la mecanografía. En la primera se formó una banda de música; en la segunda, una orquesta. Al referirse al gobernador, todos, ellos y ellas, le decían «Papá Calles».[26]

Por su parte, «Papá Calles» —a diferencia siempre de su pobre padre que, aunque alcohólico y desobligado, había sido, según recuerda Hortensia Calles, simpático e inteligente— nunca desatendió a sus niños, empezando por los propios, incluido Manuelito Elías Calles Ruiz, nacido, como él, fuera de matrimonio a mediados de 1920. Repitiendo la historia del padre, la corregía. En cuanto a los huérfanos de las Cruz Gálvez, la prueba de su devoción está en una carta del 7 de noviembre de 1919, enviada desde la ciudad de México al director de *sus* escuelas:

«Muy estimado amigo y compañero:

»No puede usted imaginar el placer que me ha proporcionado con su apreciable de fecha 17 del próximo pasado de octubre, en la que me informa del triunfo obtenido por la orquesta de niñas de la escuela Cruz Gálvez, en la velada que tuvo verificativo en el teatro Noriega, la noche del 12 del mismo mes, con motivo de la celebración de la Fiesta de la Raza.

»Los éxitos y los fracasos que tengan en las escuelas Cruz Gálvez los considero como míos, y gozaré con los primeros y sufriré con los segundos; así es que su carta ha venido a proporcionarme un momento de satisfacción en esta vida de lucha, y más he apreciado su noticia por ser la primera que me viene de Sonora, y que se relaciona con los trabajos de la escuela que tanto quiero.

»Tiene usted razón en asegurar que nuestra orquesta sinfónica es la primera en la República, pues no hay otra igual y ojalá llegue a ser la primera de la América, para orgullo de Sonora.

»Yo soy profano en materia de música, y tal vez por esto, o por el cariño que siento para mi escuela, la orquesta de la ópera me parece menos dulce, menos impresionante a la formada por nuestras niñas. Aplaudo sus entusiasmos; la obra de usted es meritoria, pues la música es un factor valiosísimo para formar almas buenas. Siga usted adelante sin desmayar; yo tengo la firme creencia que encontrará usted apoyo en el actual gobernador, nuestro amigo el señor De la Huerta. No hay día en que no esté mi pensamiento con ustedes, y me complace en tener sus noticias; así es que espero no se olvidarán de mí y estaré dispuesto a ayudarlos en todo lo que me sea posible ...

»Con recuerdos cariñosos para todas las niñas, quedo su amigo y compañero que lo aprecia.

»General Plutarco Elías Calles».

Se ha dicho, y con razón, que el gobierno de Calles en Sonora fue un laboratorio político que anticipaba su actitud como presidente. Se ha dicho también, con menos razón, que el motivo profundo de Calles al emitir ese alud de leyes y decretos, y al forzar su cumplimiento, fue fundar otra vez la historia, como si el mundo recomenzara. Calles, es cierto, funda escuelas; pero su acción no tiene, como tendrá la de Vasconcelos, una raigambre apostólica. Calles no busca convertir ni salvar en el sentido trascendente de ambos términos. Es el maestro en el poder que, aprovechando toda la experiencia práctica acumulada —su ilegitimidad, su abandono, su vida de maestro, empresario, labriego, administrador, comerciante y comisario— busca *re-formar*, desde el origen, a la sociedad. Calles no funda de nuevo el mundo; no clausura su pasado, sino que lo integra racionalmente y lo devuelve, purificado e imperioso, a la sociedad.

# Turco, severo y mental

Plutarco Elías Calles fue secretario de Gobernación durante casi todo el periodo presidencial de Alvaro Obregón. Su temperamento era casi el opuesto al de su jefe. Este es expansivo, jovial, intuitivo, nervioso, sanguíneo, contradictorio; aquél, por el contrario, introvertido, serio, reflexivo, aplomado, racional, congruente. Su gruesa voz inspira respeto. Es y parece fuerte, ecuánime e inflexible. A veces sonríe, pero casi nunca ríe. Su cara, como la razón, es simétrica. Hasta el furibundo Bulnes se pliega ante su catadura: «El general Calles tiene buen físico de dictador ... su carácter es de dominador de fieras y pisoteador de sapos ...».[27] El encargado de la legación francesa en México escribe: «Es realista y frío, de espíritu claro y voluntad firme».[28] Por momentos su ceño adopta un aire casi siniestro. Uno de sus contemporáneos hace esta descripción:

«Es hombre corpulento, ancho de hombros y de actitud sombría. Bien podría uno decir: he ahí un bloque de granito humano. Su cara es dura, ajada, de rasgos agresivos; máscara de bronce que raramente se relaja. Sus ojos son pequeños, hundidos y sin expresión. Su pelo negro ya tiene toques de gris y su bigote recortado parece fuera de lugar en una cara tan severa».

Una de sus mayores cualidades como político es el silencio, que dio origen a una conseja popular: «En el hablar es parco/Plutarco». El silencio y la mirada. Calles no ve: taladra. «Con una mirada», decía Indalecio Prieto, «le hace a uno su biografía.»[29]

En circunstancias distintas de las que el país vivió entre 1920 y 1928, Calles y Obregón hubiesen chocado. Pero la historia y la política, más que la simpatía o la amistad, los unieron. De nuevo Ramón Puente, el espléndido biógrafo de la Revolución, describe mejor que nadie la extraña dualidad:

El presidente Plutarco Elías Calles el día de su toma de posesión, lo acompaña el presidente saliente Alvaro Obregón (30 de noviembre de 1924).

«Es hombre corpulento, ancho de hombros y de actitud sombría. Su cara es dura, ajada, de rasgos agresivos; máscara de bronce que raramente se relaja.» (Un contemporáneo)

«No hay manera de quebrantar esa dualidad. Calles comprende a fondo el espíritu de Obregón. Todo su instinto de psicólogo y toda su práctica pedagógica parece haberlos dedicado a sondear ese espíritu. Lo entiende y lo sobrelleva como a un niño; lo penetra y lo domina como a un hombre. Y todo ese conocimiento, oculto tras del más completo hermetismo; y todo ese poder, disimulado bajo la discreción más perfecta.

»Obregón no llega nunca a conocer a Calles. No es su especialidad sondear almas. Es astuto, desconfiado, memorista para no olvidar ningún detalle, de viva percepción y de acción decisiva, pero no es profundo. A veces se pone la máscara de un actor para conseguir despistar, pero no tiene máscara auténtica: es indiscreto con las pupilas y la boca. Por mucho que escudriña no traspasa el hermetismo de Calles. Toda su desconfianza se queda ante el dintel de un misterio, o ante la vacilación de una duda».[30]

En el fondo, Obregón desprecia a Calles porque la vara con que mide a los hombres es puramente militar. Calles es para él «el general menos general entre los generales». En el fondo también, Calles tiene en menos a Obregón porque la vara con que mide a los hombres es ante todo mental. No se hubiese atrevido a emitir un juicio sobre Obregón, pero debió de pensar que carecía de programa. Con todo, siempre se necesitaron mutuamente y guardaron las formas y la cordialidad.[31] En una sola cosa se parecían mucho: ambos eran devotos de la vida familiar.

A mediados de 1923 Calles se retira una temporada a la hacienda de Soledad de la Mota, en Nuevo León, propiedad de su hijo Plutarco. Allí se solaza inaugurando una escuela y dando la primera lección. Se sabe ya el elegido para suceder a Obregón y se aparta para reflexionar sobre lo que será su gobierno. (Esos repliegues pensativos serían una constante en años posteriores.)

A pesar de las adhesiones que logró, su origen irregular sigue dándole —¡a sus cuarenta y seis años!— dolores de cabeza. Algunas personas le atribuyen origen musulmán, otras corren el rumor de que tiene sangre siria. Por eso en Sonora le llaman «el Turco». Para los mexicanos, todos los de levante son turcos. Sea cierto o no el rumor, Calles exhibe rasgos orientales. El rumor llegó a la difamación. Calles aparecía como «descendiente vergonzante de un camellero turco». ¿Por qué no respondió a los ataques con una declaración tajante y sobria? Quizá por no darle más importancia o por no caer en la provocación. O porque no tenía él mismo una idea clara de su linaje más allá de su abuelo liberal. O, lo más probable, por negarse a revelar, a esas alturas, la ilegitimidad e irregularidad religiosa y social de su origen.[32]

Antes de asumir la presidencia de la República, entre agosto y octubre de 1924 Calles viaja por Europa con parte de su familia. Uno de sus propósitos es internarse en el sanatorio Grunewald para tratarse de los agudos dolores de una pierna heredados del largo sitio de Naco. Ya en 1921 había visitado las clínicas Mayo, en Rochester, para curar una «ataraxia locomotriz». Pero su objetivo político no es menos importante: estudiar la organización política, económica y social de Europa; en particular, de la Alemania socialdemócrata regida por Friedrich Ebert. Hasta entonces se consideraba a sí mismo socialista. Había sido el gran apoyo y consejero del gobernador socialista de Yucatán, Felipe Carrillo Puerto. Su viaje a Europa lo volvería más ingeniero social que socialista.

En Alemania se acercó a industrias y cooperativas y pidió copia de cada instrumento de trabajo. Al poco tiempo, en su escritorio hojeaba, debidamente traducidos, documentos como éstos: «El reajuste de fincas rústicas en Prusia para su mejor explotación», «Carreras domésticas para las campesinas de Prusia», «Cooperativas agrícolas y crédito rural en Europa», «La organización Raiffeisen» (cajas de ahorro). Sobre trabajo y organización industrial pidió estatutos, libretas de trabajo, talonarios y vales de toda índole, además de obras de interés general. Leyó *Los consejos obreros en las industrias* y estudios sobre sociedades de consumo. En Hamburgo, Calles aprovechó también su pedagógica visita para declarar que México abriría los brazos a los inmigrantes europeos, incluidos expresamente los judíos.[33] Su mensaje traspasó las fronteras de Alemania y llegó hasta algunas pequeñas ciudades polacas.

De Alemania se dirigió a Francia, donde Edouard Herriot, primer ministro radical socialista, lo recibió con honores. Quizá hubiese querido viajar a la Inglaterra de J. Ramsay McDonald, pero se conformó con enterarse detenidamente del movimiento laborista. Simpatizaría a tal grado con éste que, años más tarde, en ocasión de una gran huelga, les enviaría doscientos mil dólares a los mineros del carbón, por cuenta del gobierno mexicano. Hubiera querido visitar también la Italia de Mussolini; no lo hizo, pero tomó buena nota del ascenso político de las masas. Así explica José C. Valadés su empeño en tomar posesión en el Estadio Nacional.

De Europa pasó a Estados Unidos, donde visitó al presidente Coolidge y asistió a un banquete en su honor organizado por la AFL (American Federation of Labour), en el que habló el famoso líder Samuel Gompers. Seguramente en Estados Unidos adquirió una obra que devoró: *Las utilidades de la religión,* del autor norteamericano Upton Sinclair. Sus primeras líneas eran elocuentes: «Este libro es un estudio del culto de lo sobrenatural, desde un nuevo punto de vista, como una fuente de ingresos y un escudo para el privilegio».[34]

«El Turco» tomó posesión el 1.° de diciembre de 1924. Guiado por su larga y difícil experiencia vital, y después de observar con detenimiento la organización social europea, estaba seguro de conocer su lección. Ahora buscaría aplicarla.

# Fase constructiva

«A mi juicio, y lo digo con toda buena fe», explicó Calles días después de tomar posesión, «el movimiento revolucionario ha entrado en su fase constructiva.» En los dos primeros años de su gobierno (1925-1926) ése fue, en efecto, su rasgo característico: repetir en el ámbito nacional, pero ahora ampliada y enriquecida, la labor de su anterior gubernatura sonorense. Uno de los primeros «frentes» de acción fue el bancario y fiscal. Lo comandaba el ministro de Hacienda, Alberto J. Pani, con quien colaboraba muy de cerca un joven brillante que había sido ya, durante el gobierno de Obregón, subsecretario de Hacienda y agente financiero del gobierno mexicano en Nueva York: Manuel Gómez Morín.[35] El 7 de enero de 1925 se apuntan un primer logro: la nueva Ley General de Instituciones de Crédito, que reforma la antigua ley limantouriana de 1897. Cinco días más tarde, se funda la Comisión Nacional Bancaria.[36] En agosto se reúne la primera Convención Nacional Fiscal. En ella, Gómez Morín explica la filosofía económica del régimen.

«Después de tantos años de depresión económica, después de haber sufrido las consecuencias de una economía manejada sin concierto, la República empieza a ver claro su porvenir económico. La estabilización de un régimen político, la posibilidad de que este régimen organice una economía que en siete meses es, ya más importante que la que el otro régimen organizara en treinta años, la eficacia con que esa economía se empleará en unos cuantos días más para fundar el crédito público en México, las indiscutibles ventajas que se seguirán en el desarrollo del mercado de los productos nacionales con el hecho de que haya una institución que organice y controle el crédito, todo esto nos autoriza para pensar que México está en una nueva era de prosperidad económica.»

Y en efecto, días después, el 1.º de septiembre, se realiza uno de los viejos sueños acariciados por todos los gobiernos mexicanos desde el de Porfirio Díaz: el banco único de emisión, el Banco de México. Gómez Morín, coautor principal de su ley y organización, escribía arrobado a su escéptico amigo José Vasconcelos:

«El Banco ha sido un éxito completo y entró, como dicen, con el pie derecho. El consejo es absolutamente independiente ... ¿No le parece admirable que haya sido posible fundar el Banco con sólo diez meses de ahorro?».[37]

A Vasconcelos, por supuesto, no le parecía admirable, pero el tiempo le daría la razón a Gómez Morín. El Banco de México comenzó a operar en medio de la suspicacia general, con muy pocos bancos asociados, acosado por el recelo de la mayoría de las instituciones bancarias de la República y por la plaga de los generales que acudían a sus oficinas a pedir préstamos directos. Gómez Morín, presidente del Consejo de Administración, sabía que los primeros años serían cruciales, y optó conscientemente por una política conservadora: emitió cantidades muy reducidas de billetes, admitió que el Banco operase por un tiempo como un banco comercial más, fortaleciendo su crédito y persuadiendo poco a poco a los otros bancos de las ventajas de la asociación; concedió algunos créditos personales y sobrepasó el límite de sus préstamos al gobierno, pero junto a estas desviaciones avanzó profundamente en su consolidación. En su informe anual de marzo de 1928, Gómez Morín le profetizaba, con razón, una existencia larga y fructífera.

El 1.º de febrero de 1926, el gobierno de Calles dio otro paso en el frente de reconstrucción crediticia: fundó el Banco Nacional de Crédito Agrícola. Su creador, Gómez Morín, consideraba el nuevo establecimiento «una de las cosas más grandes que se han hecho en toda la Revolución». En él, Calles veía reflejadas las ideas que había traído de Alemania sobre sociedades cooperativas y cajas de ahorro Raiffeisen. La institución debía funcionar, de hecho, como un banco que refaccionara a las sociedades regionales y locales de agricultores y promoviera una gran descentralización agrícola.[38]

En 1927 se habían formado ya 378 sociedades locales que contaban con diecisiete mil miembros. El Banco Nacional de Crédito Agrícola funcionaba con dinamismo pero acosado por la misma plaga del Banco de México: los generales. Para su desgracia, no se defendió como aquél: abundaron los llamados «préstamos de favor» a varios generales, y a uno sobre todo: Alvaro Obregón.[39] Años después, al reflexionar sobre el destino irregular de la institución que fundó, Gómez Morín seguía pensando que el régimen tutelar por el que había optado era el correcto, y que la falla había sido otra muy diferente:

«Fue demasiada confianza en los hombres y un olvido completo del servilismo, de la cobardía o de la simple fuerza de las circunstancias que obligan en México a la gente a callarse cuando debieran rebelarse, o decir sí cuando debieran decir no».

En otros frentes de la vida material, el régimen callista avanzó con igual celeridad: Pani racionalizó los presupuestos, introdujo una enmienda al servicio de la deuda externa y mantuvo las inversiones productivas (bancos, irrigación, caminos) y sociales (educación, salubridad) en el nivel más alto que podía. Era una pena, sin duda, y Calles y Pani lo entendían así, que el ejército se llevase el 33 por ciento del pastel cada año. Pero los tiempos parecían exigirlo.

Los transportes eran un frente decisivo. Se dividían en dos partes: los ferrocarriles heredados del pasado y las carreteras que había que heredar al futuro. Para resolver de un plumazo el complejo problema de los ferrocarriles, abrumados por una deuda inmensa, Pani discurrió su devolución a manos privadas, con lo que restaba la deuda ferrocarrilera —cerca de cuatrocientos millones de dólares— a la deuda nacional. El problema, por desgracia, tenía otras ramificaciones. En el papel, la empresa había visto crecer desde 1910 su volumen de carga, sus ingresos y el número de pasajeros, pero estaba muy lejos de alcanzar el 65 por ciento con que —en el mismo periodo— se había incrementado su planta de obreros y el 225 por ciento de aumentos salariales. El problema financiero consistía en el exceso de personal, pero cualquier intento por resolverlo supondría pérdidas no de dinero sino de vidas. La operación, tal como se planteó al principio, tuvo que cancelarse.[40] Y sin embargo, en otro ámbito, el gobierno de Calles se apuntó un gran logro: la terminación del Ferrocarril Sudpacífico, que unía Nogales, Hermosillo, Guaymas, Mazatlán, Tepic y Guadalajara.

En el proyecto carretero casi todo fue miel sobre hojuelas. Al principio de su régimen, Calles convoca a una junta de gobernadores en la que se decide la construcción de diez mil kilómetros de carreteras en apenas cuatro años. En septiembre de 1925 se crea la Comisión Nacional de Caminos, que trabaja con eficacia. El 19 de septiembre del año siguiente se inaugura la carretera México-Puebla, de 135 kilómetros, que debía seguir hasta Veracruz. Ese mismo año se abre la de Pachuca, que en el futuro entroncaría con la Carretera Panamericana, cuyo punto de partida sería Nuevo Laredo. El 11 de noviembre de 1927 el turista capitalino puede ya ir a Acapulco recorriendo 462 kilómetros. La fiebre carretera se contagió a otros lugares. En Veracruz, por ejemplo, se concluyó el camino de San Andrés Tuxtla a Catemaco. Al final de su periodo, Calles podía estar satisfecho. Aunque la meta de diez mil kilómetros había resultado más que utópica, se completaron cerca de setecientos kilómetros de carreteras varias y sin mucho costo para el erario: el impuesto sobre la gasolina autofinanciaba, en buena medida, los proyectos.[41]

Otro de los frentes principales de reconstrucción fue la irrigación. En enero de 1926 Calles expide la Ley Federal de Irrigación; pretende, por supuesto, aumentar la superficie irrigada, pero con ella busca también favorecer la pequeña propiedad y la colonización. Se creó la Comisión Nacional de Irrigación y se invitó expresamente a colonos de Hungría, Italia y Polonia. Los colonos recibirían dirección y consejo de expertos encargados de las granjas experimentales que se establecerían en cada caso. Hacia 1928 el gobierno de Calles había invertido veintiocho millones de pesos en varias presas. No en todas tuvo éxito, pero nadie podía negarle, al menos, el mérito de ser el iniciador. Junto a los bancos, las carreteras y las presas, que deberían impulsar el campo hacia la modernidad, Calles promovió un cuarto elemento, entrañable para él: la escuela. La labor educativa tenía varios niveles. En el primero estaba la escuela rural, y el nuevo apóstol de ellas era Moisés Sáenz, pastor protestante educado primero en Jalapa y más tarde en la Universidad de Columbia, que soñaba con hacer de la escuela el motor vital de la comunidad. Los libros clásicos y las Bellas Artes, instrumentos educativos del proyecto de Vasconcelos, cedían paso a un concepto más práctico y útil: higiene, deportes, oficios. Calles resumía así el nuevo espíritu de las cuatro mil escuelas rurales que estaban en operación:

«Para el plan de trabajo dictado para las escuelas rurales se ha querido conseguir que la escuela rural llegue a ser el centro y origen de actividades sociales benéficas a la comunidad, siempre del todo alejadas de la política electoral o personalista, y que los conocimientos que los alumnos adquieran ... les abran nuevos horizontes de una vida mejor para la adquisición de habilidades manuales y espirituales que se traduzcan en aumento de su capacidad económica».

Los resultados efectivos de las escuelas rurales no fueron tan satisfactorios como esperaban sus inspiradores. Faltaba quizá espíritu apostólico en los maestros, pero sobre todo faltaba *pertinencia* en la labor educativa. Era absurdo, por ejemplo, enseñar a bordar grecas a campesinos que por siglos habían practicado el arte multicolor del bordado. La modernización, por lo demás, parecía encontrar barreras casi infranqueables. El propio Sáenz lo admitía con honestidad: «La vida cuaja en moldes viejos. El débil reflejo de la escuela se pierde en la penumbra del subconsciente».

En la ciudad de México, el régimen callista introdujo varias novedades educacionales: se abrieron las primeras escuelas secundarias, se consolidó un Departamento de Enseñanza Técnica e Industrial, y, por primera vez, se difundieron por radio clases prácticas de toda índole. En la capital se instituyó también la Casa del Estudiante Indígena, para lo que, en principio, se trasladaron a aquélla doscientos indígenas monolingües. «Lo que yo propongo», explicaba Calles, «es ofrecer al indio la oportunidad de que se convierta en hombre verdadero.» De aquellos estudiantes se esperaba que regresaran a su tierra para transmitir todo lo «verdadero» que aprendieran en la ciudad: español, geografía, historia, deportes, higiene... Para decepción del régimen, al terminar los cursos ninguno volvió al terruño, y la Casa cerró sus puertas en 1932 sin percatarse de que, monolingües o no, aquellos estudiantes habían sido siempre «hombres verdaderos».

Entre todos los proyectos educacionales, Calles tenía una «niña de sus ojos»: las escuelas centrales agrícolas. No era el único que fincaba en ellas una gran esperanza. El joven Daniel Cosío Villegas, estudiante de agronomía en Cornell, pensaba que de ellas habría que «esperar la salvación de la patria». Su creador era un ingeniero agrónomo costarricense avecindado en México desde tiempos de la Revolución: Gonzalo Robles. Además de tener notable preparación teórica, Robles había viajado por el mundo entero —con excepción de Africa— tomando notas sobre el desarrollo agrícola: Carranza lo había mandado a observar ranchos al sur de Estados Unidos, y Obregón a tierras más lejanas: Europa, Asia y América Latina. En Bélgica estudió la integración de sistemas comunicantes entre escuelas, bancos y cooperativas agrícolas. En Argentina observó el funcionamiento de empresas agrícolas e industriales. Era natural que Calles le otorgara, a su regreso, «derecho de picaporte».

El 16 de marzo de 1926 se expide la Ley de Escuelas Centrales Agrícolas y Bancos Ejidales. Aunque la politización terminaría por mermar sus beneficios y desvirtuar su sentido original, en 1927 se habían abierto ya en Durango, Hidalgo, Guanajuato y Michoacán escuelas dotadas de edificios, quinientas hectáreas con huertas y viñedos, establos y radio. Ese mismo año había 675 alumnos inscritos. Los bancos asociados contaban ya con 19.218 miembros y se habían formado 276 cooperativas.

En cierta ocasión, al inaugurar una de estas escuelas centrales, el presidente Calles y un periodista norteamericano miraban bailar a una pareja de jóvenes. «He ahí la materia prima de la cual estamos modelando el nuevo México», le explicó, y señalando a unos peones que se escondían a lo lejos agregó: «Esa pareja representa la evolución de aquellos tipos primitivos que ves allá». Más tarde, al clavar los ojos en la guardia de honor formada por estudiantes vestidos de caqui, emocionado, el ex labriego y ex maestro terminó por resumir su filosofía agrícola-educacional:

«Esto es lo mejor que se puede contemplar en México, pues esos muchachos son hijos de peones que viven en chozas de paja, duermen en el suelo y andan descalzos todo el año. Las nuevas instituciones agrícolas permitirán a la nueva generación que se libere de esa esclavitud. Los colegios agrícolas constituyen, pues, el frente en mi guerra contra el arado de madera y todo lo que representa».

La fase constructiva tuvo otros frentes: modernización del ejército, elaboración de los primeros contratos-ley en la industria textil, leyes y campañas de salud pública, proyectos de vivienda, exaltación del deporte, guerra al alcoholismo, depuración de la estadística nacional y, de nuevo, como en Sonora, un alud de leyes como la petrolera, la forestal, la postal y las de extranjería, comunicaciones, colonización, pensiones civiles, migración, etc. El cuerpo de leyes más importante para Calles se elaboró en su periodo, pero entraría en vigor tiempo después. Se trataba de un nuevo código civil, al que llegaría a nombrársele Código Calles. Su propósito, explicaba el presidente, consistía en:

«Socializar en cuanto fuese posible el derecho civil preparando el camino para que se convierta en un derecho privado social ... extender la esfera del derecho del rico al pobre, del propietario al trabajador, del industrial al asalariado, del hombre a la mujer ... [derogar] todo cuanto favorece exclusivamente el interés particular con perjuicio de la colectividad ...».

En una de sus cláusulas, el código borraba definitivamente la diferencia entre hijos legítimos y naturales: reformaba desde el origen.[42]

La gran novedad del periodo de Calles fue la ampliación del papel económico del Estado. El régimen porfiriano había intervenido ya en la economía, pero no con un sentido social. «¿Quiénes podían tender la mano a la pobre gente?», preguntó Calles a aquel reportero, y él mismo contestó: «una sola agencia: el gobierno.»

El más serio historiador del periodo callista, Jean Meyer, escribe: «Principal instrumento de capitalización de los recursos financieros, poder regulador, principal interlocutor con los grupos internacionales, el Estado con Calles se presenta inevitablemente como único intérprete del interés público, y empieza a definirse en esos años como una institución *sui generis,* con responsabilidades económicas directas y muy amplias ...». A falta de una clase social que remolcara el país hacia el progreso material, el Estado tenía que tomar la iniciativa creando bancos, presas, caminos, escuelas, leyes e instituciones para la sociedad. En la práctica, el conflicto de fondo estaría en esa pequeña preposición: *para.*

La biografía de Calles no determinó estas tendencias, pero sí les dio un perfil peculiar. La fase constructiva de la acción estatal callista tuvo fe en la escuela práctica y el trabajo agrícola como motores del progreso, de la «evolución». Eran los mismos motores que, a juicio de Calles, habían impulsado su personal evolución. Cincuenta años después, al reflexionar sobre esa etapa, Gonzalo Robles decía:

«Todas aquellas iniciativas parecen un fracaso si se les ve con microscopio. Pero si alejamos la vista podemos ver que han dejado un sedimento que fructifica. El progreso avanza por aluviones».

En el frente externo, sobre todo en la relación con Estados Unidos, Calles dio la espalda a los Tratados de Bucareli e intentó volver a las posiciones de Carranza, que no eran otras que el apego a la Constitución. En la Cámara se discuten varios proyectos reglamentarios sobre petróleo. El más radical se debe a Morones, zar de la CROM e influyentísimo ministro de Industria, Comercio y Trabajo; el más suave lo patrocinan Pani, ministro de Hacienda, y Aarón Sáenz, secretario de Relaciones. Las compañías petroleras se oponen a cualquiera de ellos, pero temen que se expida el primero. El embajador norteamericano, un halcón apellidado Sheffield, se muestra aún más pesimista: cree que México será, o es ya, el segundo país bolchevique de la Tierra: Soviet México.

El 12 de junio de 1925, el secretario de Estado, Kellogg, lanza la primera amenaza del periodo:

«Este gobierno continuará apoyando al de México solamente mientras proteja las vidas y los intereses americanos y cumpla con sus compromisos y obligaciones internacionales. El gobierno de México está ahora a prueba ante el mundo».[43]

Un año después, rotas las relaciones entre el gobierno y las empresas, se expide el reglamento petrolero. De haber contado sólo la opinión de los petroleros, los colonos norteamericanos o Sheffield, Estados Unidos hubiese invadido México. Pero otras fuerzas presionaban en Washington, junto a los intelectuales, la prensa y los demócratas del Congreso: el comercio y los banqueros, que sin ser hermanas de la caridad, favorecían un arreglo pacífico.

El 10 de noviembre de 1926 *The New York Times* anuncia que el momento de romper con México ha llegado. A la querella petrolera se agrega ahora un choque internacional: México y Estados Unidos apoyan fuerzas políticas opuestas en Nicaragua. Estados Unidos prefiere a Díaz, México se inclina por el liberal Sacasa, y no sólo con palabras, como recuerda el general mexicano Escamilla Garza:

«El general Calles mandó dos expediciones a Nicaragua, una por el Pacífico y otra por el Atlántico. Yo iba al mando de tres barcos, el *Foam*, *La Carmelita* y el *Johnson*. Nos fuimos costeando para eludir a los barcos gringos. Luego de Puerto Cabeza acabalé quinientos hombres, la mayoría mexicanos. La otra expedición la encabezaba el general Irías. Después de 56 combates y escaramuzas, llegamos a los arreglos de Tipitapa con los americanos cuando ya casi tenían sitiada a Managua. Eran mis segundos los alemanes Federico Messer y Adolfo Miller».[44]

Para colmar el plato de quienes temían el avance del «Soviet México», llega Alejandra Kolontai, primera embajadora soviética en México. Sus primeras palabras debieron de causar un síncope a Sheffield: «No hay en todo el mundo dos países con más afinidad que el México moderno y la nueva Rusia».[45]

En enero de 1927 el gobierno cancela los permisos a las compañías petroleras remisas a cumplir con el nuevo reglamento. El presidente Coolidge sostiene que al Soviet México —sentado desde antes en «el banquillo de los acusados»— le puede suceder lo mismo que a Nicaragua. El editorial del *New York Times* comenta las palabras «acto poco amistoso», con las que el Departamento de Estado se ha referido a la actitud mexicana frente a Nicaragua:

«Estas son unas de las palabras más graves del vocabulario diplomático. Jamás se usan oficialmente si no es como fórmula de la más extrema advertencia oficial y generalmente como preludio de un ultimátum, un rompimiento de relaciones o la guerra misma».[46]

La diplomacia mexicana no reacciona con bravatas sino con malicia: propone el arbitraje internacional de La Haya y cosecha simpatías en el Congreso norteamericano, donde cuenta la opinión favorable a México de los senadores Borah y La Follete.[47]

Arturo M. Elías, el medio hermano del presidente y activísimo cónsul general en Nueva York, informa que, por consejo de los escritores amigos de México, Carlos y Ernesto (Carleton Beals y Ernest Gruening), México debería emitir una declaración en defensa del derecho que asiste a ambos países de favorecer en Nicaragua el gobierno que cada uno considere democrático. La declaración funciona. Sólo un norteamericano de cada 40 —comenta *The Washington News*— quiere la guerra con México. Kellogg deja de usar el término bolchevique para referirse a México. A mediados de enero de 1927, en sus telegramas a Calles, el cónsul Elías emplea una palabra prematura: triunfo.[48]

En marzo de ese mismo año, el embajador mexicano Manuel Téllez viaja alarmado de Washington a México; pero precisamente cuando la situación se creía perdida y Calles contraamenazaba con un «incendio que ilumine hasta Nueva Orleáns», la tensión se desvanece, gracias, en parte, a un estupenda maniobra de contraespionaje. Los hombres de Morones interceptan en la embajada norteamericana documentos en los que se menciona una futura intervención. A los pocos días, sometido en el interior a fuegos cruzados, el secretario Kellogg admite en público el robo de esos trecientos documentos y baja el tono. Las compañías siguen solas su desafío a Calles, que no duda en cerrar los pozos. Sheffield deja la embajada. Parecía el triunfo de México. Lo era, pero sólo parcialmente.[49]

Calles comprendió que no podía, en esas circunstancias, aplicar estrictamente la Ley Petrolera: no habría retroactividad. La Corte concede amparo a varias compañías. Coolidge instruye al próximo embajador, Dwight Morrow: «Manténganos alejados de una guerra con México». El 29 de septiembre de 1927 Calles y Coolidge inauguran una línea telefónica directa. A fines de octubre llega Morrow. Sabe bien, porque su amigo el famoso periodista Walter Lippmann se lo ha advertido, que en México no hay bolchevismo. Sus ideas, su táctica y, sobre todo, su actitud serían opuestas a las de Sheffield. Conciliar racional y cortésmente, evitar la prepotencia e identificarse un poco con las gentes y la cultura del país. Astucia y respeto.[50]

De golpe y porrazo, Morrow, miembro de la casa J.P. Morgan, se colocó en el centro de la vida económica y política de México. Trabajó cerca del nuevo ministro de Hacienda, Luis Montes de Oca. Estudió los presupuestos y concertó una total reestructuración de la deuda externa, a fin de que México pudiese capitalizarse y crecer. En el conflicto petrolero, medió con Calles para que los fallos favorables a las compañías sentasen jurisprudencia y para reformar los artículos más delicados de la Ley Petrolera. Y como gesto de buena voluntad, logró que visitara México Charles Lindbergh, el famoso piloto que, en su *Spirit of Saint Louis,* había cruzado por vez primera el Atlántico.[51] Lindy, el «Embajador del Aire», llegó a la ciudad de México entre vítores y develó en el Parque México de la colonia Hipódromo una placa alusiva que aún se conserva.

¿Había perdido Calles la partida? Sí, si se le juzga anacrónicamente, desde la perspectiva, muy distinta, de 1938. No, si se advierte la dificultad de sus circunstancias. En 1927 México sufría la caída vertical de los precios internacionales de sus principales productos (petróleo, metales industriales, plata) y una gravísima crisis interna: el conflicto religioso. Calles debió de considerar que México corría el riesgo de perder territorio. Su contrincante no era un hombre con sentido social como lo sería Roosevelt, sino Coolidge, quien proclama que «el negocio de Norteamérica son los negocios». Sería distinto tratar con un gobierno posterior a la crisis del 29; el de ese momento estaba en el ápice de la prepotencia y la fuerza.

Pero Calles ganó acciones más importantes, quizá, que la batalla del petróleo. Hizo que frente a México, al menos, Estados Unidos retirara la amenazada de invasión; disolvió el espantajo del «Soviet México»; redujo la dureza y la histeria de la diplomacia norteamericana. Ganó hasta donde podía ganar.

# México bronco

No fue 1925 un año de paz en el frente religioso, que cumplía más de una década en continua agitación. El 21 de febrero, con el auspicio de la CROM, se crea la Iglesia Católica Apostólica Mexicana; la encabeza «el Patriarca» Pérez, quien por un tiempo oficia en el templo de la Soledad. No era nuevo el propósito de crear una Iglesia mexicana al margen de Roma. Ya Ocampo lo había pensado. Lo nuevo era intentarlo en ese momento, cuando los poderes de la Iglesia y el Estado se enfrentaban con tirantez sin precedentes en todos los ámbitos abiertos por la Constitución del 17. Había campesinos que rechazaban las tierras que se les repartían y agraristas que exigían la apostasía para entregar una parcela. El auge del sindicalismo católico choca violentamente con la CROM. Pero el mayor conflicto sigue residiendo, por supuesto, en los artículos 3.º y 130. La Iglesia no los admite ni olvida los actos que en contra suya y de sus símbolos se habían perpetrado durante la Revolución. El gobierno callista, por su parte, se propone reglamentar e imponer el cumplimiento estricto de la Constitución. En 1925 la tensión entre los dos poderes crece en muchos estados. En mayo, una mujer apellidada Jáuregui, a quien se atribuye fanatismo desequilibrado, atenta contra la vida del presidente. Con todo, pese a la creación de la Liga Nacional de Defensa Religiosa, nadie entrevé con claridad lo que vendría.

Es 1926 el año del rompimiento. Durante todo 1925 Calles había esperado que los gobernadores se apegasen al texto constitucional, pero la discrecionalidad que observó terminó por decidirlo a tomar medidas más severas. En enero, pide al Congreso poderes extraordinarios para reformar el código penal, e introduce en él disposiciones sobre el culto. El 4 de febrero aparecen en *El Universal* declaraciones del arzobispo Mora y del Río contrarias a los artículos 3.º, 50, 27 y 130 de la Constitución. La Liga lo aplaude, pero el presidente no: «¡Es un reto al gobierno y a la Revolución!», le comenta a Roberto Cruz. «No estoy dispuesto a tolerarlo. Ya que los curas se ponen en ese plan, hay que aplicar la ley como está.» Aunque Mora y del Río desmiente al reportero de *El Universal* y sostiene que aquellas declaraciones habían sido anacrónicas, Calles no cede: ordena a todos los gobernadores la inmediata reglamentación del artículo 130, lo que provoca clausura de escuelas, expulsión de sacerdotes extranjeros, motines, manifestaciones, choques... Se llega otra vez a extremos patéticos: el general Eulogio Ortiz fusila a un soldado por descubrirle en el cuello un escapulario.[52]

Lagarde, el representante diplomático francés, observa los hechos de cerca y comienza a informar a su gobierno:

«De febrero a mayo el presidente, sobreexcitado por la actitud antipatriótica que atribuye al clero y que relaciona con la política amenazadora de Washington, actúa con extremado rigor ... perdiendo toda moderación, no ve en la resistencia opuesta a la ley otra cosa que la obra de viejas beatas, de curas sediciosos ...».[53]

Mientras el Vaticano aconseja moderación, los obispos dividen sus opiniones entre la dureza y la pasividad. En una carta pastoral solicitan que el gobierno de Calles siga los pasos del de Carranza y se avenga a reformar los artículos 3.º y 130. Calles responde a Mora y del Río: «Quiero que entienda usted, de una vez por todas, que la agitación que provocan no será capaz de variar el firme propósito del gobierno federal ... No hay otro camino ... que someterse a ... la ley».[54]

El 2 de julio, el *Diario Oficial* publica la Ley Calles que reforma el código penal e incluye en él delitos relativos a la enseñanza confesional y cultos. El artículo 19, el más delicado, volvía obligatoria la inscripción oficial de los sacerdotes para que pudieran ejercer su ministerio.

La respuesta es inmediata. La Liga organiza con eficacia un boicot económico en varios estados. Por su parte, los obispos emiten una pastoral colectiva que anuncia la suspensión de cultos a partir del momento en que la Ley Calles entre en vigor. El halcón Sheffield, alarmado, informa a Kellogg:

«El presidente se ha vuelto tan violento sobre la cuestión religiosa que ha perdido el dominio de sí mismo. Cuando se ha tratado el asunto en su presencia, su rostro se ha encendido y ha golpeado la mesa para expresar su odio y hostilidad profunda a la práctica religiosa».[55]

El conflicto iba en escalada. Calles declara que, «naturalmente», no piensa suavizar siquiera las reformas y adiciones al código penal. Confiaba —según le dijo entonces a Lagarde— en que «cada semana sin ejercicios religiosos haría perder a la religión católica el dos por ciento de sus fieles».[56]

«Creo», declaró por esos días, «que estamos en el momento en que los campos van a quedar deslindados para siempre; la hora se aproxima en la cual se va a librar la batalla definitiva; vamos a saber si la Revolución ha vencido a la reacción o si el triunfo de la Revolución ha sido efímero.»[57]

Lo creía de verdad. Para Lagarde, Calles abordaba «la cuestión religiosa con un espíritu apocalíptico y místico ... [como] una lucha entre la idea religiosa y la idea laica, entre la reacción y el progreso». El 31 de julio los fieles se arremolinan en las iglesias en toda la República. Era el último día de cultos.

El 21 de agosto, Calles sostiene una larga entrevista con Leopoldo Ruiz, obispo de Michoacán, y Pascual Díaz, obispo de Tabasco y secretario general del Episcopado mexicano. En ese momento, los obispos muestran una actitud de conciliación y aun de cierta humildad. Calles es lacerante, áspero; sus breves respuestas son siempre imperativas. Su visión del papel del clero en la historia de México es absolutamente negra, sin resquicios, de ahí que no conceda un solo punto a los obispos ni les lance, como le pedían, «una tabla para salvarnos». La entrevista se inició tocando, desde luego, el problema: la reglamentación de los artículos 3.° y 130, y en particular el espinoso tema del registro oficial de sacerdotes:

«CALLES: El gobierno de México por ningún motivo faltará al cumplimiento de las leyes y esas presiones que están buscando en nada nos importan ... estamos resueltos a mantener la dignidad nacional a costa de lo que venga ... ¿Qué menos puede exigir el representante legítimo del pueblo, como es el gobierno, que saber quiénes están administrando sus bienes? ... Irremisiblemente tendrán que sujetarse.

»RUIZ: Contra los dictados de nuestra conciencia.

»CALLES: Sobre los dictados de la conciencia está la ley.

»DIAZ: Yo entiendo por conciencia lo que nos dicta nuestro sentimiento y entiendo por ley un ordenamiento de la razón. Por consiguiente, cuando mi conciencia me dice que una ley está contra la razón tengo el derecho de seguir el dictado de mi conciencia y no sujetarme a esa ley.

»CALLES: Leyes son las que están consignadas en los códigos y tienen que ser respetadas, tienen que ser obedecidas ...

»DIAZ: La ley ... puede reformarse ... con su apoyo ...

»CALLES: No soy yo quien va a resolver el asunto; es de la competencia de las Cámaras y con toda sinceridad les digo que yo estoy perfectamente de acuerdo con lo que marca esa ley que ustedes tratan de reformar, puesto que satisface mis convicciones políticas y filosóficas».[58]

La dura conversación tomó otros derroteros. Calles dijo que, «con toda franqueza», creía que el clero mexicano había evidenciado estar siempre del lado del opresor, que los misioneros católicos, en siglos, no habían hecho nada por auxiliar a los pobres. Los obispos sostenían razonamientos contrarios que Calles desechaba en primera instancia. Aunque indicó que «los actos de conciencia se juzgan en el curato», su argumento para no conceder una suspensión temporal en la aplicación de la ley era un argumento de conciencia: «No está de acuerdo con mi carácter decir algo que yo no siento. No puedo engañar al pueblo». Pero su verdadera convicción era política:

«No se hagan ilusiones; les repito que están perdiendo a los campesinos. Todas las agrupaciones de campesinos de la Revolución han protestado su adhesión a mi gobierno con motivo del último conflicto religioso y considerado a los sacerdotes como sus enemigos».

Los obispos buscan que Calles disimule, a la manera porfiriana, la operación de la ley. Había presidentes municipales que se sentían ya con el derecho de nombrar o remover sacerdotes. «¿De dónde viene el poder del sacerdote?», preguntó Díaz, a lo que Calles respondió: «Para el gobierno no tiene importancia el poder a que usted alude ni lo reconoce». Si las leyes iban contra la jerarquía de la Iglesia y los obispos pedían tolerancia, Calles «debía advertirles» que la ley no reconocía ninguna jerarquía y él «no podía tolerar nada». Sus palabras finales fueron un reto:

«Yo les voy a demostrar que no hay problema, pues el único que podrían crear es lanzarse a la rebelión y en este caso el gobierno está perfectamente preparado para vencerlos. Ya les he dicho a ustedes que no tienen más que dos caminos: sujetarse a la ley ... o lanzarse a la lucha armada y tratar de derrocar en esta forma al actual gobierno».[59]

Al despedirse, los obispos declararon que no fomentaban ninguna rebelión. Pero no necesitaban fomentarla. Días después los cristeros contradirían las ilusiones de Calles.

Calles, según Lagarde, sentía un odio personal hacia el clero y la religión. Odio, en todo caso, que no comparte la familia Elías. Por esas fechas, su tío Alejandro le escribe para preguntarle si no juzga inconveniente que los restos de su padre Plutarco se depositen en unas «gavetas» que ha hecho el tío Rafael en su rancho San Rafael. En realidad, las gavetas estaban dentro de un altar construido por el tío para albergar los restos de la familia. La sacristía tenía ornamentos de oro y un Cristo de madera labrada que el coronel José Juan Elías —abuelo del presidente— le había regalado a su mujer, Bernardina Lucero.

La Iglesia había agotado las instancias, pero faltaba ver la reacción popular. Calles espera suprimir el «fanatismo» del pueblo cortándolo de raíz; sin embargo, un sector del pueblo campesino en el occidente de México se levanta en armas. La «causa», como ellos mismos decían, era clara: luchaban por la apertura de cultos, luchaban —como ha demostrado magistralmente Jean Meyer— por defender la religión.

La guerra de los cristeros se prolongaría por casi tres años, durante los cuales el ejército federal, modernizado por el general Amaro, descubre tardíamente la importancia de una buena caballería en un país sin carreteras y donde regiones enteras resultaban inaccesibles a la infantería. Sin organización central hasta que la Liga envía al general Enrique Gorostieta, los cristeros practican una guerra de guerrillas similar a la zapatista y no menos efectiva. En el momento de los arreglos con Roma en junio de 1929 —en los que también interviene Morrow— habría cerca de cincuenta mil cristeros alzados en armas. Otros veinticinco mil habían muerto en combate. Aquella guerra no sólo costaría a México, en total, setenta mil vidas; sobrevendría, además, una caída fulminante de la producción agrícola (el 38 por ciento entre 1926 y 1930) y la emigración de doscientas mil personas. «Fue», en palabras de Luis González, «una guerra sangrienta como pocas, el mayor sacrificio humano colectivo en toda la historia de México.»

En marzo de 1927 Calles empieza a ceder. Sigue creyendo que el movimiento cristero es minoritario, pero no puede cerrar los ojos a los costos de la guerra. Obregón intercede y busca una solución que haga posible la paz sin desprestigiar al régimen. En cierto momento Calles baja la guardia: es junio de 1927. A cambio de atenuar la legislación petrolera ha logrado ya que Estados Unidos modifique su actitud. Ahora había que ceder en el frente religioso. Calles libera a varios militares y tolera el culto en casas particulares. Quizá había sido demasiado optimista al pensar que la Iglesia perdería el dos por ciento de fieles cada semana. Su salud flaquea una vez más al grado de confiar su alivio al curandero más esotérico: «el Niño» Fidencio. Para colmo de males, en esa fecha lo embarga una gran sombra: la muerte de su mujer.[60]

En octubre llega Morrow y se forma una imagen de la situación: «El país se halla completamente trastornado. Los pobres no tienen casi otra cosa que el consuelo de la Iglesia y no habrá paz verdadera ni progreso de no llegarse a un arreglo». De inmediato se hace cargo de la situación. Redacta él mismo las cartas de avenimiento entre Calles y el padre Burke —un norteamericano católico con plenos poderes de negociación— y propicia la entrevista de ambos en San Juan de Ulúa, al cabo de la cual Calles expresa a Burke: «Ojalá su visita marque una nueva era para la vida y el pueblo de México».[61] La fecha: marzo de 1928.

Aunque la firma de los arreglos se retrasa hasta junio de 1929,[62] las condiciones estaban dadas un año antes. El asesinato de Obregón a manos de un militante católico demora la solución. Roma, mientras tanto, niega que el Papa hubiese impartido la bendición a los cristeros. Pero, con Roma o sin ella, éstos continúan librando su guerra: la «causa» seguía viva, los cultos permanecían cerrados.

¿En qué medida incidió la psicología del presidente Calles en el conflicto con la Iglesia? El conflicto estaba allí. El no lo había inventado. Y estaba allí, latente, no sólo en la historia mexicana a partir de los Borbones, sino en la historia europea desde la Edad Media. En Francia, la querella más notable ocurrió con Felipe el Hermoso; en Inglaterra, con Enrique VIII. Era la disputa centenaria entre el poder espiritual y el secular. «La Iglesia y el Estado», escribe Jean Meyer, «exigen el monopolio del carisma ... la guerra tenía que ser total porque ambos pretenden el dominio universal.»

Calles, en efecto, no inventa un conflicto que se hunde en la historia; pero es, sin duda, su catalizador principal. Toda su biografía apunta hacia el rompimiento. Acaso por borrar de una vez y para siempre el cuerpo de doctrina que lo había condenado a la ilegitimidad, buscó una solución tan radical como la que había impuesto en Sonora al expulsar a todos los sacerdotes. Se ha dicho que Calles, al no lograr la súbita reconstrucción del país, canalizó su decepción abriendo el frente religioso. Esta actitud fortuitamente vengativa no concuerda con su naturaleza. Calles aborda el problema religioso por

*Arriba:* El presidente Plutarco Elías Calles con militares (1927).
«Era un reformista severo y violento. Para él la política era riesgo, vicisitud, contingencia y, por lo tanto, responsabilidad.» (E.K.)
*Abajo:* Plutarco Elías Calles con el presidente Emilio Portes Gil (ca. 1929).
«La Revolución ha sentido instintivamente la necesidad de escogerlo como su jefe, mientras cuajan las instituciones todavía tiernas de la época constructiva de la Revolución.»
(Editorialista del Partido Nacional Revolucionario)

una frustración personal que lo lleva al convencimiento de que la religión católica es la fuente principal de atraso en el pueblo mexicano. Para avalar su fe, en su archivo guardaba unas cartas de amor escritas desde Aguascalientes en abril de 1913 por el obispo Ignacio Valdespino —radicado anteriormente en Hermosillo— a una dama sonorense, y otros documentos que involucraban a sacerdotes del Seminario Conciliar en cuitas amorosas. Para Calles, como para muchos otros revolucionarios, estas actitudes constituían la prueba definitiva del envilecimiento histórico del clero.

Quiso, en efecto, «extirpar» la fe católica de México. No es un nuevo Savonarola que buscara un cristianismo más puro, más cercano a los orígenes. Tampoco un romántico del ateísmo que, como Ignacio Ramírez, declarase que Dios no existía. Calles no disfruta la blasfemia ni inventa contraliturgias. Es un profesor sonorense que no entiende ni respeta ni justifica al «México viejo», donde los hombres no son «verdaderos hombres». Sin saberlo, Calles es sólo un sacerdote de una fe como cualquier otra: la del progreso y la «evolución». Un reformador imperioso y racional al que, muy en el fondo, mueve una pasión absolutamente ciega, irracional: la de negar el pecado de origen... de su origen.

El complejísimo periodo presidencial de Calles tuvo muchos protagonistas políticos: los generales, los cromistas, los agraristas, los gabinetes. ¡Había ocho mil partidos políticos en la República! Las luchas políticas tejieron una madeja casi inextricable en todos los niveles: nacional, estatal y local. Pactos, rompimientos, amenazas, enfrentamientos, campañas, peculados, escamoteos, bravatas, balaceras, motines. La vida política de México rebasaba violentamente los ámbitos formales del Parlamento, las reuniones de gabinete o la prensa, y se colaba a las cantinas, los burdeles y los casinos. Martín Luis Guzmán recobró fielmente apenas una parte y un momento de aquel mundo que anda todavía en busca de su escritor.

¿Qué decir de los generales? Quizá la mayoría apoye a Obregón antes que a Calles, pero optará por ambos en el caso de una aventura que pretenda destronarlos. Almazán, Cárdenas y, sobre todo, Amaro son los divisionarios más creativos entre los fieles al régimen. Otros, no menos fieles, tienen un matiz macabro: Claudio Fox, Roberto Cruz, Eulogio Ortiz. Otros más dominan feudos: Urbalejo (Sonora), Caraveo (Chihuahua), Cedillo (San Luis Potosí), Ferreira (Jalisco). Los más cercanos a Obregón y Calles desde la época revolucionaria son, respectivamente, Panchito Serrano y Arnulfo R. Gómez. De ahí que el aborto de su rebelión los envenenara a todos.

Morones es otro personaje en busca de biógrafo. Sus francachelas en una casona de Tlalpan, sus enormes anillos de brillantes, las mujeres enjoyadas y los suntuosos Packard negros son sólo parte de la historia. El resto corresponde a sus batallas contra la CGT, la Iglesia, los agraristas de Soto y Gama, los ferrocarrileros afiliados al Partido Comunista y la prensa. Su pecado mayor pudo ser —como piensa Fidel Velázquez— haber pretendido la presidencia de la República sin conformarse con la presidencia de los obreros, pero también hay que reconocer que, sin el antecedente piramidal de la CROM moronista, no se entiende la CTM.[63]

Con palabras, acciones o pistolas, todos alimentaban el México bronco. Era quizá la estela natural de la Revolución, pero su razón de fondo es otra: a falta de instituciones políticas que, democráticamente o no, resolviesen el problema de la sucesión presidencial de modo pacífico y legítimo, el país estaba condenado a una violencia bianual. Si cada periodo presidencial duraba cuatro años, el ciclo se repetiría como con Obregón y ahora con Calles: dos años de trabajo y dos de violencia. Para colmo, en 1926 todo presagiaba la vuelta de Obregón y el sacrificio del lema maderista que había iniciado la Revolución.

La extraña muerte del general Angel Flores en abril de 1926 inicia el rosario.[64] A raíz de la frustrada rebelión, seguirían Serrano, Gómez... En total, 25 generales y 150 personas fusiladas sin juicio previo. Según el general Roberto Cruz, jefe de la Inspección de Policía del Distrito Federal (algo así como el zar del México bronco), «es posible que Calles haya estado influenciado por Obregón» al consentir esos hechos de violencia; de no mediar Obregón, quizá hubiese exiliado a los rebeldes. (Es un hecho que Serrano, antes de morir, pidió hablar con él.) En cambio no cabe duda del papel que jugó Calles en la muerte de los hermanos Pro —uno de ellos sacerdote—, implicados en el atentado del ingeniero Segura Vilchis contra Obregón. El testimonio, inobjetable, es de Roberto Cruz:

«—Esos individuos son implacables en sus procedimientos. Ahora fue el general Obregón, mañana seré yo, después usted. Así es que dé las órdenes correspondientes y proceda a fusilarlos a todos.

»Otro silencio en el despacho presidencial. Largo, intenso. Nuevamente los ojos del general Calles en los míos, inquisitivos e imperantes al mismo tiempo.

»Le dije yo entonces, con todo el respeto debido, que si no le parecía más conveniente que los consignáramos a las autoridades judiciales, a un tribunal.

»—¡No! —respondió.

»Ahí quedó esa palabra, vibrante, única, momentáneamente absoluta.

»—Hay que cortar el mal a tiempo, general Cruz. Ejecútelos, y en cuanto esté cumplida la orden, venga a darme cuenta de ella».

«Qué carácter de hierro el de Calles», recordaba Cruz en 1961; «no había en el gobierno, no digamos alguien que se negara a obedecerlo o que sólo se enfrentara con él por una cuestión de principio, sino ni tan sólo uno que se resistiera a una de sus decisiones. Era absoluto y resolvía en todo definitivamente.»[65] A juicio de Martín Luis Guzmán, Calles «no era sanguinario en la medida en que no le gustaba matar, pero al mismo tiempo no le inquietaba y disponía con una indiferencia suprema de la vida de los demás».[66]

# La gran reforma política

Cualquier cosa podía suceder después del asesinato de Obregón, el 17 de julio de 1928; la más obvia, quizá, un golpe de Estado con el pretexto de una supuesta complicidad del régimen callista con el magnicida. Aunque la muerte de Obregón flotaba en el ambiente antes de ocurrir, la reacción pública ante ella fue de sorpresa, desconcierto y, por momentos, de histeria. El país no estaba más pacificado. En el occidente, los cristeros seguían su revolución. ¿Qué iría a ocurrir?

Calles conservó la cabeza fría. Nunca como entonces brillaron sus prendas específicas: la severidad, la reflexión, la entereza de carácter. Cada paso que dio, o que permitió, tuvo un toque de sabiduría. Por principio de cuentas dejó que fluyera el coraje de los obregonistas, esquivándolo en lo personal y derivándolo hacia dos presas naturales: Morones, el jerarca de la CROM, a quien muchos atribuían la factura intelectual y política del asesinato; y Toral, cuya investigación quedó en manos de los amigos de su víctima. Por otra parte, en el mismo mes de julio, Calles reunió a los 30 generales más connotados para solicitar su unidad y proponer que el presidente interino fuese un civil. Aunque ya desde entonces algunos divisionarios tramaban rebelarse, la celeridad con que actuó Calles y su ascendiente difirieron, cuando menos, el golpe.

«Alas y plomo»», decía Antonio Caso, son las prendas de todo hombre cabal. «Alas y plomo» caracterizaron a Calles en ese momento delicadísimo del país, porque además de maniobrar con autoridad y destreza, discurrió que era el momento adecuado para introducir una gran reforma política. Para presentarla a la nación, escogió su informe final del 1.º de septiembre y lo revistió —en sus propias palabras— de una particular gravedad y solemnidad.

Su discurso fluyó claro y contundente, con esa voz ronca que lo caracterizaba. Con Obregón se había ido el último caudillo: «No hay personalidad de indiscutible relieve, con el suficiente arraigo en la opinión pública y con la fuerza personal y política bastante para merecer por su solo nombre y su prestigio la confianza general». Era una desgracia, pero también, en cierta forma, una bendición.

«No necesito recordar cómo estorbaron los caudillos, no de modo deliberado quizás, a veces, pero sí de manera lógica y natural siempre, la aparición y la formación y el desarrollo de otros prestigios nacionales de fuerza, a los que pudiera ocurrir el país en sus crisis internas o exteriores, y cómo imposibilitaron o retrasaron, aun contra la voluntad propia de los caudillos, en ocasiones, pero siempre del mismo modo natural y lógico, el desarrollo pacífico evolutivo de México como país institucional, en el que los hombres no fueran, como no debemos ser, sino meros accidentes sin importancia real, al lado de la serenidad perpetua y augusta de las instituciones y las leyes.»[67]

El propio Calles no se ve a sí mismo como un caudillo, pero más adelante advierte que «habría podido —de no prohibírselo su conciencia— envolver en aspiración de utilidad pública una resolución de continuismo». No lo ha hecho y, «a riesgo de hacer inútilmente enfática esta declaración solemne», manifiesta: «Nunca, y por ninguna consideración y en ninguna circunstancia, volverá el actual presidente de la República mexicana a ocupar esa posición».

En esta condena absoluta del reeleccionismo —en el que se sella, en definitiva, el ideal maderista— Calles finca su nuevo proyecto: México tiene, de pronto, una «oportunidad quizás única en muchos años», oportunidad que

«debe permitirnos, va a permitirnos, orientar definitivamente la vida política del país por rumbos de una verdadera vida institucional, procurando pasar de una vez por todas de la condición histórica del "país de un hombre" a la de "nación de instituciones y de leyes"».

La segunda parte del discurso, poco recordada por los historiadores, no es menos reveladora. Calles propone, con todas sus letras, la apertura política a las derechas; habla de invitar a «la reacción política y clerical» al Parlamento, para entablar allí «la lucha de ideas», sin la cual la familia revolucionaria corría el riesgo de perder vitalidad y degenerar en una lucha de facciones. La reacción podía significar una «tendencia moderadora». Su «presencia en las Cámaras», concluía Calles, «no ponía en peligro el predominio de una Revolución que había triunfado ya en las conciencias y que por eso mismo podía abrirse a una lucha de la cual la beneficiaria final sería la nación».[68]

La opinión pública quedó aún más sorprendida. Calles renunciaba al caudillaje y al hacerlo restaba toda legitimidad a cualquier otro intento de vindicarlo. Frank Tannenbaum expresó con claridad el mérito histórico de Calles:

«Supo utilizar ese momento de tensión, de porfía, para tender un puente entre la tradición del caudillaje y la democracia política. El momento tenía toda la tensión de la tragedia implícita, porque la lógica de la tradición política no admitía otra salida que la tiranía o la convulsión. Que no ocurriera ni una ni otra cosa constituye un positivo mérito de Calles, y debe reconocerse como el principio del cambio en la atmósfera política que, desde entonces, ha traído al país una paz relativa».

Su siguiente acierto paralelo fue el favorecer la elección de Emilio Portes Gil como presidente interino. Portes Gil, abogado tamaulipeco, era un político joven pero experimentado, con base propia de poder (el Partido Socialista Fronterizo), con prestigio de hombre radical, sin ligas con el callismo, aunque tampoco obregonista puro. Hombre, en suma, inobjetable, que a los ojos del obregonismo —la fuerza política del momento— tenía una ventaja adicional: era enemigo acérrimo de Morones. Su periodo cubriría del 1.º de diciembre de 1928 al 5 de febrero de 1930.[69]

Una vez solucionado el problema del interinato y amortiguada la reacción al magnicidio, Calles puso alas a su gran proyecto institucional: la creación del Partido Nacional Revolucionario. Como presidente del comité organizador, desde fines de noviembre, lo secundaban, en este caso, el propio presidente Portes Gil, el «obrecallista» Luis L. León, los callistas Manuel Pérez Treviño y Melchor Ortega y el obregonista Aarón Sáenz, entre otros. En diciembre, a los pocos días de la toma de posesión, Morones rompe lanzas contra Portes Gil. En un teatro de la ciudad, Roberto «el Panzón» Soto presenta la obra *El desmoronamiento*. Calles no hace por censurarla ni mete las manos para evitar el desmoronamiento no teatral sino político de su antiguo aliado, que parecía no entender las nuevas reglas del juego. Desde ese instante hasta la llegada de Cárdenas al poder en 1934, el movimiento obrero pasaría por un vaivén de desintegración moronista-integración lombardista, ajustando sus cuentas internamente, casi sin ligas o influencias en la esfera del poder.

Muy pronto, Calles percibe que su sitio no está en el trabajo político directo sino en una especie de silla arbitral. El 8 de diciembre de 1928 deja la presidencia del comité organizador del PNR:

«Tal vez no sea yo el indicado para cumplir esa obra ... para facilitarla debo retirarme absolutamente de la vida política y volver ... a la condición del más obscuro ciudadano, que ya no intente ser, ni lo será nunca, factor político ...».

Durante los tres meses que median entre la renuncia de Calles y la primera convención del Partido Nacional Revolucionario en Querétaro, donde se nominaría al candidato presidencial, el partido une fuerzas, se identifica con la nación, diseña estatutos centralistas y elabora una ideología no clasista y abierta en la que caben «la acción radicalista, la organización centralista y aun la evolución moderada». Para competir con el obregonista Aarón Sáenz, quien durante todo el trayecto piensa que tiene la victoria en la bolsa, Calles se saca de la manga a un «viejo revolucionario», el ingeniero michoacano Pascual Ortiz Rubio, a la sazón embajador de México en Brasil. Aunque Ortiz Rubio, coetáneo de Calles, había sido, en efecto, maderista, constitucionalista y constituyente, gobernador de Michoacán (1917) y secretario de Obras Públicas al principio del régimen de Obregón, había permanecido fuera del país por años largos y decisivos, y carecía de toda base política propia. Así y todo, la competencia se entabla en el seno del PNR y a última hora Calles la decide a favor de Ortiz Rubio.[70]

El obregonismo civil estaba casi vencido, pero el verdadero triunfador no era Ortiz Rubio sino el PNR, que por primera vez dirimía la sucesión. Con todo, los sucesos no iban a desarrollarse muy felizmente. En esos mismos días estalla la última rebelión de generales, encabezada por Gonzalo Escobar y a la que secundan, entre otros, los divisionarios Manzo, Topete, Aguirre, Cruz, Iturbe, Yocupicio, Fox, Urbalejo y Caraveo. El plan de la rebelión, Plan de Hermosillo, lo redacta un civil, Gilberto Valenzuela.

Para Calles es la primera prueba militar de trascendencia nacional sin la sombra protectora de Obregón. Portes Gil lo designa secretario de Guerra y Marina. Cuenta con los agraristas armados de Adalberto Tejeda en Veracruz y de Saturnino Cedillo en San Luis Potosí. Amaro, convaleciente de una herida accidental que le costaría un ojo, no participa, pero sí Almazán y Cárdenas. Calles tiene una ventaja adicional, fruto de su política externa: el apoyo absoluto del gobierno norteamericano, que embarga todo tipo de armamento para los rebeldes, se niega a recibir a sus enviados y vende al gobierno de Portes Gil millones de cartuchos, armas de todo tipo y hasta aviones, por un valor cercano a los quinientos mil dólares. Al cabo de unas semanas, las fuerzas federales sofocan la rebelión. El saldo para los rebeldes es desastroso: mil muertos, dos mil heridos, dos mil desertores y 47 generales muertos o depuestos. Para Calles y su proyecto de institucionalización supuso una victoria notable: no sólo triunfaba por la razón, sino además por la fuerza. En su mensaje del 1.º de septiembre de 1928 se había constituido en «fiador de la conducta notable y desinteresada del ejército» y había advertido a los generales contra el acto «inexcusable y criminal» de pretender el poder por medios distintos de «los que la Constitución señala». Al sobrevenir el acto «antipatriótico y desleal», contra el que había predicado, el fiador cobra su parte. Es, como nunca antes, el «hombre fuerte de México».[71]

En junio de 1929 Calles pronuncia otro discurso en el que, con todas sus letras también, se refiere al «fracaso político de la Revolución». A su juicio, la Revolución había triunfado ya en el ámbito económico y social, pero «en el campo meramente político, en el terreno democrático, en el respeto al voto, en la pureza de origen de personas o de grupos electivos, ha fracasado la Revolución».

Al partido, y no al Ejecutivo, le corresponde «reparar los errores que la Revolución haya cometido en materia política». Pero no sólo al partido: también a la oposición. La Revolución debería pasar a las Cámaras y abrirlas, como preveía su mensaje septembrino, a «la reacción», respetando, en particular, el voto y «todo triunfo legítimo de contrarios en política»:

«Sólo entonces, cuando el Partido Nacional Revolucionario se resuelva a no permitir que se escojan arbitrariamente o que se autoseñalen sus hombres, y busque en el pueblo mismo la real opinión revolucionaria que respalde a elementos de fuerza popular, y cuando ese Partido Revolucionario no sólo no acepte servir como medio o vehículo de imposición, sino luche y proteste contra las oposiciones de las camarillas dentro de su seno, y cuando por esta conducta la conciencia revolucionaria del país esté también satisfecha en el terreno político, como lo está ahora en el campo de la reforma social, sólo entonces podremos decir que hemos hecho triunfar integralmente, en las conciencias de la familia revolucionaria, a la Revolución mexicana».[72]

El único candidato de la oposición era José Vasconcelos, que ya entonces desplegaba por todo el país una de las más notables y generosas campañas democráticas de la historia mexicana. Con sus «batallones» de estudiantes universitarios y con la simpatía de las clases medias, los intelectuales y aun los obreros del noreste del país, Vasconcelos intentaba volver a las raíces maderistas de la Revolución y abrir el paso a una democracia pura. En su discurso de 1928, Calles había invitado a la oposición a la lucha de ideas en el Parlamento, pero también había insinuado que el poder seguiría siendo de la Revolución. Manuel Gómez Morín, aquel joven que había participado en la reconstrucción económica de Calles y lo conocía de cerca, entendió que se abría la oportunidad de fundar un partido alternativo al PNR que, desde el inicio, entablara con él la «lucha de ideas». La avenida política que abría Calles no conducía al poder sino a una competencia —desigual, pero competencia al fin— con el poder. El 3 de noviembre de 1928, días antes de que Vasconcelos iniciase su campaña, Gómez Morín le escribe:

«No creo en grupos de carácter académico; pero tampoco creo en clubes de suicidas. Y no porque niegue la eficiencia del acto heroico de un hombre que se sacrifica por una idea, sino porque creo que el sacrificio que realizaría un grupo o un hombre, por definición selectos, metidos precipitadamente a la política electoral y sacrificados en ella, no sería el sacrificio por una idea, sino el sacrificio de la posibilidad misma de que la idea se realice en algún tiempo.

»Cierto que públicamente y del modo más oficial posible se ha hecho un llamado ahora para iniciar una nueva vida democrática, legal, luminosa y todo lo demás. Pero ese llamado no es la cosa misma y todavía pasará algún tiempo antes de que esa cosa se convierta en realidad. Justamente, para que esa realidad llegue, será necesario que la buena intención o la sinceridad del llamado se apoyen en organizaciones selectas, capaces de adquirir o de desarrollar fuerza bastante para imponer los nuevos principios en un medio que está absolutamente corrompido. Y si el llamado hecho no es sincero ni de buena fe, con más razón se necesita para hacer una vida democrática en México la organización durable y el trabajo permanente de grupos que pueden adquirir fuerza bastante para imponerse al medio corrompido y a la deslealtad del llamado mismo.

»En los dos casos, pues, es indispensable, sobre todas las cosas, que se procure la formación de grupos políticos bien orientados y capaces de perdurar».[73]

Para desgracia de su vida política y la del país —aunque para fortuna de la literatura mexicana—, Vasconcelos desoyó a Gómez Morín. En su campaña apostaría el todo por el todo. Su temperamento y hasta cierto misticismo —oaxaqueño al fin— lo apartaban de las soluciones fragmentarias. Gómez Morín esperaría diez años para fundar una organización política que, de haber nacido en 1929 y bajo el caudillaje moral de Vasconcelos, hubiese sido distinta de la que finalmente fue.

A mediados de 1929, Calles declara creer que «el porvenir de México está garantizado» y se va por casi cinco meses a Europa. Mientras tanto, en el preciso instante en que los cristeros iban a vincularse con el vasconcelismo, Portes Gil firma arreglos con la Iglesia que ponen fin a la guerra. (Roberto Cruz resumiría los arreglos con humor: «Que violen la Constitución, pero poquito. Y que nosotros nos hagamos tontos, poquito también ...».)[74] La autonomía universitaria, el incremento del reparto agrario, la instalación de la comisión obrero-patronal que comenzaría a redactar —por fin— la Ley Federal del Trabajo, fueron otros importantes campanazos del presidente interino.

La lucha política se concentraba en las campañas de Ortiz Rubio y Vasconcelos. En ellas el PNR hizo sus pinitos en tecnología electoral, ciencia en la que a partir de allí se ha especializado. Por un lado expande a todo el país su maquinaria, ya desde entonces ligada al gobierno; por el otro, deja caer sobre los vasconcelistas los primeros golpes represivos: *El Nacional Revolucionario,* órgano del partido, proclama que «no se gobierna un país con enseñanza literaria ... el PNR no distribuye *La Ilíada* ... sino treinta y cinco millones de hectáreas»; llovieron insultos contra «el pedante» Vasconcelos y «los intelectuales, homosexuales, burgueses, estudiantes, feministas y fanáticos» que lo acompañaban. Pronto los hechos reemplazaron a las palabras: boicots, disolución de mítines por la fuerza, atentados y, finalmente, asesinatos. El joven vasconcelista Germán del Campo murió acribillado en la calle, y meses después de las elecciones, en marzo de 1930, tuvo lugar la sangrienta matanza de vasconcelistas en Topilejo.[75] En noviembre de 1929 Pascual Ortiz Rubio había sido declarado triunfador en unas elecciones que, de haber sido limpias, con toda probabilidad hubiese perdido. Por su parte, Vasconcelos, decepcionado de un pueblo que no había defendido su voto como en 1910 y convencido de que su derrota se debía a la alianza antinacional del «Procónsul» Morrow y «la Plutarca» Calles, salió al más largo, doloroso y fructífero de sus exilios.

Despejado el campo electoral, quedaba el botín político de las Cámaras y, a partir de él, de todas las ramificaciones del poder. Desde mayo de 1929, dos campos se deslindaban claramente: los «blancos», partidarios de Ortiz Rubio, y los «rojos», de Portes Gil. Entre los primeros estaban Fernando Medrano, Ignacio de la Mora y Arturo Campillo Seyde. Entre los segundos había desde gente de macabra celebridad, como Gonzalo N. Santos, hasta callistas puros, como Melchor Ortega. Aunque no faltaron todas las variedades de la violencia física o política, comparada con el palenque parlamentario de 1920 a 1928, la nueva efervescencia era ordenada. No había varias tendencias centrífugas, sino sólo dos: la roja y la blanca. Pero la gran novedad era que sobre ellas existía un instituto político con vida y autoridad propias que difería con su sola existencia todo rompimiento y tiraba de las riendas si los ánimos se desbocaban. Y no menos novedoso era que sobre ese instituto y sus mediadores (Luis L. León, Manlio Fabio Altamirano, Manuel Pérez Treviño) imperaba un árbitro supremo: Calles. De pronto, en unos meses, la política mexicana había construido un andamiaje de instancias.

En diciembre de 1929, después de mil maromas, albazos y negociaciones, los blancos ortizrubistas ganaban electoralmente el primer *round,* que debía darles mayoría en la Comisión Permanente de la Cámara y en la Constitución Instaladora del Congreso que sesionaría del 1.º de enero al 31 de agosto de 1930.[76] Pero entonces llega Calles. *El Nacional Revolucionario* lo recibe con estas palabras:

«El general Calles es ahora el centro de la mirada de todos los partidos, es el apoyo más serio del nuevo presidente, es la cohesión de todos los grupos revolucionarios, es, en una palabra, la garantía de que la Revolución no será dividida en muchas piezas y no será presa fácil de los enemigos de ella ... Calles está en un lugar en que puede salvar a la Revolución amenazada de dividirse, en que puede señalar orientaciones firmes, en que puede contener el desorden y prevenir la anarquía».

Calles calibra la situación e inclina la balanza hacia el lado de los perdedores. El PNR utiliza contra los blancos un arma mortal: la expulsión. Cuando el 5 de febrero de 1930 Ortiz Rubio toma posesión de la presidencia, todo el mundo entiende que el bloque dominante en el Congreso será rojo, que los bloques no desaparecerán pero se someterán para siempre, estatutariamente, al Comité Ejecutivo Nacional del PNR y que éste, a su vez, acatará las órdenes o las «orientaciones» de Calles. El editorialista del PNR describía la situación tal como era: «La Revolución ha sentido instintivamente la necesidad de escogerlo como su jefe, mientras cuajan las instituciones todavía tiernas de la época constructiva de la Revolución».

En el instante en que aborda su automóvil para salir del Estadio, donde ha prestado juramento, el presidente Ortiz Rubio sufre un atentado. Este anticlímax inicial sería presagio de su régimen. Toda clase de chistes circularían sobre la debilidad del hombre a quien se apodaba «el Nopalito» (por ser, supuestamente, un baboso). Desde la casa de la colonia Anzures, donde vivía el «oscuro ciudadano» Calles, se veía el Castillo de Chapultepec y la gente comenzó a maliciar. «Allí vive el presidente, pero el que manda vive enfrente.» Esta vez la conseja popular era injusta: el que mandaba vivía enfrente, pero Ortiz Rubio no se dejaría mandar. No fue «un pelele». Según Tzvi Medin —autor de *El minimato presidencial,* excelente historia política del maximato—, el esquema del maximato establecía un doble tren de mando. Por un lado, político: jefe máximo - PNR - bloques en la Cámara - presidente; por el otro, administrativo: jefe máximo - gabinete - presidente. Ortiz Rubio no discutía la preeminencia del jefe máximo, pero en ambos trenes intentaría —sin éxito— colocar a la institución presidencial en el sitio inmediato posterior a Calles.

En el primer caso su pelea duró seis meses. Por indicación suya, Basilio Vadillo ocupa la presidencia del PNR. Meses después lo sustituye Portes Gil, que de abril a octubre ve subir su estrella política. La pugna entre blancos y rojos, constante en todo el periodo, parece resuelta definitivamente a favor de los rojos. En ese instante el oráculo vuelve a hablar, pide la unión y «quema» a Portes Gil bloqueándole la llegada a la gubernatura de Tamaulipas y enviándolo de embajador a Francia. Dos días después de la renuncia de Portes Gil, el 10 de octubre de 1930, el gobernador de Michoacán, Lázaro Cárdenas, el joven lugarteniente de Calles en Agua Prieta a quien tanto quería el Jefe Máximo, le escribe a éste:

«... la agitación política del momento convencerá a usted de lo indispensable que es aún su intervención y la inconveniencia de su alejamiento del país, porque no está aún cuajada otra personalidad que tenga ascendiente sobre políticos y militares. Los enemigos de la Revolución y otros malos elementos hacen labor de zapa y sólo usted puede serenar la situación y evitar un nuevo desastre en el país. Afortunadamente está usted en condiciones de imponer el orden y hacer que todos nos dediquemos a desarrollar una labor constructiva agrupándonos con usted alrededor del señor presidente de la República para fortalecer su investidura y hacer triunfar de la intriga la obra de la Revolución, obra de usted puesta en manos del Primer Magistrado de la nación».[77]

Cárdenas permanece al mando del PNR hasta agosto de 1931. Como Almazán y Amaro, ministros del gabinete de Ortiz Rubio, se propone modificar en un término la fórmula del maximato, fortaleciendo al presidente sobre los políticos profesionales del PNR (Pérez Treviño, Santos, Carlos Riva Palacio, etc.) y las Cámaras, pero la correlación general de fuerzas y la inestabilidad en el otro tren de mando se lo impiden. En agosto de 1931 Cárdenas sale a ocupar la Secretaría de Gobernación, y Manuel Pérez Treviño la presidencia del PNR. El ciclo se completaba: de Vadillo (propuesto por Ortiz Rubio) a Pérez Treviño (brazo incondicional de Calles). El PNR quedaba firmemente en manos del Jefe Máximo. El presidente perdía su primera pelea.

Aunque Ortiz Rubio llevaría a cabo varias obras importantes (la Ley Federal del Trabajo, la Doctrina Estrada, por ejemplo, y, como dato curioso, el Zoológico de Chapultepec), su valiente resistencia a plegarse al segundo tren de mando (jefe máximo - gabinete - presidente) absorbió mucho de su tiempo. Desde un principio había cedido a la imposición callista varias carteras, sobre todo la de Portes Gil en Gobernación. En sus *Memorias,* Ortiz Rubio explica las circunstancias:

«... tenía que proceder de acuerdo con Calles, *de facto* dueño de la situación, como he explicado antes, o me resolvía a romper con él abiertamente, entrando en una lucha cuyas graves consecuencias finales no eran fáciles de prever. Comprendo que los dos caminos eran malos, pero el que menos provocaría agitaciones armadas, tan perjudiciales para el país, era el primero, y me decidí a seguirlo ...».[78]

Pero una cosa era seguirlo y otra, muy distinta, permitir que Calles gobernara a sus anchas al gabinete. La fiesta se desarrolló en cierta paz por algún tiempo. Aunque Ortiz Rubio se deshizo del callista Carlos Riva Palacio, Calles se cobró con el mayor de todos los ortizrubistas: Hernández Cházaro. El panorama mejoró con la salida de Portes Gil del PNR y la presencia conciliadora de Cárdenas. Con todo, en el transcurso de 1931 Calles empezó a temer, quizá con fundamento, una posible alianza entre Ortiz Rubio y Amaro, y decidió impedirla. Su maniobra fue punto menos que maquiavélica: amagar con una crisis en el PNR «por las inconsecuencias del presidente», y provocar una renuncia masiva en el gabinete que acarrease la de Amaro. A los pocos días renuncian los generales Almazán (regresa a Nuevo León), Cárdenas (va de nuevo a Michoacán), Cedillo (vuelve a

San Luis Potosí), Amaro (se refugia desde entonces en el Colegio Militar) y tras ellos, meses después, Aarón Sáenz, Genaro Estrada y Luis Montes de Oca.

Ortiz Rubio —son sus propias palabras— «había dejado al general Calles la total responsabilidad de sus actos y lo facultaba para que procediera en la forma que lo considerase conveniente». ¿Había triunfado Calles? Medin da la respuesta:

«En la crisis de octubre de 1931 quedó de manifiesto que el Jefe Máximo había triunfado, pero que el mecanismo político del maximato había fracasado. Las constantes crisis, y la necesidad de prescindir de los cauces del mecanismo político del maximato e imponer directamente la presencia del mismo Jefe Máximo en el gabinete a cargo de la Secretaría de Guerra y Marina, fueron prueba patente de que el maximato, en tanto intento por dar respuesta a la necesidad de formalizar un mecanismo político, había fracasado a pesar de que el Jefe Máximo había triunfado».

Sin espacio de maniobra, el 2 de septiembre Ortiz Rubio renuncia: «Salgo con las manos limpias de sangre y dinero, y prefiero irme y no quedarme aquí sostenido por las bayonetas del ejército mexicano».

Es natural que en sus *Memorias* Ortiz Rubio se refiriese con amargura a la «dictadura poco disimulada» de Calles. Pero por debajo de la inestable y, en apariencia, caótica superficie de la política, el país había avanzado hacia la vida institucional. La no reelección se había establecido en forma definitiva, y aunque «vivía enfrente» el que mandaba, no lo hacía de modo directo, como tirano. Ni siquiera como dictador «a la Porfirio Díaz». Gobernaba en un marco de gran tolerancia ideológica, a través de una no tan «tierna» institución, el PNR, que en menos de cuatro años de vida había logrado su consolidación y su predominio sobre la vida parlamentaria, electoral y, en general, política del país. No era la democracia, pero estaba menos alejada de ella que todos los regímenes anteriores desde el de Porfirio Díaz, con excepción del de Madero; y con la ventaja sobre éste de una estabilidad a prueba de cañonazos, reales o de cincuenta mil pesos.

Según Rafael Segovia —uno de los principales estudiosos de este periodo—, el PNR cumplió ante todo con la máxima de Bertrand de Jouvenel: «Las revoluciones o sirven para centralizar y concentrar el poder, o no sirven para nada». Por su parte, don Daniel Cosío Villegas —crítico severo de la política mexicana— sostenía que las tres «importantísimas funciones» del PNR en 1929 habían sido las de «contener el desgajamiento del grupo revolucionario» (cosa que no habían logrado los liberales en 1867, los constitucionalistas en 1914 ni los propios sonorenses en 1923), «instaurar un sistema civilizado de dirimir las luchas por el poder y dar alcance nacional a la acción politicoadministrativa para lograr las metas de la Revolución mexicana». Su conclusión era sencilla y definitiva: «La creación de un partido político nacional, revolucionario y aun "oficial" o semioficial, correspondió a genuinas y grandes necesidades generales».[79]

La institución aglutinadora estaba allí para quedarse. Ahora sólo hacía falta que *cuajase* —como le decía Cárdenas a Calles en octubre de 1930— una «personalidad que tenga ascendiente sobre políticos y militares», un presidente que removiese civilizadamente al Jefe Máximo de sus dos trenes de mando (jefe máximo - PNR - Cámaras - presidente, y jefe máximo - gabinete - presidente), para colocarse en su lugar. Pero Calles no iba a regalar graciosamente su jefatura. En la esencia política de su idea estaba el precio, contenido en una sola palabra: legitimidad.

Mientras cuajaba el futuro, Jorge Cuesta —el ensayista político más lúcido de los años treinta— escribía: «Calles no está ya en el poder, pero el poder sigue estando en Calles». El nuevo presidente no fue un presidente sino un administrador. Subalterno de Plutarco Elías Calles en aquellos tiempos revolucionarios de Sonora, y, al igual que Calles, oriundo de Guaymas, Abelardo Rodríguez había hecho breve carrera militar hasta que la suerte le deparó una lotería: la segunda zona militar en Baja California Norte. Aprovechando la era de la prohibición en Estados Unidos, Abelardo había amasado una buena fortuna. En octubre de 1931, Calles, secretario de Guerra, lo llama para nombrarlo subsecretario. Al renunciar Ortiz Rubio, Abelardo ocupa la presidencia interina.

En su *Autobiografía*, Abelardo Rodríguez explica el sentido de su desempeño:

«Insisto en que nunca fui político y en que si acepté el cargo de presidente sustituto de la República fue porque tenía la seguridad de nivelar el presupuesto y poner en orden la administración del gobierno. Para lograrlo, me propuse permanecer al margen de la dirección política, dejando esa actividad en manos de políticos».

Su gestión probó ambas cosas: era buen administrador y dejaba «la política en manos de los políticos». A veces esta división del trabajo imponía un precio a la dignidad personal y presidencial, pero Rodríguez estuvo casi siempre dispuesto a pagarlo.[80]

En el periodo de Abelardo Rodríguez hubo varios hechos importantes: la creación del Departamento Autónomo de Trabajo, la promulgación del salario mínimo federal, la fundación de Nacional Financiera, la compañía Petromex (antecedente de Pemex), el Banco Nacional Hipotecario y de Obras Públicas, etc. En el ámbito político hubo algunos movimientos de gabinete pero ninguno que condujese ni por asomo a una crisis. El secreto, claro, era la falta de tensión entre el Jefe Máximo y el presidente. Una de las tácticas más socorridas de Calles o, mejor dicho, una de las expresiones del maximato fue la distancia física que solía tomar respecto del Poder... para resaltar su poder. No sólo viajó en dos ocasiones, por largos periodos, a Europa; además se retiraba por temporadas a sus diversas fincas y negocios. A Soledad de la Mota y al ingenio azucarero de El Mante ya no iba tanto; desde su segundo matrimonio, en 1930, con Leonor Llorente, su lugar preferido era la quinta Las Palomas, en Cuernavaca. Pero no abandonaba su rancho Santa Bárbara, donde tenía un gran establo, una espléndida granja avícola y una escuela, fundada por él, a la que acudía un estudiante por cada estado de la República. Si lo que necesitaba era distancia, había dónde escoger: El Sauzal, rancho que pertenecía a Abelardo Rodríguez, o El Tambor, junto al mar, propiedad de su hija Alicia. Cuando buscaba aguas medicinales, su lugar favorito era Tehuacán.

Entre 1930 y 1935, los políticos mexicanos de relieve practicaron dos deportes: la caminata a las fincas del Jefe Máximo para pedir su «orientación y consejo», y el golf, al que el general Calles se había aficionado en Cuernavaca.

Desde aquellos retiros Calles movía las piezas del tablero nacional. Calles tiene voz y voto en todos los ámbitos del gobierno. «Si examinamos los sucesos políticos desde que Calles abandona la presidencia», escribía por entonces Cuesta, «vemos aparecer a Calles frecuentemente al frente de tal organismo administrativo, de tal programa económico, o de tal manifestación política del país; a cada paso [Calles] reclama su autoridad.» Así ocurría, de hecho, desde 1929. En el periodo de Portes Gil, Calles había sido presidente de la Junta Reorganizadora de los Ferrocarriles nacionales. Allí había propuesto y llevado a cabo medidas tan severas como la baja de sueldos y el despido de diez mil obreros. En julio de 1931 Calles persuade a Ortiz Rubio de nombrar a Calles director del Banco de México; en su brevísima gestión, Calles da curso a la promulgación de tres reformas bancarias que incluyen una nueva Ley General de Instituciones de Crédito, mediante la cual el Banco de México se convierte, por primera vez, en un verdadero banco central.[81] De septiembre de 1933 a enero de 1934 ocupa por última ocasión un ministerio: el de Hacienda.

Pero más importantes que sus gestiones fueron sus opiniones sobre los grandes problemas nacionales. Acerca del movimiento obrero no tuvo que externar muchas. Mientras se completaba el desmoronamiento de Morones y la CROM, y se afianzaba la Confederación General de Obreros y Campesinos Mexicanos (fundada en octubre de 1933, y del líder marxista que sucedería a Morones en popularidad e influencia, Vicente Lombardo Toledano), el movimiento obrero había perdido peso político. Quizá por eso, en aquel periodo Calles se limitó a emitir algunas críticas, como la de julio de 1933 a los ferrocarrileros, que —a su juicio— no entendían los problemas de la empresa. Cuando en 1934, con vistas a la sucesión presidencial, la presión sindical y obrera aumenta de modo acelerado, Calles reprueba lo que llama «la agitación». Sus condenas tienen sin cuidado al nuevo liderazgo obrero. Calles gobierna el aparato político, pero descuida a los cuadros sindicales, y más todavía a sus bases. Se lo cobrarían muy pronto y muy caro.

Sobre el problema de la tierra tuvo varias intervenciones decisivas. De su segundo viaje a Europa, a fines de 1929, regresa con la convicción de que en la política agraria nacida del artículo 27 hay serios inconvenientes. En marzo critica el reparto «que tanto mal está causando a la economía nacional». En junio de 1933, luego de un tercer viaje a Europa, se convence de que el ejido lleva al país a la ruina. En su opinión había que acabar con el reparto ejidal y buscar no sólo la certidumbre jurídica en el campo, sino la eventual promoción del ejidatario a ranchero.

Las opiniones de Calles son órdenes... pero no siempre. En su momento, Ortiz Rubio había detenido, en efecto, el reparto en varios estados, y algunos lo dan por terminado; sin embargo, las demandas campesinas y la presión agrarista —de los líderes y de sus bases— no desaparecen por ensalmo, ni siquiera del Jefe Máximo. Según datos fidedignos de Lorenzo Meyer, para 1934 la reforma agraria había beneficiado, con la entrega de once millones de hectáreas, a la cuarta parte de la fuerza de trabajo campesina —un millón de personas—; pero fuera del estado de Morelos, la hacienda, que legalmente había desaparecido a raíz de la Constitución de 1917, permanecía prácticamente intacta. En 1930, el 78 por ciento de la superficie agrícola privada correspondía a cerca de tres mil quinientas explotaciones mayores de 4.000 hectáreas, es decir, a las haciendas. Tres años más tarde, a pesar de sus propias convicciones y las de Calles sobre el problema, Abelardo Rodríguez siente la presión política e intensifica la entrega. Aunque el agrarismo radical de Adalberto Tejeda decae, el agrarismo moderado cuenta con muchos adeptos dentro del régimen o en sus márgenes: sobre todo con Lázaro Cárdenas. Por más que «el pie veterano» insistió —con Calles— en el fracaso económico, la improductividad, la sangría presupuestal, el paternalismo y otros inconvenientes del reparto ejidal, el problema existía. Y también existían las haciendas para resolverlo.

Sobre el progreso político, Calles siguió lanzando ideas e impulsando reformas. Después de la renuncia de Ortiz Rubio pensó, con acierto, que la política de «carro completo» (ganar a como dé lugar todas las elecciones) había enrarecido la atmósfera e impedía la promoción de jóvenes políticos: «Falta material humano», dijo; y, contra la opinión de quienes viajaban en el carro, introdujo en marzo de 1933 la «no reelección» en la vida parlamentaria nacional. Un año después el PNR había extendido alrededor de un millón trescientas mil credenciales.

Además de beber más de la cuenta y jugar fanáticamente póquer hasta el amanecer, Calles mueve piezas en todos los tableros políticos. Las relaciones con Estados Unidos no le quitan el sueño: entre 1928 y 1934 cosecha los frutos de su acuerdo con Morrow. El problema petrolero persiste, ahora bajo la forma de una baja de producción, pero no provoca una crisis diplomática ni remotamente cercana a la de 1927. Pese a que hay graves problemas de desempleo debido a la repatriación masiva de mexicanos, a raíz del *crack* del 29, la presión social no adopta formas violentas.

Entre 1924 y 1928 la política social había sido elemento central de su gobierno. Durante el maximato, Calles se involucra poco en ello. Su obsesión es la reforma política. Por lo demás, a sus cincuenta y siete años de edad, se siente agotado. Sus achaques de hígado y columna lo ponen en cama por largos días. En noviembre de 1932, su segunda esposa había muerto de un penoso cáncer, dejándole dos hijos y la melancólica certeza de que su vida no volvería a ser completa. Así, en plena gloria, se abría paso en él la idea de una hora cumplida: la suya y la de la Revolución. Simbólicamente, se crea entonces una comisión que recabaría fondos para convertir la inacabada estructura del viejo palacio legislativo de don Porfirio en el Monumento a la Revolución.[82]

Un frente interno permanece abierto en Calles: la cuestión religiosa. Por esos días estrechó sus ligas con el más fanático de los antifanáticos: el gobernador de Tabasco, Tomás Garrido Canabal, quien solía saludar a sus guardias con las palabras «Dios no existe». No podía forzar de nueva cuenta la inscripción de sacerdotes o el cumplimiento riguroso del artículo 130, pero quedaba el artículo 3.°, relativo a la educación. Otros proyectos habían avanzado hacia su reforma en un sentido distinto al que imaginaba Calles. Desde principios de 1931, por ejemplo, un sector de la izquierda sindical, representado por Lombardo Toledano y varios grupos académicos y oficiales, proponían la adopción de una «educación socialista». El 20 de julio de 1934, en la piadosa capital de Jalisco, da su famoso «Grito de Guadalajara»:

«La Revolución no ha terminado ... Es necesario que entremos en un nuevo periodo, que yo llamaría periodo revolucionario psicológico: debemos entrar y apoderarnos de las conciencias de la niñez, de las conciencias de la juventud, porque son y deben pertenecer a la Revolución ... porque el niño y el joven pertenecen a la comunidad ... [y la Revolución debe] desterrar los prejuicios y formar la nueva alma nacional».[83]

Surgía, de nuevo, su voz interior de maestro que intentaba, por última vez, la reforma desde el origen: desde el alma nacional, desde la psicología, desde los niños.

De inmediato lo secundan los gobernadores jacobinos y los partidarios de la reforma socialista al artículo 3.°. Finalmente en octubre de 1934, días antes de la toma de posesión del nuevo presidente, Lázaro Cárdenas, se reforma el artículo 3.°:

«La educación que imparta el Estado será socialista y, además de excluir toda doctrina religiosa, combatirá el fanatismo y los prejuicios, para lo cual la escuela organizará sus enseñanzas y actividades en forma que permitan crear en la juventud un concepto racional y exacto del universo y de la vida social».[84]

La nueva redacción contenía un leve tinte de *laicismo callista* pero, contradictoriamente, su carga mayor era dogmática y religiosa. Se trataba, decía Cuesta, de encomendar a la escuela una misión que corresponda en forma íntegra a la ley.[85]

Si Calles buscaba incitar nuevamente al clero, lo consiguió. Un dignatario eclesiástico criticó el intento «bolchevique» de penetrar en «el santuario de la conciencia». Y entre los campesinos de occidente, las declaraciones desatan una contienda, mucho más grave para el gobierno: la segunda Cristiada.

En cuanto al aspecto propiamente educacional de la reforma al artículo 3.°, ¿estaba Calles de acuerdo con ella, con su formulación, con su objetivo de ganar «las conciencias» de la niñez para el socialismo? Según Cuesta, que veía en Calles la encarnación de la Revolución mexicana, la nueva redacción no sólo no coincidía con el pensamiento de Calles sino que lo contradecía:

«... lo que se pretende es que, con el laicismo, desaparezca el objeto natural de la escuela para convertirla otra vez en culto de lo sobrenatural a la sombra de un socialismo astral y tenebroso; y que "el socialismo de la Revolución mexicana" consiste exactamente en un deseo de que los revolucionarios mexicanos no se priven de las prácticas y las creencias religiosas; pero es absolutamente seguro que no podrá buscarse un apoyo en el pensamiento del general Calles para este socialismo tan extraordinario».

Por la misma razón, Cuesta pensaba que el Plan Sexenal, ideado en principio por Calles pero modificado en un sentido socialista por una nueva generación de ideólogos radicales, era un «Plan contra Calles»: un intento de sustituir una vida revolucionaria «liberadora de la realidad» por una camisa de fuerza ideológica, por un ideal burocrático. A juicio de Cuesta, el Plan oponía una serie de nuevos dogmas al significado práctico de la Revolución: «La Revolución no es un conjunto de creencias individuales, no es un canon eclesiástico, no es una doctrina infalible y sagrada, sino la experiencia revolucionaria de la sociedad como libre y radicalmente se produce en su seno».

Las reflexiones de Cuesta tocaban el meollo del conflicto histórico que, muy pronto, retiraría a Calles de la vida nacional. En el ámbito obrero, agrario, intelectual y dentro del propio gobierno, se abría paso una nueva actitud ante la política, cuyo rasgo más notorio era justamente el dogmatismo socialista al que se había referido Cuesta. No era sólo una tendencia mexicana, sino un signo de la época. Después de la Depresión de 1929 y el ascenso de Hitler al poder, Occidente buscaba nuevas creencias que explicasen y justificasen la crisis del capitalismo y fueran, al mismo tiempo, un bastión contra el nazismo. El socialismo y muchas veces el comunismo colmaron el hambre de fe en el advenimiento de una sociedad sin clases.

«Dentro de los gobiernos de la Revolución», escribía en octubre de 1933 Lombardo Toledano, «ha habido y hay hombres que creen en que la Revolución no se ha hecho todavía y en que debe hacerse.» Calles tenía un concepto distinto de la Revolución. Convenía en que sus fines de mejoramiento social y económico, político y moral, estaban lejos de haberse colmado, pero dudaba de las recetas ideológicas. A pesar de su radicalismo, Calles era un reformista severo y violento, no un revolucionario en el sentido marxista del término. Para él la política era riesgo, vicisitud, contingencia y, por lo tanto, responsabilidad. La política pertenecía más al reino del carácter que al de las ideas. Y más al de las ideas que al de las ideologías. Los nuevos hombres que tocaban a la puerta del poder no pensaban así: eran nuevos clérigos del socialismo.

# El suave parricidio

El ambiente electoral comenzó a alborotarse a principios de 1933. Siguiendo el efectivo método de 1929, Calles dejó que la lucha se polarizara en dos bandos: el de los «cardenistas» y el de los «pereztreviñistas». A mediados de 1933 los contendientes dejan sus puestos: Cárdenas, la Secretaría de Guerra; Pérez Treviño, la presidencia del PNR. Al primero lo apoyan nutridos grupos en las Cámaras y la recientemente creada Confederación Campesina Mexicana. Al segundo, la vieja guardia callista. A siete largos meses de la convención del PNR en Querétaro, parecía que la contienda depararía muchas sorpresas. De pronto, el 7 de junio, el oráculo Calles habló en favor de Cárdenas. Pérez Treviño no tuvo más remedio que retirar su candidatura.

¿Cómo explicar la decisión de Calles? Con Pérez Treviño hubiese asegurado, de antemano, el maximato institucional. ¿Por qué esquivó esa vía? Los historiadores han aportado todo tipo de explicaciones, desde la puramente personal, que atribuye la decisión a la influencia de Rodolfo Elías Calles sobre su padre, hasta la puramente impersonal, en la que el «ascenso de las masas» tuerce el brazo del Jefe Máximo. La realidad participó de ambas. En la decisión de Calles debió de contar tanto su antiguo vínculo, casi paternal, con Cárdenas, al que consideraba «su hechura», como el reconocimiento de los grupos sociales y políticos —sobre todo los del agrarismo moderado— que Cárdenas representaba. Pero quizá incidió también un factor más digno que la conseja familiar o el cálculo de poder: la responsabilidad. Aunque Calles sabía que Cárdenas podía no serle incondicional, sabía también que era el más «cuajado» del elenco revolucionario. A pesar de su juventud —en 1933 contaba apenas treinta y siete años—, Cárdenas tenía en su haber una larga carrera militar contra las fuerzas de Zapata, Villa, Peláez, los yaquis, Carranza y De la Huerta. Tenía, además, una respetable carrera política: gobernador de Michoacán, presidente del PNR, secretario de Gobernación y secretario de Guerra y Marina. Es imposible que «el Viejo» (Calles) pasara por alto su actitud de moderada independencia durante el gobierno de Ortiz Rubio; y sin embargo, a sabiendas de los riesgos, optó por una sucesión dinámica. Prefería el riesgo y la apertura al sometimiento y la inmovilidad. Además, «el Viejo», sin estarlo tanto, se sentía como tal. Había vivido en la cresta de la ola por más de veinte años, y en una perpetua tensión desde la infancia. Al revés que a Porfirio Díaz, el paso del tiempo y el gusto por el poder no lo rejuvenecían. Estaba cansado.[86]

Al tomar posesión de la presidencia, en diciembre de 1934, Cárdenas había limitado, de entrada, los dos «trenes de mando»: el jefe máximo tenía un dominio más simbólico que real; el gabinete era mixto (callista y cardenista); el PNR y las Cámaras parecían callistas, sin embargo un presidente decidido a serlo podía cambiarlas a su favor con sólo colocarse en la posición del jefe máximo. El trabajo, sabía Cárdenas, no era imposible pero llevaría tiempo. Había que reestructurar el aparato militar y ponerlo a su favor, asegurar el apoyo de las organizaciones de masas y desvincularse cada vez más claramente, con hechos y palabras, de la tutela innecesaria del Jefe Máximo.

Un factor más ayudó en el proceso: la mala salud de Calles. El 11 de diciembre de 1934 vuela a Los Angeles para someterse a una intervención quirúrgica de la vesícula. Sufría dolores intensos. Convaleciente y debilitado, declara que México está «satisfecho con la administración del presidente Cárdenas». De regreso a México no vuelve a la capital, sino a El Tambor, donde permanece varios meses. Hasta allá llegan los peregrinos políticos con noticias frescas. Algunas, como el renovado enfrentamiento religioso, le complacen; no así las demás: reprobaba la ola de huelgas y las declaraciones de algunos miembros del gabinete según las cuales México se encaminaba hacia la dictadura del proletariado. Cárdenas lo trata con respeto, le pide consejos en materia hacendaria e insiste en que su presencia en la capital es necesaria. Pero la agitación laboral alarma a Calles tanto como los pronunciamientos públicos del presidente: «Debemos combatir al capitalismo», decía Cárdenas, «a la escuela liberal capitalista, que ignora la dignidad humana de los trabajadores».

Por fin, en mayo de 1935, «el Viejo» regresa a la ciudad de México. Su primera declaración es de abierto apoyo a Cárdenas: «Tengo un completo optimismo en lo que se refiere a la situación general del país, y una confianza absoluta en que el gobierno de la República resolverá debidamente los problemas que se le presenten».

Entre todos los problemas del gobierno cardenista, el más urgente era desmontar las últimas trincheras del maximato. La oportunidad se presentó a los pocos días, cuando Calles concedió al senador Ezequiel

Padilla una de sus habituales entrevistas. El 12 de junio de 1935, los capitalinos leyeron en primera plana:

«Este debe ser un momento de cordura. Hace seis meses que la nación está sacudida por huelgas constantes, muchas de ellas enteramente injustificadas. Las organizaciones obreras están ofreciendo en muchos casos ejemplos de ingratitud. Las huelgas dañan mucho menos al capital que al gobierno porque le cierran las puertas de la prosperidad. De esta manera las buenas intenciones y la labor incansable del señor presidente están constantemente obstruidas, y lejos de aprovecharnos de los momentos actuales, tan favorables para México, vamos para atrás, para atrás, retrocediendo siempre; y es injusto que los obreros causen este daño a un gobierno que tiene al frente a un ciudadano honesto y amigo sincero de los trabajadores, como el general Cárdenas».[87]

Aquello fue el detonante de la crisis. Cárdenas pidió la renuncia de su gabinete —compuesto hasta entonces, parcialmente, por adictos a Calles— y atribuyó la agitación política a los grupos despechados que buscaban la división y el medro.

Sobre los problemas de trabajo y los movimientos huelguísticos, Cárdenas estimaba, a diferencia de Calles, que eran consecuencia natural de una lucha legítima de intereses y que «resueltos razonablemente, dentro de un espíritu de equidad y justicia social», contribuirían a hacer más sólida la economía nacional. En el fondo, Cárdenas los azuzaba. El ataque final del presidente contra el ya casi ex Jefe Máximo no se hizo esperar:

«Creo tener derecho a que la nación tenga plena confianza en mí y a que el grupo revolucionario se revista de la necesaria serenidad y continúe colaborando con el Ejecutivo en la difícil tarea que se ha impuesto. A tal fin, exhorto a todos los hombres de la Revolución para que mediten honda y sinceramente cuál es el camino del deber».

Era el rompimiento. El 16 de junio Calles lamenta que a sus palabras, pronunciadas con «sello de la mejor buena fe, en bien del país y del gobierno, se les haya dado una interpretación torcida». Y finalmente proclama: «Me retiro definitivamente de la política». Sus allegados le reprochan —con suavidad— que no dé pelea al presidente, pero Calles insiste en que «el único responsable de la marcha política y social de la nación es el presidente». En el Zócalo de la capital, los contingentes obreros apoyan ruidosamente a Cárdenas.[88] En las Cámaras se produce un cambio vertiginoso de chaquetas: los callistas de ayer se vuelven cardenistas de hoy. Mientras tanto, en su hacienda de Santa Bárbara, «el Viejo» hace maletas, no para conspirar sino para ir a Hawai.

La querella se había decidido mucho antes. La verdad es que, con alguna ambigüedad, el propio Calles había contribuido de mil maneras a decidirla en favor del presidente; pero en la secuencia del incruento drama faltaba un episodio. A fines de 1935, Calles regresa a la ciudad de México para defender públicamente a su régimen, acosado por una campaña de críticas. Era, en sus propias palabras, un acto de dignidad. La tensión entre callistas y cardenistas se prolongó, con cierta violencia, por cerca de cuatro meses, hasta que Cárdenas tomó la decisión histórica de romper radicalmente con Calles sin atentar contra su vida.

Calles fue desterrado por Cárdenas el 9 de abril de 1936. Días antes, el periodista José C. Valadés había visitado al solitario Jefe Máximo en su hacienda de Santa Bárbara. Lo encontró en cama. Calles se declaró enemigo jurado del comunismo, criticó a la República española y expuso su visión de Marx:

«Para Marx no existe el individuo y, por lo tanto, no existe la libertad. Y ¿puede existir algún hombre, algún pueblo, que no ame la libertad? Marx hace del individuo una pieza de una gran máquina que se llama Estado. El Estado rige, el Estado manda, el Estado domina; para el Estado, el hombre no es nada».[89]

José C. Valadés le recordó su pasado socialista, a lo cual Calles respondió:

«El Estado socialista de que he hablado no es el Estado marxista. Siempre he creído en la necesidad de que el Estado sea el protector de las clases débiles. Más todavía; considero que es deber del Estado desempeñar esa labor de protección. Mi punto de vista puede ser más claro si digo que la plusvalía debe ser repartida equitativamente; pero entre la intervención del Estado en el reparto equitativo de la plusvalía y el de la intromisión del Estado en todos los aspectos de la vida moral y material del hombre y de la sociedad hay una gran diferencia. Por otra parte, el Estado socialista de que hablo no es el Estado que va a negar la libertad. El fin de la libertad es el fin de la iniciativa individual; y ésta significa progreso del hombre y de los pueblos.

El Estado socialista de que hablo no es el que acabará con la propiedad privada. Yo diría que ese Estado ha sido idealizado por nuestro país exclusivamente para nuestro país, que por sus condiciones geográficas, étnicas y morales, solamente necesita un progreso en su economía, pero un gran respeto a sus libertades».[90]

Para su desgracia, Calles no podía erigirse legítimamente en defensor de las libertades. Había sido un gran reformador, pero no un libertador. De ahí que para enfrentar el ascenso ideológico del marxismo no tuviese más remedio que deslizarse suavemente al precipicio contrario: el de las simpatías fascistas.

«Nuestros políticos», le había dicho Calles a Valadés, «carecen·de principios; abandonan a sus jefes y amigos ... ¡Son tan pocos los hombres leales!... La política, amigo, es una cloaca; siempre lo ha sido.»

Con esa convicción y «el espíritu templado contra la ingratitud y la mezquindad», Plutarco Elías Calles vivió alrededor de cinco años en San Diego, California. Su hija Hortensia hace recuerdos, de los que entresaca éstos:

«Todo tenía la casa; tenía batería de cocina, lavadora, aparatos para la limpieza, cortinas, ropas de baño y recámara, una vajilla fina y otra para el diario. Era de dos pisos y tenía un balconcito enfrente. La dirección de la casa es la calle Upas con número 1212. Es una callecita corta frente al parque. Pues nosotros nos cambiamos así como si hubiéramos llegado a una *suite* de hotel, ahí vivimos todo el tiempo, pero en los veranos, como a mi papá le gustaba nadar, rentamos una casa en Del Mar en seguida de un lugar que se llama La Jolla y nos pasábamos tres meses del año ahí y así lo hicimos todos los años que estuvimos en San Diego. A mi papá le fascinaba el mar, se bañaba dos veces diarias. Se levantaba, desayunaba muy ligero y como a las once ya estábamos en la playa. Comíamos y dormíamos una siesta y como a las cinco de la tarde volvíamos a la playa».[91]

Aunque hubiese preferido disfrutarla en Cuernavaca, por fin le había llegado la legítima jubilación. El exilio acentuó aún más sus rasgos de gravedad, melancolía y estoicismo, pero el entorno californiano lo animaba. Allá volvió a sus viejas aficiones campiranas: visitó con frecuencia granjas, ranchos y cultivos, paseó por huertas y jardines, se admiró ante el *self-service* y pensó que todo ello podría introducirse en México con provecho. De México sabía lo necesario, pero guardó una distancia ya no sólo física sino, además, moral: la responsabilidad del país, que por cerca de diez años había recaído sobre sus espaldas, era ahora del único Jefe Máximo posible: el presidente. Como símbolo perfecto de su retiro, tuvo en San Diego varias reuniones con José Vasconcelos.[92] No sólo la edad y la lejanía los vinculaba, también la desilusión de la política y hasta las convicciones ideológicas. Después de acudir al sepelio de Calles, en octubre de 1945, Vasconcelos recordaba:

«... reanudamos nuestra amistad en el destierro. Calles me dijo: "Usted es el hombre que más ataques me ha lanzado, haciendo burla hasta de mi nombre al llamarme 'la Plutarca'; pero si usted hubiera estado en mi lugar, en el gobierno, hubiera tenido que hacer lo que yo hice; no se podía hacer otra cosa para gobernar por encima de ese grupo de militares viles, ambiciosos, venales y cobardes". Y tal vez Calles tenía razón».

En marzo de 1941, durante la segunda guerra mundial, el presidente Ávila Camacho pensó que era el momento de la unidad nacional e invitó a Calles a regresar a México. Calles accedió. Días después apareció en el balcón del Palacio Nacional flanqueando a Ávila Camacho junto con todos los otros ex presidentes.

Sus últimos cuatro años los pasó, como el Cándido de Voltaire, cultivando el jardín de su quinta Las Palmas en Cuernavaca. Allí fue el labriego exitoso que en su juventud no pudo llegar a ser. Plantó flores y árboles frutales. De cuando en cuando jugaba golf, muchas veces solo. Seguía hablando con tonos e inflexiones de maestro, pero, paradójicamente, no confió a nadie sus últimos pensamientos. ¿En qué cavilaba durante sus largas y melancólicas caminatas mañaneras? Es difícil saberlo con certeza. Sobre sus noches, en cambio, el archivo de Calles —amorosamente custodiado y ordenado por su hija Hortensia— atesora un material sorprendente: el testimonio del espiritismo que Calles abrazó en sus últimos años.[93]

A partir de mediados de 1941, hasta su muerte, en octubre de 1945, Calles acude religiosamente, una vez por semana, al Círculo de Investigaciones Metapsíquicas de México. A las sesiones espiritistas asistían con regularidad personalidades políticas como Luis Morones, Juan Andrew Almazán, Ezequiel Padilla y el futuro presidente Miguel Alemán. En el libro de protocolos de la institución y en el archivo personal de Calles, se conservan decenas de minutas de las sesiones en las que el general Calles era asediado por los espíritus del círculo, que no dejaban de transmitirle mensajes de paz, flores, perfumes, palmadas, poemas y señales de toda índole.

El 26 de diciembre de 1943, el espíritu guía del círculo se apareció y dijo:

«El general Plutarco Elías Calles fue y sigue siendo un patriota. Nunca ha estado tan preparado como ahora. Más comprensivo a los problemas del país y de la humanidad. Día a día se acerca la hora en que nuestra pobre y desafortunada patria ocurra a su experiencia y sabiduría. Nadie mejor que este hombre recio de carácter y perfeccionado por los años podrá ayudar a la patria sin egoísmo y vanidades».[94]

Meses antes de morir, el propio Calles testimoniaba su devoción por «el Ser Supremo». Durante sus últimos días fue intervenido quirúrgicamente. Sus compañeros del círculo —vivos y espirituales— admiraban que la «firmeza de sus convicciones en el momento de mayor peligro ... había puesto una enorme montaña de fe en su corazón».

Calles murió el 19 de octubre de 1945. Días después, su hijo Rodolfo afirmaba haber recibido mensajes directos de su padre. Su vida en esos momentos se concretaba a «conocer los diferentes planos del espíritu», a viajar y platicar con almas conocidas, como la de don Venustiano Carranza, que «aún no podía olvidar sus amarguras» a pesar de las amplias conversaciones que el «pobre viejo» sostenía con el propio Calles y con Obregón (es decir, con sus espíritus). Pero su mayor alegría era confirmar a Rodolfo en las sagradas doctrinas a las que se había acogido al final de su vida:

«Si alguna vez he sentido deseos de que los míos se formen una fe en nuestro mundo es hoy que puedo informarles que la continuación de la vida es una realidad».

Cabe conjeturar que, en su vejez, el rostro simétrico y adusto de Calles se suavizó muchas veces y sonrió con indulgencia y piedad al considerar las paradojas de su existencia. Había querido reformar desde el origen su historia y la del país extirpando en ambas lo impuro y lo irregular, imponiendo «el orden, lo inviolable, lo que debe y no debe hacerse».

Había querido desterrar la fe y entronizar la razón. Al final del camino entrevió que había sido sólo un creyente más, un creyente en la razón, y entrevió también que la razón no lo colmaba. Quizá comprendió que no está en el hombre la posibilidad de reformar desde el origen. Y entonces, ante una mesa en las tinieblas, tomado de otras manos devotas e inquisitivas, descubrió la fe en la fe.[95]

# VII
## General misionero
## Lázaro Cárdenas

El buen rey no excluye de su palacio al pobre ni al desamparado; presta atento oído a las quejas de todos, no domina a sus súbditos como esclavos, les gobierna como hijos.

Padre Juan de Mariana (siglo XVII)

El presidente Lázaro Cárdenas (ca. 1934).
«...pintan a Cárdenas como un San Francisco de Asís, pero eso es lo que menos tenía; no he conocido ningún político que sepa disimular mejor sus intenciones y sentimientos... era un zorro.» (Gonzalo N. Santos)

# Del regazo a la Revolución

Jiquilpan, Michoacán, 1908. Un grupo de parroquianos juega billar haciendo honor al nombre del establecimiento que los acoge: Reunión de Amigos. Es una tienda de abarrotes que vende algo más valioso que abarrotes y semillas: esparcimiento para las penas del alma y hierbas milagrosas para las del cuerpo. Su propietario, don Dámaso Cárdenas Pinedo, vivía entre la bohemia y la bonhomía. Como su padre, el mulato Francisco Cárdenas, y como muchas familias jiquilpenses, había intentado dedicarse a la rebocería. Alguna vez fue también mesonero y comerciante en pequeño. Pero en 1906 decide instalar, en uno de los recintos de su casa, esta suerte de refugio donde no falta la farmacopea. De ella extrae don Dámaso las recetas que suministra a la gente humilde que lo visita y venera con devoción casi religiosa.[1]

En la espaciosa casa familiar, dotada del habitual huerto rodeado de arcadas, oficia otra persona: su mujer, doña Felícitas del Río Amezcua. Originaria del aledaño pueblo de Guarachita —siempre receloso y en pleito con la inmensa hacienda de Guaracha—, doña Felícitas proviene de una familia de mayor lustre y recursos que la de don Dámaso. Con sus ojos dulces y profundos, ayudada por su cuñada Angela, que ha quedado muda desde hace algún tiempo, y por la nana Pachita, doña Felícitas vigila con piedad cristiana los pasos de su numerosa prole: Margarita, Angelina, Lázaro, Josefina, Alberto, Francisco, Dámaso y José Raymundo. Mientras las mujeres dan la mano en el hogar y los más pequeños crecen, el hijo mayor, Lázaro de apenas trece años, ha abandonado en el cuarto grado la escuela oficial que dirige don Hilario de Jesús Fajardo. Allí ha aprendido que «el árbol es el mejor amigo de los niños, los cobija con su sombra, da salud y frutos y enriquece a los países», pero su aprendizaje en materias librescas ha dejado que desear. Habrá que buscarle un trabajo de provecho. No será difícil. Ha heredado los mejores rasgos de sus figuras tutelares: la bonhomía del padre, la piedad de la madre, el silencio expectante, como de esfinge indígena, de la madrina Angela.

Un año después: 1909. El joven Lázaro Cárdenas ingresa como «meritorio» en la mesa segunda de la Oficina de Rentas de Jiquilpan. De oficio en oficio perfecciona la hermosa caligrafía «izquierdilla» que usará toda la vida. Su seriedad en el trabajo no es ajena por completo a cierta ambición material: ha visto y envidiado los caballos de lucir de algunos amigos. Muy pronto complementa sus modestos ingresos con la paga de aprendiz en la imprenta La Económica que ha instalado don Donaciano Carreón en el mismo edificio en que se encuentra la Administración de Rentas. Allí aprende a lavar formas, limpiar máquinas y «parar» textos lo mismo para folletos oficiales que para devocionarios. Injustos reveses de fortuna lo separan de la Oficina de Rentas pero, al poco tiempo, la misma fortuna le depara un suceso inverso: se vuelve socio de la imprenta.

El administrador de La Económica recordaría muchos años más tarde «al muchachito aquel por quien no daba ni cuartilla ... siempre callado, serio, atento». Don Donaciano Carreón lo había visto en muchas ocasiones con «el mentón sobre la mano y los codos sobre la mesa, reflexionando con ... mutismo». Alguna vez que una pequeña compañía de teatro se presentó en Jiquilpan, el pequeño Lázaro había intervenido como actor sólo para ganarse el apodo de «el Mudo». No es casual que aquel talante reservado hallase expresión muy temprana en un diario personal al que podía confiar sus vagas sospechas de una futura grandeza. «Mire usted, Florentinita», reveló Lázaro años después a la mujer de Carreón, «yo de chico me soñaba militar entrando a una población después de haberla tomado por las armas, montando un caballo retinto.» Las primeras notas del *Diario* son de mediados de 1911. Al año, Lázaro confiesa: «Creo que para algo nací ... Vivo siempre fijo en la idea de que he de conquistar fama. ¿De qué modo? No lo sé».

A la premonición sigue un sueño: «una noche borrascosa por las montañas», se ve a la cabeza de una tropa numerosa «liberando a la patria del yugo que la oprimía», y se pregunta: «¿Acaso se realizará este sueño? ... ¿De qué pues lograré esta fama con que tanto sueño? Tan sólo de libertador de la patria. El tiempo lo dirá».[2]

Para entonces la Reunión de Amigos se ha disuelto. Víctima de un mal de la vista para el que su farmacopea no indica el remedio, don Dámaso ha clausurado desde 1910 negocio y tertulia. Un año después, a los cincuenta y ocho años de edad, muere, dejando a la familia en una situación que dista mucho de desahogada. La parentela de doña Felícitas y algunos buenos amigos, como el señor Múgica, de Zamora, se prestan a auxiliarla. Las circunstancias la obligan a «coser ajeno» y recrudecen sus accesos de «paroxismo». Para colmo, Dámaso, su hijo, se fuga temporalmente de la casa, pero en todo momento su apoyo mayor será el adusto Lázaro, a quien los hermanos menores verán desde entonces como un padre. De hecho, José Raymundo, el benjamín, le dirá «papá».

En junio de 1913 la Revolución entra en Jiquilpan. Pedro Lemus, lugarteniente de José Rentería Luviano, ocupa la ciudad y encarga a la imprenta La Económica la publicación de un manifiesto. Lázaro y sus socios lo acatan. Días más tarde una columna de rurales repele a Lemus y recupera Jiquilpan. Los huertistas acuden a la imprenta, vuelcan las cajas, confiscan los impresos y queman el archivo.[3] A mediados de aquel mes, obedeciendo los deseos de la madre (que temía, quizá con razón, por su vida), el joven Cárdenas sale de la ciudad «a pie», según recuerda en su *Diario*, para refugiarse en la hacienda de La Concha, en Apatzingán, de donde era administrador su tío materno. No sería pequeña la sorpresa de doña Felícitas al enterarse, al poco tiempo, de que su amado Lázaro había terminado por refugiarse no con el tío sino con la Revolución.[4]

Un buen día de julio de 1913 Lázaro Cárdenas exhibió su hermosa letra izquierdilla ante García Aragón y relató seguramente su experiencia como impresor, oficinista y escribiente, todo lo cual le valió la incorporación al estado mayor del jefe como capitán segundo encargado de la correspondencia.[5] «En esta columna», escribiría con el tiempo en su *Diario*, «[era] más palpable el sentido agrarista de la lucha armada.» Dos meses después Lázaro sufre su primera paliza a manos del general huertista Rodrigo Paliza. El joven capitán segundo —a quien desde entonces acompañaría la buena suerte— escapa en las ancas del caballo de Ernesto Prado, futuro cacique que reclamaba la devolución de la tierra usurpada a las comunidades indígenas de la cañada de Chilchota. Junto al puntual aprendizaje de las formas militares bajo el mando disciplinado, exigente, pero comedido, de García Aragón, el silencioso Lázaro presencia actos que revelan, en la guerra, un sentido más allá de la guerra, como aquella indeleble entrevista de García Aragón con Casimiro López Leco, caudillo de los indígenas de Cherán levantado contra la compañía extranjera que explotaba los bosques de la comunidad gracias a un concesión leonina.[6]

La guerra, con sus palizas y enseñanzas, tomaría nuevo curso para Lázaro en octubre de ese año. Mientras García Aragón optaba por internarse en Guerrero para unir sus fuerzas a las de Ambrosio Figueroa (el acérrimo enemigo de su compadre Zapata), el joven escribiente Cárdenas se integra a la columna de Martín Castrejón, con quien los sustos están a la orden del día: combates, balaceras, corretizas. Desde Apatzingán le llegan las primeras insinuaciones del indulto, que rehúsa.

Hacia noviembre de 1913 las endebles fuerzas de los «fronterizos» situados en Michoacán vuelven a dispersarse. Esta vez el joven Lázaro deja cananas y carrilleras y decide volver con su madre a Jiquilpan. El encuentro es breve porque el ex escribiente está fichado. A los pocos días parte rumbo a Guadalajara, donde vive cinco meses en el anonimato. Ha podido más la preocupación materna que las incipientes aspiraciones de revolucionario. En marzo de 1914 Lázaro trabaja de acomodador de botellas en la cervecería La Perla, de Guadalajara. En mayo, la nostalgia por la madre lo lleva de nuevo a Jiquilpan. «Mi madre me esperaba en la puerta», escribe en sus *Apuntes*, «tenía un rosario en la mano, "bien, madrecita", y me abrazó.» Por desgracia, la consigna en su contra en la Prefectura no ha desaparecido. Se esconde, primero en su casa y luego en la huerta de unos amigos. Es aprehendido y escapa gracias a la ayuda de los muchachos Medina, que le cubren las espaldas. Las peripecias, que tienen a doña Felícitas «con el Jesús en la boca», no terminan sino hasta finales de junio de 1914, cuando los revolucionarios triunfantes toman plena posesión de la zona.

Un año después del incidente de la imprenta, en que la Revolución había tocado literalmente a su puerta, Lázaro podía presentir que aquellos sueños vertidos en su *Diario* empezaban a configurarse vagamente: por devoción a la madre, por responsabilidad de jefe de familia, por carecer del temple guerrero —nunca por cobardía— había intentado esquivar la Revolución. Era inútil. Como un nuevo llamado del destino, el 23 de junio sirve de enlace entre las fuerzas de los jefes revolucionarios Morales y Zúñiga, este último antiguo lugarteniente de García Aragón. Por fin se pliega a un destino casi explícito: en vísperas de las intensas y decisivas batallas del ejército constitucionalista contra los federales en la región tapatía, decide integrarse definitivamente a la Revolución. Ante los desplantes violentos de Zúñiga (estuvo a punto de fusilar a un sacerdote «por bonito y por cabrón»), doña Felícitas le ruega con «lágrimas en los ojos ... no hagas eso tú». No lo disuade de su decisión, pero graba en él un mensaje permanente contra los excesos sanguinarios de la guerra.[7]

El 8 de julio de 1914 Lázaro Cárdenas comanda el tercer escuadrón del 22.º Regimiento de la división de caballería, incorporada

—bajo el mando de Lucio Blanco— al cuerpo del Ejército del Noroeste. Aquel escuadrón es el primero en entablar combate en Atequiza, Jalisco, con las fuerzas del general José María Mier. La invicta división de Alvaro Obregón continúa su marcha hacia la ciudad de México. Uno de los anónimos testigos de la firma de los Tratados de Teoloyucan es el capitán Cárdenas. Momentos después, también es uno de los primeros soldados en ocupar la capital. El 19 de septiembre le llega un merecido ascenso a mayor. A los dos meses, cuando en el horizonte apunta claramente la guerra civil entre Carranza y la Convención, el mayor Cárdenas, aún bajo las órdenes de Lucio Blanco, marcha hacia Real del Oro, Acámbaro y Aguascalientes, con destino final en Sonora.

Después de llevarlo como testigo y actor por los escenarios y momentos decisivos de la Revolución, el azar deposita al jiquilpense, con su 22.º Regimiento de caballería, en territorio del general Plutarco Elías Calles, cuyas fuerzas tenían asiento en Agua Prieta, Sonora. Allí, en la mañana del 28 de marzo de 1915, el duro, estricto y lúcido ex profesor de Guaymas estrecha por primera vez la mano cordial del joven de apenas diecinueve años que, ya con el grado de teniente coronel, comandaba el regimiento «michoacanojalisciense». Una corriente de mutua simpatía recorrió los dos semblantes: el maestro Calles andaba siempre en busca de discípulos, el joven Cárdenas —desde la muerte del bueno de don Dámaso y de todos sus jefes revolucionarios— era un militar en busca de padre.[8]

A partir de mayo la guerra adquiere una presencia más viva y cotidiana: exploraciones, acosos, nobles encuentros con el enemigo. El 17 de julio en Anivácachi, al mando de sólo quinientos hombres, Cárdenas logra evitar que lleguen refuerzos para un enemigo cuatro veces más numeroso. Dos días más tarde toma Naco en forma casi incruenta y hace desaparecer, por orden de Calles, todo el alcohol.

A mediados de septiembre al joven teniente coronel le tienden una emboscada en Santa Bárbara. Resiste el ataque de ochocientos hombres de infantería —incluyendo efectivos yaquis— por más de tres días sin tregua y sin víveres. En esa batalla muere Cruz Gálvez, el lugarteniente a cuya memoria dedicará Calles las escuelas que fundaría poco después como gobernador de Sonora.[9]

Ante tal despliegue de valor, Cárdenas recibió el grado de coronel. Quizá supo también que, en el informe que rindió al general Obregón, Calles se refería a él como un «bravo jefe». El 1.º de noviembre Cárdenas —a quien el jefe Calles comenzó a llamar «Chamaco»— tiene a su cargo el primer sector en la defensa de Agua Prieta. Las fuerzas villistas se estrellan irremisiblemente contra la población pertrechada. El día 5, en Gallardo, encuentra un buen cañoncito y trescientos caballos semimuertos...: los restos del villismo derrotado.[10] Al día siguiente conoce al general Obregón. A fines de aquel año, reducida ya en Sonora la fuerza enemiga, hojea con orgullo filial la *Revista Ilustrada*, cuya página central narra «la admirable defensa de Agua Prieta». Tres fotografías ilustraban el reportaje: la de Obregón, la de Calles y la suya. ¿Recordaría entonces sus sueños de 1912? Quizá, pero sus preocupaciones eran muy distintas. En la primera oportunidad que se presenta tras la derrota villista, el coronel Cárdenas regresa a Jiquilpan. Unos días le bastan para disponer cambios radicales en la vida familiar: la madre enferma se mudaría a Guadalajara. Los hermanos mayores —Dámaso, Alberto y Francisco— se incorporarían a su estado mayor; José Raymundo estudiaría en California. En marzo de 1916 regresa a Sonora, donde interviene en algunas escaramuzas contra los yaquis y se admira del dinamismo reformador de su general-maestro-padre Calles. No tarda en solicitar su baja para atender «asuntos de familia que le urgen», aduciendo que «gustoso volverá a estos campos a luchar contra el invasor». Calles concede el permiso, pero lo retira casi de inmediato. Hay un enemigo de mayor cuidado que el invasor y cuya eliminación es más urgente que cualquier asunto de familia: Pancho Villa en su madriguera de Chihuahua.

A principios de 1917, el 22.° Regimiento de Lázaro Cárdenas, bajo el mando del general Guillermo Chávez, entabla varios combates con las bandas de Villa. En San Francisco, Durango, la lucha se libra contra el mismísimo Villa, convertido nuevamente en temible bandolero. Casi todo aquel año se agota en la búsqueda infructuosa del guerrillero. En San Fermín, el 28 de octubre, la columna de Cárdenas se emplea en una acción desigual, con resultados desastrosos. Comenzaba a quedar claro que la prenda mayor de Cárdenas como militar no era la astucia sino el arrojo.

Al cabo de un mes, el joven coronel parte hacia Michoacán. Ha solicitado y se le ha concedido el permiso de combatir a los feroces bandidos que asuelan su estado natal. En el trayecto se detiene en Guadalajara, sólo para encontrar moribunda a doña Felícitas. «Tuvo aliento de esperar mi llegada», escribiría en su *Diario*.[11] Antes de su muerte, que ocurrió el 21 de junio de 1916, ella tuvo aliento también para encargarle que cuidara a la pequeña Alicia, la hija que Cárdenas acaba de procrear con una mujer norteña.

La pérdida de su madre, «mujer idolatrada» —como decía la letra de una de sus canciones preferidas—, debió de inyectarle rabia en su combate con los tres azotes de Michoacán: Jesús Cíntora, que operaba en la región de Balsas y Tierra Caliente; José Altamirano, merodeador de las ciudades del centro, y el más sanguinario de todos, Inés Chávez García, que asesinaba a cuchillo a sus prisioneros y se solazaba contemplando las violaciones que perpetraba su chusma. Por desgracia para Cárdenas, tampoco aquí la rabia y el valor se tradujeron en victorias y sí estuvieron, en cambio, a punto de costarle la vida.

El 24 de julio de 1918 enfrenta a Altamirano en una comarca muy peligrosa, propicia para las emboscadas. Ha medido mal el terreno y sus efectivos. Su tropa queda destrozada, los sobrevivientes se desbandan y él mismo debe huir buscando la vía del ferrocarril. Con todo, hacia fines de 1918 Chávez y Altamirano habían muerto.[12]

Del inicio de 1919 hasta mediados de 1920, fiel a su constante movilidad, Cárdenas muda de escenario. Los combates son ahora en las Huastecas, donde, a las órdenes de un general muy cercano a Calles, Arnulfo R. Gómez, asume el mando del sector de Tuxpan. Los enemigos son menos temibles que los pelones federales, los zapatistas, Villa, los yaquis o los bandoleros de Michoacán: el general Blanquet, que cae al poco tiempo, y el general Peláez, consentido y consentidor de las compañías petroleras. El tiempo transcurre en relativa calma hasta que, en abril de 1920, el coronel Cárdenas secunda el movimiento de Agua Prieta, encabezado por sus antiguos jefes sonorenses, contra la «imposición carrancista». Según otros biógrafos no menos rendidos, Cárdenas emite en Gutiérrez Zamora un manifiesto en que desconoce a Carranza e impone préstamos forzosos a los ricos de Papantla para ayudar a la causa.

A mediados de mayo, Cárdenas se entera de que la maltrecha columna del presidente Carranza se interna en la zona que comanda. El 20 de mayo, un día antes de cumplir los veinticinco años y ya con el grado de general brigadier, marcha hacia la Sierra de Puebla para interceptar la columna. Su cometido es capturar al presidente, pero el caudal del río El Espinal le impide el paso. Cuando al fin la creciente cede, llega a Coyutla, ignorante de los sucesos de Tlaxcalantongo. El 23 de mayo las fuerzas del general Herrero —que días antes había recibido comunicaciones de Cárdenas instándolo a la sublevación— ven destacarse al frente de la comitiva que los acoge a «un apuesto joven de veinticuatro a veinticinco años, que demostraba ser un magnífico jinete». El 25 de mayo Cárdenas y Herrero entran festivamente a Papantla. Un día después, el general Calles, ministro de Guerra en el gabinete provisional de Adolfo de la Huerta, encomienda a su fiel

«Chamaco» acompañar a Herrero hasta la ciudad de México para rendir testimonio de los sucesos de Tlaxcalantongo. Camino a México, pensó quizá en las mil peripecias que el destino le había deparado; en los diversos enemigos, escenarios, situaciones; en sus sueños de adolescente que poco a poco se perfilaban. Sin embargo, a pesar de los riesgos en que por su arrojo imprudente había incurrido y de la suerte de haberlos superado, Cárdenas no valoraba aún su prenda más valiosa y extraña: su buena estrella. Si El Espinal hubiera acarreado un caudal menor, ¿cómo hubiese enfrentado el joven brigadier al anciano presidente?

A mediados de junio de 1920 Cárdenas vuelve a su terruño como flamante jefe de operaciones militares y, por unos días, como gobernador sustituto. El resto del año se le va en mediar en los conflictos electorales de su estado. Contienden para la gubernatura varios candidatos: Manuel Ortiz, Porfirio García de León —a quien apoya la legislatura de Morelia— y el artífice ideológico de la Constitución del 17, antiguo amigo de la familia Cárdenas: el general Francisco J. Múgica. El tiempo alcanza apenas a Cárdenas para promulgar una ley de salario mínimo y encarrilar a su amigo en la gubernatura.

A fines de 1921 se designa a Cárdenas jefe de operaciones militares en el Istmo. La región vivía días inciertos y el gobierno requería tropas leales y eficientes. En Tehuantepec, Cárdenas acentúa gustoso el rasgo que su amigo Múgica llamaría «anarquía amorosa». Además de ganarse la voluntad de las lindas tehuanas con su buen trato, se acerca a los comerciantes, vecinos y empleados de la zona, desde Oaxaca a Puerto México, quienes *motu propio* solicitan el ascenso de Cárdenas por su «labor pacificadora». En esos días inicia la construcción de un hospital militar y escribe al general Calles pidiéndole el puesto de comandante del Resguardo de Salina Cruz para una persona de su absoluta confianza: su hermano Francisco. Y Calles, como era su costumbre tratándose del «Chamaco», da curso a la recomendación.

En 1922 sigue la eterna mudanza. Ahora Cárdenas vuelve a Michoacán. Su amigo Múgica ha entrado en conflicto directo con el poder central. Sus medidas radicales, entre las que descuellan un incipiente reparto de tierras, un anticlericalismo fiero y una avanzadísima Ley del Trabajo, atizan el fuego hasta hacerlo lindar con la guerra civil. El ministro De la Huerta sugiere «la resurrección de Lázaro» como única vía para solucionar el problema, pero el presidente Obregón tiene otras ideas. A mediados de 1923 Cárdenas pasa de la jefatura militar del Bajío a la de Michoacán. Meses después recibe instrucciones de custodiar a Múgica hasta la ciudad de México. En el trayecto lo sorprende un telegrama de Obregón: «Suyo de hoy, enterado que el general Francisco J. Múgica fue muerto al pretender ser libertado por sus captores».[13] Imposible acatar la orden: Cárdenas no se da por enterado y propicia la escapatoria de su amigo.

A fines de 1923 estalla la rebelión delahuertista. Obregón manda a Cárdenas hostilizar la retaguardia de uno de los generales más brillantes de la Revolución: Rafael Buelna, «el Granito de Oro», que actuaba a las órdenes del general Enrique Estrada. El 12 de diciembre Cárdenas sigue con sus dos mil jinetes las huellas de Buelna que, más avanzado, prepara un movimiento de atracción. Las instrucciones de Obregón han sido claras: hostilizar, no atacar. Pero en Huejotitlán Cárdenas cae en la trampa, y es derrotado y herido.

Al recibir la noticia de que Cárdenas estaba herido, Buelna envió al general Arnáiz en su busca. Los biógrafos Nathaniel y Silvia Weyl narran la escena:

«El general derrotado estaba tendido en un pequeño catre de campaña, tras de una cerca de piedra, demudado, cubierto de sangre. Sin lanzar queja alguna, se apretaba el vientre, donde tenía terrible herida.

»—¿Con quién tengo el gusto de hablar? —interrogó Cárdenas, interrumpiendo a Arnáiz.

»—Con el general Arnáiz —contestó éste.

»—Perdone, compañero, que me encuentre en esta situación, pero creo que estoy bien... —dijo Cárdenas, haciendo un visible esfuerzo por incorporarse.

»—Es cosa que todos lamentamos, mi general —agregó Arnáiz.

»—Gracias, quisiera hablar con Buelna antes de morir. Quiero que como soldado y como caballero me prometa que mi gente será respetada. Todos no han hecho otra cosa que cumplir con su deber y con mis órdenes. Yo soy el único responsable; y adviértale que dispone de mi vida».

Los designios de Buelna y de su jefe Estrada eran otros. El primero dispuso que Cárdenas fuese transportado cuidadosamente desde la cumbre del cerro donde se hallaba hasta el cuartel general, donde recibiría atención médica, para luego trasladarlo a la capital de Jalisco.

Al llegar a Guadalajara, Cárdenas fue internado en el hospital del doctor Carlos Barriere, donde recibió el cuidado del doctor Alberto Onofre Ortega. Este médico, masón (como ya lo eran el propio Cárdenas y su contrincante Buelna), atribuía la salvación de Cárdenas justamente a los sentimientos de solidaridad masónica. Lo más probable es que en la actitud de Estrada y Buelna hayan influido motivaciones más llanamente humanitarias. Conocían la nobleza de Cárdenas, su repulsión hacia los excesos sangrientos, su limpia trayectoria, su juventud. ¿Quién no lo quería? No sólo el general Calles le envía «un saludo cariñoso lleno de satisfacción por saber que se encuentra bien»: en la convalescencia se entera de que las señoras devotas de Jiquilpan, creyéndolo muerto, habían «organizado rogativas públicas para que resucitase».[14] A poco tiempo la suerte cambia de pronto los papeles y Cárdenas puede disponer en Colima de la vida de Estrada. No lo hace, desde luego, sino que paga la deuda franqueándole la salida al exilio. Igual hubiese hecho con el malogrado Buelna de haber estado en sus manos. ¿Conoció Obregón los actos nobles de aquel subordinado, a quien consideraba «cumplido pero incompetente»?[15]

Jiquilpan lo recibió de plácemes y Cárdenas correspondió —en su carácter de jefe de operaciones en Jalisco— con la creación de una escuela y el hermoseamiento de la plaza. El 24 de marzo había ascendido a general de brigada.

El 1.º de marzo de 1925, a sabiendas de que la inminente Ley del Petróleo provocaría reacciones imprevisibles de las compañías petroleras, el presidente Calles designa a su fiel «Chamaco» jefe de operaciones militares en las Huastecas y el Istmo, con cuartel general en Villa Cuauhtémoc, Veracruz. Allí permanecería tres años. Al poco tiempo recibe una noticia que lo entusiasma: su viejo amigo el general Múgica, separado por un tiempo del ejército, se ha asociado con Luis Cabrera para explotar una pequeña concesión petrolera en la zona. Llegaría a Tuxpan a mediados de 1926.

Calles había sido el maestro militar y político de Cárdenas, que admiraba en aquél su fortaleza, su claridad de propósitos pero, sobre todo, su reformismo radical en la gubernatura de Sonora. Lo había visto discurrir y poner en vigor un alud de decretos: agrarios, laborales, fiscales, anticlericales, jurídicos, antialcohólicos, educativos, nacionalistas, socialistas. Sin embargo, ocupado con el trajín de la guerra, Cárdenas había carecido de maestro ideológico. Lo encontró en Múgica: nuevo regalo de la Providencia.

Once años mayor que Cárdenas y nativo de Tingüindín, Múgica era un hombre de pequeña estatura, ágil, nervioso y fuerte. Tenía algo de ardilla en la expresión. Había llegado hasta el nivel de teología en sus estudios como alumno externo en el seminario diocesano de Zamora, pero «causas justificadas» obligaron al rector Leonardo Castellanos a expulsarlo. Después de asimilar hasta el tuétano el ideario social cristiano, gracias a la prédica del padre Galván, Múgica había decidido en algún momento cambiar el credo cristiano por el socialista. La Revolución le cae de perlas: es firmante del Plan de Guadalupe, participa en el primer reparto de tierras (que ejecutó Lucio Blanco, en la hacienda de Los Borregos), se integra al gobierno de Carranza en Veracruz, ensaya medidas radicales en Tabasco y —en su hora cumbre— es, junto con Andrés Molina Enríquez, el alma ideológica de los artículos radicales de la Constitución de 1917. Su radicalismo anticlerical hacía palidecer al de los sonorenses —que ya era decir— y llegó, como se ha visto, a malquistarlo con Obregón.[16]

Este hombre singular, no desprovisto de talento literario, era, según se recordará, viejo conocido de la familia Cárdenas. Al reencontrar a su joven amigo, y en los muchos viajes que emprenden juntos por el Pánuco hasta Tampico, por San Luis, Tuxpan, El Tajín o Tierra Blanca, Múgica tiene oportunidad de devolverle los varios favores que había recibido de él en aquella azarosa gubernatura michoacana. Lo hace sometiéndolo a un aleccionamiento convincente: «el socialismo como doctrina adecuada para resolver los conflictos de México». Múgica no comparte con Cárdenas su pasión por Baudelaire o su pasmo luego de visitar a la viuda del poeta Othón. Quizá tampoco lee en voz alta las páginas más literarias de su *Diario,* las espléndidas acotaciones sobre la Huasteca de naturaleza africana: insectos, plantas, huapangos, santuarios, costumbres.[17] Aplaude, eso sí, la «anarquía amorosa» de Cárdenas; como él, se enamora de bellezas «esbeltas, blancas, cimbradoras»; y cada vez que puede señala a su pupilo los estragos de la religión.

Hacia 1926, y gracias a Múgica, Cárdenas leía a Gustave Le Bon y a un autor un tanto más conocido: Karl Marx.[18] También su jefe de Estado Mayor, Manuel Avila Camacho, le proporcionaba lecturas de la Revolución francesa. Pero ningún libro se equiparaba al privilegio de tener a la mano al primer ideólogo de la Revolución.

Con todo, su aprendizaje mayor en la región no vino sólo de la lectura de textos ideológicos ni de la prédica de Múgica, sino de la observación directa del comportamiento de las compañías petroleras que hacían alarde de contar «con apoyos poderosos», sintiéndose en «tierras de conquista». Defraudaban al fisco haciendo uso de instalaciones subterráneas conectadas al puerto. Nada bueno habían dejado en los lugares de explotación: ni una escuela, ni un teatro, ni un hospital. Sólo yermos.[19] A los pocos días de la llegada de Cárdenas a la zona, habían tratado inútilmente de sobornarlo con cincuenta mil dólares y un lujoso Packard a la puerta.[20] De todo ello y más hablaban Cárdenas y Múgica en sus recorridos por la zona. Múgica se dolía de la suerte de Cerro Azul: «Maravilla de la tierra mexicana que enriquece a otras tierras». Cárdenas le relataba el conflicto que había tenido que sortear días después de su arribo a Villa Cuauhtémoc.

El incidente había ocurrido en mayo de 1925. Dos sindicatos se disputaban el contrato de la Huasteca Petroleum Co.: el Sindicato Unico, patrocinado por la empresa, y el del Petróleo, de origen y dirección independientes. En una riña intergremial había perdido la vida un miembro del sindicato libre. A instancias de la empresa, el presidente Calles manda al general Cárdenas dar a ésta toda clase de garantías. El sindicato agraviado declara un paro. Días después, en conferencia con el presidente, Cárdenas sostiene que «el mayor número de agremiados los tiene el Sindicato Petrolero» y que sus «directores», aunque «incompetentes para dirigir la cuestión social ... han obrado de buena fe». En cambio, en los del Sindicato Unico «se respalda a la compañía para contrarrestar las peticiones de los del Petróleo». Para zanjar la pugna, Calles propone volver al *statu quo* anterior, el arbitraje federal y la posible fusión de los dos sindicatos, pero Mister Green, director de la compañía, se opone a los tres puntos. Su oferta es indemnizar, de acuerdo con la ley, a los obreros huelguistas que considere necesario. El presidente contrapropone en términos suaves, que incluyen alguna sanción a los rijosos del Sindicato Unico, previo arbitraje del general Cárdenas. El conflicto termina por resolverse parcialmente tiempo después, sin la satisfacción de ninguna de sus partes ni la intervención federal.

Cárdenas acariciará desde entonces la idea de expulsar a las compañías petroleras del suelo mexicano y abolir la existencia de aquel «Estado dentro del Estado».

# Michoacán: ensayo de un gobierno

La distinción de Octavio Paz entre revuelta, rebelión y revolución tuvo en México una confirmación geográfica y cultural: el Morelos zapatista aportó la revuelta, el reclamo violento del subsuelo indígena, la voz del pasado. El norte aportó la rebelión, la imposición igualmente violenta de un proyecto moderno, la voz del futuro. Pero fue Michoacán, asiento del México viejo, el estado que convirtió la lucha en «un cambio brusco y definitivo de los asuntos públicos». «Ungida por la luz de la idea», escribe Paz, «la Revolución es filosofía en acción, crítica convertida en acto, violencia lúcida.» Dos michoacanos típicos, un ideólogo y un político, transformaron revuelta y rebelión en revolución: Francisco J. Múgica y Lázaro Cárdenas. Del primero fue la idea, la crítica, la filosofía, la luz y la lucidez. Del segundo, los actos plenos e irreversibles.

Michoacán no había sido teatro siquiera secundario de la lucha militar, pero desde principios del siglo XVIII y durante todo el siglo XIX había sido escenario mayor de otra querella: la de las ideas y las conciencias. «Morelia la doble», escribía en 1927 Múgica, «heroica en tu plebe, reaccionaria en tu élite.» No sólo en Morelia sino en todo Michoacán la gente creía y asumía la dualidad. «Católicos de Pedro el Ermitaño y jacobinos de época terciaria» se odiaban los unos a los otros, pero no con buena fe. Ambos igualmente celosos, anverso y reverso de la misma moneda, disputaban, con odio teológico, sobre cuestiones de este mundo.

En cuestiones de ideología social, los católicos habían tomado la iniciativa desde principios del siglo XX. La encíclica *Rerum Novarum* de León XIII prescribía salarios justos, asociaciones mutualistas, cajas de ahorro y subdivisión de la propiedad agraria. En 1906, en la piadosísima ciudad de Zamora tiene lugar un congreso sobre agricultura en que sacerdotes y terratenientes deliberan sobre estos temas. Siete años más tarde se celebra la Gran Dieta de la Confederación de Círculos Obreros de México, organización fundada en 1912 que a la sazón contaba ya con 50 agrupaciones y 15.339 miembros. Allí se oyeron discursos y reivindicaciones del obrero junto con anatemas al individualismo liberal y al socialismo. «La hartura de democracia tiene embriagado al pueblo mexicano», manifestó un prelado, pero sus efectos nocivos no podían compararse a los del «monstruo que clava sus garras en el corazón de la Patria ... el terrible azote... el cáncer: el socialismo.» «Los socialistas», decía la prédica, «con astucia infernal pretenden pervertir el entendimiento del pueblo con funestos errores y corromper su corazón con el odio de clases ... [lo representan] maestros con pretensiones de redimir a la humanidad.»[21] En los años veinte, los obispos michoacanos pasarían de modo aún más vigoroso a la acción: organizan reuniones sobre temas agrarios, fundan sindicatos, revitalizan su sistema escolar.

El lado opuesto, el del «monstruo», no es menos activo, proselitista e intolerante. Muchos de los militantes en el gobierno radical de Múgica habían vivido en Veracruz hacia 1915. Uno de ellos recuerda su experiencia:

«Pronto hicimos contacto con demagogos y agitadores del puerto. Herón Proal, un sastre remendón que, andando el tiempo, llegó a ser famoso líder local ... nos relacionó con ellos y con toda una serie abigarrada de extranjeros que llegaban al país de contrabando. En su taller, que frecuentemente visitábamos, conocimos toda una colección de tipos terribles: anarquistas, nihilinistas, ateos, etcétera, procedentes de Italia, Cuba, Cataluña y principalmente de Rusia».

Con su pequeño ejército de jóvenes radicales, pero sin una base social que lo sustentara, en su breve gestión como gobernador del estado Múgica había intentado el reparto de tierras y la emisión de una avanzada Ley del Trabajo. Los fervorosos vecinos de la zona se enteraron de que una labor «desfanatizadora» estaba siendo activada oficialmente por el gobierno de Múgica. Por si fuera poco, en diciembre de 1922 un líder vinculado al Partido Comunista, Primo Tapia, funda la Liga de Comunidades y Sindicatos Agrarios de la Región de Michoacán. Su objetivo es un agrarismo radical.[22] Aunque Tapia caería asesinado en abril de 1926, la agitación —del campo y la ciudad, agraria y sindical—, azuzada muchas veces por maestros y líderes mugiquistas, siguió hasta confundirse con una efervescencia mucho más grave y generalizada: la de la Cristiada. En Michoacán, en suma, la querella entre la Iglesia y el Estado no era sólo cuestión de ideas sino de bases sociales que las apoyaran. La Iglesia hablaba de grey; el Estado, de masas.[23]

En este escenario de la más antigua e intensa guerra ideológica, con el águila de general de división en el quepis y con escasos treinta y dos años, Lázaro Cárdenas inicia su gira como candidato único a la gubernatura. El primero en enterarse de sus impresiones fue el mentor ideológico, don Francisco J. Múgica:

«Aquí me tiene ya con la capa en la mano esperando la embestida del mejor Miura ... El teatro estaba lleno y parece pude hacer una exposición de las tendencias de mi candidatura; creo que al estar hablando bailaba la pierna que descansaba pero me dio valor recordar a Mirabeau».

¡Hasta citas de la Revolución francesa! El mentor no podía estar más satisfecho del pupilo. No habían perdido el tiempo en «Tuxpan de ideales»; de ideales socialistas, constitucionalistas, radicales y anticlericales, por supuesto.

En su manifiesto al pueblo de Michoacán, emitido desde Villa Cuauhtémoc, en Veracruz, Cárdenas había declarado: «resolver el problema de la tierra es una necesidad nacional y un impulso al desarrollo agrícola». Desde entonces prometía acometer esta labor «sin vacilaciones». Impulsaría además, «vigorosamente», la instrucción pública; y desarrollaría «una acción muy activa para lograr el exterminio de los rebeldes fanáticos».

La palabra «exterminio» era una concesión al furibundo Múgica. Para alcanzar en la práctica los ideales de Tuxpan que, desde luego, no objetaba, había que proceder positivamente y crear «una organización campesina ... un solo frente ... que responda ... en la lucha social». ¿Era Cárdenas plenamente consciente de la polarización ideológica en su estado? Quizá no, pero no tenía que serlo para actuar al respecto. Los odios teológicos le eran ajenos porque su talante no conocía el odio —aunque sí la envidia y el resentimiento— y porque carecía de sensibilidad y gusto por las ideas de cualquier índole, no se diga las teológicas. Su lugar específico de nacimiento lo liberó también, inadvertidamente, de aquellos extremos: Jiquilpan había sido hasta cierto punto, en palabras de Luis González, «la oveja descarriada de la diócesis de Zamora», la oveja burocrática, liberal, urbana, política de un entorno profundamente católico. Y aunque suene paradójico, las herejías anticatólicas no partían de Jiquilpan. Para ser fanáticamente radical, tenía que haber sido fanáticamente fanático, y ese privilegio estaba reservado a los oriundos de Zamora, Cotija, Sahuayo o Tingüindín..., como el ex seminarista Múgica. El celo de Cárdenas

El presidente Lázaro Cárdenas (centro) (ca. 1937).
«Había que llevar la misericordia a sus límites humanos. Por eso recogió y nutrió en su propia casa de México a dieciocho niños.» (E. K.)

era otro, complementario: traducir en política concreta —de grey, de masas— la doctrina de Múgica.

La fuente mayor de su experiencia política no fue derivada sino directa. Aun sin formularlo, presentía que su trayectoria sintetizaba a la Revolución. La Revolución así, sin más; la expresada en los artículos 3°, 27, 123 y 130. Había en aquel Cárdenas candidato a gobernador un doble sentido —filial y paternal— con respecto a esos ideales: era el legítimo heredero de Calles, de Múgica, de la generación iniciadora de la Revolución. Pero era también el responsable del cumplimiento de sus postulados: había luchado por ellos casi desde la adolescencia.

A la conciencia de encarnar una síntesis se aunaba en Cárdenas un sentido de mando legítimo y casi ilimitado. ¿Cómo no iba a tenerlo si había combatido, en sincronía, a federales, pelones, huertistas, zapatistas, villistas, yaquis, bandidos, alzados; si había sido testigo de Teoloyucan y de la recuperación de la capital por el constitucionalismo; si por un capricho de la fortuna se había librado de ser el apresor de Carranza; si había caído gravemente herido en Huejotitlán sólo para ser salvado, con nobleza y reconocimiento, por sus adversarios?

Sin embargo, aquel sentido casi ilimitado y providencial de mando no se traduciría, en su caso, en actitudes personales de violencia radical. Cárdenas lamenta la «fanatización» del pueblo. Su estilo es otro: la bonhomía de su padre herbolario, la suavidad de su madre, la paciencia indígena de su tía Angela. También su visión de los problemas sociales llega a ser un tanto diferente de la de su mentor: menos profunda, pero más serena, equilibrada, amplia. No hay en Cárdenas un ex seminarista, azote de las sotanas: hay un reformador firme y marcial como Calles, un convencido de sus ideales como Múgica, un implacable manipulador de masas, todo ello enmarcado por un temple humanitario y hasta dulce: el político perfecto.

El 18 de enero de 1929 el general Múgica, director de la Colonia Penal de las Islas Marías, recibe una invitación girada por instrucciones del gobernador Cárdenas para asistir al Congreso de Unificación Obrera y Campesina que tendría lugar a fines de ese mes en Pátzcuaro. Múgica se había enterado ya de la activísima labor de pacificación desplegada por su discípulo y amigo en la zona cristera desde el mes de septiembre de 1928, en que Cárdenas ocupa la gubernatura. Ahora veía con agrado —y quizá con nostalgia— que Cárdenas había experimentado en cabeza ajena: la suya. No se repetirán los errores tácticos del mugiquismo en 1921. Esta vez el gobernador revolucionario crearía desde el principio su brazo político. Jóvenes maestros que eran a su vez viejos mugiquistas, varios miembros del Partido Comunista y de la desbandada liga de Primo Tapia auxiliarían en la integración política e ideológica de la nueva organización: Gabino Vázquez, Ernesto Soto Reyes, Alberto Coria, Antonio Mayés Navarro. Bajo el lema de «Unión, tierra, trabajo», y con el gobernador Cárdenas como presidente honorario, nacía la poderosa CRMDT, Confederación Revolucionaria Michoacana del Trabajo.

Su programa agrario y obrero iba apenas adelante de lo dispuesto ya en la Constitución y en la Ley del Trabajo aprobada en tiempos de Múgica: resolución amplia del problema de tierras, mayor agilidad en los trámites, establecimiento de bancos de refacción, jornada laboral de ocho horas, salario mínimo de 1.50 pesos, asistencia médica y escuelas obligatorias en las haciendas. En caso de reajustes, la confederación formaría consejos para trabajar y administrar por su cuenta los centros paralizados. La conclusión sí rebasaba los límites constitucionales: «Sólo una transformación del sistema capitalista existente proporcionará al obrero su emancipación de la condición de paria».[24]

La grey social de la CRMDT la formaban empleados más que obreros: vendedores de lotería, choferes, boleros, mozos y meseros. Los maestros, agrupados en el Bloque Estatal de Maestros Socialistas de Michoacán, tuvieron desde el principio un papel dirigente. Las mujeres y los jóvenes estaban representados también por sus respectivos bloques, pero el núcleo central de la CRMDT lo constituyeron los agraristas.[25] Cuatro años después de su fundación, la poderosa organización contaba con cuatro mil comités agrarios y cien mil miembros. Era, en la historia del país, la primera organización de masas *inducida* por el gobierno y ligada verticalmente a él.

La CRMDT fue, desde su inicio, un apéndice del gobierno. Este la financiaba con partidas que no se registraban en los libros oficiales. Una de las formas innovadoras de ayuda estatal consistió —además de ponerle casa— en «proporcionar el transporte, regularmente por tren de hasta 14 vagones, para el traslado de todas las delegaciones estatales». Los ayuntamientos proporcionaban el hospedaje. Hacia 1930, un año después de su fundación, la conseja oficial excluía de hecho a cualquier otra organización representativa de los obreros y campesinos: la CRMDT era la «única institución que respondía a los anhelos de los trabajadores michoacanos». Al frente de los comisariados ejidales no había más ley que los confederados. «El fortalecimiento de la CRMDT», escribe Maldonado, «la llevó a ocupar el 95 por ciento de los puestos de elección popular, desde presidentes municipales, encargados del orden, diputados federales y locales, hasta jueces menores de instancia.» En 1931, el gobierno estatal dio un paso más, definitivo en el fortalecimiento de su brazo político: «Dentro de comunidades agrarias no podrá legalmente constituirse sindicato, ya que éste tiene por objeto la defensa económica y social de los trabajadores contra el capitalista. Los ejidatarios [en cambio] trabajan y administran por sí mismos los ejidos». En reciprocidad con este inmenso apoyo oficial, la CRMDT trabajaba activamente en la fundación de sindicatos y la «organización y transformación ideológica del campesino para que solicitaran tierras ... apoyando las medidas legislativas del general Cárdenas».

El poder público tenía otro vértice: el gobernador. En Michoacán, Cárdenas comenzó a labrar para sí un prestigio mesiánico. Allí donde su brazo político —la CRMDT— agitaba, manipulaba, removía, Cárdenas acudía con el bálsamo de su presencia. Victoriano Anguiano, joven abogado ex vasconcelista, hijo de un rico cacique indígena de San Juan Parangaricutiro muerto en 1928 por los cristeros, solía acompañarlo en sus giras por los pueblos indígenas, arengando a éstos en su lengua nativa: el purépecha.

Todos los pueblos de Michoacán fueron testigos de su peregrinaje. Era campechano, cordial, afectuoso, atractivo, sedoso, y, sobre todo, activísimo. Estampa típica: en Turicato hay fiesta por la visita del gobernador. Sones de la tierra, corridos, orquesta típica lugareña, ricas corundas, saboreo de churupos, plática con los maestros, saludos a los adultos, caricias a los niños. La simpatía del gobernador no desciende nunca a lo chocarrero. Tienen un sentido estricto, casi litúrgico, de la solemnidad, como lo prueba su atuendo: no se disfraza de campesino, lleva siempre traje oscuro. Era hombre serio y que infundía respeto. Su principal virtud —herencia de la muda y santa madrina Angela— es saber escuchar:

«Este es mi deber y tengo que cumplirlo. Defraudaría las esperanzas de toda esa gente que ha venido desde tan lejos a plantearme sus problemas, si yo turnara sus asuntos a un ayudante. Aunque no siempre pueda darles satisfacción, sé que se sentirán contentos con haberme hablado personalmente».

¿De dónde ha sacado Cárdenas el sentido paternal y misericordioso del poder? Luis González (oriundo de la misma zona y profundo conocedor así de la mentalidad michoacana como de la vida del general Cárdenas) piensa que el origen está en su trato desde tiempos infantiles con los sacerdotes de pueblo. Su figura no se diferencia mucho de la del minucioso padre Othón, fundador de San José de Gracia, que lo mismo construyó «el curato, la escuela y el templo» que «trajo maestros, acarreó artesanos, usó la representación teatral y otros medios para consolidar la doctrina cristiana en la feligresía; visitó a la gente, vapuleó a los borrachos y jugadores; trató y contrató con los campesinos sobre tierras y ganados». Tampoco se distingue la figura de Cárdenas de la de otro cura de San José: Federico González, que igualmente fracciona tierras y atiende la escuela como introduce en el pueblo variedades mejoradas de maíz, fruticultura, agua, árboles de ornato y diversiones charras. El sacerdote como gestor no sólo de la salvación espiritual sino del bienestar material de la comunidad. Algo tenía Cárdenas también de la constante movilidad que el famoso obispo Cázeres había impuesto a los sacerdotes de su jurisdicción. Aquellos curas recordaban en cierta manera a los misioneros del siglo XVI, pero su carácter era menos evangélico, más práctico. Fue entonces, seguramente, cuando los indígenas tarascos, de vida intacta desde tiempos de Vasco de Quiroga, pusieron al gobernador el sobrenombre perfecto: «Tata Lázaro».

El poder paternalista tenía, por desgracia, otra vertiente: la del sentido absoluto. Cárdenas se mostraba casi impermeable a la crítica. Lo caracterizaba un orgullo exacerbado. «Era muy difícil que reconociera sus equivocaciones, aun cuando pasado algún tiempo las aceptara»:

«Cárdenas intervenía», recuerda Anguiano, «en todos los ámbitos de la administración pública, mezclándose en las atribuciones de los poderes judicial y legislativo. En su afán de escuchar y atender a todo ser humilde que se acercaba a plantearle sus querellas o sus problemas, se enteraba de las cuestiones judiciales y ofrecía que había pronto y eficaz remedio a la queja que se le alzaba, y daba o mandaba instrucciones a las autoridades judiciales. A los componentes de la cámara local de diputados los trataba como simples empleados, aniquilando toda iniciativa que pudieran tener. Se limitaban a votar sin discusiones los decretos o leyes que les mandaba».[26]

En el campo político-electoral se reflejaba este mismo criterio. Los miembros de la CRMDT, sus fundadores, dirigentes o personas completamente identificadas con ella tenían preferencia para los puestos de elección popular. Excepto cuando el gobernador quería proteger a alguna gente con una curul, pues entonces, aunque no fuera de los jerarcas de la Confederación, se le aceptaba, habilitándosele las ideas revolucionarias de que podía carecer.

Durante los cuatro años del gobierno del general Cárdenas, la cámara local de diputados la integraron casi los mismos individuos. Es decir, como los diputados duraban dos años en el ejercicio de sus funciones, los que entraron con él en septiembre de 1928 se reeligieron en 1930. En la primera legislatura figuró su hermano Dámaso, quien fue designado gobernador interino en 1929, cuando el general Cárdenas fue nombrado jefe de la columna del noroeste para combatir la rebelión escobarista.

Por lo que respecta a los diputados locales y federales, tenían también preferencia como candidatos los protegidos y amigos del gobernador y los líderes de la Confederación, sin tomar en cuenta a los otros sectores sociales que constituyen el pueblo en su totalidad. A algunas personas que ni siquiera eran de los distritos (o, siéndolo, nunca habían radicado en ellos, y desconocían por completo sus problemas y necesidades) les tocaba la gracia de una diputación federal.

Por lo que respecta a los municipios, se cubría la fórmula de que las organizaciones intervinieran de alguna manera en la elección de regidores. Pero los líderes mayores y menores, y sus incondicionales, eran realmente los que tomaban las decisiones; la verdadera mayoría o masa de trabajadores no estaba en condiciones de deliberar para hacer selecciones y consentían a los municipales que salían indicados.

Debido a la división reinante en la mayoría de los municipios, a las pugnas intergremiales o a la necesidad de que una persona «revolucionaria» y con energía ayudara a realizar las ideas centrales del gobierno, se acudió a la medida de mandar presidentes municipales de nombramiento, que muchas veces no sólo no eran del municipio, sino ni siquiera del estado.

Se registraba así el fenómeno de que las divisiones y luchas entre los grupos imponían, como garantía o remedio a las graves consecuencias que generaban, la solución de mandar una persona extraña y ajena a los bandos en contienda para que ejerciera el gobierno municipal.

¿Conocía Cárdenas los excesos de prepotencia y arbitrariedad que cometían los líderes confederados? Seguramente, pero debió de considerarlos un mal menor. Antes que velar por la libertad electoral o la división de poderes en cualquier nivel, el Estado tenía una misión revolucionaria y tutelar. Cárdenas mismo lo resumió así en su último informe de gobierno:

«No es posible que el Estado, como organización de los servicios públicos, permanezca inerte y frío, en posición estática frente al fenómeno social que se desarrolla en su escenario. Es preciso que asuma una actitud dinámica y consciente, proveyendo lo necesario para el justo encauzamiento de las masas proletarias, señalando trayectorias para que el desarrollo de la lucha de clases sea firme y progresista».[27]

Se trataba formalmente del Estado previsto en la Constitución de 1917, aunque muy distinto en la práctica del que había previsto Carranza o del que construían los sonorenses Calles y Obregón. En su lógica política —que no en sus fines— se acercaba más al paternalismo integral de Porfirio Díaz, pero los tintes radicales y las estructuras integristas con que los dotó Cárdenas sólo eran imaginables en una región de raíces y tensiones religiosas tan profundas como Michoacán. La Iglesia llevaba siglos congregando —integrando— a su grey en todo el país: en la vida material y la espiritual, en el ámbito local y el regional, en el campo y el círculo obrero. Pero en el corazón del México viejo, su presencia era más viva y global que en otras regiones. Debido a esa cercanía con la Iglesia, el nuevo edificio político que construía Cárdenas tenía por fuerza que subrayar los elementos de conflicto y competencia con aquel otro Estado. Y, lo que es más notable, aun de modo inconsciente tenía que imitarlo. El Estado como Contraiglesia.

Estrechamente ligado a los dos vértices —el frente único de trabajadores y el poder ejecutivo—, un tercer vértice completaba el esquema, el brazo sacerdotal: los maestros. Así como la Iglesia daba enorme importancia a sus escuelas y seminarios, a sus plegarias y homilías, el nuevo Estado se empeñaría vigorosamente en una educación social que permitiera a «los niños convertirse en verdaderos seres humanos, en hombres de empresa y de acción». «El gobierno», decía Cárdenas, «considera como asunto de inaplazable solución orientar, precisa y uniformemente, la educación pública en consonancia con las necesidades colectivas y los deberes de solidaridad humana y ... de clase que se impone en la etapa actual.» Había que «socializar la escuela» bajo normas cooperativas y sindicales, imbuir en niños y adultos sentimientos de fraternidad y solidaridad, dejar a un lado —en palabras de Cárdenas— «los conocimientos inútiles y quintaesenciados transmitidos dogmática y cruelmente». El brazo político, la CRMDT, declaraba: «Sólo el suministro de una educación adecuada logrará liberarlos de la acción de los curas y sustraerse del yugo capitalista». Los maestros, en suma, debían convertirse en agentes del cambio social, en portadores de «la nueva ideología revolucionaria».[28]

El gobierno de Cárdenas dedicó casi la mitad de su no muy abultado presupuesto a fomentar la educación y, con la promulgación de la ley reglamentaria, en breve tiempo logró que varias decenas de negociaciones y haciendas abrieran escuelas. Entre 1928 y 1932 se crearon, en conjunto, 472 escuelas. Para «modificar la actitud espiritual de los individuos, para que se desplace de una vez por todas el fanatismo». Cárdenas concentró sus esfuerzos a partir de 1929 en la antigua zona cristera: Coalcomán, Apatzingán, Tierra Caliente.

Las misiones culturales —calcadas de los maestros «saltimbanquis» inventados por Vasconcelos— no se preocupaban ya por distribuir *La Ilíada* o los *Diálogos* de Platón. Su cometido principal era «desfanatizar» y «desalcoholizar». Lo intentaban como los curas, mediante pequeñas representaciones teatrales. Esta obra se complementaba con clases de jabonería, conservación de frutas y fomento deportivo.[29]

En recuerdo quizá de su mentor político —el presidente Calles—, que en Sonora había creado las escuelas prácticas Cruz Gálvez para varones y señoritas, Cárdenas fundó en Morelia la Escuela Técnica Industrial Alvaro Obregón y la Josefa Ortiz de Domínguez; como en sus homólogas sonorenses, en las michoacanas se enseñaba toda suerte de oficios: talabartería, forja, zapatería, carpintería... En la zona cristera de Coalcomán y en el pueblo indígena de Paracho el gobierno intentó también, con regular éxito, la apertura de este tipo de centros.

La capacitación ideológica de los maestros era un punto clave para el buen resultado de la cruzada. Desde el inicio de su gestión, Cárdenas había separado a la Normal de Maestros de la Universidad Nicolaíta, subordinando aquélla al poder ejecutivo. En excelentes pupitres elaborados por los reos de las Islas Marías, los maestros leían autores de «reconocido prestigio e ideología revolucionaria». La Escuela Normal se hizo mixta —para horror de los mojigatos— y de ella comenzaron a salir los bien remunerados cuadros para la CRMDT.

Además de maestros, los maestros eran sobre todo agentes de cambio revolucionario, expertos en asuntos sindicales y cooperativistas. «Dábamos», recuerda uno de ellos, «cátedra de civismo avanzado ... así empezábamos a organizar, a aconsejar mejor dicho, a los peones a que se organizaran y pidieran tierras y se iban creando ejidos.» Los centros de enseñanza eran «focos de fermentación ideológica» donde se distribuían las grandes ediciones de propaganda socialista financiadas por el gobierno. A menudo, los maestros tenían que acudir armados a las haciendas porque los hacendados y sus guardias no se cruzaban de brazos a escuchar sus prédicas.

Los esfuerzos positivos de alfabetización y enseñanza técnica dieron mejores frutos que los empeños por desfanatizar y desalcoholizar.

El caso de Zurumútaro, donde el profesor Múgica Martínez participó con la comunidad en la quema de santos, fue sin duda excepcional. Más generalizada fue la experiencia del profesor Corona Núñez, que trabajó en la escuela de Apatzingán en 1930: terminó por admitir los pobres resultados de la campaña contra la embriaguez. «La gente», escribió, «era muy dada al alcohol, además la mayoría estaba siempre amancebada y había gran cantidad de adulterios, siempre se encontraban borrachos y con la mujer de otro.»[30]

No sólo el alcohol, el fanatismo y los hacendados dificultaban la labor de los maestros revolucionarios; también los maestros no revolucionarios: «Cárdenas encontró», escribe Weyl, «que una gran proporción de los maestros se conducían en forma absolutamente neutral con respecto a la religión en los salones de clase y se negaban a adoctrinar a los educandos con teorías revolucionarias». Ante esa situación, la CRMDT decidió llevar a cabo una depuración ideológica dentro del ámbito normalista para excluir a todos los maestros que carecían de una «ideología avanzada». Así llegó a crearse una «comisión depuradora» encargada de investigar la posición ideológica de todos los maestros. En su último informe de gobierno, Cárdenas dirigió a los equivocados un suave anatema por no haber alcanzado «ni la influencia ni la consideración que debe a su ministerio», y defendió al maestro como «guiador social»:

«... el encauzador que defienda los intereses y aspiraciones del niño proletario en el calor de la lucha social, porque tanto como saber modelar en forma integral las aptitudes y funciones espirituales del niño, interesa el encarrilamiento legal de poderes en la conquista cada vez más firme y dignificante de los derechos del trabajador».[31]

Frente a la Universidad Nicolaíta, el gobernador mostró inicialmente recelo. Pensaba, sin duda, que era encarnación de los «conocimientos inútiles y quintaesenciados», prueba viva de la «mezquindad y egoísmo de las clases cultas». Múgica le había aconsejado socializar las profesiones, pero por lo pronto Cárdenas decidió socializar con los alumnos. La idea surtió efecto.

En su último informe de gobierno, Cárdenas también se refirió a la alianza del poder político con el estudiantil.

«Ni engreídos con el poder, ni egoístas, los hombres de la Revolución tienden fraternalmente la mano a los universitarios para mostrarles cuál ha sido el camino que ya se recorrió y cuáles los campos que debe seguir cultivando la humanidad en constante lucha por su mejoramiento.

Entre esos campos estaba el problema agrario. Cárdenas propició la creación de un instituto de investigaciones sociales y económicas con el fin de mejorar científicamente los procedimientos del reparto agrario. Había que incrementar la producción agrícola, pero limitar la «plétora» inútil de profesionistas. Por eso Cárdenas destruyó la autonomía de la educación superior, aunque, según Weyl, le dio un giro científico para contribuir a la reconstrucción técnica del país.

También el arte debía servir a los propósitos pedagógicos. En Jiquilpan se levantó, al poco tiempo, la estatua de don Hilario de Jesús Fajardo, aquel maestro merced a quien el gobernador había adquirido la devoción por los árboles. El pintor Fermín Revueltas recibía la encomienda de pintar dos murales en el Palacio de Gobierno: *Encuentro de Hidalgo y Morelos en Charo e Indaparapeo* y *Celebración del Primer Congreso Constituyente en Apatzingán*. Y desde la hermosa finca Eréndira que poseía en Pátzcuaro, Cárdenas podría contemplar la inmensa figura de Morelos que se erigía ya en la isla de Janitzio. Nuevas greyes, nuevos sacerdotes, nuevos seminarios, nuevo Evangelio, nuevos santos, nuevos símbolos sobre una misma mentalidad.

No contento con la casi absoluta pacificación de la zona cristera a partir de los arreglos de 1929 y la reapertura de las iglesias, Múgica incitaba en enero de 1930 a su querido «cabecilla» para que exterminara cualquier presencia del clero: «... mientras estos individuos queden en sus puestos en donde agitaron y revolucionaron, serán ellos los vencedores y no nosotros».

Desde los últimos meses de la guerra cristera —los primeros de su gubernatura—, la táctica de Cárdenas había sido la opuesta. En vez de colgar cristeros, procuraba convencerlos, amnistiarlos, presionarlos. Así había logrado la rendición del líder Simón Cortés, en diciembre de 1928. En Aguililla, Cárdenas había convencido al padre Ríos de treparse en un avión y gestionar la rendición de las tropas alzadas. Un hermoso testimonio popular recuerda los afanes de Cárdenas y su carácter, muy claro, de guardián sacerdotal:

«Cárdenas entregó el templo del Sagrado Corazón. Era teatro, allí estaba Hidalgo, Morelos y Benito Juárez en bulto. Y como el padre Ceja era amigo de Cárdenas ...

»El general le dijo al padre Ceja

»—Cejita, te voy a entregar tu templo. Pero ¿cómo le vamos a hacer para los héroes que tenemos ahí de la patria?

»Entonces el padre se aflige y luego el que venía de asistente o compañero del general dijo:

»—Yo me encargo, yo le prometo que no sufren un desperfecto».

Fomentó ampliamente la masonería, creando «el Gran Rito Nacional, logia herética que habría de manejar con fines políticos». Quería «emancipar a los obreros y sus familias para que, sin las tenazas del fanatismo confesional, puedan adentrarse en los planos de sus luchas clasistas con plena libertad espiritual». A su cercano lugarteniente Ernesto Soto Reyes le confesó alguna vez: la desfanatización «no interesa, lo que me preocupa es la cuestión social». Con todo, a mediados de 1932 Cárdenas introduce la ley reglamentaria del artículo 130 constitucional y limita a tres el número de ministros «de cualquier culto» en cada uno de los 11 distritos.[32] ¿Por qué lo hace? Desde las Islas Marías, Múgica brinca de satisfacción: «incontrastable esfuerzo su gobierno para colocar entidad michoacana a la altura de estados más cultos y revolucionarios». Pero las razones de Cárdenas han sido otras: sus medidas agrarias... con la Iglesia habían topado. El sólo reaccionaba en represalia.

Ante su propio decreto, la actitud personal del gobernador era de tolerancia. Por desgracia, el gobernador no tenía el don de la ubicuidad. Los maestros del brazo político —la CRMDT— actuaban también, pero de modo agresivo. A ellos sí les importaba, ante todo, la desfanatización, y Cárdenas los dejaba hacer. En varias ocasiones la sangre llegó al río. En el pueblo indígena de Cherán, una Semana Santa, el choque entre fanáticos desfanatizadores y fanáticos produjo más de treinta muertos e incontables heridos.[33]

Uno de los maestros radicales de la CRMDT, Salvador Sotelo, recordaba muchos años después: «Teníamos que representar un radicalismo, pues estaba muy metida la fama de los que se creyeran comunistas». En su desempeño como maestro en Ario hacia 1930, Sotelo tañía las campanas para desfanatizar y suministrar «sacramentos socialistas»: «Recibe la miel que la laboriosa abeja, símbolo del obrero, extrae el néctar de las flores, para que tu vida sea placentera».[34] Diez años más tarde, desaparecida —por orden del presidente Cárdenas— la CRMDT, el profesor Sotelo se sentiría abandonado, traicionado: «Antes la fama de comunista ... pero no es posible ... Ahora yo he sacado en consecuencia que la ideología del pueblo es de ser muy adherida a la religión católica».

Entre 1917 y 1928 los gobiernos de la Revolución habían entregado en Michoacán 131.283 hectáreas a 124 pueblos. En sus cuatro años de gobierno, de septiembre de 1928 a septiembre de 1932, Cárdenas rebasó esas cifras: repartiría 141.663 hectáreas ociosas. Durante su gestión expidió una ley de tierras ociosas destinada «a aliviar la presión de solicitudes», otra de expropiación por causa de utilidad pública y una más sobre contratos de arrendamiento en las comunidades indígenas.[35]

Mientras el Jefe Máximo declaraba en México que el ejido había fracasado, Cárdenas afirmaba: «No hay fracaso ejidal; lo que falta es que los campesinos cuenten con mayores elementos para cultivar la tierra ... el ejido ... será la base de la prosperidad del país».[36]

Los primeros en oponerse a la política agraria del gobernador fueron, por supuesto, los hacendados. A la mayoría no le asistía la razón, pero le sobraban los recursos: salvaguarda de tierras fértiles, buenos abogados, guardias blancas, sindicatos blancos, fraccionamientos simulados o preventivos, etc. Cuando la Cámara de Comercio, Agrícola e Industrial le pide en 1930 el cese del reparto, Cárdenas responde —siempre firme pero comedido— que faltaba aún mucho por dotarse y conmina «a los propietarios de dar facilidades al gobierno ... convencidos de que no existe otra solución al problema agrario en Michoacán y en la República entera».

Tan enérgica o más que la de los hacendados fue la oposición generalizada de los sacerdotes. Un caso extremo: el padre Trinidad Barragán, de Sahuayo, imploró en público a Dios que «la tierra se tragara a los agraristas». Con todo, había otros sacerdotes contrarios al reparto ejidal —no al fraccionamiento— por razones menos viscerales. En San José de Gracia, por ejemplo, desde 1926 el padre Federico González había realizado por su cuenta el fraccionamiento en parcelas de la hacienda El Sabino:

«El padre Federico», escribe Luis González, «no considera herejes ni impíos ni malvados a los agraristas; no juzga al agrarismo desde un punto de vista religioso; lo condena apoyado en razones de índole económica y social. Basado en la corta experiencia de la vida ejidal en su pueblo y en los lugares próximos a él y en las opiniones adversas a la reforma agraria que propala la prensa periódica, no cree en la eficacia del ejido; lo considera causa de tres males mayores: la disminución de la productividad en las pequeñas propiedades; el mal uso de la tierra por parte de los ejidatarios y la división social que acompaña y sigue al reparto ... Se erige, pues, en apóstol de la pequeña propiedad. Congrega a su alrededor y unifica a cuatrocientos propietarios con el fin de contener el avance del agrarismo en la región de San José. Su lucha es contra el agrarismo, no contra los agraristas; en favor del parvifundio, no de la hacienda. Si presta su apoyo a los medianos propietarios es porque sabe que sus hijos serán pequeños propietarios».[37]

Lo más extraño de todo, a los ojos de Cárdenas, debió de ser la oposición de los propios peones acasillados al reparto. «La acción política del gobernador», escribe un estudioso del periodo, «aunque beneficiaba a las masas campesinas, no tuvo eco en todas ellas.» En Sahuayo, población de ocho mil habitantes, había 15 agraristas. En Jacona, el agrarista Martín Rodríguez tuvo que traer gente fuereña para que aceptase las tierras. En Zacán, un testigo recordaba el día en que «los del gobierno» se habían apersonado para el reparto:

«Nosotros no habíamos pedido eso del ejido, ni sabíamos qué era eso. Por eso cuando llegaron los del gobierno pensamos que otra vez andaban buscando cristeros y no les creíamos nada y no queríamos aceptar lo del ejido ... Pero ellos ahí estuvieron hable y hable, cantándola finito, que si el gobierno era esto, que si el gobierno era esto otro ... Hasta dos o tres días se quedaron y nos dejaron los papeles».[38]

Pero el caso tal vez más dramático para Cárdenas fue el de la enorme hacienda de Guaracha, contra la que habían litigado sus propios antepasados maternos del pueblo de Guarachita. Las primeras solicitudes de tierra en Guaracha las hace un grupo de «norteños» llegados a la zona a raíz de la crisis del 29. Aunque los peones de Guaracha piden en masa que se castigue a los fuereños solicitantes, el 23 de julio de 1931 se publica en el periódico oficial la solicitud de dotación de ejidos a los vecinos de Guaracha. Por esos días se aparece en la hacienda el mismísimo gobernador. Heriberto Moreno,[39] autor de un estudio ejemplar sobre la hacienda de Guaracha, recogería muchos años después los testimonios de primera mano:

«Vino a un convivio y les habló que qué era lo que querían; pero como aquí todos éramos católicos, rehusaron a ese reparto de tierras, sin saber si serían beneficiados o no ... La gente lo trató bien pues en realidad la gente no sentía odio ... el pueblo aclamó mucho a don Lázaro ... nomás se trataba de don Lázaro y la gente estaba quieta ... Frente a él no se vido [sic] ninguna manifestación mala ... [aunque era natural que] toda la gente que trabajaba a gusto tenía que estar disconforme con la proposición, con lo que venía a ofrecer él».

«Alguien recordaba», apunta Moreno, «que don Lázaro no quiso probar alimento.» Mientras él les hablaba sobre la conveniencia del reparto —advirtiéndoles que, de no aceptarlo, tendrían que trabajar como jornaleros para los peones de los alrededores que ya estaban solicitando tierra—, la multitud en los pórticos gritaba: «Nosotros no queremos tierra sino culto». Corre la leyenda de que la vida de Cárdenas pendió de un hilo. No hay duda de que salió contrariado, pero no derrotado. La demanda de tierras firmada por el puñado de agraristas siguió su curso.

Antes de que, por el censo oficial, se comprobara que la abrumadora mayoría de los habitantes de Guaracha se oponía al reparto, la Comisión Agraria había recibido 27 pliegos con mil firmas censurando al zapatero Abel Prado —líder de los agraristas— y a sus 16 amigos:

«Los agraristas no son ni seis y se dedican a otras cosas que no son la agricultura ... los que aparecen como agraristas son comerciantes, arrieros, zapateros ... ¿no tenemos derecho a ser escuchados y atendidos? ¿No es la voz del pueblo ... a quien se debe escuchar?».

Era la voz del pueblo pero, a juicio de la autoridad, la voz estaba equivocada o, peor aún, manipulada por el capellán y el hacendado. ¿Se oponían al reparto por miedo o por convicción? Lo cierto es que se oponían. El caso se prolongó hasta que en 1935 Cárdenas visitó, ya como presidente, el pueblo vecino de Totolán. Hasta allí llegaron los agraristas:

«Ya fuimos a Totolán, Isaac Canela, Antonio Andrade y otros. Pensamos presentarnos primero a don Dámaso, que acompañaba a su hermano... Toda la gente de Totolán parecía que nos quería comer con los ojos... No nos dejaban pasar las mujeres... Entramos... Iba yo hasta temblando... Ya le hablamos al general. Estuve a ofrecerles toda la tierra para no agarrarles ni un metro y no quisieron...
»Y uno gritó:
»—Sí, general; y hasta lo querían matar.
»Entonces ya me animé y dije:
»—Esas gentes, como su ejército a usted, general, le son fieles a su patrón... Como el combate que tuvo usted con Buelna acá para el

lado de Colima, que murieron al lado de usted todos los oficiales...
Así considere esa gente que son muy ignorantes y no saben.

»Entonces le habló don Dámaso... Mandó llamar a un ingeniero.

»—Dale ejido a Guaracha... ¿Cuántos habitantes son?

»—Cerca de ochocientos padres de familia.

»—Dales para trescientos cuarenta o trescientos cincuenta... ¡Vete; ya hay ejido!

»No hubo censo, no hubo política, no hubo nada; nada más una palabra de don Lázaro».

Todavía —agrega Moreno— cuando, el día 21 de octubre de 1935, se presentó

«una nueva solicitud de dotación de tierras, bajo el nombre de "Tenencia Emiliano Zapata", fue difícil completar el número sugerido por "el General" en Totolán. Aún para esa fecha los "acasillados" se hallaban bajo el imperio de la duda y el temor de las amenazas... ¿Nunca habrían deseado ni llegarían nunca a desear una tierra que siempre fue del amo? El caso es que ninguno de sus antepasados había perdido el mínimo pedazo de tierra frente a la hacienda. Nadie jamás había transmitido, con la protesta por el despojo sufrido, el coraje por el rescate. No podían poseer una tierra que había pasado a ser, en su inmensidad, la medida de su mundo laboral, social, religioso y, para algunos, hasta físico. ¡Qué difícil hubiera sido que aspiraran a poseedores estos poseídos por la tierra!».

La actitud de algunos se explica quizá con otra pregunta: ¿poseer una parcela ejidal era, en verdad, poseer la tierra?

Las tierras que finalmente tocaron a la gente de Guaracha no fueron las mejores. Algunos prosperarían, otros no. Con los «tiempos nuevos» vendrían nuevos males: el abuso del crédito y el endeudamiento, la desigualdad entre ejidatarios como consecuencia del acaparamiento de parcelas, el cierre del molino de la hacienda, el desaliento, la emigración. Cuando crecía la Laguna de Chapala, la gente dejaba que el agua inundara las tierras de la ex hacienda. En los «tiempos viejos», recordaban los ancianos, la reacción había sido distinta: la gente ponía diques y costales. Con todo, el ejido crecería. Pronto estarían las escuelas, los transportes, las clínicas y el ajetreo para probarlo.

A fines de 1913, en una de sus primeras correrías revolucionarias, Cárdenas había asistido a una entrevista de su jefe, el ex zapatista

Guillermo García Aragón, con el cacique indígena de la zona de Cherán, Casimiro López Leco. Tuvo entonces la primera noticia de los contratos leoninos celebrados por las comunidades propietarias de los montes con el norteamericano Santiago Slade. Bajo presión y amenaza de los prefectos porfiristas, los representantes indígenas habían cedido su inmensa riqueza forestal por 99 años a precios ridículos.[40] Veinticinco años después, al llegar al poder, Cárdenas rescató de manos extranjeras esa riqueza y la devolvió a sus dueños.

Sentía amor auténtico por los indígenas. Según su propio testimonio, nacía del cariño por su madrina, Angela, cuya madurez realzaba de modo dramático sus rasgos indígenas. Como gobernador no escatimaba tiempo para escucharlos, aconsejarlos y tratar de dirimir sus diferencias. Ya para finalizar su gestión, escribe a Múgica desde Paracho:

«Siento no poder permanecer mayor tiempo aquí. Pasaría con gusto un año. Ojalá y el gobernante entrante tuviera en su programa dedicar todo el segundo o tercer año de su gobierno estableciéndose en Paracho. Sería de enorme beneficio para la clase indígena, que tiene serios problemas como es la falta de enseñanza agrícola y su desarrollo industrial. Voy a dejar iniciada esta obra y la recomendaré con todo calor».

Por esas fechas la Estación de Cultura en Carapan había sido atacada con piedras y armas de fuego por indígenas que temían el atropello a sus costumbres. Al llegar Cárdenas, la plaza enmarcaba un espectáculo extraordinario:

«... se destacaban los colores intensos de los rebozos azules, morados o de otros tonos chillantes que enmarcaban los rostros morenos con los vientos albísimos de las *guares* [señoras] y *yuritzquiris* [doncellas]; y de las fajas bordadas de estambres que ciñen sobre la cintura de las mujeres, los rollos de paño de lana auténtica, plisada, que llevan como enaguas ... Los hombres estoicos y reservados parecían estar rememorando las gloriosas épocas del esplendor del Tiriácuri en el Imperio purépecha. Me encargó el señor gobernador les explicara que habían sido engañados por quienes les dijeron que aquellos misioneros de la cultura iban a quitarles la religión católica. Y les hiciera ver las enseñanzas que iban a impartirles a niños y adultos, para que vivieran mejor y con menos insalubridad y miseria. Comencé mi arenga en español, pero bien pronto me di cuenta que echaba agua al mar.

El presidente Lázaro Cárdenas en un mitin con campesinos (ca. 1938).
«... la cordialidad con que trataba a los indígenas. Los tomaba de la mano y los hacía erguirse para que lo vieran de frente. Quería atender todas las peticiones y resolver las necesidades de los pueblos.» (Victoriano Anguiano)

Entonces comencé a explicarles en nuestro dulce y armonioso idioma purépecha y el efecto fue mágico. Los rostros se transformaron en gestos de confianza, miradas de comprensión y sonrisas de reconocimiento ... Y claro que entendieron y aceptaron mis explicaciones; y la reserva, la duda y la desconfianza, con que ven siempre las gentes que descienden de las culturas pre-colombinas a los mestizos, los blancos y sus acciones, se convirtieron en alegría ingenua y confianza plena».[41]

Anguiano se engañaba un tanto: no era sólo el dulce idioma purépecha lo que disolvía la reserva, la duda, la desconfianza, sino la mirada sincera del hombre a su lado: «Tata Lázaro».

Como buen discípulo del presidente Calles, el gobernador Cárdenas medía el progreso en metros lineales, cuadrados y cúbicos. Ejemplo de lo primero fue la extensa red de carreteras y caminos que inauguró e inició. Su orgullo, claro, lo constituía la ruta México-Guadalajara, que tocaría también Zitácuaro, Ciudad Hidalgo, Zinapécuaro, Pátzcuaro, Zamora, Jiquilpan. En su periodo se abrieron las rutas de Morelia a Huetamo, Quiroga a La Huacana y Uruapan a Coalcoman, con brecha hacia Balsas. Se proyectó además el tren Uruapan-Zihuatanejo y se terminaron campos de aterrizaje en varias ciudades.

Desde las Islas Marías, Múgica redactaba —con regular ortografía— su felicitación al ex discípulo:

«Incisto [sic] en serle fiel a mi divagado cabecilla y no obstante su silencio ya largo le escribo en momentos en que seguramente se encuentra lleno de legítima satisfacción viendo que sus distritos del estado se comunican mediante la carretera de su iniciativa y tesón. Créame que yo estoy gosando [sic] interiormente tanto como usted, pues comprendo el emporio de riquesa [sic] y más que todo el boquete que abrimos a nuestras doctrinas y tendencias estableciendo fácil comunicación con gentes que hasta ahora contaban con sólo la aparente abnegación del cura que sentaba sus reales en la misma naturalesa [sic] bravía, aislada e inclemente de ellos».

¡Asfalto contra los curas! En su carta, Múgica no mencionaba los grandes avances de Cárdenas en metros cuadrados y cúbicos: desecación de aguas pantanosas, bordos en Chapala, calzada sobre Cuitzeo, encauzamiento del Duero. De haberse enterado les habría encontrado, sin duda, una utilidad doctrinal.

El 9 de abril de 1932 «el cabecilla» escribía al exiliado:

«Mi propósito [es] dedicarme, al terminar mi periodo de gobierno, [a] ayudar a la Confederación de Trabajadores de Michoacán a su desarrollo económico a base de un mejor sistema de trabajo elegido y a conseguir la mejoría del salario. Me propongo quedar con la Confederación un año inmediatamente después del próximo septiembre. Y sobre este plan de carácter económico hablaré a usted próximamente para oír su opinión autorizada. Porque estimo que los organismos deben tener por objeto no únicamente contenerse con lo exiguo que hoy tienen, sino realizar una acción de mejoramiento práctico, aplicando una acción uniforme de todos los miembros confederados para que en esta forma vean prosperidad en los ejidos y mejoría en los salarios. Y la organización de trabajadores de Michoacán, que ha reunido en su seno una mayoría, necesita orientación y un plan de trabajo en el que obtengan resultados satisfactorios y no negativos».

Esta vez don Juan Gene Mu (seudónimo de Múgica) emitió una opinión enteramente práctica, nada doctrinal. Sentía «el placer de ver idealizar» a su ex discípulo, y le diría por qué:

«... cada día que pasa me confirma más en la idea de que el mando es una necesidad ingente en nuestro medio político y social, sin esta condición nadie vale nada en México, así sean claros los antecedentes y halagadoras las circunstancias, pero la verdad brutal, tajante, incontrovertible es que sin el mando todo valimiento vale pelos —y perdóneme la frase tan vulgar en esta carta tan seria.

»Si usted tiene pues, que de hecho sé que lo tiene, empeño en salvaguardar los ideales de la Revolución y de conservar por lo menos algunas de las organizaciones de manifestación que han logrado crearse, llenas de dificultades y restricciones, conserve usted el mando militar».

Cárdenas siguió al pie de la letra el excelente consejo. Daba en el blanco, además, porque entre todos los problemas que tenía ante sí sobresalía entonces el de la sucesión. El candidato natural a sucederlo, el hombre que aseguraba la continuidad de su programa, era Ernesto Soto Reyes, personaje central en la CRMDT y presidente del comité estatal del PNR (Partido Nacional Revolucionario). Lo apoyaba Múgica, quien desde principios de año también se apoyaba discretamente a sí mismo (¿debía escribir una carta abierta a los amigos que lo proponen?, pregunta a Cárdenas). En todo caso, su recomendación al amigo es evitar la imposición y acudir al plebiscito interno.

«Pero el gobernador», escribe Anguiano, «tenía otros designios. En lugar de escoger como sucesor uno de sus incondicionales o adictos, que seguramente hubieran contado con el formal asentimiento de la CRMDT para dar la impresión de que la voluntad de la mayoría de obreros y campesinos lo escogían, determinó que lo sucediera en el poder un hombre completamente alejado del movimiento social extremista y sectario que él había prohijado y desarrollado; que por su situación personal y su grado en el ejército, era de sentido común advertir que no sería un sujeto pasivo y sumiso a los deseos e intereses directos o indirectos del gobernador y del organismo que había creado y que consideraba su obra maestra y muy amada. Fue así como se sacó de su tranquila y severa vida militar al general de división don Benigno Serrato.»[42]

«La sucesión de usted», escribe contrariado Múgica al enterarse, «será funestísima para todo lo que significa impulso popular societario y económico.» ¿Qué hilos extraños habían movido a «la Esfinge de Jiquilpan»? ¿Respeto al principio de no reelección, así fuera a trasmano; deseo de resaltar su obra, imposición del Jefe Máximo, marcha atrás? Ninguna conjetura extirpaba el desconcierto.

Cabe una más. En los meses del «destape» michoacano, Cárdenas no se encontraba en su mejor momento político. Su gubernatura se había interrumpido varias veces: a principios de 1929, para combatir en Sonora la rebelión escobarista; de noviembre de 1930 a agosto de 1931, para ocupar la presidencia del PNR; de agosto a noviembre del mismo año, para cubrir la cartera de Gobernación. Aunque de todas esas encomiendas había salido airoso y en buena relación con tirios y troyanos, a mediados de 1932, con el «destape» presidencial a unos meses de distancia, su situación era incierta. Todo parecía indicar que los políticos callistas —no necesariamente Calles— dudaban de su lealtad.

En agosto de 1932 Cárdenas se cura en salud: envía a Calles copia de una nota anónima en que se le inculpa de entregar armas a los campesinos y preparar un levantamiento general. El 30 de agosto Calles lo tranquiliza... un poco: «Repítole una vez más que [el] concepto [que] tengo de usted es muy elevado, estando seguro siempre será usted mi mejor amigo».

El breve periodo de ostracismo que Cárdenas sufrirá al dejar la gubernatura —los dos últimos meses de 1932— confirmaría un tanto sus sospechas: se le envía a la zona militar de Puebla porque alguien, quizá Melchor Ortega, le «calentaba la cabeza» al Jefe Máximo. Su único consuelo de aquellos días —no pequeño, por cierto— sería el amor de Amalia Solórzano, la guapa joven de Tacámbaro con quien se casa en septiembre de 1932.[43]

En tales circunstancias, su lectura política fue sensata y su margen de maniobra reducido. Serrato no sería su incondicional, pero como antiguo compañero de armas desde 1913, lo sabía pundoroso, honrado y sincero. A sus ojos tenía, además, la prenda mayor: era militar. Y si no podía imponer a un cardenista, podía en cambio tratar de imponer al cardenismo: Victoriano Anguiano sería secretario general de Gobierno y la amada CRMDT seguía más fuerte que nunca.

«A Cárdenas no le gustó mucho no ser el Jefe Máximo», comentaba decenios después Manuel Moreno Sánchez. Aunque Cárdenas había recomendado a Anguiano que se fuera con Serrato «y no le hiciera caso ni a él ni a sus amigos», la amputación de su brazo político —la CRMDT— y la consecuente declinación de su línea política no estaba en sus planes. Quizá ocurrió —como sospechaba Gonzalo N. Santos— que Melchor Ortega, el archienemigo de Cárdenas, hombre poderoso en La Piedad, «le volteó a Serrato».[44] En todo caso, las fricciones entre el brazo político de Cárdenas y el gobierno de Serrato comenzaron al día siguiente de la toma de posesión.

Según la versión cardenista, Serrato fue un lacayo múltiple: de Calles, de los hacendados, del clero; un reaccionario que desató la cacería de brujas contra los líderes sindicales de la CRMDT, el esquirolaje, las detenciones, la represión, los asesinatos de líderes (hubo 40 en su periodo). La versión serratista —que compartirían con Anguiano los jóvenes ex vasconcelistas refugiados en Morelia: Manuel Moreno Sánchez, Salvador Azuela, Rubén Salazar Mallén, Carlos González Herrejón, Ernesto Carpí Manzano— tiene siempre a Serrato por un hombre moderado, «sin goznes», que creía en la necesidad de «una nueva etapa de organización y aprovechamiento, según leyes económicas y sociológicas, de los jalones revolucionarios marcados por Cárdenas». ¿Cuál de las dos versiones se acerca a la verdad?

El predominio, aún vigente, de las visiones históricas intracardenistas dificulta el deslinde. Los estudios sobre el tema siguen adoleciendo de una múltiple carencia de principio: la CRMDT, aunque antidemocrática, fue un avance de la Revolución; el sector del pueblo que la rechazó estaba equivocado, manipulado, amenazado, fanatizado; el gobernador Serrato «se pasó de ingenuo» por querer «gobernar con todas las de la ley», es decir, por creerse gobernador. Ante estos razonamientos, conviene dar voz a la versión opuesta. Quizá el sector del pueblo que rechazaba los métodos y las ideas de la CRMDT no estaba tan equivocado o, estándolo (cuestión de valores), era la mayoría (cuestión de democracia). Quizá el gobernador Serrato entendió que en la acción magisterial, sindical, agrarista y desfanatizadora del régimen que lo había precedido existía una buena dosis de violencia contra el pueblo que, con los mejores propósitos, se buscaba proteger y ayudar. En este sentido apunta el testimonio insospechable de Manuel Moreno Sánchez:

«Como magistrado del Tribunal Superior de Michoacán constaté casos de líderes que cobijados bajo el paraguas de la CRMDT cometían asesinatos. Recibí presiones para su absolución. Duró mucho tiempo la impunidad de aquellos líderes... ¡El ideal zapatista en esas manos!».

La más grave carencia de principio ha sido creer que la vocación equivale a la realidad, que el Estado existe para procurar el bien de la sociedad y no para promoverse a sí mismo; más aún si en su cúspide gobierna un hombre bueno. Pero una lectura desapasionada del ensayo michoacano de Cárdenas sugiere conclusiones distintas: Cárdenas, que perseguía sus propios fines, se apoyó en los líderes de la CRMDT. Estos, a su vez, repitieron con el pueblo. La prueba está en la disolución de la CRMDT en 1938: Cárdenas la parió porque como gobernador la necesitaba. Cárdenas la mató porque estorbaba a su gobernador Gildardo Magaña. La CRMDT, en suma, fue ante todo un instrumento político. ¿Quién hizo el papel de villano: Serrato, que la combatió, o el padre, que la mató?

El comportamiento de los dos líderes a lo largo de su querella fue mucho más claro y digno que el de sus seguidores. Cárdenas buscó, cuando menos en dos ocasiones, pactar con Serrato. Siendo ya ministro de Guerra (marzo de 1933) y por lo tanto reivindicado plenamente en su poder, propuso que la CRMDT fuese serratista y cardenista: mitad y mitad. Serrato no aceptó, quizá porque confiaba en el triunfo de los suyos en elecciones abiertas. En una visita a Morelia a fines de 1933 (Cárdenas era ya el candidato oficial a la presidencia de la República), los líderes de la CRMDT humillaron públicamente a Serrato. Cárdenas los dejó hacer... hasta un punto. Conocía a su enemigo.

A la hora buena, Serrato prueba su valentía caminando solo por las calles de Morelia entre la muchedumbre hostil. También a la hora buena, Cárdenas prueba su bonhomía, ajustada a las circunstancias:

ambos militares llegan a un acuerdo sobre la composición de las cámaras locales y federales.

Meses más tarde, ya en plena gira presidencial, Cárdenas invitó a Serrato a Yucatán. Moreno Sánchez viajó con él. Los vio caminar juntos y solos por tres cuartos de hora. Los vio despedirse con marcado afecto. «¿No quiere usted saber lo que hablamos?», inquirió Serrato a su joven amigo. «Pues parece que nuestros problemas han terminado. Seré presidente del PNR.»

El 1.º de diciembre de 1934, durante el «besamanos» en Palacio Nacional que siguió a la toma de posesión, Anguiano vivió una escena esperanzadora: el abrazo entre Cárdenas y Serrato.

El sábado 2 de diciembre Serrato salió del aeropuerto de Balbuena hacia Ario de Rosales, en Michoacán, en un avión semejante al *Spirit of Saint Louis*, la famosa nave de Lindbergh. El experto piloto que la manejaba tenía siete mil horas de vuelo. Llegaron sin novedad a su destino. El lunes siguiente a las ocho de la mañana Anguiano estaba ya en Balbuena para recibir de nueva cuenta a Serrato, que visitaría a Calles en Cuernavaca. Pero Serrato nunca llegó: el avión sufrió un oportuno accidente al salir de Ario.

Un ex secretario del general Miguel Henríquez Guzmán asegura haber oído a su jefe quejarse de la ingratitud de Cárdenas cuando en 1952 no apoyó su candidatura a la presidencia. Le «debía» la desaparición de Serrato. El presidente Adolfo Ruiz Cortines comentó también alguna vez que el último asesinato político en la historia contemporánea de México había sido el de Serrato. Aunque las versiones fuesen correctas, la trayectoria moral de Cárdenas, antes y después de los hechos, disuelve toda sospecha. Pero una cosa fue Cárdenas y otra, muy distinta, los cardenistas.

# Zorro con sayal

Para calibrar el extraordinario aprendizaje político de Lázaro Cárdenas entre 1928 y 1932 basta recordar que alternó su intensísima gestión en Michoacán con altos puestos federales. Aprendió a navegar en todas las aguas hasta convertirse en un piloto supremo. El testimonio de Gonzalo N. Santos —que como político «a la mexicana» no cantaba mal las rancheras— viene al caso:

«Los cardenistas profesionales pintan a Cárdenas como un san Francisco de Asís, pero eso es lo que menos tenía; no he conocido ningún político que sepa disimular mejor sus intenciones y sentimientos como el general Cárdenas ... era un zorro».[45]

Ante las quejas lastimeras de Cárdenas por las intrigas que padecía en «esta urbe de chismografía y egoísmos», Múgica adoptaba, una vez más, el tono sereno del maestro:

«La intriga acaba por envenenar el ambiente de las personalidades y la calumnia siempre deja algo. Estas dos miserias son generalmente hijas de la envidia y no hay que olvidar que esta vil pasión es capaz de llevar muy lejos a quien las alimenta con un señuelo vislumbrado y aparentemente tangible. ¿Consecuencia? Desconfiar un poquito, ver con mayor cuidado y cautela todas las cosas y, si es preciso, repeler la agresión sin olvidar que la mejor defensa estriba en estudiar al enemigo para combatirlo en su propio terreno; pues tampoco creo justo dejar un campo que, aunque no se disputa ni se desea, es el campo del justo quilate y valor acrisolado».

Noble prédica, pero ¿la necesitaba Cárdenas? Probablemente, a esas alturas —octubre de 1929—, fuera ya más zorro que Múgica.

En el fondo, Cárdenas detesta a los políticos profesionales —como Gonzalo N. Santos—; sin embargo, nunca se malquista con ellos. Por el contrario: todos parecen quererlo. Cuando Calles comenta con Santos la posible designación de Cárdenas para la presidencia del recién fundado PNR, el potosino responde que le parace una gran medida, dada la popularidad que gozaba el personaje entre diputados y jefes políticos.

Cárdenas ocupó la presidencia del PNR de noviembre de 1930 a agosto de 1931. Desde el primer momento empieza a trabajar: reorganiza *El Nacional*, diario del partido; crea la Confederación Deportiva Mexicana, inaugura el desfile deportivo del 20 de noviembre, inicia una campaña antialcohólica, acude personalmente a socorrer a las víctimas de un fuerte terremoto en Oaxaca, entabla una polémica con Luis Cabrera en la que invita a «los grupos conservadores o aquellos que son francamente reaccionarios a organizarse políticamente y medir sus fuerzas a todo lo largo del curso de nuestra vida nacional, con la organización política de la Revolución». El sentido de su gestión es «dar al PNR un carácter más señalado de organización popular».

En el conflicto entre el Jefe Máximo y el presidente Ortiz Rubio, Cárdenas se inclinó —como siempre, con firmeza y comedimiento— por el respeto a la investidura presidencial. Su salida del PNR estuvo, cuando menos formalmente, relacionada con aquel problema. Ortiz Rubio había decidido que el mensaje presidencial de septiembre de 1931 tuviese lugar en el Estadio Nacional. Los diputados del bloque a que pertenece Santos se sienten «ninguneados» e impugnan al presidente. Cárdenas lo apoya y —siempre con la venia del Jefe Máximo— renuncia.

Su nuevo puesto, casi inmediato, es la Secretaría de Gobernación. Duraría en ella menos de dos meses (28 de agosto - 15 de octubre de 1931). Puso su mayor empeño en reconciliar al Jefe y al presidente. Empeño inútil. «Lo que ocurría en realidad», apuntaría en su *Diario*, «fue que el propio general Calles no logró disciplinar las ambiciones del grupo que se consideraba presidenciable y hacían política debilitando al gobierno del presidente.» La querella se resuelve temporalmente con la renuncia en bloque de los militares del gabinete. La medida, propuesta por Cárdenas, inmoviliza para siempre al aliado mayor de Ortiz Rubio, el poderoso Joaquín Amaro, y refrenda el poder de Calles. A mediados de octubre de 1931 Cárdenas regresa a su patria chica guardándose sus impresiones sobre el maximato. En septiembre de 1932 Ortiz Rubio renuncia finalmente a la Primera Magistratura. La versión final que de él dio Cárdenas le fue, como es natural, favorable.

Del 1.º de noviembre al 31 de diciembre de 1932, Cárdenas mora en el purgatorio político: desde las cumbres de su gubernatura y los elevados puestos en el partido y el gabinete, ha descendido a la comandancia militar de Puebla.

Ese limbo político debió de serle tan molesto como las fiebres palúdicas que lo tiraron en cama unas semanas. No obstante, tuvo tiempo para favorecer el reparto ejidal en Atencingo, la gran propiedad del autoplagiado norteamericano William Jenkins.

El 1.º de enero se le abrió el cielo: fue nombrado secretario de Guerra y Marina en el gabinete del presidente Rodríguez. Como hechos positivos estableció la soberanía mexicana sobre las Islas Revillagigedo, encargó 15 navíos para la armada a la República española, soñó con «un instituto nacional en el que se inculque la obligación del servicio colectivo y se forme el carácter que sirva para encauzar a la población mexicana por senderos más humanos».

Al aproximarse el momento del «destape», el 30 de mayo de 1933 el presidente Rodríguez envió a su Jefe Máximo un memorándum revelador. Había visitado Michoacán y «logrado que desaparecieran» las diferencias entre Cárdenas y Serrato. En seguida anotaba los puntos claves:

«II. Quise aprovechar los días que estuve con el general Cárdenas para observarlo íntimamente y conocer su manera de pensar, y he llegado al convencimiento de que no tiene un temperamento radical y que su actuación en el gobierno de Michoacán fue precisa y necesaria, tomando en cuenta que a ese estado no había llegado propiamente la Revolución en uno de sus aspectos principales y que era necesario por todos conceptos implantar ahí la reforma agraria. Las condiciones especiales en que se desarrolló la actuación del general Cárdenas en Michoacán, principalmente por la causa apuntada, hicieron que tolerara ciertas actividades, pero estoy seguro de que es un hombre respetuoso de la ley, animado de buena fe y deseoso de realizar una obra nacionalizada y constructiva.

»III. Considero, por otra parte, que el general Cárdenas no tiene ambiciones personales, pues en reiteradas ocasiones me ha manifestado que no tiene aspiraciones a llegar a la presidencia de la República y que se encuentra perfectamente satisfecho colaborando conmigo en el puesto de secretario de Guerra y Marina y que es, y así lo creo yo, un elemento disciplinado no solamente dentro de la Revolución sino dentro de su organismo político que es el PNR.

»IV. Además de las cualidades a que me he referido, tengo la convicción de que el general Cárdenas es un hombre honrado, pero al mismo tiempo reconozco dos graves defectos: primero que se deja adular por personas interesadas, y segundo que es afecto a dar oído a los chismes».

Nunca tuvo Cárdenas mejor abogado. (Santos —siempre venenoso— explica que Rodríguez detestaba a Pérez Treviño, el contrincante de Cárdenas, por haber sido novio de su esposa.) Según testimonio de Múgica, el presidente Rodríguez sugirió primero que nadie al general Calles la idea de que Cárdenas fuera el candidato. El 3 de junio de 1933 Calles contestaba el memorándum de su «querido Abelardo», expresando su acuerdo y respaldo a la candidatura.

Más allá de todas las especulaciones sobre la influencia de las estructuras políticas, sociales, económicas o astrales de la decisión de Calles, los protagonistas cercanos se explicarían el «destape» en términos de simple y llano afecto, de confianza simple y llana. Según Santos, fue Rodolfo Elías Calles quien sacó el sí a su padre. Para Múgica, «un hijo de Calles actuó en el seno de la cámara de Diputados ... y un grupo de diputados lanzó la candidatura». Pascual Ortiz Rubio había oído alguna vez estas palabras en boca del Jefe Máximo: «quiero a Cárdenas como a un hijo». Fue, por lo visto, un cónclave de hijos, reales y simbólicos. Calles no eligió a Cárdenas: le heredó.

Entre junio de 1933 («el destape») y diciembre (la protesta en Querétaro como candidato del PNR), Cárdenas comparte largos días con Calles en El Sauzal, El Tambor y Tehuacán. Su actitud denota aquiescencia. Pero algunas minucias inquietan al Jefe Máximo: Cárdenas no lo secunda en sus pasatiempos, ni en la bebida, ni en tertulia. ¿Lo secundaría a la larga en las ideas y los actos? ¿Se apegaría al Plan Sexenal que oficialmente se preparaba?

La amplitud de la gira política de Cárdenas sólo es comparable a la que Madero emprendió antes de la Revolución. La inicia el 1.º de enero en Michoacán. Allí declara, con todas sus letras, que como presidente hará «lo que hice al recibir el gobierno de Michoacán»: crear «un frente único de trabajadores». En Veracruz alienta los planes proletarios porque le recuerdan los de Michoacán. En Chiapas escribe en sus *Apuntes:* «Iniciaré el desarrollo del sureste llevando el ferrocarril que unirá el Istmo con Campeche y aprovechando la energía eléctrica de los ríos». Campeche lo enamora, pero su anhelo es «que las clases trabajadoras tengan abiertas francamente las puertas del poder». En Yucatán advierte al buen entendedor: «... el postulado agrario se cumplirá muy pronto en este estado ... Las tierras deben dárseles para que ustedes mismos [los campesinos] sigan cultivando el henequén». En Tabasco se arroba ante la obra de Garrido Canabal:

«... un verdadero laboratorio de la Revolución mexicana, en el que el espíritu y las costumbres del pueblo tabasqueño, subyugado ayer por el fanatismo y el vicio del alcohol, se han transformado hoy en dignidad personal, felicidad doméstica, en conciencia colectiva libre de mitos y mentiras».

En Veracruz predica de nueva cuenta uno de sus dos ideales claves: «La división de los trabajadores de Veracruz es muy notoria ... unirlos igual que a todos los del país será mi más empeñosa tarea». En Oaxaca visita la zona mixe, que deja en él una impresión imborrable:

«Jaquila Mixes, 1.600 m de altura. Tiene caídas de agua para dotárseles de una instalación hidráulica para luz, molino, sierra, etc. No lo olvidaré. Es de justicia que estos pueblos indígenas tengan mayor atención, trayéndoles beneficios que no son costosos y sí de gran importancia para su educación y desarrollo económico».

Tenía razón Gonzalo N. Santos: Cárdenas era un zorro, pero un zorro con sayal franciscano.

El 1.º de mayo, Día del Trabajo, insiste por la radio en su proyecto unificador:

«No se trata aquí de pseudocooperativismo burgués ... sino de un cooperativismo genuino que acabará con la explotación del hombre por el hombre, y la esclavitud del maquinismo sustituyéndolas por la idea de la explotación de la tierra y de la fábrica por el campesino y el obrero».

Ese mismo día, como un buen augurio para su proyecto, nace su hijo Cuauhtémoc.

En junio inicia su gira por los estados del norte. Curiosamente, allí sus labios y su pluma casi enmudecen. Cárdenas se siente ajeno al paisaje físico y humano. Hidalgo, San Luis Potosí, Zacatecas, Tamaulipas, Nuevo León, Coahuila, Chihuahua, Durango, le merecen sólo pequeñas notas: una mención al abandono en que están los tarahumaras, otra a los braceros. Mientras el general Eulogio Ortiz le muestra el bonito latifundio con que la Revolución le había hecho justicia,

Lázaro Cárdenas apunta, desde el fondo mismo de su ser colectivo, gregario, antindividualista: «Nuestro pueblo presenta un mosaico de criterios. Trataremos de fundirlo en un solo».[46]

En octubre respira nuevamente: está en Jiquilpan. Piensa regresar a México pasando a caballo por la Mixteca oaxaqueña que tanto lo ha impresionado: «Tengo interés de saludar a los pueblos en la parte montañosa de esa zona».

«La campaña electoral de Cárdenas», escribe Luis González, «fue un viento incesante.» Los números impresionaban: en siete meses, 27.609 kilómetros (11.827 en avión, 7.294 en ferrocarril, 7.280 en automóvil, 735 en barco, 475 a caballo). Pero más impresionante aún que este inmenso despliegue de energía fue la simplicidad, la sinceridad de su mensaje explícito: «Crear el frente único de trabajo» y «activar las dotaciones a que tienen derecho los pueblos». En suma: extender a México, por sobre un Plan Sexenal que no lo limitaba, su ensayo michoacano.

# Aquí manda el presidente

Como presagio simbólico de que los tiempos cambiarían, el presidente Lázaro Cárdenas tomó varias pequeñas decisiones iniciales: dispuso la instalación de un hilo telegráfico directo para que el pueblo presentara sus quejas al Ejecutivo, abrió las puertas de Palacio Nacional a todas las caravanas de campesinos e indígenas que quisieran verlo, mudó la residencia oficial del suntuoso Castillo de Chapultepec a la modesta residencia de Los Pinos[47] —bautizada así por su esposa Amalia— y soltó este comentario a Luis L. León, director de *El Nacional:* «Mira, Luis, es muy conveniente que desde hoy, cada vez que en *El Nacional* se mencione el nombre de mi general Plutarco Elías Calles, procuren quitarle el título de Jefe Máximo de la Revolución».

En el gabinete compartían puestos los callistas de hueso colorado con los fieles cardenistas. Con otros puestos menores o en curules de la Cámara, Cárdenas premiaría la lealtad de muchos michoacanos que alguna vez lo ayudaron: Ernesto Prado, el líder de la Cañada de los Once Pueblos, y Donaciano Carrión, su jefe en la imprenta de Jiquilpan, fueron diputados; Francisco Vázquez del Mercado, jefe de Obras Públicas de su gobierno en Michoacán, dirigiría la Comisión Nacional de Irrigación; Gabino Vázquez, su gobernador interino, pasaría al Departamento Agrario; Soto Reyes, Mora Tovar y Mayés Navarro, puntales de la CRMDT, entrarían a las Cámaras, etc. El pequeño ejército de los puestos subalternos, tan importante como el gabinete, fue cardenista desde un principio.

Pero si se querían emprender cambios menos simbólicos era de todo punto indispensable asegurar la lealtad del ejército. Hasta hace unos años se pensó que Cárdenas había desplazado a Calles solamente por un acto personal de convicción y valor. Sin negar estos ingredientes subjetivos, la excelente investigadora Alicia Hernández ha sacado a la luz los movimientos subterráneos que permitieron tal cambio.

En la fase final de *La mecánica cardenista* —titulo de la investigación– Cárdenas abre un vasto proceso de incorporación de fuerzas resentidas, relegadas, doblegadas por la dinastía sonorense: el «grupo Veracruz» de carrancistas (Cándido Aguilar, Heriberto Jara, Soto Lara); ex villistas, como Pánfilo Natera; ex zapatistas, como Gildardo Magaña, y, desde luego, el gran exiliado en su tierra: don Juan Gene Mu.

Después de la atroz poda de generales sonorenses ejecutada durante la década de los veinte por ellos mismos, quedaban, por supuesto, muchos generales, pero sólo tres de auténtica consideración: Joaquín Amaro, Saturnino Cedillo y Juan Andrew Almazán. El primero no se recupera –ni se recuperará– de la caída política de 1932, que lo relega al puesto casi académico de director del Colegio Militar. Al segundo, gran cacique de San Luis Potosí, Cárdenas lo haría secretario de Agricultura en la primera oportunidad. El tercero, resentido con los sonorenses, se entretiene en la zona militar de Nuevo León haciendo espléndidos negocios de la construcción de caminos.

A los pocos meses Cárdenas coloca «en disponibilidad» al ministro de Guerra y lo sustituye con el fiel general Algueroa, quien muere pronto. El puesto queda vacante. Cárdenas deja como subsecretario encargado del despacho al más incondicional y antiguo de sus lugartenientes: Manuel Avila Camacho. El cargo clave de inspector general del ejército lo ocupa Heriberto Jara. La prensa apenas anota otro pequeño cambio: todas las compras del ejército deberán hacerse por conducto de la Intendencia General. Con esto se daba un golpe mortal a la autonomía económica de las jefaturas. Porque es ahí, en las jefaturas, donde se requiere el manejo más fino. Cárdenas no pierde tiempo. En la delicadísima Sonora cambia de inmediato al callista Medinaveytia y lo acerca a la Primera Zona; mete a Eulogio Ortiz como pieza transitoria, y en mayo de 1935, al sobrevenir la ruptura de Calles, termina por colocar a ambos «en disponibilidad». En Jalisco instala al anticallista Guerrero; en Guanajuato, al zapatista Castrejón; en Durango saca a Carlos Real Félix y pone al carrancista Jesús Agustín Castro; en Coahuila, feudo de su opositor Pérez Treviño, coloca a Andrés Figueroa, y más tarde a un amigo de Múgica: Alejo González. ¿Resultado? Cuando el Jefe Máximo volvió en sí, el mapa militar del país era cardenista. La desmilitarización no paró allí: entre 1935 y 1938 –explica Alicia Hernández–, además de los generales expulsados o los que gozaban de una «licencia forzosa», 91 de los 350 generales se hallaban «en disponibilidad».[48]

El segundo, tercer y cuarto poderes resintieron también, muy pronto, la acción del Ejecutivo. En diciembre de 1934 Cárdenas pre-

435

sentó personalmente al Congreso de la Unión la iniciativa para reformar por segunda vez la organización del poder judicial, acabando con la independencia de origen y suprimiendo la inamovilidad. En vez de la duración indefinida de los magistrados de la Corte, el presidente estatuyó que éstos duraran en su cargo seis años: los mismos de su gobierno. El legislativo, por su parte, no sufrió más que un golpe, eso sí, contundente: el desafuero de diputados y senadores callistas por «incitación a la rebeldía y maniobras sediciosas». La prensa disfrutó una gran libertad a todo lo largo del periodo cardenista; pero en los inicios de su gobierno, Cárdenas propició cambios que, al menos potencialmente, la limitaban. Un reportero estrella de la época, Federico Barrera Fuentes, los narra:

«Muy sutilmente deja que desde su gobierno se vayan materializando las restricciones que para la libertad de prensa había anunciado Juan de Dios Bojórquez, secretario de Gobernación. El 17 de febrero se modifica la Ley General de Vías de Comunicación en sus artículos 530, 541 y 543 y aunque oficialmente se aclara que en nada se afecta la libertad de expresión consagrada en el artículo 7.º de la Constitución, quedará prohibido el transporte de aquellas publicaciones "que denigren a la nación o al gobierno" ... Bassols empleó a las fábricas de papel de San Rafael para cometer el atraco sobre *La Prensa* y ordenó que el Banco de México pagara un adeudo de dicho periódico quedándose, como era natural, con las facturas. Se promovió la demanda judicial continuando San Rafael sirviendo como marioneta ... De ese lío surgió —a propuesta de don Agustín Arroyo Ch.— la idea de organizar la PIPSA, que empezó a funcionar en octubre del mismo año».

Otra innovación: el propio Arroyo Ch. sería el director del nuevo Departamento Autónomo de Prensa y Publicidad.

Pero la palanca fundamental de cambio fue todo menos subterránea: la agitación obrera. Al franco ascenso de la CGOCM (Confederación General de Obreros y Campesinos de México), capitaneada por el intelectual Vicente Lombardo Toledano, se sumaba el fortalecimiento aún más sólido de la Federación de Trabajadores del Distrito Federal, a cuya cabeza actuaban los famosos «Cinco Lobitos»: los ex lecheros Fidel Velázquez y Alfonso Sánchez Madariaga, y tres ex choferes: Fernando Amilpa, Jesús Yurén y Luis Quintero. Estas organizaciones, junto a los ferrocarrileros, los petroleros y mineros, los electricistas, telefonistas, telegrafistas, transportistas, etc., iniciaron, apoyaron o, en algunos casos, amagaron con una actividad huelguística sin precedente. Hubo más de quinientas huelgas en el país entre diciembre de 1934 y mayo de 1935.[49] El secretario de Educación Pública, Ignacio García Téllez, llegó a afirmar que México se encaminaba «hacia la dictadura del proletariado».

El presidente, por su parte, tenía objetivos distintos: matar tres pájaros de un tiro. Con su franca aprobación de la ola huelguística, pastoreaba a las masas obreras hacia la unificación que tan claramente había previsto en la campaña; la agitación, por otro lado, daría pie a un cambio en las reglas del juego entre patrones y obreros en favor de los más débiles y con la protección estatal; con el tiempo, en fin, la gran movilización obrera podía ser la base inexpugnable del Ejecutivo para desembarazarse del Jefe Máximo. Que Cárdenas conocía y sabía manejar a las masas y los líderes era cosa clara para cualquiera que se hubiese asomado a su gestión michoacana. Cualquiera, menos los despistados sonorenses y sus paniaguados. Hacia principios de abril de 1935 Aarón Sáenz escribe a Calles:

«A mi regreso platiqué muy ampliamente con el señor presidente y puedo decirle que lo encuentro muy bien: sereno, oyendo con interés lo que le conversé y con profunda atención respecto a sus consejos. Creo que usted tiene razón en esperar que sus cualidades morales son valiosas y que será muy fácil lograr buen resultado y camino conveniente. Le preocupa su opinión sobre los aspectos sociales y creo que está lejos de él una solución distinta de la que la Revolución debe dar a los problemas. Se muestra deseoso de que usted regrese en mayo, pues desea tener oportunidad de conversar, y lo encuentro animado del propósito de buscar aquel camino que realice el programa de la Revolución dentro de las directrices del Plan Sexenal y conforme a la voz autorizada de la experiencia. Sin duda sigue el señor presidente pensando en que la Revolución debe seguir su obra en beneficio de las clases laborantes; pero está consciente de que es el gobierno quien debe señalar rumbos y está prevenido respecto a los que pudieran presentarse como logreros en la agitación, procurando la satisfacción de sus apetitos y el predominio de sus intereses personales».

«La situación calmada», agregaba Sáenz, «todo será útil y fructuoso.» Lo que no veía Sáenz era para quién.

El presidente Cárdenas, por su parte, quería atraer a Calles hacia la capital. El 17 de abril le pide que regrese. Había problemas monetarios que requerían su consejo: «¿Para cuándo lo tendremos a usted por acá? No vaya a esperar llegue la temporada de los moscos ni a exponerse a quedar varado por las lluvias, como nos sucedió el año pasado en el camino del Tambor a Navolato».

Por fin, el 2 de mayo Calles y Cárdenas se abrazan en Balbuena. Por un tiempo, todo es cordialidad. El 8 de junio se reúnen a comer.

«En ese lapso», recuerda Barrera Fuentes, «sí hablaron de política y Cárdenas le dijo que ante la actitud que habían tomado los obreros y la división en las Cámaras haría luego una declaración para meter a todos en cintura. Calles le sugirió: "Señor presidente: durante su campaña electoral la bandera que enarboló fue la obrerista y no conviene que haga usted esas declaraciones. Permita usted que yo las haga haciendo un llamado a todos para cancelar la agitación y la división en el Congreso".»[50]

Cárdenas lo permitió de mil amores. El martes 11 de junio se publican las declaraciones que Calles hizo a un grupo de senadores y que había recogido también Ezequiel Padilla; habla de las divisiones, la agitación, la necesidad de tranquilidad que tiene el país, de la ingratitud de las organizaciones obreras: «vamos para atrás». El presidente le había pedido a Luis L. León no publicarlas en *El Nacional*, pero los otros periódicos las difundieron. Uno de ellos anunció en el cintillo: «Patrióticas declaraciones del general Plutarco Elías Calles». Cárdenas se toma largos días para contestar. Es seguro que observa las reacciones de simpatía hacia Calles. En el instante justo, rompe: acerca de él no se deslizaría el chiste sobre Ortiz Rubio: «Aquí vive el presidente, pero el que manda vive enfrente»:

«Cumplo con un deber al hacer del dominio público que, consciente de mi responsabilidad como jefe del poder ejecutivo de la nación, jamás he aconsejado divisiones —que no se me oculta serían de funestas consecuencias— y que, por el contrario, todos mis amigos y correligionarios han escuchado siempre de mis labios palabras de serenidad, a pesar de que determinados elementos del mismo grupo revolucionario (dolidos, seguramente, porque no obtuvieron las posiciones que deseaban en el nuevo gobierno) se han dedicado con toda saña y sin ocultar sus perversas intenciones, desde que se inició la actual administración, a oponerle toda clase de dificultades, no sólo usando de la murmuración, que siempre alarma, sino aun recurriendo a procedimientos reprobables de deslealtad y traición. En este sentido, mi conciencia no me reprocha nada que pudiera significar, de parte mía, la menor provocación para agitar o dividir al grupo revolucionario. Refiriéndome a los problemas de trabajo que se han planteado en los últimos meses y que se han traducido en movimientos huelguísticos, estimo que son la consecuencia de intereses representados por los dos factores de la producción y que, si causan algún malestar y aun lesionan momentáneamente la economía del país, resueltos razonablemente y dentro de un espíritu de equidad y de justicia social, contribuirán con el tiempo a hacer más sólida la situación económica, ya que su correcta solución traerá como consecuencia un mayor bienestar para los trabajadores, obtenido de acuerdo con las posibilidades económicas del sector capitalista».

En un santiamén, las masas obreras salen a la calle pidiendo la cabeza de Calles. De inmediato, también Cárdenas pidió la renuncia de su gabinete. Con la aquiescencia de Cárdenas, los renunciantes fueron en grupo a Cuernavaca a visitar al ex Jefe Máximo. Los recibió en pantuflas. Juan de Dios Bojórquez le dijo que las cosas tenían compostura, pero Calles lo interrumpió. Raúl Castellano vivió la escena:

«No, Juan de Dios, esto no tiene remedio, porque situaciones como la que tenemos no se prenden con alfileres. Desgraciadamente el presidente Cárdenas me ha interpretado mal y como ya tomó él sus decisiones, no está en mis manos cambiar nada de lo que él ha dispuesto».

Los dimitentes salieron despacio y calladamente. El capítulo se cerraba. El presidente integró su nuevo gabinete: Eduardo Suárez ocuparía Hacienda; Silvano Barba González, Gobernación; Andrés Figueroa, Guerra; Rafael Sánchez Tapia, Economía; Francisco J. Múgica, Comunicaciones; Vázquez Vela, Educación; Saturnino Cedillo, Agricultura. De golpe y porrazo se había desembarazado de Calles y de todos los callistas, incluyendo a su propio candidato a la presidencia, el peligrosísimo Tomás Garrido Canabal y sus «Camisas Rojas». Tratando de reavivar los tiempos de la violenta desfanatización, Garrido había propiciado masacres de católicos y estudiantes. Con la salida del tabasqueño a Costa Rica como representante oficial, Cárdenas daba el primer carpetazo a la política anticlerical que, muy en el fondo, sobre todo después de los fracasos desfanatizadores en Michoacán, no era la suya.

Faltaba una poda: la de los gobernadores. Entre 1935 y 1936 se declaran desaparecidos los poderes, se nulifican las elecciones o se conceden licencias forzosas en 14 estados. Según Pablo González Casanova, fue Lázaro Cárdenas quien utilizó con mayor frecuencia la facultad extraordinaria de la desaparición de poderes. En tres estados los cambios resultan espectaculares: Coahuila, coto de Pérez Treviño; Nuevo León, donde se declara nulo el triunfo de Plutarco Elías Calles hijo, y Guanajuato, feudo de Melchor Ortega. La operación estaba, pues, casi concluida.

El 22 de diciembre de 1935 Cárdenas confía a su querido *Diario* (te lo digo *Diario* para que te enteres Historia):

«No debe expatriarse al general Calles y menos en el actual momento, ya que el propio general Calles y su grupo no son problema para el gobierno ni para las organizaciones de trabajadores; deben permanecer dentro del territorio nacional para que aquí mismo sientan el peso de su responsabilidad histórica.

»El distanciamiento definitivo con el general Calles me ha deprimido; pero su actitud inconsecuente frente a mi responsabilidad me obliga a cumplir con mis deberes de representante de la nación. Durante el tiempo que milité a sus órdenes me empeñé siempre por seguir sus orientaciones revolucionarias; cumplí con entusiasmo el servicio, ya en campaña o actuando en puestos civiles. De su parte recibí con frecuencia expresiones de estímulo. Recuerdo que en 1918 durante la marcha que hacíamos con la columna mixta expedicionaria de Sonora, destinada a la campaña en Michoacán, en contra de Inés Chávez García, reunidos Paulino Navarro, Rodrigo M. Talamantes, Dizán R. Gaytán, Salvador Calderón, Manuel Ortega, José María Tapia y yo —reunidos, decía—, alrededor del catre en que descansaba el general Calles (que venía acompañándonos desde Sonora para seguir él a la ciudad de México), le decíamos al escuchar sus ideas sociales: "Mi general, usted está llamado a ser una de las figuras principales en los destinos de la nación", y nos contestó: "No, muchachos, yo seré siempre un leal soldado de la Revolución y un amigo y compañero de ustedes. En la vida, el hombre persigue la vanidad, la riqueza o la satisfacción de haber cumplido honrada y lealmente con su deber; sigan ustedes este último camino" ...

»¡Qué sarcasmo tiene la vida! ¡Cómo hace cambiar la adulación el pensamiento sano de los hombres! Veremos al terminar mi jornada político-social qué camino seguí, de los que nos señalaba en 1918 el general Calles. Señalando con el ejemplo la ruta a seguir se llegará fácilmente hasta el fin.

»Ha tenido la Revolución hombres que no resistieron ante la tentación de la riqueza; explotaron su posición en el poder; se volvieron mistificadores de la idea; perdieron la vergüenza y se hicieron cínicos. Sin embargo para sus adeptos siguen siendo redentores de las masas».

En 1936 Cárdenas cambia de opinión. El 9 de abril envía a Calles al exilio. El acto recibió un apoyo entusiasta. Con su magistral operación quirúrgica —y con la ayuda de un Calles enfermo, cansado y debilitado políticamente— Cárdenas había depuesto para siempre al poder tras la Silla. Lo había hecho, además, no a la manera sonorense —por y con sus pistolas—, sino a la suave manera michoacana: nada contra la vida, algo, eso sí, contra la libertad de residencia, que es un poco distinto.

El cambio propició otros muchos cambios: fin de la hegemonía militar, fin de las querellas de bloques en las Cámaras, centralización política en manos del Ejecutivo, domesticación de los otros poderes, ascenso de la política de masas y de un Estado corporativo que ya se apuntaba en la gestión de Cárdenas en Michoacán. Ese gigantesco relevo histórico significó también un relevo de generaciones: entró al escenario público la generación constructora que había vivido sólo como testigo de la Revolución. Pasó a retiro la generación propiamente revolucionaria.[51] El epígono de la primera tenía la virtud de haber participado activamente en la lucha. México cambió en 1935.

Cárdenas era un hombre sensible a los símbolos. Al sentirse firme en la Silla, apuntó en su *Diario:*

«8 de febrero de 1936.
»Hoy expedí la Ley de Indulto para todos los procesados políticos, civiles y militares, cuyo número pasa de diez mil personas, que han tomado parte en rebeliones o motines en administraciones pasadas. El espíritu de esta ley es liquidar las divisiones entre los mexicanos y a la vez dar mayor confianza al país, que facilite el desarrollo de nuevas fuentes de trabajo».[52]

Llegaron a México Porfirio Díaz hijo, Adolfo de la Huerta, Enrique Estrada, Juan Sánchez Azcona..., centenares de exiliados de la Revolución. Uno de ellos, Rafael Zubarán Capmany, comentó: «Cárdenas tienen el corazón de Madero y el carácter de Carranza. He hablado largamente con él. Es un hombre».

Al asumir el gobierno de Michoacán, su táctica y programa habían sido lo mismo: fortalecerse políticamente para impulsar después sus reformas sociales. En Michoacán, sin embargo, no había tenido que desplazar a algún pequeño Calles. Ya como presidente, la maniobra le había tomado un año, la sexta parte de su periodo. A partir de 1936 podía dedicar sus energías a apoyar paralelamente sus dos ideales: el frente único del trabajo y el reparto de la tierra.

Para dejar claro que su propósito principal era concentrarse en los artículos 27 y 123, no tanto en el 3.º y menos en el 130, declaró en febrero de 1936: «El gobierno no incurrirá en el error, cometido por administraciones anteriores, de considerar la cuestión religiosa como problema preeminente ... No compete al gobierno promover campañas antirreligiosas ...».

Los profesores, que en Michoacán habían sido la punta de lanza desfanatizadora, recibieron una consigna distinta: «De aquí en adelante no deberán concentrarse sobre la gran causa de la reforma social únicamente».

El 30 de marzo de 1936 los feligreses de San Felipe Torresmochas agreden con armas y piedras a la misión cultural. Un maestro cae asesinado. Interviene la fuerza pública. Al enterarse Cárdenas, llega al pueblo en un santiamén. Entra al pueblo y los sacerdotes «condenan el acto criminal». En privado comenta: «Me cansé de cerrar iglesias y de encontrar templos siempre llenos ... el consuelo está en abrir escuelas». El episodio lo convence de una vez para siempre: había que dar marcha atrás en la política anticlerical. Así se aplacaría también al poderoso cabildeo católico en Washington. La persecución no desapareció por ensalmo, pero amainó drásticamente.[53] Como signo de los nuevos tiempos, el cielo dispone la muerte de Pascual Díaz —el arzobispo que protagonizó la Cristiada— y el Vaticano cubre la vacante con Luis María Martínez, el conciliador michoacano amigo de Cárdenas.

Junto a la desfanatización —que ahora, en el ámbito nacional, tocaba a retiro— el gobernador Cárdenas había impulsado decididamente la educación. Como presidente, actuó en consecuencia pero en un tono menor. Durante todo su periodo la querella en torno a la educación socialista estuvo a la orden del día, muy ligada a la oratoria de la época: congresos, debates, polémicas, textos doctrinales, agitación universitaria, discursos de Lombardo Toledano, amenazas, homenajes a Lenin, el aniversario de la Revolución rusa elevado a fiesta nacional en el calendario de la Secretaría de Educación; confusión en los programas, los maestros, los padres y los niños; dudas sobre cuál sería el sentido «racional y exacto del universo» al que crípticamente se refería el nuevo artículo 3.º, mítines, fundación de la Universidad Obrera, obreros vestidos de universitarios, universitarios vestidos de obreros, nuevos discursos de Lombardo Toledano..., kilómetros de tinta y bla-bla-bla. Desde el punto de vista de una posible sociología del conocimiento, no es casual que naciera una estrella: Cantinflas. En su espléndido libro sobre *Los días del presidente Cárdenas*, Luis González transcribe uno de los discursos del cómico:

«A nadie pudo haber escogido Lombardo mejor que a mí para solucionar la solución del problema... Como dije, naturalmente, si él no puede arreglar nada y dice mucho, a mí me pasa lo mismo... ¡Y ahora voy a hablar claro! ¡Camaradas! Hay momentos en la vida que son verdaderamente momentáneos... Y no es que uno diga, sino que hay que ver. ¿Qué vemos? Lo que hay que ver... No digamos... pero sí hay que comprender la psicología de la vida para analizar la síntesis de la humanidad, ¿verdad? Yo creo, compañeros, que si esto llega... porque puede llegar y es muy feo devolverlo... Hay que mostrarse como dice el dicho... Debemos estar todos unidos para la unificación de la ideología emancipada que lucha... ¡Obrero!, proletario por la causa del trabajo que cuesta encauzar la misma causa... Y ahora, ¡hay que ver la causa por la que estamos así! ¿Por qué han subido los víveres? Porque todo ser viviente tiene que vivir, o sea el principio de la gravitación, que viene a ser lo más grave del asunto...».

En Palacio, por contraste, vivía el hombre a quien ya se apodaba «la Esfinge de Jiquilpan». Podía detener la persecución religiosa pero no el bla-bla-bla ni la educación socialista. En el fondo, veía a ésta como un objetivo menor. La Revolución consistía en cambiar la realidad, no en cambiar la conciencia sobre la realidad. Los frentazos en el ensayo de Michoacán no habían pasado inadvertidos.

Junto al nuevo rumbo, el nuevo estilo. Una amplia entrevista de primera plana publicada con lujo de fotos el 8 de septiembre de 1935, presentaba a Cárdenas tal como quería aparecer y casi tal como era: «ni el juego, ni la vida nocturna ... seducen a nuestro actual presidente». No va a fiestas, no le gusta el protocolo, «jamás la aurora lo encontró dormido», es incansable, vital, andarín, no tiene guardias. Ha cerrado casinos y prohibido el jai-alai, pero le gustan los «deportes» campiranos.

Su alimentación es frugal:

«Su plato favorito, al menos cuando estaba en Michoacán así era, es la "morisqueta", un arroz desflemado que preparan los arrieros para su urgente apetito, al borde del camino, en un pequeño socavón calentado con leña, en el que ponen una bolsa de lienzo, llena con el arroz mojado y sazonado con sal».

Le gustan los caballos, tiene varios y muy buenos. Le gustan los ranchos, tiene algunos y muy buenos. Le gustan las mujeres, y las malas lenguas le atribuyen amoríos. Desde niño ha sido fiel a un amor: «Durante más de una hora», recordaba García Tellez, «juntamos tierra y apagamos el fuego. Amaba tanto al árbol como odiaba la tala. Amaba la sombra, todo lo que es un árbol, hasta un ataúd».

Nunca, ni siquiera en su toma de posesión, usó esmoquin. Casi siempre vestía de traje oscuro. Era cortés en extremo: «Señor licenciado, yo le suplico... ¿podría usted tomarse la molestia...?». Despachaba en Palacio Nacional por dar dignidad a los asuntos de Estado. «Su mirada era dulce y muy humana», recuerda Raúl Castellano, su fiel y caballeroso secretario particular; «auxiliaba a las gentes con una gran delicadeza. Siempre se le vio tranquilo y nada nervioso.» La única crítica *personal* que se le hacía desde entonces, de modo persistente, era el nepotismo: protegía con cierta exageración a sus hermanitos que también se apellidaban Cárdenas pero no eran Cárdenas.

# El reparto de la tierra

Su doble proyecto avanzaba. En febrero de 1936 se crea el frente único del trabajo que tanto había pregonado, una especie —sólo una especie— de CRMDT nacional: la CTM. Al consolidar la nueva organización, Cárdenas la utilizó en algunos casos como brazo político y sindical en la promoción de su siguiente objetivo: la reforma agraria integral.

Para los «revolucionarios de entonces», el ejido había sido un expediente limitado. En su informe del 1.º de septiembre de 1935 Lázaro Cárdenas caracterizó el sentido original de la reforma diciendo que se trataba de dar al campesino «algo así como un écuaro o pegujal complementario del salario». Cárdenas, el «revolucionario de ahora», piensa distinto:

«Por el hecho de solicitar ejidos, el campesino rompe su liga económica con el patrón, y en estas condiciones, el papel del ejido no es el de producir el complemento económico de un salario ... sino que el ejido, por su extensión, calidad y sistema de explotación debe bastar para la liberación económica absoluta del trabajador, creando un nuevo sistema económico-agrícola, en un todo diferente al régimen anterior ... [Serviría] para sustituir el régimen de los asalariados del campo y liquidar el capitalismo agrario de la República».[54]

Así, al concepto de justicia —«remediar en lo posible las desigualdades»— se aunaba el concepto económico y productivo. Había también un objetivo político más oculto: la reforma agraria quiso, ante todo, destruir la hacienda y el poder político de los hacendados. Muchos de ellos eran «revolucionarios» convertidos en latifundistas. El proyecto de reforma agraria de Cárdenas se resume en una palabra: amplitud.[55] De *ámbito:* no sólo afectaría la zona cerealera sino literalmente todo el país; de *método:* aparte de la dotación y la restitución, se recurriría a la colonización interior, el fraccionamiento y la apertura de nuevos centros de producción agrícola (de hecho estos tres últimos procedimientos se aplicarían en una gran porción de los 18.352.275 de hectáreas que, entre 1.020.594 campesinos, Cárdenas reparte en su periodo); amplitud *jurídica:* reconocimiento de los peones acasillados como sujetos de reparto, facilidad de ampliaciones, extensión de radios a los que afectaría, nueva Ley de Expropiación por Causa de Utilidad Pública; de *recursos:* creación del Banco de Crédito Ejidal, aumento de recursos al Departamento Agrario; pero, sobre todo, amplitud de *concepto:* el Estado ofrecería planes, organización, crédito, investigación, enseñanza, comunicaciones, servicios, deportes, administración honrada, riego.

Entre octubre de 1936 y diciembre de 1937 —como bien señala Luis González— Cárdenas se concentró en sus «jornadas agraristas». Arreglados los asuntos políticos en la «urbe de chismografía, egoísmo y corrupción», podía salir al campo, donde «todo era puro», «vivir», en sus palabras, «junto a las necesidades y angustias del pueblo para encontrar con facilidad el camino para remediarlas». Ver las cosas en concreto, una por una, no andarse por las ramas o tras escritorios o entre papeles u oyendo a los «sopas de letras». El intelectual Daniel Cosío Villegas recordaba un «espectáculo común y corriente de la época»:

«[Un] ejido solicitaba del Banco Ejidal un préstamo, el consejo de administración estudiaba los antecedentes y lo concedía. Entonces mi general Cárdenas se trepaba en el avión con el director del Banco de Crédito Ejidal, que era un ingeniero de tipo muy indígena, muy pintoresco, y metían las bolsas de dinero en un avión chiquito, que era lo único que podían usar, descompensando el peso del avión, sin averiguar siquiera si el avión podía sostener el peso, en fin, poniendo la vida en peligro. Pero era la única concepción que Cárdenas tenía: llegar al pueblo que había solicitado y decir: "Ustedes mandaron este papel, aquí están los pesos". Este acto de sacar las bolsas de dinero y decir: "A ver, ¿dónde están los jefes de familia?" y repartir los pesos ... yo tuve la impresión, cuando veía hacer estas cosas a Cárdenas, de que estaba haciendo demagogia, porque ciertamente nada le puede convencer [más] a un indio mexicano que resolverle sus problemas de ese modo tan material, tan visible. ¡Nada de papeles, ni de cheques, ni bancos, aquí está el negocio! Y, sin embargo, [eso representaba] con el tiempo ... la negación de todo lo que es una organización».

Así fue como Cárdenas había llegado a la meca misma del agra-

*Arriba:* El presidente Lázaro Cárdenas conversa con campesinos (1937).
«Sentía amor auténtico por los indígenas. Como gobernador no escatimaba tiempo para escucharlos, aconsejarlos y tratar de dirimir sus diferencias.» (E. K.)
*Abajo:* El presidente Lázaro Cárdenas con maestros rurales (1937).
«Al menos mi tiempo tengo para darles.» (Lázaro Cárdenas)

rismo mexicano: Anenecuilco. Francisco Franco —heredero de la confianza de Zapata y de los documentos antiquísimos del lugar— había enviado al presidente una carta en que relataba los atropellos e injusticias de que era víctima el pueblo por parte de un grupo de generales a los que la Revolución «había hecho justicia»:[56]

«El 29 de junio de 1935», relata Mario Gil, «el presidente Cárdenas se presentó en el pueblo, y en un acto público y solemne expropió a los generales y entregó a sus dueños, los indios de Anenecuilco, las tierras de Zacuaco tal como se hallaban en esos momentos [en vísperas de cosecha], así como toda la maquinaria agrícola de la cooperativa. Dijo Cárdenas en esa ocasión que devolvía esas tierras como un homenaje histórico al pueblo iniciador de la revolución agraria. El gobierno indemnizó a los generales y les entregó otra hacienda en Tamaulipas».

En octubre de 1936 Cárdenas dio el primer gran paso: el reparto de La Laguna. Nadie hasta entonces se había atrevido a tocar, o siquiera a pensar en tocar, las regiones agrícolas verdaderamente modernas del país. El emporio algodonero de La Laguna sería el botón de muestra: las 220.000 hectáreas de riego pertenecían a un grupo no muy numeroso de grandes y medianos latifundistas, entre los cuales estaban los generales «revolucionarios» Pablo Quiroga, Eulogio Ortiz, Carlos Real y Miguel Acosta. Tres grandes empresas extranjeras controlaban en buena medida el movimiento económico de la zona: Lavín (española), Purcell (inglesa) y Tlahualillo (francesa). En diecisiete años de explotación los hacendados habían ganado 217 millones de pesos y reinvertido sólo una parte mínima. La clave del negocio lagunero estaba en las inciertas avenidas del Nazas. Unicamente los fuertes capitales podían arriesgarse a plantar sin recoger, de ahí que los latifundistas viesen siempre con recelo el proyecto oficial de construir la presa El Palomito. Temían, con razón, que al regular y tener seguro el suministro de agua, el gobierno los expropiaría.

Un buen día de otoño llegó a la comarca Lagunera el famoso Tren Olivo del presidente. El ingeniero Vázquez del Mercado (director de la Comisión Nacional de Irrigación), el doctor Parres y el joven ingeniero Adolfo Orive Alba (jefe del Departamento de Ingeniería de la Comisión) habían estudiado los últimos detalles de la presa, cuya construcción se habían comprometido a apoyar financieramente los latifundistas a cambio de evitar cualquier reparto. Los hacendados, plenos de confianza, disponen para el presidente una gran comilona.

Mientras las nubes se apilan presagiando un chubasco, el presidente los hace esperar. Al Tren Olivo sólo suben y bajan filas de campesinos. Pasan las horas. Los veinte o treinta potentados sacan sus paraguas y ven partir el tren sin haber podido hablar con el presidente. El acuerdo firmado por los latifundistas con Vázquez del Mercado carecía de valor: el ingeniero se había extralimitado.

La CTM y el Partido Comunista habían trabajado sindical y políticamente la región. Cuando Cárdenas llegó, el terreno estaba abonado para el reparto. Permaneció en la zona cerca de dos meses vigilando en persona la dotación. Cuando le tocó su turno, el general Eulogio Ortiz alzó los hombros y pronunció una frase célebre: «La Revolución me dio la tierra y la Revolución me la quita». Cárdenas apunta: «Debería haber expresado: "Durante la Revolución la adquirí y hoy la devuelvo al pueblo"».[57]

La entrega tuvo muchos instantes emotivos. El 10 de noviembre Cárdenas exclama: «Todo aquel que haya trabajado la tierra en base a salario ... venga a contar con su sitio en el ejido». Diez días después, en el aniversario de la Revolución, un ex villista le entrega su vieja carabina 30/30 a cambio de un arado de hierro. Cárdenas, conmovido, le dice: «Que estos actos sirvan para la felicidad del pueblo mexicano y para mantener la paz en la nación».

«En toda esa campaña cívica del presidente agitador», recuerda Hernán Laborde, «se destacó su interés por los problemas del hogar y la familia, su ayuda a las mujeres y los niños. Con él iba el molino de nixtamal, la máquina de coser, el brasero, el lavadero. Y la escuela rural y los servicios médicos, de salubridad e higiene. Y la cooperativa de consumo. Las madres de familias se acercaron confiadas. Se reunió con ellas en Santa Lucía, en Las Vegas, en Gilita, en La Luz... Las estimuló a organizarse en ligas femeniles. Porque —diría en su mensaje del 30 de noviembre— "la mujer lagunera es una esperanza para el México del porvenir". Y en una extraordinaria fotografía de entonces aparece Cárdenas de pie, la mano izquierda en el bolsillo del pantalón, la derecha cruzándole el pecho, confeti en la cabeza y en la cara una sonrisa de muchacho feliz, mientras un grupo de campesinas lo rodea y un chiquillo casi se le recuesta en un brazo.»

El 28 de noviembre se había dotado ya a 28.503 campesinos con 243.341 hectáreas. Las cifras finales serían 37.753 ejidos, 447.516 hectáreas. En diciembre de 1936 Cárdenas apuntaba:

«Si se cuida la organización del ejido como ahora se ha planeado, es posible que los ejidatarios logren absorber toda la tierra que hoy queda bajo su jurisdicción. Lo ideal habría sido dejar en La Laguna un solo sistema de tenencia: el ejidal; pero no hubo posibilidades para llevar de otras zonas campesinos para aumentar la extensión de las tierras ejidales. Por hoy se da el impulso mayor que ha sido posible en favor del campesino y de la economía del país. Sigo sosteniendo que el ejido hará que se cultiven más tierras y con mayor éxito».

El novedoso sistema al que se refería Cárdenas era el ejido colectivo. La idea de su introducción fue seguramente de Lombardo Toledano. Muchos años después, en 1961, Cárdenas admitiría: «Tierras como La Laguna y otras zonas se dieron aun sin el deseo de los dirigentes de los propios campesinos, que preferían seguir la lucha manteniendo el sindicato en las haciendas agrícolas». Pero la idea de Cárdenas era liberar al campesino, no favorecer a los sindicatos.

A los cinco años del experimento colectivo, visitó la zona Marte R. Gómez, nuevo ministro de Agricultura. Halló varios problemas: el rendimiento del sector privado superaba en mucho al del ejidal; el Banco Ejidal no recobraba sus créditos: había franca animosidad entre los ejidatarios y los burócratas del banco; «se hicieron», apuntó Gómez, «negocios sucios, corrompiendo inclusive a socios, delegados y jefes designados por campesinos»; el banco había dispuesto una compra inútil de semillas y animales; el reparto se había hecho con excesiva premura, dando lugar a un auténtico «rompecabezas territorial».

Con todo, el panorama no era tan desolador. En los primeros años del experimento se habían puesto las bases de un desarrollo más firme. Había un alto grado de mecanización, un aumento general de prestaciones a expensas del Estado —medicina, agua, servicios, higiene—, reparto modesto de utilidades, incremento en la superficie regada por los ejidatarios, nuevas sociedades, nuevos créditos, nueva y mayor población.

Aunque al poco tiempo se abandonaba el sistema colectivo, las conclusiones de Marte R. Gómez eran sensatas:

«Esta situación se ha venido transformando a medida que el campesino adquiere una conciencia más clara de la situación y comienza a sentirse verdadero propietario de su tierra. Ya se piden créditos para construir habitaciones, para perforar norias destinadas al abastecimiento de agua potable de los núcleos organizados, para la construcción de bodegas, etc. Los "limos" humanos que el Nazas arrastró principian a sedimentarse.

»La nación, en resumidas cuentas, puede confiar en que la obra de La Laguna no camina hacia un despeñadero. La región se reorganiza, su prosperidad se establece y su optimismo renace. No se trata de un optimismo ilusorio que alimenta la ceguera de un fanatismo de reformador social. Es una prosperidad que se finca en las riquezas de la tierra, en la laboriosidad y en el espíritu de empresa de los hombres de La Laguna».

A su regreso de La Laguna, con la emoción de haber dado el primer paso, el decisivo, Cárdenas se dispone a resolver el problema agrario de Yucatán.

Hacia 1935, le había solicitado a Daniel Cosío Villegas un estudio de la zona. Las conclusiones del economista fueron desalentadoras: poco podía hacerse para elevar siquiera en lo mínimo el nivel de vida de los campesinos yucatecos, atados al cultivo de una fibra sin presente ni futuro. Cárdenas, por supuesto, desechó esas conclusiones. A su juicio la solución estaba en repartir la tierra y crear modalidades pertinentes en los sistemas de producción.

Yucatán era, en verdad, una zona trágica de México. El recuerdo de la pasada y efímera bonanza, y hasta las sombras del luminoso pretérito maya, volvían aún más tenebroso el horizonte. Los hacendados de la casta divina llevaban años infringiendo las disposiciones agrarias. La defensa de los hacendados asumía formas múltiples. Mientras organizaban asesinatos y choques sangrientos, azuzaban a los peones contra los ejidatarios.

«Hacían cortes excesivos en los planteles, abandonaban las diferentes operaciones del cultivo, no sembraban para reponer los planteles en vías de agotamiento, rehusaban alquilar sus equipos de desfibre y, en muchos casos, los desmantelaban. En su mayor parte, los patrones se acogieron al amparo contra la ley de arrendamiento forzoso de los equipos.»

En el primer año de la administración cardenista, el gobernador López Cárdenas —enemigo declarado de la hacienda— reparte las primeras 2,041 hectáreas *sembradas* de henequén, amplía el reparto de ejidos y ocupa máquinas desfibradoras. Entre tanto, en México, Cárdenas encarga a otro economista —menos empírico y aguafiestas que

Cosío Villegas— la elaboración de un nuevo estudio sobre la región. Su propósito era dar de golpe toda la tierra a los campesinos, abriendo una nueva etapa de prosperidad con justicia. Enrique González Aparicio ajusta sus conclusiones a esa convicción, que también es la suya.

El gobernador López Cárdenas tenía un proyecto distinto: a su juicio, la pequeña propiedad debía extenderse a 300 hectáreas (no a 150, como dispondría Cárdenas); por otra parte sugería que el Banco Agrícola y la Comisión Agraria se abstuvieran de desplegar actitudes patronales. Los propios yucatecos podían resolver el problema, con paso firme y gradual, si el gobierno central los escuchaba. Extrañamente, a pesar de la animosidad abierta entre López Cárdenas y los hacendados, el presidente Cárdenas no se entendió con él. En su libro *Revolución contra la Revolución*, López Cárdenas escribiría:

«... habiendo expuesto mis puntos de vista al presidente y a las demás personas que por parte del gobierno federal iban a intervenir en las juntas, me hice sospechoso de estar al servicio de los latifundistas. Recuerdo algunas de las palabras del presidente de la República en este sentido: "Ya basta de decir 'estamos viendo', 'estamos observando', 'estamos estudiando'; ya me cansé de que todo se arregle por los henequeneros con cheques para los gobernadores"».

Todo el mundo en Yucatán, empezando por el líder nato de los henequeneros, Rogelio Chalé, sabía que López Cárdenas era incapaz de transar con los hacendados. La única explicación de la actitud de Cárdenas es la impaciencia: le urgía entregar toda la tierra, y pronto. Las minucias de la voluntad local le tenían sin cuidado. López Cárdenas renunció a mediados de 1936.

El 1.º de agosto de 1937 Cárdenas llega a Mérida por ferrocarril. El día 3, acompañado por el nuevo gobernador, Palomo, desde un balcón del Instituto Literario de Mérida habla ante la multitud congregada.

Miles de peones mayas, con banderas tricolores y rojas y mantas alusivas, lo escuchaban con ardor. A los hacendados, el presidente les hizo saber que su decisión de entregar la tierra era irrevocable. Más adelante, en el mismo discurso, los exhortó a que «tomando ejemplo en el estoicismo de nuestra raza maya, que pacientemente ha resistido largos años la miseria y el abandono ... antes que sentirse deprimidos, se dediquen a nuevas actividades seguros de que el gobierno les prestará su más franco apoyo, ya que el gobierno reconoce de su deber aprovechar las capacidades de todo el pueblo para el mayor desarrollo de la economía nacional».[58]

El «proyecto Yucatán» incluía, para el futuro cercano, la fundación de un instituto agrícola henequenero, estudios de laboratorio, de comunicaciones, de salubridad. El Banco Ejidal prestaría dinero sin interés por el tiempo que fuera necesario. Por lo pronto había ya treinta y cinco millones de pesos disponibles. «Cuando los ejidatarios de Yucatán digan que no es necesaria la presencia del Banco», explicaba Cárdenas, «podremos cantar victoria, pues ello será un signo del triunfo absoluto de ustedes. Y la posibilidad de trasladar los elementos económicos del banco a otras zonas.»

Los hacendados, por supuesto, no dormían. La Asociación Defensora de la Industria Henequenera, eficazmente secundada por el *Diario de Yucatán*, forcejeaba. En una entrevista de última hora, cinco de sus afiliados —entre ellos un Molina, un Cásares, un Cámara, los apellidos inevitables— intentaron conmover a Cárdenas. El presidente escuchó tranquilo el alegato y repuso, según la versión de *El Nacional:*

«"Han hablado ustedes de que les son insuficientes 150 hectáreas para sus negocios; en este caso, tomando en cuenta su propia afirmación, ¿qué cantidad vamos a admitir que necesite un campesino cuya familia tiene de ocho a diez miembros? Los campesinos, al igual que ustedes, son mexicanos y padres de familia." Y concluyó: "Queremos ver a todos los campesinos de Yucatán con mejores vestidos, alimentación, habitaciones, diversiones y medicinas; no macilentos como ahora ...".»

Buen deseo de Cárdenas, no realizado todavía. Pero el 20 de agosto, una ley del gobierno del estado declaraba de utilidad pública la inmovilización de todo el equipo industrial de las fincas, con sus máquinas, sus implementos, sus útiles, sus animales, sus vías y plataformas. Había que asegurar los equipos para la ejecución del acuerdo del día 8. Y el 22, ante la mesa de peones del municipio de Abalá, Cárdenas y Palomo iniciaban en la finca Temozón —tierra de Mena y Sosa— la ejecución del acuerdo. Con los hombres, las mujeres —descalzas, de terno blanco y rebozo— y los niños acuclillados, a la clásica manera india. Las banderas y las mantas: «Comisariado Ejidal de Temozón», «Frente Unico Pro Derechos de la Mujer», «Molino de Nixtamal», «Liga Femenil Mena y Sosa»... Entonces, el jefe del Departamento Agrario tomó la palabra: «El señor presidente de la República y el gobernador del estado... dan posesión de ejidos a esta zona de Abalá, que entre sus poblados tienen incluido a Temozón».

En ese instante se daban en Abalá, en Tixkobob, en Muna, en Ekmul, en Dzidzantún, en Seyé, en Tekantó, etc., 23.500 hectáreas de henequén y 66.700 de tierras incultas, para 8.408 jefes de familia pertenecientes a 70 núcleos de población ejidal. Y del 22 de agosto al 16 de septiembre se despacharon noventa y tantos expedientes con dotaciones para más de 330 núcleos de población, que se agruparían finalmente en 272 ejidos. En total, 360.000 hectáreas —90.000 de ellas con henequén— para 34.000 ejidatarios. Quedaba en poder de los trabajadores del 60 al 65 por ciento del henequén yucateco... Todo ello en veintitrés días.

En México, Luis Cabrera publica un trabajo sobre «el ensayo comunista» de Cárdenas en Yucatán. Los «revolucionarios de entonces» lo aplauden. Los de ahora no. Hasta el escéptico Cosío Villegas escribía, esperanzado:

«Esta obra necesita de una planeación inteligente, un esfuerzo constante y enérgico, un entusiasmo fervoroso y desinteresado ... una total desvinculación de la política, esa acción disolvente que establece la división entre las gentes, pugnas entre los poblados y odios entre los administradores del ejido».

Por desgracia, en el Gran Ejido yucateco faltarían uno a uno esos ingredientes. El gobernador Canto Echeverría procuró disminuir la influencia del nuevo patrón —el Banco Ejidal—, cuyo comportamiento era tan rígido e impersonal como el de los hacendados (aunque mucho más corrupto). En abril de 1938 se crea la empresa centralizadora Henequeneros en Yucatán, se expide una Ley de Expropiación de Equipo de Desfibre y Empaque, y un Código de Defensa Social que sanciona todo acto contra los plantíos. Un año después, explica Laborde, a Cárdenas le echan en cara la «miseria, hambre, inquietud y descontento» que priva en la zona. Los campesinos protestan de forma airada, exigen más anticipos sobre las cosechas, truenan contra la Comisión Agraria y contra el gobernador, preguntan dónde se han quedado los treinta y cinco millones prometidos. Gabino Vázquez sugiere a Cárdenas olvidarse del ejido colectivo. El presidente lamenta: «¿Qué nos ha pedido Yucatán que no le hayamos dado?».

A juicio de Laborde, la falla era de planeación: de los 272 ejidos, sólo diez recibieron dotaciones correctas. Todos los demás grupos ejidales —262— carecían de condiciones suficientes para el buen cultivo, y la explotación del henequén les resultaba difícil y antieconómica. Marte R. Gómez visita la zona en 1941. Sus impresiones son muy distintas a las de La Laguna. En declaraciones a la prensa afirma que

«... las medidas agrarias con las que se pensó encontrar solución para los males del campesino yucateco no han dado todavía ningún fruto consistente ... el ejidatario yucateco sigue viviendo ... como en tiempos de los hacendados y en varias regiones percibe un ingreso inferior al que podía obtener bajo el régimen de la explotación privada del henequén ...».

Debido a la forma de organización y administración de Henequeneros de Yucatán, el ejidatario «ni siquiera se siente un productor independiente; en su fuero interno se considera el asalariado de un gran latifundio, al que ni siquiera es justo llamar gran ejido henequenero». Años después, el mismísimo ex gobernador Palomo escribía que el reparto había sido «antieconómico» por razón de su paternalismo. «A los ejidatarios se les ha considerado menores de edad. Esta minoría ciudadana debe eliminarse y dar derecho a que vendan y compren parcelas sin que se les autorice a sobrepasar los límites de la propiedad privada.»

Un dirigente de izquierda, un agrónomo oficial y un ex gobernador coincidían en admitir *a posteriori* el fracaso. Quienes acertaron a tiempo fueron los anarquistas de la antigua CGT. Se habían opuesto originalmente al reparto porque «convertía al campesino en apoyo corporativo del Estado, verdadero promotor y beneficiario de la reforma».

«La Esfinge de Jiquilpan» se guardó de confiar sus impresiones ni siquiera a su *Diario*. Seguía pensando, al parecer, que el sistema de reparto había sido correcto y justo, que la falla residía en el poco espíritu revolucionario de los representantes oficiales encargados de ponerlo en práctica.

En su primer viaje a Yucatán, yendo en auto con el gobernador Palomo se le había visto tender un billete a un pedigüeño que saltó al estribo: «Tome la mitad y déle el resto a otro tan necesitado como usted». En su segunda y última visita como presidente, sus actos de caridad fueron más frecuentes. Cuando menos, «eso podía dar».

Los críticos atribuían por entero a Cárdenas el fracaso del «experimento realizado en la carne viva de un pueblo, a impulso tal vez de sentimientos generosos, pero con ligereza e imprevisión culpables». Olvidaban quizá que las condiciones anteriores al experimento eran igualmente desesperadas. No advertían que desde tiempo inmemorial, siglos antes de que Cárdenas existiera, lo que había estado experimentando en la carne viva de un pueblo era una conjunción cruel de la historia y la naturaleza, invisible para los economistas, pero evidente para un poeta.

Octavio Paz vivió durante algunos meses de 1937 en Yucatán. Impresionado por la miseria de los campesinos mayas, atados al cultivo y las vicisitudes del henequén, escribió:

«El gobierno», recuerda Paz, «había repartido la tierra entre los trabajadores pero la condición de éstos no había mejorado: por una parte, eran (y son) las víctimas de la burocracia gremial y gubernamental que ha sustituido a los antiguos latifundistas; por la otra, seguían dependiendo de las oscilaciones del mercado internacional. Quise mostrar la relación que, como un verdadero nudo estrangulador, ataba la vida concreta de los campesinos a la estructura impersonal, abstracta, de la economía capitalista. Una comunidad de hombres y mujeres dedicada a la satisfacción de necesidades materiales básicas y al cumplimiento de ritos y preceptos tradicionales, sometida a un remoto mecanismo. Ese mecanismo los trituraba pero ellos ignoraban no sólo su funcionamiento sino su existencia misma».

El reparto del valle de Mexicali, en cambio, resultó un éxito. Tres compañías norteamericanas habían creado un circuito económico cerrado: la Colorado River Land Co. rentaba la tierra, la Imperial Irrigation District proporcionaba el agua, y la Anderson Clayton financiaba a los agricultores. Era urgente destruir tal circuito, no sólo por tratarse de empresas extranjeras, sino por el peligro de que en un futuro no lejano Estados Unidos retuviera el agua en su valle Imperial desecando la zona mexicana. Con la posesión plena del valle, México podría —según propuesta de Adolfo Orive Alba— negociar un canje de aguas.

Por brechas de Sonora y Baja California, sudoroso y extenuado, llegó Cárdenas a Mexicali. Antes de entrar se cambió de atuendo, como hacía siempre, en respeto al lugar que visita y a su propia, solemne, investidura. «Cárdenas ofreció las tierras», recuerda Orive Alba, «pero nadie quería recibirlas. La gente lo trataba con frialdad. Tuvo que recurrir a peluqueros, mozos y *croupiers*.» Dos años después, quienesquiera que hubieran sido los beneficiarios, Orive Alba los vio recibir a Cárdenas como un «ídolo popular». Los ejidatarios habían pedido la división de sus ejidos en parcelas individuales y el gobierno se lo concedió. «Míralo, tócalo», decían las madres a sus niños: «Es el que nos dio la tierra.»

En el valle del Yaqui el reparto corrió una suerte ambigua. La margen izquierda del río se entregó a ejidatarios blancos y mestizos que muy pronto alcanzaron cosechas sin precedente. Se dio el caso de que una sola cosecha de arroz sobre 10.000 hectáreas produjera 1.200.000 pesos a los 2.200 ejidatarios. La historia en la margen derecha fue distinta. Las 17.000 hectáreas de riego, y las 400 sin él, que Cárdenas dio —devolvió— a los indios yaquis no elevaron un ápice su antigua y recelosa condición de postergados. Cárdenas les promete canales, implementos, pies de ganado, pero sus primeros y buenos deseos, por limitaciones económicas o burocráticas, no se cumplen.

En varios de sus continuos viajes por el campo se hacía acompañar de dos escritores norteamericanos que querían y defendían a México: Waldo Frank y Frank Tannenbaum. El primero fue con Cárdenas hasta la recién descubierta tumba de Monte Albán y escuchó las explicaciones del arqueólogo Alfonso Caso. El segundo, que prefería los viajes más propiamente campiranos, a lomo de mula o a pie, escribió: «Uno siempre se imagina a Cárdenas rodeado del pueblo. Adondequiera que iba las multitudes se le acercaban y se apretaban junto a él tratando de permanecer a su lado, de tocarlo ... Atraía al pueblo como un imán». La misma estampa mesiánica de Michoacán se extendió a lo largo y ancho del país. Eran idénticos el afecto, la compasión, el trato personal, la suave cordialidad, el modo de apelar a las emociones, el gusto por los hechos concretos, la solemnidad y, sobre todo, la capacidad de escuchar: «al menos paciencia tengo para darles». Una hermosa palabra resume su actitud: misericordia.

Pero aquella misericordia no era desesperada. La movía una fe casi terca en la bondad de su obra. Meses antes del reparto de Atencingo, había apuntado en su *Diario* una nota reveladora de esa fe. Cárdenas veía lo que quería ver:

«Comprobamos una vez más la diferencia social que existe entre un poblado ejidal y una hacienda. Mientras que en el primero los campesinos paseaban alegres con sus familias y otros se divertían en el deporte, en la hacienda de Atencingo presentaban los campesinos un estado deprimente: grupos alcoholizados nos revelaron que la acción moralizadora no puede entrar en la hacienda ... urge convertir en ejido este latifundio».

En 1938 el presidente escribe una carta a sus viejos conocidos, los señores Cusi, dueños de dos haciendas en muchos sentidos ejemplares: Lombardía y Nueva Italia. Reconoce que han sido «buenos hacendados», pero les advierte la inminencia del reparto. En noviembre los campesinos reciben las haciendas completas: tierra, edificios, maquinaria, ganado, plantíos de limones. Esta vez no se podía fallar: era la hacienda sin hacendado. En pocos experimentos puso Cárdenas una mayor fe personal.

En un excelente estudio basado, sobre todo, en entrevistas de los años sesenta, la antropóloga Susana Glantz narró la suerte de Nueva Italia, muy distinta de la que había soñado Cárdenas.

Con objeto de no desmembrar la unidad productiva, se integró a los 1.375 campesinos, dueños por vía ejidal de las 32.196 hectáreas, en cinco núcleos y una sociedad colectiva de crédito ejidal. Muy pronto los vecinos de uno de esos núcleos exponen: «Nosotros deseamos ser dueños de nuestro éxito o de nuestro fracaso. Pues de ninguna manera nos hemos convencido de que estando dentro de la sociedad podamos prosperar».[59]

Cárdenas deniega la petición. Por un tiempo —el que dura el primer ciclo— los ejidatarios están de plácemes. En el momento del reparto los campos estaban sembrados: los buenos resultados y el poco esfuerzo los engañan. Poco después se distribuyen utilidades inexistentes; crecen en forma vertical los créditos, que no se pagarán (Cárdenas los condona en 1944); aparece la corrupción en las sociedades y el banco. Un testigo recordaba:

«Era un relajo, como que nadie sabía muy bien para dónde jalar... de la noche a la mañana querían que uno supiera de todo: que sembrar, que limpiar canales, que ver el ganado y cuánto hay. En la hacienda un peón salía a sembrar o echar agua, espantar patos o cargar, pero no hacía de todo. Antes uno sabía a qué atenerse, no [como] después, [que] se volvió un embrollo».[60]

Las utilidades —reales o ficticias— de los primeros años se gastaron del modo más extravagante: un estadio, o una piscina que tiempo después quedaría vacía. En 1941 los cinco núcleos se separaron para ser dueños de «su éxito o fracaso». La historia no terminaría allí. Cárdenas seguiría en contacto con la región hasta bien entrados los años sesenta: nunca se conformó con que la niña de sus ojos fuese distinta de la de sus sueños.

Dos anécdotas indigenistas: en Tajimaroa, los indios se comieron el semental de raza fina que les había regalado «Tata Presidente». En

Tetelcingo, «el general les dio un par de puercas de cría para que las rifaran entre el vecindario. El ganador de una de las marranas no la quiso por grande. La segunda murió entre chillidos pocos días después y la gente fue invitada a la fiesta». Todo fue un poco así.

La misma realidad aguafiestas deforma el limpio proyecto de Cárdenas para los indígenas. Sin desarraigarlos ni modificar sus tradiciones, Cárdenas intenta ofrecer vías de mejoramiento que los alejen de la abulia, la enfermedad, la miseria, el alcohol y el fatalismo secular. Funda en diciembre de 1935 el Departamento de Asuntos Indígenas. Idea una cruzada de salud, educación y pan: casi siempre en el papel, se integran brigadas de maestros, agrónomos, médicos, artistas y trabajadores sociales, se construyen escuelas e internados, palancas de progreso que finalmente no llegan, llegan con cuentagotas, cuando llegan nada cambian, o cambian, muchas veces, para mal.

En junio de 1939 visita a los indios yaquis. Les ofrece crear almacenes, construir puentes y casas, mediar para que los ocho pueblos establezcan sus jurisdicciones. Sólo se niega a edificarles los templos que también le piden.

En un informe del Banco Agrícola publicado en 1943 se afirmaba que de las cuatrocientas mil hectáreas en su poder, los yaquis cultivan sólo dos mil.

«No es exacto», pensaba Cárdenas, «que el indígena sea refractario a su mejoramiento ni indiferente al progreso. Si frecuentemente no exterioriza ni alegría ni pena, ocultando como una esfinge el secreto de sus emociones, es que está acostumbrado al olvido.» Cárdenas los visitó, los exaltó y honró, puso a su disposición una limitada oferta estatal con escasos resultados. A fin de cuentas se conformó con dar lo único que dependía directamente de él: su atención, su oído, su persona.

Desde el punto de vista económico —nacional, regional, local, ejidal, individual— la gigantesca operación del reparto agrario estuvo lejos de colmar las aspiraciones del presidente Cárdenas. El súbito incremento en el gasto público, el déficit continuado de 1937 y el sobregiro de 87.600.000 pesos contra el Banco de México alimentaron el alza de precios a la que, por otra parte, contribuía también una pronunciada caída de la producción y la productividad agrícolas. En febrero de 1938 Miguel Palacios Macedo, consejero del Banco de México, sometió a las autoridades respectivas un memorándum en donde señalaba el núcleo del problema:

«Importa sobre todo suprimir los fenómenos de economía deficitaria que vienen produciéndose y agravándose con frecuencia e intensidad alarmantes y que en síntesis consisten en que el país parece empeñado en llevar un "tren de vida" que no guarda relación con la economía nacional y con la necesidad de formar los capitales requeridos por su desarrollo económico».

En términos políticos, en cambio, la reforma había tenido un éxito redondo. La clase hacendada desapareció del mapa y la palabra hacienda pasó a los manuales de historia. Los logreros de la Revolución, que desde los años de lucha «se» habían impartido justicia adjudicándose bonitos latifundios, tuvieron que ganarse la vida por medios diferentes. Por otra parte, la reforma agraria cardenista fortificó políticamente al Estado. Había desaparecido el «amo» o el «patrón», pero lo sustituía una inmensa red burocrática que iba desde el comisario ejidal hasta las oficinas del Departamento Agrario.[61] Obviamente, Cárdenas no había previsto ni deseado tal desenlace. Su ideal, como escribe Tannenbaum, era otro:

«... una nación mexicana basada en el gobierno autónomo e independiente de los pueblos, en la cual se asegurara a cada individuo su propio ejido, quedara libre de la explotación y participara activamente en los problemas de su comunidad».[62]

En el esquema de Cárdenas había un supuesto que fallaba: la transparencia de las autoridades. El ejido vinculaba al campesino con el Estado más que con la tierra. El paternalismo se tradujo muchas veces en sujeción. En vez de hombre libre, con frecuencia el campesino se tornó capital político.

Pero quedaba un objetivo más: la simple y llana justicia. Cárdenas quiso, y en su medida lo consiguió, dignificar a los humildes. Nadie mejor que Luis González ha descrito el sentido original y profundo de aquella obra:

«Se trataba de librar a los pobres del campo de los malos modos, de la conducta errática, de la reacción imprevisible de muchos patrones, dándoles tierras y haciendo ejidos que las autoridades les ayudarían a cultivar y administrar sin el fin ulterior, por parte del gobierno de entonces, de convertirlos en sirvientes del Estado. Aquélla fue una ejidización puramente humanitaria».

La confrontación de los frutos y los sueños no avivó la sensibilidad autocrítica del presidente. A su juicio, la reforma agraria era un proceso largo y lento, con «desajustes» inevitables. «Seguiremos adelante», declaraba en diciembre de 1938, «hasta que todas las necesidades del pueblo estén satisfechas ... sea como fuere, la producción agrícola actual es muy superior a la de 1910.» Al menos en esta aseveración, se equivocaba.

El reparto de la tierra fue uno de los pilares permanentes en el credo de Cárdenas. Al final de su periodo pareció admitir fisuras, no meros «desajustes», en su política agraria. Luis González recuerda una anécdota que así lo sugiere. El presidente visita San José de Gracia, donde lo recibe con todos los honores el padre Federico González, el mismo que había combatido del lado de los cristeros y contra el agrarismo en los tiempos en que Cárdenas era gobernador. Hablan largamente, solos. El padre le muestra los buenos resultados que había dado en San José el fraccionamiento de la hacienda El Sabino en 300 parcelas individuales: la gente mejoraba sus terrenos, poseía animales, producía leche. Nadie olvidaría las palabras de Cárdenas al padre:

«Si hubiera visto lo que ahora veo, se hubieran hecho las cosas distinto. Esto es lo que hubiera querido hacer en todo México. No se puede hacer todo lo que se quiere. Los ingenieros no eran gentes de campo, no estaban enterados de cómo se podían hacer las cosas. Si en cada lugar hubiese alguien como usted...».

La anécdota es reveladora en dos sentidos. Cárdenas admitía que «las cosas» podían haber sido hechas de modo distinto y con mejores resultados. Esto explica la desaceleración del reparto a partir de 1938, la invención de los certificados de inafectabilidad, su respeto creciente por la auténtica pequeña propiedad (él mismo poseía un puñado de ellas). Por eso cuando un vecino de San José le demuestra que se ha invadido su pequeña propiedad, ahí mismo, sobre un papel, Cárdenas ordena la restitución. Pero hay un sentido más que se desprende de sus palabras: a su juicio, el pueblo, cualquier pueblo, necesita al padre que diga y haga lo que en verdad conviene. Así, un acto en favor del pueblo efectuado con la más pura convicción de justicia, pero sin consultarlo, es no sólo antidemocrático, sino injusto en principio y, muy probablemente, en sus resultados.

# Cuerpos políticos

La CTM no es la CRMDT. En Michoacán apenas existía la clase obrera. En el México de 1936 la clase obrera nacional no necesita que el mandatario la invente. Los 350.000 agremiados de la nueva organización tienen cuando menos dos décadas de fogueo en la lucha sindical. La relación entre la CTM y el gobierno será mucho más equitativa que la de sus homólogos en el periodo de Michoacán.

El beneficio inmediato que los obreros obtienen de su vínculo con el Estado es un nuevo y perdurable *modus operandi* con la clase patronal. Cuando en febrero de 1936 Cárdenas acude personalmente a Monterrey, no pretende —aunque así parece— que las fábricas pasen a manos de los obreros. Su gobierno no era comunista —como los patrones voceaban—, ni lo movía el oro ruso. Cierto, alentaba las huelgas políticas de «solidaridad», pero todo el despliegue no tenía más sentido que el de establecer las reglas del juego entre «los factores de la producción» y entre éstos y el gobierno, tal como quedaron expresadas en los famosos 14 puntos publicados por *El Nacional* el 12 de febrero de aquel año. Se destacan los primeros nueve:

«1. Necesidad de que se establezca la cooperación entre el gobierno y los factores que intervienen en la producción para resolver permanentemente los problemas que son propios de las relaciones obrero-patronales dentro de nuestro régimen económico de derecho.

»2. Conveniencia nacional de proveer lo necesario para crear la Central Unica de Trabajadores Industriales que dé fin a las pugnas intergremiales, nocivas por igual a obreros, patrones y al mismo gobierno.

»3. El gobierno es el árbitro y el regulador de la vida social.

»4. Seguridad de que las demandas de los trabajadores serán siempre consideradas dentro del margen que ofrezcan las posibilidades económicas de las empresas.

»5. Confirmación de su propósito, expresado anteriormente a los representantes obreros, de no acordar ayuda preferente a una determinada organización proletaria, sino al conjunto del movimiento obrero representado por la Central Unitaria.

»6. Negación rotunda de toda facultad a la clase patronal para intervenir en las organizaciones de los obreros, pues no asiste a los empresarios derecho alguno para invadir el campo de acción social proletario.

»7. Las clases patronales tienen el mismo derecho que los obreros para vincular sus organizaciones en una estructura nacional.

»8. El gobierno está interesado en no agotar las industrias del país, sino en acrecentarlas, pues aun para su sostenimiento material, la administración pública reposa en el rendimiento de los impuestos.

»9. La causa de las agitaciones sociales no radica en la existencia de núcleos comunistas. Estos forman minorías sin influencia determinada en los destinos del país. Las agitaciones provienen de la existencia de aspiraciones y necesidades justas de las masas trabajadoras, que no se satisfacen, y de la falta de cumplimiento de las leyes del trabajo, que da material de agitación».[63]

La CTM sufrió altibajos los primeros años. Los comunistas se doblegan ante la fuerza de Fidel Velázquez y sus compañeros Lobitos. En junio de 1936 se retiran de la organización los mineros y metalurgistas, un año después los electricistas. Para 1937, según datos del Partido Comunista, sólo quedan en la CTM el 44,3 por ciento de los agremiados originales.

En agosto de ese año, Cárdenas —es decir, el Estado— comienza a pasar la cuenta: «... pedimos a las organizaciones obreras ... por conducto de sus centrales, cooperación consistente en que antes de ir nuevos movimientos a huelgas, busquen arreglos ...».

Había que dar «preferencia» al problema de Yucatán y solidarizarse con los campesinos. Poco a poco regresan todas las agrupaciones desertoras. Los comunistas reciben la visita del líder internacional Earl Browder que, ante el ascenso fascista en Europa, ordenó la «unidad a toda costa».[64] Es el momento cumbre de la política de frente popular. Cárdenas no sólo cree en ella y la estimula: la encarna, y la capitaliza para el Estado.

Para el Estado, no para la CTM. En una decisión fundamental, desde febrero de 1936 Cárdenas bloquea la sindicalización campesina bajo la CTM aduciendo que «incubaría gérmenes de disolución». En agosto de 1938, dirigida por el honrado Graciano Sánchez, crea una organización *ad hoc*: la Confederación Nacional Campesina. (Con idéntico espíritu corporativo, alienta la integración oficial de las Cámaras de Comercio e Industria.) Todavía más: para no dejar todos los huevos sólo en la canasta cetemista, mantiene con vida a la CGT y la CROM.[65] El equilibrio llega al extremo con el generoso asilo a León Trotsky. Diego Rivera se lo había solicitado en La Laguna, a fines de 1936. Trotsky llega a Tampico en enero de 1937. Los comunistas y la CTM trinan. Los primeros no cejan, los segundos se pliegan. Así, con una suprema política de «divide y vencerás», el Estado cardenista se consolidaba como el protagonista de la vida nacional.

En 1936 las huelgas no habían sido desacertadas ni antipatrióticas. Para 1939, sí. El sentido de fondo es idéntico: el Estado vela por la nación, es tutor y árbitro, es el supremo juez.

La aparente «línea dura» con los obreros desde 1938 tiene como origen la tabla de prioridades nacionales a cargo del Estado. Pero quizá otro factor influyó también: el fracaso de la administración obrera de los ferrocarriles. Los años treinta fueron en todo el Occidente una era de experimentación. El New Deal, en particular, tuvo ese sentido. Roosevelt solía decir: «Escoja un método y pruébelo. Si falla, admita su error francamente y trate con uno nuevo. Pero sobre todo: pruebe siempre». El New Deal cardenista tuvo también ese carácter de continua experimentación. Luis Cabrera dio con la palabra clave: ensayo. Cárdenas ensaya la entrega de la administración ferrocarrilera a los obreros. Su triunfo, explica Arturo Anguiano, habría dado «un jalón hacia el socialismo». Su fracaso obligaría al repliegue y a la búsqueda franca de una nueva vía: el capitalismo industrial bajo la tutela, regulación y arbitraje del Estado.

En febrero de 1937 el ingeniero Antonio Madrazo, presidente ejecutivo de los Ferrocarriles Nacionales, había emitido un memorándum aterrador. Las continuas peticiones sindicales paralizaban a la empresa; de cada peso que ingresaba, 55 centavos se dedicaban a sueldos; la productividad decrecía; con frecuencia se amenazaba a los buenos operarios con la cláusula de exclusión. En junio, Cárdenas expropia la empresa y crea el Departamento Autónomo de los Ferrocarriles Nacionales, constituido en un patrimonio nacional sin propósito de lucro. Menos de un año después, en abril de 1938, entrega la administración y explotación de la empresa al Sindicato de Ferrocarrileros. Nace así la administración obrera de los Ferrocarriles Nacionales de México.

Entre agosto de 1938 y marzo de 1940 tienen lugar seis graves choques de trenes de pasajeros y centenares de accidentes menores. El 3 de julio de 1939, el licenciado Agustín Leñero, secretario particular de Cárdenas, dirige al presidente un telegrama en torno a las causas de los accidentes, donde le dice que la casi totalidad de éstos son atribuibles al relajamiento de la disciplina laboral y al caos organizativo imperante en el sindicato.

Al poco tiempo, atendiendo a las sensatas sugerencias de su ministro de Hacienda, Eduardo Suárez, Cárdenas se dispone a aceptar el repliegue del ensayo sindicalista.

«No debe extrañar que el régimen facilite la unión de las clases trabajadoras, así manuales como intelectuales, alrededor del Partido. La administración actual, que es consecuencia del movimiento revolucionario, reconoce su obligación de reunir a los grupos dispersos para que no actúen anárquicamente.»

En la médula del nuevo proyecto estaba el credo colectivista de Cárdenas y su desdén por el «individualismo anárquico»: «El colectivismo», sostenía, «no está reñido con la democracia. No sólo eso, sino que en la propia organización colectivista se practican las reglas de la democracia».

El credo colectivista de Cárdenas, como cualquier otro credo, era impermeable a los datos incómodos de la realidad. «Lo que hasta el presente se ha hecho», comenta a Regino Hernández Llergo, «está bien hecho, y no hay de que arrepentirse. Nada hay que rectificar.» El joven crítico Rubén Salazar Mallén escribió a principios de 1939 que el país vivía, en lo político, «un nuevo porfirismo»:

«Aquí el ejercicio de la democracia es una triste mascarada ... un embuste peor que la usurpación mendaz del nombre del pueblo ... ¿Qué líder representa al pueblo, a una fracción del pueblo siquiera? La carne de sindicato es carne esclava».

«Los malos líderes», respondería Cárdenas, «son golondrinas que no hacen verano.» Pero tal vez Salazar Mallén tenía razón. Treinta años después del inicio de la Revolución un nuevo padre integral había vuelto a la vieja receta de Alamán, Molina Enríquez y Porfirio Díaz: México como un edificio corporativo.[66] La Revolución sólo había dado una composición social al diseño. «Los mexicanos», escribe Arnaldo Córdova, «fueron incapaces de percibir el gigantesco proceso de corporativización que el cardenismo estaba llevando a término.»

# Por un sano nacionalismo tecnocrático

Cárdenas no había olvidado su experiencia en la Huasteca veracruzana, en «Tuxpan de ideales». El trance de aquella remota huelga lo había marcado: la prepotencia de las compañías petroleras, sus evasiones fiscales, la pobreza de la zona, la división entre los obreros, la final aquiescencia del presidente Calles. Los petroleros constituían un Estado dentro del Estado mexicano.

Desde principios de su gestión, el presidente da indicios de endurecimiento frente a las compañías petroleras. El 1.º de septiembre de 1935 declara:

«La aplicación de la Ley del Petróleo de 1925, en lo que a concesiones ordinarias se refiere, ha demostrado no responder al principio fundamental del artículo 27 constitucional. En efecto, permite la incorporación de enormes extensiones de terreno sin trabajar».[67]

Los hechos se suceden en un continuo *crescendo*. En 1936 se publica la Ley de Expropiación por Causa de Utilidad Pública, pero el embajador Josephus Daniels recibe seguridades por parte del presidente de que no se aplicará en los casos del petróleo y las minas. A mediados de año, los dieciocho mil obreros del Sindicato de Trabajadores Petroleros de la República mexicana emplazan con éxito a las compañías a la firma del primer contrato colectivo de trabajo. A principios de 1937 el secretario de Comunicaciones, Múgica, elabora un proyecto en donde se vuelve a estipular lo que él mismo había impulsado veinte años antes en Querétaro: los yacimientos pertenecen a la nación. Según Lorenzo Meyer —autor de un libro clásico sobre el conflicto petrolero—, Cárdenas niega que se pretenda afectar derechos adquiridos y congela el proyecto de su mentor. Con todo, crea la Administración Nacional de Petróleo.[68]

A mediados de 1937 surge, de nueva cuenta, un problema laboral. El presidente y los ministros Múgica y Suárez niegan repetidamente que el gobierno abrigue el propósito de nacionalizar. Con el reparto agrario en su punto culminante, la necesidad, por el contrario, era de recursos. Cárdenas, no obstante, escribe para sí en junio de 1937: «Toda la industria del petróleo debe venir a manos también del Estado para que la nación aproveche la riqueza del subsuelo que hoy se llevan las compañías extranjeras. Para ello seguiremos otro procedimiento».[69]

La Junta de Conciliación y Arbitraje declara que entre las empresas y el sindicato existe un conflicto económico, por lo que, de acuerdo con el derecho laboral, se designa una junta de peritos dictaminadores. Bajo la dirección del Efraín Buenrostro, Mariano Moctezuma y Jesús Silva Herzog, los peritos emiten finalmente un documento de 2.700 cuartillas con 40 conclusiones desfavorables a las compañías. Uno de los peritos que intervino en el estudio, el contador Alejandro Hernández de la Portilla, recuerda que las compañías abundaban en recursos de adulteración de cuentas: el ocultamiento de utilidades por medio de gastos y sueldos inflados era sólo uno de ellos. El veredicto no dejaba dudas: podían pagar los veintiséis millones de pesos que los obreros exigían, no sólo los doce que estaban ofreciendo.

Las compañías —explica Meyer— no se enfrentaban ya al sindicato o a la CTM, sino al gobierno. Cárdenas expuso a Daniels que en adelante la fijación de impuestos y salarios se haría con intervención oficial. Era el desenlace natural de aquel peritaje. Por su parte, las compañías buscan refutar el informe elevando al mismo tiempo su oferta a veinte millones.

Entre agosto y octubre de 1937 se celebran varias entrevistas entre el presidente y los petroleros. Estos optan por su consabida línea dura. «La reacción del presidente no fue clara: escuchó, ofreció mediar. En cambio, la respuesta de la Standard Oil en noviembre fue del todo clara: "No podemos pagar y no pagaremos".» Su cálculo era simple: el gobierno no se atrevería a ir más lejos; carecía de personal para manejar la industria, de mercados para colocar los productos y de recursos para financiarse. Para sorpresa general, en esos días el gobierno toma una medida sin precedente: cancela una concesión de 1909 a la Standard Oil, con lo cual rasgaba el tabú de no tocar las concesiones confirmatorias.

La siguiente jugada de ajedrez consiste en buscar la división. El gobierno concede a El Aguila —compañía angloholandesa— una concesión en Poza Rica a cambio de la aceptación en sus términos del artículo 27 y una participación de entre el 15 y el 35 por ciento de la producción. A fin del año, Castillo Nájera —el embajador de México ante Washington— busca un acuerdo general de sociedad con las empresas norteamericanas, aduciendo la expansión de El Aguila. Finalmente, la maniobra se frustra con ambas.

El 18 de diciembre, la Junta Federal de Conciliación y Arbitraje emite su fallo: las compañías deberían pagar 26.332.752 pesos a los obreros y dar trabajo a 1.100 empleados de confianza.[70] Las compañías reclaman denegación de justicia. Para ellas, se trata del contrato «más extremista que jamás se hubiera dado a trabajadores en cualquier industria de cualquier país». El 29 solicitan el amparo a la Suprema Corte de Justicia. Las reservas del Banco de México se desploman.

«La esencia misma del poder», apunta Meyer, «estaba en juego.» El 1.º de marzo de 1938 la Corte falla contra las compañías: la fecha límite para el pago de los veintiséis millones sería el 7 de marzo. A todo esto, el gobierno de Washington ha reaccionado con desusada prudencia. Es cierto que Morgenthau —secretario del Tesoro— se niega a convenir con México un arreglo de compra de plata a largo plazo, pero en el otro lado de la balanza está el embajador Daniels. «No es un amigo de las compañías», explica Meyer, «sino un auténtico exponente de la política del "buen vecino".»

Cárdenas había tenido una junta con Armstrong, el representante de las compañías. En ella había rehusado bajar la cifra, pero abría la puerta a otro tipo de concesiones. El 8 de marzo, en una nueva y candente reunión con el presidente, la oferta oficial es aún mejor: con el pago de los veintiséis millones, el gobierno se comprometía a la reglamentación del laudo para evitar posteriores dificultades. Silva Herzog escuchó el diálogo que siguió a esta idea:

«—¿Y quién nos garantiza que el aumento será sólo de veintiséis millones?
»—Yo lo garantizo.
»—¿Usted? *(Sonrisas.)*
»—*(De pie.)* Hemos terminado».

En verdad habían terminado. El día 9 Cárdenas apunta:

«Soy optimista sobre la actitud que asumirá la nación en caso de que el gobierno se vea obligado a obrar radicalmente. Considero que cualquier sacrificio que haya que hacer en el presente conflicto lo hará con agrado el pueblo.

»México tiene hoy la gran oportunidad de liberarse de la presión política y económica que han ejercido en el país las empresas petroleras que explotan, para su provecho, una de nuestras mayores riquezas, como es el petróleo, y cuyas empresas han estorbado la realización del programa social señalado en la Constitución Política, como también han causado daños las empresas que mantienen en su poder grandes latifundios a lo largo de nuestra frontera y en el corazón del territorio nacional, y que han ocasionado indebidos reclamos de los gobiernos de sus países de origen.

»Varias administraciones del régimen de la Revolución han intentado intervenir en las concesiones del subsuelo, concedidas a empresas extranjeras, y las circunstancias no han sido propicias, por la presión internacional y por problemas internos. Pero hoy que las condiciones son diferentes, que el país no registra luchas armadas y que está en puerta una nueva guerra mundial, y que Inglaterra y Estados Unidos hablan frecuentemente en favor de las democracias y de respeto a la soberanía de los países, es oportuno ver si los gobiernos que así se manifiestan cumplen al hacer México uso de sus derechos de soberanía.

»El gobierno que presido, contando con el respaldo del pueblo, cumplirá con la responsabilidad de esta hora».[71]

Todo se precipita. El día 15 la Junta Federal apremia a las compañías el cumplimiento. El 16 las declara en rebeldía. (Armstrong comenta: «No se atreverán a expropiarnos».) Todavía el 18 de marzo hay una junta con el presidente en la que las compañías aceptan el pago de veintiséis millones, pero objetan otras prestaciones. Demasiado tarde. Al día siguiente, a las once de la noche, en Los Pinos, Cárdenas apunta los acontecimientos memorables:

«A las 22 horas de ayer, 18 de marzo, dirigí en Palacio Nacional un mensaje a la nación, participándole el paso trascendental que da el gobierno de México, reivindicando la riqueza petrolera que explotaban empresas extranjeras.

»He hablado al pueblo pidiendo su respaldo, no sólo por la reivindicación de la riqueza petrolera, sino por la dignidad de México que pretenden burlar extranjeros que han obtenido grandes beneficios de nuestros recursos naturales, y que abusan considerándose ajenos a los problemas del país.

»Con voluntad y un poco de sacrificio del pueblo para resistir los ataques de los intereses afectados, México logrará salir airoso; y para ello confío en la comprensión y patriotismo de todos los mexicanos.

»Hoy podrá la nación fincar buena parte de su crédito en la industria del petróleo y desarrollar con amplitud su economía».[72]

El 20 de marzo era domingo. Una comitiva de amigos cercanos acompañó al presidente a una excursión al Nevado de Toluca. Nadó solo en el agua helada de una de las lagunas. Nadar en el volcán... Raúl Castellano pensó que el acto era una metáfora puntual de los acontecimientos que el presidente había vivido.

Doscientas mil personas aclamaron al presidente en el Zócalo. Serían legendarias las colas de gente de todas las clases sociales que en Bellas Artes contribuyeron al pago de la deuda con lo poco o mucho que tenían: joyas o guajolotes. Veinte mil estudiantes de la recelosa UNAM (Universidad Nacional Autónoma de México) lo vitorearon. El rector, Luis Chico Goerne, exclamó: «Presidente de mi patria: he aquí el alma y la carne joven de México. Están contigo porque tú estás con el honor».[73] El presidente tomó la bandera de la universidad y la ondeó con emoción varios minutos.

Las compañías petroleras concertarían un amplio y efectivo boicot comercial contra México, que se vio obligado a vender su petróleo a los países del Eje o a idear difíciles operaciones de trueque. No faltaron desde luego los embargos, ni la escasez de refacciones incluso en industrias que nada tenían que ver con el petróleo, ni las campañas de desprestigio, ni los escritores a sueldo que llevaban por el mundo la visión de un «México que robaba lo que se pusiese al alcance de la mano». Por su parte, el gobierno inglés puso al mexicano una nota denigrante que provocó la suspensión de relaciones. Con el gobierno de Estados Unidos no dejó de haber tensión, pero para Washington los riesgos de un enfrentamiento eran mayores que los posibles beneficios. La entrada de Estados Unidos en la guerra finiquitó, de hecho, el conflicto. La actitud de ambos presidentes —Roosevelt y Cárdenas—, tanto como el cuadro internacional, había contribuido al arreglo:

«Es típico de Cárdenas», notó Frank Tannenbaum, «el que, a través de todas aquellas conmociones, haya sabido conservar la cabeza. No profirió ninguna maldición contra el pueblo americano; no denunció todos los días al gobierno americano; no insultó al secretario de Estado; no ridiculizó al presidente de Estados Unidos. Muy al contrario, siguió siendo amigo de Josephus Daniels y una vez hizo notar: "Tuve mucha suerte en ser presidente de México cuando Roosevelt era presidente de los Estados Unidos"».[74]

El presidente Lázaro Cárdenas leyendo el decreto de expropiación petrolera (18 de marzo de 1938).
«...dirigí en Palacio Nacional un mensaje a la nación, participándole el paso trascendental que da el gobierno de México, reivindicando la riqueza petrolera que explotaban las empresas extranjeras.» (Lázaro Cárdenas)

El artículo 27 de la Constitución se cumplía por fin en letra y espíritu. México fue más México a partir de ese momento.

Los observadores cuidadosos notaban un cambio en el Cárdenas posterior a la expropiación petrolera con respecto al de los primeros años. «Su reserva inicial», escribe el corresponsal del *New York Times*, «se ha convertido en una actitud de holgada confianza. Ha ido desarrollando gradualmente una brillante personalidad que contrasta de modo radical con su anterior retraimiento.» Luis González advierte otra faceta de cambio: Cárdenas se volvió un poco tecnócrata. Parecía que la afirmación personal y nacional de la expropiación hubiese cegado en él todas las fuentes íntimas de carencia, desigualdad o resentimiento. La clave ahora era construir.

Una expresión de esa nueva actitud fue su impulso a la asistencia pública y la salud. Meses antes había creado ya la Escuela Normal de Educación Física, la Secretaría de Asistencia Pública, el Departamento de Asistencia Infantil, el Hospital de Huipulco y el servicio médico obligatorio. En 1939 funda la Liga Mexicana contra el Cáncer. Como se ha vuelto un espléndido nadador, contrae una marcada fe en el deporte, que le vale las más desternillantes críticas de los escritores mojigatos:

«Tal ha sido el fanatismo sectario del general Cárdenas que no ha desaprovechado ocasión para combatir el catolicismo. Ha difundido los deportes, no tanto por lo que favorecen el desarrollo físico, cuanto por alejar a los que los practican del cumplimiento de los deberes religiosos del domingo y para que las mujeres pierdan el pudor».

Con la salud, la técnica. En tiempos de Cárdenas se funda el Instituto Politécnico Nacional. Sus aulas debían albergar a un nuevo tipo de universitario, como aquellos que había previsto en los cafés de la Universidad Nicolaíta: técnicos identificados con la realidad económica y social mexicana. En octubre de 1939 esta identificación comienza a adquirir formas concretas. Cárdenas echa a andar el proyecto de industrialización nacional. En unos cuantos días abate los gravámenes a la exportación de utilidades, los impuestos a las importaciones, la renta y el timbre. Se fomentaría con decisión a las industrias nuevas.

La cronología de las instituciones que creó y de las leyes que promulgó indica también un tránsito de lo campirano a lo urbano, de la impartición de justicia a la creación de riqueza. De 1935 datan el Departamento de Caza y Pesca, el Forestal, el de Asuntos Indígenas. De 1936, los Almacenes Nacionales de Depósito. En 1937 nacen el Banco Nacional de Comercio Exterior, el Banco Nacional Obrero de Fomento Industrial y la Nueva Ley de Seguros. En 1938 se crean los Talleres Gráficos de la Nación y la Comisión Federal de Electricidad. Se expide el Estatuto de los Trabajadores del Estado y la muy importante —y poco respetada— Ley de Responsabilidades de Funcionarios Públicos. En 1939, año en que se pone en marcha el fomento de la industria, se crea también la Comisión Nacional de la Habitación. Un rasgo más del mismo tránsito es el incremento de la inversión en la infraestructura. Cárdenas gasta doce veces más que su antecesor en carreteras y aumenta en treinta millones de pesos al año la partida dedicada al riego.

Si se piensa en términos de la Constitución, para 1940 el cuadro de actitudes presidenciales era aproximadamente el siguiente: respeto absoluto de los artículos sobre libertades; vista gorda con el 130; menos socialismo y más técnica con el 3.°; plena vigencia del 123, siempre bajo la vigilante tutela del Estado, que entonces prescribía una era de industrialización para el país y de unidad entre los factores de la producción. Finalmente, cumplimiento estricto del artículo 27, primero —de 1936 a 1937— en sus postulados agrarios, pero cada vez con mayor hincapié en su aspecto nacionalista.

Una carta de Cárdenas a Efraín Buenrostro, secretario de Economía Nacional hacia marzo de 1940, expresa esta faceta de reivindicador nacionalista. Su credo desde los tiempos michoacanos había tenido dos pilares: el reparto ejidal de la tierra y la organización de las clases trabajadoras en un frente único bajo el manto corporativo del Estado. Ahora tenía un pilar más:

«Para el desarrollo de la costa de Michoacán, sigo pensando en la explotación de los yacimientos de fierro de Las Truchas, que desde luego podía iniciar el gobierno en una forma modesta con objeto de ir llamando la atención sobre la importancia de esa zona, que hoy se encuentra sin ninguna comunicación carretera y de población por falta de actividad.

»Al efecto, considero que bastará, por lo pronto, con un modesto taller de fundición que cuente con un pequeño horno para lingotes que los habitantes de la región de La Mira están dispuestos a manejar con tal de contribuir al desenvolvimiento de aquella importante región».

# Puerto de libertad

En uno de los pasajes de su libro *Homage to Catalonia*, George Orwell se refiere a los buenos cartuchos mexicanos que el escritor solía dejar en reserva para cuando llegase el momento de la lucha. Leyéndolo, es imposible no conmoverse ante la actitud solidaria del gobierno mexicano con la República española.

El 15 de septiembre de 1936, Cárdenas da el grito en el Zócalo y agrega: «Viva la República española». No eran simples palabras: el deseo cristalizaría en ayuda. El 7 de junio de 1937 llega a México un grupo de niños huérfanos de la guerra. Cárdenas apunta:

«La traída a México de los niños españoles huérfanos no fue iniciativa del suscrito. A orgullo lo tendría si hubiera partido del Ejecutivo esta noble idea.

»Fue de un grupo de damas mexicanas que entienden cómo debe hacerse patria y que consideraron que el esfuerzo que debería hacer México para aliviar la situación de millares de huérfanos no debía detenerse ante las dificultades que se presentasen».

Dos años más tarde desembarcan treinta mil republicanos. Algunos círculos profascistas hablaban de la temible inmigración «comunista». Lo cierto es que esa corriente significó una inmensa capitalización cultural y económica. Gracias al apoyo de Cárdenas a una propuesta de Daniel Cosío Villegas, México abrió sus puertas a la crema y nata de la élite intelectual y científica de España, que trajo desde su llegada beneficios extraordinarios al país. En 1939 —para mencionar una sola institución de las que se formaron con el concurso español— se crea la Casa de España en México, que al poco tiempo se convertiría en El Colegio de México. Todo el que recuerde las desesperadas muchedumbres republicanas en los muelles españoles con la vista fija en el mar, temiendo el ataque de los franquistas en cualquier momento, debe sentirse orgulloso de que México se convirtiera en su puerto de salvación. Hecho tan significativo como el asilo a Trotsky, el profeta desterrado a quien ningún país quería acoger. México fue —o, más bien, ha seguido siendo— sinónimo de refugio para los perseguidos de otras tierras.

Cárdenas lo expresó mejor que nadie: «No hay antipatía o prejuicio en nuestro país contra ningún país o raza del mundo».[75]

Cada paso de la política exterior cardenista fue congruente con esta actitud moral: su condena de la invasión fascista italiana a Etiopía; la censura al Japón en el conflicto sinojaponés; la orden a la Delegación Permanente de México en la Sociedad de Naciones para asumir en Ginebra la defensa de los judíos perseguidos por los nazis; la protesta, en fin, contra la invasión alemana de Checoslovaquia, Bélgica, Holanda, y la soviética de Finlandia.[76]

El sentido de libertad que Cárdenas proyectaba a su política exterior tuvo traducciones concretas y palpables en la vida política interior. José Alvarado —el fino periodista— escribió: «Durante los seis años que estuvo en el Palacio Nacional, su obra fue discutida libremente en toda la República y su régimen fue objeto de ataques rudos y violentos». Nunca hubo represalias.

Quiso que su sexenio fuese muy distinto al de los sonorenses, manchados de sangre. Lo consiguió. La muerte de Saturnino Cedillo —el último rebelde militar en la historia del México contemporáneo— no puede achacarse al presidente. Había ido personalmente a San Luis Potosí para procurar disuadirlo.[77] Su lugarteniente Pedro Figueroa recuerda sus instrucciones:

«El general no quiere que matemos a nadie. Desea que no haya derramamientos de sangre. Este movimiento rebelde podía haberse terminado en una hora; pero se ha prolongado algunos días debido a que el general Cárdenas ha dado órdenes expresas de dejar en libertad a los prisioneros, y no sólo eso: darles dinero para que regresen a sus casas y a su trabajo».

Nada lo encolerizó tanto en su sexenio —escribió su hagiógrafo Townsend— como la muerte violenta de Cedillo en enero de 1939.

Al generoso derecho de asilo, que confirmaba al país como un coto de libertad, y a la irrestricta independencia de la crítica se aunó el respeto a la libertad de creencia. Los empañó, es verdad, el dogma de la educación socialista impuesto a los niños en contra del auténtico laicismo. Con todo, Cárdenas tenía razón. Luego de los desfanatizadores años veinte, «no había problema religioso en México»:

«Naturalmente, en todos los países existen varias tendencias en pro y en contra de las creencias y prácticas religiosas, pero por lo que concierne a las leyes y al gobierno mexicanos, existe completa libertad religiosa en nuestro país».

Una de las mayores paradojas de aquel sexenio fue la convivencia de un Estado corporativo con las más amplias libertades cívicas. Esta sería, desde entonces, una de las paradojas centrales y, en cierta forma, afortunadas de la vida mexicana. En un político paternal como Cárdenas, la convivencia se explica: el padre domina pero tolera y aun alienta la libertad natural de los hijos.

# Paradojas y sucesión

Negar que Cárdenas terminó su periodo presidencial en medio de una notoria, que no generalizada, impopularidad, sería querer tapar el sol con un dedo. Más temprano de lo que hubiera querido, en 1939 se desató la carrera de la sucesión y con ella un alud de críticas.

Muchas de ellas eran risibles. Había que frotarse los ojos, por ejemplo, después de leer las opiniones de Carlos Pereyra: «El Estado Mayor bolchevique, compuesto de mexicanos enviados a Rusia ... la colectivización de la tierra. Rusia en todo».[78] La iracundia de los círculos clericales los llevaba a creer que Cárdenas había sido tan perseguidor como Calles. Hasta hombres sensatos como Manuel Gómez Morín criticaban «la conducta absurda» de México en Ginebra... y la que siguió en el problema de los refugiados «permitiendo que los funcionarios mexicanos se convirtieran en agentes... de facciones que nos son extrañas».

Las clases altas lo llamaban «el Trompudo» y recitaban estos versos:

> Un presidente obcecado
> de proletaria manía
> es peor que un chivo enjaulado
> en una cristalería.
>
> Paloma viajera,
> as de peregrinos,
> que vas recorriendo
> todos los caminos,
>
> comes en cuclillas,
> duermes en el suelo,
> aunque los rancheros
> te tomen el pelo.

Ya no nos des patria,
ya no nos redimas,
ya no nos prometas
cosechas opimas.

Y si has de hacer algo en
nuestro favor,
córtale las uñas
a tu ilustre hermano.
De Lombardo y Dámaso
líbranos, Señor.

Con la fundación, en 1939, del Partido de Acción Nacional, Manuel Gómez Morín echó su cuarto a espadas. Sus discursos críticos fueron, por lo general, inteligentes y matizados. Admitía la «rectitud de intención en casos como la colectivización agraria y el sindicalismo burocrático», confrontaba las intenciones con los resultados y hallaba a éstos «lamentables o, en el mejor de los casos, nulos». A su juicio, la acción agraria estaba inspirada en «un falso y artificioso concepto de lucha» contrario a «las condiciones humanas de vida, la libre organización y los medios técnicos que se habían introducido en la agricultura moderna en todo el mundo, menos en México». Contra la opinión de Cárdenas, que defendía la colectivización agraria porque a ella tendían las condiciones climáticas de cada región y porque había que evitar el «individualismo anárquico», Gómez Morín pensaba:

«¿Por ventura en los demás países donde existen unidades de irrigación, de clima o de cultivo —y existen en todo el mundo— ha sido necesario imponer las formas de colectivización? ¿Se ha comprobado en alguna parte que la libertad responsable de trabajo y de asociación produzcan un individualismo anárquico, pugna entre los trabajadores, desperdicio de energías y abatimiento en la producción? No. Eso existe precisamente donde las formas naturales y debidas de la propiedad, del trabajo libre y responsable, de la asociación autónoma y de fin técnico, se reemplazan por la coacción, el favoritismo, la burocracia y el propósito político, como sucede precisamente cuando se quiere introducir la colectivización».

De la sindicalización burocrática no tenía mejor opinión: a las organizaciones obreras se las había «envenenado de política y de fines, tácticas y objetivos que no [eran] suyos». Del PRM escribió: «... es una patraña de partido que no tiene un solo miembro voluntario». El mayor pecado del régimen, concluía Gómez Morín, era su «confusión mental y moral». Años después resumiría sus ideas: «En Cárdenas, en su gobierno, había una mezcla de mesianismo, de sentido de justicia para los desvalidos y creo que de sincero deseo de progreso de México, con una ideología socialistoide, un gran apetito de poder y una fuerte dosis de desprecio a la comunidad».

La tenue franja de los intelectuales democráticos y liberales apenas salió a la palestra porque, de tan tenue, era casi inexistente. En el clima de tensión ideológica que prevaleció durante toda la década de los treinta, era muy raro el que navegaba con éxito entre Escila y Caribdis, entre fascismo y comunismo. Uno de esos extraños equilibristas fue Cosío Villegas. Se cuidó de publicar sus equilibradas opiniones, pero no de formularlas.

«El equipo de gobierno de Cárdenas es el peor que ha tenido cualquier presidente revolucionario: un grupo de abogaditos de provincia, sin ideas. Cárdenas no tuvo un consejero inteligente, exceptuando Suárez, el secretario de Hacienda; todos los demás eran gentes atropelladas, muchas veces deshonestas, simplemente demagogos, etc. Esta es una cosa incuestionable ... Cárdenas fue un hombre realmente notable pero incapaz de tener nociones generales sobre las cosas. De allí ese afán de ver las cosas con sus propios ojos, esa perpetua movilidad en que se encontrara ... Es incuestionable que Cárdenas era un hombre singular en el sentido de que era una persona poco cultivada, no inteligente, incapaz de treparse a lo que es una concepción de un problema. Daba un tratamiento casuístico a los problemas: caso por caso aislado, y a una serie de problemas inconexos, que no están empotrados en un plan, en una idea general. Eso era muy de Cárdenas. Cárdenas era un hombre que quería que se hicieran las cosas, que tenía una repugnancia particular a ver los antecedentes. Yo tenía una gran admiración por el sentido populista de Cárdenas... Es incuestionable que el gobierno de Cárdenas fue desgobernado, pero de grandes impulsos generosos, todos ellos con finalidades de carácter incuestionablemente popular, de favorecer a la gente pobre ...»

Otro observador mesurado e inteligente fue Manuel Moreno Sánchez. Ya dijimos que había vivido en Michoacán durante el conflicto entre Serrato y Cárdenas. Llevaba dos años rumiando sus impresiones.

Su conclusión muestra el desconcierto que le causaron las paradojas de Cárdenas. Tres paradojas, cuando menos:

«En Cárdenas hay a la vez la semblanza de un presidente tolerante y equitativo y la sombra de un cacique que lo quiere resolver todo sin pensar en la estructura constitucional, sin división de poderes, sin legislativo ni judicial... Estuvo siempre con los pobres y él mismo no ha sido pobre, ni sus parientes y amigos... Ciertamente es un destructor, porque todo revolucionario ha nacido para derribar; pero si no pudo hacer obras para el desarrollo material, nadie puede negarle su obra principal: haber acentuado el cambio moral del pueblo humilde. Con Cárdenas muchos parias han sabido que eran hombres».

Pocos críticos exploraron la mayor paradoja de todas: el modo en que la terca realidad distorsionó los empeños celestiales del «General Misionero» o, peor aún, el modo en que empeños celestiales infligieron dolor en la terca realidad. Paradoja para teólogos, no para intelectuales.

Al acercarse las elecciones de julio de 1940 apareció en un diario de la capital un corrido del pueblo al presidente Cárdenas:

Tú que eres un hombre bueno,
líder de las democracias,
evítale a tu país
nuevas y grandes desgracias.

Nadie se habrá de acordar
del petróleo y algodón
si deshaces el pastel
que ya hornea la imposición.

El pueblo te ha ovacionado
y por doquier te ha seguido:
correspóndele a ese pueblo
quitando tanto bandido.

La gloria de ser un hombre
puro y sincero en la historia
la tienes hoy en las manos;
haz bendita tu memoria.

El presidente Lázaro Cárdenas (al centro) con indígenas en Palacio Nacional. Lo acompañan
Saturnino Cedillo (izq.) y Emilio Portes Gil (der.) (ca. 1936).
«...entusiasmaba su extraordinaria capacidad de trabajo; su voluntad inquebrantable de redimir a los desvalidos; su simpatía profundamente humana y su temperamento revolucionario.»
(Victoriano Anguiano)

Arroja el lastre que sobra;
mete en cintura a Graciano,
despierta al dormido Jara
y enmudece a Toledano.

Y si tal conducta sigues
y a tu nación obedeces,
la Historia, que no es ingrata,
te lo pagará con creces.

Oye la voz de tu pueblo,
y escucha bien lo que dice,
y si tal haces verás
¡cómo el pueblo te bendice!

Cárdenas ofreció elecciones limpias y pacíficas. La carrera se había iniciado con un tumulto de presidenciables: Adalberto Tejeda, Amaro, Sánchez Tapia, Magaña, Castillo Nájera, Múgica, Avila Camacho, Almazán. La elección lógica de Cárdenas era Múgica. «Nadie sabe lo que pesa el saco sino el que lo lleva», comentaba Cárdenas años después. ¿Qué tanto pesaba Múgica? En opinión de Raúl Castellano, Cárdenas descarta a Múgica por considerarlo «excesivamente radical ... sé que no se detiene y desgraciadamente va a fracasar y echar a perder lo poco que se ha logrado». Silvano Barba González escuchó del presidente una frase similar: «Múgica pierde el control de sí mismo con frecuencia. Usted puede imaginar lo que haría siendo presidente». De nuevo, como en 1932, Cárdenas opta por un militar moderado, aunque esta vez incondicional. Frente a la «reacción fascista», que según Lombardo provocaría Múgica, se decide por su antiguo y fiel lugarteniente: Manuel Avila Camacho.[79] Al renunciar a su precandidatura, Múgica critica a los políticos parásitos que bloquean la expresión genuina del pueblo. Por su parte, Avila Camacho se apresura a proyectar una imagen apacible, y lanza un mensaje de unidad nacional en días de guerra mundial: «El Partido de la Revolución Mexicana promete a la nación entera que a la conclusión de la lucha electoral no habrá ganadores ni perdedores, sino mexicanos, todos de la misma familia». El periodista José C. Valadés recoge de Avila Camacho tres palabras que se recordarán todo el sexenio: «Yo soy creyente».

En el lado opuesto sólo queda un gallo, pero de espolones: Almazán. En sus discursos agota todo el arsenal verbal de la «Revolución de entonces». Condena a los líderes, la colectivización, la educación socialista, el ejido, «nueva encomienda». Pugna por las pequeñas granjas individuales y la autonomía municipal. En todo momento invoca a su remoto líder, el general Zapata. Es partidario de los aliados y las libertades. Tiene el apoyo de varios veteranos —«cartuchos quemados»— y otros grupos menos inocuos: obreros petroleros en Tampico y Veracruz, ferrocarrileros despechados. En cambio, los fuertes núcleos del sinarquismo campesino —unión católica nacida en 1937 que rechazaba por entero la Revolución mexicana— no intervienen en su favor. Entre los «cartuchos quemados» está Diego Rivera. A su juicio, el 80 por ciento del electorado votará por Almazán y no por los dirigentes del PRM, que representan «el fascismo bajo una máscara socialista».

«Oiga, mire eso», exclama un personaje de Azuela frente a la manifestación almazanista en la capital, «ni siquiera cuando triunfó Madero hubo cosa igual, hay doscientas cincuenta mil gentes.» La popularidad de Almazán era evidente, pero la flamante maquinaria del PRM no iba a perder sus primeras elecciones. La CTM y el ejército colaboraron con diligencia en la manipulación de las urnas. «Del campo», escribe Luis González, «en donde por otra parte no tenía arraigo Almazán, vino un millón de votos hechos por unas diez mil personas [en favor del candidato oficial].» Cárdenas había prometido elecciones limpias y pacíficas. Fueron sucias y sangrientas. El Colegio Electoral tuvo la «desfachatez» de publicar estas cifras: 15.101 votos por Almazán, 2.476.641 por Avila Camacho.

El 1.º de diciembre de 1940 Cárdenas apunta: «Me esforcé por servir a mi país y con mayor empeño al pueblo necesitado. Cancelé muchos privilegios y distribuí en buena parte la riqueza que estaba en pocas manos».[80]

Palabra por palabra, decía la verdad.

# Apéndices

# Notas

## I. Místico de la libertad. Francisco I. Madero

1. José Vasconcelos, *Don Evaristo Madero. Biografía de un patricio* (México, 1958).

2. Daniel Cosío Villegas, *Historia moderna de México. El Porfiriato. Vida política interior. Segunda parte* (México, 1985), pp. 55-58.

3. Stanley R. Ross, *Madero* (México, 1977), p. 89.

4. Entrevista del autor con Alida viuda de Madero (México, 1985); Carlos B. Madero, *Relación de la familia Madero* (Parras, Coahuila, 1973), pp. 1-27.

5. Francisco I. Madero, «Memorias», en *Epistolario (1900-1909). Archivo de don Francisco I. Madero*, 2 vols. (México, 1985), vol. I, p. 4.

6. *Ibid.*

7. *Ibid.;* Armando de María y Campos, «Experiencias espiritistas», en *ABC*, 28-II-1953 (México); «Las memorias de Francisco I. Madero», en *ABC*, 31-I-1950 (México); José Natividad Rosales, *Madero y el espiritismo* (México, 1973).

8. Madero, p. 8; Gabriel Ferrer de Mendiolea, *Vida de Francisco I. Madero* (México, 1945).

9. Alfonso Taracena, *Madero, vida del hombre y del político* (México, 1937), pp. 19-24; Rosales, «Madero boxeador y bailarían», en *El Dictamen*, 21-II-1932 (Veracruz); Madero a su padre, Francisco, y a su abuelo Evaristo, en «Francisco I. Madero Papers», Fondo LXIV-3, Centro de Estudios de Historia de México, CONDUMEX.

10. Pedro Lamicq, *Madero* (México, 1958), p. 56.

11. Manuel Márquez Sterling, *Los últimos días del presidente Madero* (La Habana, 1917), p. 174.

12. «Cuaderno manuscrito de Madero con sus Comunicaciones espiritistas», 1907-1908; 1901-1907, Archivo particular de la señora Renée González.

13. *Ibid.*

14. *Ibid.*

15. *Ibid.*

16. Cosío Villegas, p. 472.

17. Taracena, p. 295.

18. Madero a su hermano Evaristo, 24 Ago 1906, en *Epistolario...*, vol. I, p. 166.

19. Madero a Calderón, 9 Jun 1905, en «Manuscritos de Francisco I. Madero-León de la Barra», Fondo X-1, Centro de Estudios de Historia de México, CONDUMEX.

20. Comunicaciones de Francisco I. Madero con «José», en «Cuaderno manuscrito de Madero...».

21. *Ibid.*

22. *Ibid.*

23. Entrevista con Alida viuda de Madero (México, 1985); Madero a su padre, 16 May 1906, en *Epistolario...*, vol. I, p. 154; José C. Valadés, *Imaginación y realidad de Francisco I. Madero*, 2 vols. (México, 1960), vol. I, p. 140.

24. Madero a su padre, 20 Ene 1909, *Epistolario...*, vol. I, p. 297.

25. *Ibid.*, p. 298.

26. Madero a su padre, 8 Ene 1909, *Ibid.*, p. 293.

27. Francisco I. Madero, *La sucesión presidencial en 1910* (México, 1908), pp. 237 y 284.

28. «Discurso de Francisco Bulnes pronunciado en la 3.ª sesión de la Convención Nacional Liberal», en *El Imparcial*, 27-VI-1903 (México), vol. XIV.

29. Madero a Díaz, 2 Feb 1909, en *Epistolario...*, vol. I, p. 317; Ferrer de Mendiolea, pp. 58-59.

30. Ross, p. 59.

31. Santiago Portilla, *Una sociedad en armas* (México, 1995), pp. 53-66.

32. Madero a Aguirre Benavides, 20 Abr 1910, en *Epistolario...*, vol. II, p. 126.

33. «Discurso del señor don Francisco I. Madero, candidato a la presidencia de la República, pronunciado en los balcones del Hotel de France, el domingo 22 de mayo de 1910, en la ciudad de Orizaba, Veracruz», en Federico González Garza, *La Revolución mexicana. Mi contribución político-literaria* (México, 1936), p. 420.

34. Ross, p. 92.

35. Madero a Díaz, 14 Jun 1910, en *Epistolario...*, vol. II, p. 178.

36. «Plan de San Luis», 5 Oct 1910, en González Garza, pp. 203-211.

37. Madero a Maurer, 8 Nov 1910, en *Epistolario...*, vol. II, p. 311.

38. Ramón Prida, *De la dictadura a la anarquía* (México, 1958), pp. 275-288; Taracena, *La verdadera Revolución mexicana, 1900-1911* (México, 1991); Hans Werner Tobler, *La Revolución mexicana. Transformación social y cambio político, 1876-1940* (México, 1994); José C. Valadés, *Historia general de la Revolución mexicana*, 9 vols. (México, 1985), vol. I.

39. Charles C. Cumberland, *Madero y la Revolución mexicana* (México, 1981), pp. 140-176; Jorge Vera Estañol, *Historia de la Revolución mexicana. Orígenes y resultados* (México, 1967); Francisco Vázquez Gómez, *Memorias políticas, 1909-1913* (México, 1982), pp. 171-184.

40. Vázquez Gómez, p. 183.

41. Ross, p. 169.

42. Vicente T. Mendoza, *El corrido de la Revolución mexicana* (México, 1990), p. 45.

43. Ross, p. 170; Edith O'Shaughnessy, *Huerta y la Revolución* (México, 1971).

44. Friedrich Katz, *La guerra secreta en México*, 2 vols. (México, 1982), vol. I, p. 61.

45. Ross, p. 184.

46. Cumberland, pp. 199-211; Ross, pp. 186-195.

47. Madero a De la Barra, 19 Ago 1911, en «Manuscritos de Francisco I. Madero-León de la Barra».

48. *Ibid.*

49. Mercedes González Treviño a su hijo Francisco I. Madero, 18 Ago 1911, en Taracena, *Madero...*, pp. 486-487.

50. Madero a De la Barra, 20 Ago 1911, en «Manuscritos de Francisco I. Madero-León de la Barra».

51. De la Barra a Francisco I. Madero, 20-21 Ago 1911, *Ibid.*

52. Madero a De la Barra, 25 Ago 1911, *Ibid.*

53. *Ibid.*

54. Márquez Sterling, pp. 286-287.

55. Manuel Bonilla Jr., *El régimen maderista* (México, 1962), p. 11.

56. Ross, pp. 223-224.

57. *Ibid.*, p. 225.

58. Cumberland, pp. 213-238; Prida, pp. 368-437; Ross, pp. 239-262; Taracena, pp. 555-581; Valadés, vol. II, pp. 64-115; Manuel González Ramírez, *Fuentes para la historia de la Revolución mexicana. Planes políticos y otros documentos* (México, 1974).

59. Luis Liceaga, *Félix Díaz* (México, 1958).

60. Márquez Sterling, pp. 324-325.

61. Cumberland, p. 230; Francisco Bulnes, «Los tremendos idealistas trágicos», en *Los grandes problemas de México* (México, 1970), pp. 62-68; Katz, vol. I, pp. 116-142; Márquez Sterling, pp. 343-377; Ross, pp. 220-225.

62. Prólogo de José Vasconcelos en Taracena, p. xiv.

63. Ross, p. 235.

64. Ferrer de Mendiolea, pp. 124-133; Andrés Molina Enríquez, *La revolución agraria de México de 1910 a 1920*, 5 vols. (México, 1933-1937), vol. V, pp. 11, 122-123; Ross, pp. 226-238; Vasconcelos, *Breve historia de México* (México, 1937), pp. 534-535.

65. William H. Beezley, «Francisco I. Madero», en Douglas Richmond y George Wolfskill (comp.), *Essays on the Mexican Revolution. Revisionist views of the leaders* (Austin, 1979), pp. 3-24; Cumberland, pp. 239-262; «Discurso de Francisco I. Madero, el 16 de septiembre de 1912, en la apertura de sesiones del Congreso», en *Los presidentes de México ante la nación, 1821-1966*, 4 vols. (México, 1966), vol. III, pp. 22-43.

66. «Discurso de Francisco I. Madero, el 16 de septiembre de 1912...», *Ibid.*

67. Lamicq, pp. 101-133; Michael C. Meyer, *Huerta, a political portrait* (Nebraska, 1972), pp. 45-63; John P. Harrison, «Henry Lane Wilson, el trágico de la Decena», en *Historia Mexicana*, vol. VI, n.º 23, (México, Ene-Mar 1957), pp. 374-405; Francisco L. Urquizo, *Viva Madero* (México, 1969); Henry Lane Wilson, *Diplomatic episodes in México, Belgium and Chile* (Nueva York, 1927), pp. 273-288.

68. Katz, p. 122.

69. Márquez Sterling, pp. 415-416.

70. *Ibid.*, p. 457; Taracena, pp. 588-589.

71. José Vasconcelos, «Ulises criollo», en *Memorias*, 2 vols. (México, 1982), vol. I, p. 440.

72. *Ibid.*, p. 441.

73. Guadalupe Appendini, «Ante la acusación de Madero, Aureliano Blanquet admitió: "Sí, soy un traidor"», en *Excélsior*, 24-I-1985 (México).

74. Márquez Sterling, pp. 466-468.

75. *Ibid.*, p. 500.

76. *Ibid.*, pp. 503 y 507.

77. Katz, p. 132.

78. Márquez Sterling, pp. 570-571.

79. José C. Valadés, *et. al.*, *Francisco I. Madero. Semblanzas y opiniones* (México, 1973), pp. 243-260; Katz, pp. 134-135; Ross, pp. 310-311.

## II. El amor a la tierra. Emiliano Zapata

1. Luis González y González, «El subsuelo indígena», en Daniel Cosío Villegas, *Historia moderna de México. La República restaurada. Vida social.* (México, 1974), pp. 269 y 316.

2. Leticia Reina, *Las rebeliones campesinas en México 1819-1906* (México, 1988).

3. González y González, p. 316.

4. Francisco de Paula de Arrangoiz, *México desde 1808 hasta 1867* (México, 1985), p. 588.

5. Reina, p. 165.

6. *Ibid.;* Jean Meyer, *Problemas campesinos y revueltas agrarias (1821-1910)* (México, 1973).

7. Valentín López González, *Los plateados de Morelos* (manuscrito inédito).

8. Jesús Sotelo Inclán, *Raíz y razón de Zapata* (México, 1943).

9. *Ibid.*, pp. 63-75.

10. *Ibid.;* Alicia Hernández, *Haciendas y pueblos en el estado de Morelos, 1535-1810* (México, 1973); «Querellas de Anenecuilco contra haciendas», Ramo Tierras, expediente 23, vol. 26-63, Archivo General de la Nación (México).

11. José Zapata a Díaz, 17 Jun 1874, en *Archivo del general Porfirio Díaz. Memorias y documentos*, 24 vols. (México, 1947-1958), vol. XI, pp. 142-143.

12. *Ibid.*, vol. II, pp. 300-301.

13. *Ibid.*

14. John Womack Jr., *Zapata y la Revolución mexicana* (México, 1969), p. 62.

15. Sotelo Inclán, p. 526.

16. *Ibid.*, p. 531.

17. López González; Sotelo Inclán, pp. 191-194.

18. Sotelo Inclán, p. 170.

19. Antonio Díaz Soto y Gama, *La revolución agraria del sur y Emiliano Zapata, su caudillo* (México, 1976), p. 245, y «Cómo era Zapata», en *El Universal*, 7-IV-1943 (México); Serafín M. Robles, «Zapata, agricultor», en *La Prensa*, 17-VI-1936 (México); Entrevista del autor con Valentín López Gonzá-

lez (México, Abr 1984); Octavio Paz Solórzano, «Emiliano Zapata», en José T. Meléndez, *Historia de la Revolución mexicana* (México, 1936), p. 320.

20.   Entrevista del autor con Gustavo Baz (México, Ene 1983); Fernando Alpuche y Silva, «El general Emiliano Zapata», en *El Nacional*, 20-VII-1941 (México).

21.   Robles, «Emiliano Zapata era todo un charro», en *La Prensa*, 1-V-1936 (México); Díaz Soto y Gama, «Cómo era...»; Paz Solórzano, *Hoguera que fue* (México, 1986), p. 184.

22.   Sotelo Inclán, pp. 426-446; Luis Gutiérrez y González, «¡La viuda de Zapata!», en *Hoy*, 28-III-1953 (México).

23.   General Héctor F. López, «Cuándo fue consignado Zapata», en *El Hombre Libre*, 5-IV-1937 (México).

24.   Sotelo Inclán, p. 498.

25.   *Ibid.*, p. 203.

26.   Womack, pp. 70-78.

27.   Paz Solórzano, *Hoguera...*, p. 184.

28.   Robert Redfield, *Tepoztlán: A Mexican village. A study of folk life* (Chicago, 1973), pp. 200-201.

29.   Varios Autores, *Emiliano Zapata y el movimiento zapatista. Cinco ensayos* (México, 1980), pp. 128, 140, 142.

30.   Paz Solórzano, «Emiliano Zapata», p. 332.

31.   Valentín López González, *Los compañeros de Zapata* (México, 1980), p. 175.

32.   Paz Solórzano, *Hoguera...*, p. 201.

33.   *Ibid.*, pp. 259-261.

34.   Díaz Soto y Gama, *La revolución agraria...*, p. 98.

35.   *Ibid.*, p. 97.

36.   Madero a Zapata, 17 Ago 1911, Fondo VIII-2, Carpeta 1, Legajo 35, Archivo del general Jenaro Amezcua, Centro de Estudios de Historia de México, CONDUMEX.

37.   Huerta a De la Barra, 22 Ago 1911, en Womack, p. 117.

38.   Madero a Zapata, 22 Ago 1911, Fondo VIII-2, Carpeta 1, Legajo 55, Archivo del general Jenaro Amezcua, Centro de Estudios de Historia de México, CONDUMEX.

39.   Salvador Sánchez Septién, *José María Lozano en la tribuna parlamentaria, 1910-1913* (México, 1956), pp. 34-35; Ramón López Velarde, «Zapata», en *La Nación*, 22-VII-1911 (México); Sotelo Inclán, p. 314; Porfirio Palacios, *Emiliano Zapata, datos biográfico-históricos* (México, 1960), pp. 58-62.

40.   Madero a Robles Domínguez, 12 Nov 1911, en Díaz Soto y Gama, *La revolución agraria...*, p. 106.

41.   Zapata a Magaña, 6 Dic 1911, en Womack, p. 124.

42.   Womack, p. 124.

43.   Alfonso Taracena, «Madero quiso refugiarse con Zapata», en *Revista de Revistas*, 22-IX-1957 (México).

44.   Díaz Soto y Gama, p. 252.

45.   «Plan de Ayala», 25 Nov 1911, en Manuel González Ramírez, *Fuentes para la historia de la Revolución mexicana. Planes políticos y otros documentos* (México, 1974), pp. 73-83.

46.   Womack, p. 194.

47.  *Ibid.*, pp. 134-138, 147-148, 159-167, 170-174; Domingo Díez, *Bosquejo histórico-geográfico de Morelos* (Morelos, 1967); José Angel Aguilar, *Zapata. Selección de textos* (México, 1980).

48.  Felipe Angeles, «Genovevo de la O», en *Cuadernos Mexicanos*, n.º 11 (México, 1984).

49.  Varios Autores, *Emiliano Zapata y el movimiento...*, p. 134.

50.  Vito Alessio Robles, «La Convención Revolucionaria de Aguascalientes», en *Todo*, 15-VI-1950; Florencio Barrera Fuentes, *Crónicas y debates de las sesiones de la Soberana Convención Revolucionaria* (México, 1964); Basilio Rojas, *La soberana convención de Aguascalientes* (México, 1961), pp. 105-120.

51.  Díaz Soto y Gama, pp. 181-204.

52.  Eric R. Wolf, *Las luchas campesinas del siglo XX* (México, 1972).

53.  Recuerdos de don Jacinto Díaz Zulueta, trasmitidos a su hija Carmen Díaz; Womack, pp. 215-216; Fernando Benítez, *Lázaro Cárdenas y la Revolución mexicana. El caudillismo*, 3 vols. (México, 1977), vol. II, pp. 53-54.

54.  Womack, pp. 216-217.

55.  *Ibid.*

56.  «Pacto de Xochimilco», en González Ramírez, pp. 113-121; Bertha Ulloa, «La revolución escindida», en *Historia de la Revolución mexicana*, 23 vols. (México, 1979), vol. IV, pp. 43-46.

57.  *Ibid.*

58.  Paz Solórzano, *Hoguera...*, p. 268; Womack, pp. 201-202; Martín Luis Guzmán, *El águila y la serpiente* (México, 1966), pp. 385-387.

59.  Octavio Paz, *Posdata* (México, 1970), p. 89.

60.  François Chevalier, «Un factor decisivo de la revolución agraria de México: "El levantamiento de Zapata" (1911-1919)», en *Cuadernos Americanos*, 6-XI-1960 (México), pp. 165-187; Varios Autores, *Emiliano Zapata y el movimiento...*

61.  Paz Solórzano, *Hoguera...*, p. 185.

62.  Fernando Horcasitas, *De Porfirio Díaz a Zapata. Memoria náhuatl de Milpa Alta* (México, 1968).

63.  Díaz Soto y Gama, pp. 259-260; y «Zapata y Villa, creyentes», en *El Universal*, 6-IV-1949 (México); Paz Solorzano, *Hoguera...*, pp. 178-184, 340-341.

64.  Paz Solórzano, *Hoguera...*, pp. 340-341.

65.  Marte R. Gómez, *Las comisiones agrarias del sur* (México, 1961), p. 37.

66.  Paz Solórzano, *Hoguera...*, p. 186.

67.  Redfield, pp. 197-204; Varios Autores, *Emiliano Zapata y el movimiento...;* Paz Solórzano, «Emiliano Zapata...», p. 321.

68.  *Documentos inéditos sobre Emiliano Zapata y el cuartel general* (México, 1979), pp. 10, 39, 43, 127, 161, 163, 177.

69.  Womack, pp. 237-238; Gómez, pp. 62-77.

70.  *Ibid.*

71.  Díaz Soto y Gama, pp. 272-274; Bernardino Mena Brito, «El verdadero zapatismo», en *El Universal*, 8-VII-1941 (México).

72.  Miguel León Portilla, *Los manifiestos en náhuatl de Emiliano Zapata* (México, 1978).

73.  Womack, p. 264; Gómez, p. 91. Baltasar Dromundo, *Vida de Emiliano Zapata* (México, 1961); Adolfo Gilly, *La revolución interrumpida, México 1910-1920: una guerra campesina por la tierra y el poder* (México, 1971).

74. Zapata a Paz Solórzano, 1 Mar 1917, en Paz Solórzano, *Hoguera...*, p. 374.

75. Arturo Warman, «El proyecto político del zapatismo», en *Conference II on Comparative Peasants Rebellions in México* (1982); «Leyes zapatistas», en Archivo del general Jenaro Amezcua, Fondo VIII-2, Legajos 106, 199, 214, 216, 221, 235, Centro de Estudios de Historia de México, CONDUMEX.

76. Paz Solórzano, «Emiliano Zapata», pp. 369-373.

77. Gómez, p. 92.

78. Paz Solórzano, *Hoguera...*, p. 351.

79. Miguel R. Delgado, «El testamento político de Otilio Montaño», en *Excélsior*, 21-I-1919 (México); Juan Salazar Pérez, «Otilio Montaño», en *Cuadernos Morelenses* (Morelos, 1982).

80. Díaz Soto y Gama, pp. 256-259, 263.

81. José González Ortega, «Cómo murió Eufemio Zapata», en *Todo*, 13-I-1944 (México).

82. Valentín López González, *Los compañeros de Zapata* (Morelos, 1980), pp. 31-33.

83. Womack, pp. 279-283; Germán Lizt Arzubide, *Zapata* (México, 1973); Armando de María y Campos, «Reto de Zapata al Constitucionalismo», *Revista ABC*, n.º 10, 17-I-1953 (México).

84. López González, «La muerte del general Emiliano Zapata», en *Cuadernos Zapatistas* (Morelos, 1979); Elías L. Torres, «No te descuides, Zapata», en *Jueves de Excélsior*, Abr 1937 (México).

85. *Ibid.;* Salvador Reyes Avilés, «Parte oficial sobre la muerte de Zapata», 10 Abr 1919, en Paz Solórzano, «Emiliano Zapata», pp. 377-378.

86. Varios Autores, *Emiliano Zapata y el movimiento...*, p. 136; Redfield, pp. 201-204; Ettore Pierri, *Vida, pasión y muerte de Emiliano Zapata* (México, 1979), pp. 33-43, 225-248.

87. Salvador Martínez Mancera, «Perdura en el sur la leyenda de que Emiliano Zapata no ha muerto», en *El Universal Gráfico*, 13-IV-1938 (México).

88. *Ibid.;* Varios Autores, *Emiliano Zapata y el movimiento...*, p. 143.

89. Díaz Soto y Gama, p. 251.

90. Paz, *El laberinto de la soledad* (México, 1959), p. 128.

## III. Entre el ángel y el fierro. Francisco Villa

1. Ramón Puente, «Francisco Villa», en *Historia de la Revolución mexicana* (México, 1936), pp. 239-240; John Reed, «Villa, asesino, bandido y consumado hombre malo», en *The World*, 8-V-1914 (Nueva York); Elías Torres, *Vida y hechos de Francisco Villa* (México, 1975), pp. 9-11.

2. Puente, pp. 240-241.

3. Roberto Blanco Moheno, *Pancho Villa, que es su padre* (México, 1969), pp. 175-178.

4. Reed; Puente, «La verdadera historia de Pancho Villa, por su médico y secretario», en *Excélsior*, 23-III-1931 (México).

5. Friedrich Katz, «Pancho Villa: Reform governor of Chihuahua», en

Douglas Richmond y George Wolfskill (comp.), *Essays on the Mexican Revolution. Revisionist views of the leaders* (Austin, 1979), pp. 26-31.

6. John Reed, *Insurgent México* (Reimpresión: Berlin, 1969), p. 122.

7. *Ibid.*, p. 123.

8. Mario Gill, «Heraclio Bernal, caudillo frustrado», en *Historia Mexicana*, vol. IV, n.º 13 (México, Jul-Sep 1954), pp. 138-158.

9. Puente, «Francisco Villa», pp. 249-251.

10. *Ibid.*, pp. 251-253; Patrick O'Hea, *Reminiscences of the Mexican Revolution* (Londres, 1981), pp. 171-172; Federico Cervantes, *Francisco Villa y la Revolución* (México, 1960), pp. 216-222.

11. Juvenal, «¿Quién es Francisco Villa?», en *Verdades históricas* (Dallas, 1916); Martín Luis Guzmán, *Memorias de Pancho Villa* (México, 1968), pp. 216-222.

12. Guzmán, pp. 230-237; Puente, «Francisco Villa», p. 257.

13. Luis Aguirre Benavides, *Las grandes batallas de la División del Norte al mando del general Francisco Villa* (México, 1964).

14. Silvestre Terrazas, «El verdadero Pancho Villa», en *Boletín de la Sociedad Chihuahuense de Estudios Históricos*, vol. VI, n.º 10 (Chihuahua, Sep 1949), pp. 290-295; *Ibid.*, vol. VI, n.º 11 (Chihuahua, Oct-Nov 1949), pp. 307-310; *Ibid.*, vol. VII, n.º 6 (Chihuahua, Nov 1950), pp. 453-455.

15. Citado por Margarita de Orellana, «Pancho Villa, Movie star», en *La mirada circular* (México, 1991), p. 90.

16. *Ibid.*

17. Reed, «Las batallas desesperadas de Villa preparatorias de la captura de Torreón», en *The World*, 12-IV-1914 (Nueva York), p. 2.

18. Cervantes, pp. 140-143.

19. Vito Alessio Robles, «Narración del combate de Paredón» en *Todo*, 5-I-1956 (México).

20. Rafael F. Muñoz, *Vámonos con Pancho Villa* (México, 1950), pp. 109-110.

21. Juan Barragán Rodríguez, *Historia del ejército y de la revolución constitucionalista*, 2 vols. (México, 1946), vol. I, pp. 354-356.

22. Cervantes, pp. 114-115; Terrazas, pp. 453-455; Reed, «Villa, asesino, bandido....».

23. Felipe Angeles, «La batalla de Zacatecas», en *Historia de la Revolución mexicana* (México, 1936), p. 284.

24. Puente, «Francisco Villa», p. 259; Angeles, «La batalla de Zacatecas», p. 284.

25. Reed, *Insurgent México*, pp. 126-130; Katz, «Agrarian changes in Northern México in the period of Villista rule», en *Contemporary México* (Los Angeles, 1976); Katz, «Pancho Villa...», pp. 34-43; Jesús J. Lozano, «Francisco Villa, gobernador del Estado de Chihuahua», en *Boletín de la Sociedad Chihuahuense de Estudios Históricos*, vol. VI, n.º 9 (Chihuahua, Ago 1949), pp. 176-180; Cervantes, pp. 73-88; Terrazas, pp. 662-665.

26. Reed, *Insurgent México*, p. 134.

27. Reed, «El socialismo de Villa se funda en la necesidad», en *The Sun*, 2-I-1914, p. 4.

28. Reed, «Con Villa en México», en *Metropolitan Magazine*, Feb 1914 (Nueva York); Juvenal, pp. 8-9.

29. Reed, *Ibid.*

30. Edmundo Valadés, «Los jefes de la lucha de 1910 vistos por novelistas y cronistas de la Revolución», en *Excélsior*, 21-XI-1982 (México); Muñoz, p. 18; José Vasconcelos, *La tormenta* (México, 1983), p. 543; Martín Luis Guzmán, *El águila y la serpiente* (México, 1975), p. 50.

31. Guzmán, *El águila...*, p. 49.

32. Reed, «Villa es brutal, sin embargo tiene ideales», en *The World*, 1-III-1914 (Nueva York).

33. Guzmán, *El águila...*, p. 256.

34. *Ibid.*

35. O'Hea, p. 160.

36. Puente, «Francisco Villa», pp. 242-244; *La dictadura, la revolución y sus hombres* (México, 1985), pp. 303-312; Rafael F. Muñoz, *Pancho Villa, rayo y azote* (México, 1955).

37. Fernando de Ita, «Soledad Seañes de Villa recuerda su vida», en *Unomásuno*, 18-III-1983 (México); Luz Corral, *Pancho Villa en la intimidad* (Chihuahua, 1976); Juan Durán Casahonda, «Las mujeres de Pancho Villa», en *Todo*, 2-I-1934 (México).

38. Guzmán, *Memorias...*, p. 280.

39. Reed, *Insurgent México*, p. 179.

40. *Ibid.;* Terrazas, pp. 307-310.

41. Guzmán, *El águila....*, pp. 199-214.

42. Terrazas, pp. 306-312.

43. O'Hea, pp. 162-163.

44. Juvenal, pp. 11-19; Puente, «La verdadera historia...»; Guzmán, *El águila...*, pp. 215-257, Luis Aguirre Benavides, *De Francisco I. Madero a Francisco Villa* (México, 1966), pp. 101-105.

45. Reed, *Insurgent México*, p. 127.

46. *Ibid.*, p. 139.

47. Angeles, «Genovevo de la O», en *Cuadernos Mexicanos*, n.º 11 (México, 1984).

48. Federico Cervantes, «Felipe Angeles: revolucionario, idealista y desinteresado», en *El Universal*, 26-XI-1947 (México); José C. Valadés, «Los compadres de Pancho Villa», en *Todo*, 26-IX-1933 (México); Juvenal, p. 16; Guzmán, *El águila...*, pp. 253-254; Alberto Calzadíaz, «General Felipe Angeles», en *Hechos reales de la Revolución*, 8 vols. (México, 1982), vol. VIII.

49. Alvaro Obregón, *Ocho mil kilómetros en campaña* (México, 1973), p. 169; Enrique Beltrán, «Fantasía y realidad de Pancho Villa», en *Historia Mexicana*, vol. XVI, n.º 61 (México, Jul-Sep 1966), pp. 71-84.

50. Obregón, p. 203.

51. *Ibid.*, p. 204.

52. Bertha Ulloa, «La revolución escindida», en *Historia de la Revolución mexicana*, 23 vols. (México, 1979), vol. IV, pp. 59-99, 161-168.

53. «Pacto de Xochimilco», 4 Dic 1914, en Manuel González Ramírez, *Fuentes para la historia de la Revolución. Planes políticos y otros documentos* (México, 1974), vol. I, pp. 113-121.

54. *Ibid.*

55. *Ibid.*

56. *Ibid.*

57. Vito Alessio Robles, *La convención revolucionaria de Aguascalientes* (México, 1979), pp. 397-401, 404-406, 422-425.

58. Ulloa, pp. 59-61.

59. Guzmán, *El águila...*, pp. 407-436.

60. Basilio Rojas, *La soberana convención de Aguascalientes* (México, 1961), pp. 169-175.

61. Obregón, pp. 299-427.

62. Reed, *Insurgent México*, p. 49.

63. Reed, «14 members of staff die with the general Urbina», en *The Evening Star*, 16-IX-1915 (El Paso, Texas); Juvenal, pp. 26-28.

64. Muñoz, *Relatos de la Revolución* (México, 1981), pp. 181-188.

65. Ulloa, «La lucha revolucionaria», en *México y el mundo. Historia de sus relaciones exteriores*, 8 vols. (México, 1991), vol. V, p. 280; Katz, *La guerra secreta en México*, 2 vols. (México, 1982), vol. I, pp. 349-350; Charles C. Cumberland, *La Revolución mexicana* (México, 1975), pp. 285-288.

66. Calzadíaz, «El fin de la División del Norte», en *Hechos reales...*, vol. III, pp. 98-107.

67. *Ibid.*

68. Celia Herrera, *Francisco Villa ante la Historia* (México, 1964), pp. 156-158, y «C. Herrera responde a Blanco Moheno», en *Excélsior*, 22-VII-1955 (México); Marte R. Gómez, *Pancho Villa: un intento de semblanza* (México, 1972), p. 63; Enrique Beltrán, pp. 67-87; Torres, pp. 67-87.

69. Rafael Trujillo Herrera, *Cuando Villa entró a Columbus* (México, 1973), pp. 313-319; Víctor Ceja Reyes, *Yo, Francisco Villa y Columbus* (Chihuahua, 1987), pp. 44-57; Torres, 81-83.

70. Muñoz, pp. 132.

71. *Ibid.*, p. 113.

72. Puente, «Francisco Villa», p. 266.

73. Muñoz, p. 148.

74. Calzadíaz, «General Felipe Angeles», en *Hechos reales...*, vol. VIII, p. 131.

75. *Ibid.*, 140.

76. Puente, «Francisco Villa», p. 268; Adolfo Gilly, «Felipe Angeles camina hacia la muerte» (prólogo), en Odile Guilpain Peuliard, *Felipe Angeles y los destinos de la Revolución mexicana* (México, 1991), pp. 7-39; *Documentos relativos al general Felipe Angeles* (México, 1982).

77. Puente, «Francisco Villa», pp. 269-270; John W.F. Dulles, *Ayer en México. Una crónica de la Revolución (1919-1936)* (México, 1977), pp. 64-70.

78. Víctor Ceja Reyes, *Yo maté a Villa* (México, 1960), pp. 145-187.

79. Calzadíaz, «Muerte del Centauro», en *Hechos reales...*, vol. VII.

*IV. Puente entre siglos. Venustiano Carranza*

1. Ildefonso Villarello Vélez, *Historia de la Revolución mexicana en Coahuila* (México, 1970), pp. 11-81.

2. Jesús Castro Carranza, *Origen, destino y legado de Carranza* (México, 1977), pp. 21-46.

3. Escobedo a Juárez, 27 Mar 1865 y 27 Abr 1865, en Benito Juárez, *Documentos discursos y correspondencia*, 15 vols. (México, 1966), vol. IX, pp. 728-732, 795-797.

4. Juárez a Jesús Carranza, 3 Mar 1868, en Juárez, *Documentos...*, vol. XIII, pp. 191-192.

5. Castro Carranza, 106-136; Entrevista del autor con Rafael Carranza H. (México, Mar 1985); Julia Carranza a Torreblanca, 20 Nov 1924, en Archivo Plutarco Elías Calles (APEC).

6. Daniel Cosío Villegas, *Historia moderna de México. El porfiriato. Vida política interior. Segunda parte* (México, 1985), pp. 466-470.

7. *Ibid.*, p. 423.

8. Bernardino Mena Brito, *Carranza, sus amigos y enemigos* (México, 1953), pp. 249-250, 267, 344-345.

9. Citado por Alfonso Taracena, *Venustiano Carranza* (México, 1963), pp. 33-34; William Weber Johnson, *Heroic México: The violent emergence of a modern nation* (Nueva York, 1968), p. 146.

10. William Beezley, «Governor Carranza and the revolution in Coahuila», en *The Americas*, 33, n.º 1, Oct 1976; «Venustiano Carranza al pueblo de Coahuila», 1 Ago 1911, en Taracena, pp. 48-52.

11. Miguel Alessio Robles, «El viejo pachorrudo y conspirador», en *El Universal*, 26-II-1940 (México); Ramiro Beltrán, «Así veía Madero a Carranza en 1909», en *Hoy*, 18-VIII-1951 (México).

12. Alfonso Junco, «Madero y Carranza», en Mena Brito, *Carranza...*, pp. 245-252; Taracena, pp. 52-79.

13. Blas Urrea (Luis Cabrera), *La herencia de Carranza* (México, 1920), p. 10; José Vasconcelos, *La tormenta* (México, 1983), p. 537; Entrevista del autor con Rafael Carranza (México, Mar 1985).

14. Vicente Blasco Ibañez, *El militarismo mejicano* (Barcelona, 1979), p. 107; Alfonso Taracena, *La verdadera Revolución mexicana (1918 a 1920)* (México, 1961), pp. 206-207.

15. John Reed, *México insurgente* (La Habana, 1980), pp. 324-325.

16. Martín Luis Guzmán, *El águila y la serpiente* (México, 1966), p. 60.

17. *Ibid.*, pp. 59-64.

18. Reed, pp. 320-321.

19. «Plan de Guadalupe», 26 Mar 1913, en Manuel González Ramírez, *Fuentes para la historia de la Revolución. Planes políticos y otros documentos* (México, 1974), pp. 137-144.

20. Miguel Alessio Robles, «Cómo se conocieron Carranza y Obregón», en *El Universal*, 26-III-1927 (México).

21. Juan Barragán Rodríguez, *Historia del ejército y de la revolución constitucionalista*, 2 vols. (México, 1946), vol. I, pp. 215-217.

22. *Ibid.*

23. «Discurso pronunciado el 24 de septiembre de 1913 al pueblo de Hermosillo, Son., por el C. Primer Jefe del Ejército Constitucionalista Venustiano Carranza», en «Archivo del Primer Jefe del Ejército Constitucionalista», 1889-1920, Centro de Estudios de Historia de México, CONDUMEX; Arnaldo Córdova, *La ideología de la Revolución mexicana* (México, 1973), p. 97.

24. Bertha Ulloa, «La revolución escindida», en *Historia de la Revolución mexicana. Periodo 1914-1917*, 23 vols. (México, 1979), vol. IV, pp. 19-38; Mar-

tín Luis Guzmán, *Memorias de Pancho Villa* (México, 1965), pp. 379-381, 443; Mena Brito, *El lugarteniente gris de Pancho Villa* (México, 1938), pp. 40-41; Isidro Fabela, *Documentos históricos de la Revolución mexicana. Revolución y régimen constitucionalista* (México, 1960), vol. I, pp. 271-273.

25. Charles C. Cumberland, *La Revolución mexicana. Los años constitucionalistas* (México, 1975), pp. 198-201.

26. Reed, pp. 326-327.

27. Cumberland, «Huerta y Carranza ante la ocupación de Veracruz», en *Historia Mexicana*, vol. VI, n.º 24 (México, Abr-Jun 1957), pp. 534-547.

28. Cumberland, *La Revolución...*, p. 144; Ulloa, «La revolución...», pp. 47-58 y «La encrucijada de 1915», en *Historia de la Revolución...*, vol. V, p. 63.

29. John Womack, *Zapata y la Revolucción mexicana* (México, 1969), p. 206.

30. Ulloa, «La revolución...», pp. 19-38; Cumberland, *La Revolución...*, pp. 145-174; John Womack, *Zapata y la Revolución mexicana* (México, 1969), pp. 210-214.

31. Vasconcelos, pp. 592-613.

32. *Ibid.*

33. *Ibid.*

34. Venustiano Carranza, «Telegrama a los jefes militares y gobernadores reunidos en Aguascalientes», 9 Nov 1914, en Mena Brito, *Carranza...*, pp. 189-191; Florencio Barrera Fuentes, *Crónicas y debates de las sesiones de la Soberana Convención Revolucionaria*, 3 vols. (México, 1964), vol. I, pp. 687-708.

35. *Crónica ilustrada. Revolución mexicana*, 6 vols. (México, 1966-1972), vol. V, pp. 89-94.

36. «Adiciones al Plan de Guadalupe y decretos dictados conforme a las mismas», 12 Dic 1914, en González Ramírez, pp. 158-164.

37. Barragán Rodríguez, vol. II, pp. 25-27; Taracena, *La verdadera revolución... tercera etapa (1914 a 1915)* (México, 1972), pp. 21, 22.

38. Cumberland, *La Revolución...*, pp. 216-217; Córdova, p. 222; Ulloa, «La revolución...», pp. 65-69; Cabrera, pp. 17-32; González Ramírez, p. 162.

39. Jean Meyer, «Los batallones rojos de la Revolución mexicana», en *Historia Mexicana*, vol. XXI, n.º 81 (México, Jul-Sep 1971), pp. 1-37; José Clemente Orozco, *Autobiografía* (México, 1981), pp. 45-47.

40. «Editorial», en *El Pueblo*, Ago 1916 (México).

41. Meyer, *Los batallones rojos...*, 1-37; Ulloa, «La Constitución de 1917», en *Historia de la Revolución...*, vol. VI, pp. 304-305; Marjorie Ruth Clark, *Organized labor in México* (Nueva York, 1973), pp. 35-45.

42. «Lo que dijo el 2 de enero en Querétaro el Sr. Carranza», en Félix F. Palavicini, *El Primer Jefe* (México, s.f.), pp. 257-260.

43. Cumberland, *La Revolución...*, pp. 224-232; Ulloa, «La encrucijada...», pp. 40-42; Lorenzo Meyer, *México y EE.UU. en el conflicto petrolero* (México, 1981), pp. 95-99.

44. Jean Meyer, *La Cristiada*, 3 vols. (México, 1973), vol. II, pp. 83-97.

45. Cumberland, *La Revolución...*, p. 217.

46. *El Demócrata*, 15-IX-1916 (México).

47. *Ibid.*

48. *Ibid.;* Ulloa, «La Constitución de 1917», en *Historia de la Revolución...*, vol. VI, pp. 497-498; Cumberland, *La Revolución...*, pp. 291-297.

49. «Lo que dijo el 2 de enero en Querétaro el Sr. Carranza», en Palavicini, pp. 257-260.

50. *Ibid.*

51. Cumberland, *La Revolución...*, pp. 307-308.

52. Robert Quirk, «Liberales y radicales en la Revolución mexicana», en *Historia Mexicana*, vol. II, n.º 8 (México, Abr-Jun 1953), pp. 503-528.

53. Ulloa, «La Constitución...», p. 408.

54. *Ibid.*, pp. 325-331; Meyer, *La Cristiada...*, vol. II, pp. 91-104; *Diario de los Debates del Congreso Constituyente 1916-1917*, 2 vols. (México, 1960), vol. II, pp. 855-860, 986.

55. Robert Freeman, *The United States and revolutionary nationalism in México, 1916-1932* (Chicago, 1972), p. 199; Cumberland, *La Revolución...*, pp. 316-321; Ulloa, «La Constitución...», pp. 144-158, 405-412; Pastor Rouaix, *Génesis de los artículos 27 y 123 de la Constitución Política de 1917* (México, 1945).

56. Ulloa, «La Constitución...», pp. 417-492; Alvaro Matute, *La Revolución mexicana* (México, 1993), pp. 139-149.

57. Orozco, pp. 45-46.

58. Octavio Paz, *El laberinto de la soledad* (México, 1969), p. 181.

59. Manuel Gómez Morín, *1915* (México, 1926), p. 20.

60. «Lo que dijo el 2 de enero en Querétaro el Sr. Carranza», en Palavicini, pp. 257-260.

61. *Ibid.*

62. Córdova, p. 244.

63. Hilario Medina, «Emilio Rabasa y la Constitución de 1917», en *Historia Mexicana*, vol. X, n.º 38 (México, Oct-Dic 1960), pp. 177-195.

64. Jean Meyer, *La Revolución mexicana* (México, 1991), pp. 94-95.

65. María Eugenia López de Roux, «Relaciones méxico-norteamericanas, 1917-1918», en *Historia Mexicana*, vol. XIV, n.º 55 (México, Ene-Mar 1965), pp. 445-468; Freeman, «EE.UU. y las reformas de la Revolución mexicana, 1915-1928», en *Historia Mexicana*, vol. XIX, n.º 74 (México, Oct-Dic 1969), pp. 189-227.

66. Friedrich Katz, *La guerra secreta en México*, 2 vols. (México, 1984), vol. II, pp. 37-74; Yolanda de la Parra (comp.), «México y la primera guerra mundial», en *Nuestro México* (México, 1983), n.º 8.

67. Lorenzo Meyer, *México y el mundo. Historia de sus relaciones exteriores*, 8 vols. (México, 1991), vol. VI, pp. 39-41.

68. Ulloa, «La Constitución...», pp. 452-453, 462-465.

69. Blasco Ibáñez, pp. 36-37.

70. *Ibid.*, pp. 69-86; Matute, pp. 156 y 163.

71. Martín Luis Guzmán, *Muertes históricas* (México, 1959), p. 29.

72. Venustiano Carranza, «Manifiesto a la nación», en *La Prensa*, 18-V-1920 (San Antonio, Texas).

73. Miguel Gil, «Tengo la vida prestada desde 1913, contestó don Venustiano Carranza», en *La Prensa*, 27-VII-1943 (San Antonio, Texas).

74. Rubén García, «El romano Belisario, figura eterna. Lectura de don Venustiano Carranza», en *El Demócrata Sinaloense*, 16-II-1950 (Sinaloa); Entrevista del autor con Rafael Carranza (México, Mar 1985).

75. Fernando Benítez, *El rey viejo* (México, 1959), pp. 95-110.

76. Ramón Beteta, *Camino a Tlaxcalantongo* (México, 1961) pp. 43-72.

77. Franciscco L. Urquizo, *Asesinato de Carranza* (México, 1959), pp. 99-105; Guzmán, *Muertes...*, pp. 83-88.

78. Josefina E. de Fabela, «Testimonios sobre los asesinatos de don Venustiano Carranza y Jesús Carranza», en Fabela, *Documentos históricos...* (México, 1971), vols. XVIII y XIX, 28, Legajo sobre la muerte de Venustiano Carranza, Archivo Plutarco Elías Calles (APEC).

79. Fabela, *Documentos...*, p. 76; Francisco A. Serralde, *Los sucesos de Tlaxcalantongo y la muerte del ex-presidente de la República, C. Venustiano Carranza, amparo promovido por el defensor de Rodolfo Herrero contra los actos del presidente de la República y de la Secretaría de Guerra* (México, 1921).

80. Miguel Márquez, *El verdadero Tlaxcalantongo* (México, 1941), pp. 157-165.

81. Enrique Krauze, «La noche de Tlaxcalantongo», en *Vuelta*, vol. X, n.º 111 (México, Feb 1986).

## V. El vértigo de la victoria. Alvaro Obregón

1. José Rubén Romero, *Alvaro Obregón: aspectos de su vida* (México, 1976), pp. 3-7; Héctor Aguilar Camín, *Saldos de la Revolución: cultura y política de México, 1910-1980* (México, 1982), p. 60; Entrevista del autor con Hortensia Calles, viuda de Torreblanca (México, 1985).

2. Legajo Obregón, Archivo Plutarco Elías Calles y Fernando Torreblanca (en adelante APEC); Hernán Rosales, «La niñez extraordinaria del general Obregón», en *El legionario* (México, 1928), p. 16; Linda B. Hall, *Alvaro Obregón: poder y revolución en México, 1911-1920* (México, 1985), p. 28.

3. Juan de Dios Bojórquez, *Obregón: apuntes biográficos* (México, 1929), p. 12.

4. Richard H. Dillon, «Del rancho a la presidencia», en *Historia Mexicana*, vol. VI, n.º 22 (México, Oct-Dic 1956), pp. 256-269; Bojórquez, *Forjadores de la Revolución mexicana* (México, 1960), pp. 3-13.

5. Legajo Obregón, en APEC; Rosales, 16-17.

6. Alvaro Obregón, en «Personajes notables de la Revolución», carpeta 3, n.º 499, Centro de Estudios Históricos de México, CONDUMEX.

7. Bojórquez, *Forjadores...*, p. 17.

8. Alvaro Obregón, *Ocho mil kilómetros en campaña* (México, 1973), pp. 4-5.

9. Ramón Puente, *La dictadura, la revolución y sus hombres* (México, 1938), p. 182.

10. Obregón, p. 21.

11. Puente, pp. 181-183.

12. Obregón, p. 57-79; Francisco J. Grajales, «Las campañas del general Obregón», Prólogo a Obregón, *Ocho mil kilómetros...*, pp. XLVIII-LVI.

13. Martín Luis Guzmán, *El águila y la serpiente* (México, 1966), p. 83.

14. Obregón, p. 83.

15. Guzmán, p. 84.

16. Juan Barragán Rodríguez, *Historia del ejército y de la revolución constitucionalista*, 2 vols. (México, 1946), vol. I, p. 487.

17. Diego Arenas Guzmán, *Del maderismo a los Tratados de Teoloyucan* (México, 1955), pp. 168-170.

18. Jorge Aguilar Mora, *Un día en la vida del general Obregón* (México, 1982), pp. 14 y 16.

19. Guzmán, p. 84.

20. Entrevista del autor con Hortensia Calles, viuda de Torreblanca (México, 1985); Guzmán, pp. 81-82.

21. Alfonso Taracena, *La verdadera Revolución mexicana (1913-1914)* (México, 1961), pp. 244-245.

22. Francisco Ramírez Plancarte, *La ciudad de México durante la revolución constitucionalista* (México, 1941), pp. 61-63.

23. Bertha Ulloa, «La encrucijada de 1915», en *Historia de la Revolución mexicana. Periodo 1914-1917,* 23 vols. (México, 1979), vol. V, pp. 34-35; Aguilar Mora, p. 24; Hall, pp. 108-119.

24. Obregón, p. 207.

25. *Ibid.,* p. 210.

26. *Ibid.,* pp. 212-216.

27. Jean Meyer, «Los obreros en la Revolución mexicana: los batallones rojos», en *Historia Mexicana,* vol. XXI, n.º 81 (México, Jul-Sep 1971), pp. 5, 7-12, 31; Ulloa, pp. 107 y 114.

28. Hall, pp. 115-130.

29. Obregón, pp. 328-329.

30. *Ibid.,* pp. 371-372.

31. Entrevista del autor con Miguel Palacios Macedo (México, 1973).

32. Hall, pp. 151-156.

33. *Ibid.,* pp. 163-183.

34. Romero, pp. 40-42.

35. Aguilar Mora, 54.

36. Aguilar Camín, 23-24; Hall, 31.

37. Oswaldo Burgos, «Los cuentos del General Obregón», en *Revista de Revistas,* 11-IV-1926 (México), p. 17; F. González Guerrero, «Enciclopedia mínima: la memoria del general Obregón», en *El Universal Gráfico,* 19-II-1929 (México), página editorial; Miguel Alessio Robles, «La figura de Obregón», en *Novedades,* 22-VI-1941 (México).

38. Miguel Alessio Robles, «Obregón: su vida y su carácter», en *El Universal,* 4-V-1937 (México).

39. Guzmán, p. 85.

40. Alvaro Matute, «La carrera del caudillo», en *Historia de la Revolución mexicana,* 23 vols. (México, 1980), vol. VIII, pp. 65-77; Hall, pp. 203-231.

41. *Crónica ilustrada. Revolución mexicana,* 6 vols. (México, 1966-1972), vol. VI, pp. 157-164.

42. Entrevista del autor con Miguel Palacios Macedo (México, 1973).

43. Matute, pp. 92-102.

44. Narciso Bassols Batalla, *El pensamiento de Alvaro Obregón* (México, 1970), pp. 45-52.

45. «Manifiesto del general Alvaro Obregón, con el cual inició su campaña electoral para la presidencia de la República, 1 junio 1919», en Obregón, *Ocho mil kilómetros...,* pp. 550-564.

46. Matute, pp. 33-41.

47. Bassols Batalla, pp. 45-52; Matute, pp. 30-41.

48. Entrevista del autor y Jean Meyer con Miguel Palacios Macedo (México, 1974).

49. Fernando Benítez, *Lázaro Cárdenas y la Revolución mexicana. El caudillismo*, 3 vols. (México, 1977), vol. II, pp. 121-134.

50. Daniel Cosío Villegas, *Ensayos y notas* (México, 1966), pp. 140-141; Ernest Gruening, *México and its heritage* (Londres, 1928), pp. 518-520.

51. Cosío Villegas, pp. 141-142.

52. Jean Meyer, Enrique Krauze y Cayetano Reyes, «Estado y sociedad con Calles», en *Historia de la Revolución...*, pp. 57, 58, 77-80; Marjorie Ruth Clark, *Organized labor in México* (Chapel Hill, North Carolina, 1934).

53. David C. Bailey, «Obregon, México's accomodating president», en Douglas Richmond y George Wolfskill (comp.), *Essays on the Mexican Revolution. Revisionist views of the leaders* (Austin, 1979), pp. 87-89; J.F. Dulles, *Ayer en México. Una crónica de la Revolución, 1919-1936* (México, 1977), pp. 97-101.

54. Robert E. Quirk, *The Mexican Revolution and the Catholic Church, 1910-1929: An ideological study* (Indiana, 1973), pp. 119-137; Jean Meyer, «El conflicto entre la Iglesia y el Estado, 1926-1929», en *La Cristiada*, 3 vols. (México, 1980), vol. II, pp. 110-140, 304-320.

55. Antonio Gómez Robledo, *Los convenios de Bucareli ante el Derecho Internacional* (México, 1933), pp. 204-207.

56. Dulles, pp. 158-171; Bassols Batalla, pp. 66-73.

57. Dulles, pp. 108-115, 117, 173-188, 228; Miguel Alessio Robles, «Obregón y De la Huerta», en *Senderos* (México, 1930), pp. 167-173.

58. Joaquín Piña, «¡Ya me estoy aburriendo!, dijo Obregón», en *Así*, 7-IX-1941 (México).

59. Julio Scherer, «Roberto Cruz en la época de la violencia», en *Excélsior*, Jul 1961 (México), pp. 6 y 8.

60. Dulles, pp. 254-255.

61. Entrevista del autor con Miguel Palacios Macedo (México, 1973).

62. Legajo Obregón-Calles, 103-HL-22, 102-C50, 42-F-12, en Presidentes, Archivo General de la Nación de México (México, D.F.); File 812.00 Sonora, 812-001055-23, Department State Records (Washington, D.C.), Dic 1924 - Jul 1928; Bassols Batalla, pp. 45-52.

63. Romero, pp. 40-42.

64. Jean Meyer, pp.129-131.

65. «Compte rendue d'une conversation de M. Lagarde avec le general Arnulfo Gómez», en Très Secret dossier, Correspondencia Diplomática Francesa (París), 29 Jun 1927, B-25-1, pp. 211-214.

66. Mario A. Mena, *Alvaro Obregón: historia militar y política* (México, 1960), pp. 118-124.

67. Entrevista del autor con Hortensia Calles, viuda de Torreblanca (México, 1985).

68. Aguilar Camín, pp. 57-59.

69. *Ibid.*, p. 58; Bassols Batalla, pp. 99-123; Mario A. Mena, pp. 118-123; Jean Meyer, pp. 265-269.

1. Gerardo Sisniega (ed.), *Una página de historia de México* (México, 1934), pp. 6-7; «Semblanza del coronel Juan José Elías», en «Elías, Legajo Genealogía», 18-40, en Archivo Plutarco Elías Calles (en adelante APEC); Héctor Aguilar Camín, *La frontera nómada* (México, 1977), pp. 180-182.

2. Carlos Macías Richard, *Vida y temperamento de Plutarco Elías Calles, 1877-1920* (México, 1995), p. 37; James Officet, «Los hijos de Pancho: la familia Elías, guerreros sonorenses», en *XIX Simposium de Historia de Sonora, Memoria* (Hermosillo, 1984), p. 336; Ramón Puente, *Hombres de la Revolución. Calles* (Los Angeles, 1933), pp. 11-14.

3. Macías Richard, pp. 45-47.

4. *Ibid.*, pp. 56-58; Luis Méndez Preciado, *La educación pública en Sonora, 1900-1970* (México, s.f.), p. 40; Gustavo Rivera, *Breve historia de la educación en Sonora* (Hermosillo, s.f.), p. 210.

5. Macías Richard, p. 58; Juan G. Amaya, *Los gobiernos de Obregón, Calles y regímenes peleles derivados del callismo* (México, 1947), p. 389.

6. Roberto Guzmán Esparza, *Memorias de don Adolfo de la Huerta según su propio dictado* (México, 1957), p. 389.

7. Macías Richard, pp. 71-72.

8. *Ibid.*, pp. 77-94, 103, 109-118.

9. *Ibid.*, pp. 134-135.

10. *Ibid.;* Guzmán Esparza, pp. 24-26.

11. Macías Richard, pp. 159-160.

12. *Ibid.*, pp. 162-163; Alvaro Obregón, *Ocho mil kilómetros en campaña* (México, 1973), p. 40.

13. *Ibid.*, pp. 80-82; Aguilar Camín, pp. 54-59; Macías Richard, pp. 169 y 180.

14. Macías Richard, p. 183.

15. Armando Elías Chomina, *Compendio de datos históricos de la familia Elías* (Hermosillo, 1986), p. 158.

16. *Ibid.*, p. 184; Plutarco Elías Calles, *Informe relativo al sitio de Naco, 1914-1915* (México, 1932), pp. 1-28.

17. Alberto Calzadíaz, «El fin de la División del Norte», en *Hechos reales de la Revolución,* 8 vols. (México, 1982), vol. III, pp. 98-107.

18. Elías Calles, *Informe relativo...*

19. Legajo «Angela Encinas, viuda de Calles, 1917-1924», en APEC.

20. Legajo «Decretos y circulares», vol. I, 1-24, en APEC; Puente, pp. 106-108; Macías Richard, p. 192.

21. Puente, p. 106; John F. W. Dulles, *Ayer en México. Una crónica de la Revolución, 1919-1936* (México, 1977), p. 121.

22. Legajo «Recopilación de materiales históricos de Sonora», vol. I, s.p., en APEC.

23. *Ibid.*

24. Legajo «Decretos y circulares», vol. II, 140, en APEC.

25. Legajo «Arzobispos», en APEC; Puente, pp. 106-108; Claudio Dabdoub, *Historia del valle del Yaqui* (México, 1964), p. 415.

26. Legajo «Escuela industrial Cruz Gálvez», 31 Ago 1917, en APEC; Macías Richard, pp. 193-195.

27. Francisco Bulnes, *Los grandes problemas de México* (México, 1970), p. 20; 24 Dic 1925, file n.º 812, 6863 (Washington D.C.), Department of State Records (en adelante DSR).

28. Perier a Poincaré, 29 Abr 1924, n.º B-25-1, Correspondencia Diplomática Francesa, París.

29. Juan de Dios Bojórquez, *Calles* (México, 1925), pp. 67-77.

30. Puente, p. 81.

31. *Ibid.*, pp. 139-143; Calles a Obregón, 25 Jul 1925, Legajo «Obregón», en APEC.

32. José C. Valadés, *Historia general de la Revolución mexicana* (México, 1967), p. 370.

33. Legajo «Immigración judía», en APEC.

34. Hermann Benzing, *Investigación sobre el viaje del general Calles a Alemania* (México, mecanografiado), p. 12.

35. Alberto J. Pani, *Apuntes autobiográficos*, 2 vols. (México, 1950), vol. II, pp. 67-68; Entrevista del autor con Manuel Gómez Morín (México, 9 Jun 1971); Calles a Obregón, 2 Feb, 1 Abr 1925, Legajo «Obregón», en APEC.

36. Gómez Morín a Vasconcelos, 1 Mar 1926, Archivo Manuel Gómez Morín (en adelante AMGM).

37. Gómez Morín a Vasconcelos, 11 Sep 1926.

38. *El crédito agrícola en México, estudio sobre su establecimiento y análisis de su funcionamiento hasta 1931. Bases para su organización de acuerdo con el estado actual del crédito agrícola*, 1-3, 21-41, en AMGM; Manuel Gómez Morín, *El crédito agrícola en México* (Madrid, 1928), p. 11.

39. Palacios Macedo a Gómez Morín, 6 Ene 1925, Archivo Miguel Palacios Macedo (AMPM).

40. Correspondencia Diplomática Francesa, 28 Ago 1926, n.º B-25-1 (París).

41. Alexander B. Dye, «Railways and revolution in México», en *Foreign Affairs*, Ene 1927, vol. II, pp. 321-324.

42. Daniel Cosío Villegas, «La riqueza de México», en *La Antorcha*, 30-V-1925 (México); *Saturday Evening Post*, 26-II-1927, pp. 77-78.

43. Legajo «Correspondencia oficial entre el gobierno mexicano y el gobierno de los Estados Unidos de América, respecto de las leyes de la fracción primera del artículo 27 constitucional mexicano», 1926, Archivo Histórico-Diplomático Genaro Estrada, Secretaría de Relaciones Exteriores de México.

44. «Entrevista con el general Escamilla Garza», en *Excélsior*, 13-III-1972 (México).

45. *El Universal*, 24-XII-1926 (México).

46. Sheffield Papers, 28 Jun 1926, 12 Feb 1927; Schoenfeld a Sheffield, 19 Feb 1927; Howard Taft a Sheffield; *Boletín del Archivo General de la Nación* (México, 1979), tercera serie, 43-45; «Declaraciones del general P.E. Calles, presidente de la República, al *New York Times*», en *The New York Times*, 6-VIII-1925 (Nueva York).

47. Jean Meyer, «Estado y sociedad con Calles», en *Historia de la Revolución mexicana, periodo 1924-1928,* 23 vols. (México, 1981), vol. XI, p. 25.

48. Legajo «Elías Arturo», Ene 1927, en APEC.

49. «Memorandum of meeting at Mr. Lamont's house at 9:30 a.m., 31 March 1927, in which the Mexicans Mr. Tellez, Mr. Lamont, Mr. Negrete, Mr. Prieto and V.M. (Vernon Monroe) were present», Dwight Whitney Morrow Papers, Amherst College (Amherst).

50. Meyer, «Estado y sociedad con Calles», en *Historia de la revolución...*, pp. 37-38.

51. Lamont Papers, Feb-Abr 1927; «Memorandum of the conversation held when Pani and Negrete dined with Morrow on Tuesday evening, 23 February 1927, 19 March 1927», Morrow Papers.

52. Emilio Portes Gil, *Autobiografía de la Revolución mexicana* (México, 1964), pp. 23-24; Valadés, *Historia general...*, vol. VIII, pp. 15-25; R. Treviño, *Frente al ideal, mis memorias* (México, s.f.), p. 40.

53. «Lagarde M., Ernest, Chargé d'Affaires de la République Française, à Son Excellence M. Aristide Briand, 18 sept. 1926», Correspondencia Diplomática Francesa (París), Carpeta 105, p. 87

54. *Excélsior*, 4-II-1926 (México).

55. «Ambassador Sheffield file», n.º 812/404/578, Department State Records (DSR) (Washington).

56. Lagarde, Ernest, 18 Sep 1926, Correspondencia Diplomática Francesa (París), carpeta 105, pp. 54 y 87.

57. *El Universal*, 30-VII-1926, 22/24-VIII-1926 (México); *Excélsior*, 22/24-VIII-1926 (México).

58. Legajo «Arzobispos», 21 Ago 1926, en APEC; «Morrow a Clark», 19 Ago 1928, en John J. Burke's Diary, DSR (Washington), 812/404/931/G/12.

59. *Ibid.; Excélsior*, 2-VII-1943 (México).

60. Monseñor Mora al obispo de Roma, 27 Mayo 1927, Archivo de la Compañía de Jesús; «Algo muy importante debe saberse», manuscrito (México, s.f.), Archivo Vita-México, Centro de Estudios sobre la Universidad, AHUNAM.

61. Entrevista con Martin Trischler (Havana, s.f.); Morrow a Robert E. Olds, 21 Feb 1928 (Havana), en Morrow Papers, Amherst College; Morrow a Clark, 19 Oct 1928, en John J. Burke's Diary, file n.º 812/404/931/G/12, en DSR.

62. *Excélsior*, 29-VI-1929 (México).

63. *Diario de Debates de la Cámara de Diputados, XXXIII Legislatura*, 8 Oct 1928 (México), pp. 35-36; Ernest Gruening, *México and its heritage* (Londres, 1928), pp. 372-375.

64. «Reports from reliable source indicate that general Angel Flores died of arsenic poisoning», 9 April 1926, microfilm n.º 812/00, 156, en DSR.

65. Julio Scherer, «Roberto Cruz en la época de la violencia», en *Excélsior*, Jul 1961 (México).

66. *Ibid.*

67. *El Universal*, 19-VII-1928 (México); Jean Meyer, *La Cristiada*, 3 vols. (México, 1971), vol. II, pp. 144-150; Discurso del 1 de septiembre de 1928 en Legajo «Discursos varios», y Legajo «Calles, Informes de gobierno», en APEC.

68. *Ibid.*

69. Portes Gil, pp. 61-62; *El Universal*, 21-VIII-1928, 5-IX-1928, 7-IX-1928 (México).

70. *Excélsior*, 2-XII-1928 y 4-I-1929 (México); Portes Gil, pp. 228, 230;

*Diario de Debates...*, Sep 1928; José C. Valadés, «A Sáenz se lo llevaron al baño», en *Todo*, 9-XII-1937 (México); *El Universal*, 14-X-1928 (México); Pani, vol. II, p. 111.

71. *Boletín del Archivo General de la Nación de México* (México, 1979), pp. 73-76

72. *Ibid.*

73. Gómez Morín a Vasconcelos, 2 Ene, 3 Nov 1925, 10 Jun, 8 Oct 1926, 16 Oct, 3 Nov 1928, en AMGM.

74. Meyer, *La Cristiada...*, vol. II, pp. 339-340.

75. José Vasconcelos, *El proconsulado* (México, 1939), pp. 173, 178, 184, 187, 188, 279; John Skirius, *José Vasconcelos y la cruzada de 1929* (México, 1970), pp. 116-130.

76. Pascual Ortiz Rubio, *Memorias* (Morelia, 1981), pp. 209-211;

77. Cárdenas a Calles, 10 Oct 1930, en Legajo «Cárdenas», APEC.

78. Pascual Ortiz Rubio, *Memorias* (Morelia, 1981), pp. 215 y ss.

79. Daniel Cosío Villegas, *El sistema político mexicano. Las posibilidades de cambio* (México, 1974), pp. 35-50.

80. Abelardo Rodríguez, *Autobiografía* (México, 1962), pp. 145-146; Tzvi Medin, *El minimato presidencial, historia política del maximato (1928-1935)* (México, 1982), p. 184.

81. Rodríguez, pp. 159-160; Francisco Javier Gaxiola, *El presidente Rodríguez (1932-1934)* (México, 1938), pp. 115 y 121; Lorenzo Meyer, «Inicios de la institucionalización. La política del maximato», en *Historia de la Revolución...*, vol. V, n.º 12, p. 168.

82. Lorenzo Meyer, p. 167.

83. *Ibid.*, p. 178.

84. Victoria Lerner, «La educación socialista», en *Historia de la Revolución...*, vol. VI, n.º 17, p. 58-60.

85. Jorge Cuesta, «El comunismo en la escuela primaria», en *El Universal*, 29-IX-1933 (México).

86. Entrevista del autor con Hortensia Calles, viuda de Torreblanca (México, 26 Jun 1985).

87. «Patrióticas declaraciones del general Plutarco Elías Calles», en *Excélsior*, 12-VI-1935 (México).

88. John W.F. Dulles, *Ayer en México. Una crónica de la Revolución (1919-1936)* (México, 1977), pp. 580-593.

89. Legajo «José C. Valadés», en APEC.

90. *Ibid.*

91. Entrevista del autor con Hortensia Calles, viuda de Torreblanca (México, 26 Jun 1985).

92. Vasconcelos, *La Flama* (México, 1959), pp. 460-468.

93. Entrevista del autor con Hortensia...; José González Ortega, «Calles en la intimidad», en *Hoy*, 19-X-1946 (México), p. 26.

94. Legajo «Comunicaciones del más allá», en APEC.

95. Véase «Una ventana al mundo invisible», en *Antorcha* (México, 1960), pp. 31 y 81; Gutierre Tibón, «Gog y Magog. La conversión del general Calles. El padre Heredia, espiritista», en *Excélsior*, 20-X-1958 (México), p. 6.

## VII. General misionero. Lázaro Cárdenas

1. Lázaro Cárdenas, «Apuntes 1913-1940», en *Obras*, 4 vols. (México, 1972), vol. I, pp. 5, 6, 9.; José Romero, *Lázaro Cárdenas. Su niñez y juventud hasta la época actual a través de mis recuerdos* (México, 1933), p. 13.

2. Centro de Estudios de la Revolución Mexicana Lázaro Cárdenas, *Se llamó Lázaro Cárdenas* (México, 1995), p. XI; William C. Townsend, *Lázaro Cárdenas. demócrata mexicano* (México, 1959), p. 13.

3. Cárdenas, vol. I, p. 15.

4. *Ibid.*, pp. 17-18.

5. *Ibid.*, p. 20.

6. *Ibid.*, p. 23.

7. *Ibid.*, p. 51; *Excélsior*, 15-XI-1935 (México), 3.ª sec., 1.

8. Cárdenas, vol. I, pp. 171-172.

9. Legajo «Escuela Cruz Gálvez (1917-1928)», en Archivo Plutarco Elías Calles (APEC).

10. Plutarco Elías Calles, *Partes oficiales de la campaña de Sonora rendidas por el general Plutarco Elías Calles, gobernador y comandante militar del estado de Sonora, al C. general Alavaro Obregón, jefe del cuerpo del Ejército del Noroeste* (México, 1932), pp. 50, 62, 71, 92.

11. Cárdenas, vol. I, p. 142.

12. *Ibid.*, 149; Djed Bórquez, *Lázaro Cárdenas (líneas biográficas)* (México, 1933), p. 86.

13. Armando de María y Campos, *Múgica, Crónica biográfica. (Aportación a la historia de la Revolución mexicana)* (México, 1939), p. 202.

14. Townsend, p. 38; Bórquez, pp. 87 y 88; Alfredo Avila y Valencia, «Cuando nos íbamos a quedar sin presidente», en *Mujeres y Deportes*, 12-X-1935 (México).

15. Victoriano Anguiano Equihua, *Lázaro Cárdenas. Su feudo y la política nacional* (México, 1951), p. 7.

16. María y Campos, pp. 12, 15-16, 40, 52, 85, 87, 106.

17. Anguiano Equihua, p. 47.

18. *Excélsior*, 15-XI-1935 (México), 3.ª sec., 1.

19. Cárdenas, vol. I., pp. 389.

20. Townsend, pp. 44-45.

21. Luis González y González, *Pueblo en vilo. Microhistoria de San José de Gracia* (México, 1995), pp. 156 y 158.

22. Legajo 818-N-12, Sección Presidentes: Obregón-Calles, en Archivo General de la Nación (México); O. Ambriz, A. León G., *et.al.*, *Historia del agrarismo en Michoacán* (México, 1982), pp. 185-190.

23. Jean Meyer, *La Revolución mexicana* (Madrid, 1973), pp. 141-169.

24. Jesús Múgica Martínez, *La Confederación Revolucionaria Michoacana del Trabajo* (México, 1982), pp. 81-82.

25. *Ibid.*, pp. 35, 162-163; Manuel Diego Hernández, *La Confederación Revolucionaria Michoacana del Trabajo* (México, 1982), p. 35.

26. Anguiano Equihua, pp. 45 y 46.

27. Cárdenas, «Informe de gobierno», 1 Sep 1932, mecanografiado (Morelia).

28. Townsend, p. 74; Antolín Piña Soria, *Cárdenas socialista* (México, 1935), p. 92.

29. Nathaniel y Silvia Weyl, «La reconquista de México (Los días de Lázaro Cárdenas)», en *Problemas agrícolas e industriales de México* (México, 1955), p. 310.

30. *Ibid.*, pp. 213-224.

31. Cárdenas, «Informe de gobierno»...

32. Froylán Manjarrez y Gustavo Ortiz Hernán, *Lázaro Cárdenas. 1. Soldado de la Revolución. 2. Gobernante. 3. Político nacional* (México, 1933), p. 77.

33. Anguiano Equihua, pp. 51-54.

34. Jesús Tapia Santamaría, *Campo religioso y evolución política en el Bajío zamorano* (Morelia, 1986), p. 214.

35. *Ibid.*, p. 127.

36. Manjarrez y Ortiz Hernán, p. 64.

37. González y González, pp. 244-245.

38. César Moheno, *Las historias y los hombres de San Juan* (México, 1985), p. 145.

39. Heriberto Moreno, *Guaracha. Tiempos viejos, tiempos nuevos* (México, 1980).

40. Moheno, p. 119.

41. Anguiano Equihua, pp. 39, 40, 44, 45.

42. *Ibid.*

43. Townsend, pp. 69 y 70; Gonzalo N. Santos, *Memorias* (México, 1984), pp. 571-598.

44. Santos, p. 287.

45. *Ibid.*, pp. 511 y 519.

46. Cárdenas, «Apuntes...», vol. I, pp. 287-292, 294, 298.

47. Townsend, pp. 97 y 101.

48. Alicia Henández, «La mecánica cardenista», en *Historia de la Revolución mexicana. Período 1934-1940*, 23 vols. (México, 1979), vol. XVI, pp. 101 y 102.

49. Hernández, pp. 128 y 129; Anguiano Equihua, pp. 56-60.

50. Federico Barrera Fuentes, «Memorias de un reportero», en *Excélsior*, 1984-1985.

51. González y González, pp. 143 y 154.

52. Cárdenas, vol. I, p. 366.

53. Townsend, p. 117.

54. Leonel Durán, *Lázaro Cárdenas. Ideario político* (México, 1972), pp. 130 y 131; Marte R. Gómez, «Los problemas de la Región Lagunera», en *El Nacional*, 29-III-1941 (México), pp. 24 y 29.

55. Durán, pp. 143-146.

56. Cárdenas, vol. I, p. 360.

57. *Ibid.*

58. Durán, p. 154.

59. Susana Glantz, *El ejido colectivo de Nueva Italia* (México, 1974), pp. 101 y 102.

60. *Ibid.*, p. 107.

61. Gómez, pp. 24 y 29.

62. Frank Tannenbaum, «Lázaro Cárdenas», en *Historia Mexicana* , vol. X, n.º 2 (México, Oct-Dic 1960), pp. 332-341.

63. «De la alocución del Centro Patronal de Monterrey, Nuevo León, sobre la acción gubernamental y la lucha obrera», en *El Nacional*, 11-II-1936 (México).

64. Hernández, pp. 157-162.

65. *Ibid.*, pp. 164 y 165.

66. *Ibid.*, pp. 182-184.

67. Lorenzo Meyer, *México y los Estados Unidos en el conflicto petrolero (1917-1942)* (México, 1972), p. 310.

68. Weyl, p. 282.

69. Cárdenas, vol. I, p. 371.

70. Meyer, *México y los Estados Unidos...*, pp. 319-329.

71. Cárdenas, vol. I, p. 387.

72. *Ibid.*, p. 390.

73. Salvador Mendoza, *La doctrina Cárdenas* (México, 1938), pp. 145-149.

74. Tannenbaum, p. 338.

75. Durán, p. 326.

76. Lorenzo Meyer, *México y el mundo. Historia de sus relaciones exteriores*, 8 vols. (México, 1991), vol. VI, pp. 183-189.

77. Cárdenas, vol. I, pp. 369-370.

78. Carlos Pereyra, «El último capítulo de la historia de México», en *La Nación*, 11-XII-1942 (México).

79. Hernández, pp. 198-200.

80. Cárdenas, vol. I, p. 443.

# Bibliografía

*Bibliografía general*

Alessio Robles, Vito, *La convención revolucionaria de Aguascalientes,* Instituto Nacional de Estudios Históricos de la Revolución Mexicana (INEHRM), México, 1979.

Arenas Guzmán, Diego, *Del maderismo a los Tratados de Teoloyucan,* Instituto Nacional de Estudios Históricos de la Revolución Mexicana (INEHRM), México, 1955.

Barragán, Juan, *Historia del ejército y de la revolución constitucionalista,* 2 vols., Talleres de la Editorial Stylo, México, 1946.

Barrera Fuentes, Florencio, *Crónicas y debates de las sesiones de la Soberana Convención Revolucionaria,* 3 vols., Instituto Nacional de Estudios Históricos de la Revolución Mexicana (INEHRM), México, 1964.

Benítez, Fernando, *Lázaro Cárdenas y la Revolución mexicana,* 3 vols., Fondo de Cultura Económica, México, 1977.

Bojórquez, Juan de Dios, *Forjadores de la Revolución mexicana,* Instituto Nacional de Estudios Históricos de la Revolución Mexicana (INEHRM), México, 1960.

Brading, David A. (comp.), *Caudillos y campesinos en la Revolución mexicana,* Fondo de Cultura Económica, México, 1985.

Breceda, Alfredo, *México revolucionario,* T.I. Tipografía Artística, Madrid, 1920.

Calzadíaz, Alberto, *Hechos reales de la Revolución,* 8 vols., Patria, México, 1982.

Carr, Barry, *Labour and politics in Mexico, 1910-1920,* Oxford University Press, Oxford, septiembre 1974.

Clark, Marjorie Ruth, *Organized labor in México,* Chapel Hill, North Carolina, 1934.

Cockroft, James D., *Precursores intelectuales de la Revolución mexicana,* Siglo XXI Editores, México, 1971.

Córdova, Arnaldo, *La ideología de la Revolución mexicana. Formación del nuevo régimen,* Era, México, 1973.

Cosío Villegas, Daniel, *Ensayos y notas,* Hermes, México, 1966.

—, *Historia moderna de México. El porfiriato. Vida política interior. Segunda parte,* Hermes, México, 1971.

—, *El sistema político mexicano,* Joaquín Mortiz, México, 1978.

*Crónica ilustrada. Revolución mexicana,* 6 vols.. Publex, México, 1966-1972.

511

Dulles, J.W., *Ayer en México. Una crónica de la Revolución, 1919-1936,* Fondo de Cultura Económica, México, 1977.

Fabela, Isidro, *Documentos históricos de la Revolución mexicana. Revolución y régimen constitucionalista,* Jus, México, 1960.

Garrido, Luis Javier, *El partido de la Revolución Institucionalizada,* Siglo XXI Editores, México 1982.

Gilly, Adolfo, *La revolución interrumpida, México 1910-1920: una guerra campesina por la tierra y el poder,* El Caballito, México, 1971.

González Garza, Federico, *La Revolución mexicana. Mi contribución político-literaria,* A. del Bosque Impresor, México, 1936.

González Ramírez, Manuel, *Planes políticos y otros documentos,* vol. I de *Fuentes para la historia de la Revolución mexicana,* Fondo de Cultura Económica, México, 1974.

Gruening, Ernest, *Mexico and its heritage,* Stanley Paul and Co., Londres, 1928.

Guzmán, Martín Luis, *El águila y la serpiente,* Compañía General de Ediciones, México, 1966.

Hart, John M., *El anarquismo y la clase obrera mexicana. 1860-1931,* Siglo XXI Editores, México, 1980.

Katz, Friedrich, *La guerra secreta en México,* 2 vols., Era, México, 1984.

Krauze, Enrique, *Caudillos culturales en la Revolución mexicana,* Siglo XXI Editores, México, 1976.

Medin, Tzvi, *El minimato presidencial: historia política del maximato, 1928-1935,* Era, México, 1982.

Mendoza, Vicente T., *El corrido mexicano,* Fondo de Cultura Económica, México, 1990.

Meyer, Jean, *La Cristiada,* 3 vols., Siglo XXI Editores, México, 1973-1974.

—, «Los obreros en la Revolución mexicana: "Los Batallones Rojos"», en *Historia Mexicana,* vol. XXI, n.º 81, El Colegio de México, México, julio-septiembre 1971

—, *La Revolución mexicana,* Jus, México, 1991.

—, Krauze, Enrique, y Reyes, Cayetano, «Estado y sociedad con Calles», en *Historia de la Revolución mexicana,* 23 vols., El Colegio de México, México, 1976, vol. XI.

Meyer, Lorenzo, *México y Estados Unidos en el conflicto petrolero (1917-1942),* El Colegio de México, México, 1972.

*México y el mundo. Historia de sus relaciones exteriores,* 8 vols., Senado de la República, México, 1991.

Molina Enríquez, Andrés, *La Revolución agraria de México de 1910 a 1920,* 5 vols., Museo Nacional de Arqueología, Historia y Etnografía, México, 1933-1937.

Portilla, Santiago, *Una sociedad en armas,* El Colegio de México, México, 1995.

*Los presidentes de México ante la nación, 1821-1966,* 4 vols., Cámara de Diputados, México, 1966.

Prida, Ramón, *De la dictadura a la anarquía,* Botas, México, 1958.

Puente, Ramón, *La dictadura, la revolución y sus hombres,* Instituto Nacional de Estudios Históricos de la Revolución Mexicana (INEHRM), México, 1985.

Quirk, Robert E., *The Mexican Revolution and the Catholic Church, 1910-1929,* Indiana University Press, Bloomington y Londres, 1973.

Ramírez Plancarte, Francisco, *La ciudad de México durante la revolución constitucionalista*, Botas, México, 1941.

Rojas, Basilio, *La Soberana Convención de Aguascalientes*, Comaval, México, 1961.

Ruiz Ramón, Eduardo, *México: La gran rebelión, 1905-1924*, Era, México, 1980.

Rutherford, John, *Mexican society during the Revolution (A literary approach)*, Clarendon Press, Oxford, 1971.

Taracena, Alfonso, *La verdadera Revolución mexicana*, Jus, México, 1961.

Tobler, Hans Werner, *La Revolución mexicana. Transformación social y cambio político, 1876-1940*, Alianza Editorial, México, 1994.

Ulloa, Bertha, «La encrucijada de 1915», en *Historia de la Revolución mexicana*, 23 vols., El Colegio de México, México, 1979, vol. V.

—, «La revolución escindida», en *Historia de la Revolución mexicana*, 23 vols., El Colegio de México, México, 1976, vol. IV.

Valadés, José C., *Historia general de la Revolución mexicana*, 9 vols., Guernika/Secretaría de Educación Pública (SEP), México, 1985.

Vasconcelos, José, *Breve historia de México*, Compañía Editorial Continental, México, 1971.

—, *Memorias, I. Ulises criollo. La tormenta*, Fondo de Cultura Económica, México, 1983.

Vera Estañol, Jorge, *Historia de la Revolución mexicana. Orígenes y resultados*, Porrúa, México, 1967.

Wilkie, James y Edna, *México visto en el siglo XX*, Instituto Mexicano de Investigaciones Económicas, México, 1969.

## I. Místico de la libertad. Francisco I. Madero

Aguilar Belden de Garza, Sara, *Una ciudad y dos familias*, Jus, México, 1970.

Anónimo, «Un apóstol», en *El Nacional*, México, 23-XI-1930.

Anónimo, «Biografía de Francisco I. Madero», en *El Nacional*, México, 20-XI-1932.

Archivo del Centro de Estudios de Historia de México, CONDUMEX, Fondo DLI, «Manuscritos de Bernardo Reyes», carpeta 40, legajo 7942. Correspondencia Madero-León de la Barra. Recopilación de Josefina Moguel.

—, Fondo VIII-2, «Manuscritos de Genaro Amezcua». Correspondencia Madero-León de la Barra. Recopilación de Josefina Moguel.

—, Fondo LXIV-3, «Manuscritos de Francisco I. Madero», carpeta 1, legajos 20, 23, 24, 36, 42, 44, 45, 46, 63, 69, 70, 73 y 79; carpeta 2, legajos: 84, 95, 113, 117, 120, 122, 123, 126, 127, 131 y 132. Recopilación de Josefina Moguel.

—, Fondo X-1, «Manuscritos de Francisco I. Madero-León de la Barra», carpetas 2 y 3. Correspondencia Francisco I. Madero-León de la Barra. Recopilación de Josefina Moguel.

Azuela, Mariano, «Madero», en *Obras completas*, Fondo de Cultura Económica, México, 1960.

*The Bhagavad-Gita*, traducción directa del sánscrito, introducción de Juan Mascaró, Penguin Books, Baltimore, 1962.

Beezley, William H., «Francisco I. Madero», en Richmond, Douglas, y Wolf-skill, George (comp.), *Essays on the Mexican Revolution. Revisionist views of the leaders*, University of Texas Press, Austin (Texas), 1979.

Bonilla Jr., Manuel, *El régimen maderista*, Arana, México, 1962.

Bulnes, Francisco, «Los tremendos idealistas trágicos: Francisco I. Madero», en *Los grandes problemas de México*, Editora Nacional, México, 1970.

Cosío Villegas, Daniel, «Del Porfiriato a la Revolución», en Enrique Krauze, *Daniel Cosío Villegas, el historiador liberal*, Fondo de Cultura Económica, México, 1984.

Cumberland, Charles C., *Madero y la Revolución mexicana*, Siglo XXI Editores, México, 1981.

Ferrer de Mendiolea, Gabriel, *Vida de Francisco I. Madero*, Secretaría de Educación Pública (SEP), México, 1945.

*Guía del archivo del general Bernardo Reyes*, CONDUMEX, México, 1984.

Harrison, John P., «Henry Lane Wilson, el trágico de la Decena», en *Historia Mexicana*, vol. VI, n.º 23, El Colegio de México, México, enero-marzo 1957.

*Historia de las religiones, Las religiones constituidas en Occidente y sus contracorrientes*, vol. VIII, Siglo XXI Editores, México,1981.

Lamicq, Pedro, *Madero*, Cámara de Diputados del Congreso de la Unión, México, 1958.

Liceaga, Luis, *Félix Díaz*, Jus, México, 1958.

López Velarde, Ramón, *Obras*, Fondo de Cultura Económica, México, 1971.

MacGregor, Josefina, *La XXVI Legislatura*, Instituto de Investigaciones Legislativas, Cámara de Diputados, México, 1983.

Madero, Carlos B., *Relación de la familia Madero*, s.p.i., Coahuila, 1973.

Madero, Francisco I., «Cuaderno manuscrito de Madero con sus Comunicaciones espiritistas», 1907-1908, y «Legajo de comunicaciones espiritistas», 1901-1907, Archivo particular de la señora Renée González.

—, *Epistolario (1900-1909). Archivo de don Francisco I. Madero*, 2 vols., Instituto Nacional de Estudios Históricos de la Revolución Mexicana (INEHRM), México, 1985.

—, «Las memorias de Francisco I. Madero», en *ABC*, México, 31-I-1950.

—, Ponencia presentada en el Congreso Espírita, en *El Universal*, México, 3-VII-1950.

—, *La sucesión presidencial en 1910*, Edición del autor, México, 1908.

María y Campos, Armando de, «Experiencias espiritistas», en *ABC*, México, 28-II-1953.

Márquez Sterling, Manuel, *Los últimos días del presidente Madero*, Imprenta Siglo XXI, La Habana, 1917.

Meyer, Michael C., *Huerta, a political portrait*, The University of Nebraska Press, Lincon (Nebraska), 1972.

Muller de Trillas, Alicia, «Cómo vi a don Francisco I. Madero», en *El Nacional*, México, 19-XI-1954.

O'Shaughnessy, Edith, *Huerta y la Revolución*, Diógenes, México, 1971.

Rosales, Hernán, «Fragmentos de la vida íntima de Madero», en *El Globo*, México, 1-III-1925.

Rosales, José Natividad, *Madero y el espiritismo*, Posada, México, 1973.

Ross, Stanley R., *Madero*, Grijalbo, México, 1977.

Taracena, Alfonso, *Madero, vida del hombre y del político*, Botas, México, 1937.

Urquizo, Francisco, *Viva Madero*, Marte, México, 1954.

Valadés, José C., *Imaginación y realidad de Francisco I. Madero*, 2 vols., Antigua Librería Robredo, México, 1960.

Varios Autores, *Francisco I. Madero. Semblanzas y opiniones*, Instituto Nacional de Estudios Históricos de la Revolución Mexicana (INEHRM), México, 1973.

Vasconcelos, José, *Don Evaristo Madero. Biografía de un patricio*, Impresiones Modernas, México, 1958.

Vázquez Gómez, Francisco, *Memorias políticas*, Imprenta Mundial, México, 1933.

Wilson, Henry Lane, *Diplomatic episodes in México, Belgium and Chile*, A.M. Philpot, Londres, 1927.

Villarello Vélez, Ildefonso, *Historia de la Revolución mexicana en Coahuila*, Instituto Nacional de Estudios Históricos de la Revolución Mexicana (INEHRM), México, 1970.

## II.  El amor a la tierra. Emiliano Zapata

Aguilar, José Angel, *Zapata. Selección de textos*, Instituto Nacional de Estudios Históricos de la Revolución Mexicana (INEHRM), México, 1980.

Alessio Robles, Vito, «La Convención Revolucionaria de Aguascalientes», XXXIII, en *Todo*, México, 15-VI-1950.

Alpuche y Silva, Fernando, «El general Emiliano Zapata», en *El Nacional*, México, 20-VII-1941.

Angeles, Felipe, «Genovevo de la O», en *Cuadernos Mexicanos*, Secretaría de Educación Pública (SEP)/CONASUPO, n.° 11, México, 1984.

Anónimo, «Tres anécdotas de Emiliano Zapata», en *El Universal*, México, 10-IV-1931.

Anónimo, «Zapata, ¿bandido o apóstol?», en *Hoy*, México, 14-II-1948.

Archivo Jenaro Amezcua, Centro de Estudios de Historia de México, CONDUMEX, México, VIII-2, Manuscritos, carpeta 1, legajos: 32, 35, 55, 64, 67, 84, 98, 102, 106, 110, 118, 126, 128, 150, 153, 175. Carpeta 3, legajos: 194, 195, 197, 202, 205, 211, 213, 214, 216, 219, 222, 225, 226, 228, 230, 232, 234, 235, 239, 241, 243, 252. Carpeta 5, legajo: 439.

Arenas Guzmán, Diego, «La intransigiencia de Zapata» en *El Universal*, México, agosto 1933.

Arrangoiz, Francisco de Paula de, *México desde 1808 hasta 1867*, Porrúa, México, 1985.

Campós Alatorre, Cipriano, «Dos hombres de Zapata», en *El Universal Gráfico*, México, 9-VI-1937.

Coatsworth, John H., «Patterns of rural rebellions in Latin America: Mexico in comparative perspective», The University of Chicago, Chicago, s.f.

Chaverri Matamoros, A., «El archivo de Zapata», VII, en *El Universal*, México, 24-IX-1935.

—, «El archivo de Zapata», X, en *El Universal*, México, 27-IX-1935.

Chevalier, François, «Un factor decisivo de la revolución agraria de México:

"El levantamiento de Zapata" (1911-1919)», *en Cuadernos Americanos*, CXIII, 165-87, México, 6-XI-1960.

Delgado, Miguel R., «El testamento político de Otilio Montaño», en *Excélsior*, México, 21-I-1919.

Díaz Díaz, Fernando, *Caudillos y caciques*, El Colegio de México, México, 1972.

Díaz Soto y Gama, Antonio, «Cómo era Zapata», en *El Universal*, México, 7-IV-1943.

—, «Un noble amigo de Zapata», en *El Universal*, México, 13-XII-1950.

—, *La revolución agraria del sur y Emiliano Zapata, su caudillo*, El Caballito, México, 1967.

—, «El sur encuentra su caudillo», en *El Universal*, México, 3-II-1954.

—, «Zapata y Villa, creyentes», en *El Universal*, México, 6-IV-1949.

Díez, Domingo, *Bosquejo histórico-geográfico de Morelos*, Centenario, Cuernavaca, 1967.

*Documentos inéditos sobre Emiliano Zapata y el Cuartel General*, Seleccionados del Archivo de Genovevo de la O que conserva el Archivo General de la Nación, México, 1979.

Dromundo, Baltasar, *Emiliano Zapata*, Imprenta Mundial, México, 1934.

Eliade, Mircea, *Tratado de historia de las religiones*, Era, México, 1964.

Gill, Mario, «Zapata: su pueblo y sus hijos», en *Historia Mexicana*, vol. II, n.º 6, El Colegio de México, México, octubre-diciembre 1952.

Gómez, Marte R., *Las comisiones agrarias del sur*, Libería de Manuel Porrúa, México, 1961.

González Ortega, José, «Cómo murió Eufemio Zapata», en *Todo*, México, 13-I-1944.

González y González, Luis, *El indigenismo de Maximiliano*, IFAL, México, 1965.

—, «El subsuelo indígena», en Daniel Cosío Villegas (coord.), *Historia moderna de México. La República restaurada. Vida social*, Hermes, México, 1974.

Hernández, Alicia, *Haciendas y pueblos en el estado de Morelos, 1535-1810*, Tesis de maestría en historia, El Colegio de México, México, 1973.

Horcasitas, Fernando, *De Porfirio Díaz a Zapata. Memoria náhuatl de Milpa Alta*, Instituto de Investigaciones Históricas, Universidad Nacional Autónoma de México (UNAM), México, 1968.

León Portilla, Miguel, *Los manifiestos en náhuatl de Emiliano Zapata*, Instituto de Investigaciones Históricas, Universidad Nacional Autónoma de México (UNAM), México, 1978.

López González, Valentín, *Los compañeros de Zapata*, Ediciones del Gobierno del Estado Libre y Soberano de Morelos, México, 1980.

—, *Francisco Leyva Arciniegas, Summa morelense*, s.p.i, s.f.

—, «Plan de Ayala», en *Cuadernos Zapatistas*, Cuernavaca, 1979.

—, «Los plateados de Morelos» (Manuscrito inédito).

—, «Reforma y ratificación del Plan de Ayala», en *Cuadernos Zapatistas*, Cuernavaca, 1979.

López y Fuentes, Gregorio, *Tierra*, Editorial México, México, 1933.

Magaña, Gildardo, *Emiliano Zapata y el agrarismo en México*, 5 vols., Instituto Nacional de Estudios Históricos de la Revolución Mexicana (INEHRM), México, 1985.

Magaña Cerda, Octavio, «Historia documental de la Revolución», en *El Uni-*

*versal*, México, XCIII, 10-VIII-1950; CLXXXV, 10-XI-1950; CXCIV, 19-XI-1950; CCXII, 10-XII-1950; CCCXLII, 19-V-1951.

María y Campos, Armando de, «Reto de Zapata al constitucionalismo», en *ABC*, México, 10-I-1953 y 17-I-1953.

Martínez Mancera, Salvador, «Perdura en el sur la leyenda de que Emiliano Zapata no ha muerto», en *El Universal Gráfico*, México, 13-IV-1938.

Mena Brito, Bernardino, «El verdadero zapatismo», en *El Universal*, México, 8-VII-1941.

Meyer, Jean, *Problemas campesinos y revueltas agrarias (1821-1910)*, Secretaría de Educación Pública (SEP), col. Sepsetentas, México, 1973.

Miranda, José, *Vida colonial y albores de la independencia*, Secretaría de Educación Pública (SEP), col. Sepsetentas, México, 1972.

Palacios, Porfirio, *Emiliano Zapata, datos biográfico-históricos*, LIBROMEX, México, 1960.

Paz, Octavio, *El laberinto de la soledad*, Fondo de Cultura Económica, México, 1959.

—, *Posdata*, Siglo XXI Editores, México, 1970.

Paz Solórzano, Octavio, «Emiliano Zapata», en José T. Meléndez, *Historia de la Revolución mexicana*, Aguilas, México, 1936.

—, *Hoguera que fue*, Universidad Autónoma Metropolitana (UAM), México, 1986.

Pierri, Ettore, *Vida, pasión y muerte de Emiliano Zapata*, Edamex, México, 1979.

Redfield, Robert, *Tepoztlán: A Mexican village. A study of folk life*, The University of Chicago, Chicago, 1973.

Reina, Leticia, *Las rebeliones campesinas en México (1819-1906)*, Siglo XXI Editores, México, 1980.

Robles, Serafín M., «Emiliano Zapata era todo un charro», en *El Universal*, México, 1-V-1936.

—, «Zapata, agricultor», en *El Universal*, México, 17-VI-1936.

—, «Zapata era enemigo de la lisonja», *El Universal*, México, 29-IV-1936.

Salazar Pérez, Juan, «Otilio Montaño», en *Cuadernos Morelenses*, Cuernavaca, 1982.

Sánchez Septién, Salvador, *José María Lozano en la tribuna parlamentaria, 1910-1913*, Jus, México, 1956.

Sotelo Inclán, Jesús, *Raíz y razón de Zapata*, Etnos, México, 1943.

Taracena, Alfonso, «Madero quiso refugiarse con Zapata», en *Revista de Revistas*, México, 22-IX-1957.

—, «Otilio G. Montaño, Agrarismo», en *Hoy*, México, 25-IX-1943.

Torres, Elías L., «No te descuides, Zapata», en *Jueves de Excélsior*, México, abril 1937.

Trujillo, Daniel R., «Memorias revolucionarias de un suriano zapatista», en *El Legionario*, México, 15-III-1950.

Varios Autores, *Emiliano Zapata y el movimiento zapatista. Cinco ensayos*, SEP-INAH, México, 1980.

Wolf, Eric R., *Las luchas campesinas del siglo XX*, Siglo XXI Editores, México, 1972.

Womack, John, *Zapata y la Revolución mexicana*, Siglo XXI Editores, México, 1969.

Zapata, Emiliano, «Manifiesto al pueblo mexicano», en *Revista Mexicana de Sociología*, México, 11-III-1917.

—, «Declaraciones de Emiliano Zapata a *El País*», en *El País*, México, 21-VI-1911.

Zapata, María de Jesús, «Emiliano Zapata iba corneado cuando se fue a la Revolución», en *El Universal*, México, 15-IV-1952.

## III. Entre el ángel y el fierro. Francisco Villa

Aguirre Benavides, Luis, *De Francisco I. Madero a Francisco Villa*, A. del Bosque Impresor, México, 1966.

—, y Aguirre Benavides, Adrián, *Las grandes batallas de la División del Norte, al mando del general Francisco Villa*, Diana, México, 1964.

Angeles, Felipe, «La batalla de Zacatecas», en *Historia de la Revolución mexicana*, Aguilas, México, 1936.

Beltrán, Enrique, «Fantasía y realidad de Pancho Villa», en *Historia Mexicana*, vol. XVI, n.º 61, El Colegio de México, México, julio-septiembre 1966.

Blanco Moheno, Roberto, *Pancho Villa, que es su padre*, Diana, México, 1969.

Braddy, Haldeen, *The paradox of Pancho Villa*, Texas Western Press, University of Texas, El Paso (Texas), 1978.

Bustamante, L.F., «José Loya era el nombre comercial de Pancho Villa», en *Todo*, México, 21-V-1935.

—, «Nadie sabía dónde dormía Pancho Villa», en *Todo*, México, 11-VI-1935.

—, «Pancho Villa no era bandido antes de 1910», en *Todo*, México, 28-XI-1933.

Campobello, Nellie, *Mis libros: Apuntes sobre la vida militar de Francisco Villa*, Compañía General de Ediciones, México, 1960.

Casasola, Gustavo, *Biografía ilustrada del general Francisco Villa (1878-1966)*, Edición del autor, México, 1969.

Ceja Reyes, Víctor, *Yo, Francisco Villa y Columbus*, Centro Librero La Prensa, Chihuahua, 1987.

—, *Yo maté a Villa*, Populibros El Universal, México, 1960.

Cervantes, Federico, *Francisco Villa y la Revolución*, Ediciones Alonso, México, 1960.

Cervantes, Francisco, «Felipe Angeles: Revolucionario, idealista y desinteresado», en *El Universal*, México, 26-XI-1947.

Clendenen, Clarence, *The United States and Pancho Villa: a study in unconventional diplomacy*, Cornell University Press, Ithaca, Nueva York, 1961.

Corral, Luz, viuda de Villa, *Pancho Villa en la intimidad*, Centro Librero El Universal, Chihuahua (Chihuahua), 1976.

Cortés, Rodrigo Alonso, *Francisco Villa, el quinto jinete del Apocalipsis*, Diana, México, 1972.

Díaz Soto y Gama, Antonio, «La ley agraria del villismo» en *El Universal*, México, 22-IV-1953 y 29-IV-1953.

*Documentos relativos al general Felipe Angeles*, Domés, México, 1982.

Durán y Casahonda, José, «Las mujeres de Pancho Villa», en *Todo*, México, 2-I-1934.

Estol, Horacio, *Realidad y leyenda de Pancho Villa*, Librería Hachette, Biblioteca de Bolsillo, Buenos Aires, s.f.

García Naranjo, Nemesio, «El bandolerismo de Villa», en *Excélsior*, México, 17-III-1926.

Garfias, M. Luis, *Verdad y leyenda de Pancho Villa*, Panorama, México, 1981.

Gill, Mario, «Heraclio Bernal, caudillo frustrado», en *Historia Mexicana*, vol. IV, n.º 14, El Colegio de México, México, julio-septiembre 1954.

Gilly, Adolfo, «Felipe Angeles camina hacia la muerte», prólogo a Guilpain Peuliard, Odile, *Felipe Angeles y los destinos de la Revolución mexicana*, Fondo de Cultura Económica, México, 1991.

Gómez, Marte R., *Pancho Villa, un intento de semblanza*, Fondo de Cultura Económica, México, 1972.

González, Manuel W., *Contra Villa*, Botas, México, 1935.

González Garza, Roque, «La batalla de Torreón», en *Cuadernos Mexicanos*, Secretaría de Educación Pública (SEP)/CONASUPO, México, 1981.

Guzmán, Martín Luis, *Memorias de Pancho Villa*, Compañía General de Ediciones, México, 1968.

Herrera, Celia, *Francisco Villa ante la historia*, Costa-Amic, México, 1939.

Ita, Fernando de, «Soledad Seañez de Villa recuerda su vida...», en *Unomásuno*, México, 18-III-983.

Katz, Friedrich, «Agrarian changes in Northern México in the period of Villista rule, 1913-1915», en *Contemporary México. Papers of the IV International Congress of Mexican History*, UCLA Press, Los Angeles, 1976.

—, «Alemania y Francisco Villa», en *Historia Mexicana*, vol. XII, n.º 45, El Colegio de México, México, julio-septiembre 1982.

—, «Pancho Villa and the attack on Columbus, New Mexico», en *The American Historical Review*, vol. LXXXIII, n.º 1, Washington, DC, febrero de 1978.

—, «Peasants in the Mexican Revolution of 1910», en Speilberg, Joseph, y Whiteford, Scott (eds.), *Forging nations: A comparative view of rural ferment and revolt*, East Lansing, Michigan State University Press, Michigan, 1976.

—, «Villa, reform governor of Chihuahua», en Richmond, Douglas, y Wolfskill, George (comp.), *Essays on the Mexican Revolution. Revisionist view of the leaders*, University of Texas Press, Austin (Texas), 1979.

Juvenal, *Verdades históricas. ¿Quién es Francisco Villa?*, Gran Imprenta Políglota, Dallas, Texas, 1916.

L.B.F., «El corazón de Pancho Villa», en *Jueves de Excélsior*, 1-V-1937.

Langle Ramírez, Arturo, *El ejército villista*, INAH, México, 1961.

—, *Los primeros cien años de Pancho Villa*, Costa-Amic, México, 1980.

Lansford, William Douglas, *Pancho Villa*, Stock, París, 1967.

Magaña, Gildardo, «Así nació la División del Norte», en *Cuadernos Mexicanos*, Secretaría de Educación Pública (SEP)/CONASUPO, México, 1984.

Mar, Juan del, «Sombras de Villa», en *Hoy*, México, 30-IX-1937.

Muñoz, Rafael F., *Pancho Villa. Rayo y azote*, Populibros *El Universal*, México, 1955.

—, *Relatos de la Revolución*, Secretaría de Educación Pública (SEP), col. Sepsetentas, México, 1974.

—, *Vámonos con Pancho Villa*, Espasa-Calpe, México, 1950.

Obregón, Alvaro, *Ocho mil kilómetros en campaña*, Fondo de Cultura Económica, México, 1973.

O'Hea, Patrick, *Reminiscences of the Mexican Revolution*, Sphere Books Limited, Londres, 1981.

Orellana, Margarita, *La mirada circular*, Joaquín Mortiz, México, 1991.

Pérez Rul, Enrique, «El amor y Francisco Villa», en *Mujeres y Deportes*, México, 1-V-1937.

Peterson, Jessie, y Cox Knoles, Thelma, *Pancho Villa, Intimate recollections by people who knew him*, Hasting House Publishers, Nueva York, 1977.

Puente, Ramón, «Francisco Villa», en *Historia de la Revolución mexicana*, Menéndez, México, 1936.

—, «Francisco Villa», en *La dictadura, la revolución y sus hombres*, Instituto Nacional de Estudios Históricos de la Revolución Mexicana (INEHRM), México, 1985.

—, «Memorias de Pancho Villa, narradas por él mismo», en *El Universal Gráfico*, México, 26-VII-1923 y 30-VII-1923.

—, «La verdadera historia de Pancho Villa, por su médico y secretario», en *Excélsior*, México, 23-V-1931 y 28-V-1931.

—, *Villa en pie*, Castalia, México, 1966.

Reed, John, «Las batallas desesperadas de Villa preparatorias a la captura de Torreón», en *The World*, Nueva York, 12-IV-1914.

—, «Con Villa en México», en *Metropolitan Magazine*, Nueva York, febrero 1914.

—, *Hija de la Revolución y otras narraciones*, Fondo de Cultura Popular, México, 1972.

—, *México insurgente*, Editorial de Ciencias Sociales, La Habana, 1980.

—, «¿Qué pasa en México?», en *The Masses*, Nueva York, junio 1914.

—, «El socialismo de Villa se funda en la necesidad», en *The Sun*, 2-I-1914.

—, «Villa es brutal, sin embargo tiene ideales», en *The World*, Nueva York, 1-III-1914.

Sánchez Azcona, Juan, «La complicada psicología de Francisco Villa», en *El Universal*, México, 2-XI-1928.

Schuster, Ernest Otto, *Pancho Villa's shadow: The true story of Mexico's Robin Hood as told by his interpreter*, Exposition Press, Nueva York, 1947.

Serrano, T.F., y Vando, C. del, *Victorias del general Villa*, s.p.i., El Paso (Texas), 1914.

Terrazas, Silvestre, «El verdadero Pancho Villa», en *Boletín de la Sociedad Chihuahuense de Estudios Históricos*, Chihuahua, 20-II-1920; 20-VIII-1944.

Torres, Elías, *Hazañas y muerte de Francisco Villa*, Epoca, México, 1975.

—, *Twenty episodes in the life of Pancho Villa*, The Encino Press, Austin (Texas), 1973.

—, *Vida y hechos de Francisco Villa*, Epoca, México, 1975.

Trujillo Herrera, Rafael, *Cuando Villa entró en Columbus*, Porrúa, México, 1973.

Turner, John Kenneth, «Villa como estadista», en *Metropolitan*, abril 1915.

Valadés, José C. «Los compadres de Villa», en *Todo*, México, 26-IX-1933.

## IV. Puente entre siglos. Venustiano Carranza

Aldama Rendón, Mario, *Introducción al pensamiento político de Flores Magón y Carranza*, Universidad de Guadalajara, Guadalajara, 1977.

Alessio Robles, Miguel, «Cómo se conocieron Carranza y Obregón», en *El Universal*, México, 26-III-1927.

—, «El viejo pachorrudo y conspirador», en *El Universal*, México, 26-II-1940.

Anónimo, *Carranza*, Ediciones de Cultura y Ciencia Política, México, 1971.

Anónimo, «Hasta los obregonistas se burlan del suicidio de don Venustiano», en *El Universal*, México, 20-VII-1951.

Anónimo, «Una pregunta vieja: ¿Carranza se suicidó?», en *Hoy*, México, 19-XII-1942.

Barragán, Juan, «Bosquejo histórico-revolucionario de la figura del Primer Jefe», en *El Universal*, México, 7-II-1945.

—, «El carácter y la honradez de Carranza», en *El Universal*, México, 10-VI-1953.

—, «La honradez de los hombres de la Revolución», en *El Universal*, México, 8-I-1953.

Blasco Ibáñez, Vicente, *El militarismo mejicano*, Prometeo, Valencia, 1920.

Beezley, William H., «Governor Carranza and the Revolution in Coahuila», en *The Americas*, 33, n.º 1, octubre de 1976.

Beltrán, Ramiro, «Así veía Madero a Carranza en 1909», en *Hoy*, México, 18-VIII-1951.

Benítez, Fernando, *El rey viejo*, Fondo de Cultura Económica, México, 1959.

Beteta, Ramón, *Camino a Tlaxcalantongo*, Fondo de Cultura Económica, México, 1961.

Breceda, Alfredo, *Don Venustiano Carranza, rasgos biográficos*, folleto, México, 1912.

Cabrera, Luis, *La herencia de Carranza, por el Lic. Blas Urrea*, Imprenta Nacional, México, 1920.

Carranza Castro, Jesús, *Origen, destino y legado de Carranza*, Costa-Amic, México, 1977.

Casasola, Gustavo, *Biografía ilustrada de Venustiano Carranza*, Edición del autor, México, 1974.

Cosío Villegas, Daniel, *La Constitución de 1857 y sus críticos*, Hermes, México, 1957.

—, «La crisis de México», en *Extremos de América*, Fondo de Cultura Económica, México, 1949.

Cumberland, Charles C., «Huerta y Carranza ante la ocupación de Veracruz», en *Historia Mexicana*, vol. VI, n.º 24, El Colegio de México, México, abril-junio 1957.

—, *La Revolución mexicana. Los años constitucionalistas*, Fondo de Cultura Económica, México, 1972.

*Diario de los Debates del Congreso Constituyente 1916-1917*, 2 vols., Instituto Nacional de Estudios Históricos de la Revolución Mexicana (INEHRM), México, 1960.

Fabela, Isidro, *Historia diplomática de la Revolución mexicana*, Fondo de Cultura Económica, México, 1958-1959.

—, *La victoria de Carranza*, Jus, México, 1978.

Fabela, Josefina E. de, «Testimonios sobre los asesinatos de don Venustiano Carranza y Jesús Carranza», en Fabela, Isidro, *Documentos Históricos de la Revolución Mexicana*, vols. XVIII y XIX, Jus, México, 1971.

Fornaro, Carlo de, *Carranza and Mexico*, Mitchell Kennerley, Nueva York, 1915.

Freeman Smith, Robert, *The United States and revolutionary nationalism in México, 1916-1932*, University of Chicago Press, Chicago, 1972.

García, Rubén, «El romano Belisario, figura eterna. Lectura de don Venustiano Carranza», en *El Demócrata Sinaloense*, Culiacán, 16-II-1950.

Gibbon, Thomas Edward, *México under Carranza*, Doubleday, Nueva York, 1919.

Gil, Miguel, «Tengo prestada la vida desde 1913, contestó don Venustiano Carranza», en *El Universal*, México, 27-VII-1943.

Gómez Morín, Manuel, *1915*, Cultura, México, 1927.

González Blanco, Andrés, *Un déspota y un libertador*, Imprenta Helénica, Madrid, 1916.

González Blanco, Pedro, *De Porfirio Díaz a Carranza*, Imprenta Helénica, Madrid, 1913.

Guzmán, Martín Luis, *Muertes históricas*, Compañía General de Ediciones, México, 1970.

González Navarro, Moisés, *La Confederación Nacional Campesina*, Costa-Amic, México, 1968.

—, *México, El capitalismo nacionalista*, Costa-Amic, México, 1970.

Ibarra de Anda, F., «Se suicidaría don Venustiano», en *Todo*, México, 5-II-1945.

Johnson, William Weber, *Heroic Mexico: The violent emergence of a modern nation*, Doubleday, Nueva York, 1968.

Juárez, Benito, *Documentos, discursos y correspondencia*, 15 vols., Secretaría del Patrimonio Nacional, México, 1966, vol. IX.

Junco, Alfonso, *Carranza y los orígenes de su rebelión*, Jus, México, 1955.

Legajo «Investigación sobre el asesinato de Venustiano Carranza», en Archivo Plutarco Elías Calles (APEC).

López de Roux, María Eugenia, «Relaciones méxico-norteamericanas (1917-1918)», en *Historia Mexicana*, vol. XIV, n.º 55, El Colegio de México, México, enero-marzo 1965.

Márquez, Miguel B., *El verdadero Tlaxcalantongo*, A.P. Márquez Editor, México, 1941.

Medina, Hilario, «Emilio Rabasa y la Constitución de 1917», en *Historia Mexicana*, vol. X, n.º 38, El Colegio de México, México, octubre-diciembre 1960.

Mena Brito, Bernardino, *Carranza. Sus amigos, sus enemigos*, Botas, México, 1935.

—, *Ocho diálogos con Carranza*, Botas, México, 1933.

Orozco, José Clemente, *Autobiografía*, Era, México, 1981.

Palavicini, Félix F., *Mi vida revolucionaria*, Botas, México, 1937.

—, *et. al.*, *El Primer Jefe*, s.p.i.

Parra, Yolanda de la (comp.), «México y la primera guerra mundial», en *Nuestro México*, Universidad Nacional Autónoma de México (UNAM), México, 1983.

Quirk, Robert E., «Liberales y radicales en la Revolución mexicana», en *Historia Mexicana*, vol. II, n.º 8, El Colegio de México, México, abril-junio de 1953.

Richmond, Douglas W., «Carranza: The authoritarian populist as nationalist president», en Richmond, Douglas, y Woolfskill, George (comp.), *Essays on the Mexican Revolution. Revisionist views of the leaders*, University of Texas Press, Austin (Texas), 1979.

—, «El nacionalismo de Carranza y los cambios socioeconómicos, 1915-1920», en *Historia Mexicana*, vol. XXVI, n.º 101, El Colegio de México, México, julio-septiembre 1976.

—, «The Venustiano Carranza Archive», en *Hispanic American Historical Review*, 56, Durham (Carolina del Norte), mayo 1976.

Rouaix, Pastor, *Génesis de los Artículos 27 y 123 de la Constitución Política de 1917*, Instituto Nacional de Estudios Históricos de la Revolución Mexicana (INEHRM), México, 1945.

Serralde, Francisco A., *Los sucesos de Tlaxcalantongo y la muerte del ex-presidente de la República, C. Venustiano Carranza, amparo promovido por el defensor de Rodolfo Herrero contra los actos del presidente de la República y de la Secretaría de Guerra*, Imprenta Victoria, México, 1921.

Suárez, Ignacio G., *Carranza, el forjador del México actual*, Costa-Amic, México, 1965.

Tannenbaum, Frank, «México: La lucha por el pan y la paz», en *Problemas Agrícolas e Industriales de México*, México, octubre-diciembre 1951.

Taracena, Alfonso, *Venustiano Carranza*, Jus, México, 1963.

Ulloa, Bertha, «La Constitución» en *Historia de la Revolución mexicana*, 23 vols., El Colegio de México, México, 1983, vol. VI.

Urquizo, Francisco, *Asesinato de Carranza*, Populibros El Universal, México, 1959.

—, *Páginas de la Revolución*, Talleres Gráficos de la Nación, México, 1956.

—, *Venustiano Carranza*, Edición facsimilar del texto publicado en 1939, Talleres de la Editorial Libros de México, México, 1976.

Vasconcelos, José, *La caída de Carranza: de la dictadura a la libertad*, Imprenta de Murguía, México, 1920.

Vera Estañol, Jorge, *Carranza and his bolshevik regime*, Wayside Press, Los Angeles, 1920.

Villarello Vélez, Ildefonso, *Historia de la Revolución mexicana en Coahuila*, Instituto Nacional de Estudios Históricos de la Revolución Mexicana (INEHRM), México, 1920.

Villarreal, Concha de, «Barbudo que era don Venustiano», en *Todo*, México, 10-III-1938.

Womack, John, *Zapata y la Revolución mexicana*, Siglo XXI Editores, México, 1969.

## V. El vértigo de la victoria. Álvaro Obregón

Aguilar Camín, Héctor, *La frontera nómada*, Siglo XXI Editores, México, 1977.

—, «Los jefes sonorenses de la Revolución mexicana», en Brading, David A.

(comp.), *Caudillos y campesinos en la Revolución mexicana,* Fondo de Cultura Económica, México, 1985.

—, *Saldos de la Revolución, cultura y política de México, 1910-1980,* Nueva Imagen, México, 1982.

Aguilar Mora, Jorge, *Un día en la vida del general Obregón,* Martín Casillas y Secretaría de Educación Pública (SEP), México, 1982.

Alessio Robles, Miguel, «La estrategia de Obregón», en *El Universal,* México, diciembre 1936.

—, «La figura de Obregón», en *Novedades,* México, 22-VI-1941.

—, «Obregón, su vida y su carácter», en *El Universal,* México, 29-V-1939.

—, «La oportunidad y la decisión en la política», en *El Universal,* México, mayo 1939.

—, *Senderos,* Imprenta Manuel León Sánchez, México, 1930.

Amaya, Juan Gualberto, *Los gobiernos de Obregón, Calles y regímenes peleles derivados del callismo,* Edición del autor, México, 1947.

Anónimo, *¿Quién es Obregón?,* Librería de Quiroga, San Antonio (Texas), 1922.

Bailey, David C., «Obregón. Mexico's accommodating president», en Richmond, Douglas, y Wolfskill, George (comp.), *Essays on the Mexican Revolution. Revisionist views of the leaders,* University of Texas Press, Austin (Texas), 1979.

Barrera, Carlos, *Obregón, estampas de un caudillo,* s.e., México, 1957.

Bassols Batalla, Narciso, *El pensamiento de Avaro Obregón,* El Caballito, México, 1970.

Bojórquez, Juan de Dios, «El general Obregón y el Plan de Agua Prieta», en *Excélsior,* México, 29-I-1958.

—, *Obregón: apuntes biográficos,* Patria Nueva, México, 1929.

Burgos, Oswaldo, «Los cuentos del general Obregón», en *Revista de Revistas,* México, 11-IV-1926.

Casasola, Gustavo, *Biografía ilustrada del general Alvaro Obregón,* Edición del autor, México, 1975.

Cervantes, Juan B., *Obregón ante la historia,* Edición del autor, México, 1924.

Dillon, Emile Joseph, *President Obregon: A world reformer,* Hutchinson, Londres, 1922.

Dillon, Richard, «Del rancho a la presidencia», en *Historia Mexicana,* vol. VI, n.º 22, El Colegio de México, México, octubre-diciembre 1956.

García Naranjo, Nemesio, «Obregón y la ciudadanía», en *Hoy,* México, 23-VI-1951.

—, «El presidente Obregón», en *Omega,* México, 4-XII-1924.

Gil, Feliciano, *Biografía y vida militar del general Alvaro Obregón,* Imprenta M.F. Romo, Hermosillo (Sonora), 1914.

Gómez Robledo, Antonio, *Los Tratados de Bucareli ante el Derecho Internacional,* Polis, México, 1938.

González Guerrero, F., «Enciclopedia mínima: La memoria del general Obregón», en *El Universal Gráfico,* México, 19-II-1929.

Gruening, Ernest H., *México and its heritage,* Stanley Paul and Company, Londres, 1928.

Guzmán, Martín Luis, «La sombra del caudillo», en *Obras completas,* Fondo de Cultura Económica, México, 1985.

Guzmán Esparza, Roberto, *Memorias de don Adolfo de la Huerta*, Guzmán, México, 1957.

Hall, Linda B., *Alvaro Obregón: poder y revolución en México, 1911-1920*, Fondo de Cultura Económica, México, 1985.

Hansis, Randall George, *Alvaro Obregón, the Mexican Revolution and the politics of consolidation (1920-1924)*, Tesis de doctorado en filosofía, University of New Mexico, Albuquerque (New Mexico), 1971.

Lieuwen, Edwin, *Mexican militarism, The political rise and fall of the revolutionary army, (1910-1940)*, The University of New Mexico Press, Albuquerque (New Mexico), 1968.

Loyola Díaz, Rafael, *La crisis Obregón-Calles y el Estado mexicano*, Siglo XXI Editores, México, 1980.

Matute, Alvaro, «La carrera del Caudillo», en *Historia de la Revolución mexicana*, 23 vols., El Colegio de México, México, 1980, vol. VIII.

Mena, Mario A., *Alvaro Obregón. Historia militar y política, 1912-1929*, Jus, México, 1960.

Monroy Durán, Luis, *El último caudillo: Apuntes sobre la historia acerca del movimiento armado de 1923*, J.S. Rodríguez, México, 1938.

Obregón, Alvaro, *Ocho mil kilómetros en campaña*, Fondo de Cultura Económica, México, 1959.

Piña, Joaquín, «¡Ya me estoy aburriendo!, dijo Obregón», en *Así*, México, 27-IX-1941.

Quiroz, Sonia, *De guerreros a generales (Los primeros pasos hacia la institucionalización del ejército mexicano en el interinato de Adolfo de la Huerta)*, Tesis, Universidad Nacional Autónoma de México (UNAM), México, 1982.

Romero, José Rubén, *Alvaro Obregón, aspectos de su vida*, Jus, México, 1978.

Rosales, Hernán, «La niñez extraordinaria del General Obregón», en *El Legionario*, México, 1928.

Scherer, Julio, «Roberto Cruz en la época de la violencia», en *Excélsior*, México, julio 1961.

## VI. Reformar desde el origen. Plutarco Elías Calles

Aguilar Camín, Héctor, *La frontera nómada*, Siglo XXI Editores, México, 1977.

Alessio Robles, Miguel, «La habilidad política», en *El Universal*, México, 27-XI-1950.

Alessio Robles, Vito, «Las relaciones de los generales Obregón y Calles», en *Todo*, México, 1-XI-1951.

Almada, Francisco R., *Diccionario de historia, geografía y bibliografía sonorenses*, Gobierno del Estado de Sonora, Hermosillo, 1983.

Alvarado, José, «México debe saber ya quién fue Plutarco Elías Calles», en *Siempre!*, México, 31-X-1956.

Amaya, Juan Gualberto, *Los gobiernos de Obregón, Calles y regímenes peleles derivados del callismo*, Edición del autor, México, 1947.

Barrera Fuentes, Federico, «Memorias de un reportero», en *Excélsior*, México, seis partes, del 5-XII-1984 al 18-VI-1985.

*Boletín del Archivo General de la Nación,* México, tomo III, Talleres Gráficos de la Nación, México, octubre-diciembre 1979.

Bórquez, Djed, «Una biografía sintética del señor general Calles», en *El Universal,* México, 30-XI-1928.

—, *Calles,* Botas, México, 1925.

—, «Calles, hombre humano», en *El Nacional,* México, 19-X-1955.

Brown, James Chilton, *Consolidation of the Mexican Revolution under Calles (1924-1928),* University of New Mexico Press, Albuquerque, 1979.

Carballo, Emmanuel, «Martín Luis Guzmán: Calles se puso frenético cuando leyó *La sombra del caudillo*», en *Siempre!,* México, 1-IX-1965.

Casasola, Gustavo, *Biografía ilustrada del general Plutarco Elías Calles (1877-1945),* Edición del autor, México, 1975.

Corbalá, Manuel S., *Vida y obra de un sonorense. Rodolfo Elías Calles,* Libros de México, S.A., Hermosillo (Sonora).

Cuesta, Jorge, *Poemas y ensayos,* Universidad Nacional Autónoma de México (UNAM), México, 1964.

Chaverri Matamoros, Amado, *El verdadero Calles,* Patria Grande, México, 1933.

Daddoub, Claudio, *Historia del valle del Yaqui,* Porrúa, México, 1964.

Elías Calles, Plutarco, «Decretos, circulares y demás disposiciones dictadas por el C. Gobernador y Comandante Militar del Estado de Sonora, Gral. Plutarco Elías Calles», Imprenta del Gobierno de Sonora, Hermosillo, 1915.

—, *Informe relativo al sitio de Naco, 1914-1915,* Talleres Gráficos de la Nación, México, 1932.

—, «Leyes y decretos emitidos por el general Plutarco Elías Calles durante su gestión como gobernador del estado de Sonora», fotocopia n.º 1, en Archivo Plutarco Elías Calles (en adelante, APEC).

—, «Leyes y decretos emitidos por el general Plutarco Elías Calles durante su gestión como gobernador del estado de Sonora», fotocopia n.º 2, en APEC.

—, «Leyes y decretos emitidos por el general Plutarco Elías Calles durante su gestión como gobernador del estado de Sonora», fotocopia n.º 3, en APEC.

—, «Leyes y decretos emitidos por el general Plutarco Elías Calles durante su gestión como gobernador del estado de Sonora», fotocopia n.º 4, en APEC.

—, *Mensaje presidencial, exposición preliminar, presentado por escrito a las Cámaras federales y Discurso político del señor presidente de la República ante el Congreso Nacional el 1.º de septiembre de 1928,* Talleres Gráficos de la Nación, México, 1928.

—, *México before the world. Public Documents and addresses of Plutarco Elías Calles,* Editado por Robert Hammond Murray, Academy, Nueva York, 1927.

—, *Partes oficiales de la campaña de Sonora rendidos por el general Plutarco Elías Calles, gobernador y comandante militar del estado de Sonora, al C. general Alvaro Obregón, jefe del cuerpo del Ejército del Noroeste,* Talleres Gráficos de la Nación, México, 1932.

G. Rivera, Antonio, *La Revolución en Sonora,* Arana, México, 1969.

Georgette, José, *El relevo del caudillo,* Universidad Iberoamericana y El Caballito, México, 1982.

Gobierno del Estado de Sonora, *Temas sonorenses a través de simposios de historia*, Gobierno del Estado de Sonora, Hermosillo, 1984.

Gómez del Rey, Francisco, *El zar negro, Plutarco Elías Calles, dictador bolchevique de México*, s.e., El Paso (Texas), 1928.

González Ortega, José, «El general Calles en la intimidad», en *Hoy*, México, 19-X-1946.

Guzmán Esparza, Roberto, *Memorias de don Adolfo de la Huerta*, Edición del autor, México, 1957.

Ibarra, Gabriela (comp.), *Plutarco E. Calles y la prensa norteamericana*, Secretaría de Hacienda, México, 1982.

Inda, Enrique, «Roberto Cruz revela un secreto del callismo», en *Siempre!*, México, 5-I-1955.

Krauze, Enrique, *et al.*, *Historia de la Revolución mexicana: la reconstrucción económica, 1924-1928*, vol. X, El Colegio de México, México, 1977.

León de Palacios, Ana María, *Plutarco Elías Calles, creador de instituciones*, Instituto Nacional de Administración Pública, México, 1975.

Macías Richard, Carlos, *Vida y temperamento de Plutarco Elías Calles (1877-1920)*, Fondo de Cultura Económica/Fideicomiso del Archivo Plutarco Elías Calles y Fernando Torreblanca/Instituto Sonorense de Cultura, México, 1995.

Medina Ruiz, Fernando, *Calles, un destino melancólico*, Jus, México, 1960.

Méndez Preciado, Luis, *La educación pública en Sonora, 1900-1970*, Impresora del Noroeste, Hermosillo (Sonora), s.f.

Meyer, Lorenzo, *Historia de la Revolución mexicana: El conflicto social y los gobiernos del maximato*, El Colegio de México, México, 1982.

—, Segovia, Rafael, y Lajous, Alejandra, *Historia de la Revolución mexicana: Los inicios de la institucionalización*, El Colegio de México, México, 1978.

Ochoa Campos, Moisés, *Calles, el estadista*, Trillas, México, 1976.

Pani, Alberto J., «El general Calles», en *Excélsior*, México, 17-V-1948.

Piña, Joaquín, «*Cholita salvó al presidente Calles*», en *Ultimas Noticias*, México, 20-VII-1961.

Podán, Mateo, «El histórico maximato y la fuga de los peleles», en *El Universal*, México, 12-IX-1949.

Portes Gil, Emilio, *Historia vivida de la Revolución mexicana*, Cultura y Ciencia Política, México, 1976.

Puente, Ramón, *Hombres de la Revolución. Calles*, Edición del autor, Los Angeles (California), 1933.

Quiroz Martínez, M., *La educación pública en Sonora, 1920*, Talleres Gráficos de la Nación, México, 1921.

Rip-Rip (Pseudónimo), «El verdadero Calles», en *El Universal*, México, 5-X-1935.

Rivera, Gustavo, *Breve historia de la educación en Sonora e historia de la Escuela Normal del Estado*, s.e., Hermosillo (Sonora), s.f.

Scherer García, Julio, «Roberto Cruz en la época de la violencia», en *Excélsior*, México, 2-X-1961.

Skirius, John, *José Vasconcelos y la cruzada de 1929*, Siglo XXI Editores, México, 1978.

Tannenbaum, Frank, «México: La lucha por el pan y la paz», en *Problemas Agrícolas e Industriales*, México, octubre-diciembre 1951.

Tibón, Gutierre, «La conversión del general Calles», en *Excélsior,* México, 20-X-1958.

Velázquez Bringas, Esperanza, *México ante el mundo. Ideología del presidente Plutarco Elías Calles,* Cervantes, Barcelona, 1927.

Villa, Eduardo W., *Educadores sonorenses. Biografías,* s.p.i., México, 1937.

—, *Historia del estado de Sonora,* Gobierno del Estado de Sonora, Hermosillo, 1984.

Watkins Holland, Dempsey, *Plutarco Elías Calles, el Jefe Maximo of Mexico,* Texas Technological University, Austin, 1968.

Zevada, Ricardo J., *Calles, el presidente,* Nuestro Tiempo, México, 1971.

## VII. *General Misionero. Lázaro Cárdenas*

Alba, Pedro de, «El presidente Cárdenas visto por un español», en *El Nacional,* México, 23-X-1935 y 24-X-1935.

Alba Cano, Néstor, «Del ayer revolucionario: Cárdenas y Sánchez Azcona», en *El Popular,* México, 6-IX-1946.

Alvear Acevedo, Carlos, *Lázaro Cárdenas: El hombre y el mito,* Jus, México, 1972.

Ambriz, O., León G., A. *et al., Historia del agrarismo en Michoacán,* Centro de Estudios Históricos del Agrarismo en México, México, 1982.

Anguiano, Arturo, *El Estado y la política obrera del cardenismo,* Era, México, 1975.

Anguiano Equihua, Victoriano, *Lázaro Cárdenas, su feudo y la política nacional,* Eréndira, México, 1951.

—, «La personalidad de Lázaro Cárdenas», en *Excélsior,* México, 6-V-1950.

—, «La personalidad de Lázaro Cárdenas», XLII, en *Excélsior,* México, 26-IX-1950.

Anónimo, «Revelaciones de Múgica sobre el general Cárdenas», en *Hoy,* México, 15-IV-1939.

Anónimo, «Saldando una deuda de la Revolución», en *El Nacional,* México, 2-VII-1935.

Arenas Guzmán, Diego, «La intransigencia de Zapata», en *El Universal,* México, 1-VIII-1933.

Arroyave, Ernesto, «¿Adónde va don Lázaro?», en *Todo,* México, 10-V-1961.

Ashby, J.C., *Organized labor and the Mexican Revolution under Lázaro Cárdenas,* The University of North Carolina Press, Chapell Hill, 1946.

Avila y Valencia, Alfredo, «Cuando nos íbamos a quedar sin presidente», en *Mujeres y Deportes,* México, 12-X-1935.

Ayala Anguiano, Armando, «Cárdenas de carne y hueso», en *Contenido,* México, abril 1978.

Barkin, David, *Los beneficiarios del desarrollo regional,* Secretaría de Educación Pública (SEP), col. Sepsetentas, México, 1972.

Barrera Fuentes, Federico, «Memorias de un reportero», en *Excélsior,* México, 1984-1985.

Benítez, Fernando, *En torno a Lázaro Cárdenas,* Océano, México, 1987.

—, *Entrevistas con un solo tema: Lázaro Cárdenas,* Universidad Nacional Autónoma de México (UNAM), México, 1979.

—, *Lázaro Cárdenas y la Revolución mexicana, III: El cardenismo,* Fondo de Cultura Económica, México, 1980.

Bojórquez, Juan de Dios, *Lázaro Cárdenas (Líneas biográficas),* Imprenta Mundial, México, 1933.

*Boletín del Centro de Estudios de la Revolución Mexicana «Lázaro Cárdenas»,* A.C., México, septiembre 1984, julio 1985, diciembre 1985.

Bravo Ugarte, José, *Historia sucinta de Michoacán,* 3 vols., Jus, México, 1964, vol. III.

Bremauntz, Alberto, *De Obregón a Cárdenas,* Melchor Ocampo, México, 1973.

Britton, John A., *Educación y radicalismo en México, II: Los años de Cárdenas (1934-1940),* Secretaría de Educación Pública (SEP), col. Sepsetentas, México, 1976.

Cabrera, Luis, «Un ensayo comunista en México», en *Obras completas,* Oasis, México, 1975.

Cárdenas, Lázaro, *Apuntes 1913-1940,* vol. I, Universidad Nacional Autónoma de México (UNAM), México, 1972.

—, *Apuntes 1941-1956,* vol. II, UNAM, México, 1973.

—, *Apuntes 1957-1966,* vol. III, UNAM, México, 1973.

—, *Apuntes 1967-1970,* vol. IV, UNAM, México, 1974.

—, *Epistolario,* Siglo XXI Editores, México, 1975.

—, *Ideario político,* Era, México, 1972.

—, *Informe a la legislatura,* 15 de septiembre de 1932, en *El Universal,* México, 16-IX-1932.

—, «Palabras a los jefes de las tribus yaquis», 10 de junio de 1939, en *El Universal, México,* 11-VI-1939.

—, «Palabras del gobernador constitucional del estado de Michoacán al inaugurar el Instituto de Investigaciones Sociales», Morelia, Michoacán, 6 de noviembre de 1930, en *El Nacional Revolucionario,* México, 7-XI-1930.

Castillo, Heberto, *Cárdenas, el hombre,* Hombre Nuevo, México, 1974.

Córdova, Arnaldo, *La política de masas del cardenismo,* Era, México, 1974.

Corona, Gustavo, *Lázaro Cárdenas y la expropiación de la industria petrolera en México,* Impresiones Tipográficas, México, 1975.

Correa, Eduardo J., *El balance del cardenismo,* Talleres Linotipográficos «Acción», México, 1941.

—, «La persecución religiosa», en *Todo,* México, 19/26-VI-1941.

Cosío Villegas, Daniel, «Sobre el general Múgica», en *Ensayos y notas,* vol. II, Hermes, México, 1966.

Chávez Orozco, Luis, «Cárdenas indigenista,» en *El Universal,* México, 12-XI-1940.

Díaz Dufoo, Carlos, «La administración del general Cárdenas», II, en *Excélsior,* México, 24-XII-1940.

—, «La administración del general Cárdenas», IV, en *Excélsior,* México, 8-I-1941.

Díaz Soto y Gama, Antonio, «Parcelamiento individual *vs.* colectivismo agrario», en *El Universal,* México, 26-X-1955.

Diego Hernández, Manuel, *La Confederación Revolucionaria Michoacana del Trabajo,* Centro de Estudios de la Revolución Mexicana «Lázaro Cárdenas», A.C., Jiquilpan (Michoacán), 1982.

Durán, Leonel (comp.), *Lázaro Cárdenas. Ideario político*, Era, México, 1972.

Eckstein, Salomón, *El ejido colectivo en México*, Fondo de Cultura Económica, México, 1966.

Elías Calles, Plutarco, *Informe relativo al sitio de Naco 1914-1915*, Talleres Gráficos de la Nación, México, 1932.

—, *Partes oficiales de la campaña de Sonora*, Talleres Gráficos de la Nación, México, 1932.

Escoffie Z., Oscar, «La política del general Cárdenas y las finanzas de Yucatán», en *El Economista*, México, 16-VI-1941.

Extracto de antecedentes militares del C. Lázaro Cárdenas del Río, Secretaría de la Defensa Nacional, Departamento de Archivo, Correspondencia e Historia, México.

Fabela, Isidro, «La política internacional del presidente Cárdenas», en *Problemas Agrícolas e Industriales de México*, vol. VII, n.º 4, México, octubre-diciembre 1955.

Foix, Pere, *Cárdenas*, Editorial Latinoamericana, México, 1947.

Friedrich, Paul, *Revuelta agraria en una aldea mexicana*, CEHAM/Fondo de Cultura Económica, México, 1981.

Fuentes, Carlos, «Lázaro Cárdenas», en *Tiempo mexicano*, Joaquín Mortiz, México, 1973.

García Naranjo, Nemesio, «Cárdenas y el cardenismo», en *Novedades*, México, 26-IV-1950.

Gill, Mario, «Zapata, su pueblo y sus hijos», en *Historia Mexicana*, vol. II, n.º 6, El Colegio de México, México, octubre-diciembre 1952.

Glantz, Susana, *El ejido colectivo de Nueva Italia*, Secretaría de Educación Pública (SEP)/INAH, México, 1974.

Gómez, Marte R., «Los problemas de la Región Lagunera», I-VI, en *El Nacional*, México, del 24-III-1941 al 29-III-1941.

Gómez Morín, Manuel, *Diez años de México*, Jus, México, 1950.

González, Luis, «Los artífices del cardenismo», *Historia de la Revolución mexicana*, 23 vols., El Colegio de México, México, 1979, vol. XIV.

—, «Los días del presidente Cárdenas», en *Historia de la Revolución mexicana*, 23 vols., El Colegio de México, México, 1981, vol. XV.

—, *Michoacán*, FONAPAS, México, 1980.

—, *Pueblo en vilo*, El Colegio de México, México, 1968.

—, *La querencia*, Secretaría de Educación Pública (SEP), Michoacán, 1983.

—, *Sahuayo*, Monografías municipales, Gobierno del Estado de Michoacán, Michoacán, 1979.

—, *Zamora*, El Colegio de Michoacán/CONACYT, Michoacán, 1984.

González Aparicio, Enrique, «El problema económico de Yucatán», en *Diario del Sureste*, México, 7-X-1937.

González Navarro, Moisés, *La Confederación Nacional Campesina*, Costa-Amic, México, 1968.

Hernández, Diego, *La Confederación Revolucionaria Michoacana del Trabajo*, Centro de Estudios de la Revolución Mexicana «Lázaro Cárdenas», A.C., Jiquilpan (Michoacán), 1982.

Hernández, Miguel, *Dictamen sobre las leyes de expropiación. Análisis de las leyes cardenistas de expropiación*, 23 de junio de 1932, s.p.i., México, 1932.

Hernández Chávez, Alicia, «La mecánica cardenista», *Historia de la Revolución mexicana*, 23 vols., El Colegio de México, México, 1979, vol. XVI.

Hernández Llergo, Regino, «Con Calles en San Diego», I, en *Hoy*, México, 21-I-1939.

—, «Con Calles en San Diego», II, en *Hoy*, México, 28-I-1939.

—, «Entrevista con Lázaro Cárdenas», en *Impacto*, México, 16-IV-1955.

Kluckholn, Frank L., *The Mexican challenge*, Country Life Press, Nueva York, 1939.

Krauze, Enrique, «Cardenismo en claro», en *Caras de la historia*, Joaquín Mortiz, México, 1983.

—, *Daniel Cosío Villegas: una biografía intelectual*, Joaquín Mortiz, México, 1980.

Laborde, Hernán, «Cárdenas, reformador agrario», en *Problemas Agrícolas e Industriales de México*, México, enero-marzo 1952.

—, *La gira del general Lázaro Cárdenas*, Partido Revolucionario Institucional, México, 1986.

Lapointe, Marie, «La reforma agraria de Cárdenas en Yucatán (1935-1940)», en *Relaciones*, vol. VI, n.º 21, El Colegio de Michoacán, Zamora (Michoacán), invierno 1985.

López Victoria, J.M., *Biografía de Alberto Oviedo Motz*, CECN, Morelia, 1983.

Maldonado Gallardo, Alejo, *La lucha por la tierra en Michoacán*, Secretaría de Educación Pública (SEP), Michoacán, 1985.

Manjarrez, Froylán, y Ortiz Hernán, Gustavo, *Lázaro Cárdenas. 1. Soldado de la Revolución. 2. Gobernante. 3. Político nacional*, Patria, México, 1933.

Manz, Rebeca, «Presidente tipógrafo», en *Hoy*, México, 2-X-1937.

María y Campos, Armando de, *Múgica, crónica biográfica. (Aportación a la historia de la Revolución mexicana)*, Compañía de Ediciones Populares, México, 1939.

Márquez, Miguel B., *El verdadero Tlaxcalantongo*, A.P. Márquez, México, 1941.

Martínez de la Vega, Francisco, «Hoy visita a Cárdenas en Tepalcatepec...», en *Hoy*, México, 7-X-1950.

Medin, Tzvi, *Ideología y praxis política de Lázaro Cárdenas*, Siglo XXI Editores, México, 1973.

Mendoza, Moisés, «Del balance de un régimen», en *El Nacional*, México, 6, 9, 16, 20, 23, 28 y 30-XI-1940.

Mendoza, Salvador, *La doctrina Cárdenas*, Botas, México, 1939.

Meyer, Jean, «Campesinos reaccionarios», en *Vuelta*, n.º 9, México, agosto 1977.

—, *El sinarquismo, ¿un fascismo mexicano?*, Joaquín Mortiz, México, 1979.

Michaels, Albert L., «Las elecciones de 1940», en *Historia Mexicana*, vol. XXI, n.º 81, El Colegio de México, México, julio-septiembre 1971.

—, «Lázaro Cárdenas y la lucha por la independencia económica de México», en *Historia Mexicana*, vol. XVIII, n.º 69, El Colegio de México, México, julio-septiembre 1968.

Moheno, César, *Las historias y los hombres de San Juan*, El Colegio de Michoacán/CONACYT, Zamora (Michoacán), 1985.

Molina Font, Gustavo, «Los ferrocarriles mexicanos», IV-VII, en *El Porvenir*, México, 7, 12, 19 y 20-VI-1940.

Mondragón, Magdalena, «Cárdenas será siempre el mismo», en *Todo*, México, 2-VI-1938.

531

Moreno, Heriberto, *Guaracha. Tiempos viejos, tiempos nuevos,* El Colegio de Michoacán/FONAPAS, México, 1980.

Múgica Martínez, Jesús, *La Confederación Revolucionaria Michoacana del Trabajo,* s.e., México, 1982.

Muñoz, Hilda, *Lázaro Cárdenas,* Fondo de Cultura Económica, México, 1975.

Nathan, Paul, «México en la época de Cárdenas,» en *Problemas Agrícolas e Industriales de México,* vol. VII, n.° 3, México, julio-septiembre 1955.

Novo, Salvador, *La vida en México en el periodo presidencial de Lázaro Cárdenas,* Empresas Editoriales, México, 1964.

Ochoa, Alvaro, «Notas genealógicas de la familia Cárdenas», en *Boletín del Centro de Estudios de la Revolución Mexicana «Lázaro Cárdenas», A.C.,* Jiquilpan (Michoacán), 1973.

Onofre, Alfredo, «Carta sobre la convalecencia de Cárdenas», en *Mujeres y Deportes,* México, 26-X-1935.

Orive Alba, Adolfo, *La irrigación en México,* Grijalbo, México, 1970.

Orosa Díaz, Jaime, «La Reforma Agraria en Yucatán», en *El Nacional,* México, 16-X-1953.

Ortega, Melchor, «La revolución social en Michoacán», en *El Nacional Revolucionario,* México, 26-III-1930.

Otero, Vicente, «Carta al general Cárdenas», 22 de febrero de 1924, *Boletín del Centro de Estudios de la Revolución Mexicana «Lázaro Cárdenas», A.C.,* n.° 1, Jiquilpan (Michoacán), mayo 1979.

Pacheco, Guadalupe, *La estructura social mexicana en los años treinta,* Manuscrito inédito.

Page, Myra, «Cárdenas habla en nombre de México», en *El Nacional* (reproducido de *New Masses),* México, 25-XII-1938.

Paz, Octavio, *Corriente alterna,* Siglo XXI Editores, México 1967.

—, *Libertad bajo palabra,* Fondo de Cultura Económica, México, 1960.

Pereyra, Carlos, «El último capítulo de la Historia de México», en *La Nación,* México, 11-XII-1942.

Pérez-Verdía, Benito Javier, *Cárdenas apóstol vs. Cárdenas estadista,* s.e., México, 1940.

Pineda, Salvador, «Con Cárdenas en el camino», en *Diario del Sureste,* Mérida, 22-IV-1955 al 31-V-1955.

Piña Soria, Antolín, *Cárdenas socialista,* s.e., México, 1935.

Poniatowska, Elena, *Palabras cruzadas,* Era, México, 1961.

Raby, David L., *Educación y revolución social en México,* Secretaría General de Educación (SEP), col. Sepsetentas n.° 141, México, 1974.

Ramos Arizpe, Guillermo, *et. al., Jiquilpan 1895-1920,* Centro de Estudios de la Revolución Mexicana «Lázaro Cárdenas», A.C., Jiquilpan (Michoacán), 1984.

Rodríguez, Antonio, «Cárdenas responde», en *Siempre!,* México, 30-VII-1958.

Rodríguez, María del Rosario, *El suroeste de Michoacán y el problema educativo,* UMSHN, Morelia, 1984.

Romero, José, *Lázaro Cárdenas. Su niñez y juventud hasta la época actual a través de mis recuerdos,* Imprenta América, México, 1933.

Ronfeldt, David, *Atencingo,* Fondo de Cultura Económica, México, 1975.

Salazar Mallén, Rubén, «El nuevo porfirismo», en *Hoy,* México, 28-I-1939.

Santos, Gonzalo N., *Memorias,* Grijalbo, México, 1986.

Sierra Villarreal, José Luis, y Paoli Bolio, José Antonio, «Cárdenas y el reparto de los henequenales», en *Secuencia*, n.º 6, Instituto Mora, México, septiembre-diciembre de 1986.

Silva Herzog, Jesús, *Lázaro Cárdenas. Su pensamiento económico, social y político*, Nuestro Tiempo, México, 1975.

Suárez, Luis, «La última gira de Cárdenas», en *El Heraldo*, México, 13-VIII-1966.

Tannenbaum, Frank, «Lázaro Cárdenas», en *Historia Mexicana*, vol. X, n.º 38, El Colegio de México, México, octubre-diciembre 1960.

Tapia Santamaría, Jesús, *Campo religioso y evolución política en el Bajío zamorano*, El Colegio de Michoacán, Zamora (Michoacán), 1986.

Towsend, William C., *Lázaro Cárdenas, demócrata mexicano*, Grijalbo, México, 1976.

Turrent Díaz, Eduardo, *Historia del Banco de México*, vol. I, Banco de México, México, 1982.

Uranga, Emilio, «Cárdenas como institución», en *Siempre!*, México, 10-V-1961.

Valadés, José C., «La corazonada de Calles,» en *Todo*, México, 1-VII-1937.

Varios Autores, «75 años de Cárdenas», en *El Gallo Ilustrado*, suplemento dominical de *El Día*, México, 31-V-1970.

Varios Autores (Lorenzo Meyer, Josefina de Knauth, Tzvi Medin, Enrique Suárez Gaona, Lyle C. Brown), «Lázaro Cárdenas», en *Revista de la Universidad Nacional Autónoma de México*, vol. XXV, n.º 9, México, mayo 1971.

Varios Autores, «La personalidad del general Lázaro Cárdenas», en *El Universal*, México, 8-XI-1930.

Varios Autores, *Se llamó Lázaro Cárdenas*, Centro de Estudios de la Revolución Mexicana «Lázaro Cárdenas», S.A., México, 1995.

Villanueva, Francisco, «La obra de don Lázaro Cárdenas es digna de encomio», en *El Universal*, México, 15-VIII-1954.

Villasana, Eustaquio, «Historia revolucionaria,» en *El Universal*, México, 7-VII-1939.

Villaseñor, Víctor Manuel, *Memorias de un hombre de izquierda*, vol. I, Grijalbo, México, 1976.

Villegas, Griselda, *Emilia, una mujer de Jiquilpan*, Centro de Estudios de la Revolución Mexicana «Lázaro Cárdenas», S.A., Jiquilpan (Michoacán), 1984.

Weyl, Nathaniel y Silvia, «La reconquista de México», en *Problemas Agrícolas e Industriales de México*, vol. VII, n.º 4, México, octubre-diciembre 1955.

Zepeda Patterson, Jorge, «Los pasos de Cárdenas, la Confederación Revolucionaria Michoacana del Trabajo», en *75 años de sindicalismo*, Instituto Nacional de Estudios Históricos de la Revolución Mexicana (INEHRM), México, 1985.

# Indice onomástico

427, 429, 431, 434, 435, 437, 438, 439, 440, 441, 442, 466, 477
Elías Calles Chacón, Alicia, 372
Elías Calles Chacón, Ernestina, 324
Elías Calles Chacón, Hortensia, 324, 332, 382
Elías Calles Chacón, Natalia, 324
Elías Calles Chacón, Plutarco, 324, 336, 440
Elías Calles Chacón, Rodolfo, 324, 378, 384, 431
Elías Calles Ruiz, Manuelito, 332
Elías Campuzano, María Dolores, 320
Elías González de Zayas, Francisco, 319
Elías Lucero, Abundio, 320
Elías Lucero, Alejandro, 320, 353
Elías Lucero, Manuel, 320
Elías Lucero, Rafael, 320, 353
Elías Lucero, Plutarco, 319, 320, 322, 323, 327, 329, 353
Elías Pérez, José Juan, 319
Elorduy, Aquiles, 263, 264
Enrique VIII, 354
Epicteto, 257
Escandón, Pablo, 86
Escobar, Gonzalo, 183, 362
Escobedo, Mariano, 28, 190
Espejo, Josefa, 106
Espinosa, Francisco, 264
Espinosa, Petra, 146
Espinosa Mireles, Gustavo, 247
Espíritu, Prisciliano, 101, 102, 122
Esquivel Obregón, Toribio, 41
Estrada, Enrique, 308, 398, 399, 441
Estrada, Francisco, 133
Estrada, Genaro, 369
Estrada, Roque, 41, 43, 256

Fabela, Isidro, 162, 198, 200
Fajardo, Hilario de Jesús, 389, 414
Farías, Manuela, 23, 44
Felipe IV, el Hermoso, 354
Ferreira, Jesús M., 356
Fierro, Rodolfo, 153, 154, 161, 162, 163, 171, 175, 176, 181, 286
Figueroa, Ambrosio, 55, 101, 102, 106, 107, 391

Figueroa, Andrés, 435, 439
Figueroa, Pedro, 475
Filippi, Ernesto, 306
Flammarion, Camille, 25
Flores, Angel, 357
Flores Magón, Ricardo, 33, 114
Flores Magón, hermanos, 99
Foch, Ferdinand, 138, 292
Fontes, Paulino, 264
Fox, Claudio, 312, 356, 362
Francisco de Asís, san, 128, 428
Franco, Francisco, 100, 448
Frank, Waldo, 457
Frías, Heriberto, 42
Fuentes, Frumencio, 31

Gálvez, Cruz, 332, 393
Gamio, Manuel, 302
García, Benito, 183
García Aragón, Guillermo, 391, 392, 420
García de León, Porfirio, 397
García Peña, Angel, 62
García Téllez, Ignacio, 437, 444
García Vigil, Manuel, 307, 308
Garrido, Facundo, 262, 265
Garrido Canabal, Tomás, 374, 432, 439
Garza, Jesús M., 288, 289, 313
Garza, Lázaro de la, 173
Garza Galán, José María, 24, 191, 192
Gates, William, 138, 138
Gaytán, Dizán R., 440
Gerónimo, 320
Gil, Mario, 448
Gil Farías, Pedro, 259, 261, 264, 265
Gilly, Adolfo, 126
Glantz, Susana, 458
Gómez, Arnulfo R., 312, 313, 356, 357, 395
Gómez, José J., 264
Gómez, Marte R., 123, 127, 133, 450, 455
Gómez Morín, Manuel, 253, 313, 339, 340, 341, 364, 365, 477, 478, 479
Gómez Robledo, Antonio, 307
Gompers, Samuel, 337-338